SCHRIFTEN ZUR BODENDENKMALPFLEGE IN NORDRHEIN-WESTFALEN

NORDRHEIN-WESTFALEN

Band 5

FUNDORT NORDRHEIN-WESTFALEN

Millionen Jahre Geschichte

VERLAG PHILIPP VON ZABERN · GEGRÜNDET 1785 · MAINZ

MINISTERIUM FÜR ARBEIT, SOZIALES UND STADTENTWICKLUNG,
KULTUR UND SPORT DES LANDES NORDRHEIN-WESTFALEN

*Millionen Jahre
Geschichte*

Fundort

NORDRHEIN-WESTFALEN

Römisch-Germanisches Museum der Stadt Köln

Herausgegeben von Heinz Günter Horn, Hansgerd
Hellenkemper, Gabriele Isenberg und Harald Koschik

im Auftrag des Ministeriums für Arbeit, Soziales
und Stadtentwicklung, Kultur und Sport
des Landes Nordrhein-Westfalen

in Zusammenarbeit mit

dem Rheinischen Amt für Bodendenkmalpflege des
Landschaftsverbandes Rheinland, dem Westfälischen
Museum für Archäologie / Amt für Bodendenkmalpflege
des Landschaftsverbandes Westfalen-Lippe
und dem Römisch-Germanischen Museum / Amt für
archäologische Bodendenkmalpflege der Stadt Köln

Begleitbuch zur Landesausstellung
FUNDORT NORDRHEIN-WESTFALEN
Millionen Jahre Geschichte
Köln, Römisch-Germanisches Museum
17. März bis 27. August 2000
Münster, Westfälisches Museum für Archäologie
12. November 2000 bis 11. März 2001
Nijmegen, Museum Het Valkhof
Mai bis August 2001

Leitung: Hansgerd Hellenkemper, Heinz Günter Horn

Koordination: Heike Gregarek, Hansgeorg Stiegeler,
Bernhard Ostermann

Brigitte Beyer, Antoinette M. Gerhartl-Witteveen,
Heike Gregarek, Alfred Hendricks, Gabriele Isenberg,
Hans-Eckart Joachim, Harald Koschik, Klaus-Peter
Lanser, Friederike Naumann-Steckner, Peter Noelke,
Gundolf Precht, Anita Rieche, Matthias Riedel,
Hans-Joachim Schalles, Gisela Schumacher-Matthäus,
Ute Sobottka-Braun

Sekretariat: Barbara Schauer

Architekturberatung: Walter von Lom

Lichtplanung: Robin Uber

Baukoordination: Leo Klinghammer

Gesamtredaktion des Begleitbuches: Joachim von Freeden

Redaktionelle Mitarbeit: Brigitte Beyer, Heike Gregarek,
Gisela Schumacher-Matthäus

Restauratorische Betreuung durch die Restaurierungswerkstätten
des Rheinischen Landesmuseums Bonn,
des Westfälischen Museums für Archäologie / Amt für
Bodendenkmalpflege Münster,
des Westfälischen Museums für Naturkunde Münster,
des Römisch-Germanischen Museums / Amt für
archäologische Bodendenkmalpflege Köln

*Umschlag vorne: Höxter. Ofenkachel (Blattkachel) mit Darstel-
lung des Kurfürsten Joachim II. von Brandenburg. Frühneu-
zeitlich, 1535 (siehe S. 417 ff.).*
*Frontispiz: Mönchengladbach-Rheindahlen. Mittelpaläolithi-
sche Geräte aus Feuerstein. Vor ca. 100 000 Jahren (siehe
S. 236 f.).*
*Seite X: Soest. Kloster Paradiese. Renaissancezeitlicher Stuck-
kopf aus dem Abbruchschutt des Klosters. Vor 1836 (siehe
S. 428 ff.).*
*Vorsatz vorne: Köln-Marienburg. Ausgrabungen im römischen
Flottenkastell Alteburg (April 1927).*
*Vorsatz hinten: Haltern / Kreis Recklinghausen. Ausgrabungen
am Wiegel (1899) mit den Ausgräbern C. Schuchhardt,
A. Conze, S. Loeschke, E. Ritterling, F. Koepp, A. Conrads
und G. Loeschke.*
*Umschlag hinten: Elsdorf-Esch / Erftkreis. Hundefigürchen aus
Bernstein. Frühes 3. Jahrhundert n. Chr. (siehe S. 290 ff.).*

Die Deutsche Bibliothek – CIP-Einheitsaufnahme

Millionen Jahre Geschichte, Fundort Nordrhein-Westfalen :
(Begleitbuch zur Landesausstellung Fundort Nordrhein-Westfalen,
Millionen Jahre Geschichte, Köln, Römisch-Germanisches
Museum, 17. März bis 27. August 2000 ; Münster, Westfälisches
Museum für Archäologie, 12. November 2000 bis 11. März 2001 ;
Nijmegen, Museum Het Valkhof, Mai bis August 2001) /
Ministerium für Arbeit, Soziales und Stadtentwicklung, Kultur
und Sport des Landes Nordrhein-Westfalen. [Hrsg. von Heinz
Günter Horn ... in Zusammenarbeit mit dem Rheinischen Amt für
Bodendenkmalpflege des Landschaftsverbandes Rheinland ...]. –
Mainz : von Zabern, 2000
(Schriften zur Bodendenkmalpflege in Nordrhein-Westfalen ; Bd. 5)
ISBN 3-8053-2672-6
ISBN 3-8053-2698-X (Museumsausgabe)

XII, 452 Seiten mit 313 Farb- und 20 Schwarzweißabbildungen

© 2000 by Stadt Köln, Römisch-Germanisches Museum
Alle Rechte, insbesondere das der Übersetzung in fremde Spra-
chen, vorbehalten. Ohne ausdrückliche Genehmigung des Verla-
ges ist es auch nicht gestattet, dieses Buch oder Teile daraus auf
photomechanischem Wege (Photokopie, Mikrokopie) zu verviel-
fältigen.
ISBN 3-8053-2672-6
ISBN 3-8053-2698-X (Museumsausgabe)
Satz: WISA, Frankfurt a. M.
Reproduktionen: Wargalla + Partner, Köln
Papier: Papierfabrik Scheufelen, Lenningen
Druck und Binden: Verlag Philipp von Zabern, Mainz
Printed in Germany / Imprimé en Allemagne
Printed on fade resistant and archival quality paper
(PH 7 neutral) · tcf

Inhalt

RÖMISCHE ZEIT

Vorwort

Inzwischen ist es schon Tradition, dass die nordrhein-westfälischen Bodendenkmalpflegeämter alle fünf Jahre in einer gemeinsamen archäologischen Ausstellung ihre neuesten Grabungsergebnisse und Funde einer breiten Öffentlichkeit vorstellen. Auch dieses Mal präsentieren sie damit wieder nicht nur jahrmillionenalte Zeugnisse tierischen und pflanzlichen Lebens aus erdgeschichtlicher Zeit, in der sich der spätere Lebensraum des Menschen formte, sondern zumeist auch einzigartige Belege menschlichen Denkens, Empfindens, Schaffens und Handelns von der Urgeschichte bis in die jüngste Zeit, die uns mit einer Authentizität und Unmittelbarkeit wie kaum eine andere Quellengattung über unsere eigene Geschichte und die unserer Umwelt unterrichten. Das ausgestellte Fundmaterial – gleich welcher Epoche – öffnet ‚Zeitfenster‘; es gestattet einen unverstellten Blick zurück, der vieles von dem, was heute unser Leben bestimmt, verständlicher macht. Insofern bedeutet eine solche Begegnung mit der Vergangenheit neben Staunen und Faszination stets auch Rückbesinnung, Identitätsfindung, Selbsterkenntnis und Standortbestimmung. In einer Zeit des gesellschaftlichen, sozialen und wirtschaftlichen Umbruchs, einer aufkeimenden Wertediskussion und einer wohl unumgänglichen Neuorientierung scheint es angebracht, daran zu erinnern. Um so mehr, als auch der Start in ein neues Jahrtausend ausreichend Anlass für Reflexion, gute Vorsätze und Zukunftsplanungen bietet.

Bei der diesjährigen Archäologischen Landesausstellung handelt es sich zudem auch um einen Beitrag der hiesigen Bodendenkmalpflege zum „Jahr der Industriekultur" in Nordrhein-Westfalen. Die dort präsentierten Befunde und Funde zur Technik-, Wirtschafts- und Industriegeschichte mahnen uns, das Thema nicht allein auf die Industrialisierung unseres Landes im 18. Jahrhundert und danach einzuengen, sondern unseren Blick beispielsweise auch auf die Rohstoffgewinnung oder den Erzabbau, die Nutzung der Wasserkraft, die Stein-, Metall- oder Holzverarbeitung, die Kalkbrennereien, die Salzsiedereien oder die Töpfereien in vorgeschichtlicher und römischer Zeit, im Mittelalter und in der frühen Neuzeit zu richten. Dadurch ergibt sich ein ungemeiner Zugewinn an Erkenntnissen. Mit dieser eindrucksvollen ‚Leistungsschau‘ legen die Bodendenkmalpflegeämter in Bonn, Köln und Münster sowie etliche hauptamtliche Stadtarchäologen nicht zuletzt einen äußerst lebendigen und überzeugenden Rechenschaftsbericht über ihre insgesamt erfolgreiche Arbeit in den Jahren 1995 bis 1999 vor; überdies werben sie mit dem erkennbar Erreichten im besonderen Maße auch für die Anliegen und Ziele der Bodendenkmalpflege hier zu Lande.

Nordrhein-Westfalen zählt zu den geschichtsträchtigsten Regionen Europas; deshalb besitzt es eine Vielzahl von Bodendenkmälern. Der verantwortungsvolle Umgang mit diesem archäologischen Erbe besteht jedoch nicht alleine darin, dass es nötigenfalls zumindest wissenschaftlich angemessen und vertretbar ausgegraben, untersucht und in Form der Dokumentationen bzw. der Funde in die Amtsarchive und Museen hinübergerettet wird. Er zeigt sich vielmehr zunächst in dem ständigen Bemühen aller Verantwortlichen, um der originären Geschichtlichkeit unseres Landes und ihrer Erfahrbarkeit willen auch die Bodendenkmäler – wenn eben möglich – vor Ort dauerhaft zu schützen, zu erhalten und zu pflegen. So will es das Denkmalschutzgesetz NRW, auch wenn mancher mit dieser ‚Philosophie‘ möglicherweise seine Probleme hat.

Die Bodendenkmalpflege ist zwar eine vorrangig öffentliche Aufgabe; sie kann allerdings nur dann zu befriedigenden Ergebnissen führen, wenn ihr die allgemeine Akzeptanz und die Unterstützung der Bevölkerung nicht versagt bleiben. Darauf muss sie sich einstellen. In einer Welt, die überall im Wandel begriffen ist, stehen auch die Vorstellungen und Forderungen der Bodendenkmalpflege ständig auf dem Prüfstand, häufig in der Konkurrenz, im Vergleich und in der Abwägung mit anderen öffentlichen und privaten Interessen. Wenn es

z. B. um notwendige Stadt- und Landesentwicklungsmaßnahmen, um die Schaffung von Wohnraum und Arbeitsplätzen oder um den wirtschaftlichen Fortschritt geht, kann sie nicht immer obsiegen, jedoch stets mit dem Respekt vor ihren Anliegen rechnen dürfen. Erfreulicherweise ist in diesem Zusammenhang der konfliktlösende Kompromiss, der allen obwaltenden Interessen gleichermaßen gerecht zu werden versucht, inzwischen die Normalität. In Nordrhein-Westfalen sind bislang Vorhaben, die nötig waren und zu denen es keine vernünftigen Alternativen gab, noch nie an der Bodendenkmalpflege gescheitert.

Die nordrhein-westfälischen Bodendenkmalpflegeämter verfügen über vergleichsweise gute Arbeitsbedingungen. Sie sind fachlich weisungsunabhängig, Träger des öffentlichen Belanges „Denkmalschutz / Denkmalpflege" und jederzeit berechtigt, gegebenenfalls die Entscheidung des Ministeriums als Oberste Denkmalbehörde herbeizuführen. Daran soll und wird sich auch in Zukunft nichts ändern. In den letzten Jahren haben die Landschaftsverbände Rheinland und Westfalen-Lippe sowie die Stadt Köln viel getan, das Leistungsvermögen der von ihnen getragenen Fachämter zu erhalten bzw. weiter zu stärken. Mehr und mehr engagierten sich auch die Kommunen selbst finanziell und personell in der Bodendenkmalpflege. Das Land unterstützte die vielfältigen Aktivitäten der Bodendenkmalpflegeämter Jahr für Jahr im Rahmen seiner verschiedenen Förderungsprogramme mit beträchtlichen Mitteln. Dies alles ist in Anbetracht der angespannten Lage der öffentlichen Haushalte keineswegs selbstverständlich, gleichwohl auch künftig unerlässlich, wenn Staat und Gesellschaft eine qualifizierte, gesetzeskonforme Bodendenkmalpflege wollen.

Die Archäologische Landesausstellung 2000 ist das Verdienst vieler. Dank gebührt zunächst einmal den haupt- und ehrenamtlichen Bodendenkmalpflegern, Grabungstechnikern, Zeichnern, Fotografen und Restauratoren in den Fachämtern und anderswo im Lande, die die eindrucksvolle archäologische ‚Ernte' in den letzten fünf Jahren ‚eingefahren' und sie präsentabel gemacht haben. Vor allem aber danke ich Herrn Prof. Dr. H. Hellenkemper, dem Direktor des Römisch-Germanischen Museums / Amt für Bodendenkmalpflege der Stadt Köln und seinem Team, die sich so bereitwillig der Mühe der Ausstellungsvorbereitung, -organisation und -präsentation unterzogen haben. In meinen Dank möchte ich schließlich ausdrücklich auch Herrn Dr. J. von Freeden (Frankfurt am Main) einbeziehen, dem die Gesamtredaktion dieses katalogartigen Begleitbuches oblag. Es wird sicherlich von bleibendem Wert sein.

Trotz ihres Titels „Fundort Nordrhein-Westfalen – Millionen Jahre Geschichte" dokumentiert die Ausstellung in weiten Teilen auch europäische Geschichte. Deshalb wird sie nach Köln und Münster im Rahmen des nordrhein-westfälisch-niederländischen Kulturaustausches und unter dem Aspekt der aktuellen Europaratskampagne „Europa – Ein gemeinsames Erbe" auch in Nijmegen zu sehen sein. Ich wünsche ihr auf allen diesen Stationen große Aufmerksamkeit und Resonanz sowie viele interessierte und begeisterte Besucher. Mögen sich alle, die die Arbeit der Bodendenkmalpflege in Nordrhein-Westfalen – wo und wie auch immer sie dies tun – unterstützen, durch den Erfolg der Ausstellung dafür belohnt und darin bestätigt bzw. ermuntert fühlen, sie auch weiterhin nach Kräften zu fördern.

ILSE BRUSIS
Ministerin für Arbeit, Soziales und Stadtentwicklung,
Kultur und Sport
des Landes Nordrhein-Westfalen

EINFÜHRENDE BEITRÄGE

Willich-Schiefbahn / Kreis Viersen. Nordkanal. Anfang 19. Jahrhundert.

Vom Umgang mit Bodendenkmälern – Zur Bodendenkmalpflege in Nordrhein-Westfalen

Heinz Günter Horn

Die Welt, in der wir leben und uns mehr oder weniger wohl fühlen, hat unzählige Gesichter und eine lange Geschichte. Manches geht auf natürliche Entwicklungen zurück; das meiste von dem, was sie heute so nachhaltig prägt und unverwechselbar macht, hat der Mensch jedoch selbst im Laufe vieler Jahrhunderte bzw. Jahrtausende geschaffen. Er erschloß das Land und kultivierte die Landschaft, gründete Städte und Dörfer, nutzte die Rohstoffvorkommen, siedelte Gewerbe und Industrie an, baute Straßen, Wasser- und Schienenwege. Stets gestaltete er seinen Lebensraum nach seinen Vorstellungen, Bedürfnissen und Möglichkeiten; dies bedeutete ständigen Wandel und Veränderungen, zumeist die Zerstörung des Alten durch das Neue. Deshalb ist auch das Bild unserer heutigen Welt lediglich eine von Zufälligkeiten bestimmte und kurzlebige ,Momentaufnahme', in der sich die Vergangenheit oft nur marginal widerspiegelt und die Zukunft bestenfalls in groben Umrissen andeutet. Gleichwohl verspürt man überall Geschichtlichkeit; dazu tragen vielfach die noch erhaltenen Bau- und Kunstdenkmäler bei, deren Alter, Schönheit und Einzigartigkeit häufig jeden überzeugen und fesseln.

Viele meinen, unsere Geschichte manifestiere sich hauptsächlich in historischen Gebäuden und Anlagen, obwohl sie kaum mehr als die letzten 1200 Jahre dokumentieren. Dies liegt vornehmlich darin begründet, daß man sie ohne weiteres sehen, erfassen und erleben kann; sie stehen jedem in irgendeiner Form zur Verfügung. Die meisten Zeugnisse der Menschheitsgeschichte von ihren Anfängen vor ca. vier Millionen Jahren bis in die jüngste Zeit verbergen sich jedoch im Boden. Diese Bodendenkmäler geben sich zwar gelegentlich z.B. als hügel- bzw. wallartige Erhöhungen oder auch als Gräben, Gruben oder Senken im Gelände zu erkennen, sind in der Regel aber unsichtbar, solange sie nicht archäologisch untersucht und ausgegraben werden. Dann zeigen sich nämlich auf den aufgedeckten Flächen gegebenenfalls dunkle Verfärbungen beispielsweise von Grabenverläufen oder Pfostenstellungen, Wandgräben, Ausbruch- oder Abfallgruben, Steinstickungen, Mauerreste, Herdstellen oder Fußbodenfragmente. Sie ermöglichen es unter anderem, Hausgrundrisse oder Siedlungsstrukturen aus längst vergangenen Geschichtsepochen zu rekonstruieren. Dabei reiht sich eine Beobachtung an die andere, selbst die unscheinbarste kann von Bedeutung sein. Häufig werden Bestattungen freigelegt. Zeittypisches Fundmaterial (wie Waffen, Werkzeuge, Gefäße, Münzen, Schmuck oder Trachtzubehör) datiert die Befunde. Mehr noch sagt es über die Lebensgewohnheiten und -verhältnisse der damaligen Menschen, über ihren Alltag, ihr Sozialgefüge, ihre Sitten und Gebräuche, über ihre wirtschaftliche Situation, ihr politisches Denken und Handeln oder über ihre religiösen Vorstellungen und ihr Verhältnis zu Tod und Jenseits aus. Skelettanomalien verraten ihre Krankheiten und Gebrechen. Brandschichten markieren Schadensfälle und Krieg. Pflanzliche Groß- bzw. Kleinreste und Tierknochen gestatten nicht nur Rückschlüsse auf die menschliche Ernährung, sondern auch auf die Fauna und Flora in früheren Zeiten und deren Entwicklung. Insofern vermögen die Archäologen von nahezu jeder Phase der Menschheitsgeschichte durch Funde und Befunde bezeugte, wirklichkeitsnahe Lebensbilder zu zeichnen. Bei den Bodendenkmälern handelt es sich also um Originaldokumente und oft einzigartige Geschichtsquellen; sie sind insbesondere für die Zeiten und Ereignisse ohne schriftliche Überlieferung von außerordentlicher Bedeutung. Deshalb bedarf dieses kostbare und unersetzliche ,Archiv unter unseren Füßen' der gleichen Aufmerksamkeit, des gleichen Schutzes und der gleichen Pflege wie die Bau- und Kunstdenkmäler.

In Nordrhein-Westfalen haben das Land, die Gemeinden und die Gemeindeverbände die Verpflichtung, unter fachkundiger Beratung und mit tatkräftiger Unterstützung der Bodendenkmalpflegeämter in Bonn, Köln und Münster die Bodendenkmäler zu schützen, zu pflegen, zu erforschen und zu vermitteln; damit erfüllen sie nicht nur die Zielsetzungen des Denkmalschutzgesetzes NRW von 1980 (vgl. §1 DSchG), sondern auch einen Verfassungsauftrag (vgl. Art. 18 Abs. 2 der Landesverfassung NRW von 1950). Sie kommen so auch den Forderungen der Europäischen Konvention zum Schutz des archäologischen Erbes (‚Konvention von Malta') nach, der der nordrhein-westfälische Landtag im Jahre 1995 zugestimmt hat.

Die bisherige Organisationsform und Aufgabenzuweisung im Denkmalschutz und in der Denkmalpflege Nordrhein-Westfalens haben sich bewährt; es ist davon auszugehen, daß sie auch die anstehende Verwaltungsstrukturreform überleben werden. Die Kommunalisierung stärkt die Verantwortung und das Interesse für die Denkmäler vor Ort. Das Zusammenspiel der Unteren, Oberen und Obersten Denkmalbehörden funktioniert. Die Fachämter nehmen ihre gutachterlichen Aufgaben, insbesondere als Träger des öffentlichen Belangs ‚Denkmalschutz / Denkmalpflege' im großen und ganzen mit Erfolg wahr. Denkmalschutz und Denkmalpflege finden in der Bevölkerung eine

Steinstraß-Lich / Kreis Düren. Profil der Römerstraße Köln–Tongeren–Bavai unter der ehemaligen B 55. Bereich des Braunkohlentagebaus Hambach.

Braunkohlentagebau Garzweiler-Süd / Kreis Neuss. Eisenzeitlicher Kreisgraben und Bestattungsgruben.
Um 500 v. Chr.

hohe Akzeptanz; zahlreiche Bürger und Bürgerinnen des Landes setzen sich ehrenamtlich in Initiativen und Vereinen für den Schutz, die Pflege und die Erschließung von Bau-, Kunst- und Bodendenkmälern ein.

In diesem Zusammenhang kommt es vor allem auf die Arbeit der Bodendenkmalpflegeämter an. Sie haben es mit Objekten zu tun, die – anders als Bau- und Kunstdenkmäler – naturgemäß in ihrer räumlichen Abgrenzung, in ihrem tatsächlichen Erhaltungszustand, in ihrer zeitlichen Zuordnung und historischen Bedeutung, in ihrem materiellen Wert, in ihrer Erhaltungsnotwendigkeit und -fähigkeit

nur schwer einzuschätzen sind. Die Bodendenkmäler werden weit häufiger als Bau- und Kunstdenkmäler von großflächigen Planungen und Maßnahmen (z. B. Braunkohlenabbau, Kies-, Sand- und Tongewinnung, Industrieansiedlungen bzw. -erweiterungen, Entwicklung von Wohn- und Gewerbegebieten, Bau von Umgehungsstraßen, Autobahnen und Schnellbahnstrecken oder innerstädtischen Verdichtungen) betroffen. Häufig kommen sie zum Leidwesen etwa von Architekten, Bauherren und Investoren auch unvermutet zutage, nicht selten gerade dort, wo der größte Handlungsbedarf und Veränderungsdruck herrschen. Stets sind die Bo-

Siegburg / Rhein-Sieg-Kreis. Johannisstraße. Töpferofen. 19. Jahrhundert.

Münster. Hörsterstraße, Altstadtbereich. Blick von Osten über das Grabungsgelände. Von der Bebauung des 18. Jahrhunderts überlagerte Baustrukturen des 13.–15. Jahrhunderts.

dendenkmalämter in besonderem Maße gefordert. Deshalb ist es unabdingbar, daß sie personell, sächlich und finanziell angemessen ausgestattet sind.

Hier müssen sich zunächst einmal die Landschaftsverbände Rheinland und Westfalen-Lippe sowie die Stadt Köln als Träger der Fachämter, aber auch das Land in der Pflicht sehen. Es ist eine erfreuliche Entwicklung, daß sich zudem immer mehr nordrhein-westfälische Städte durch die Beschäftigung hauptamtlicher ‚Stadtarchäologen' zu ihrer eigenen Verantwortung für die Bodendenkmalpflege bekennen. Im Rheinland stellt die Stiftung zur Förde-

rung der Archäologie im Rheinischen Braunkohlenrevier zusätzliche Mittel für bodendenkmalpflegerische Maßnahmen im Vorfeld der Braunkohlentagebaue zur Verfügung. Im Gespräch ist derzeit auch eine ‚Kiesstiftung', die sich zu gegebener Zeit und u. U. dann finanziell engagieren könnte, wenn Bodendenkmäler durch Kies-, Sand- und Tonabbau gefährdet wären.

Bodendenkmalpflege ist keine Verwaltungstätigkeit im herkömmlichen Sinne, sondern in erster Linie eine wissenschaftliche Disziplin, die sich nicht nur ihrer traditionellen archäologischen Methoden, son-

Porta Westfalica / Kreis Minden-Lübbecke. Wittekindsburg. Grabung 1996/97. Freilegung des Skelettes eines vierjährigen Mädchens im westlichen Raum eines um 1000 errichteten Kirchenbaus.

verfahren, die Beratung der verschiedenen Denkmalbehörden, die Vertretung der bodendenkmalpflegerischen Interessen bei allen öffentlichen und privaten Planungen und Maßnahmen, die Bodendenkmäler gefährden oder gar zerstören könnten, die Sachverhaltsermittlungen vor eventuell notwendigen Grabungen sowie deren sach- und fachgerechte Durchführung und Dokumentation, die Konservierung bzw. Restaurierung der Funde und nicht zuletzt die wissenschaftliche Auswertung und Publikation der Grabungsergebnisse. Bodendenkmalpflege kommt ohne nationale und internationale Kontakte und einen ungehinderten Austausch von Wissen und Erfahrungen nicht aus. Gegebenheiten, Beobachtungen, Kenntnisse und Erkenntnisse anderswo können stets weiterhelfen. Auf Grund ihrer fachspezifischen und methodischen Eigenheiten ist die Bodendenkmalpflege besonders personal-, zeit- und kostenintensiv.

Eine qualifizierte und überzeugende Bodendenkmalpflege in all ihren Facetten vermögen – trotz Universitäten, Forschungsinstituten und privater Grabungsfirmen, auf deren subsidiäre Tätigkeiten nicht verzichtet werden kann – nur zentrale, in Fachfragen weisungsunabhängige und leistungsstarke Bodendenkmalpflegeämter zu betreiben. Sie allein verfügen über den ‚gebündelten Sachverstand‘ in Form eines vielköpfigen Archäologenteams, das alle Spezialbereiche abdeckt und sich austauscht, das unbeeinflußt wissenschaftliche Standards, Methoden und Entscheidungskriterien für die bodendenkmalpflegerische Arbeit entwickelt und fortschreibt, das schließlich in den relevanten Wissenschafts- und Forschungsfragen ‚auf der Höhe der Zeit‘ ist und sich weiterbildet. Zudem besitzen nur sie die für eine effiziente und verantwortungsvolle Bodendenkmalpflege erforderliche Infrastruktur, wie zentrale Orts-, Plan- und Bildarchive, Fotolabors und Zeichensäle, Restaurierungswerkstätten und Fundmagazine, Fachbibliotheken und wissenschaftliche Redaktionen. Auf Grund ihres Aufgabenkataloges sind die Bodendenkmalpflegeämter Dienstleistungsbetriebe und Forschungsinstitute zugleich. Ohne entsprechende Herrichtung, Präsentation und Erläuterung bleiben insbesondere die Grabungsfunde dem Laien gewöhnlich ‚verschlossen‘. Deshalb ist im Grunde

dern zunehmend auch der Naturwissenschaften bedient, die häufige Präsenz bzw. aktives Handeln vor Ort und im Gelände, zugleich aber auch Beharrlichkeit und Kontinuität verlangt. Sie umfaßt z. B. die Erfassung bzw. Inventarisation der Bodendenkmäler in Stadt und Land, gutachterliche Tätigkeiten im Rahmen von Unterschutzstellungs-

Ahlen/Kreis Warendorf. Alter Hof. Fundamentmauern eines Hauses im Bereich des alten bischöflichen Haupthofes. 13./14. Jahrhundert.

auch die institutionelle und personelle Einheit von Bodendenkmalpflegeamt und archäologischem Museum zwingend geboten, wie dies in Köln bzw. Münster seit langem schon der Fall ist und in Bonn bis Ende 1986 noch war. Das Museum ist in diesem Zusammenhang als Teil des für ein Bodendenkmalpflegeamt selbstverständlichen Fundmagazins zu verstehen, der auch der Öffentlichkeit zugänglich ist und hauptsächlich den interessierten Laien die archäologischen Funde, verbunden mit allgemein verständlichen Erklärungen, in ihrem historischen Kontext zeigt. Als ‚Schaufenster' des Bodendenkmalpflegeamtes präsentiert es ferner die aktuellen Grabungsergebnisse und wirbt auf diese Weise nachhaltig für die Belange bzw. Ziele der Bodendenkmalpflege. Zugleich ergeben sich zwischen Bodendenkmalpflegeamt und archäologischem Museum natürliche Synergieeffekte, wie Wissentransfer und die Nutzung personeller Ressourcen und gemeinsamer Dienste.

Bei genauer Betrachtung bzw. Analyse der Bodendenkmalpflege wird deutlich, daß sie vor allem wegen ihrer fachlichen Besonderheiten und Erfordernisse als Experimentierfeld ungeeignet ist. Soweit vor dem Hintergrund ihres gesetzlichen Auftrages möglich und vertretbar, haben die Bodendenkmal-

Ausgrabung eines römischen Kastenbrunnens aus Holz im Bereich des Braunkohlentagebaus Hambach. 2./3. Jahrhundert.

Lüdinghausen / Kreis Coesfeld. Burg Lüdinghausen. Ostmauer des alten oder neuen Steinhauses mit den Warmluftkanälen einer Hypokaustenheizung und Resten des angebauten Treppenturms. 1. Hälfte 14. Jahrhundert.

pflegeämter hierzulande schon von sich aus auf die Veränderungen der letzten Jahre in Staat und Gesellschaft reagiert. Neuorientierungen, Umorganisationen, Verfahrensvereinfachungen und verstärkte Kooperationen mit Dritten sind Beispiele dafür. Dies festzustellen und zu wissen, kann zumindest nicht schädlich sein in einer Zeit, in der vielerorts der Ruf nach Verwaltungsmodernisierung, Deregulierung, Evaluierung und Privatisierung öffentlicher Aufgaben die Runde macht. Eine substanziell andere Bodendenkmalpflege als die, die heute von den nordrhein-westfälischen Fachämtern betrieben wird, würde zwangsläufig zu einem erheblichen Qualitätsverlust führen; Nordrhein-Westfalen verlöre zweifellos beträchtlich an archäologischer Substanz und greifbarer Geschichte, seine Bodendenkmalpflege ihre führende Stellung und ihr Ansehen in Deutschland!

Die nordrhein-westfälische Bodendenkmalpflege hat seit 1980 erkennbar an Profil gewonnen. Dies liegt nicht nur an der inzwischen unstrittigen Praktikabilität des Denkmalschutzgesetzes, das den Denkmalbehörden und Fachämtern als ‚Operationsbasis' dient, sondern auch an verschiedenen Verwaltungs- bzw. oberverwaltungsgerichtlichen Entscheidungen, die bis dahin Ungeklärtes klärten. So reicht es nach Auffassung der Gerichte z. B. in einem Unterschutzstellungsverfahren aus, die Existenz eines Bodendenkmals mit den herkömmlichen archäologischen Prospektionsmethoden (z. B. Oberflächenbegehung, Luftbild, Widerstandsmessung oder Erdradar), mit historischem Bild- und Kartenmaterial und entsprechenden Analogieschlüssen zu belegen; einer gezielten Ausgrabung – wie oftmals gefordert – bedarf es dazu nicht. Des weiteren wurden die Fachkompetenz und die fachliche Unabhängigkeit der Bodendenkmalpflegeämter in ihrer gutachterlichen Tätigkeit bestätigt. Selbst in der Frage der Nutzung von Bodendenkmälern bestehen jetzt keine Unklarheiten mehr, nachdem entschieden wurde, daß auch die Erhaltung eines Bodendenkmals zum Zwecke der Erfahrbarkeit und Anschauung sowie der späteren wissenschaftlichen Erforschung eine angemessene Nutzung im Sinne des Denkmalschutzgesetzes darstellt. Ferner lenken zwischenzeitlich auch die Fachämter selbst als Träger des öffentlichen Belangs die Aufmerksamkeit der Öffentlichkeit immer häufiger auf die Bodendenkmalpflege, indem sie deren Anliegen und Interessen bei den einschlägigen Planungen bzw. Maßnahmen weit wirkungsvoller als früher vertreten. Schließlich gibt es ein überall spürbares Mehr an Bodendenkmalpflege: Daß dem so ist, geht zunächst einmal zurück auf das Umweltverträglichkeitsprüfungsgesetz von 1990, wonach im Rahmen einer Umweltverträglichkeitsprüfung auch die Auswirkungen des geplanten Projektes auf die Bodendenkmäler zu untersuchen sind, des weiteren auf die administrativen

Festlegungen zur Kostentragungspflicht bei von einem Vorhabenträger verursachten archäologischen Maßnahmen gemäß § 36 VwVfG und schließlich auf die Richtlinien Stadterneuerung bzw. Straßenbau der jeweils zuständigen nordrhein-westfälischen Ministerien, die es ermöglichen, die Kosten der bei Stadterneuerungs- und Straßenbaumaßnahmen erforderlichen archäologischen Untersuchungen aus den hierfür zur Verfügung stehenden Mitteln zu finanzieren. Sicherlich haben aber auch die unbestreitbaren Leistungen der Bodendenkmalpflegeämter selbst und die auffällige Sensibilität der Bevölkerung und das breite bürgerschaftliche Engagement, wenn es um die archäologischen Zeugnisse unserer Vergangenheit im Boden geht, dazu beigetragen, daß die Bodendenkmalpflege in Nordrhein-Westfalen auch jenseits der Landesgrenzen keinen Vergleich zu scheuen braucht.

Das Denkmalschutzgesetz NRW ist vornehmlich auf den Schutz, die Erhaltung und die Pflege auch der Bodendenkmäler angelegt; sie sind ebenso wenig wie die Bau- und Kunstdenkmäler von vorneherein ‚Verfügungsmasse'. Dementsprechend formuliert sich die Bodendenkmalpflegepolitik des Landes: Bei allem geht es zunächst einmal nicht um das Ausgraben, sondern um das Erhalten von Bodendenkmälern. Selbst die gründlichste und wissenschaftlichste Ausgrabung bedeutet nämlich unwiderruflich ihre endgültige Zerstörung. Deshalb wurden in Nordrhein-Westfalen in den letzten Jahren im Einvernehmen mit den Bodendenkmalpflegeämtern nur noch Ausgrabungen mit Landesmitteln gefördert und durchgeführt, die dadurch notwendig geworden waren, daß die betreffenden Bodendenkmäler aus übergeordneten Interessen und gewichtigen Gründen nicht mehr erhalten werden konnten. Der wissenschaftliche Ertrag hat unter dieser Einschränkung offenkundig nicht gelitten. Mit ihren groß angelegten Untersuchungen zur Landschafts- und Siedlungsentwicklung in den Rheinischen Lößbörden, zur Sachsenfrage und zur Aufsiedlung Westfalens, zum Städtewesen zwischen Rhein und Weser und zur Technik-, Wirtschafts- und Industriegeschichte unseres Landes haben die Fachämter wichtige und vielbeachtete Wissenschafts- und Forschungsbeiträge geleistet. Deshalb besteht kein Anlaß, von der bisherigen

Hörstel / Kreis Steinfurt. Zisterzienserinnenkloster Gravenhorst (gegründet 1256). Gesamtansicht von Osten. Links im Bild das Back- und Brauhaus.

Praxis abzugehen. Reine Forschungsgrabungen werden hierzulande wohl auch zukünftig die Ausnahme bleiben.

Unter dem Aspekt eines wirkungsvollen Schutzes und einer dauerhaften Pflege bemüht sich Nordrhein-Westfalen seit langem schon ,Archäologische Reservate' einzurichten und auf diese Weise zumindest die wichtigsten Bodendenkmäler im Rheinland und in Westfalen in gleichsam öffentliches

Eigentum zu überführen und vor jeglicher Gefährdung zu bewahren. Im Grunde fing alles bereits im Jahre 1974 mit dem Archäologischen Park Xanten an, mit dem nicht nur ein Großteil der einzigen in der Folgezeit nicht überbauten Römerstadt nördlich der Alpen auf Dauer gesichert, sondern auch ein bedeutendes struktur- und wirtschaftspolitisches Signal am unteren Niederrhein gesetzt wurden. Hunderttausende von Besuchern ,pilgern' jährlich dorthin. Mit finanzieller Unterstützung der Nordrhein-Westfalen-Stiftung Naturschutz, Heimat- und Kulturpflege folgten unter anderem die Ammerter Mark in Heek / Kreis Borken mit ihrem weitgehend intakten jungsteinzeitlichen bzw. eisenzeitlichen Geländerelief, der gallo-römische Tempelbezirk *Varnenum* bei Aachen-Kornelimünster und auch das spätantike Kastell „Haus Bürgel" in Monheim-Baumberg / Kreis Mettmann. Zuletzt konnte das Gelände der vorgeschichtlichen bzw. frühmittelalterlichen Befestigungsanlage auf dem Tönsberg bei Oerlinghausen / Kreis Lippe käuflich erworben werden; derzeit laufen die Verhandlungen über den Ankauf der Flächen des römischen Doppellegionslagers *Vetera I* auf dem Fürstenberg bei Xanten / Kreis Wesel. Zunehmend bleiben archäologisch bedeutsame Areale, wie Burganlagen, Wall- und Grabenbereiche, historische Marktplätze oder Straßenverläufe auch aus städtebaulichen Gründen unangetastet. Nordrhein-Westfalen ist also mit seinen ‚Archäologischen Reservaten' – ob klein oder groß – auf gutem Wege.

Der Schutz- und Erhaltungsgedanke des Denkmalschutzgesetzes durchzieht einem roten Faden gleich auch die jährlichen Denkmalförderungsprogramme des Landes für die nordrhein-westfälische Bodendenkmalpflege. Schwerpunkte wie beispielsweise die Verfeinerung der archäologischen Prospektions- und Dokumentationsmethoden, die archäologischen Bestandserhebungen vor allem in den vom Bauboom besonders betroffenen historischen Innenstädten und die wissenschaftliche Aufarbeitung bislang noch unbearbeiteter und unpublizierter ‚Altgrabungen', wobei sich besonders die Zusammenarbeit der Bodendenkmalpflegeämter mit den einschlägigen Instituten der nordrhein-westfälischen Universitäten bewährt, bezeugen dies. So wurden z. B. über Jahre alle verfügbaren Planunterlagen zur Kölner Altstadt digitalisiert und ein umfassendes Geographisches Informationssystem (GIS) für das Ortsarchiv des Römisch-Germanischen Museums Amt für Bodendenkmalpflege der Stadt Köln erarbeitet. Dadurch haben sich die Zugriffsmöglichkeiten und die Verfügbarkeit der archäologischen Daten entscheidend verbessert. Mit Detmold, Paderborn, Rheda-Wiedenbrück, Warburg, Duisburg, Essen-Werden und Wesel hat sich der Kreis der Städte, die schon jetzt oder in naher Zukunft über die archäologische Situation in ihren Stadtkernen bestens unterrichtet sind bzw. sein werden, in letzter Zeit beträchtlich erweitert. In 1999 konnten mit der wissenschaftlichen Vorlage der Ergebnisse unter anderem die Ausgrabungen im Bereich der römischen Militäranlagen von Neuss und im Xantener Dom nach mehr als vierzig Jahren endlich abgeschlossen werden. Mit grundlegenden Beiträgen zu der Paderborner Jubiläumsausstellung „799 – Kunst und Kultur der Karolingerzeit. Karl der Große und Papst Leo III. in Paderborn" hat kürzlich auch die Aufarbeitung der dortigen Pfalzengrabung von 1964 bis 1970 schon ein beachtliches Zwischenergebnis erbracht.

Ziel solcher mit besonders hohem finanziellen Einsatz geförderten Maßnahmen ist es, den Kenntnisstand der Bodendenkmalpflegeämter weiter zu optimieren. Die Erfahrung lehrt nämlich, daß ein reiches archäologisches Wissen den Fachämtern Kompetenz und Autorität in allen bodendenkmalpflegerischen Angelegenheiten verleiht, den Städten und Gemeinden weitgehende Planungssicherheit bei ihren Bau- und Entwicklungsmaßnahmen gibt und im konkreten Falle das mit einer Berücksichtigung der Bodendenkmäler möglicherweise verbundene Konfliktpotential beträchtlich minimiert. Nicht zuletzt schützt es den Bürger vor oft unliebsamen und kostenträchtigen Überraschungen.

Eine vernünftige und zukunftsweisende Stadt- und Landesentwicklung ist nur mit und nicht gegen den Denkmalschutz und die Denkmalpflege möglich; sie allein verhindern, daß sich der Mensch in dem Neuen unter Umständen nicht mehr wiederfindet und seine Umgebung an Lebensqualität, Charme und Aura einbüßt. Bekanntlich schlagen erst die Bindungen an die Vergangenheit tragfähige und beständige Brücken in die Zukunft. Hier sind in erster Linie die Städte und Gemeinden, aber auch das Land als Planungsträger gefragt. Zunächst gilt es nämlich, denkmalverträglich planen zu wollen und dies auch wirklich zu tun. Dann geht es darum, der Denkmalpflege die Erfüllung ihrer Aufgaben zu ermöglichen. Im Falle der Bodendenkmalpflege heißt das, die Fachämter rechtzeitig an den Planungen zu beteiligen, bei allen

Lüdinghausen/Kreis Coesfeld. Burg Lüdinghausen von Süden (13. Jahrhundert). Die Burganlage geht vermutlich auf eine frühmittelalterliche (karolingische?) Turmhügelburg zurück.

Vorhaben und Maßnahmen die archäologische Substanz im Boden von vorneherein soweit wie möglich zu schonen und – sollte sie nach sorgsamer Abwägung der sonst noch obwaltenden öffentlichen und privaten Interessen doch zerstört werden müssen – den Bodendenkmalpflegeämtern zuvor ausreichend Zeit einzuräumen, das Abgehende angemessen auszugraben, wissenschaftlich zu untersuchen und zu dokumentieren sowie gegebenenfalls zu bergen. Trotz des bereits Erreichten und schon Praktizierten könnte hier noch manches verbessert werden. An die Stelle der allzu häufigen ‚Funkstille‘ zwischen Fachämtern und Kommunen, die immer wieder zu gegenseitigem Miß- und Unverständis führt, den selbstverständlichen Dialog und das zielorientierte Miteinander zu setzen, ist sicherlich auch eine der Zukunftsaufgaben der nordrheinwestfälischen Bodendenkmalpflege, zu deren Bewältigung auch das Land einiges beitragen kann.

Die Probleme in und mit der Bodendenkmalpflege werden nicht selten auf ‚Kompetenzwirrwarr‘ und Rechtsunsicherheiten zurückgeführt. Das verstehe, wer will! Wir haben in Nordrhein-Westfalen eigentlich weder das eine noch das andere. Das Denkmalschutzgesetz nennt klare Zuständigkeiten. Sein Vollzug obliegt den Städten und Gemeinden; den Denkmalpflegeämtern sind lediglich Gutachterfunktionen und andere fachliche Aufgaben zugewiesen. Diese Kommunalisierung des Denkmalschutzes und der Denkmalpflege macht aber nur dann Sinn, wenn sich die Kommunen insbesondere zu den ihnen gesetzlich auferlegten Pflichten auch tatsächlich bekennen und sie erfüllen. Häufig tritt man auf kommunaler Ebene allzu bereitwillig behördliche Entscheidungen an die Fachämter ab, die diesen als reiner Gutachterinstanz nicht zukommen. Hier bedarf es nicht zuletzt eines anderen Selbstverständnisses der Kommunen, das sich unter anderem auch in einer vermehrten Unterschutzstellung von Denkmälern durch die Städte und Gemeinden niederschlagen sollte. Nur die rechtskräftig geschützten Bodendenkmäler unterliegen den Bestimmungen des Denkmalschutzgesetzes. Insofern besteht Rechtssicherheit. Nach Angaben der Fachämter sind allerdings bislang kaum mehr als fünfzehn Prozent der Bodendenkmäler in Nordrhein-Westfalen gesetzlich geschützt; dies ist zu wenig. Hier muß sich in Zukunft noch einiges tun. Derzeit bewegen hauptsächlich wirtschaftliche und soziale Fragen Staat und Gesellschaft. Die Sorgen um die Erhaltung und Schaffung von Arbeitsplätzen und Wohnraum sowie den Umbau bzw. Ausbau der benötigten Infrastruktur in Stadt und Land bestimmen das Handeln von Politik und Verwaltung. Leere öffentliche Kassen und Investorenmodelle engen die staatlichen Einfluß- und Steuerungsmöglichkeiten zunehmend ein. Die Bedeutung des Denkmalschutzes und der Denkmalpflege als öffentlicher Belang tritt immer mehr zurück. Dies betrifft Bau- und Kunstdenkmalpflege wie Bodendenkmalpflege gleichermaßen. In dieser Situation müssen sich die Denkmalpflegeämter in ihrer Verantwortung für das Gemeinwohl umso mehr als selbstbewußte und zuverlässige Partner in anstehende Planungs- und Entscheidungsprozesse einbringen, in ihren Forderungen und bei ihrem Tun stets Transparenz und Bürgernähe zeigen, sich erkennbar von den Prinzipien der Verhältnismäßigkeit, der Angemessenheit und der Zumutbarkeit leiten lassen und gegebenenfalls zu Kompromissen bereit sein. Auf diese Weise können sie auch dem offenbar schier unausrottbaren, jedoch durch nichts belegten Vorurteil am wirkungsvollsten entgegentreten, Denkmalschutz und Denkmalpflege seien grundsätzlich von Übel, trieben nur die Kosten in die Höhe, verzögerten bzw. behinderten oder verhinderten gar jede Entwicklung zum Besseren in unserem Lande. Die Geradlinigkeit und der Realitätssinn der Denkmalpflegeämter werden letztendlich darüber entscheiden, ob die Bevölkerung Nordrhein-Westfalens die Bau-, Kunst- und Bodendenkmäler nach wie vor als identitätsstiftende, möglichst ungeschmälert der nächsten Generation zu überliefernde Zeugnisse der eigenen Geschichte begreifen und Denkmalschutz und Denkmalpflege ihren heutigen Stellenwert auch zukünftig behalten werden.

Bodendenkmalpflege im Rheinland

Harald Koschik

Auch diesmal fällt die Bilanz der archäologischen Neuentdeckungen im Arbeitsgebiet des Rheinischen Amtes für Bodendenkmalpflege – um dies hier schon vorwegzunehmen – positiv aus. Dies klingt schon fast selbstverständlich, denn Erfolge erwarten die breite Öffentlichkeit, der Arbeit- bzw. Auftraggeber und nicht zuletzt auch die Archäologen selbst, denen der ständige Zugewinn an Neuerkenntnissen zu weiterer Motivation verhilft. Dabei sollte man aber nicht auf den Gedanken kommen, archäologische Denkmalpflege wäre in den letzten Jahren einfacher geworden. Das genaue Gegenteil ist nämlich der Fall.

Die Schwierigkeiten setzen häufig schon in den Planungsverfahren ein, wo es gilt, die Beteiligten von Anbeginn partnerschaftlich zu beraten und von den Notwendigkeiten einer archäologischen Maßnahme zu überzeugen. Besonders bei den Verursachergrabungen, die auf Kosten des Planers oder des Bauherrn seit den frühen neunziger Jahren vermehrt durchgeführt werden – deren Anzahl übersteigt mittlerweile die der Grabungen des Fachamtes – ist es notwendig, im nicht immer leichten Konsens möglichst zu einer Lösung für das bedrohte Bodendenkmal zu kommen, bevor dann sozusagen im letzten Moment unter dem Druck der Vorschriften gehandelt werden muß.

Die Entwicklung der eigenen Möglichkeiten auf den verschiedenen Arbeitsfeldern des Rheinischen Amtes für Bodendenkmalpflege blieb nicht unbeeinflußt von den Einsparungen im öffentlichen Dienst, die seit 1995 verstärkt diskutiert und auch in die Tat umgesetzt worden sind. Die Auswirkungen sind besonders bei den sächlichen Betriebsmitteln spürbar, die gekürzt und angesichts beträchtlicher Kostensteigerungen zu außergewöhnlichen Anstrengungen bei der Bewältigung der anstehenden, stets im Übermaß vorhandenen Aufgaben zwingen. Kreatives Denken und wirtschaftliches Arbeiten können die offensichtlich zunehmende Verknappung der Mittel nicht ausgleichen, so daß schon jetzt die Beschränkung auf die allernotwen-

digsten Tätigkeiten unumgänglich ist. – Ähnlich stellt sich die Situation beim Personalbestand dar, der insgesamt stagniert und in der Regel kaum Kapazitäten bietet, die gewachsenen Aufgaben und Vorhaben des Amtes im Gelände oder am Arbeitstisch so glatt zu bewältigen, wie es die Planung vorgesehen hatte. Personelle Engpässe ließen sich in den vergangenen Jahren nur durch interne Umschichtungen beheben – mit der Folge, daß eben an anderer Stelle neue Probleme entstanden. Um das permanente Kapazitätsproblem unter wirtschaftsrelevanten und verwaltungsrechtlichen Aspekten zu klären und hier zu einem neuen Instrument in der Geländetätigkeit zu kommen, ist intensiv über das Modell eines Eigenbetriebes oder einer GmbH nachgedacht worden. Allerdings ließ sich dieser innovative, privatwirtschaftlich orientierte Weg dann doch nicht weiterverfolgen.

Im Zuge neuer Steuerungsmodelle, die in der öffentlichen Verwaltung zunehmend Gewicht erhalten, kam es auch im Fachamt in den Jahren 1996/97 zur Einführung sogenannter Produkte für die fünf hauptsächlichen Aufgaben: Archäologische Untersuchungen (Ausgrabungen und Prospektionen), Gutachten, Grabungsaufsicht bei Grabungen Dritter, Forschung und Entwicklung sowie Veröffentlichungen, Öffentlichkeitsarbeit. Zum einen soll dieses System bewirken, daß sich die betroffenen Kräfte des Amtes besser mit ,ihrem' Produkt und damit ihrem Tätigkeitsbereich identifizieren können, zum anderen wird es anhand möglichst verläßlicher Datenerhebungen bei der Erstellung eines Produkts zukünftig leichter sein, das Verhältnis von Aufwand zur Leistung genauer zu beurteilen.

Erfreuliches gibt es zur Lösung der Raumprobleme zu vermelden: Anfang 1995 übersiedelte die für das rheinische Braunkohlenrevier zuständige Außenstelle aus Niederzier-Hambach in den ehemaligen Coenen-Hof von Titz-Höllen, und im Frühjahr 1998 konnte die Außenstelle Xanten in die ehemalige Straßenmeisterei am gleichen Ort umziehen. Beide neuen Dienststellen waren zuvor nach Bedürfnissen der Archäologen sachgerecht umgebaut worden. Zuvor hatten bereits die Außenstellen Overath (1989) und Nideggen (1994) sowie die Amtszentrale in Bonn (1992) neue Dienstquartiere erhalten. Damit war es gelungen, alle Operationseinheiten des Rheinischen Amtes für Bodendenkmalpflege – sie waren weitgehend in unzulänglichem Provisorium untergebracht – in weniger als neun Jahren in neue Räumlichkeiten umzusetzen. Mit einem finanziellen Aufwand von insgesamt ca. 27 Millionen DM hat der Träger der Fachamtes, der Landschaftsverband Rheinland, hervorragende Rahmenbedingungen für die Arbeitsbewältigung geschaffen, die sich auch im bundesweiten Vergleich durchaus sehen lassen können.

Im Frühjahr 1999 sorgte die von der Landesregierung geplante Verwaltungsstrukturreform, bei der es unter anderem um den Fortbestand der Landschaftsverbände geht, für Aufregung auch unter den Beschäftigten des Rheinischen Amtes für Bodendenkmalpflege. Auch wenn sich derzeit abzeichnet, daß das Fachamt offensichtlich innerhalb eines weiter bestehenden Kulturdezernates beim Landschaftsverband Rheinland oder dessen Nachfolgeeinrichtung verbleiben wird und sich damit eine gewisse Beruhigung verbindet, so zeigt doch dieses Beispiel deutlich, welche Unwägbarkeiten die Arbeit der Archäologen in der Bodendenkmalpflege treffen und beeinflussen können. – Trotz aller Probleme und Sorgen ist aber diese Arbeit für den Berichtszeitraum sehr ertragreich ausgefallen, wie sich im folgenden zeigen wird. Dies muß die Beschäftigten des noch jungen Rheinischen Amtes für Bodendenkmalpflege, das mit dem Ablauf des Jahres 1996 auf sein 10jähriges Bestehen als selbständige Institution zurückblicken durfte, zufriedenstellen und ermutigen.

Bevor man die wichtigsten Funde und Ausgrabungen der vergangenen fünf Jahre Revue passieren läßt, sollte klar sein, daß diese oftmals spektakulären Aktivitäten sozusagen nur die Spitze des Eisbergs – gemessen an der Gesamtheit der Arbeit des Fachamtes – darstellen. Alle Geländetätigkeiten haben einen oftmals recht langwierigen und komplizierten Vorlauf, an dem die Arbeitsbereiche Denkmalschutz und Prospektion sowie nicht zuletzt die Verwaltung beteiligt sind.

In manchen Fällen geht ein wichtiger Einzelfund oder eine Grabung auf die Beobachtung eines der etwa 130 ehrenamtlichen Mitarbeiter des Rheinischen Amtes für Bodendenkmalpflege zurück, deren uneigennützige und verdienstvolle Zuarbeit nicht hoch genug zu schätzen ist. Dieser Helferstamm entwickelt auch eine Fülle von regional wirksamen Aktivitäten, so z. B. kleine Ausstellungen zu Düsseldorf-Gerresheim oder in Haus Morp bei Erkrath / Kreis Mettmann, Publikationen zur heimischen Vor- und Frühgeschichte sowie überhaupt viel akribische Kleinarbeit in Arbeitskreisen und Archiven. Und schließlich verrichten in den Städten Duisburg, Essen, Krefeld und Neuss die dort installierten kommunalen Archäologen die Bodendenkmalpflege ‚vor Ort' und nehmen dabei dem mehr als ausgelasteten Fachamt ein gutes Stück Arbeit ab (siehe S. 171 ff.).

Im folgenden werden in kurzer Form bemerkenswerte Grabungsergebnisse dargestellt, die sowohl bei der Geländearbeit des Amtes als auch bei Verursachergrabungen, die durch Grabungsfirmen ausgeführt worden sind, zu verzeichnen waren.

Erdgeschichte

Seit fast 10 Jahren gehört die paläontologische Denkmalpflege, die sich mit den Zeugnissen der Erdgeschichte befaßt, zum festen Bestandteil der Arbeit im Rheinischen Amt für Bodendenkmalpflege. Nachdem es 1996 gelungen war, auch die Inventarisierung aller paläontologischen Fundstellen in der Eifel abzuschließen, konnte in einer Sandgrube am Pimpelsberg bei Erkrath / Kreis Mettmann die erste Verursachergrabung dieser Fachrichtung durchgeführt werden. Untersucht wurde hierbei ein 30 Millionen Jahre alter Meeresstrand mit zahlreichen Fossilien. Im Jahr darauf waren in einem Steinbruch bei Wülfrath / Kreis Mettmann Höhlenfüllungen aus der Unterkreide-Zeit vor ca. 120 Millionen Jahren Ziel von gemeinsamen Forschungen mit dem Geologischen Landesamt Krefeld. Sie führten zur Entdeckung einer Fülle von zum Teil sensationell gut erhaltenen, mikroskopisch kleinen Pflanzenfossilien. Seit 1998 erbrachten paläontologische Grabungen im Zuge sog. linearer Projekte ungewöhnlich reiche Befunde, so

Wuppertal. Erdgeschichtlicher Aufschluß (Devon / Karbon, vor ca. 360 Millionen Jahren). Wissenschaftler diskutieren den Befund in der Trasse der Erdgasleitung.

Aachen. Jungsteinzeitlicher Feuersteinbergbau auf dem Lousberg. Bei Bauarbeiten durchgeschlagene Kalkfelsen mit Abbauspuren. Ca. 3600–3200 v. Chr.

z. B. in Gasleitungstrassen im Bergischen Land und besonders in der Eifel, wo unter anderem eine der ältesten geologischen Formationen der rheinischen Erdgeschichte mit einem Alter von etwa 400 Millionen Jahren zu ergraben war. Auch die Neubaustrecke der ICE-Verbindung Frankfurt–Köln bot im Rhein-Sieg-Kreis Anlaß zu weiteren paläontologischen Grabungen, deren Kosten auch hier vom Verursacher getragen wurden. Die reichhaltigen Funde aus verschiedenen Tunnelbauten von der Periode des unteren Devons vor etwa 400 Millionen Jahren bis ins ‚nur‘ 25 Millionen Jahre alte Tertiär belegen aber, daß sich aller Aufwand gelohnt hat.

Altsteinzeit

Die Zeit des Neandertalers vor etwa 80 000–100 000 Jahren eröffnete sich seit 1995 mit mittlerweile ganzjährig durchgeführten Flächengrabungen im Vorfeld der großen Tongrube in Mönchengladbach-Rheindahlen. In mühseliger Kleinarbeit konnten in einer Grabungsfläche von mittlerweile fast 1300 m² über 4600 Steingeräte entdeckt werden. Ganz anders als in dieser Freilandstation stellt sich die Situation an den Resten der Originalfundstelle im Neandertal bei Erkrath / Kreis Mettmann dar. Zur

genaueren Lokalisierung der schon im vergangenen Jahrhundert dem Kalksteinbruch zum Opfer gefallenen Höhlenfundstelle förderte eine kleine Sondagegrabung 1997 Sensationelles zutage: In den damals aus den Höhlen geräumten Schichtenresten fand sich jetzt unter anderem ein kleines Knochenfragment, das genau an die Bruchstelle eines Oberschenkelknochens des berühmten Neandertalers von 1856 paßte. Außerdem lassen andere Knochen auf die ursprüngliche Existenz eines weiteren Individuums schließen. Da der völlig verkommene, unansehnliche Ort dieses ‚Fundes der Weltarchäologie‘ in den nächsten Jahren zur Ergänzung des nahen Neandertal Museums hergerichtet werden soll, erscheinen weitere kleinflächige Sondagen angeraten.
Aus der gleichen Zeit vor ca. 50 000 Jahren stammt eine erstaunlich hohe Zahl von Faustkeilen, die zwar verlagert, aber doch im Bereich einer mittelpaläolithischen Fundstelle bei Jülich-Kirchberg / Kreis Düren im Vorfeld des Braunkohlentagebaus Inden zum Vorschein kam. In das Ende der Altsteinzeit, in das sog. Magdalénien etwa im 11. Jahrtausend v. Chr., datiert ein Fundplatz bei Geilenkirchen-Beeck / Kreis Heinsberg, der 1997 gegraben wurde und der eine Grube mit vielen Feuersteinartefakten enthielt.

Jungsteinzeit

Die große bandkeramische Siedlung mit verschiedenen Befestigungssystemen bei Erkelenz-Kückhoven / Kreis Heinsberg, bekannt als Fundort des wohlerhaltenen Holzbrunnens aus dem 51. Jahrhundert v. Chr., beschäftigte die Archäologen des Amtes kontinuierlich. Die Erweiterung der Kiesgrube macht alljährlich neue Grabungen notwendig, bei denen wiederum Siedlungsspuren in Form von Hausgrundrissen und Gruben angetroffen wurden. Außerdem gelang es, die Nordgrenze des Siedelplatzes nachzuweisen. Eine weitere ausgedehnte Siedlung der bandkeramischen Periode wurde 1996 bei Jülich-Bourheim / Kreis Düren prospektiert und ausgegraben.

Aus der mittleren Jungsteinzeit wurden Siedlungen bei Alsdorf-Höngen / Kreis Aachen, Swisttal-Miel / Rhein-Sieg-Kreis, Aachen-Verlautenheide und im Braunkohlentagebau Garzweiler-Süd aufgedeckt – letztere drei sind der sog. Rössener Kultur zuzuordnen. Ein ganz besonderer Fundort, nämlich das Flintsteinbergwerk auf dem Lousberg bei Aachen, das ebenfalls mitteljungsteinzeitlich zu datieren ist und somit als das älteste ‚Industriedenkmal' Nordrhein-Westfalens gelten darf, machte begrenzte Untersuchungen aufgrund von Umbauarbeiten am ehemaligen Wasserturm notwendig. Dabei erwies sich auch in diesem Bereich die Existenz einer sog. Ortsbrust, an der der Feuerstein in einer Zeit zwischen 3600 und 3200 v. Chr. abgebaut worden war.

Bronze- und Eisenzeit

Verfeinerte Beobachtungs- und Dokumentationsmethoden an den Fundstellen sowie detaillierte Analysen des Fundmaterials machen es inzwischen möglich, die vor wenigen Jahren meistens noch als ‚unbestimmt vorgeschichtlich' deklarierten Keramikreste den Metallzeiten etwas genauer zuzuordnen. Schon während der Prospektion ist es wichtig, auf derartige Befunde besonders zu achten, damit man bei den nachfolgenden Ausgrabungen die nach wie vor noch verhältnismäßig seltenen Plätze der vorrömischen Metallzeiten mit der nötigen Sorgfalt behandeln kann. In diesem Sinne erzielte

das 1996 abgeschlossene, von der „Stiftung zur Förderung der Archäologie im rheinischen Braunkohlenrevier" finanzierte große Forschungsprojekt der Universität Köln in der Talaue der Inde zwischen Inden und Kirchberg / Kreis Düren besonders für die Kenntnis metallzeitlicher Siedlungen hervorragende Ergebnisse. Dort konnten zahlreiche Fundstellen prospektiert und sondiert werden, so daß rechtzeitig vor der Erweiterung des Braunkohlentagebaus Inden gezielte Ausgrabungen möglich sein werden.

Die Reste einer Siedlung der späten Urnenfelderzeit ließen sich in Titz-Ameln / Kreis Düren nachweisen. Die Eisenzeit ist für den Berichtszeitraum mit einer ganzen Reihe von Befunden belegt. Zumeist handelt es sich hierbei um Siedlungen, deren Charakter – z. B. Bauweisen und Ausmaß der Örtlichkeiten – in aller Regel nicht näher bestimmt werden kann. Solche Fundpunkte liegen vor in Wegberg-Beeck / Kreis Heinsberg, Kerpen-Sindorf / Erftkreis, Pulheim-Brauweiler / Erftkreis, Jüchen-Neuholz / Kreis Neuss, Swisttal-Miel / Rhein-Sieg-Kreis und Bonn-Vilich. Immerhin ließ sich bei Jülich-Bourheim / Kreis Düren ein guter Teil einer durch Graben – und wohl ebenfalls durch einen Wall – befestigten großen Hofanlage der jüngeren Latènezeit, etwa aus dem 2. vorchristlichen Jahrhundert, freilegen. Auch aus Siedlungsstellen, die in verschiedenen Perioden der Vor- und Frühgeschichte belegt waren, sind eisenzeitliche Relikte bekannt, so aus der Fläche des „Post-Carré" in der Bonner Innenstadt, aus dem Reeser Bruch / Kreis Kleve und jüngst aus der Gastrasse Köln-Wesseling. Ein früheisenzeitlicher Holzkastenbrunnen konnte im Braunkohlentagebau Garzweiler-Nord untersucht werden, wo 1997 nach 10 Jahren die äußerst ertragreichen Grabungen im Elsbachtal zum Abschluß kamen. In Zülpich / Kreis Euskirchen wurde eine Mergelgrube mit ebenfalls früheisenzeitlichem Fundmaterial angeschnitten. In die späte Eisenzeit und frührömische Zeit konnte eine Wallanlage bei Hennef-Bennerscheid / Rhein-Sieg-Kreis datiert werden, die im Zusammenhang mit der Bleigewinnung in unmittelbarer Nähe zu sehen ist.

Gräberfelder der Eisenzeit waren in Swisttal / Rhein-Sieg-Kreis, in Goch-Kassel / Kreis Kleve und

Straelen / Kreis Wesel. Eisenzeitliches Grabhügelfeld. Spuren der Hügeleinfassungen. Kreis- und Langgraben. Ca. 500 v. Chr.

in Straelen / Kreis Wesel Ziel von Grabungen oder Sondagen. In Straelen mußten zwischen 1995 und 1997 rund 10 000 m² des schon seit längerem bekannten Friedhofs der niederrheinischen Grabhügelkultur untersucht werden, darunter 31 Grabanlagen, von denen sich die Kreisgräben mit Durchmessern von 4 bis 14 m erhalten haben. Die nur seicht eingetieften Urnen enthielten verhältnismäßig bescheidene Beigaben, z. B. einen Tonbecher und einen eisernen Armring.

Römische Zeit

Es darf nicht verwundern, wenn die überwiegende Menge an Fund- und Erkenntniszuwachs auch innerhalb dieses Berichtszeitraums für die römische Epoche zu vermelden ist. Im Ballungsraum des römischen Rheinlandes waren die Militäranlagen an der Rheingrenze weiterhin Ziel von z. T. recht umfangreichen Untersuchungen. So machten Bauarbeiten zwischen 1996 und 1998 wiederum Sicherungsgrabungen im Legionslager von Bonn notwendig, wobei Befunde an der Kastellumwehrung sowie Backöfen zutage kamen. Jenseits des Rheins

21

Hennef-Bennerscheid / Rhein-Sieg-Kreis. Wallanlage der späten Eisenzeit und frührömischen Zeit. Grabungsschnitt durch Wall und Graben. 2. Hälfte 1. Jahrhundert v. Chr.

wurden in Bonn-Vilich die Spuren eines bisher völlig unbekannten römischen Lagers entdeckt, das zu Übungszwecken angelegt worden war. Fortgesetzte Ausgrabungen im Kastell von Dormagen / Kreis Neuss bis 1998 betrafen weitere Reste der zuvor entdeckten spätantiken Kleinfestung sowie die Innenbebauung des Kastells. Hier galt die Aufmerk-

samkeit besonders dem Bereich der *principia*, dem Verwaltungsgebäude. Dort stieß man unter anderem auf die Reste einer in den hiesigen Provinzen des Römischen Reiches recht seltenen Gesichtsmaske eines Reiterhelms, die interessanterweise aus fast reinem Kupfer hergestellt war (siehe S. 265 f.). Ein Weihestein an die Göttin Fortuna Conservatrix

Jülich-Kirchberg / Kreis Düren. Römischer Gutshof (villa rustica). Grundmauern des Hauptgebäudes. 1.–4. Jahrhundert n. Chr.

gehört ebenfalls zu den außergewöhnlichen Fundstücken. Fortgesetzt wurden von der Universität Köln 1996 die Ausgrabungen im spätrömischen Kleinkastell von Monheim-Baumburg / Kreis Mettmann, wobei unter anderem ein kleiner Münzschatzfund ans Tageslicht gefördert wurde. Interessante Erkenntnisse lieferte die Freilegung einer ca.

350 m langen Strecke des ‚nassen' Limes bei Xanten-Lüttingen / Kreis Wesel. Dort konnten die römerzeitliche Uferrandbefestigung und die Fundamente eines älteren, gemauerten Wachtturmes des 2. Jahrhunderts sowie die eines jüngeren Turms aus dem 4. Jahrhundert n. Chr. nachgewiesen werden, der als Holzbau auf acht massiven Pfosten gegrün-

Moers / Kreis Wesel. Römisches Gräberfeld des Kastells Duisburg-Asberg (Asciburgium). Beigaben einer Brandbestattung in Fundlage. 1. Jahrhundert n. Chr.

det war. Eine größere Flächengrabung in der römischen Siedlung von Kleve-Rindern / Kreis Kleve erbrachte zwar zahlreiche Baurelikte, führte aber nicht zum Nachweis des römischen Militärstandortes *Arenatium*, der hier vermutet wird.

In den Lagervorstädten römischer Militärstützpunkte mußten ebenfalls Sicherungsgrabungen durchgeführt werden. Sie betrafen die bereits bekannte Legionsziegelei in Xanten / Kreis Wesel und vor allem die Garnisonssiedlung von Bonn, wo vor dem Kastell Speicherbauten des 1. und 3. Jahrhunderts freigelegt wurden. Der Neubau der Bonner Stadtwerke machte 1995 intensive Untersuchungen einer römischen Hinterhofbebauung notwendig. Dabei waren unter dem durch die Franken verursachten Zerstörungshorizont des Jahres 275 n. Chr. überaus bemerkenswerte Befunde und Funde festzustellen. So stieß man auf Kalköfen, Abfallgruben einer beinverarbeitenden Werkstatt, eine Darre und auf gut erhaltene Überbleibsel einer Garküche (siehe S. 314f.). Das große Bauvorhaben am Amtsgericht Bonn förderte – nur von wenigen erwartet – im Uferbereich der Gumme, einem in römischer Zeit bestehenden Altrheinarm, die Reste von über einem Dutzend Töpferöfen aus der 1. Hälfte des 1. nachchristlichen Jahrhunderts ans Tageslicht (siehe S. 312f.).

Wie zuvor, war auch seit 1995 eine ganze Reihe von landwirtschaftlichen Anwesen der Römerzeit das Ziel archäologischer Prospektionen und Ausgrabungen. Grabungsorte derartiger *villae rusticae* waren im Kreis Neuss Dormagen-Nievenheim, Jüchen-Hochneukirch, Neuss-Meertal und innerhalb des Braunkohlentagebaues Garzweiler; im Kreis Düren Jülich-Kirchberg, Titz-Ameln, Niederzier-Steinstraß und Zülpich-Sinzenich; im Erftkreis Elsdorf-Heppendorf, Elsdorf-Giesendorf, Elsdorf-Esch, Pulheim-Sinnersdorf und Erftstadt-Dirmerzheim und im Rhein-Sieg-Kreis Rheinbach, Bornheim-Sechtem und Alfter-Oedekoven. Die Menge von Untersuchungen in solchen, im Rheinland zahlreich vorhandenen Fundstätten sollte nicht dazu verleiten, Villengrabungen als etwas Alltägliches und wenig Aussagekräftiges zu betrachten. Das genaue Gegenteil ist der Fall. So läßt die Pfostenbauweise verschiedener römischer Anwesen im Tagebau Garzweiler auf überlieferte einheimische Bautechniken schließen. Aus der Anlage der Baulichkeiten von Dormagen-Nievenheim könnte ein römisches Gestüt rekonstruiert werden. Die zu den Bauernhöfen gehörigen Brunnen stellen oft eine wahre Fundgrube dar: In Jülich-Kirchberg, einem vergleichsweise luxuriös ausgestatteten Landgut und in der weitläufigen Anlage von Titz-Ameln konnten aus der Tiefe ansehnliche Bruchstücke von Juppiter-(Giganten-)Säulen geborgen werden (siehe S. 285ff.), an letzterem Ort sogar der Rest einer Syrinx, einer der selten erhaltenen römischen Flöten. Aus einem von vier Brunnen mit bemerkenswerten Tiefen von 30 m in einem Villenareal im Tagebau Garzweiler bei Bedburg-Königshoven / Erftkreis stammen vier eiserne Glocken – die größte etwa 14 cm hoch –, die vielleicht als Weihegaben versenkt worden waren. 1997 konnte die Untersuchung der zu einer spätrömischen Glashütte umgenutzten *villa rustica* bei Elsdorf-Heppendorf abgeschlossen werden. Die Produkte dieser Manufaktur in der Nähe der antiken Fernstraße Köln–Tongeren fanden sich als Grabbeigaben im benachbarten ebenfalls untersuchten Friedhof, in dem die Glasbläser beigesetzt waren (siehe S. 298ff.). Ein weiterer Werkplatz für Glasherstellung wird seit 1998 bei der *villa rustica* von Elsdorf-Esch erforscht.

Elsdorf-Eschergewähr / Erftkreis. Gebäude- und Tempelgrundrisse (Tempelbezirk) nördlich der Römerstraße Köln–Jülich–Tongeren. 2./3. Jahrhundert n. Chr.

Friedhöfe als Spiegel des Lebens waren in Zülpich / Kreis Düren, in Moers / Kreis Wesel, in Xanten / Kreis Wesel, Tönisvorst-Vorst / Kreis Viersen, in Bergheim-Thorr / Erftkreis und in Bonn durch Bauarbeiten bedroht und mußten daher zumindest in Teilen untersucht werden. Das spätantike Gräberfeld westlich des Bonner Legionslagers überraschte 1999 durch etwa 270 Körperbestattungen, von denen die meisten unberaubt auf uns gekommen sind. Das zum Kastell *Asciburgium* in Duisburg-Asberg gehörige Brandgräberfeld wird ebenfalls seit 1999 ausgegraben, um den Raubgräbern, die diesen Fundort seit Jahren heimsuchen, endlich das Handwerk zu legen. Weitere einzelne Grabkomplexe der zumeist kleineren Gräberfelder von römischen Villen wurden beispielsweise in Rheinbach / Rhein-Sieg-Kreis, bei Elsdorf / Erftkreis, Jülich-Königshäuschen (siehe S. 308 ff.) und Jülich-Pattern / Kreis Düren (siehe S. 296 f.) sowie in Kerpen-Blatzheim / Erftkreis und im Tagebau Garzweiler-Süd / Kreis Neuss untersucht. Vom üblichen Schema der oft schlichten, wenn nicht ärmlichen Grabausstattung heben sich z. B. auch das Steinkistenbrandgrab von Jülich-Pattern mit seinem qualitätvollen Silbergeschirr ebenso ab wie die höchst bemerkenswerten Bernsteinfiguren aus einem Grab von Elsdorf / Erft-

Elsdorf-Heppendorf / Erftkreis. Römische Glasmanufaktur in ehemaliger villa rustica. Grabungsschnitt durch das Postament eines Glasschmelzofens. 2. Hälfte 4. Jahrhundert n. Chr.

kreis (siehe S. 290 ff.). Um einen Sonderbefund handelt es sich zweifellos bei den Bauwerken mit kultischem Charakter unmittelbar an der römischen Straße im Braunkohlentagebau Hambach bei Elsdorf / Erftkreis. Von dort stammt der Kopf einer römischen Göttinnenstatue (siehe S. 318 f.). Ebenfalls nicht alltäglich ist ein offenbar als Halbfabrikat in den Boden gekommener Matronenstein, der im nahegelegenen Buntsandsteinbruch ‚Katzensteine‘ bei Mechernich-Satzvey / Kreis Euskirchen hergestellt worden ist.

An den römischen Straßen wurden zur besseren Kenntnis ihrer Bauweise und Trassierung in Mechernich, Kall-Urft und Nettersheim / Kreis Euskirchen Sondagen vorgenommen. Eine weitere willkommene Bereicherung unseres Wissens über das römische Straßenwesen vermittelten die Funde zweier Meilen- bzw. Leugensteine an besagter Römerstraße Köln–Tongern bei Elsdorf / Erftkreis, die erstmals an ihrem ursprünglichen Standort entdeckt wurden. Aus dieser Position können die Standorte weiterer römischer Meilensteine erschlossen werden (siehe S. 322 f.).

An mehreren Stellen im Rheinland stießen die Archäologen wieder auf Spuren römischer Wasserlei-

tungen in unterschiedlicher Dimension und Bauweise. Der große Wasserkanal aus der Eifel nach Köln wurde wiederum im Zuge von Baumaßnahmen bei Euskirchen-Palmersheim und Kall / Kreis Euskirchen sowie bei Hürth-Hermülheim / Erftkreis angeschnitten.

Zur Besiedlungsgeschichte der römischen Kaiserzeit im ‚freien Germanien‘ rechts des Rheins lieferte die Prospektion und Ausgrabung eines Dorfes oder Weilers bei Leverkusen-Schlebusch 1995/96 wertvolle Hinweise. Demnach hatten wohl drei Generationen germanischer Siedler während des 2. nachchristlichen Jahrhunderts im Grenzland auf einer flachen spornartigen Erhebung über dem Flüßchen Dhünn gelebt und diesen Ort – nach den Funden zu urteilen – spätestens um 200 n. Chr. planmäßig aufgegeben.

Frühmittelalter

Das frühe Mittelalter etwa vom Ende des 5. Jahrhunderts bis in die Zeit um 700 n. Chr. gibt sich im Rheinland erneut vorrangig durch Grabfunde aus den fränkischen Reihengräberfriedhöfen zu erkennen. Die ertragreichen Untersuchungen im Reihengräberfeld von Wesseling / Erftkreis konnten 1995 abgeschlossen werden (siehe S. 370 ff.), neue Ausgrabungen fanden statt in Niederkassel-Rheidt / Rhein-Sieg-Kreis, Bonn-Oberkassel (siehe S. 365 ff.), Langerwehe / Kreis Düren, Brühl-Vochem / Erftkreis (siehe S. 373 f.) und in Duisburg-Rheinhausen. Vergleichsweise reiche und außergewöhnliche Grabbeigaben überraschten im Friedhof von Brühl-Vochem, der bei Bauarbeiten neu entdeckt wurde, und in Bonn-Oberkassel. Das seit der Römerzeit belegte Gräberfeld von Krefeld-Gellep gehört offensichtlich zu den größten des fränkischen Kulturkreises: Inzwischen sind fast 6300 Gräber planmäßig untersucht worden. Siedlungsspuren der Frankenzeit aus dem 6. Jahrhundert konnten in Duisburg-Huckingen belegt werden.

Bonn-Oberkassel. Fränkisches Gräberfeld. Ausgrabung, im Vordergrund Steinplattengräber. 6./7. Jahrhundert n. Chr.

Städte und Dörfer, Burgen und Schlösser

Sicherungsgrabungen, besonders in den Altstädten, gehören zum Alltag der archäologischen Denkmalpflege, da in den Städten des Rheinlandes Planungsdruck und Bauaktivitäten nach wie vor sehr hoch sind. Aus der Vielzahl solcher Befunde sollen hier nur diejenigen vom „Post-Carré" in Bonn, aus Xanten / Kreis Wesel und von der Stadtbefestigung in Brüggen / Kreis Viersen angeführt werden. Ein akribisch ermittelter Fundplatz mit karolingischer Keramik in Hilden / Kreis Mettmann belegt eine frühe Besiedlung schon im späten 9. Jahrhundert.

In Goch-Kessel / Kreis Kleve kamen die Reste einer mittelalterlich-frühneuzeitlichen Hofanlage ans Tageslicht, des weiteren konnten die mehrjährigen Dorfkernuntersuchungen in Aldenhoven-Pattern / Kreis Düren abgeschlossen werden. In Niederkassel-Rheidt / Rhein-Sieg-Kreis fanden sich Belege für die hochmittelalterliche Siedelphase des Dorfes in Form von Grubenhäusern des 13. Jahrhunderts. Burgen und Schlösser als befestigte Sitze des Adels waren häufiges, jedoch unterschiedlich arbeitsintensives Ziel der rheinischen Bodendenkmalpflege. Hervorzuheben sind hier die von 1997 bis 1999 mit maßgeblicher Unterstützung der „Stiftung zur För-

Kall-Urft/Kreis Euskirchen. Altstraße. Geländeeinschnitt am Nordhang des Urfttales zwischen Kall und Nettersheim.

derung der Archäologie im rheinischen Braunkohlenrevier" durchgeführten Ausgrabungen in der Burg Reuschenberg bei Elsdorf/Erftkreis. Hier gelang es erstmalig, eine Burganlage weiträumig und in allen Teilen komplett zu untersuchen und so eine Fülle neuer Einblicke besonders in die bislang unbekannte frühe Entstehungszeit dieser landestypischen Burg zu erhalten, die nun dem Tagebau Hambach weichen mußte (siehe S. 421 ff.). Mehr oder weniger große Bereiche der Architektur von Vorgängerbauten wurden sondiert oder ergraben

in Mönchengladbach-Schloß Wickrath und Schloß Rheydt, in Overath / Rheinisch-Bergischer Kreis und in Schloß Homburg bei Nümbrecht / Oberbergischer Kreis. An letzterem Ort stieß man 1999 auf die Fundamente von bislang völlig unbekannten Rundtürmen aus dem 11. / 12. Jahrhundert.
In einer anderen Art von Befestigung wurde 1998 in Jülich gegraben. Hier fanden im Rahmen der Vorbereitung der Landesgartenschau Untersuchungen im napoleonischen Brückenkopf am Erftübergang statt.

Kirchen und Klöster

Häufig erweist es sich als Trugschluß zu glauben, die Entstehungs- und Baugeschichte der Kirchen und Klöster im Rheinland sei schon aufgrund der Archivunterlagen gut bekannt und dokumentiert. Vielmehr verschaffen erst die archäologischen Ausgrabungen – meist im Vorfeld von Bau- und Sanierungsmaßnahmen aller Art – Klarheit über die bauliche Entwicklung und ganz besonders über den allerersten Vorgängerbau. Sakralbauten haben nämlich mitunter eine komplizierte Historie, deren Anfänge häufig im Dunkel von Legenden und Vermutungen liegen. Einen Sonderfall stellen die Forschungen in der Pfarrkirche St. Clemens in Inden / Kreis Düren dar, die samt dem umgebenden Ort der Erweiterung des Braunkohlentagebaus zum Opfer fallen wird. Seit 1998 ist es hier mit Hilfe der „Stiftung zur Förderung der Archäologie im rheinischen Braunkohlenrevier" möglich, das in seinen Ursprüngen ebenfalls völlig unerforschte Gotteshaus vollständig und mit der nötigen Sorgfalt zu untersuchen.

Die Erneuerung einer Heizung in der bekannten Doppelkirche St. Klemens in Bonn-Schwarzrheindorf erforderte archäologische Begleitung, bei der unter anderem Beobachtungen an Sarkophagen gelangen, die Erzbischof Arno von Wied und seiner Schwester Hedwig zugeschrieben werden. Bauarbeiten waren auch die Auslöser von Grabungen und Sondierungen in den Klosterkirchen und Klosterbauten von Aachen-Kornelimünster, Düsseldorf-Gerresheim, Bonn-Vilich sowie im Dom von Odenthal-Altenberg / Rheinisch-Bergischer Kreis und in der Abtei von Siegburg / Rhein-Sieg-Kreis. Auch hier wurden Reste von Vorgängerbauten und – wie in Kornelimünster und Gerresheim – auch Teile der Klosterfriedhöfe angeschnitten. Im Keller der Siegburger Abtei stieß man auf Mauerwerk von mindestens fünf Bauperioden seit dem hohen Mittelalter.

Töpfereien

Die Spuren des für das Rheinland im Mittelalter bis in die Neuzeit typischen Töpferhandwerks fanden sich während des Berichtszeitraums in hoher

Frechen / Erftkreis. Töpfereibezirk. Reste eines Töpferofens. Um 1600.

Quantität und Qualität. Die ältesten Zeugnisse, vier Töpferöfen aus karolingischer Zeit, wurden in einem Baugrundstück in Bornheim-Walberberg / Rhein-Sieg-Kreis ausgegraben. Aus dem 12. und frühen 13. Jahrhundert stammen zwei Brennöfen außerhalb des bekannten Töpfereibezirks von Siegburg / Rhein-Sieg-Kreis. In Brüggen-Oebel / Kreis

Waldbröhl-Hoff / Oberbergischer Kreis. Reste eines Rennfeuerofens. 12./13. Jahrhundert.

Viersen lieferten Tonentnahmegruben und Töpferöfen formenreiches Material, das ins 13. Jahrhundert datiert werden kann (siehe S. 410 f.). Auch in Brühl / Erftkreis waren mittelalterliche Brennöfen zu untersuchen. In einem Töpferofen aus dem 15. bis 16. Jahrhundert in Rheinbach-Flerzheim / Rhein-Sieg-Kreis entdeckte man ein offenbar als Verwahrfund verborgenes Metallgefäß und eine Sturmhaube (Schallern). Schließlich mußten allein in Frechen / Erftkreis sechs Brennöfen ausgegraben bzw. dokumentiert werden, von denen sich einer mit beachtlichen Ausmaßen von 6 m Länge und fast 3 m Breite auch durch seine besonders gute Erhaltung auszeichnete. In ihm wurde um 1600 Steinzeug gebrannt.

Bergbau und Schmieden

Schwerpunkt der sog. Montanarchäologie war das Bergische Land. Hier gelang es, anhand von Prospektionen, Sondagen und regelrechten Ausgrabungen weit in die Frühzeit des Bergbaus auf verschiedene Metallerze vorzudringen. So sind Zeugnisse des Bergbaus – vorrangig auf Blei und Silber – bereits aus dem 10. / 11. Jahrhundert bekannt. In den vergangenen Jahren gelang es mit gezielten Forschungen und Sondagen im Oberber-

gischen Kreis, eine ganze Reihe von Bergwerken und zugehörigen Bergknappensiedlungen des 12. und 13. Jahrhunderts zu identifizieren. Seit dem 16. Jahrhundert wurde in der Grube Walpot in Lohmar-Deesem / Rhein-Sieg-Kreis Kupfer abgebaut und verhüttet. Die Freilegung des Stollens führte zum Nachweis einer vierperiodigen Nutzung seit dem Spätmittelalter – bislang war er durch historische Quellen nur für die jüngere Vergangenheit (bis ins 19. Jahrhundert) belegt. In Waldbröl-Hoff / Oberbergischer Kreis wurden die Überreste eines sog. Rennfeuerofens freigelegt, in dem im Mittelalter Eisenerz verhüttet worden war.

Sonder(be)funde

Die Kleinstadt Blankenheim / Kreis Euskirchen – sonst nicht gerade ein Brennpunkt archäologischer Aktivitäten – zeichnet gleich für zwei recht ungewöhnliche Entdeckungen verantwortlich: 1997 stieß man bei Bauarbeiten in einem Keller auf ein Kupferbecken mit 259 Silbermünzen aus der Zeit zwischen 1681 und 1779 (siehe S. 434 f.). Der andere Sonderfall betrifft ein bemerkenswertes technikgeschichtliches Denkmal aus dem späten Mittelalter. Im Winter 1997 / 98 gelang es, ein bislang undefiniertes Bauwerk im Hintergelände der Burg Blankenheim als großvolumiges Wasserreservoir zu identifizieren. Zugehörig ist eine knapp 1 km lange Wasserleitung mit einem über 150 m langen Aquädukttunnel, dessen verfallene Bauschächte sich als Trichter im Gelände gut abzeichnen. Ausweislich der Dendrodatierung von Resten der Holzleitung wurde die Anlage 1468 zur Versorgung der Burg Blankenheim gebaut.

Sonstige Aktivitäten

Im folgenden soll weniger von den Dingen des Amtsbetriebes die Rede sein, die zum allgemeinen und grundsätzlichen Tagesgeschäft gehören – so beispielsweise von der immensen Arbeit in Sachen des rechtlichen Denkmalschutzes. Hier ist das Amt – nach den Zahlen der letzten Jahre – an etwa 7000 Planungsverfahren jährlich beteiligt, die alle ein

Bonn-Vilich. Adelheidsstift. Reste älterer Stiftsgebäude. Fundamente des Westflügels. 12. / 13. Jahrhundert.

besonderes und häufig recht aufwendiges Prüfungsverfahren bis hin zu prospektiven Maßnahmen und in der Hälfte dieser Fälle eingehende Stellungnahmen zum Schutz der betroffenen Bodendenkmäler nach sich ziehen.

Der Erwähnung an dieser Stelle bedürfen zuerst gewiß einige umfangreiche Prospektionsvorhaben, die allesamt von grundsätzlicher Bedeutung sind und für die zukünftige Arbeit des Fachamtes modellhaften Charakter haben. Hier ist zunächst der Abschluß des Projektes Rheinbacher Lößplatte 1998

zu vermelden, bei dem in einem Gebiet von 36 km² über einen Zeitraum von fünf Jahren archäologische Stätten mit allen verfügbaren Mitteln der Prospektion erkundet und auf ihre Aussagefähigkeit – nicht zuletzt auch auf den Bezug zur umgebenden Landschaft – bewertet worden sind. Einer kritischen Betrachtung unterlagen dabei auch die eingesetzten Mittel der archäologischen Prospektion. Die Ergebnisse werden in Kürze veröffentlicht. Eine zweite große Maßnahme liegt in der von der „Stiftung zur Förderung der Archäologie im rheini-

schen Braunkohlenrevier" finanzierten Modellpro-
spektion Inden II vor, die nach fünfjähriger Dauer
im Jahr 2000 abgeschlossen ist. Hier wurden für die
Erweiterung des Tagebaus Inden neue technische
Mittel und Methoden – besonders geophysikalische
und EDV-gestützte – entwickelt und erprobt und
dabei gleichzeitig Kenntnisse über Fundstellen gewonnen, um rechtzeitig vor den Braunkohlenbag-
gern die wichtigsten Stätten ausgraben zu können.
Seit 1994 schließlich wird an der deutsch-niederländischen Grenze im Raum zwischen Goch/Kreis
Kleve und Gennep/Niederlande das sog. Projekt
Niers-Kendel durchgeführt, und zwar zeitweilig
gefördert von der Europäischen Gemeinschaft innerhalb des „Operationellen Programms für die
Regio Rhein-Waal im Rahmen der INTERREGIO"
(= INTERREGIO II) und in Zusammenarbeit mit
den niederländischen Kollegen vom Rijksdienst for
het oudheidkundig Bodemonderzoek in Amersfoort
und des Instituts voor Pre- en Protohistorische Ar-
cheologie Albert Egges van Giffen der Universität
Amsterdam. Hier sollten in einem vergleichsweise
wenig erforschten Gebiet archäologische Daten gewonnen werden, um diese im Abgleich mit den
Unterlagen auf niederländischer Seite zukünftig
unter anderem auch bei grenzübergreifenden Planungen nutzen zu können.

Eine wertvolle, nicht hoch genug zu schätzende
Hilfe erfuhr die Bodendenkmalpflege im Rheinland
wiederum durch die schon mehrfach erwähnte
„Stiftung zur Förderung der Archäologie im rheinischen Braunkohlenrevier". Bevorzugte Förderpro-
jekte waren Prospektionen, Grabungen, Auswer-
tungen in Form von Magister- und Doktorarbeiten
sowie deren Veröffentlichung. Finanziell unterstützt wurde zuletzt auch der Ausbau des Dachge-
schoßes der Außenstelle Titz, Ortsteil Höllen, um
damit ein zentrales Quartier für die ständigen Geländearbeiten der Stiftung in den drei rheinischen
Braunkohlentagebauen zu schaffen. Bis zum Jahr
2000, in dem die Stiftung ihr zehnjähriges Bestehen
feiern kann, hat sie aus ihrem mittlerweile auf fast
31 Millionen DM aufgestockten bzw. angewachse-
nen Stiftungskapital insgesamt 11,3 Millionen DM
des Zinsertrags für archäologische Maßnahmen be-
willigt – fast die Hälfte für Projekte des Rheinischen
Amtes für Bodendenkmalpflege. Die Öffentlichkeit

kann sich jedes Jahr im Sommer von der Leistungs-
fähigkeit der Stiftungsarbeit ein eigenes Bild machen, wenn zum „Tag der Archäologie im rheinischen Braunkohlenrevier" in die Außenstelle Titz
eingeladen wird, wo ein buntes Programm mit Grabungsführungen und Demonstrationen der Ar-
chäologenarbeit abläuft. 1999 konnten über 1600
interessierte Besucher gezählt werden.

Einer weiteren Stiftung verdankt die rheinische
Archäologie vieles: Die „Nordrhein-Westfalen-Stiftung. Naturschutz, Heimat- und Kulturpflege" erwies sich erneut als verständnisvoller Helfer und
bewilligte 1998 die Mittel für den Ankauf der
Grundstücksflächen des römischen Zweilegionenlagers Vetera I auf dem Fürstenberg bei Xanten/
Kreis Wesel. Das 56 ha große Gelände, das derzeit
als Ackerland genutzt wird und an vielen Stellen
durch beständige Erosion sowie durch Raubgräber
bedroht wird, soll nach der mittel- bis langfristigen
Eigentumsumwandlung – Verkauf und Tausch der
Grundstücke erfolgen selbstverständlich freiwillig
– denkmalverträglich genutzt und in ein archäolo-
gisch-kulturlandschaftliches Reservat umgewan-
delt werden. Durch geeignete Bepflanzungen sollen
die Lagerumwehrung und ihre Tore sichtbar
gemacht werden. Ein Aussichtsturm sowie Informationstafeln und Schaubilder an markanten
Punkten werden den Besuchern von morgen Übersicht und Einblick in ein hochrangiges archäologisches Denkmal verschaffen. Hier noch nebenbei:
Seit einigen Jahren läuft im Lagerbereich ein sog.
Immissions-Monitoring ab. Dabei wird mit einem
Meßverfahren versucht, den Umwelteinflüssen auf
den Grund zu gehen, die offensichtlich für die seit
Jahrzehnten zu beobachtende rapide Verschlechte-
rung des Erhaltungszustandes von Eisen- und
Bronzeobjekten im Boden verantwortlich sind.

Zur Feststellung und Neuorientierung des Standor-
tes bei Forschung und Arbeitsmethodik sowie zum
Zwecke der fachpolitischen Positionierung ist der
Austausch mit Fachkollegen auf überregionaler Basis unerläßlich. So war das Rheinische Amt für Bodendenkmalpflege Veranstalter oder Beteiligter einer Reihe bedeutender Fachtagungen. 1995 richtete
es für die „Stiftung zur Förderung im rheinischen
Braunkohlenrevier" in Grevenbroich/Kreis Neuss
ein Kolloquium zum Thema „Archäologie in den

Pulheim-Brauweiler / Erftkreis. Römische Villa. Markierte Fundstellen bei einer Prospektion im Vorfeld der Erschließung eines Gewerbegebietes. Spätes 1.–3. Jahrhundert n. Chr.

Braunkohlenrevieren Mitteleuropas: Situation und Perspektiven" mit internationaler Beteiligung aus. Im gleichen Jahr war es auch am Exkursionsprogramm des XVI. Internationalen Limeskongresses im Raum Xanten beteiligt.

1995 und 1996 in der Außenstelle Nideggen und in Königswinter gemeinsam mit Fachleuten aus den Niederlanden abgehaltene Kolloquien waren dem Thema „Archäologische regionale Forschungsprogramme – Prioritäten in der Bodendenkmalpflege – Erfahrungen und Möglichkeiten" gewidmet.

1996 veranstaltete das Fachamt zusammen mit dem Rheinischen Verein für Denkmalpflege und Landschaftsschutz – einem bewährten, hilfreichen Partner der archäologischen Denkmalpflege – anläßlich dessen Jahrestagung in Xanten das vielseits beachtete Kolloquium „Kiesgewinnung und archäologische Denkmalpflege", bei dem erstmals verläßliche Unterlagen über Ursachen, Ausmaß und Wirkung der Auskiesungen auf die Bodendenkmäler vorgelegt werden konnten. Bei dieser Gelegenheit kristallisierte sich auch der Gedanke einer ‚Kies-Stiftung' in Anlehnung an das im rheinischen Braunkohlenrevier praktizierte und bewährte Modell heraus – ein Vorhaben, das in den letzten Monaten der Verwirklichung näher gekommen ist. Ebenfalls 1996 fand für die Kommission für Unterwasserarchäologie des Verbandes der Landesarchäologen in der Bundesrepublik Deutschland in der Amtszentrale Bonn das wissenschaftliche Kolloquium „Kiesabbau und archäologische Denkmalpflege in Flußsystemen" statt, für das die grundlegenden Vorarbeiten im Arbeitsgebiet des Rheinischen Amtes für Bodendenkmalpflege von ausschlaggebender Bedeutung waren.

Ein weiteres, international stark beachtetes Fachsymposium in Erkelenz / Kreis Heinsberg befaßte sich 1997 mit „Brunnen der Jungsteinzeit". Ausgangspunkt war natürlich der Brunnenfund von Erkelenz-Kückhoven, zu dem bei dieser Veranstaltung erstmalig genauere Untersuchungsergebnisse zur Brunnenkonstruktion und zu den Funden aus den Verfüllungen vorgetragen werden konnten. 1998 war das Rheinland nach zwölf Jahren wieder Schauplatz der wichtigen Jahrestagung des Verbandes der Landesarchäologen in der Bundesrepublik Deutschland, diesmal mit Königswinter als Tagungsort und einer Exkursion zu den Ausgrabungen im Braunkohlenrevier. Im Rahmen dieses von allen führenden Kräften der archäologischen Denkmalpflege besuchten Treffens wurde wiederum ein Kolloquium veranstaltet, diesmal zum aktuellen Thema „Bodendenkmalpflege als Beruf – Ein Ausbildungsziel für die Universitäten?".

Eine seit langem angestrebte Aufgabe wurde 1996 in Angriff genommen: Das Fachamt lud alle Lehrpersonen der umgebenden Universitäten ein, um über die verfügbaren archäologischen Fundmaterialien zu informieren und um entsprechende Konzeptionen und Projekte der Auswertung zu entwickeln. Dabei zeigte sich, daß der ‚Berg' an unaufgearbeiteten Ausgrabungen, der als Argument in der Vergangenheit häufig auch gegen die Bodendenkmalpflege im Rheinland benutzt worden war, bei kritischer Beurteilung, d.h. bei der Berücksichtigung nur des wirklich verwertbaren und aussagekräftigen Materials, kräftig zusammenschrumpft ist und ein Maß erreicht hat, das vertretbar ist und auch im Vergleich mit anderen Regionen nicht aus

dem Rahmen fällt. Die Zusammenarbeit mit den Universitäten zur Auswertung bislang unbearbeiteter Grabungen und Funde wird mit turnusmäßigen Treffen und Informationen über den neuesten Stand fortgesetzt.

Hier soll noch ein weiteres aktuelles Vorhaben Erwähnung finden. Seit 1997 wird eine Planung vorangetrieben, die römischen Thermen von Zülpich / Kreis Düren zu sanieren und in einen besuchergerechten Zustand zu versetzen. Zwar sind die Baureste des antiken Bades hervorragend erhalten, jedoch ist der bald sechzigjährige Schutzbau mittlerweile so instabil und die Präsentationsweise dermaßen veraltet, daß hier Veränderungen unumgänglich sind. Auch unter dem Aspekt, daß das an römischen Fundstellen so reiche Rheinland mit Ausnahme der Stadt Köln nur wenige Stätten im Original vorweisen kann, erscheint eine umfassende Neupräsentation durchaus sinnvoll. Es wird nun angestrebt, die entsprechenden Planungen im Rahmen eines regelrechten Programms zur Verbesserung des Stadtquartiers Zülpich-Mühlenberg zu verwirklichen.

Das Verbindungsglied zur Fachwelt des In- und Auslands bilden die Publikationen des Fachamtes. Seit 1995 ist eine Vielzahl von fach- und populärwissenschaftlichen Veröffentlichungen erschienen. Es würde hier den Rahmen sprengen, alle Titel einzeln aufzuführen, jedoch sei zumindest vermerkt, daß allein in der Monographienreihe „Rheinische Ausgrabungen" bis Ende 1999 neun Bände vorgelegt werden konnten. Sechs Hefte der vornehmlich populärwissenschaftlichen Reihe „Materialien zur Bodendenkmalpflege im Rheinland" wurden veröffentlicht. Darunter befindet sich der 1997 als Nr. 9 erschienene Titel „Archäologie im Dienste des Bürgers. 10 Jahre Rheinisches Amt für Bodendenkmalpflege" – schließlich konnte das Fachamt Ende 1996 auf sein zehnjähriges Bestehen zurückblicken. Einen kaum vorhersehbaren Erfolg hatte Band 2 der „Führer zu archäologischen Denkmälern im Rheinland" mit dem Thema „Der Westwall. Vom Denkmalwert des Unerfreulichen". Die erste Auflage von 1997 war bereits ein halbes Jahr nach ihrem Erscheinen vergriffen. Das allgemeinverständliche Jahrbuch „Archäologie im Rheinland" kommt stets im Herbst zur Vorstellung, wobei in Zusammenar

Elsdorf / Erftkreis. Burg Reuschenberg. Besucher beim „Tag des offenen Denkmals" 1997.

beit mit dem Rheinischen Landesmuseum Bonn seit 1997 auch eine kleine Sonderausstellung ausgewählter Funde des Berichtsjahres präsentiert wird. Vergleichsweise hohen Aufwand betreibt das Rheinische Amt für Bodendenkmalpflege schließlich für seine Öffentlichkeitsarbeit. Die Verbindung über die Medien zum Bürger wird mittels verschiedener Pressetermine geschaffen, die außergewöhnlichen Neuigkeiten unserer Arbeit – z. B. bei Ausgrabungen und neuen Publikationen – gewidmet sind. Eine besondere Gelegenheit, Schwerpunkte seiner Arbeit vorzustellen, hatte das Fachamt 1997, als das Deutsche Nationalkomitee für Denkmalschutz zur alljährlichen Pressefahrt – diesmal unter dem Thema „Flächenverbrauch und Bodendenkmalpflege" – ins Rheinland einlud und nach zwölf Jahren zum ersten Mal wieder die archäologische Denkmalpflege in den Vordergrund rückte.

Hervorragende Instrumente zur Vermittlung der eigenen Arbeitserfolge sowie der bodendenkmalpflegerischen Anliegen liefern die vom Amt in den Außenstellen in jedem Jahr veranstalteten „Tage der offenen Tür", bei denen die dort vorgeführte ‚Leistungsschau' die zahlreichen Besucher stets aufs neue beeindruckt, sowie die Beteiligung am umfänglichen landesweiten Programm des „Tages des offenen Denkmals", der stets am 2. Septembersonntag stattfindet. Das Rheinische Amt für Bodendenkmalpflege nutzt alle sich bietenden Möglichkeiten zu Information und Werbung. Dabei geht es mit der Zeit: Seit 1996 ist es im Internet unter http: / /www.lvr.de / dez9 / rab.htm zu erreichen.

Bodendenkmalpflege in der *Colonia Ulpia Traiana* / Xanten

Gundolf Precht

Durch Baumaßnahmen, Kies- und Braunkohlenabbau gehen in unserem Lande jährlich tausende von Bodendenkmälern unwiederbringlich verloren. Nur ein kleiner Teil dieser für die kulturgeschichtliche Entwicklung des Rheinlandes bedeutenden Urkunden kann in Notgrabungen erfaßt und dokumentiert werden. Angesichts dieses Wettlaufs kann das Projekt „Archäologischer Park" nicht hoch genug bewertet werden. Mit seiner Einrichtung gelang es vor mehr als 25 Jahren, ein gesamtes antikes Stadtgebiet vor dem Schicksal der übrigen Bodendenkmäler im Land zu bewahren und noch vor Inkrafttreten des Denkmalschutzgesetzes (1980) als ein großes, zusammenhängendes archäologisches Reservat zu sichern.

Seit 1985 ist der Archäologische Park Xanten mit dem Regionalmuseum Xanten eine selbständige wissenschaftliche Institution des Landschaftsverbandes Rheinland, die mit den niederländischen Nachbarn in Nijmegen, dem Archäologischen sowie Ur- und Frühgeschichtlichen Institut der Universität Köln, dem Geologischen Landesamt in Krefeld, dem Bergbaumuseum Bochum sowie der Universität Bochum, Abteilung für Geschichtswissenschaft, eng zusammenarbeitet.

Der Archäologische Park – Erreichtes

Der Archäologische Park entstand in seiner ersten Aufbauphase auf dem östlichen Areal der von Kaiser Marcus Ulpius Traianus gegründeten Bürgerstadt. Entlang der Befestigung auf der Ostseite der antiken Stadt entwickelte sich, bedingt durch einzelne Baubefunde wie den ,Hafentempel', die Herberge mit ihrer kleinen Badeanlage und das bereits 1934/35 ausgegrabene Amphitheater, ein erster attraktiver Besucherbereich.

Die Initiatoren des Archäologischen Parks Xanten hatten seinerzeit die Vorstellung, die antike Stadtgestalt mit ihren wesentlichen Funktionsbereichen wieder erlebbar zu machen. Das bedeutete, daß das eigentliche Stadtzentrum mit dem Forum und dem Haupttempel der Stadt, dem Capitol, für das Publikum dieser Ausgrabungsstätte sichtbar dargestellt werden sollte. Attraktives Ziel dieses zweiten Besichtigungsbereichs sollten die zu Beginn der 1990er Jahre erneut ausgegrabenen Großen Thermen am westlichen Rand der antiken Stadt sein. Diesem Ziel steht zur Zeit noch die seit 1928 durch die *Colonia Ulpia Traiana* verlaufende Bundesstraße 57 entgegen. Doch es bestehen gute Aussichten, in den nächsten Jahren im Rahmen einer größeren Verkehrsplanung den öffentlichen Autoverkehr außen um den Archäologischen Park zu leiten.

Daß die Lösung dieses Verkehrsproblemes drängt, macht der inzwischen über einem Teilbereich der Großen Thermen fertiggestellte gläserne Gebäudekomplex deutlich, der als Schutzgebäude für die ausgegrabenen Baubefunde konzipiert ist, gleichzeitig aber auch als didaktisches Modell verstanden werden kann. Zum ersten Male wurde hier versucht, über dem Baubefund das Volumen der antiken Badeanlage in einer modernen Glas-Stahl-Konstruktion nachzuzeichnen. Die Originalbefunde der Thermen mit ihren Heizeinrichtungen (Hypokausten), Öfen, Wandverputzen und Mörtelböden, auf denen sich Abdrücke von Marmorplatten erhalten haben, konnten so vor Witterungseinflüssen geschützt und vor weiterem Verfall bewahrt werden. Im Inneren weist das moderne, sich leicht über den antiken Mauern erhebende Stahlgefüge auf Konstruktionselemente des antiken Baues hin. Die mit kleinen Punkten bedruckte Glashaut der Fassaden wirkt wie eine Raumbegrenzung. Ihre Transparenz lädt zum Besichtigen ein, läßt von Innen aber auch den umgebenden Park erleben.

Das Zentrum der Colonia Ulpia Traiana

Während der Endpunkt der zweiten Besichtigungsroute bereits Konturen angenommen hat – ergänzt wird der im April 1999 eröffnete Thermenschutz-

Xanten / Kreis Wesel. Das Stadtareal der Colonia Ulpia Traiana. Im Vordergrund der Archäologische Park. Im Hintergrund (jenseits der Straße in der Bildmitte) der Schutzbau über den Großen Thermen. Luftbild.

bau in den nächsten Jahren noch durch die Eingangshalle *(apodyterium)* für die Präsentation der archäologischen Funde –, wurde das antike Stadtzentrum in der jüngsten Vergangenheit eingehend archäologisch untersucht. Die architektonische Gestaltung dieser zentralen Anlagen ist bemerkenswert und scheint das politische Programm des Stadtgründers in höchstem Maße zum Ausdruck gebracht zu haben. So entstanden auf der Forumsinsula große mehrgeschossige Speicherbauten und eine 23 × 70 m große stützenfreie Halle, in der sowohl Gerichtshandlungen als auch der Austausch zentraler Güter und Dienstleistungen stattfanden. Südlich des Forums wurde nach Gründung der Co-

lonia der Tempel für die Capitolinische Trias, Juppiter, Juno und Minerva, errichtet. Der heilige Bezirk – er nahm wie das Forum eine über 100 × 100 m große Insula ein – war von einer hohen Mauer umgeben. Der Tempelhof war von prachtvollen korinthischen Säulenhallen gesäumt. Die Rückseite des Tempelplatzes begrenzte ein doppelgeschossiges Gebäude, das wohl als Unterkunft der Priesterschaft gedient haben mag. Auf drei Seiten waren gegen die Mauern gedeckte Gänge (Portiken), auf der Südseite Laden- oder Ausstellungsräume für Weihegeschenke errichtet.
In der 2. Hälfte des 2. Jahrhunderts kam es nach einem Brand zu einem gewaltigen Neubau des zen-

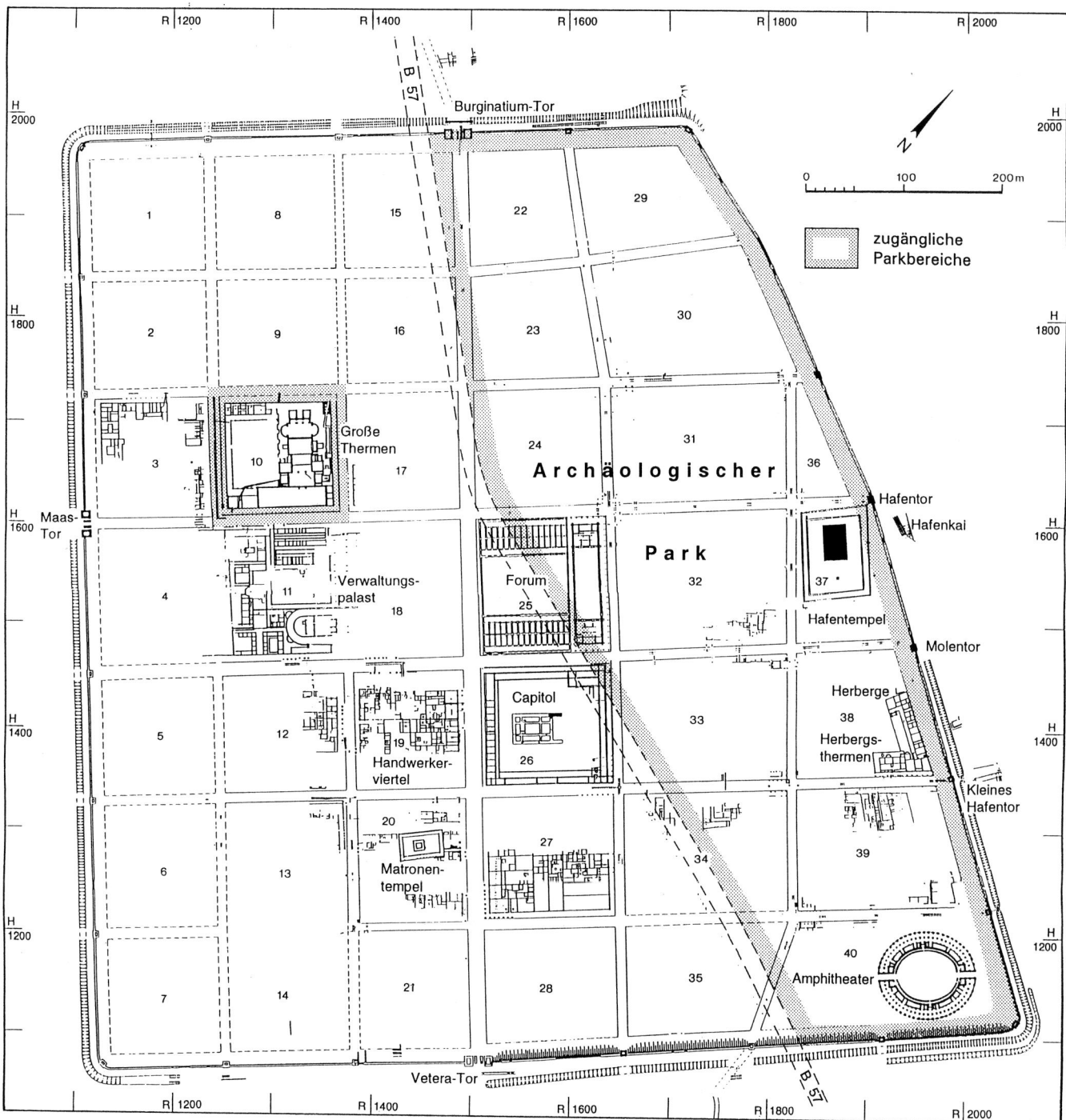

Colonia Ulpia Traiana (Befundplan: Stand August 1998)

R 1200   R 1400   R 1600   R 1800   R 2000

Burginatium-Tor

H 2000

H 1800

H 1600

Maas-Tor

H 1400

H 1200

H 2000

H 1800

H 1600

H 1400

H 1200

zugängliche Parkbereiche

0   100   200 m

1   8   15   22   29

2   9   16   23   30

3   10   Große Thermen   17   24   31   36

Archäologischer

Hafentor
Hafenkai

4   11   Verwaltungs-palast   18   Forum   25   32   37   Hafentempel

Molentor

Park

5   12   19   Handwerker-viertel   Capitol   26   33   Herberge   38   Herbergs-thermen   Kleines Hafentor

6   13   20   Matronen-tempel   27   34   39

7   14   21   28   35   40   Amphitheater

Vetera-Tor

R 1200   R 1400   R 1600   R 1800   R 2000

B 57

Xanten / Kreis Wesel. Colonia Ulpia Traiana. Grundriß.

Xanten / Kreis Wesel. Colonia Ulpia Traiana. Der Schutzbau über den Großen Thermen im Westteil der antiken Stadt.

tralen Heiligtums. Reste dieses Tempels sind nach einer Aufzeichnung im Zehntatlas des Xantener Stiftes noch Ende des 17. Jahrhunderts erhalten gewesen. Neben der Grundlagenforschung für zukünftige Gestaltungsplanungen des Forums und Capitols galt es hier, den Ursprüngen der traianischen Gründung auf die Spur zu kommen. Seit H. Stoll und H. von Petrikovits 1934/35 im Bereich des sogenannten Hafentempels ältere, aus dem Beginn des 1. Jahrhunderts n. Chr. stammende Siedlungsbefunde aufdecken konnten, gab es zu dieser vorcoloniazeitlichen Siedlung weitere Befunde, die sich nach Westen fast bis zum *cardo maximus* der Colonia ausdehnten. Die Ausgräber deuteten die Erdverfärbungen, verkohlte Holzbalken und die im Brand verziegelten Lehmwände als Hausbauten einer germanischen Siedlung aus dem 1. Jahrhundert n. Chr. Die dichte Folge von Kultur- und Brandschichten ließ auf eine blühende Siedlung schließen.

Auf der Ostseite der Forums- und Capitolsinsula konnten unter den monumentalen Gebäuden des Stadtzentrums nun ganz ähnliche Kulturschichten ausgegraben werden. Zum ersten Male gelang es, aus den einzelnen Siedlungsschichten größere zusammenhängende Hausgrundrisse herauszuschälen, die Kasernen militärischer Einrichtungen

ähneln. Ein der 2. Periode zuzuordnender Gebäudetyp, der vorwiegend als Stall genutzt worden ist, könnte auf die Stationierung von Reitertruppen hindeuten. Mindestens fünf Perioden lassen sich durch unterschiedliche Konstruktions- und Grundrißausprägungen nachweisen. So fanden sich in wechselnder Folge Gebäude in sogenannter Pfosten- oder Schwellbalkenbauweise.

Leider sind noch keine zugehörigen Befestigungseinrichtungen entdeckt worden, so daß die Deutung, die Colonia könnte über einer militärischen Anlage entstanden sein, noch unsicher bleiben muß. Am Ende des 1. Jahrhunderts n. Chr. wurden über den einplanierten Holz-Lehmbauten, noch vor Errichtung des Hauptheiligtums, langrechteckige Häuser mit vorgelagerten Portiken und Steinfundamenten gebaut. Ähnliche Baubefunde ließen sich unter den Großen Thermen und im Bereich des Hafentempels beobachten. Deutet man diese Befunde richtig, so muß es bereits vor Gründung der Colonia eine stadtähnliche Siedlung gegeben haben. Sie könnte die Ausdehnung der Colonia gehabt haben. Vielleicht wurde sie unter Kaiser Domitian im Zusammenhang der Neuordnung der römischen Provinzen am Rhein am Ende des 1. Jahrhunderts n. Chr. errichtet. Um die politische und wirtschaftliche Bedeutung dieser Stadt zu fördern, erhob Trajan Anfang des 2. Jahrhunderts n. Chr. diese Siedlung in den Rang einer Colonia. Sie erhielt seinen Namen und eine Ausstattung mit dem ranghöchsten Heiligtum, dem Capitol. Gleichzeitig wurden im Stadtgrundriß die Standorte für die Großen Thermen und den ‚Hafentempel‘ festgelegt. Die zuvor an diesen Standorten errichteten Privathäuser mußten weichen. Daß der Beginn all dieser Großbauten erst unter Trajans Nachfolger Hadrian erfolgte, legt die Vermutung nahe, daß die Gründung der *CUT* vielleicht erst am Ende der Regierungszeit Trajans um 114/115 n. Chr. nach erfolgreichem Abschluß der Dakerkriege und nicht um 100 n. Chr., wie bisher angenommen, stattfand. Um die Funde und Befunde unter der Colonia auf einer breiteren Forschungsebene diskutieren zu können, wurde von der Dienststelle ein Kolloquium „Genese, Struktur und Entwicklung römischer Städte im 1. Jahrhundert n. Chr. in Nieder- und Obergermanien" durchgeführt.

Xanten / Kreis Wesel. Colonia Ulpia Traiana. Stahlkonstruktion des Schutzbaus über den Großen Thermen während der Montage.

Der Archäologische Park Xanten in der Forschung

Wie oben bereits angedeutet, konnte die wissenschaftliche Zusammenarbeit mit dem Archäologischen Institut der Universität Köln, nicht zuletzt dank der finanziellen Unterstützung des Landes, intensiviert werden. So wurde die Aufarbeitung römischer Wandmalerei der *CUT*, in einem ersten Projekt durch die Gerda-Henkel-Stiftung gefördert, im Rahmen der Postdoktoranden-Förderung auf fast die gesamten bisher ergrabenen Fundkomplexe ausgedehnt. Im Mittelpunkt dieser Arbeit, deren Abschluß in Kürze zu erwarten ist, steht der spek-

takuläre Neufund einer großen zusammenhängenden Wandmalerei, die konserviert und rekonstruiert in der Ausstellung zum ersten Mal der Öffentlichkeit präsentiert werden kann. Gleichzeitig wird neben dem Wandmalereiprojekt die Aufarbeitung mehrerer Altgrabungen im Rahmen von Dissertationen vorangetrieben.
Eine großzügige Unterstützung des Landes fand in den letzten Jahren die Bearbeitung der Kleinfunde aus den Grabungen des Forums und des Capitols, so daß in absehbarer Zeit die Ergebnisse dieser für die Entwicklung der antiken Stadtanlage so bedeutenden Grabungen der Öffentlichkeit vorgestellt

Xanten / Kreis Wesel. Colonia Ulpia Traiana. Grabung auf der Capitolsinsula. Schwellbalkenspur und verkohlte Reste eines Holzdielenbodens. Vor 50 n. Chr.

In insgesamt drei wissenschaftlichen Publikationen, den Xantener Berichten 6 bis 8, konnten in den letzten fünf Jahren wichtige Grabungskomplexe sowie städtebauliche Untersuchungen, die Ergebnisse des Kolloquiums „Bestattungssitte und kulturelle Identität" sowie unter anderem Untersuchungen zu den Halterner Töpfen und dem Kleinen Hafentor vorgelegt werden.

Vermittlung

Der Archäologische Park Xanten wurde 1973 mit dem Ziel eingerichtet, eines der bedeutendsten Bodendenkmäler Deutschlands zu erhalten, zu erforschen und für die Öffentlichkeit zu erschließen. So war von Beginn an die archäologische Arbeit und der Aufbau des Parks öffentlichkeitsorientiert. Die Grabungsergebnisse und -funde, die im Regionalmuseum präsentiert werden, waren geschichtsdidaktisch aufzubereiten und der Zusammenhang von Park und Museum darzustellen. Mit großem Erfolg konnte die Ausstellung „Tatort CUT – Die Spur führt nach Xanten", die auch unter dem Aspekt einer effizienten Öffentlichkeitsarbeit der Bodendenkmalpflege erarbeitet wurde, dieses Ziel vermitteln. Es ist kein Geheimnis, daß das hohe Besucheraufkommen von Park und Museum, 265 000 / 55 000 p. a., einer konsequenten besucherorientierten Öffentlichkeitsarbeit verdankt wird. Beachtenswert ist, daß auf hohem Niveau die Anzahl der Führungen im Park und Museum weiter steigt (ca. 3000 / 600 p. a.). Um die Besucher an den Prozeß der Geschichtserkenntnisse näher heranzuführen, werden in den letzten Jahren auch Grabungsführungen angeboten. Behinderten Kindern und Erwachsenen wird unter dem Aspekt ‚Wohnen in der Herberge' ein mehrtägiges Programm ermöglicht. Durch besondere Veranstaltungen wie ‚Schwerter, Brot und Spiele', ‚Buchmesse Archäologie', Festspiele und Märkte soll das Interesse eines breiten Publikums für die Römerstadt geweckt werden.

werden können. Die Fritz-Thyssen-Stiftung fördert zur Zeit die wissenschaftliche Bearbeitung der Ziegelstempel.

Dank der finanziellen Unterstützung des Trägers des Archäologischen Parks / Regionalmuseum Xanten gelang es auch in den letzten fünf Jahren, die Internationale archäologische Sommerakademie, auf der Studenten – vorwiegend aus den europäischen Nachbarländern – die praktische archäologische Arbeit kennenlernen, durchzuführen.

Xanten / Kreis Wesel. Colonia Ulpia Traiana. Bergung der Wandmalereireste aus einer Grube (2. Jahrhundert n. Chr.).

Das Regionalmuseum

Auch das Regionalmuseum war auf mehreren Feldern der rheinischen Bodendenkmalpflege aktiv. Im Mittelpunkt stand naturgemäß die Präsentation aktueller Forschungsergebnisse und wichtiger Neufunde, daneben aber ebenso die Untersuchung lokaler und regionaler Objektgruppen. In enger Kooperation mit dem Archäologischen Institut der Universität Köln entstand die Ausstellung „Antiker Marmorluxus von Rom bis zum Rhein". Mit dieser Ausstellung wurde ein Forschungsprojekt der Kölner Universität einer breiteren Öffentlich-

keit zugänglich gemacht und zum ersten Mal detailliert gezeigt, wie sich die Ausstattung öffentlicher und privater Bauten mit aufwendigen Gesteinsarten im römischen Rheinland entwickelte. Die Bearbeitung der figürlichen Kleinbronzen des Archäologischen Parks / Regionalmuseum Xanten geschieht ebenfalls an der Universität Köln. Ebenso wie weitere, noch nicht abgeschlossene Projekte ist sie nicht isoliert zu sehen, sondern verfolgt das Ziel eines späteren strukturellen Vergleiches zwischen der *Colonia Ulpia Traiana* und der Provinzhauptstadt Köln. In Arbeit befindet sich derzeit der umfangreiche Katalog römischer Bronzegefäße vom

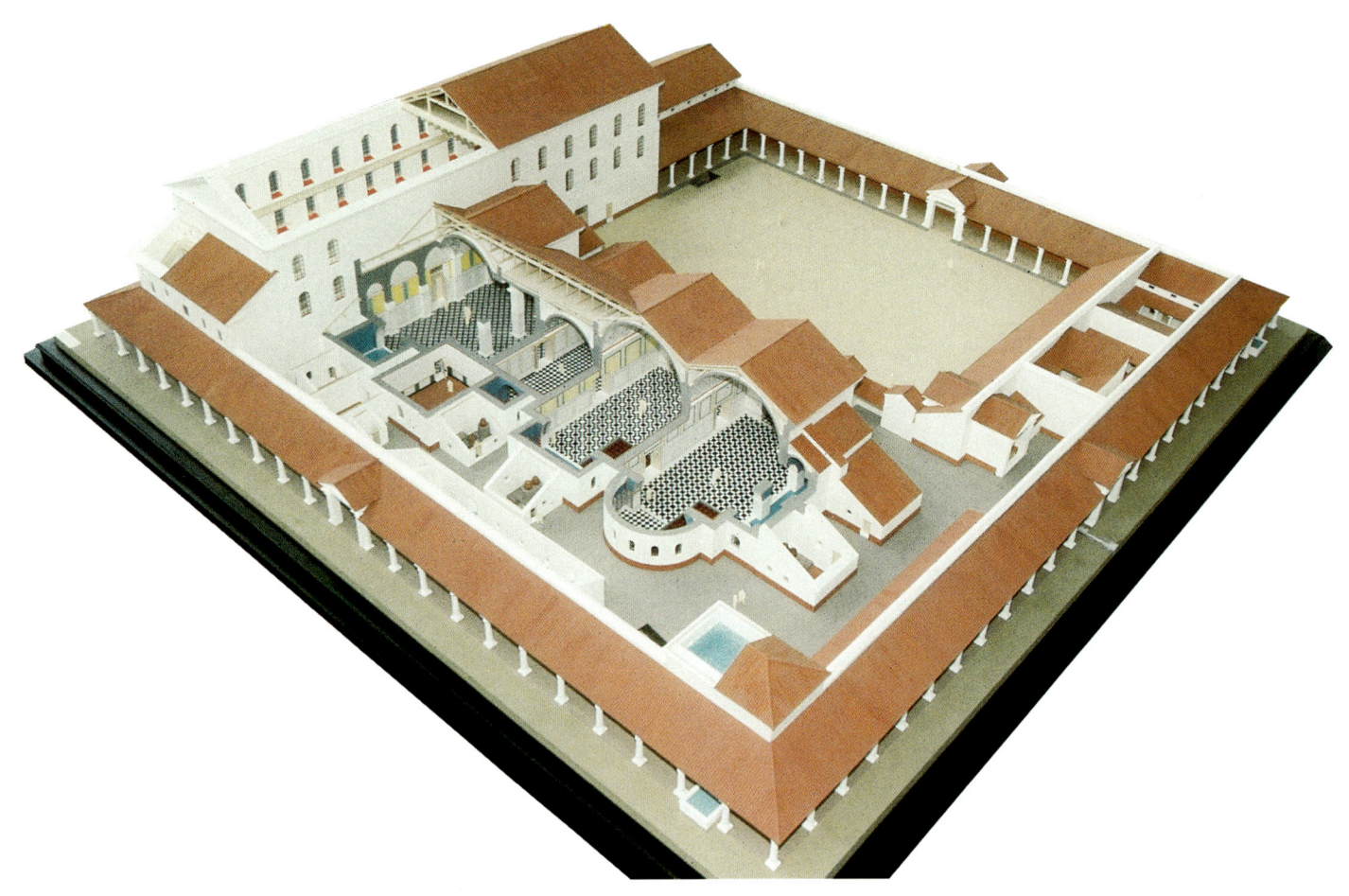

Xanten / Kreis Wesel. Colonia Ulpia Traiana. Modell der Großen Thermen.

unteren Niederrhein. Er wird eine wichtige Ergänzung zu den bereits publizierten Gefäßen der niederländischen Nachbarprovinz Gelderland bilden. Über die herausragenden Funde aus der Auskiesung Xanten-Wardt wurde hier bereits mehrfach berichtet. Für die wichtigsten Objekte ist zwischenzeitig im Regionalmuseum ein eigener Ausstellungsbereich geschaffen worden, wodurch sie jetzt dauerhaft der interessierten Öffentlichkeit zugänglich sind.

Die ‚virtuelle Stadt' – Ein neues Medium erschließt die römische Colonia Ulpia Traiana

Seit seiner Gründung wird im Archäologischen Park Xanten das Ziel verfolgt, mit den Rekonstruktionen der römischen Bauten eine Vorstellung von der städtischen Architektur zu vermitteln. Da es sich bei diesen 1:1-Modellen, die nach eingehender Bearbeitung der archäologischen Untersuchungen entstehen, um Einzelobjekte handelt, wird mit ihnen auch in vielen Jahren nicht der Eindruck der gesamten Stadt hervorzurufen sein.

Xanten / Kreis Wesel. Colonia Ulpia Traiana. Schnitt durch das Nordtor. Computerrekonstruktion.

Nun gibt es ein neues Medium, das Modelle erstellt, die sehr komplexe Bilder der verlorenen Stadt liefern können: die im Computer modellierten Rekonstruktionen. Mit Hilfe des Landes war es in den letzten Jahren möglich, einen multimedialen Führer durch die römische Stadt *Colonia Ulpia Traiana* zu entwickeln, dessen Kern die virtuellen Gebäude aus der Werkstatt der Computerfachleute sind. Grundlage dieses Projektes bildete ein Seminar für CAD-Konstruktion am Lehrstuhl für Bauinformatik der Universität Dortmund, in dem nicht Entwürfe noch zu bauender Architektur mit dem neuen Medium dargestellt werden sollten, sondern die Rekonstruktion längst verlorener Gebäude aus der römischen Stadt bei Xanten. Aus den studentischen Arbeiten entstand zunächst eine Ausstellung im Regionalmuseum. Die Akzeptanz war so groß, daß ein auf mehrere Jahre angelegtes Projekt in Angriff genommen wurde: der multimediale Führer. Das Projekt wird heute von einem Team der FH Anhalt / Dessau und dem Archäologischen Park Xanten / Regionalmuseum Xanten weiterentwickelt.

Zu jedem einzelnen Gebäude sind im multimedialen Führer jeweils dieselben sechs Themenbereiche angeboten, die den Nutzern die Wahl lassen zwischen mehr oder weniger detaillierten Informationen über Ausgrabung und Geschichte, antike Nutzung und moderne Präsentation. Mit den neuen Modellen ist ein Bild, eine Darstellung der antiken Stadt zu gewinnen, wie sie in keinem anderen Medium denkbar wäre, und sie ersetzen auch kein anderes Medium, sondern ergänzen jede frühere Darstellung im 1 : 1-Modell, und zwar im kleinformatigen Modell, in der Zeichnung.

Perspektiven

Die Erwartung des Publikums nach einer kontinuierlichen Weiterentwicklung des Archäologischen Parks ist ungebrochen. Ein Hauptanliegen, auf dem antiken Stadtgebiet auch die Ausgrabungsfunde der Stadt und der Region zeigen zu können, soll mit der beschlossenen Verlagerung des Regionalmuseums in den nächsten Jahren in Angriff genommen werden. Ziel ist, das Museum über den Grundmauern der Eingangshalle der Großen Thermen zu errichten und die Funde im archäologischen Zusammenhang zu präsentieren.

Bei Ausgrabungsarbeiten innerhalb des antiken Stadtzentrums wurden Funde und Befunde entdeckt, die die Entwicklung der Römerstadt, vor allem ihr Entstehen im 1. Jahrhundert, differenzierter erkennbar werden lassen, als es bisher der Fall war. Es besteht Aussicht, weitere Ergebnisse zur Vorcolonia, vor allem über die zivilen oder militärischen Wurzeln der späteren Colonia, zu gewinnen.

Durch die Rekonstruktion einer kleinen Gruppe von Handwerkerhäusern bei der Herberge, die gewerbliches Leben darstellen, würden Besucherinnen und Besucher in einen kleinen ‚antiken' städtischen Raum eintauchen. Der multimediale Führer, der bislang die Stadt des 2. und 3. Jahrhunderts sichtbar werden läßt, soll weiterentwickelt werden und um den Prozeß des Werdens, der Zerstörung und des Neubeginns aus den älteren Siedlungskernen ergänzt und bereichert werden.

Schließlich müßte die Bundesstraße 57, die das antike Stadtareal zerteilt, aus dem Denkmalbereich verlegt werden, damit die Colonia als Ganzes erlebbar wird und eine zusammenhängende Erholungs- und Kulturzone entstehen kann.

Archäologie in Köln

Hansgerd Hellenkemper

Das Römisch-Germanische Museum der Stadt Köln unternimmt Rettungs- bzw. Notgrabungen gemäß dem Denkmalschutzgesetz überall dort im Stadtgebiet Köln, wo der Schutz der Bodendenkmäler nach unterschiedlichen Abwägungskriterien nicht fortgeführt oder durchgesetzt werden kann. Die Entscheidungen zu Ausgrabungen sind nicht mit wissenschaftlichen Interessen begründet, sondern mit der Notwendigkeit, ein Bodendenkmal oder Teile davon vor dem endgültigen Untergang zu dokumentieren. Aber aus dieser Arbeit wächst die Aufgabe zur Forschung und zu wissenschaftlichen Schwerpunkten. Der wissenschaftliche Ertrag der Jahre 1994 bis 1999 reicht von Grabfunden der Eisenzeit in Köln-Blumenberg bei der Verlegung einer Ferngasleitung bis zur Dokumentation einer in der Reichspogromnacht 1938 zerstörten Synagoge (siehe S. 436 f.).

Die Kölner Altstadt steht fortwährend im Brennpunkt, hier sind Bodendenkmäler in einer historischen Dichte erhalten wie sonst nicht in den anderen Stadtbezirken. Zunehmend werden Untersuchungen nach Abbruch von Bauten des 20. Jahrhunderts notwendig, unter denen noch archäologische Schichten erhalten sind, die einer unterirdischen Raumnutzung weichen müssen. Hierzu zählen der frührömische Töpfereibezirk an der Lungengasse (siehe S. 328 ff.), die Bauteile einer suburbanen römischen Villa zwischen den Fundamenten der ehemaligen Kölner Hauptpost oder die

Köln-Widdersdorf. Spuren römischer Befestigungsanlagen (burgi). 3./4. Jahrhundert n. Chr.

Köln. Perlenpfuhl. Reste der Cryptoporticus am römischen Forum. 2. Hälfte 1. Jahrhundert n. Chr.

Ruinen eines römischen Stadthauses an der Burgmauer. Spuren stadtbildprägender öffentlicher Bauten traten an St. Alban und am Perlenpfuhl zwischen und unter mittelalterlichen Hausstellen zutage (siehe S. 382 ff. und 324 ff.). Eine durchgreifende statische Sicherung der Pfarrkirche St. Peter führte zu Denkmalverlusten an den Fundamenten und unter dem Kirchenboden. Die archäologische Begleitung der Boden- und Wandeingriffe erlaubte die lange Baugeschichte von einer dreischiffigen salischen Kirche mit Rechteckchor, ihrer staufischen Erweiterung mit Turm und Empore bis hin zum gotischen Emporenbau differenziert zu erschließen.

Seit einem Jahrhundert werden durch die fortschreitende Nutzung – intensivierte Landwirtschaft, Siedlungsbau und Industrieansiedlung – des weiten Umlandes der Stadt auch die Bodendenkmäler gefährdet oder müssen aufgegeben werden. Stadtnahe römische Villen haben die günstigen Siedlungslagen genutzt und sind oft Ausgangspunkt für mittelalterliche und neuzeitliche Hofanlagen, so der Altenberger Hof in Köln-Nippes oder die weitläufige Villa in und um St. Mechtern in

Köln-Ehrenfeld wie auch Villenplätze in Rondorf. Eine römische Villa am Blumenbergsweg, über der in römischer Zeit wasserführenden Rheinschlinge des Worringer Bruchs gelegen, produzierte offenbar neben landwirtschaftlichen Erträgen auch römische Bauziegel, bezeugt durch einen großen Ziegelofen mit Trockenhalle. In Köln-Widdersdorf werden gegenwärtig in einem Neubaugebiet römische landwirtschaftliche Anlagen durch Ausgrabungen erschlossen, die bis zum Ende der römischen Herrschaft bestanden. Die Unsicherheit in spätrömischer Zeit führte zu charakteristischen Sicherheitsvorkehrungen. Einzelne Bauten wurden mit tiefen Spitzgräben umschlossen, in der Forschung werden diese Anlagen in Anlehnung an einem militärischen Baubegriff Burgi benannt.

Denkmalschutz

Nicht nur der Auftrag des Denkmalschutzgesetzes, sondern vor allem die Verpflichtung, Umwelt in ihren unterschiedlichen Erscheinungen zu bewahren und Bodendenkmäler als Teil dieser Umwelt zu begreifen, macht den eigentlichen Sinn des Denkmalschutzes aus. Es kann nicht ausschließliche Aufgabe sein, Denkmalschutz auszusprechen und gegebenenfalls nach einigen Jahren ein Bodendenkmal – wie das Beispiel Heumarkt lehrt (siehe S. 351 ff.) – aufzugeben. Aber das Denkmalschutzgesetz ist ein Instrument, Denkmaleigentümer und Denkmalbehörde zu zwingen, Lösungen zu finden und Denkmalteile zu erhalten. Dies ist in den vergangenen Jahren in einigen markanten Beispielen gelungen: Im Areal des römischen Flottenlagers Köln-Marienburg (Alteburg) blieben durch platzsparende Umplanungen von Tiefgaragen – einschließlich der Mithilfe des Stadtkonservators durch eine denkmalpflichtige Erlaubnis – wesentliche unterirdisch erhaltene Denkmalflächen vor einer Zerstörung bewahrt. Gleiches geschah im Bereich der römischen Innenstadt in einem Gelände an der Burgmauer und in der Schwalbengasse. In jedem Einzelfall geht es um die Reduzierung des unterirdischen Flächenverbrauchs und damit gegen die schleichende Verringerung der Denkmalsubstanz. Die Kölner Altstadtstraßen bewahren teilweise noch reiche archäologische Schichten; sie sind gefährdet

Köln. Hohenzollernring / Friesenplatz. Sicherung der Grabenfangmauer der mittelalterlichen Stadtbefestigung. 14. Jahrhundert.

durch vielfache Eingrabungen von Versorgungsleitungen. Hier gilt es, für neue Leitungen die Alttrassen zu nutzen. Überlegter Denkmalschutz vor Ort hilft, wenigstens einen Teil der Bodendenkmäler nicht weiter anzutasten und zu dezimieren.

Eine Variante zur Erhaltung der unterirdischen Bau- und Schichtbefunde ließ sich für zwei bereits in der Säkularisation untergegangene Kirchen, heute Teil privater Baugrundstücke, realisieren. Fundamente der gotischen, nach dem Brand von 1462

wiedererrichteten Machabäerkirche fanden sich unmittelbar unter der Geländeoberfläche. Die 1808 abgebrochene Kirche bewahrte nicht nur Grüfte aus Feldbrandziegeln, sondern auch Fundamente einer wohl zweischiffigen romanischen Kirche mit Westturm aus dem 12. / 13. Jahrhundert und eines älteren Saalbaus des 11. Jahrhunderts. In tieferen Schichten lagen römische Gräber und Spuren einer spätrömischen *Cella memoriae*. Die Fundamente wurden in Teilen untersucht und mit einem weitgegehend kellerlosen Studentenwohnheim überbaut. Das Mittelschiff der hochmittelalterlichen Dominikanerkirche zum Heiligen Kreuz war unterirdisch im Innenhof der ehemaligen Kölner Hauptpost, An den Dominikanern – errichtet 1893 –, nicht vollständig beseitigt worden. Als ein Kernerdblock blieb der Denkmalbestand, eingefaßt von Tiefgaragengeschossen, erhalten.

Nicht jeder Konfliktfall läßt sich denkmalverträglich lösen: Ein Baugrundstück in der Innenstadt, im Winkel von Perlenpfuhl und Herzogstraße, hat 1995 die öffentliche Diskussion um den Erhalt von Bau- und Bodendenkmälern besonders bewegt und die Frage der Grenzen einer Zumutbarkeit für den Grundstückseigentümer in großer Deutlichkeit gestellt. Auf dem nur knapp eintausend Quadratmeter großen Grundstück steht das letzte in der Innenstadt erhaltene Sudhaus einer Kölner Brauerei, errichtet Ende des 19. Jahrhunderts. Der Erhalt und seine Integration in einen Neubau war nicht strittig. Im Zuge archäologischer Bauuntersuchungen im weiteren Grundstücksbereich wurde ein intakter hochmittelalterliche Gewölbekeller erschlossen, dessen Unterschutzstellung der Bauherr unter hohem Erhaltungsaufwand hinnahm. Bei den nachfolgenden Tiefschachtungen unterhalb der neuzeitlichen Kellerbauten wurde schrittweise ein bogenförmiger Fundamentausschnitt mit Säulenbasen einer Cryptoporticus-Architektur freigelegt, die wohl seit dem späten 1. Jahrhundert das Forum der römischen Stadt nach Westen abschloß (siehe S. 324). Die zusätzlichen Kosten einer Denkmalerhaltung (unter anderem Neuplanung des Projektes, Zeitverzug, Nutzungseinschränkung) auf dem Grundstück, neben dem Sudhaus und dem mittelalterlichen Keller, überstieg die Zumutbarkeitsgrenze in erheblichem Umfang. Zuschüsse der Öffentlichen Hand zur Denkmalerhaltung standen nicht zur Verfügung. Daher mußte der historisch bedeutende Befund nach ausführlicher Dokumentation aufgegeben werden.

Eine Form der Integration von Bodendenkmälern ist die sichtbare Erhaltung unterirdischer ortsfester Denkmalteile in Neubauten. Während des Abrisses der großen hochmittelalterlichen Stadtmauer im späten 19. Jahrhundert wurde der jüngere vorgelegte Graben verfüllt und überbaut. In den Baugru-

ben mehrerer Neubauten entlang der Ringstraßen ist dieser Graben im letzten Jahrzehnt an mehreren Stellen wieder aufgedeckt worden. Die feldseitige Grabenböschung war mit einer schrägen Fangmauer gegen Untergrabung und Unterspülung gesichert. Das Tuffmauerwerk mit dicht gesetzten Basaltsäulen als Binder witterte im Lauf der Zeit aus, die Mauerschale wurde in der frühen Neuzeit durch Feldbrandziegel erneuert. Beispielhafte Abschnitte dieser Grabenmauer konnten als Zeugnisse der Kölner Stadtbefestigung in Tiefgaragengeschossen erhalten werden.

Unerwartet war der Fund eines schweren römischen Fundamentzuges – vermutlich Teil eines gallo-römischen Tempels – in der Lungengasse, der zwischen modernen Punktfundamenten einer ehemaligen Hochgarage stehen geblieben war. Nach unmittelbarer Unterschutzstellung gemäß Denkmalschutzgesetz begannen schwierige Verhandlungen zum Denkmalerhalt unter dem Aspekt der Zumutbarkeit, insbesondere da eine abgeschlossene Planung für einen neuen Garagenbau aus Fertigbauteilen vorlag. Im Rahmen der vorgeschriebenen Interessenabwägung wurde das Kernstück des Fundamentes in sechs Teilstücken, jeweils bis zu 20 Tonnen schwer, mittels Fräsen (10-Millimeter-Schnitte) getrennt, gehoben und nach Fertigstellung des Rohbaues an den Fundort zurückgeführt. Dieser Einzelfall zeigt den Konflikt von Erhaltungsziel und Erhaltungsmöglichkeiten.

Archäologische Forschungen

Im letzten Jahrzehnt hat sich das Arbeits- und Kostenverhältnis von Ausgrabungen und forschender Bearbeitung stärker zu Gunsten der Forschungsaufgaben verschoben. Dies gebietet nicht nur das Denkmalschutzgesetz des Landes Nordrhein-Westfalen, das die Erforschung der Denkmäler gleichrangig neben den Schutz und die Pflege stellt, sondern auch die Erkenntnis, daß unbearbeitete Denkmalgruppen die Arbeitsaufgaben behindern. Es besteht die Gefahr, daß durch eine ungenügende Erschließung des archäologischen Fundstoffes die fachgutachterlichen Aussagen zur Beurteilung der Bodendenkmäler – ihre Bedeutung und ihre Schutz-

Köln. Ausgrabungen „An der Burgmauer". Römische und frühneuzeitliche Wohnbebauung.

würdigkeit, ihre Konservierungs- und Restaurierungsmöglichkeiten – nicht den Qualitätsstandard erreichen, der für ihren Erhalt und ihre historische Aussage notwendig ist.

Archäologische Forschung muß Grundlagen- und angewandte Forschung gleichermaßen sein. Es genügt nicht, nur Befunde zu dokumentieren und im Archiv abzulegen. Aus den Ausgrabungen und Bauuntersuchungen erwächst die Verpflichtung, auch umfangreiche Bearbeitungen zu unternehmen. Hierzu gehören in Köln, insbesondere seit den Kriegszerstörungen, monographische Veröffentlichungen zu jenen kirchlichen Denkmälern, die mit ihrer Baugeschichte vielfach weit über ein Jahrtausend

die Stadtgeschichte prägen. Die Quellenwerke der Archäologie und frühen Baugeschichte von St. Gereon und St. Ursula sind bis zur Manuskriptreife gediehen. Für die frühen Bischofskirchen unter dem gotischen Dom zeichnet sich eine Perspektive zur Veröffentlichung ab. Damit schließt sich ein Kreis: Ein halbes Jahrhundert archäologischer Forschungen an den historischen Kirchen Kölns ist nicht nur in Archiven dokumentiert, sondern in absehbarer Zeit auch öffentlich zugänglich.

Gleiche Anstrengungen gelten für die römische Epoche. Die Einzelfunde aus den Ausgrabungen vor dem Bau der Tiefgarage am Dom sind bearbeitet, die Vorlage der privaten Wohnhäuser in den

Bauvierteln am Dom steht noch aus. Wesentliche Fortschritte ergeben sich aus der Bearbeitung der keramischen Produkte in römischer Zeit, so die Erschließung der unterschiedlichen, über die gesamte römische Stadt verteilten Töpferbetriebe, die in verschiedenen Zeitabschnitten Standorte gewechselt haben. Das römische Köln hat dank guter Tonvorkommen in der nahen Umgebung den wesentlichen Teil seines Bedarfs an Gefäßkeramik selbst gedeckt; ein wichtiger frührömischer Töpferbezirk lag an der Lungengasse (siehe S. 328 ff.); Spezialitäten auch für den Export waren in der mittleren Kaiserzeit Jagdbecher (siehe S. 333 ff.) und Tonmasken (siehe S. 331 f.).

Archäologie, soweit sie eine Teildisziplin der Altertumswissenschaften ist, hat traditionell enge Bindungen zur Alten Geschichte. Für die Geschichte des römischen Köln zeigt die Verknüpfung der Archäologie mit lateinischer Inschriftenkunde und Numismatik ein reicheres Bild, als es die Archäologie alleine zu zeichnen vermag. Literaturzeugnisse und römische Inschriften werden fortwährend unter unterschiedlichen Aspekten (Sozialgefüge, Religionen, Verwaltungs- und Militärhierachien unter anderem) ausgewertet. Die numismatischen Quellen, hier vor allem die Fundmünzen, sind oft präzise Indikatoren archäologischer Schichtzusammenhänge. Eine Sonderstudie belegt nunmehr sehr differenziert die Katastrophenwellen, die das römische Köln in der 2. Hälfte des 3. Jahrhunderts insbesondere in seinem unmittelbaren Umfeld trafen.

Archäologie ohne öffentliche Rechenschaft bliebe bestenfalls Stückwerk: Daher muß das vordringliche Ziel die angemessene Veröffentlichung wissenschaftlicher Ergebnisse sein. Diese an sich selbstverständliche Aufgabe wird aber in politischen Gremien und öffentlichen Verwaltungen unterschiedlich beurteilt. Es scheint leichter, die Notwendigkeit des Einsatzes teurer technischer Geräte in der Archäologie zu vermitteln. Der Aufwand, eine gute Monographie oder eine anspruchsvolle Zeitschrift herauszugeben, bedarf fortgesetzter Überzeugungsarbeit. Das „Kölner Jahrbuch" des Römisch-Germanischen Museums und die „Kölner Forschungen" sind die Foren, in denen Quellenwerke, Forschungserträge und Arbeitsfortschritte erscheinen und ihre Langzeitwirkung entfalten. Archäologische Veröffentlichungen sind das präsente Gedächtnis eines historischen Erbes, das vielfach bereits untergegangen und nur noch als Beschreibung und Analyse existiert.

So wie sich das Bild einer Stadt fortwährend verändert, so verändern sich auch die Schwerpunkte der archäologischen Arbeit. Das kommende Jahrzehnt wird von einer punktuellen Siedlungsausweitung in den äußeren Bezirken der Stadt geprägt sein. Die Bebauung bisheriger landwirtschaftlicher Flächen kann zu einem Verlust kleiner, mehrheitlich vorgeschichtlicher und römischer Siedlungsstellen führen, die oftmals nur noch als dünne Straten in und unter den Humusböden erhalten sind. Diese Zeugnisse wenigstens ausführlich zu dokumentieren und möglichst auch in einzelnen ‚Reservaten' zu erhalten, wird eine vordringliche Aufgabe sein.

Eine ungewöhnliche archäologische Herausforderung ist der Bau einer U-Bahn, die von Norden nach Süden die östliche, als Bodendenkmal ausgewiesene historische Altstadt unterirdisch durchschneidet. Im Sinne einer ‚Umweltverträglichkeit' ist der U-Bahnbau unverträglich, denn unsichtbar führt er zu Totalverlusten dinglicher Urkunden. Die Tunnelröhre durchsticht die ehemalige römische Hafenrinne und unterfährt den römisch-mittelalterlichen Stadtkern. Insbesondere dort wo Bahnhöfe und Einfahrungen geplant sind – unter anderem Kurt Hackenberg-Platz, Alter Markt, Pipinstraße – wird der Verlust an großflächigen Bodendenkmälern vermutlich unvermeidlich sein. In den einzelnen Baulosen müssen große archäologische Ausgrabungen – dem Heumarkt vergleichbar (siehe S. 351 ff.) – mit angemessenem Zeitvorlauf vorangehen. Der U-Bahn-Bau im Ostteil der Stadt ist eine wissenschaftliche Herausforderung, die umfangreiche Vorstudien verlangt. Diese Untersuchungen werden sich auf die ‚Dunklen Jahrhunderte', d.h. auf die 2. Hälfte des 1. Jahrtausends der Stadtgeschichte konzentrieren. Hier liegt die Chance der Archäologie, neue Kapitel zur Stadtgenese aufzuschlagen.

Köln-Marienburg (Alteburg). Hauptquartier der römischen Rheinflotte (classis Germanica). Römische Lagerstra-ße und niedergebrannter Kasernenbau mit Kochöfen. 1. Hälfte 2. Jahrhundert.

Digitaler Archäologischer Schichtenatlas Köln

Das Ortsarchiv des Römisch-Germanischen Museums ist neben den Veröffentlichungen und den Inventarbüchern das archäologische Gedächtnis der Stadt Köln. Hier werden Fundbeobachtungen – die ältesten reichen 400 Jahre zurück – Pläne, Fundkataster und Ausgrabungsdokumentationen archiviert, historisch-topographisch ausgewertet und als Instrument für Forschung, Bodendenkmalpflege und -schutz täglich genutzt. Die Überführung des Kölner Liegenschaftskatasters in ein digitales, jederzeit sekundenschnell auf den Bildschirm projizierbares Kataster war für das Römisch-Germanische Museum Anlaß, einen historisch-archäologischen Schichtenatlas für den Bereich der historischen Altstadt zu konzipieren. Dieses Projekt entsteht in Zusammenarbeit mit den Geographischen Instituten der Universität Bonn und dem Lehrstuhl für Baugeschichte der Universität Dortmund, gefördert vom Ministerium für Arbeit, Soziales und Stadtentwicklung, Kultur und Sport des Landes Nordrhein-Westfalen. In zehn Zeitebenen von frührömischer bis zur Neuzeit soll der Digitale Archäologische Atlas Köln das historische Bauwissen und damit die Stufen der Stadtentwicklung in historischen Katastern, Maßstab 1:500, verzeichnen. Grundlage der Karten sind die Kataster seit der ersten Hälfte des 19. Jahrhunderts (Urkataster) über die (verbrannten, aber rekonstruierten) Vorkriegskataster bis zur gegenwärtigen Liegenschaftskarte. Gegenwärtig steht das Pilotprojekt noch in der Probephase.

Forschungsunternehmen Römisches Flottenlager Köln-Marienburg (Alteburg)

Auf dem Kölner Stadtgebiet lagen gemäß literarischer und archäologischer Quellen drei römische Militäranlagen: Tacitus erwähnt *apud aram Ubiorum* (d.h. beim Altar der Ubier / *oppidum Ubiorum*; Annalen I,39) Winterlager der I. und XX. Legion. Für diese Lager – gemeinsam oder getrennt – fehlen bislang sichere topographische und archäologische Anhaltspunkte. Als feste Standlager sind das Hauptquartier der römischen Rheinflotte südlich

der *CCAA* (Köln) in Köln-Marienburg (Alteburg) und das spätrömische Legionslager in *Divitia* (Deutz), vielleicht an der Stelle eines frührömischen Brückenkopfes (Münzfunde) gegenüber Köln, gesichert.

Das Lager der ‚Germanischen‘ Flotte in Köln-Marienburg (mittelalterlicher Flurname Alteburg) – unter der heutigen Villensiedlung – lag hochwasserfrei als Geländeschild der rheinischen Niederterrasse an einer Flußbiegung über dem Rhein. Das markante Plateau war ebenso siedlungsgünstig wie das der Kölner Altstadt, hier wie dort finden sich Spuren der Jungsteinzeit, der Hallstatt- und Latènezeit. Ausgrabungen auf der ‚Alteburg‘ in der 2. Hälfte des 19. Jahrhunderts, zu Beginn des 20. Jahrhunderts und in den 1920er Jahren haben die Umwehrung und Abschnitte der Innen- und Außenbebauung des Lagers der Römischen Marine erschlossen. Ein Großteil dieser archäologischen Dokumentation ist 1943 verbrannt.

Ausgrabungen in den Jahren 1983/84, 1995/96 und 1998, veranlaßt durch eine zunehmende Bauverdichtung innerhalb des Villenviertels, dienten einerseits der Dokumentation der archäologischen Befunde vor dem endgültigen Verlust und sind andererseits Teil eines umfassenderen Forschungsprogramms zur vertieften Erschließung einer der großen Marinebasen des Römischen Reiches. Die Untersuchungen werden mit einer Schwerpunktförderung des Ministeriums für Arbeit, Soziales und Stadtentwicklung, Kultur und Sport des Landes Nordrhein-Westfalen wie auch mit Investoren- und Stiftungsmitteln unterstützt. Das Römisch-Germanische Museum ist dazu eine Partnerschaft mit dem Archäologischen Institut / Archäologie der Römischen Provinzen der Universität Köln eingegangen. Ziel des Forschungsprogramms sind archäologische und historische Studien zur Germanischen Flotte und ihrer Bauten auf der ‚Alteburg‘.

Die ältesten römischen Funde – Spuren von Holzbauten, Gefäßkeramik und Münzen – auf dem Plateau über der Rheinaue reichen zurück in das 1. Jahrzehnt n. Chr. Diese frühen Befunde, eingetieft in den Sand, sind bisher nur an wenigen Stellen zu fassen. Es fehlt der zugehörige Nutzhorizont, der durch eine jüngere Überbauung, offenbar im Zuge einer Geländearrondierung durch Abtragung der

Köln-Marienburg (Alteburg). Hauptquartier der römischen Rheinflotte (classis Germanica). Grabungsfläche von 1998.

Lößdecke, verloren ging. Nur durch die nachfolgende militärische Bauschicht aus der Zeit des Kaisers Tiberius (14–37 n. Chr.) läßt sich schließen, daß auch in der Frühphase das Gelände militärisch genutzt wurde. Vielleicht hat schon die römische Marine die ersten Bauten als Basis genutzt, denn seit der Okkupationsphase unter Kaiser Augustus (27 v. Chr. – 14 n. Chr.) operiert eine römische Flotte auf dem Rhein. Andererseits könnte die vorzügliche strategische Sicherheitslage auf der ,Alteburg' zeitweilig auch als Lagerplatz römischer Legions-

einheiten in der späten Regierungszeit des Kaisers in Anspruch genommen worden sein.

Noch unter der Herrschaft des Kaisers Tiberius wird die Geländefläche neu hergerichtet, Lagerstraßen und -gassen abgesteckt, Kiesdecken aufgetragen und gezimmerte Abwasserkanäle gebaut. Zugleich entstehen langrechteckige, von Ost nach West gerichtete Kasernenbauten, deren Baurichtungen auch für die nachfolgenden beiden Jahrhunderte maßgebend bleiben. Die Bebauung des Lagerzentrums ist unbekannt, daher sind Lage und

Entwurf des Praetoriums, des Lagerforums und religiöser Bauten noch nicht bestimmbar. Die Mannschaftsunterkünfte werden als Fachwerkbauten in solider Zimmermannstechnik in der Tradition römischer Militärbaumeister und -handwerker errichtet. Handwerkliche Varianten in der Gründungstechnik zeigen entsprechende Erfahrungen. Das Bauholz mußte wohl über den Rhein herangeführt werden, Lehm stand in der Nachbarschaft an. Die Grundrißdisposition der bis zu 60 m langen und ca. 11 m breiten Kasernen mit Wohnräumen, Vorraum und auskragenden Vordächern bzw. Laubengängen entspricht den Bauten des Landheeres; spezifische Bauten für die Marine sind bislang nicht erkennbar. Die Unterkünfte des Flottenlagers sind mehrfach erneuert worden, da die Holzbauten nur eine begrenzte Lebensdauer hatten. Hinzu kam die Gefährdung der Bauten durch Schadensfeuer und Blitzschlag. Es ist damit zu rechnen, daß während der gesamten Nutzungszeit, d.h. über 250 Jahre, jeweils Teile des Lagers neu- und umgebaut wurden. Über zehn Bauhorizonte lassen sind punktuell erkennen. Einstweilen bleibt offen, ob anläßlich des Bataveraufstandes in den Jahren 69/70 n. Chr. – Bataver gehörten zu den Mannschaften der Marine – das Lager Schaden genommen hat. Zur Zeit erlauben die chronologischen Ergebnisse der einzelnen Ausgrabungsareale nur, Epochen der Entwicklung des Lagers nachzuzeichnen.

Eine Wehranlage umschloß im 1. Jahrhundert n. Chr. das Lager auf dem Geländeschild auf drei Seiten mit einer Holz-Erde-Mauer, eine Konstruktion aus Holzbalken und Erdschüttungen. Als Annäherungshindernis lag ein Spitzgraben vor dem Schutzwall. Auffällig ist, daß die Abbruchkante am Rheinufer zu dieser Zeit offen blieb. Möglicherweise waren die Wehranlagen wie bei der Stadtmauer der *CCAA* bis in die Rheinaue hinuntergeführt. Noch gibt es keine Befunde zu den frühen Phasen des Lagers in der Rheinaue, daher ist einstweilen auch die Lokalisierung des Hafens noch offen.

Nach der militärischen Neuordnung der Rheingrenze unter Kaiser Vespasian (69–79 n. Chr.) folgt ein umfassender Neubau dieses Basislagers wohl unter Kaiser Domitian (91–96 n. Chr.); nunmehr werden die Fundamente der Mannschaftsunterkünfte aus Bruchstein – mit aufgesetztem Fachwerk und Lehmausfachung – gemauert und wohl mit Ziegeln gedeckt. Damit waren die Bauten widerstandsfähiger und hielten mehrere Generationen. Auch die Ausstattung wird reicher, bemalter Putz ziert offenbar auch einfachere Räume.

Äußeres Kennzeichen des Lagerbaues war der Ersatz der alten Holz-Erde-Mauer mit einer 1 m breiten und ca. 4 bis 5 m hohen Steinmauer, -toren und -türmen. Vielleicht aufgrund älterer Erfahrungen wurde nun die Ostseite über dem Rhein mit Mauer und Graben geschlossen (Lagerinnenfläche nunmehr 7,1 Hektar, mit der Wehranlage 8,4 Hektar). Das Auengelände scheint von Zungenmauern geschützt gewesen zu sein, ein Indiz für die Lage des Hafens und der Schiffshäuser? Der Ausbau des Lagers mit großen Steinbauten innerhalb und im Westen und Süden außerhalb des Lagers veränderte das Hauptquartier der Flotte in seinem Aussehen. Seine Silhouette wirkte wie eine römische Kleinstadt. Der innere Ausbau mit römischem Wohnkomfort (Hypokaust- und Kanalheizungen, Kühlkeller, Wandmalereien) orientierte sich am Vorbild der römischen Provinzhauptstadt.

Das Forschungsprogramm zum Hauptquartier der Germanischen Flotte ist breit gefächert: Bauchronologie und Gliederung des Lagers, Architektur der Holz- und Steinbauten, Wehrarchitektur, Hafenanlage und Friedhöfe, Bauskulptur, Skulpturenausstattung und Malerei, Wasserversorgung, innere und äußere Brandkatastrophen, Versorgung des Lagers (Nahrungsmittel, Bau- und Gefäßkeramik, Münzumlauf, Bewaffnung, Eigenproduktion), Weihe-, Ehren- und Grabinschriften, Militärpersonal und Offizierskorps. Die ersten Arbeiten des Forschungsprogramms sind bereits gedruckt oder liegen im Manuskript vor. Ein besonderer Glücksfall war die Rekonstruktion von Befunden der Ausgrabungen 1927/1928 anhand von Fotografien und Fundnotizen. Die Summe der Forschungen – zeitgleich mit den Mainzer Forschungen zur Schiffsarchäologie – wird am Beispiel des Flottenlagers Alteburg ein neues, sehr differenziertes Bild der römischen Flußmarine ergeben.

Das Lager ist von der römischen Rheinflotte in den Jahren 275/280 n. Chr. zur Zeit heftiger fränkischer Übergriffe aufgegeben worden, dies zeigen Münzfunde verschiedener Fundstellen an. Archäologisch

Köln-Marienburg (Alteburg). Lagerareal der römischen Rheinflotte (classis Germanica). Heute Villensiedlung.

nicht zu klären ist, ob das Lager planmäßig geräumt oder gestürmt wurde; das Lager stand jedenfalls zur Plünderung des Steinmaterials offen. So ist zu erklären, daß eine verschleppte Ehreninschrift der Agrippinenser für Pertinax, Kommandeur der Rheinflotte und später römischer Kaiser (193 n. Chr.), bereits im frühen 4. Jahrhundert mit einer weiteren Ehreninschrift zu einem Sarkophag umgearbeitet und für ein Grab in Brühl-Vochem

genutzt wurde. Altmaterial von der Alteburg könnte für den Bau der Rheinbrücke und für das Deutzer Lager verwandt worden sein. Die Rheinflotte existierte im 4. Jahrhundert weiter, vielleicht in reduziertem Umfang fortgeführt oder neu aufgestellt. Denkbar ist, daß das neue Flottenquartier in das neu befestigte Hafenviertel der spätrömischen Stadt verlegt wurde.

Praetorium: Römisches Architekturmuseum – Eine Vision für Köln

Hansgerd Hellenkemper

Rückblende zum März 1953: Inmitten der weiten Trümmerflächen in der Kölner Innenstadt beginnen gegenüber der Ruine des Historischen Rathauses Abriß- und Baugrubenarbeiten für den neuen ‚Spanischen Bau‘, künftiger Sitz des Kölner Rates. Zwischen amorphen Steinstümpfen und Fundamenten tauchen erste mittelalterliche und römische Mauern auf, eine kleine Ausgrabungsmannschaft des Römisch-Germanischen Museums sucht und dokumentiert die Funde. ‚Antikenfreunde‘ holen sich ihre eigenen Trophäen. Woche um Woche treten immer mehr schwere römische Bauteile zutage, die Zeitungen berichten, am 7. Mai besucht die Stadtspitze, angeführt vom Oberbürgermeister, die Ausgrabungen. Die Freude über die historischen Wurzeln der Stadt mischt sich mit der Angst vor einer Bauverzögerung. Die Ratsmitglieder beschließen, daß „unter Hochdruck umfangreiche Flächengrabungen mit einer 30-Mann-Kolonne" unternommen werden. Erste Erwägungen einer „geringfügigen Planänderung" zur Erhaltung einer „starken Mauer" im neuen Rathausbau werden laut.

In den nächsten Monaten weiten sich die Ausgrabungen fast auf Dreiviertel Hektar aus, zu jener Zeit die größte Ausgrabung „auf dem Kontinent". Sondermittel werden bereitgestellt, die Medien begleiten euphorisch die unerwarteten Funde („Klein-Pompeji … auf dem Rathaushügel"). Die Deutung der Architektur – „Ara Ubiorum"?, „Kenotaph des Drusus"? – braucht ihre Zeit. Der Ruf nach Erhaltung der römischen Ruinenlandschaft wird in Rat und Öffentlichkeit kontrovers diskutiert. Die Ratsmitglieder, beflügelt von Bürgern und Medien, nehmen sich der unerwarteten ‚Fundsache‘ an und bewilligen weitere Sondermittel, die sich schließlich auf 150 000 DM summieren, für die Ausgrabungen. Zugleich entscheiden sie eine unterirdische Erhaltung, eine technische Neuplanung des Spanischen Baues und einen Bauaufschub um ein halbes Jahr. Zwei wegweisende Grundsätze bestimmen den neuen Entwurf: Der oberirdische Raum, die Nordhälfte des ehrwürdigen schmalen Rathausplatzes, soll in Umriß und Maßstäblichkeit wieder erstehen. Die römischen Bauruinen werden überdeckt und mit künstlichem Licht hervorgehoben. Damit war zugleich eine konservatorische Entscheidung für eine geschützte Erhaltung und gegen einen offenen Ruinenpark gefallen. Der Architekturentwurf wurde zu einer Glanzleistung: Mit nur einer inneren Stützenreihe, über zehn Meter tief gegründet, entstand eine weittragende unterirdische Halle, deren sanft gewölbte Decken mit zwei breiten, nebeneinander gelegten Brückensegmenten in Kastenbauweise die Ruinen überspannte. Diese weite, sparsam ausgelegte Architektur unterstreicht eindrucksvoll den monumentalen Charakter des römischen Bauensembles.

Zugleich gelang dem Ausgräber, Otto Doppelfeld, die entscheidende Deutung des römischen Architekturentwurfs. Das Oktogon, der zentrale Kernbau in der östlichen, über 90 Meter breiten Front über dem Rheinufer, begleitet von Sälen und an den Flanken von herausgehobenen Risaliten betont, hatte sein nächstes, freilich noch monumentaleres Vorbild im Palast des Kaisers Diokletian in *Spalato* / Split an der dalmatinischen Küste. Ein unscheinbarer Weihestein, schon 1630 unter dem Rathausplatz gefunden, gab den Namen: Praetorium, Palast der Statthalter Niedergermaniens und zeitweilig Residenz der ‚gallischen‘ Kaiser. Mit der Eröffnung am 5. Oktober 1956 hatte Köln ein neues „Römisches Stadtmuseum" und zugleich einen numinosen Ort städtischer Identität. Der Bestseller „Mit dem Fahrstuhl in die Römerzeit" von Rudolf Pörtner machte das Praetorium in der Bundesrepublik Deutschland populär, machte die Archäologie in der Folge von „Götter, Gräber und Gelehrte" zu einer öffentlichen Wissenschaft und brachte Köln internationale Reputation. Seit über 43 Jahren sind mehrere Millionen Besucher und Gäste bei zahllosen Empfängen in die Römerzeit hinabgestiegen. Noch vor der Eröffnung des Praetoriums, im Sommer 1956, setzte O. Doppelfeld im Auftrag des Rates die Ausgrabungen in der mittelalterlichen und

Köln. Fundamente des Praetoriums unter dem Rathaus (Spanischer Bau).

Köln. Praetorium. Römischer Abwasserkanal unter der Buden-
gasse. 2. Hälfte 1. Jahrhundert n. Chr.

neuzeitlichen, im Krieg zerstörten Bauinsel südwest-
lich vor dem Rathaus fort. Anlaß der Untersuchungen war es, vor einer Neubebauung des Rathaus-
viertels und der Schließung der Südhälfte des
Rathausplatzes das Areal zu erkunden, das bis zur
Vertreibung der Kölner Juden im Jahre 1424 Zen-
trum der mittelalterlichen jüdischen Gemeinde war.
Innerhalb weniger Wochen schälte sich unter den
Kriegstrümmern die Kölner Synagoge, umgebaut
zur Ratskapelle St. Maria in Jerusalem, mit dem
Genisakeller und in nächster Nachbarschaft die 15
Meter tief bis unter den Grundwasserspiegel aus-
gebaute Mikwe, das jüdische Kultbad, heraus.
Der dritte Schritt zur Wiederentdeckung der Ruinen-

landschaft unter dem Rathausplatz war 1968 die
Aufdeckung eines großen Apsisfundamentes des 3.
Jahrhunderts n. Chr., das zu einer Gerichtsbasilika
des Statthalters gehört. Innerhalb der Apsis war im
Mittelalter der *lapis lavatorius Judaeorum*, der Brunnen vor der Synagoge abgeteuft worden. Eine römische Porticus und ein Fundamentwinkel des jüdischen Hospitals an der Judengasse vor dem
Hansesaal, 1886 schon einmal aufgedeckt, wurden
vorsorglich nicht mehr zugeschüttet, sondern mit
einer Betondecke überfangen und als Ruinenraum
gesichert. Diese weiteren Entdeckungen eröffneten
neue Perspektiven. Schon 1969 entstand der kon-
krete Plan, im Zusammenhang mit einem Kongreß-

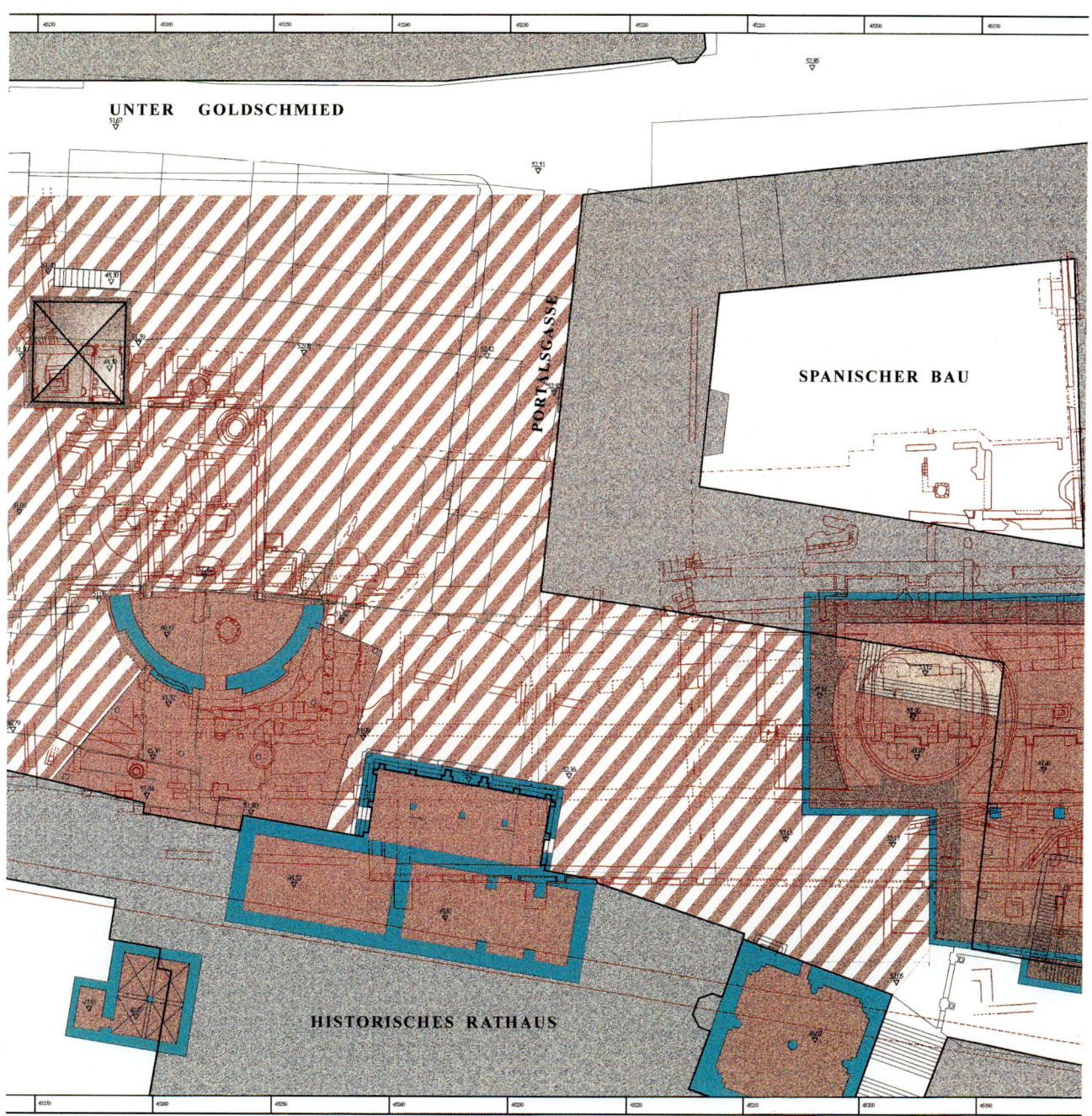

UNTER GOLDSCHMIED

PORTALSGASSE

SPANISCHER BAU

HISTORISCHES RATHAUS

Köln. Praetorium / Rathausviertel. Ausschnitt aus der Projektplanung Römisches Architekturmuseum.

zentrum, die unterirdische archäologische Zone nunmehr entscheidend auszuweiten, das Zentrum des jüdischen Viertels einzubeziehen und so eine Zeitbrücke zu den römischen und mittelalterlichen Epochen Kölns zu schlagen.

Blick in die Zukunft – die engagierte öffentliche Diskussion über ein Haus der Jüdischen Kultur am historischen Ort, d. h. am Platz der mittelalterlichen Synagoge und der Mikwe, gleichsam wieder Seite an Seite mit dem historischen Rathaus, hat die zeitweilig verborgene Vision wieder belebt. Unter dem jüdischen Viertel liegt das Praetorium, das sich ursprünglich als größte römische Bauinsel im römischen Köln mit annähernd drei Hektar zwischen Hoher Straße *(cardo maximus)*, Obenmarspforten *(decumanus maximus)* und Rheinmauer als Zentrum und Zeichen römischer Macht ausbreitete. Der monumentale Bau der spätrömischen Regia – so genannt bei Ammianus Marcellinus – blieb in merowingischer Zeit Residenz der rheinfränkischen (Klein-)Könige, von Gregor von Tours als *Aula Regia* bezeichnet. Im weitläufigen Peristyl des Praetoriums, nunmehr in der Hand des königlichen, dann erzbischöflichen Fiskus, wurde wohl die (merowingische?) Hofkirche St. Laurentius zu einer frühen Pfarrkirche. In ihrem Sprengel, inmitten der Ruinen des Praetoriums, siedelten erste, wohl aus dem westlichen Gallien wieder zugewanderte jüdische Familien – der Nukleus der mittelalterlichen Kölner jüdischen Gemeinde. Wie in einem Brennglas konzentriert sich hier eine mehr als tausendjährige Ortsgeschichte von der frührömischen bis in hochmittelalterliche Zeit. Der Bau eines Hauses der jüdischen Kultur muß mit den unterirdischen Zeugnissen des Praetoriums und des jüdischen Kultzentrums – Synagoge mit Genisakeller, Mikwe, *lapis lavatorius Judaeorum* (Waschbrunnen vor der Synagoge) und Hospiz – am Historischen Rathaus verknüpft werden.

Tief zwischen Rathaus und Synagoge liegt das Fundament eines bisher unbekannten mächtigen Baues aus riesigen Tuffquadern, mörtellos mit Holzklammern gebunden, der auf die ersten Jahrzehnte der römischen Okkupation zurückgeht. Hier liegen die Anfänge einer römischen Architektur in Stein, eines der ältesten monumentalen Zeugnisse diesseits der Alpen. An diesem Ort wuchs über vier römische Jahrhunderte jeweils auf den Fundamenten der Vorgängerbauten eine fortwährend erneuerte Architektur imperialer Gesinnung. Die überlieferten und noch teils verborgenen Fundamente sind dingliche Denkmäler eines römischen Architekturmuseums.

Ein unterirdisches Architekturmuseum, von rund 1800 Quadratmetern auf über 6000 Quadratmeter anwachsend, mit über fünfhundert Meter langen Gängen wäre eine Architekturkatakombe von europäischer Dimension. Hier ist der rechte Ort, römische Architektur als Ausdruck einer frühen Zivilisation in ihrer Dimension und Bedeutung zu begreifen: Naturstein als Baustoff, Transportwesen und Bautechnik, die Erfindung des Zements, Stadtplanung und Städtebau, das römische Köln als Planstadt in einem Entwicklungsland. Hier läßt sich Geschichte ‚handgreiflich' erzählen und geistig erleben. Ein solches Museum sollte keine virtuellen Welten zaubern, vielmehr Leistungen von Menschen zeigen, die den Anfang eines nunmehr zweitausendjährigen Gemeinwesens gestalteten. Mauern, Kapitelle, Säulen, Architrave, Werkstücke können sinnlich sein. Hier ist ein Ort, wo römische Architektur sinnfällig als der umspannendste zivilisatorische Ausdruck des Römischen Reiches erkennbar wird. Hier lassen sich Bilder aus der gesamten Weite des Reiches projizieren, vom Rhein bis zum Euphrat, von der Sahara bis Britannien. Unterschiedliches Licht kann jeweils die Epochen hervortreten lassen, die Phantasie und die Sinne des Betrachters beflügeln. Bau und Zerstörung werden an einem Ort gleichermaßen augenfällig und Spiegel einer langen Stadtgeschichte. Der Weg durch die unterirdische Welt des Praetoriums legt unterschiedliche Räume, Perspektiven und Zeitschichten offen. Eine Wahrnehmung, die sich so eindringlich nur an wenigen Orten in der Welt vollziehen läßt.

Das Römisch-Germanische Museum ist Schatzhaus und Hort der römischen Kultur am Rhein, das Praetorium ein Ort der *architectura*, die zu den Schönen Künsten zählt. Beide gemeinsam – das Römisch-Germanische Museum und ein römisches Architekturmuseum – sind ein unvergleichliches Haus der Geschichte, nicht nur für Köln.

Bodendenkmalpflege in Westfalen

GABRIELE ISENBERG

In der Rückschau auf die vergangenen fünf Jahre tritt besonders eine Episode eindrucksvoll hervor, von der negative Auswirkungen auf die Arbeit der Bodendenkmalpflege befürchtet werden mußten. Es geht um die vom Land für NRW geplante Verwaltungsstrukturreform, die die Arbeit der Bodendenkmalpflege an zwei ganz wesentlichen Stellen zu beeinträchtigen drohte: Die Gewährleistung der fachlichen Unabhängigkeit der Bodendenkmalpflegeämter einerseits und – das trifft vor allem für Westfalen zu – die Zusammengehörigkeit von Fachamt und Museum andererseits.

Gerade in den letzten Jahren konnte verstärkt demonstriert werden, wie wichtig es etwa für die Arbeit der Bodendenkmalpflege ist, ihre Ergebnisse unter besonderen Themen in einer musealen Prä-

Soest-Deiringsen. „Alter Ruploher Weg". Neolithischer Fundplatz im Bereich der Erdgasleitungstrasse von Wedal II. Grabungssituation.

63

sentation zusammengefaßt zu sehen, eine Möglichkeit, die die übliche Grabungspublikation in der Regel nicht bietet.

Stellt man die bodendenkmalpflegerischen Arbeitsergebnisse unter einem Spezialthema vernetzend dar, kommt es oft zu einer Neubewertung der Zusammenhänge von Befunden und Funden, die der Boden im Laufe der Jahre zu unterschiedlichen Zeiten und an verschiedenen Orten preisgegeben hatte. Die beteiligten Wissenschaftler werden aufgefordert, sich mit traditionellen Sichtweisen und Interpretationsansätzen auseinanderzusetzen, eine Auseinandersetzung, die als ,Treibsatz für das Fortschreiten wissenschaftlicher Erkenntnis nicht hoch genug einzuschätzen ist. So führte die 100-Jahrfeier der Altertumskommission (AK) 1997 zu einem ,Kassensturz' zum Thema Befestigungsanlagen, dem sich die AK mit dem Schwerpunkt auf Römerlagern und vor- und frühgeschichtlichen Wallburgen seit ihrem Bestehen besonders angenommen hatte. Unter dem Titel „Hinter Schloß und Riegel" wurde aber nicht nur die Arbeit der AK, sondern auch deren Weiterführung durch das Westfälische Museum für Archäologie (WMfA) mit Untersuchungen an Befestigungsanlagen von den jungsteinzeitlichen Erdwerken über die mittelalterlichen Stadtmauern bis zu Gefängnissen der Neuzeit und den Konzentrationslagern der Nazi-Zeit vorgestellt, eine Zusammenschau, die zugleich die Schwerpunkte, aber auch die Forschungsdefizite offenlegte. Einer in der Menschheitsgeschichte viel bewegenden Epoche war 1998 eine weitere Ausstellung unter dem Titel „Neandertaler u. Co. Neues aus der Steinzeit in Westfalen" gewidmet. In ihrem Mittelpunkt stand der gerade erst entdeckte Neandertaler-Schädel aus Warendorf und die ihn begleitenden Funde, die eindrucksvoll Informationen zu seiner Lebenswelt vermittelten. Zugleich wurden aber auch die Ergebnisse und Funde aus neueren Untersuchungen zur archäologischen Hinterlassenschaft der Jungsteinzeit präsentiert, des Zeitraums also, in dem sich die heutigen Lebensformen ausbildeten. Zogen in den vergangenen Jahrzehnten vorwiegend die teilweise als obertägige Denkmäler überlieferten Megalithgräber das bodendenkmalpflegerische Interesse auf sich, so führte die fortschreitende Prospektionsarbeit aus der Luft zu einer Hinwendung auf das Thema der sog. Erdwerke, die in den letzten Jahren immer zahlreicher und immer dichter zutage traten. Der zukünftigen Arbeit der Bodendenkmalpflege wird es vorbehalten sein, zur Lösung des Rätsels um die Funktion solcher Anlagen vorzudringen, die von ihrer Ausdehnung her vielfach der einer mittelalterlichen Stadt entsprechen, von denen man aber bislang nicht wirklich weiß, welchem Zweck sie gedient haben.

Einer weiteren, gerade für Westfalen außerordentlich prägenden Epoche war dann schließlich 1999 die große Ausstellung zur Kunst und Kultur der Karolingerzeit in Paderborn gewidmet. Im Mittelpunkt stand das Gedenken des Treffens zwischen Karl dem Großen und Papst Leo III. 799 in Paderborn, ein Gipfelereignis mit weitreichenden Folgen für die europäische Geschichte. Die Wahl Paderborns zum Gipfelort muß aber auch als frühes Signal für einen sich anbahnenden, äußerst markanten Kulturwandel im westfälischen Raum gewertet werden, eine Leistung, mit der sich Karl der Große für den Kaisertitel am besten zu empfehlen glaubte. Dieser Kulturwandel deutete sich in den zum ersten Mal ausführlicher über diesen Raum berichtenden Schriftquellen an, doch blieb die Berichterstattung zunächst einseitig in der Hand des fränkischen Hofes und damit verdächtig, ein Idealbild des Wandels zu skizzieren.

Die Erkenntnis über die tatsächliche Radikalität des Prozesses erschloß sich allein über Informationen, die der Boden vermittelte. Daher nahm im Museum in der Kaiserpfalz die Präsentation der Ergebnisse aus der Bodendenkmalpflege einen breiten Raum ein. Es bedeutete zugleich für unser Haus, im Vorfeld der Ausstellung gewaltige Anstrengungen unternehmen zu müssen, die alle Kräfte über die Magazinverwaltung, Restaurierungswerk-

Borgentreich-Borgholz / Kreis Höxter. Dem trockenen ▷ *Flugsommer 1999 verdanken wir diese Neuentdeckung eines neolithischen Erdwerks. Im Getreide sieht man als Bewuchsmerkmal deutlich den gebogenen Verlauf eines Doppelgrabens. Die Gräben riegeln einen Bergsporn in Richtung Nordosten ab.*

statt, Foto- und Zeichenwerkstatt bis hin zu den Ausgräbern über längere Zeit beträchtlich forderte. Doch hatte dieser ‚Kassensturz' zur Folge, daß man erstmalig wieder eine Übersicht gewann und in der Zusammenschau mit anderem zu einer gänzlich unerwarteten, völlig neuen Bewertung kam. Zugleich formulierten sich deutlicher als zuvor erbrachte Leistung einerseits und noch vorhandene Lücke andererseits, die wiederum klare Vorgaben für die bodendenkmalpflegerische Arbeit der Zukunft gewinnen ließen.

Als besonderes Geschenk dieser Ausstellung an die Besucher, aber auch an die Archäologen wurde die Präsentation der Auswertung der Ausgrabungsdokumentation zu den karolingischen Pfalzanlagen in Paderborn gewertet, die dank einer besonderen Förderung des Landes NRW realisiert werden konnte. Bei der Aufarbeitung des ungewöhnlich komplexen Befundes einer archäologischen Untersuchung, die in den 1960er Jahren europaweites Interesse auf sich zog, konnten wahre ‚Schätze' an Einsichten und Erkenntnissen ‚gehoben' werden, die in den bislang vorgelegten knappen Vorberichten weitgehend verborgen geblieben waren.

Das Paderborner Ergebnis ermutigte dazu, sich ebenso verstärkt weiteren, noch immer nicht veröffentlichten ‚Altgrabungen' zuzuwenden und deren Auswertung in gesonderten Projekten voranzutreiben. Hierbei geht es ausschließlich um umfangreiche und immer auch sehr vielschichtige Unternehmen, die keine Chance haben, neben dem bodendenkmalpflegerischen Tagesgeschäft in angemessener Form betreut und in absehbarer Zeit zu einem Abschluß geführt zu werden. Diese stellen zudem hohe Anforderung an interdisziplinäre Unterstützung, so daß sie ebenfalls nicht im Rahmen von Dissertationen und Magisterarbeiten erfolgreich auszuwerten sind. Aufgrund solcher Überlegungen wurden in den vergangenen Jahren die Erforschung der Corveyer Klosterkirche sowie die historische Salzgewinnung im Hellwegraum als Projekte gestartet. Ihnen wird demnächst außerdem die Aufarbeitung der Grabungsdokumentationen zur Domburg in Münster folgen. Die Auswertung von Altgrabungen kommt aber nicht nur der Geschichtswissenschaft zugute. Vielmehr werden in ganz besonderem Maße Erkenntnisse vermittelt,

die wichtige Bewertungs- und Entscheidungsgrundlagen für Denkmalpflege und Denkmalschutz bereithalten, d. h. Informationen aus diesem Bereich fließen verstärkt zugleich in die prospektive Arbeit des Amtes ein.

Die Intensivierung der prospektiven Arbeit bildete einen weiteren Schwerpunkt im Bereich der Bodendenkmalpflege. Ist schon weiter oben auf die Ergebnisse der Luftbildarchäologie, die sich einer konstanten Förderung durch das Land erfreuen kann, im Hinblick auf die Erforschung der jungsteinzeitlichen Erdwerke hingewiesen worden, so gelang es mit dem Projekt der Bestandserhebung in historischen Stadtkernen, betreut durch die Fachhochschule Köln, den Hebel an Stellen anzusetzen, an denen der meiste Veränderungsdruck besteht. Nach wie vor sind es die Städte, die von den größten baulichen Eingriffen betroffen sind, gleichzeitig aber auch die dichteste und vielschichtigste Konzentration an Bodendenkmälern aufzuweisen haben. Bei allen am städtebaulichen Veränderungsprozeß Beteiligten setzte sich mehr oder weniger früh die Erkenntnis durch, daß eine ideenreiche und umsichtige Bestandserhebung konfliktmindernd und damit denkmalfreundlich zu wirken in der Lage war. Aus dieser Einsicht heraus konnten in Zusammenarbeit zwischen Land, der jeweiligen Stadt und dem Amt für Bodendenkmalpflege nach Tecklenburg und Freudenberg die mittelalterlichen Großstädte Minden und Soest ebenfalls in dieser Hinsicht bearbeitet werden. Die Arbeiten zu Detmold, Warburg, Steinfurt und kürzlich auch Paderborn wurden auf den Weg gebracht. Im Falle Mindens sind die Ergebnisse der Bestandserhebung eingeflossen in das fünfbändige Denkmälerinventar, das in den vergangenen Jahren für die Stadt in Zusammenarbeit von Land, Stadt und Landschaftsverband Westfalen-Lippe erstellt wurde – das erste Mal in der langen Geschichte der westfälischen Denkmälerinventarisation, daß in ein solches Inventar auch die Bodendenkmäler Aufnahme fanden. Ein ‚emanzipatorischer Akt', der fern davon ist, selbstverständlich zu sein.

Nachdrücklich sollte jedoch Erwähnung finden, daß auch außerhalb solcher fest umschriebener Projekte immer wieder Städte und Kreise aus eigener Initiative – begründet in der Einsicht, ein wir-

Warburg-Menne / Kreis Höxter. Zwei jungsteinzeitliche Steinsetzungen der sog. Wartbergkultur. Ca. 4000 v. Chr.

kungsvolles Instrument zur Planungssicherheit zu schaffen – eine archäologische Bestandserhebung auf den Weg bringen. Vorbildliches auf diesem Sektor leistet die Stadt Münster, die sich an die Aufgabe herangewagt hat, die Stadt in ihren gegenwärtigen Grenzen als Untersuchungsgebiet auszu-weisen. Das bedeutet, daß der ehemals periphere Stadtraum, das bäuerliche Umfeld des mittelalterlichen und frühneuzeitlichen Münsters, ebenso Beachtung findet, ein Schritt, dessen Bedeutung für die Erforschung der Geschichte einer Stadt bislang von der Bodendenkmalpflege noch nicht wirklich

Westerkappeln / Kreis Steinfurt. Eisenzeitliches Gräberfeld. Auf der planierten Grabungsfläche zeichnen sich die rechteckigen Umfassungsgräben der Brandbestattungen als dunkle Bodenverfärbung ab. Ca. 250–100 v. Chr.

entdeckt worden ist. Aber auch Kreise bemühen sich um eine flächendeckende Übersicht über ihren Bestand an Bodendenkmälern. Der Kreis Warendorf wurde durch eine von ihm getragene Maßnahme dieser Art belohnt, indem im Verlauf der Erhebung unter dem Fundmaterial der Neandertaler-Schädel entdeckt werden konnte.

1991 wurde der Beschluß, die Schausammlung des WMfA nach Herne zu verlegen, gefaßt. Nachdem seine Umsetzung dann mehrere Jahre geruht hatte, fiel 1997 die Entscheidung, das Museumsprojekt in das IBA-Programm aufzunehmen mit der Folge, daß das Neubauvorhaben in einem rasanten Tempo angegangen werden mußte. Schritte, die eigentlich nacheinander zu gehen waren, erfolgten gleichzeitig oder sogar in der umgekehrten Reihenfolge, begleitet von manchen Auseinandersetzungen. Diese waren in erster Linie durch Mißverständnisse über den Charakter des Museums begründet. Als Vorbild für den Neubau in Herne wurde immer wieder auf den Typ des Kunst- oder Antikenmuseums zurückgegriffen, während man sich mit der Vorstellung, ein Haus zur westfälischen Landesgeschichte auf der Grundlage archäologischer Forschung einzurichten, recht schwer tat. Die bauliche und inhaltliche Konzeption verlangte und verlangt auch noch von vielen Kollegen im Haus einen großen Anteil an Einsatz und Arbeitskraft.

Rheine-Altenrheine / Kreis Steinfurt. Grabungssituation. Im Vordergrund der freigelegte Grundriß eines Hauses aus der vorrömischen Eisenzeit. Ca. 6. Jahrhundert v. Chr.

Mit dem ersten Spatenstich am 16.6. 1999 begannen die Bauarbeiten, die zügig vorangehen, so daß damit gerechnet werden kann, daß das Gebäude 2001 bezugsfertig sein wird. In der Zwischenzeit hat ein mehrköpfiges Team die Bestandsaufnahme der ausstellbaren Objekte abgeschlossen und ist dabei, mit einem Gestalter die inhaltliche Konzeption für die Dauerausstellungen zu erarbeiten. Begleitet wird die Erstellung der Ausstellungskonzeption von einem wissenschaftlichen Beirat. Eine der umstrittensten Forderungen von seiten des Museums für Archäologie war es, für das neue Haus in Herne einen Raum für die Dauerausstellung zu bekommen, der sich möglichst flexibel den ständig wandelnden Erkenntnissen zu geschichtlichen Vorgängen in unserer Region anpassen sollte, ein Prozeß, der kein Ende finden wird, solange die Bodendenkmalpflege landesweit unter rein fachlichen Gesichtspunkten ihre Arbeit durchführen kann.

Daß sich die Vorstellungen von unserer Vergangenheit durch die bodendenkmalpflegerische Arbeit allein in den letzten fünf Jahren weiterentwickelt und teilweise auch gewandelt haben, mag der folgende Bericht deutlich machen.

Steinzeiten

Wichtig für das Mittelpaläolithikum war das oben erwähnte Schädelfragment eines Neandertalers und die Befunde, die uns im Zuge der eingeleiteten Nachforschungen am Fundort ein eindruckvolles Bild über die Umwelt des Warendorfer Neandertalers und seinen Umgang mit ihr vermitteln. Außerdem löste der Fund eine Welle an naturwissenschaftlichen Untersuchungen aus, in deren Zuge ein Schädelfund mit Trepanationsspuren eines Homo sapiens aus dem Jungpaläolithikum (27 400 ± 600 vor heute) neue Bedeutung erhielt, der 1976 bei einer Entkiesung in Paderborn-Sande geborgen werden konnte.

Für die Jungsteinzeit verstärkte sich eine Schwerpunktverlagerung im Untersuchungsspektrum, die sich bereits Anfang der 1990er Jahre angedeutet hatte. Wie bereits weiter oben angemerkt, brachte die Weiterführung der Prospektion aus der Luft in den vergangenen Jahren die Entdeckung und Überprüfung einer Serie von jungsteinzeitlichen Erdwerken, z. B. bei Büren-Brenken und Borchen-Kirchborchen.

Bemerkenswert waren auch die Ergebnisse zum Mittelneolithikum. Baubegleitende Untersuchungen im Bereich der Erdgasleitungstrasse von Wedal II förderten neue Erkenntnisse über Siedlungsplätze der Rössener Kultur im Streckenabschnitt von Soest nach Unna zutage, unter denen besonders eine schon vorher bekannte Siedlung bei Deiringsen-Ruploh durch ihre große Ausdehnung überraschte. Zeitgleich ist eine bei Warburg-Daseburg untersuchte kreisrunde Grabenanlage mit vier Eingängen, deren Funktion bislang Rätsel aufgibt. Dem jungneolithischen Zeithorizont zugerechnet werden müssen ein im Saatental bei Paderborn aufgefundener Siedlungsplatz sowie in Warburg-Menne eine bislang noch nicht näher in ihrer Funktion ansprechbare Anlage.

Vorrömische Metallzeiten

Den wohl größten Informationszugewinn erbrachten Untersuchungen für den Bereich der Bronze- und Eisenzeit in Westfalen. Denn in etwa 50 Grabungen und Sondierungen konnten zu diesem Zeitraum Befunde erhoben und Beobachtungen gemacht werden, die neben der weiterführenden Auskunft über die Ausbildung regionaler Siedlungsgefüge auch neue Erkenntnisse über die Binnenstruktur von Siedlungen und überraschende Kontraste in der Bestattungskultur zutage förderten.

Schwerpunkte lagen dabei im nördlichen und westlichen Münsterland sowie im Mindener Raum. Neben einer Untersuchung in Porta-Westfalica-Barkhausen galt eine umfangreiche Ausgrabung auch einer Siedlung der vorrömischen Eisenzeit in Minden-Päpinghausen mit einer Ausdehnung von mindestens 2 ha, deren Anlage aus einer Konzentration von Wohnbebauung im Kern bestand, der mit einem Gürtel von weiträumig verteilten Speichern und Siedlungsgruben umgeben war. Im Umfeld dieser Siedlung wurde ein Gräberfeld der späten Bronzezeit / älteren Eisenzeit mit überwiegend Urnenbestattungen untersucht, von dem man bereits seit 1912 Kenntnis hatte. Es bildet einen Kontrast zum raumnahen und zeitverwandten Bestattungsplatz in Petershagen-Ilse mit Körperbestattungen und fremdartigen Trachtbestandteilen.

Der gleichen Zeitstufe gehörte auch das Gräberfeld an, das in einer mehrjährigen Kampagne bei Ibbenbüren ausgegraben werden konnte und eine bemerkenswerte Art der Nutzung topographischer Gegebenheiten bot. Während die etwa 60 der jüngeren Bronzezeit zugerechneten Brandgräber sich am Fuß eines landschaftlich markant herausheben den Hügels befanden, hatte man in der älteren Eisenzeit die Hügelkuppe zum Begräbnisplatz erwählt.

Ein großer Brandgräberfriedhof der mittleren bis jüngeren Eisenzeit, der bei Westerkappeln untersucht werden mußte, bot interessante Einsichten. Die Bestattungen waren mit quadratischen oder rechteckigen Grabenanlagen umgeben, die in ihrer Zuordnung aufeinander eine bestimmte Gruppenzugehörigkeit der Verstorbenen vermuten lassen.

Die Ausgrabung eines mehrperiodigen Siedlungsbereichs bei Rheine-Altenrheine, dessen Schwerpunkt in der Eisenzeit lag, zeigte einen Haustyp, der zuerst in den Niederlanden für diese Epoche erkannt und erforscht wurde. Über die heutigen Grenzen Westfalens weist auch ein Befund, der im

Paderborn-Schloß Neuhaus. Am Hoppenhof. Freilegung einer Teilfläche mit frühmittelalterlichen Grubenhaus-grundrissen und Pfostenspuren. 11. Jahrhundert.

äußersten Süden des Landes, in Burbach-Oberdres-selndorf / Kreis Siegen-Wittgenstein, untersucht werden konnte. Ursprünglich hatte man Reste ei-ner mittelalterlichen Wüstung auf dem Gelände-plateau erwartet, das Bestandteil eines Terrassensy-stems ist, das einen ehemaligen Vulkandurchbruch umgibt. Die Untersuchung deckte jedoch aus-schließlich Relikte der Eisenzeit auf, wobei die Siedlungsfunde auf die Nachbarschaft zur kelti-schen Welt hindeuten, sich überdies deutliche Be-ziehungen zur Wetterau nachweisen ließen. Außer-halb des eigentlichen Siegerländer Eisengebietes gelegen, wurde die Frage nach dem Siedlungsan-reiz für die besagte Stelle diskutiert und mit Hilfe einer geologischen Expertise beantwortet. Es han-delte sich um eine durch die Vulkantätigkeit beson-ders fruchtbare Vegetationsinsel, die die eisenzeitli-chen Menschen veranlaßte, sich auf jener Terrasse niederzulassen.

Römische Kaiserzeit

In nahezu allen bislang in Westfalen bekannten rö-mischen Militäranlagen konnten, allerdings mit unterschiedlicher, den jeweils aktuellen Erforder-nissen angepaßter Intensität, die archäologischen Untersuchungen fortgesetzt werden. Wichtig wa-ren aber auch Befunde und Funde zur Vor- und Nachbesiedlung, wie sie in Beckinghausen beob-

Soest-Gelmen. Kaiserzeitliche Siedlung. Verstürzter Ofen. 2./3. Jahrhundert n. Chr.

achtet werden konnten. Die größte Neuigkeit zum Thema ‚Römer in Westfalen' stellt jedoch die Entdeckung eines weiteren Lagers in Haltern dar, mit dessen Untersuchung 1999 begonnen wurde.

Im größeren Umfang gelang es auch, unseren Kenntnisstand zum Siedlungsgefüge der einheimischen Bevölkerung zu erweitern. Die rettungsgrabungsbedingten Schwerpunkte betrafen Gebiete, die in den nachfolgenden Zeiten für die geschichtliche Entwicklung Westfalens von hoher Bedeutung sein sollten, wie den Raum um Paderborn, die Umgebung von Herford und die mittlere Hellwegzone zwischen Soest und Dortmund. So war es möglich, auf dem heutigen Paderborner Stadtgebiet, am Hoppenhof und im Balhorner Feld, zwei größere Siedlungen der römischen Kaiserzeit mit teilweise noch älteren Wurzeln zu erfassen, die sich kontinuierlich weiterentwickelten und im Frühmittelalter den Aufstieg Paderborns zum Zentralort der Region mit Bischofssitz und Pfalz begründeten.

Eine hohe Siedlungsdichte zeichnet ebenfalls den Raum um Soest aus, bot er doch den dort lebenden Menschen einen fruchtbaren Boden, begehrte Bodenschätze in Form von Salz und zugleich die Nähe zu einem der wichtigsten Ost-West-Handelswege der Region, dem Hellweg. So ist wenig verwunderlich, daß Siedlungen der römischen Kaiser-

zeit, etwa Werl-Büderich oder Soest-Gelmen, ein ausgesprochen reiches Fundmaterial boten und eine bemerkenswert differenzierte Sozialtopographie aufwiesen. Begonnen haben auch erneut Untersuchungen im Flußwinkel zwischen Körnebach und Seseke im heutigen Stadtgebiet von Kamen / Kreis Unna. Diese kaiserzeitliche Siedlung hatte bereits von 1910 bis 1935 in mehrjährigen Grabungskampagnen einen Befund gezeigt, der die Siedlungsvorteile des Hellwegraums deutlich widerspiegelte.

Ebenfalls schon 1930 entdeckt wurde ein Siedlungsplatz der jüngeren Kaiserzeit in Hiddenhausen-Oetinghausen / Kreis Herford, dessen Untersuchung in den vergangenen Jahren wieder aufgenommen werden mußte. Spezifische Funde aus Gebäuden und Abfallgruben wiesen sowohl auf Textilverarbeitung als auch auf Eisenverhüttung hin. Unsere Kenntnisse über das kaiserzeitliche Siedlungsbild des Herforder Raums, der im Frühmittelalter eine bedeutende Karriere machen sollte, wurde ebenso durch die Untersuchung des Gräberfeldes in Enger-Siele und Kirchlengern-Südlengern erweitert.

Frühmittelalter

Viele der kaiserzeitlichen Siedlungen konnten bis ins frühe, teilweise sogar bis ins Hochmittelalter und darüberhinaus verfolgt werden. Doch veränderte sich das Siedlungsgefüge mit dem tiefgreifenden Wandel, der Westfalen seit dem 6. Jahrhundert umformte. Für Siedlungen wie Balhorn und Soest ergaben archäologische Untersuchungen, daß diesen Orten von ihrer Siedlungsstruktur und -dichte her praeurbaner Charakter zuzusprechen ist. In beiden Siedlungen wurde neben anderem Buntmetallverarbeitung im höheren Maße betrieben. Überdies belegt das Fundmaterial eine Anbindung des örtlichen Handwerks an den europäischen Fernhandel. Warum beiden Siedlungen bei der Umorganisation der Region nach den Sachsenkriegen durch Karl den Großen zentralörtliche Funktionen vorenthalten wurden, ließ sich bislang nicht eindeutig klären.

Soest-Gelmen. Kaiserzeitliche Siedlung. Einmessen von Befunden in einer Teilfläche. 2./3. Jahrhundert n. Chr.

Zeichen des kulturellen Wandels, der diese Zeit erfaßte, wurde eindrucksvoll greifbar im Gräberfeld des 7. bis 9. Jahrhunderts in Haltern-Flaesheim / Kreis Recklinghausen. Zeugnisse für den militärischen Aspekt dieser Veränderungen sind die zahlreichen Wallburgen, die in dieser Zeit ausgebaut wurden. Diesen galten mehrere archäologische Einsätze. Neben kleineren Aktionen in Borchen-Gellinghausen und auf der Hünenburg bei Vlotho standen vor allem der Gaulskopf bei Warburg und die Wittekindsburg bei Minden im Vordergrund des Interesses. Die Untersuchungen erbrachten auch für diese Burganlagen Veränderungen, die im Zeichen des Kulturwandels der Region im Frühmittelalter standen. So wurde das Schwergewicht ihrer militärischen Nutzung langsam verlagert auf vorwiegend kirchliche Funktionen. Das ließ sich Anfang der 1990er Jahre schon im Falle der Eresburg nachweisen. Auf dem Gaulskopf wurde für das 9.

Jahrhundert ein Holzgebäude ergraben, das von einem Friedhof flankiert war, und daher als früher Kirchenbau angesprochen. Die Fundamente eines kreuzförmigen Sakralgebäudes, ebenfalls in Verbindung mit einem Friedhof auf der Wittekindsburg entdeckt, weisen in Verbindung mit schriftlichen Quellen und weiteren baulichen Spuren darauf hin, daß nach Aufgabe der Burganlage auf deren Gelände im 10. Jahrhundert das religiöse Konzept des Mindener Bischofs Milo Verwirklichung fand, der neben der Förderung benediktinischer Klostergemeinschaften auch das Eremitenwesen unterstützte.

Zeichen für die Veränderungen, die Westfalen im 9. Jahrhundert erfaßten, war unter anderem die Einführung der Steinbauweise in der Sakralarchitektur. Daß schon kurz nach der Einführung des Hausteins als Baustoff sogar anspruchsvollere Architektur entstand als schlichte Saalbauten mit

Rechteckchor, belegen die Ergebnisse der bereits 1974 begonnenen archäologischen Untersuchung der Klosterkirche in Corvey, die mit einer Ausgrabung im Bereich des Atriums vor dem karolingischen Westwerk im Kern abgeschlossen werden konnte. In der Gestaltung des Westbereichs zeigte sich ebenfalls wieder, daß man die Vorbilder in der Architektur des spätantik geprägten europäischen Westens und Südens fand.

Mittelalter und Neuzeit

Dem westfränkischen Vorbild folgte im 9./10. Jahrhundert auch die Ausbildung einer Städtelandschaft im westfälischen Raum. Grundlagen dazu schuf die Einrichtung von kirchlichen Zentren in Siedlungen, die bereits über eine dieser Funktion angemessene Infrastruktur verfügten. Deren weitere Entwicklung im Mittelalter und in der frühen Neuzeit archäologisch zu erforschen, war in den vergangenen fünf Jahren ein besonderes Anliegen der westfälischen Mittelalter-Archäologie. Solches wird außerdem damit dokumentiert, daß diese der ältesten Gründungsschicht angehörenden Städte zum größeren Teil in die Betreuung durch kommunale Archäologen überführt wurden, um eine archäologische Dauerbeobachtung des fraglichen Areals zu gewährleisten. Aus diesem Grunde konnten ganz wesentliche, so manche traditionelle Vorstellung korrigierende Einsichten in den Stadtwerdungs- und Stadtentwicklungsprozeß gewonnen werden.

In Soest gelang vor allem mit der Untersuchung des Plettenberg- und Burgtheaterareals ein bedeutsamer Schritt in der Erforschung der Übergangszone vom karolingischen Kern zur hochmittelalterlichen Stadt. In Paderborn führte die Entdeckung eines Steinbruchs in der Stadt zu überraschenden Erkenntnissen über die Nähe von Siedlung und Ort der Baustoffgewinnung. Zwar sah man die Brüche gleichzeitig als eine besonders effektive Sicherung der südwestlichen Flanke der Domburg an, hatte dabei aber den Geländebedarf einer möglichen Erweiterung der Siedlung übersehen mit der Folge, daß sich die größer werdende mittelalterliche Stadt mit einem gewaltigen Sprung im Gelände arrangieren mußte. Mehr Informationen über die städte-

bauliche Situation innerhalb der mittelalterlichen Befestigungsanlagen ließ auch die großflächige Untersuchung des südlichen Stadtquartiers am Kamp gewinnen und räumte gleichzeitig mit alten Befestigungslegenden auf, da sich vermeintliche Stadtmauern bei näherer Untersuchung als Teile der Kellermauern mittelalterlicher Stadthofanlagen entpuppten.

Traditionelle Sichtweisen der Stadtgeschichtsforschung konnten ebenfalls in Minden revidiert werden, wo sich bei Arbeiten im Simeonsviertel ergab, daß es sich bei diesem Quartier nicht um die jüngste Erweiterung der Stadt, sondern um ein bereits seit karolingischer Zeit mit Hofanlagen besiedeltes Areal handelte. In Münster schließlich erbrachte die Untersuchung des Hörstertorquartiers am östlichen Rand der mittelalterlichen Stadt und der Pauli-Freiheit südlich des Rathauses ebenfalls eine Serie an Informationen, die zu Ergänzungen und Korrekturen der Münsterschen Stadtgeschichte führten – und das bis ins 19. Jahrhundert hinein.

Auch in kleineren Städten stand die Erforschung von innerhalb des Stadtkerns gelegenen Hofanlagen auf dem Programm, die großen Einfluß auf die Siedlungsentwicklung hatten und sich als gesonderte Einheit selbst dann noch behaupteten, als sie längst Bestandteil der ummauerten Stadt geworden waren. Als Beispiele seien hier nur die Untersuchungen auf dem Gelände des bischöflichen Haupthofes sowie des Alten Hofes in Ahlen und des Marienhofes in Haltern genannt. Über die Erforschung der bäuerlichen Elemente im Innenraum der mittelalterlichen Stadt hinaus konnte zudem eine beträchtliche Anzahl neuer Erkenntnisse zum ländlichen Raum Westfalens im Mittelalter gewonnen werden, besonders zu Wüstungsprozessen ganzer Siedlungen wie einzelner Hofanlagen, für die die Wüstung Rozedehusen und der Schulzenhof in Beelen stellvertretend genannt werden sollen.

Die archäologischen Forderungen im Bereich der Burgen und Herrensitze waren weniger umfangreich. Dennoch erbrachten die Abschlußuntersuchungen an und in Schloß Horst in Gelsenkirchen Material an den Tag, das in beeindruckender Weise bestätigte, wie sich der Sproß eines aufgestiegenen Adelsgeschlechts im Ruhr-Emscher-Lippe Raum in die Nachfolge römischer Herrscher einreihte und

Paderborn-Schloß Neuhaus. Am Hoppenhof. Früh- bis hochmittelalterliche Siedlungsspuren (unter anderem Grubenhäuser). 10.–12. Jahrhundert.

als Renaissance-Fürst großen Stils in Architektur und Ausstattung aller Welt sichtbar präsentierte. Eindrucksvoll aber zeigte sich auch der mächtige Turm der Burg des Drosten Ritter Gerd von Plettenberg, die Ausgangspunkt der Stadtgründung Neuenrade war und in Verbindung mit deren Befestigung entstand. Gleiches gilt für die Burg Lüdinghausen, deren 1983 begonnene Erforschung fortgesetzt werden konnte. Dabei legte man eine für die Burggeschichte äußerst aufschlußreiche Stratigraphie und dieser entsprechende Mauerbefunde frei. Als ,Bonbon' gewertet wurde die Entdeckung einer Hypokaustenheizung des Spätmittelalters im sog. alten Steinhaus.

Ausgesprochen wenige Untersuchungen waren in Kirchenräumen erforderlich. Offenbar sind die meisten Kirchen im Besitz langlebiger Heizungen, so daß Eingriffe in den Boden nicht notwendig wurden. Immerhin bot sich in Kloster Gravenhorst die Gelegenheit, mit der Ausgrabung des Backhauses in den Wirtschaftsbereich der Anlage vorzudringen.

Knapp 200 Grabungen neben vielen Sondierungen konnten in den letzten fünf Jahren durchgeführt werden. Jede von ihnen, und sei der Einblick in den Boden noch so gering gewesen, trug dazu bei, die Geschichte Westfalens weiter zu erforschen. Es zeigte sich erneut: Die Spuren historischer Vorgänge unter unseren Füßen bieten in einer solchen Überfülle neue Informationen zur Geschichte unseres Raums an, daß kein Archiv mit dem, was im Boden verfügbar ist, konkurrieren kann.

Paläontologische Bodendenkmalpflege in Westfalen-Lippe

ALFRED HENDRICKS

Die Rahmenbedingungen der Paläontologischen Bodendenkmalpflege in Westfalen-Lippe sind durch unterschiedliche Faktoren gegeben. Hierzu gehört insbesondere die relativ große Fläche von Westfalen-Lippe, die in qualitativ gleicher Weise betreut werden muß. Der geologische Untergrund Westfalens ist so strukturiert, daß nahezu in allen Landesteilen fossilführende Schichten im höheren Untergrund anstehen. Die Gesteine reichen von der erdgeschichtlichen Epoche des Ordoviziums, das vor etwa 500 Millionen Jahren einsetzte, bis zum Quartär. Der geologische Untergrund repräsentiert folglich ca. 500 Millionen Jahre Evolution sowohl von Pflanzen als auch Tieren und drastische Veränderungen der geographischen Zustandsbilder.

Heute verfügt sowohl das Pflanzen- als auch das Tierreich über eine kaum überschaubar große Anzahl von Stämmen, Klassen, Ordnungen, Familien, Gattungen und Arten. Die gesamte Vielfalt der Lebewelt in den vergangenen erdgeschichtlichen Epochen war noch bedeutend größer. Immer noch werden neue fossile Pflanzen- oder Tierarten oder sogar bisher unbekannte Gattungen entdeckt. Eine fachlich kompetente wissenschaftliche Bearbeitung aller in Westfalen-Lippe vorkommender Fossilien setzt wegen dieser Vielfalt auch projektbezogene Kooperationen mit entsprechenden Spezialisten voraus, um die sich das Westfälische Museum für Naturkunde, das in Westfalen-Lippe die Belange der Paläontologischen Bodendenkmalpflege wahrnimmt, in den vergangenen Jahren zunehmend bemühte. Sowohl die Vielfalt der fachlichen Problemstellungen als auch die Größe des Landesteiles machen diese Kooperationen erforderlich. Zum anderen sind sie erforderlich, da das Westfälische Museum für Naturkunde, im Vergleich zur Ar-

Warstein / Kreis Soest. Karstspalten im Massenkalk bei Warstein mit eiszeitlichen Fossilien.

chäologischen Bodendenkmalpflege, über relativ geringe personelle und finanzielle Ressourcen verfügt. Auch die Gefährdung vieler wichtiger paläontologischer Objekte, z.B. durch Verwitterung in ehemaligen Steinbrüchen, die in großer Anzahl in Westfalen existieren, oder deren Verfüllung, bringen die amtliche Paläontologische Bodendenkmalpflege in die Situation, sich selber nur um die wichtigsten Objekte kümmern zu können.

Ein Beispiel für die Gefährdung durch Verfüllung war die ehemalige Ziegeleitongrube Voßacker bei Fröndenberg / Kreis Unna, deren Gesteine eine umfangreiche fossile Flora des Oberkarbons enthalten.

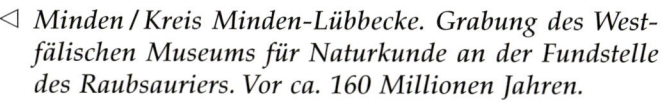

◁ *Minden / Kreis Minden-Lübbecke. Grabung des Westfälischen Museums für Naturkunde an der Fundstelle des Raubsauriers. Vor ca. 160 Millionen Jahren.*

Die Ziegeleigrube stellte einen der letzten noch verbliebenen Aufschlüsse dar, in dem Gesteine und Fossilien dieser Epoche auftreten. Aus diesem Grund wurde versucht, die Tongrube unter Schutz zu stellen. Da dieser Antrag abgelehnt wurde und die Verfüllung in absehbarer Zeit erfolgen sollte, führte das Westfälische Museum für Naturkunde 1994 / 1995 eine Rettungsgrabung durch. Das geborgene fossile Pflanzenmaterial wurde von einem Spezialisten, einem Paläobotaniker, untersucht und bereits 1995 in der vom Westfälischen Museum für Naturkunde herausgegebenen Schriftenreihe „Geologie und Paläontologie in Westfalen" publiziert.

In den Jahren 1994 / 1995 wurden im Rahmen eines Werkvertrages 24 Aufschlüsse im westfälischen Turon wissenschaftlich erforscht. Zweck der Untersuchung war es, identische Schichten zu identifizieren, die zukünftig als Leithorizonte der Stratigraphie des Turons dienen sollten. Erstmalig für Europa gelang der Nachweis identischer Tufflagen (vulkanische Auswurfprodukte), die als Leithorizonte dienen können. Die Publikation der wissenschaftlichen Ergebnisse erfolgte 1995.

1992 und 1993 wurde in Kooperation mit dem Lehrstuhl für Paläontologie des Geologisch-Paläontologischen Institutes der Universität Münster im eingetragenen Bodendenkmal Doberg bei Bünde / Kreis Herford eine Rettungsgrabung durchgeführt. Die sehr umfangreichen wissenschaftlichen Recherchen konnten 1995 abgeschlossen werden. Anhand unterschiedlicher Untersuchungen ließ sich für den Bereich des heutigen Doberges insgesamt ein küstennaher flachmariner Ablagerungsraum mit subtropischem Klima und der entsprechenden Lebenswelt rekonstruieren. Verschiedene Lebensräume, wie z. B. Strand, Watt, Ästuar oder Flachschelf wurden nachgewiesen. Die neuen wissenschaftlichen Erkenntnisse führten zu einer Rekonstruktion der geographischen Verhältnisse während des Oberoligozäns (Tertiär) im Bereich des Doberges mit Hilfe eines idealisierten Blockbildes.

Im Rahmen eines Werkvertrages untersuchten Spezialisten Ammoniten des Campan (Oberkreide) im südlichen Münsterland. Anhand litho-, sequenz- und biostratigraphischer Forschungen wurden die bisherigen stratigraphischen Einstufungen revidiert. Gleichzeitig erfolgte eine Beschreibung der Ammoniten-Faunen. Im Zuge dieses Vorhabens wurden auch alte Sammlungsbestände verschiedener öffentlicher Einrichtungen begutachtet. Die wissenschaftlichen Ergebnisse fanden 1996 Niederschlag in einer Publikation.

In Kooperation mit dem Institut für Geologie der Ruhr-Universität Bochum wurden 1995 im Raum Ochtrup / Kreis Steinfurt zwei Aufschlüsse mit Sedimenten der Unterkreide wissenschaftlich erkundet. Die Bio- und Lithostratigraphie, die Flora, Fauna, Sedimentologie, das Ablagerungsmilieu und die regionalgeologische Stellung dieser Aufschlüsse waren Forschungsgegenstände. Die anstehenden Schichtenfolgen wurden stratigraphisch zugeordnet und das Vorhandensein bestimmter Fossilien, die bisher erst aus jüngeren Schichtfolgen bekannt waren, beschrieben.

1996 befaßten sich über Werkvertrag Spezialisten mit dem Campan des Stemweder Berges / Kreis Minden-Lübbecke. Neben der Bearbeitung der Ammoniten war ein Ziel dieser Untersuchungen, eine Auflistung von Steinbrüchen und heute nicht mehr bekannten Fossilvorkommen in dieser Region zu erstellen. Gleichzeitig wurden neue und bereits seit längerer Zeit bestehende Fossilsammlungen berücksichtigt. Dabei konnte eine Ammonitenart neu aufgestellt werden.

Im Jahr 1997 bearbeiteten im Rahmen von Werkverträgen Wissenschaftler die Stratigraphie und Ammonitenfaunen des westfälischen Cenomans. Die letzteren wurden für das Münsterländer Kreidebekken systematisch und stratigraphisch revidiert. Insgesamt konnten 75 Arten nachgewiesen werden, die sich auf 33 Gattungen verteilen. Die 1998 publizierten wissenschaftlichen Ergebnisse beschreiben, daß die Ammoniten in vier unterschiedlichen Lebens- oder Ablagerungsräumen vorkommen.

Im Zuge einer Rettungsgrabung wurden 1997 in einem temporären Bauaufschluß in Borgholzhausen / Kreis Gütersloh versteinerte Reptilfährten aus der Trias-Zeit geborgen und anschließend wissenschaftlich bearbeitet. Insgesamt wurden 30 fährtenführende Gesteinshorizonte festgestellt. Die Bergung des sehr stark zerbrochenen Gesteins gestaltete sich äußerst schwierig. Durch ein besonderes und aufwendiges Verfahren gelang es, größere zusammenhängende Gesteinsplatten mit Fossilienfährten zu

Halle / Kreis Gütersloh. Grabung des Westfälischen Museums für Naturkunde im Steinbruch Dieckmann im Hesseltal. Schichten der Oberkreide. Vor 83–74 Millionen Jahren.

heben. Die vom Westfälischen Museum für Naturkunde geborgenen Fährtenplatten befinden sich im Eigentum des Grundstücksinhabers, der Stadt Borgholzhausen. Das lokale Vorkommen mit den fährtenführenden Gesteinsschichten fand mittlerweile Eintragung als unbewegliches paläontologisches Bodendenkmal in die Denkmalliste der Stadt Borgholzhausen (siehe S. 220 ff.).

1998 begannen in Kooperation mit dem Geologischen Institut der Ruhr-Universität Bochum mikropaläontologische Untersuchungen im Cenoman- / Turon-Grenzbereich. Diese Zusammenarbeit ist längerfristig angelegt. Die wissenschaftlichen Ergebnisse stehen daher noch aus.

Im selben Jahr erfolgte durch das Westfälische Museum für Naturkunde in einem Steinbruch nahe der Liethöhle in Warstein / Kreis Soest eine Rettungsgrabung. Die wissenschaftliche Untersuchung ergab, daß die quartäre Sedimentfüllung der Karstspalte im devonischen Massenkalk als Seeablagerung, evtl. des Altpleistozäns, zu interpretieren ist. Die Tone enthalten sehr gut erhaltene Blätter, Zapfen, Hölzer und Holzkohle.

Im Jahr 1998 lief ein auf drei Jahre befristeter projektbezogener Kooperationsvertrag mit dem Lehrstuhl für Paläontologie des Geologisch-Paläontologischen Institutes der Universität Münster aus. Im Rahmen einer 1999 fertiggestellten Dissertation er-

Bünde / Kreis Herford. Das Oberoligozän am Doberg bei Bünde. Vor ca. 28 Millionen Jahren.

folgte die Vorstellung der wissenschaftlichen Ergebnisse. Darin wurden Großammoniten-Kolke, die Einregelungsformen und Anlagerungsmuster der Ammoniten in Form von Ketten oder Fächern beschrieben. Darüber hinaus rekonstruierte der Autor drei faziesabhängige Biozönosen. Diese Erkenntnisse wurden in einen ursächlichen Zusammenhang mit eustatischen Meeresspiegelschwankungen gebracht. Die Geländeuntersuchungen führten auch zu bedeutenden Funden fossiler Fische (siehe S. 211 ff.).

Die zahlreichen aufgelassenen Steinbrüche im Weser- / Wiehengebirge, die Gesteine der Jura-Forma-

tion aufschließen, und deren fossiler Inhalt häufig durch Verwitterungsprozesse stark gefährdet ist, wurden 1995 im Rahmen eines Werkvertrages über einen längeren Zeitraum hin regelmäßig kontrolliert und auf gefährdete Fossilien hin untersucht. Dabei verdichteten sich Hinweise auf das Vorhandensein großwüchsiger Reptilien. 1996 erfolgte daher die Fortsetzung der regelmäßigen Kontrollen in den aufgelassenen Steinbrüchen im Rahmen eines weiteren Werkvertrages. Die Erfolge bei der Beobachtung der Steinbrüche erschienen eine kontinuierliche Überwachung nötig zu machen. Daher wurde von 1997 bis 1999 mit Hilfe einer Arbeitsbeschaffungsmaßnahme ein Diplom-Geologe angestellt. Im Zuge der nun regelmäßig durchgeführten Kontrollgänge gelang es, an verschiedenen Stellen sehr seltene Fossilien verschiedener Land- und Schwimmsaurier zu entdecken und zu bergen. Eine groß angelegte Rettungsgrabung im Steinbruch „Lutternsche Egge" im Wiehengebirge / Kreis Minden-Lübbecke, die 1999 durch Sondermittel der Obersten Denkmalbehörde finanziert wurde, erbrachte Reste eines ungewöhnlich großen Raubsauriers (siehe S. 217 ff.). Die Gesteinsschichten mit dem Fossilvorkommen im ehemalien Steinbruch „Lutternsche Egge" fanden als unbewegliches paläontologisches Bodendenkmal Eintragung in die Denkmalliste.

Die Rettungsgrabung des Westfälischen Museums für Naturkunde in Hagen-Vorhalle, die bereits 1990 begann, wurde im Dezember 1997 zum Abschluß gebracht (siehe S. 214 ff.). Durch intensive Verhandlungen gelang es, den ehemaligen Steinbruch als unbewegliches paläontologisches Bodendenkmal rechtskräftig in die Denkmalliste der Stadt Hagen einzutragen.

Wissenschaftliche Untersuchungen in den vergangenen Jahren hatten deutlich gemacht, daß die Schichtenfolge im Steinbruch Dieckmann im Hesseltal bei Borgholzhausen / Kreis Gütersloh sehr seltene und zum Teil gut erhaltene Fossilien enthält. Die entsprechenden Schichten sind durch Verwitterung gefährdet. Daher nahm das Westfälische Museum für Naturkunde 1999 eine Rettungsgrabung vor. Wegen der besonderen geologischen Verhältnisse werden auch in den nächsten Jahren hier immer wieder solche Aktionen erforderlich wer-

Allagen-Westendorf / Kreis Soest. Schichtenfolge des Turons (Oberkreide) im ehemaligen Steinbruch „Am Kalkofen". Vor ca. 90 Millionen Jahren.

den. Eine Eintragung dieses Bereiches als unbewegliches paläontologisches Bodendenkmal in die Denkmalliste wurde beantragt.

1999 wurde in einem Steinbruch bei Warstein im Massenkalk eine Karstfüllung angefahren. Eine Untersuchung des Westfälischen Museums für Naturkunde ergab, daß die Sedimente der Karstfüllung ungewöhnlich viele und seltene Knochen eiszeitlicher Säugetiere enthalten. Daher führte das Mu-

seum in der zweiten Jahreshälfte eine Rettungsgrabung durch.

Seit Jahren wird in Werkverträgen in Kooperation mit dem Geologisch-Paläontologischen Institut der Universität Hamburg der Kiessandzug bei Emsdetten / Kreis Steinfurt erkundet. Dessen quartäre Geschiebe, bereits zum 2. Mal zur Ablagerung gekommen, enthalten Fossilien sehr hohen Alters (510 bis 408,5 Millionen Jahre). Ergebnisse dieser wissenschaftlichen Untersuchungen, die zur Aufstellung von über 20 neuen Gattungen und über 80 neuen Arten führten, wurden in verschiedenen Heften der Schriftenreihe „Geologie und Paläontologie in Westfalen" veröffentlicht.

Seit 1995 initiierte das Westfälische Museum für Naturkunde eine Reihe von Unterschutzstellungsverfahren, die zum Teil mit einer rechtskräftigen Eintragung endeten. Neben den oben bereits exemplarisch erwähnten Eintragungen unbeweglicher paläontologischer Bodendenkmäler ist vor allem auch diejenige eines beweglichen paläontologischen Bodendenkmals, nämlich des Schädels eines Waldnashornes, zu nennen.

Im Bereich der Öffentlichkeitsarbeit konnten seit 1995 wichtige Akzente gesetzt werden. 1997 eröffnete das Westfälische Museum für Naturkunde eine neue Dinosaurier-Ausstellung, die auch eine Vielzahl aus Westfalen stammender Fossilien enthält. Da insbesondere der 1999 ergrabene Dinosaurier aus dem Wiehengebirge in den Medien sehr großes Interesse fand, wurde in der Ausstellung diesen Grabungsaktivitäten ein eigener kleiner Bereich gewidmet. Dadurch gelingt es, die zahlreichen Museumsbesucher auch auf die Belange der Paläontologischen Bodendenkmalpflege in Westfalen-Lippe hinzuweisen.

1996 wurde ein neues Informationsprospekt zur Paläontologischen Bodendenkmalpflege in Westfalen-Lippe konzipiert und gedruckt. Das Faltblatt enthält in allgemein verständlicher Form die wichtigsten Informationen zum Paläontologischen Denkmalschutz und wurde den Denkmalbehörden zur Weitergabe zugesandt. Darüber hinaus wurde es paläontologischen Fachzeitschriften beigelegt und damit einer breiten Öffentlichkeit paläontologisch interessierter Menschen zur Kenntnis gegeben.

1993 erschien das von der Obersten Denkmalbehörde in Auftrag gegebene Gutachten „Bodendenkmalrecht unter besonderer Berücksichtigung der Paläontologie". Im Zuge dieser Ausarbeitung entstand im Westfälischen Museum für Naturkunde ein „Kriterienkatalog zur Bestimmung der wissenschaftlichen Bedeutung von paläontologischen Objekten", der 1996 in einer paläontologischen Fachzeitschrift veröffentlicht wurde. Damit liegen einem breiten Interessentenkreis Kriterien der Be-

deutungsschwelle paläontologischer Bodendenkmäler vor. Gleichzeitig hat sich das Westfälische Museum für Naturkunde mit dem Katalog Rahmenbedingungen hinsichtlich des Denkmalwertes bei möglichen Unterschutzstellungsverfahren vorgegeben. Bei der Erarbeitung solcher Anträge hat sich dieser Kriterienkatalog bisher bewährt. Das oben erwähnte Gutachten „Bodendenkmalrecht unter besonderer Berücksichtigung der Paläontologie", das von einem Juristen im Rahmen seiner Dissertation angefertigt wurde, machte aus paläontologischer Sicht Ergänzungen, Erläuterungen, Kommentare und Richtigstellungen erforderlich. Daher wurde 1999 im Auftrag der Obersten Denkmalbehörde von wissenschaftlichen Mitarbeitern des Westfälischen Museums für Naturkunde und des Westfälischen Amtes für Denkmalpflege eine entsprechende Arbeit verfaßt. Sie hat den Titel „Anwendung des Denkmalschutzgesetzes (DSchG NW) im Bereich der Paläontologie" und enthält neben einem Text zu denkmalrechtlichen Fragen innerhalb der Paläontologie auch eine Vielzahl von Beispielen der praktischen Arbeit der vergangenen Jahre innerhalb der Paläontologischen Bodendenkmalpflege. Die Arbeit erscheint 2000 in der Reihe „Archäologie und Recht" Band 2.

Lit.: M. BASSE / U. LEMKE, Trilobiten aus dem mittleren Givetium (Mittel-Devon) des nördlichen Rechtsrheinischen Schiefergebirges. Geol. u. Paläontol. Westfalen 45 (Münster 1996). – U. KAPLAN / W. J. KENNEDY / G. ERNST, Stratigraphie und Ammonitenfauna des Campan im südlichen Münsterland. Ebd. 43 (Münster 1996). – K.-P. LANSER, Der Schädel eines dicerorhinen Nashorns aus der Dechenhöhle bei Iserlohn-Letmathe im Sauerland. Ebd. 47 (Münster 1997) 57–78. – A. J. LOMMERZHEIM, Stratigraphie und Ammonitenfaunen des Santons und Campans im Münsterländer Becken (NW-Deutschland). Ebd. 40 (Münster 1995). – J. MUTTERLOSE, Die Unterkreide-Aufschlüsse des Osning-Sandsteins (NW-Deutschland) – Ihre Fauna und Lithofazies. Ebd. 36 (Münster 1995). – R. SCHALLREUTER, Ostrakoden aus silurischen Geschieben III. Ebd. 42 (Münster 1996) 5–25. – S. SCHULTKA, Die Flora des Namur B in der ehemaligen Ziegeleitongrube Voßacker bei Fröndenberg. Eine Übersicht. Ebd. 35 (Münster 1995). – I. WALASZCZYK, Biostratigraphie und Inoceramen des oberen Unter-Campan und unteren Ober-Campan Norddeutschlands. Ebd. 49 (Münster 1997).

EIN VIERTELJAHRHUNDERT ARCHÄOLOGISCHE FORSCHUNGEN IN NORDRHEIN-WESTFALEN

Hagen-Vorhalle. Fossilführende Schichten des Oberkarbon (Namur B). Grabungsstelle. Vor ca. 316 Millionen Jahren.

Zwei Jahrzehnte paläontologische Bodendenkmalpflege und Forschungen in Nordrhein-Westfalen

ALFRED HENDRICKS und KLAUS-PETER LANSER

Nach dem Denkmalschutzgesetz des Landes Nordrhein-Westfalen, das im Jahre 1980 in Kraft getreten ist, können auch Zeugnisse tierischen und pflanzlichen Lebens aus erdgeschichtlicher Zeit, also paläontologische Objekte bzw. Fossilien bei Erfüllung bestimmter Kriterien als Bodendenkmäler gelten. Die Paläontologische Bodendenkmalpflege in Nordrhein-Westfalen wird im Bereich des Landschaftsverbandes Rheinland vom Rheinischen Amt für Bodendenkmalpflege und im Bereich des Landschaftsverbandes Westfalen-Lippe vom Westfälischen Museum für Naturkunde wahrgenommen. Für die Durchführung ihrer Aufgaben bemühen sich beide Institutionen intensiv um Kooperationen mit Privatpersonen, Firmen und Vertretern von geowissenschaftlichen Instituten. Es gelang, ein Netz von Kooperationspartnern aufzubauen, deren Ziel Schutz, Erhalt und die Erforschung paläontologischer Bodendenkmäler in Nordrhein-Westfalen ist. Dadurch war es möglich, zahlreiche und fachlich sehr unterschiedliche Projekte durchzuführen, deren wichtigste wissenschaftliche Ergebnisse im folgenden aufgeführt und erläutert werden.

Emsdetten-Ahlintel / Kreis Steinfurt. Muschelkrebs (Armaechmina armata SCHALLREUTER) aus dem Münsterländer Kiessandzug. Länge 0,71 mm. Vor ca. 425 Millionen Jahren.

Ordovizium und Silur (510–408,5 Millionen Jahre)

Bereits seit Jahren werden mit Unterstützung des Westfälischen Museums für Naturkunde vom Geologischen Institut der Universität Hamburg Untersuchungen zur Fossilführung ordovizischer und silurischer Sedimentärgeschiebe des Münsterländer Kiessandzuges, einer Schmelzwasserrinne der vorletzten Eiszeit, vorgenommen. Die in den Geschieben in großer Formenfülle enthaltenen Fossilien, meist Ostracoden (Muschelkrebse), geben wichtige Hinweise auf die Verbreitung des ursprünglich anstehenden Gesteins und die Entwicklung dieser für die biostratigraphische Gliederung des Ordoviziums und Silurs wichtigen Fossilgruppe. Bei den Untersuchungen wurden bisher 26 Gattungen und 87 Arten neu beschrieben, die durch die Publikation in verschiedenen Heften der Reihe „Geologie und Paläontologie in Westfalen" des Westfälischen Museums für Naturkunde Eingang in die internationale Nomenklatur fanden.

Devon (408,5–362,5 Millionen Jahre)

Die aus der Zeit des Unterdevons (oberes Siegen) stammenden fossilführenden Schichten im Bereich des Steinbruches Jäger bei Odenspiel / Oberbergischer Kreis wurden auf Antrag des Rheinischen Amtes für Bodendenkmalpflege in die Denkmalliste eingetragen. Die hier anstehenden Odenspieler Schichten führen gut erhaltene Reste kieferloser Fische (Agnathen) und von Panzerfischen mit Kiefern (Placodermen). Diese Fossilien sind Belege für die Evolution der frühen Wirbeltiere, insbesondere in Nordrhein-Westfalen. – In den Schichten des oberen Unterdevons (Ems-Stufe) bei Kierspe / Märkischer Kreis wurden durch das Westfälische Museum für Naturkunde Reste von Panzerfischen geborgen. Bei der wissenschaftlichen Bearbeitung durch das Geologisch-Paläontologische Institut der Universität Münster konnte die Arthrodirengattung (Ordnung der Placodermi) *Tiaraspis subtilis* erstmals in den Schichten des oberen Ems nachgewiesen werden, die bislang nur aus älteren Schichten bekannt gewesen war. Weitere Untersuchungen ergaben wichtige Informationen über den Lebensraum und die Todesursache der Tiere.

Karbon (362,5–290 Millionen Jahre)

Die international bedeutsamen wissenschaftlichen Ergebnisse der Grabungen des Westfälischen Mu-

seums für Naturkunde in Hagen-Vorhalle / Stadt Hagen in den fossilführenden Schichten des Oberkarbon (Namur B) werden in diesem Katalog gesondert dargestellt (S. 214 ff.).

Perm (290–245 Millionen Jahre)

Aufgrund der fortschreitenden Verwitterung der fossilführenden Schichten wurden im Bereich eines ehemaligen Steinbruches bei Ibbenbüren-Uffeln / Kreis Steinfurt vom Westfälischen Museum für Naturkunde im Jahre 1984 Grabungen durchgeführt. Dabei konnten aus dem Kupferschiefer des oberen Perm neben Resten von bislang aus Nordrhein-Westfalen erstmals geborgenen Fischen nach Abschluß der Grabung auch ein Skelett von *Protorosaurus speneri* geborgen werden. Es handelt sich um das bislang weltweit vollständigste Skelett dieses ca. 1,20 m langen Archosauromorphen, einem Vorläufer der späteren Dinosaurier des Erdmittelalters. Die endgültige wissenschaftliche Bearbeitung dieses Fossils steht bislang wegen der geringen Zahl kompetenter Spezialisten noch aus.

Ibbenbüren-Uffeln / Kreis Steinfurt. Restaurierter Saurier (Protorosaurus speneri) aus dem Kupferschiefer. Vor ca. 255 Millionen Jahren.

Trias (245–208 Millionen Jahre)

Im Jahre 1997 erfolgte durch das Westfälische Museum für Naturkunde die Bergung und wissenschaftliche Bearbeitung von Reptilfährten aus dem Unteren Muschelkalk bei Borgholzhausen / Kreis Gütersloh (S. 220 ff.).

Jura (208–145,6 Millionen Jahre)

In einem Steinbruch bei Oberlübbe / Kreis Minden-Lübbecke wurde im Jahre 1988 eine pflanzenfüh-rende Linse in marinen Gesteinen des oberen Jura (Malm) angefahren. Eine Bergung durch das Westfälische Museum für Naturkunde erbrachte den Nachweis einer artenreichen Flora, die marin in Strandnähe abgelagert worden war. Bei der wissenschaftlichen Bearbeitung in Kooperation mit dem Geologisch-Paläontologischen Institut der Universität Münster konnten zwei Pflanzenarten neu aufgestellt werden. Es handelt sich um die erste Beschreibung einer größeren Pflanzengesellschaft aus der Juraformation Nordwestdeutschlands. – Im Oktober 1998 wurden in einem aufgelassenen Steinbruch im Wiehengebirge / Kreis Minden-Lübbecke, ebenfalls in marin abgelagerten Schichten des Jura,

◁ *Hagen-Vorhalle. Grabung in den fossilführenden Schichten des Namur B (Oberkarbon). Vor ca. 316 Millionen Jahren.*

Lüdinghausen-Seppenrade / Kreis Coesfeld. Riesenammonit (Parapuzosia seppenradensis). Durchmesser 1,80 m. Vor ca. 83 Millionen Jahren.

von einem Mitarbeiter des Westfälischen Museums für Naturkunde bei einer gezielten Prospektion Reste eines Landraubsauriers entdeckt. Eine Rettungsgrabung erbrachte Teile des Schädels, mehrere Einzelzähne, Rippen, Wirbel und ein Wadenbein (S. 217 ff.).

Kreide (145,6–65 Millionen Jahre)

In einer mit Sedimenten der Unterkreidezeit erfüllten Höhle im devonischen Massenkalk fanden sich bei Brilon-Nehden / Hochsauerlandkreis zahlreiche Skelettreste von Iguanodonten, pflanzenfressenden Dinosauriern. Von 1979 bis 1982 wurden Ausgrabungen vom Geologisch-Paläontologischen Institut der Universität Münster mit Unterstützung des Landschaftsverbandes Westfalen-Lippe durchgeführt. Die wissenschaftliche Bearbeitung der Wirbeltierreste durch einen international anerkannten

Fachmann aus Oxford ergab unter anderem auch wichtige Hinweise für die Ontogenese, da hier weltweit erstmalig auch fossile Reste von Jungtieren dieser bislang nur durch erwachsene Individuen nachgewiesenen Dinosauriergattung entdeckt worden waren. Die Auswertung der fossilen Pflanzenreste erbrachte Erkenntnisse zum Klima, zur Paläogeographie und zur zeitlichen Einstufung. – In einem Steinbruch bei Wülfrath / Kreis Mettmann wurden im devonischen Massenkalk große Hohlräume angetroffen, die bis unter das heutige Meeresspiegelniveau reichen. Die Höhlenfüllung besteht aus fossilführenden Sedimenten der Unterkreidezeit. Mit Unterstützung des Rheinischen Amtes für Bodendenkmalpflege wird dieses Vorkommen derzeit von verschiedenen Universitätsinstituten und vom Geologischen Landesamt Nordrhein-Westfalen untersucht. Die Entstehung derartig tiefreichender Höhlensysteme ist wissenschaftlich noch ungeklärt. Die Fossilführung ist von großer Bedeutung für die Rekonstruktion des Klimas und die Entwicklung der Pflanzenwelt in der Unterkreidezeit. – Mit Unterstützung des Westfälischen Museums für Naturkunde erfolgt seit einigen Jahren eine systematische Neubearbeitung der Ammonoideenfaunen der westfälischen Oberkreide. Dabei wurden sowohl alte Sammlungsbestände verschiedener Institutionen neu bearbeitet und gegebenenfalls revidiert als auch in jüngerer Zeit entstandene Sammlungen berücksichtigt. Diese Revisionen erfolgten teilweise erstmals nach den Bearbeitungen durch Clemens Schlüter (1867, 1871–76). Vergleiche mit Ammonitenzonierungen zeitgleicher Vorkommen Englands, Frankreichs, Polen und Rußlands ergaben deutliche Parallelen. Aufgrund der weltweiten Faunenvergleiche sind diese Arbeiten von weitreichender Bedeutung für die zeitliche Einstufung der marinen Schichten der Oberkreide. – Im Steinbruch Dieckmann im Hesseltal bei Halle / Kreis Gütersloh wurde eine Grabung in Kooperation mit dem Geologisch-Paläontologischen Institut der Universität Münster im Cenoman-Turon-Grenzbereich durchgeführt. Dabei konnten unter anderem Skelette relativ großer Fische (bis 80 cm Länge) geborgen werden, die aus Deutschland bislang noch nicht bekannt gewesen waren (S. 211 ff.).

Kevelaer-Kervenheim / Kreis Kleve. Fossiler Bartenwal in Fundlage während der Härtung der Knochensubstanz. Vor ca. 10 Millionen Jahren.

Tertiär (65–1,64 Millionen Jahre)

Wegen der geplanten Verfüllung des eingetragenen Bodendenkmals am Pimpelsberg bei Erkrath / Kreis Mettmann, einer ehemaligen Formsandgrube, wurde vom Rheinischen Amt für Bodendenkmalpflege eine Untersuchung der hier anstehenden oberoligozänen Grafenberger Schichten durchgeführt. Diese ergab eine artenreiche Fauna, wobei erstmals auch Nachweise von Mikrofossilien, wie Foraminiferen und Ostracoden, für diese Lokalität geführt werden konnten. Die Datierung der Sedimente konnte durch die Untersuchungen weiter präzisiert werden. – Ebenfalls aus dem Oligozän

stammen die Schichten des Doberges bei Bünde. Wegen bevorstehender Abgrabung in einem Teilbereich des Naturschutzgebietes Doberg wurde im Jahre 1991 durch das Westfälische Museum für Naturkunde eine Rettungsgrabung in Kooperation mit dem Geologisch-Paläontologischen Institut der Universität Münster vorgenommen. Die fossilreichen Schichten am Doberg sind aufgrund internationaler Konventionen als Locus typicus des oberen Oligozäns anerkannt; d.h. die hier anstehenden Schichten repräsentieren diesen Zeitabschnitt beispielhaft. Die wissenschaftliche Auswertung im Rahmen einer Diplom- und Doktorarbeit erbrachte Erkenntnisse über die jeweiligen Ablagerungsbereiche der einzelnen Schichten sowie des Klimas der damaligen Zeit. – Im Jahre 1987 wurde in einer Sandgrube bei Kevelar-Kervenheim / Kreis Wesel das ca. 6,5 m lange Skelett eines Bartenwales entdeckt. Es befand sich in einer Scholle miozäner Sande, die durch das Inlandeis der vorletzten Eiszeit an die Oberfläche gepreßt worden war. Die Bergung des Skelettes erfolgte durch das Rheinische Amt für Bodendenkmalpflege, die anschließende Präparation durch das Westfälische Museum für Naturkunde. Aufgrund umfassender Untersuchungen durch das Geologische Institut der Universität Mainz konnte der Fund der Gattung *Plesiocetus* zugeordnet werden, einer Gruppe der frühen Bartenwale. Die Auswertung der Begleitfauna und anderer geologischer Daten gestatteten die Rekonstruktion des Meeresraumes, in dem der Wal eingebettet wurde.

Quartär (1,64 Millionen Jahre bis Heute)

Eine Verbreiterung der A 2 führte zur Gefährdung eines Fossilvorkommens bei Stuckenbusch bei Herten / Kreis Recklinghausen, das im Jahre 1936 entdeckt worden war. Das Westfälische Museum für Naturkunde führte hier 1986 Grabungen durch, um die akut gefährdeten Reste eiszeitlicher Tiere zu bergen. Die Ergebnisse der Pollenuntersuchungen gestatteten die Datierung der anstehenden Sedimente jeweils in die frühe und mittlere letzte Eiszeit. In Verbindung damit erbrachte die Auswertung der Elefantenbackenzähne Erkenntnisse über die Entwicklung der Elefanten in der letzten Eiszeit.

Ausblick

Die Berücksichtigung der Paläontologie im Denkmalschutzgesetz NW führte 1980 zu einer wesentlichen Verbesserung der paläontologischen Forschung in Nordrhein-Westfalen. Aufgrund der gesetzlichen Verankerung wurde eine kontinuierliche Arbeit innerhalb der Paläontologie möglich, die nicht nur zur Unterschutzstellung beweglicher und unbeweglicher Bodendenkmäler führte und damit die Erhaltung paläontologischen Gutes sicherstellte, sondern die auch mit einer wesentlichen Weiterentwicklung der wissenschaftlichen Forschung verbunden ist. So konnten beispielsweise längerfristige Kooperationen mit Dritten eingegangen, arbeits- und zeitintensive Forschungsprojekte initiiert und durchgeführt werden. Eine der wichtigsten Grundlagen für diese kontinuierliche Arbeit sind die finanziellen Mittel, die die Oberste Denkmalbehörde durch das jährliche Denkmalförderungsprogramm in die Bodendenkmalpflege fließen läßt. Mit Hilfe dieser Mittel können auch langfristige Projekte im Rahmen der Bodendenkmalpflege zielgerichtet in Gang gesetzt und konsequent fortgeschrieben werden. Dies führt von der wissenschaftlichen Erforschung bis hin zur Publikation. Die genannten Forschungsergebnisse der Paläontologischen Bodendenkmalpflege in Nordrhein-Westfalen sind hierfür ein Beispiel.

Arbeiten zum Paläolithikum und zum Mesolithikum in Nordrhein-Westfalen

Gerhard Bosinski, Michael Baales, Olaf Jöris, Martin Street und Thorsten Uthmeier

Die älteste Besiedlung Nordrhein-Westfalens

Bis heute ist unklar, zu welchem Zeitpunkt Menschen erstmals in das Gebiet des heutigen Nordrhein-Westfalen kamen. Die in den Schottern der Hauptterrassen des Rheins und der Maas bei Weeze und Kirchhellen (Niederrhein) gesammelten fraglichen Artefakte aus Flußgeröllen sind vor rund einer Million Jahren an ihren Platz gelangt. Es ist jedoch sehr schwierig, die Bearbeitung dieser Steine durch den Menschen zu beweisen. Die diskutierte intentionelle Bearbeitung an diesen Stücken könnte auch durch Bestoßungen im Flußschotter erklärbar sein. Bei einer Diskussion dieser alten Steine im Januar 1999 im Forschungszentrum Monrepos bei Neuwied gelang es nicht, objektive Kriterien für eine Bearbeitung durch den Menschen aufzuzeigen. Dies wird sich auch zukünftig kaum ändern, da Beschädigungen der Flußgerölle durch natürliche Ursachen und eine einfache Steinbearbeitung durch den altpaläolithischen Menschen mitunter zu ganz ähnlichen Ergebnissen führen.

In den Nachbargebieten ist die Anwesenheit von Menschen durch den Unterkiefer des *Homo heidelbergensis* von Mauer bei Heidelberg und durch den Fundplatz Miesenheim 1 an einem früheren Altarm des Rheins bei Andernach im Neuwieder Becken seit etwa 600 000 Jahren belegt. Höchstwahrscheinlich gilt dies auch für Nordrhein-Westfalen, doch fehlen hier noch entsprechende Fundplätze. So beginnt bisher die gesicherte Überlieferung der Geschichte des Menschen in Nordrhein-Westfalen erst in der drittletzten Warmzeit vor etwa 320 000 Jahren mit Gerällgeräten und Tierresten aus dem Kartstein-Travertin bei Mechernich in der Nordeifel. Die Menschen haben sich dort an einem langsam fließenden Gewässer aufgehalten. Der Kalkausfall des Wassers hat Siedlungsreste und Pflanzen in einen festen Travertin (Sauerwasserkalk) eingebacken. Die meist aus Quarz gearbeiteten Steinartefakte und die oft nur als Hohlräume erhaltenen Knochen wurden 1977 entdeckt und einige mit einem Trennschneider aus dem harten Gestein herausgelöst. Eine planmäßige Ausgrabung ist deshalb – und aus Gründen des Naturschutzes – am Kartsteintravertin nicht möglich.

Das Mittelpaläolithikum
(ca. 280 000 Jahre–ca. 40 000 v. Chr.)

Die ältesten Belege eines frühen Mittelpaläolithikums – so die ‚Vogelheimer Klinge‘ aus Essen und wohl auch der Faustkeil und die anderen Funde von Hochdahl bei Mettmann – stammen aus der Zeit noch vor dem Vorrücken der Inlandgletscher bis in den Düsseldorfer Raum während der drittletzten Kaltzeit vor etwa 250 000 Jahren. Am Niederrhein wird dieser Zeitraum großräumig durch mächtige, kaltzeitliche Lößabfolgen, die durch Bodenbildungen der Warmzeiten gegliedert sind, abgedeckt. Für diesen, im wesentlichen die letzten drei eiszeitlichen Klimazyklen betreffenden Abschnitt zwischen ca. 280 000 und ca. 40 000 Jahren haben die Arbeiten der Bodendenkmalpflege in den letzten 25 Jahren wichtige Ergebnisse gebracht. Überregional bedeutend sind bereits in den 1960er Jahren begonnene Arbeiten in der Ziegeleigrube von Rheindahlen / Stadt Mönchengladbach. Aus der gut gegliederten Lößabfolge sind mehrere Fundschichten bekannt, von denen die Horizonte B5 und insbesondere B3 aus der vorletzten Kaltzeit sowie der in den letzten Jahren erneut untersuchte Horizont B1 besonders wichtig sind. Allerdings haben sich in den entkalkten Lößen der Ziegeleigrube keine Tierreste erhalten können. Der Horizont B1, der sich in mehreren unterschiedlich großen Konzentrationen auf einer Länge von etwa 300 m verfolgen läßt, datiert in die Frühphase der letzten Kaltzeit (Weichsel bzw. Würm) vor etwa 110 000 Jahren.

Rhede / Kreis Borken. Mammutknochenfaustkeil. Länge 14,5 cm. Ca. 280 000 – 40 000 v. Chr.

Fundplätze dieser Zeit mit Faunenerhaltung sind – verstärkt während der letzten Jahrzehnte – in den rechtsrheinischen Teilen des Rheinlands und Westfalens aus Kiesgruben bekannt geworden, aus denen Bagger mittelpaläolithische Artefakte und Tierknochen aus Schichten unterhalb des Grundwasserspiegels emporholten. Bei diesen von der Bodendenkmalpflege betreuten Arbeiten wurden besonders in Ratingen und Angermund bei Düsseldorf und in Greven / Kreis Steinfurt sowie Lippstadt und Warendorf bei Münster z. T. umfangreiche, jedenfalls wichtige Fundinventare geborgen.

Einmalig für Mitteleuropa ist ein Faustkeil aus Mammutknochen, der 1982 bei Rhede / Kreis Borken gefunden wurde. Insgesamt sind in Nordrhein-Westfalen jedoch nur wenige bearbeitete Knochen aus dem Mittelpaläolithikum bekannt. Zu diesen zählt eine erst 1977 bekannt gewordene, aber bereits 1936 bei Duisburg gefundene, artifiziell zugespitzte Mammutrippe, die in der größeren Serie vergleichbarer Funde von Salzgitter-Lebenstedt, einem wichtigen spätmittelpaläolithischen Fundplatz in Südniedersachsen, gute Entsprechungen hat. Schließlich wurden bei verschiedenen systematischen Geländebegehungen im gesamten Nordrhein-Westfalen zahlreiche mittelpaläolithische Steinartefakte wie Faustkeile, Schaber oder Kerne an erodierten Talrändern, an denen ältere Flußterrassen freiliegen (wie etwa die Mittelläufe von Rur und Wurm), entdeckt. Zwar sind auf der Geländeoberfläche nur die unvergänglichen Steinartefakte erhalten, doch läßt ihre planmäßige Erfassung mögliche Siedlungsgebiete rekonstruieren (siehe S. 238). Diese Arbeiten führten mitunter wie am Schlangengraben bei Jülich-Kirchberg zu langfristigen Beobachtungen und Ausgrabungen, die ein umfangreiches Material geliefert haben. So belegen die Funde vom Schlangengraben, daß hier während der letzten Kaltzeit die lokal vorhandenen Schotterfeuersteine immer wieder zur Steingeräteherstellung genutzt wurden.

Lange wurden um den Liedberg, einer Quarzitkuppe im Stadtgebiet von Korschenbroich / Kreis Neuss, gefundene Quarzitscherben als mittelpaläolithische Artefakte angesehen. Damit galt der Liedberg als spezielle Steinbearbeitungsstätte (Atelier), wie sie auch weiter südlich vom Ravensberg bei

Sicher sind die einzelnen Konzentrationen Niederschlag wiederholter Aufenthalte von Menschen an einem damals günstigen Platz. Das Steinartefakt-Inventar der Fundkonzentrationen aus B1 ist durch einen hohen Anteil von Klingen gekennzeichnet. Diese, wie auch die retuschierten Werkzeuge – kantenbearbeitete Klingen, rückengestumpfte Stücke, Klingen und Abschläge mit ventraler Endretusche als Schlagfläche für die Verdünnung der Dorsalfläche (,Kostenki-Enden') – repräsentieren im sonst bekannten Mittelpaläolithikum eine eigenständige Formengruppe, die vielleicht als ,Rheindahlien' bezeichnet werden kann. In den letzten Jahren häuften sich ähnliche Fundinventare im gesamten nordwesteuropäischen Raum.

Braunkohlentagebau Garzweiler. Abbaukante im Südfeld. Das etwa 30 m mächtige Profil der kaltzeitlichen Löß-ablagerungen wird in vier Paketen (Scheiben) abgebaut. Die gelben Löße des obersten Paketes gehören in die letzte Kaltzeit (vor 120 000–14 500 Jahren) und werden durch schwache Bodenbildungen, von denen zwei als dunkle Bänder zu erkennen sind, gegliedert. Darunter liegt die zweite mit gelbbraunen Lößablagerungen der vorletzten Kaltzeit (vor ca. 190 000–130 000 Jahren). Die Löße der dritten Scheibe, die in die drittletzte Kaltzeit (vor ca. 280 000–200 000 Jahren?) gestellt werden, unterscheiden sich durch ihre graugrüne Farbe deutlich von den höhergelegenen Schichtpaketen. Die unterste Scheibe besteht aus hellen Kiesen und jüngeren Sanden der 1,6 Millionen bis 500 000 Jahre alten Hauptterrasse von Rhein und Maas.

LOMMERSUM
QU. D5
AH. IIC

Weilerswist-Lommersum/Kreis Euskirchen. Präparierter Siedlungshorizont der Aurignacien-Freilandfundstelle. Zu erkennen sind vor allem aufgeschlagene Tierknochen. Ca. 350000–30000 v. Chr.

Troisdorf zwischen Köln und Bonn oder von der Reutersruh in Hessen bekannt sind. Auch bei den Baggerfunden von Ratingen und Angermund bei Düsseldorf soll es sich um Hinweise auf solche Ateliers an Quarzitvorkommen handeln. Tatsächlich ist aber der Artefaktcharakter der Quarzitscherben vom Liedberg nur wenig überzeugend, und jüngst konnte gezeigt werden, daß es sich bei einer Serie vermeintlich eindeutiger ‚Artefakte' aus diesem Material um Fälschungen handelt.

Sicherlich am spektakulärsten sind die weit über die Landesgrenzen Nordrhein-Westfalens hinaus wirkenden Erfolge der letzten Jahre: Zum einen

sind dies neue Erkenntnisse über den weltberühmten Neandertalerfund aus dem Düsseltal, zum anderen wichtige neue menschliche Skelettreste aus der Zeit des Mittelpaläolithikums. Erst jüngst erregte die Auffindung neuer Menschenreste im Neandertal Aufsehen: Ausgehend von der Überlegung, daß 1856, als der Neandertaler in der „Kleinen Feldhofer Grotte" im Düsseltal gefunden wurde, kein Anlaß bestand, den ausgeräumten ‚Höhlenlehm' abzufahren, war bereits in den Jahren 1983–85 durch das Kölner Institut für Ur- und Frühgeschichte nach diesem Abraum gesucht worden. Dabei konnten der ursprüngliche Düsselverlauf in Teilen rekonstruiert und einige Artefakte gefunden werden, darunter ein mittelpaläolithischer Kern aus dunklem Quarzit. Erfolgreicher waren die Untersuchungen, durch die die Abraumhaufen der beiden Feldhofer Höhlen – der „Feldhofer Kirche" und der „Kleinen Feldhofer Grotte" – lokalisiert und in diesen Funde mittel- und jungpaläolithischer Steingeräte und Knochen sowie neue Menschenreste geborgen werden konnten (siehe S. 229 ff.). Es war ein großer Glücksfall für die Wissenschaft, daß ein kleines Knochenstück der Neufunde an das untere Gelenk des linken Oberschenkelknochens des 1856 gefundenen Neandertalers paßte. Darüber hinaus ist durch den Neufund eines zweiten rechten Oberarmknochens für das Neandertal ein weiterer Mensch belegt. Untersuchungen an der Schädelkalotte und an weiteren Knochen des 1856 gefundenen Neandertalers dokumentierten wiederholt Schnittspuren, von denen einige bereits in den 1970er Jahren erkannt und beschrieben worden waren. Die Bewertung dieser trotz allem überraschenden Befunde eröffnet weiten Raum für Spekulationen, die von einer sekundären Bestattung bis hin zu ‚kannibalischen' Praktiken reichen.

Überregional wichtig ist auch der Neufund eines Teils der Schädelkalotte eines Neandertalers von Warendorf bei Münster (siehe S. 232 ff.). Nach über 140 Jahren fand sich jetzt – diesmal zusammen mit mittelpaläolithischen Steingeräten und kaltzeitlichen Tierresten – ein zweiter Knochenfund eines Neandertalers in Nordrhein-Westfalen. Untersuchungen der fossilen Erbsubstanz (DNS) sowohl der Menschenreste aus dem Neandertal (1856) als auch aus Warendorf werfen neuen Zündstoff in die Diskussion um die stammesgeschichtliche Stellung des Neandertalers in Relation zu uns modernen Menschen. Doch anscheinend genügen diese wichtigen neuen Befunde immer noch nicht, um mit Gewißheit entscheiden zu können, ob die Menschen aus dem Neandertaler hervorgegangen sind oder ihn – aus Afrika kommend – verdrängt haben.

Gangelt / Kreis Heinsberg. Durchbohrtes Schieferplättchen und Sandsteinanhänger vom Fundplatz der Federmessergruppe. Ca. 10 000 v. Chr.

Die große Epoche der Eiszeitjäger: Das Jungpaläolithikum (ca. 40 000–12 500 v. Chr.)

Das Jungpaläolithikum mit seinen beeindruckenden kulturellen Zeugnissen, zu denen nicht zuletzt die großartige eiszeitliche Kunst Europas gehört, ist in Nordrhein-Westfalen nach wie vor mit nur wenigen Fundplätzen belegt. In besonderer Weise trifft dies für die frühen (Aurignacien) und mittleren Abschnitte (Gravettien) dieser Epoche zu. Mit Unterstützung der Bodendenkmalpflege wurde von dem viel zu früh verstorbenen Joachim Hahn die weit über das Rheinland hinaus wichtige Freilandstation des Aurignacien bei Lommersum / Kreis Euskirchen bis 1978 ausgegraben. An dieser etwa 32 000–37 000 Jahre alten Fundstelle wurden neben Feuerstellen zahlreiche Steingeräte, einige Knochen- und Geweihobjekte sowie Elfenbeinanhänger gefunden. Unter den Tierresten dominieren jene von Pferd und Rentier; für letztere ist eine Bejagung während des Frühjahrs belegt, als die Rentierherden in die südlich gelegene Eifel zogen. Weitere Steingeräte, die auf ein frühes Jungpaläolithikum deuten könnten, wurden in den 1980er Jahren z. B. bei Bergheim-Büsdorf geborgen.

Das mittlere Jungpaläolithikum ist bisher nur spärlich belegt, während aus Rheinland-Pfalz drei größere Siedlungsplätze dieser Zeit bekannt sind (Koblenz-Metternich, Mainz-Linsenberg, Sprendlingen); nach ihrer Morphologie mögen einige der neuen jungpaläolithischen Steinartefakte aus dem Schutt der „Feldhofer Kirche" im Neandertal in diese Zeit gehören (siehe S. 229 ff.). Der 1976 bei Paderborn-Sande ausgebaggerte Schädel eines anatomisch modernen Menschen gehört mit einem Alter von etwa 31000 Jahren (korrigiertes ^{14}C-Alter) in eine Kaltphase am Beginn des mittleren Jungpaläolithikums und stellt damit den ältesten Fund eines *Homo sapiens sapiens* aus Nordrhein-Westfalen dar. Möglicherweise sind auch an diesem Schädel artifizielle Spuren zu diagnostizieren.

Jedoch zeigte sich, daß bei intensiver Prospektion auch in einem kleinen Gebiet eine ganze Reihe von neuen Fundplätzen lokalisiert werden kann. Als Beispiel seien die Aktivitäten im Rahmen des Projektes „Archäologische Talauenforschung" des Instituts für Ur- und Frühgeschichte Köln in Zusammenarbeit mit der Bodendenkmalpflege im niederrheinischen Braunkohlengebiet genannt. Im Raum um Inden-Kirchberg / Kreis Jülich am unteren Lauf der Inde konnten in den 1990er Jahren auf etwa vier Quadratkilometern mehrere jungpaläolithische Fundstreuungen aufgefunden werden, die allerdings nur selten zeitlich genauer eingegrenzt werden können. Sie scheinen aber eher in ein spätes denn ein früheres Jungpaläolithikum zu gehören. Im Rahmen dieses Projektes wurde hier 1995 ein relativ ungestörter Werkplatz des spätjungpaläolithischen Magdaléniens ausgegraben.

So ist insgesamt das Magdalénien deutlich besser vertreten als die vorausgegangenen jungpaläolithischen Abschnitte. In Alsdorf bei Aachen wurde 1974 ein größerer Siedlungsplatz des Magdalénien untersucht. In den Lößgebieten des linken Niederrheins sind in den letzten Jahren darüber hinaus vermehrt kleinere Magdalénien-Inventare zu Tage getreten. Zu diesen Fundorten gehört auch Beeck bei Geilenkirchen / Kreis Heinsberg, wo oberflächig eine relativ begrenzte, dichte rundliche Streu-

ung von Feuersteinartefakten prospektiert werden konnte. Das Werkzeugspektrum des vor allem aus örtlichem Maasschotterfeuerstein bestehenden Inventars setzt sich insbesondere aus Bohrern und Sticheln zusammen. 1997 wurde im Zentrum der Fundkonzentration durch die Denkmalpflege eine Ausgrabung durchgeführt, in deren Rahmen eine Grube dokumentiert wurde. Aus dem noch etwa 50 cm tief erhaltenen Befund stammen insgesamt 116 Steinartefakte, unter denen ein großer segmentförmiger Vollkern und eine aus ortsfremdem nordischen Feuerstein gearbeitete Rückenspitze gefunden wurden. Im Kontext des ausgehenden Magdalénien findet dieser lanzettförmige Rückenspitzentyp bislang einzig Parallelen in einem kleinen, etwas jünger datierten Steinartefakt-Inventar aus dem südwestlichen Teil des Magdalénien-Siedlungsplatzes von Gönnersdorf / Kreis Neuwied, Rheinland-Pfalz, das möglicherweise bereits zu den nachfolgenden Federmessergruppen überleitet. Die auf der Kamphausener Höhe bei Mönchengladbach-Odenkirchen und Neersbroich (Korschenbroich 2 / Kreis Neuss) entdeckten Funde gehören vermutlich ebenfalls in einen spätmagdalénienzeitlichen Zusammenhang, in dem hingegen geknickte Rückenspitzen vorkommen.

Die mit dem Spätmagdalénien zeitgleiche Hamburger Kultur ist generell im nordeuropäischen Flachland verbreitet. Einzelne charakteristische Steinartefakte – ‚Kerbspitzen' – wie z. B. aus dem westfälischen Borken belegen eine Nutzung dieses Raumes durch diese spätjungpaläolithischen Jäger- und Sammlergruppen. Weithin unklar ist das Verhältnis der Hamburger Kultur zum Spätmagdalénien am Mittelgebirgssaum. Für das Niederrheingebiet ist das spätjungpaläolithische Creswellian, das in den letzten Jahren als eine spezielle Ausprägung des Spätmagdalénien für England chronologisch wie auch artefaktmorphologisch klar definiert wurde, sicher auszuschließen. Ein in diesem Zusammenhang diskutiertes Inventar von Kleinenbroich (Korschenbroich 90 / Kreis Neuss) muß eher den Federmessergruppen an die Seite gestellt werden.

Zum Schluß müssen hier auch die Nachuntersuchungen an der bekannten Fundstelle von Oberkassel / Stadt Bonn angesprochen werden. Schon 1975 wurde versucht, die Fundschicht des berühmten Doppelgrabs, in dem 1914 bei Steinbrucharbeiten zusammen mit den Menschenskeletten die Reste eines der frühesten Hunde aufgefunden wurden, erneut zu lokalisieren. Auch den jüngsten Geländearbeiten in Oberkassel, die etwa 80 m von der ehemaligen Fundstelle entfernt vorgenommen wurden, gelang das Aufspüren dieser Fundschicht nicht.

Eine Serie von sieben ^{14}C-Daten, die sowohl an den Menschen- als auch den Tierknochen gemessen wurden, impliziert eine Umdatierung des Grabfundes in das späteiszeitliche Interstadial (Bølling / Allerød) um 12 000 v. Chr., dem Magdalénien folgend. Hinsichtlich Form und Technik der 1914 mitgefundenen bekannten Cervidendarstellung hält einer der Autoren (G. B.) jedoch an der chronologischen Einordnung des Grabes in ein mittleres Magdalénien fest.

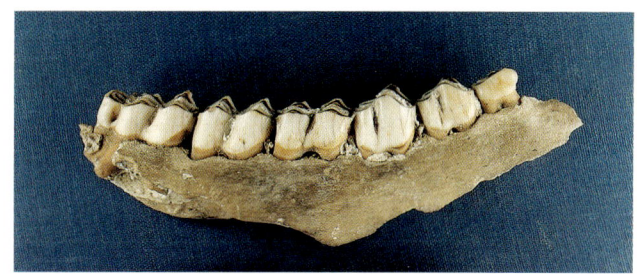

Rüthen-Kallenhardt / Kreis Soest. Zur Markgewinnung aufgeschlagener rechter Unterkieferrest eines Rentieres aus der Fundschicht der Ahrensburger Kultur vom „Hohlen Stein". Ca. 10 000 v. Chr.

Die letzten Jäger und Sammler: Das Mesolithikum (Spätpaläolithikum und „nacheiszeitliches" Mesolithikum, 12 500–5600 v. Chr.)

Der zumeist als spätpaläolithisch bezeichnete Fundstoff des späteiszeitlichen Interstadials (Bølling / Allerød) und der folgenden letzten Kaltphase (Jüngere Dryaszeit) sowie der aus der Zeit der „nacheiszeitlichen" Jäger und Sammler des Holozäns ist in Nordrhein-Westfalen vor allem durch Oberflächenfunde bekannt. Die Bodendenkmalpflege untersuchte in Goch bei Kleve einen Fundplatz der Federmessergruppen der kühl-gemäßigten Allerød-Zeit, der aufgrund eines bestimmten Rohmaterials (Obourg-Feuerstein) Beziehungen in den westbelgischen Raum erkennen läßt. Von einem ausgedehnten Oberflächenfundareal in Gangelt / Kreis Heinsberg stammen neben typischen Steinartefakten der Federmessergruppen aus nordischem Feuerstein einige Gesteinsmaterialien, die in südliche Richtungen weisen. Unter diesen befinden sich zwei durchbohrte und gravierte Schieferplättchen sowie ein durchlochter und polierter Sandsteinanhänger.

Andere Fundplätze dieser Zeit wurden am Niederrhein z. B. bei Viersen, Willich, Korschenbroich und Norf, Wegberg-Berg, aber auch an vielen Stellen in

Westfalen entdeckt, hier vor allem auf Dünenrücken der Münsterländer Bucht, wie z. B. in Rietberg / Kreis Gütersloh, am „Weißen Venn" (Stadt Senden / Kreis Coesfeld) und in Warendorf bei Münster. Auch das Siegerland lieferte Einzelfunde der Federmessergruppen. Bei Warendorf konnten in den letzten Jahren Bäume eines borealen Waldes der Allerødzeit untersucht werden, die sich an vergleichbare Arbeiten im Neuwieder Becken im Zusammenhang mit dem Laacher See-Vulkanismus um 10 900 v. Chr. knüpfen. Doch fehlen in Nordrhein-Westfalen Fundplätze mit erhaltenen Siedlungsstrukturen und Tierbeuteresten der Federmessergruppen, wie sie im benachbarten Neuwieder Becken oder im Reinhäuser Wald bei Göttingen erforscht werden konnten.

Für den etwa 1000jährigen Kälterückschlag der Jüngeren Dryaszeit, während dessen sich in Nordrhein-Westfalen eine ausgesprochene Rentierjägerkultur (Ahrensburger Kultur) ausbreitete, sind vor allem die Ausgrabungen von 1977 am Kartstein in der Nordeifel durch Hartwig Löhr im Auftrag der Bodendenkmalpflege wichtig. Hier wurde auf kleiner Fläche eine reiche Fundschicht freigelegt, wobei neben typischen Stielspitzen, die als Pfeilbewehrungen dienten, die Reste von mindestens 17 Rentieren gefunden wurden. Andere Knochenfunde belegen den Hund als Begleiter des Menschen der Ahrensburger Kultur. Eine große Menge von Kleinsäuger- und Vogelknochen erlaubte weiterhin die detaillierte Rekonstruktion der damaligen, z. T. wieder arktischen Umweltverhältnisse. Die Auswertung der am Kartstein geborgenen Rentierreste illustriert zusammen mit der Analyse des in den 1920er und 1930er Jahren geborgenen reichen Ahrensburger Fundmaterials aus dem „Hohlen Stein" bei Kallenhardt unweit Warstein / Kreis Soest die Bejagung der hier jeweils im Frühjahr eingetroffenen Rentierherden in der Mittelgebirgszone südlich der Münsterländer und der Kölner Bucht. Schnitt- und Schlagspuren an den Knochen beider Fundstellen zeigen, daß die Menschen das Fleisch der erlegten Tiere von den Knochen lösten, bevor diese zur Markgewinnung aufgeschlagen wurden.

Weitere Arbeiten zur Ahrensburger Kultur in Ostwestfalen konnten in Jerxen-Orbke (Stadt Detmold) eine Konzentration von Steinartefakten sowie eine kleine, mit Feuersteinabsplissen gefüllte Grube freilegen. Aus einer Kiesgrube bei Paderborn-Sande stammt ein bearbeitetes Rengeweihstück, das wohl in die Ahrensburger Kultur gehört. Im Rheinland wurde in den 1980er Jahren das vor dem Zweiten Weltkrieg geborgene Material von Altenrath-Ziegenberg am Unterlauf der Sieg sowie von Gahlen bei Dinslaken zusammenfassend bearbeitet. Neben Einzelfunden von Stielspitzen sind in den letzten Jahrzehnten vor allem aus Westfalen größere oberflächige Fundstreuungen der Ahrensburger Kultur angetroffen und regelmäßig begangen worden, wie Lusebrink / Kreis Minden-Lübbecke, Reingsen I bei Iserlohn und Delbrück-Westerloh / Kreis Paderborn. All diese Untersuchungen weisen zumindest die nördlichen Mittelgebirgslandschaften Nordrhein-Westfalens als integrale Nutzungsgebiete der Ahrensburger Ökumene aus. Etwas jünger, und damit an die Wende zum Präboreal datierend (Beginn der nacheiszeitlichen, holozänen Erwärmung und Wiederbewaldung vor 11 600 Jahren), dürften die Funde vom Westhang des Kaiserbergs bei Duisburg sein. Nahe der Mündung der Ruhr in den Rhein kam 1979 ein steinzeitliches Inventar ans Tageslicht, dessen Gerätespektrum sich unter anderem aus drei breiten einfachen mikrolithischen Pfeilspitzen, von denen zwei basisbearbeitet sind, zusammensetzt. Solche Formen kommen zwar auch in Inventaren der Ahrensburger Kultur vor, doch fehlen am Kaiserberg die sonst typischen Stielspitzen. Klingenkratzer, ein Kratzer-Stichel und ein Stichel sowie zwei als Retuscheure verwendete flache Gerölle vervollständigen das Inventar. Bearbeitungstechnisch zeigen auch die Steinartefakte von Übach-Palenberg / Kreis Heinsberg Anklänge an die Ahrensburger Kultur. Von zwei kleinen, insgesamt nur 10 m² großen Flächen konnte Richard Riediger 1978 und 1982 rund 40 000 Artefakte bergen, die sich zu einem Großteil zusammenpassen ließen. Auch in Übach-Palenberg fehlen Ahrensburger Stielspitzen. Die meisten der nur 29 Geräte sind mikrolithische Pfeileinsätze, wie sie meist für ein frühholozänes Mesolithikum typisch sind. Bemerkenswert ist die Zusammenpassung von fünf Mikrolithen unterschiedlicher Form zu einer Abbausequenz von langschmalen Abschlägen. Ähnliche Inventare liegen mit Emkum II / Kreis Coesfeld und Saerbeck-Sinningen / Kreis Steinfurt offenbar auch aus dem westfälischen Raum vor.

In diese Reihe gehört auch der bedeutende Fundplatz Bedburg-Königshoven / Eftkreis am Niederrhein. Im Braunkohlentagebau Garzweiler untersuchte das Forschungszentrum Monrepos / Neuwied in enger Zusammenarbeit mit der Bodendenkmalpflege Seesedimente eines Altarms der Erft, die aufgrund zahlreicher naturwissenschaftlicher Belege in die Zeit des mittleren Präboreals vor ca. 11 100 Jahren datieren. Die Untersuchung der überlieferten Pflanzen- und Tierreste erlaubte ein detailliertes Lebensbild der Menschen in seiner frühholozänen Umwelt. Die Tierknochen – vorherrschend Ur, ferner auch Rothirsch, Reh und Pferd – waren hervorragend erhalten und ermöglichten präzise Rückschlüsse auf die Art der Tierverwertung und auf den Aufenthalt der mesolithischen Jäger während des Sommerhalbjahres. Der seit Oberkassel als Begleiter des Menschen bekannte Hund ist auch in Bedburg-Königshoven vertreten. Ein kompletter Schädel und weitere Knochen des kleinwüchsigen Tieres tragen zahlreiche Schnittspuren, die vielleicht darauf hinweisen, daß diese ersten Haustiere auch als Nahrungsreserve herhalten mußten. Von besonderem Interesse sind zwei kapitale, schädelechte Rothirschgeweihe. Die Schädelknochen zeigen in beiden Fällen je zwei seitliche Durchlochungen. Unter Berücksichtigung von Dar-

stellungen der eiszeitlichen Kunst und völkerkund-
lichen Parallelbefunden aus Sibirien darf vermutet
werden, daß diese Geweihe im Zusammenhang mit
schamanistischen Handlungen – vielleicht mit dem
anhaftenden Fell der Tiere – als „Hirschgeweihmasken" auf dem Kopf getragen wurden. Ganz ähnliche Funde stammen von nahezu zeitgleichen Siedlungsplätzen in England, Mecklenburg und Berlin.
Aus der Zeit der fortschreitenden Bewaldung (Boreal und frühes Atlantikum) liegen die zahlreichsten Fundplätze der letzten Jäger und Sammler
Nordrhein-Westfalens vor. Ihre Steingeräteinventa-
re sind primär durch kleine Steineinsätze (Mikrolithen) gekennzeichnet. Bei diesen handelt es sich
meist um geometrische Formen – Dreiecke, Seg-
mente und Trapeze –, die als verschiedenartige
Pfeilbewehrungen genutzt wurden. Neuere Arbeiten haben gezeigt, daß die Formen dieser Mikrolithen kulturelle Traditionen und Areale ausweisen,
die vielleicht auf ethnische Gruppierungen rück-
schließen lassen. Im Boreal spielte neben der Jagd
das Sammeln pflanzlicher Nahrung eine wichtige
Rolle. So gibt es aus dieser Zeit beispielsweise hin-
reichende Belege für das Sammeln und Verwerten
von Haselnüssen, so auch am niederrheinischen
Fundplatz Scherpenseel, „Am Heidehaus", in der
Teverener Heide / Kreis Heinsberg. Hier wurde
1975 / 76 auf einer Fläche von ca. 200 m² ein Siedlungsplatz mit Hinweisen auf das Rösten von
Haselnüssen untersucht. Am wichtigsten sind in
Scherpenseel die für Nordrhein-Westfalen einmalig
dokumentierten Siedlungsstrukturen, darunter eine
Herdstelle, die sich als ovale Steinpackung von einem Meter Durchmesser zeigte. Neben einem umfangreichen Steinartefaktinventar konnte in der
Nähe dieser Feuerstelle auch ein Depot von 70 Artefakten, vor allem Klingen, dokumentiert werden.
Die fast 100 Mikrolithe aus Scherpenseel erlauben
nach neueren typologischen Arbeiten eine Einordnung des Inventars in einen spätborealen Kontext.
Das jüngere Mesolithikum des frühen Atlantikums
ist vor allem am Niederrhein durch die Rhein-
Maas-Schelde-Gruppe (RMS) mit zahlreichen
Oberflächenfundplätzen vertreten. Einzig in Teve-
ren / Kreis Heinsberg, Flughafengelände I, wurde
1976 eine kleine Fläche eines Fundplatzes aus der
RMS-Spätphase näher untersucht. Diese Gruppe

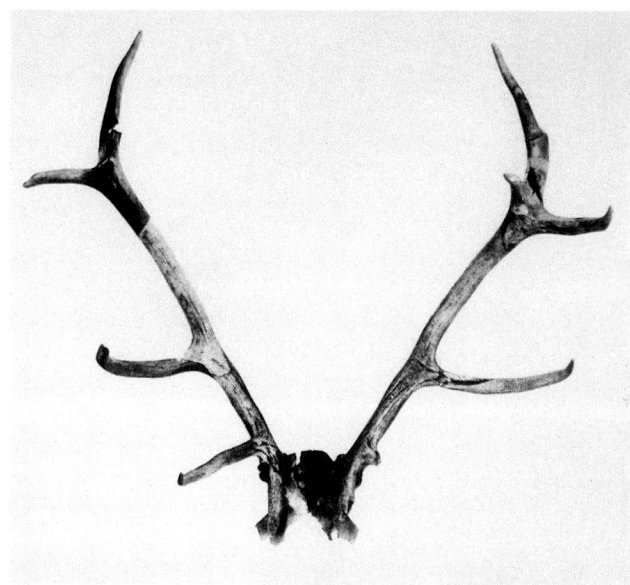

*Bedburg-Königshoven / Erftkreis. Eine der beiden
„Hirschgeweihmasken". Ca. 7000 v. Chr.*

gliedert sich in eine Frühphase (RMS-A) mit nur
wenigen Trapezmikrolithen und häufiger auftre-
tenden kleinen, wenig standardisierten, aber beidflächig gearbeiteten Mistelblattspitzen. Im jüngeren
Abschnitt (RMS-B) fehlen die beidflächigen Spitzen
beinahe völlig, doch ist die Trapezmikrolithik, eine
spezielle Form der Pfeilbewehrung, dominant. Entsprechende Funde wurden jüngst auch vermehrt in
der Eifel gemacht.
Allerdings sind in den Mittelgebirgslandschaften
Nordrhein-Westfalens mesolithische Fundplätze
insgesamt seltener vertreten als in der Niederrheinischen und Münsterländer Bucht. Dennoch sind
im Siegerland wie im westfälischen Mittelgebirgs-
raum zuletzt einige Aufsammlungen mesolithi-
scher Steinartefakte, wie etwa bei Meschede, bekannt geworden. Auch aus der Nordeifel, ganz im
Süden Nordrhein-Westfalens, stammen mesolithische Fundplätze aus der Umgebung von Mechernich und jüngst aus der Gemeinde Blankenheim.
Gemeinsam mit der Zusammenstellung entsprechender Funde für die sich südlich anschließende

Übach-Palenberg-Scherpenseel / Kreis Heinsberg. „Am Heidehaus". Mesolithische Feuerstelle. Ca. 6000 v. Chr.

West- und Südeifel belegen diese Neufunde nachdrücklich die Nutzung der höheren Mittelgebirgsregionen durch die letzten Jäger- und Sammlergruppen, ebenso des Spätmesolithikums. In diese Zeit gehören auch einige Kern- und Scheibenbeile (z. B. Hagen-Garenfeld), die zusammen mit entsprechenden Funden vom Niederrhein und aus Hessen ein Ausdehnen des „nordischen Kern- und Scheibenbeilkreises" nach Süden dokumentieren.

Ein äußerst interessanter Aspekt innerhalb der spätmesolihtischen Steinartefaktmorphologie ist die Asymmetrie bestimmter Mikrolithen (‚Links- und Rechtsflügler'), die klare regionale Differenzierungen zeigen, auf die erstmals Hartwig Löhr hingewiesen hat. So kommen ‚rechtsschiefe' Trapezmikrolithen, die als Pfeilschneiden dienten, wie auch die genannten Kern- und Scheibenbeile vorwiegend im nordeuropäischen Tiefland – so auch in Nordrhein-Westfalen – vor; ‚linksschiefe' Trapezmikrolithen sind hingegen südwestlich einer Linie vom Pariser Becken bis zur Adria verbreitet. In Nordrhein-Westfalen fehlen diese fast gänzlich. Diese klare räumliche Trennung wird auf über die Zeit recht stabile ethnische Gruppierungen zurückgeführt, die auch im folgenden Alt-Neolithikum noch Bestand gehabt haben mögen.

Bislang fehlt aber eine schlüssige Antwort auf die Frage, inwieweit die nicht-seßhafte, mesolithische Lebensweise in den Mittelgebirgsräumen unverändert beibehalten wurde, während in den fruchtbaren Börden der Kölner oder Münsterländer Bucht wie auch entlang der großen Flußläufe bereits erste Ackerbauern der Linearbandkeramik siedelten. So sind vor allem aus dem linksrheinischen Raum bandkeramische Fundplätze mit Keramikscherben der Gruppen La Hoguette und Limburg bekannt. Wohl sind diese speziellen Keramiktypen nicht bandkeramischer Tradition, sondern gehen wahrscheinlich auf frühe neolithische Einflüsse aus dem westmediterranen Raum zurück. Es wird daher vermutet, daß spätmesolithische Jägergruppen die Keramikproduktion aufgriffen (akkulturierten) und eigene Ware herstellten, die dann über direkte Kontakte zu den ersten Ackerbauern in Nordrhein-Westfalen (und angrenzenden Regionen) in die Siedlungsgruben der Bandkeramiker gelangte. Nur wenig später endet dann die rein „jägerische Geschichte" Nordrhein-Westfalens.

Ausblick: Perspektiven für zukünftige Forschungen in Nordrhein-Westfalen

Die weitaus meisten Fundpunkte des Paläo- und Mesolithikums in Nordrhein-Westfalen sind durch oberflächig prospektierte Funde von Privatsammlern und der Bodendenkmalpflege repräsentiert, sie führen zu wichtigen Aussagen für die kulturgeschichtliche Entwicklung unserer ältesten Vergangenheit. Hier bilden auch die Naßkiesbaggereien am Niederrhein und in Westfalen eine wichtige Informationsquelle. So wurde hier in den letzten Jahren verstärkt nach organischen Artefakten – vor allem Äxten (‚T-Äxten') und Widerhakenspitzen (‚Harpunen') aus Rothirschgeweihstücken – gesucht, die eine besondere Fundgattung des Spätmesolithikums (und des folgenden Neolithikums) darstellen. Solche Funde haben sich sonst auf mesolithischen Plätzen nicht erhalten. Insbesondere auch für das Mittelpaläolithikum lassen die Naßkiesbaggereien vielleicht schon in naher Zukunft wichtige Funde erwarten.

Es ist aber fraglos notwendig, verstärkt nach originalen Fundplätzen mit erhaltenen organischen Resten zu suchen, die auch von chronostratigraphischem Aussagewert sind. Ein solches Potential eröffnen in idealer Weise Höhlen. Vor allem im Hinblick auf unzureichende Kenntnis des frühen und mittleren Jungpaläolithikums speziell in Nordrhein-Westfalen könnte durch Höhlengrabungen diese Forschungslücke geschlossen werden. Daß hier noch Möglichkeiten vorhanden sind, zeigen die Rettungsmaßnahmen in westfälischen Höhlen, bei denen jüngst wieder eiszeitliche Tierreste wie ein Nashornschädel oder Rentierreste zutage traten. Auch wenn die Arbeiten der Bodendenkmalpflege weitgehend von der Gefährdung der archäologischen Denkmäler diktiert werden, wäre es schade, würde dieses Potential der Höhlen und Felsschutzdächer des Sauerlandes und der Eifel nicht stärker genutzt.

Die erfolgreichen Anfänge der Höhlenforschungen im 19. Jahrhundert – hierzu gehören der Neandertalfund, aber auch die Ausgrabungen von Ernst Heinrich Carl von Dechen, Rudolf Virchow u. a. in den sauerländischen Höhlen – und den wichtigen Arbeiten zu Beginn des 20. Jahrhunderts – so die Untersuchungen von Carl Rademacher am Kartstein in der Nordeifel und Julius Andree in Westfalen – verdeutlichen die Wichtigkeit der Höhlen allein schon für ungeklärte chronologische Fragestellungen. So führte Klaus Günther 1959 die letzte größere Untersuchung in einer nordrhein-westfälischen Höhle, der Balver Höhle, durch; und die im Zusammenhang mit Sicherungsarbeiten von der Bodendenkmalpflege in der großen Kartsteinhöhle durch Hartwig Löhr geleiteten Arbeiten liegen nun auch schon mehr als 20 Jahre zurück. Zwei 1996 vor den beiden Höhlen im Kartsteinfelsen im Grabungsschutt Carl Rademachers von Wighart von Koenigswald und Michael Baales angelegte Sondagen dienten vor allem paläontologischen Fragestellungen (speziell zu Höhlenbärenzähnen) und seien hier nur am Rande erwähnt. Obwohl es bisher in Mitteleuropa wie in Nordrhein-Westfalen nicht gelang, jungpaläolithische Wandkunst in tiefen Höhlen zu entdecken, sollte dennoch auch dem Aspekt möglicher Höhlenheiligtümer in unserem Raum Aufmerksamkeit zuteil werden. Siedlungshi-

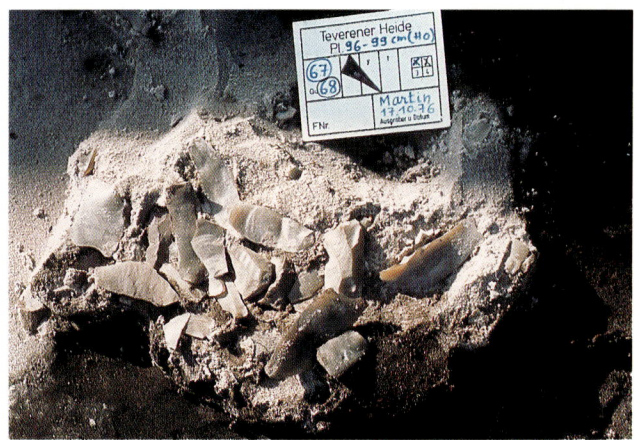

Übach-Palenberg-Scherpenseel / Kreis Heinsberg. „Am Heidehaus". Klingendepot. Ca. 6000 v. Chr.

storisch interessant wäre es sicherlich, in Westfalen einmal einen (Höhlen-)Fundplatz der Hamburger Kultur untersuchen zu können, da im Grenzgebiet von Münsterländer Bucht und nördlichem Mittelgebirgsrand eine Kontaktzone zwischen Magdalénien und Hamburger Kultur existierte, wie erste Funde andeuten.

Im Freiland hingegen bieten vor allem für die älteren Abschnitte des Paläolithikums die großflächigen Aufschlüsse im rheinischen Braunkohlengebiet einen unbedingt zu nutzenden Ansatzpunkt. In anderen Gebieten, so in Niedersachsen bei Helmstedt, im Geiseltal (Sachsen-Anhalt) und in der Lausitz (Süd-Brandenburg und Sachsen), wurden in den großen Braunkohlentagebauen wiederholt wichtige paläolithische und mesolithische Fundplätze entdeckt und untersucht. In Nordrhein-Westfalen sind spätmittelpaläolithische Funde aus dem ersten Teil der letzten Kaltzeit, die im Tagebau Zukunft-West in Langweiler bei Düren entdeckt worden waren, sowie der im Tagebau Garzweiler liegende Fundplatz Bedburg-Königshoven, die einzig bekannt gewordenen umfangreicheren Siedlungsreste aus den riesigen Profilwänden der Tagebaue.

In enger Zusammenarbeit mit der Bodendenkmalpflege wird nun seit 1998 das Forschungsvorhaben „Archäologische Prospektion der Abbaukanten" der „Stiftung Archäologie im rheinischen Braunkohlenrevier" durchgeführt. Im Tagebau Garzweiler sind auf einer Länge von 6 km kaltzeitliche Löße mit Mächtigkeiten von bis zu 30 m aufgeschlossen. Sie umfassen den Zeitraum der letzten 300 000, vielleicht sogar 400 000 Jahre und sind durch mindestens fünf warmzeitliche Bodenkomplexe gegliedert. Die Abbauwände dieses Tagebaus bieten mit ihren ungewöhnlich mächtigen und zugleich feinstratigraphisch unterteilten Lößpaketen besonders gute Bedingungen für die Erhaltung, Entdeckung und Datierung von Rastplätzen eiszeitlicher Jäger und Sammler.

Erste Faunenfunde aus Garzweiler zeigen bereits, daß die offenen Steppenlandschaften während der Kaltzeiten dem prähistorischen Menschen gute Lebensbedingungen boten. Bisher konnten Pferd, Mammut, Wollnashorn, Wisent und Riesenhirsch als potentielle Jagdbeute nachgewiesen werden. Als Nahrungskonkurrenten des Menschen traten Wolf und Hyäne auf. Die Anwesenheit des Menschen ist durch Funde von Steinwerkzeugen belegt, die in verschiedenen stratigraphischen Positionen geborgen wurden. Zu den ältesten stratifizierten Funden aus dem Niederrhein gehören Abschläge, die an der Basis der Abfolge in einem Kiesband unter vier Lößpaketen lagen und damit vielleicht sogar mehr als 300 000 Jahre zurückdatieren. Etwa in dieselbe Zeit gehört das Fragment eines Pferdelangknochens, das sich neben einzelnen Holzkohlen als Hinweise auf eine mögliche Feuerstelle fand. Deutlich jünger sind Artefakte aus dem späten Mittelpaläolithikum, die durch Oberflächenwasser in ein Bachbett verlagert wurden, das in die letzte Kaltzeit datiert. An diesem rund 60 000 Jahre alten Platz ist die Vergesellschaftung von Tierknochen mit Steinwerkzeugen wichtig.

Für die jüngeren Zeitphasen, z. B. Spätpaläolithikum und Mesolithikum, bieten die Feuchtsedimente in den Anmooren der Flußniederungen gute Erhaltungsmöglichkeiten für organische Siedlungsund Umweltreste. Einen ersten erfolgreichen Schritt in die systematische Prospektion und Erschließung dieser siedlungshistorisch wie umweltgeschichtlich bedeutsamen Archive sind die im Vorfeld von umfangreichen Baumaßnahmen in der Niersaue bei Geneicken (Stadt Mönchengladbach) angelaufenen geo-archäologischen Arbeiten.

All diesen großen Herausforderungen für die Erforschung der frühen Besiedlungsgeschichte Nordrhein-Westfalens – und damit des weitaus längsten Abschnittes unserer Vergangenheit – sind uneingeschränkt Erfolg und die nötige finanzielle Förderung zu wünschen.

Lit.: M. BAALES / O. JÖRIS / A. JUSTUS / W. ROEBROEKS, 2000: Natur oder Kultur ? Zur Frage ältestpaläolithischer Artefaktensembles aus Hauptterrassenschottern in Deutschland. Germania (im Druck). – G. BOSINSKI / J. RICHTER, Paläolithikum und Mesolithikum. Geschichtl. Atlas Rheinlande Beih. II / 1 (Köln 1997). – G. BOSINSKI / M. STREET / M. BAALES (Hrsg.), The Palaeolithic and Mesolithic of the Rhineland. In: W. SCHIRMER (Hrsg.), Quaternary field trips in Central Europe, vol. 2. 14. INQUA-Kongreß Berlin (München 1995) 829–999. – K. GÜNTHER (Hrsg.), Alt- und mittelsteinzeitliche Fundplätze in Westfalen. Teil 2. Einführung Vor- u. Frühgesch. Westfalen 6 (Münster 1988). – M. STREET / M. BAALES / O. JÖRIS, Beiträge zur Chronologie archäologischer Fundstellen des letzten Glazials im nördlichen Rheinland. In: R. BECKER-HAUMANN / M. FRECHEN (Hrsg.), Festschr. Wolfgang Boenig (Köln; im Druck).

Fortschritte in der Erforschung der Jungsteinzeit in Nordrhein-Westfalen

Andreas Zimmermann

Altneolithikum

Eine der folgenreichsten Veränderungen in der menschlichen Geschichte war die Entwicklung der produzierenden Wirtschaftsweise mit Beginn der Jungsteinzeit. Den ersten Bauern gelang es in dieser Zeit, durch Ackerbau und Viehzucht eine wesentlich größere Anzahl von Menschen zu ernähren als den Wildbeutern der vorangegangenen Mittelsteinzeit. Erkauft wurde dieser Fortschritt mit wesentlich größerem Arbeitseinsatz. Ob die produzierende Wirtschaftsweise eine größere Sicherheit bei der Versorgung mit Lebensmitteln gewährleistete, kann diskutiert werden. Die Lebenserwartung der frühesten Bauern lag in Mitteleuropa nicht merklich über der der letzten Wildbeuter; die Körperhöhe scheint eher abgenommen zu haben, was mit einer weniger eiweißhaltigen Nahrung zu tun haben könnte.

Die Kultur der frühesten Bauern Mitteleuropas wird nach der Verzierung ihrer Gefäße Bandkeramik genannt. Der älteste Abschnitt dieser Kultur in der Zeit zwischen 5500 und 5200 v. Chr. ist nicht in Nordrhein-Westfalen, wohl aber im angrenzenden Hessen und Niedersachsen vertreten. Es ist eine offene Frage, ob zu dieser Zeit die Menschen in Nordrhein-Westfalen noch als Wildbeuter oder schon als Bauern lebten. Eine seltene, besondere Keramik, die nach dem Fundort La Hoguette in Frankreich benannt ist, weist auf Menschen hin, die sich in ihrer Lebensweise von den Herstellern der Bandkeramik unterschieden haben dürften. Diese Keramik wurde bisher immerhin an zwei Stellen in Westfalen (Anröchte / Kreis Soest und Hiddenhausen-Schweicheln / Kreis Herford) und in einer bandkeramischen Siedlung im Rheinland gefunden. Während es hier durch den Zusammenfund sicher ist, daß La Hoguette-Keramik während der Bandkeramik in Gebrauch war, könnten die isoliert gefundenen Stücke in Westfalen während oder sogar noch vor der ältesten Bandkeramik in den Boden gekommen sein. Ähnlichkeiten mit der bis zu zwei oder drei Jahrhunderte älteren Cardial-Keramik aus Südfrankreich lassen auch einen derart frühen Zeitansatz möglich erscheinen. Über die Wirtschaftsweise derjenigen Menschen, die die La Hoguette-Keramik herstellten, kann man gegenwärtig noch nichts Sicheres sagen. Es wäre denkbar, daß es sich um Wildbeuter handelte, die bereits Keramik herstellten; es ist aber auch vorstellbar, daß es sich um Bauern oder Viehzüchter einer anderen Art als solche der Bandkeramik handelte. Sicher ist jedenfalls, daß die Menschen im Rheinland zu dieser Zeit Kontakte zur ältesten Bandkeramik in Hessen gehabt haben, da sich dort am Fundplatz Bruchenbrücken Feuerstein vom Rijckholt-Typ findet, der aus dem Gebiet östlich von Maastricht stammt: Dies ist nur durch Kontakte über die Rheinische Bucht vorstellbar.

Die ersten bandkeramischen Bauern besiedelten die Lößzonen von Nordrhein-Westfalen in der Flombornzeit ab 5300 v. Chr. Ob mit der neuen Wirtschaftsweise eine größere Menge anderer Menschen ins Land kam oder ob es sich bei den ersten Landwirten zumeist um ehemalige Wildbeuter handelte, die sich der neuen Wirtschaftsweise anpaßten, ist Gegenstand der Diskussion. Über den Besiedlungsablauf der Bandkeramik weiß man durch die flächendeckenden Ausgrabungen im Braunkohlengebiet auf der Aldenhovener Platte und darauf aufbauenden Untersuchungen besonders viel. Pioniersiedlungen im Abstand von wenigen Kilometern mit zwei bis vier Häusern erschlossen die Landschaft entlang kleinerer und größerer Gewässer. Die Weiler wuchsen schnell auf eine Größe von sieben bis zehn Häusern heran. Neben einigen von ihnen entstanden isoliert gelegene Einzelhöfe. Erst gegen Ende der Flombornzeit nach etwa 200 Jahren bildeten sich aus einigen Einzelhöfen kleinere Siedlungen mit drei bis vier Häusern. Die Pioniersiedlungen mit weiterhin um die zehn Häuser übernahmen nun Funktionen zentraler Orte, da in ihnen handwerkliche Tätigkeiten eine wichtigere Rolle als in den kleineren und später ge-

Jungsteinzeitlicher Flint-(Feuerstein-)Abbau auf dem Lousberg in Aachen. Ca. 3600–3200 v. Chr. Lebensbild.

gründeten Nebensiedlungen spielten. Auch Fernkontakte, die an Hand von exotischen Materialien oder keramischen Fremdformen nachgewiesen werden können, waren Sache der Bewohner dieser zentralen Orte.

Im Rheinland ist bereits heute zu erkennen, wie diese Wohnortgruppen die Landschaft flächig in Siedlungskorridoren erschlossen, die an den Tälern ausgerichtet waren. Unterschreitet der Abstand zwischen den kleineren und größeren Gewässern zwei bis drei Kilometer (z. B. am Fuß der Eifel), konnten nicht mehr alle Täler besiedelt werden, weil sonst der Wirtschaftsraum der einzelnen Orte zu klein geworden wäre. Diese Beobachtung fordert dazu heraus sich zu überlegen, was geschieht, wenn die Täler wesentlich weiter als diesen Mindestabstand voneinander entfernt sind. Der Brunnen-Befund von Kückhoven illustriert eine mögliche Verhaltensweise. Hier schuf man eine künstliche Quelle am Ende eines in üblicher Weise besiedelten Tales. Abgesehen von den landschaftsarchäologischen Konsequenzen dieses in Nordrhein-Westfalen bisher einzigartigen Befundes, haben die sensationellen Erhaltungsbedingungen von organischen Materialien zu neuartigen Erkenntnissen verholfen. Die Brunnenkästen aus Eichenholz-Spältlingen sind Belege für die exzellente Zimmermannsarbeit bereits in dieser frühen Phase des Neolithikums. Die dendrochronologischen Datierungen auf 5090 v. Chr. sowie auf 5057 (dieses Datum hat einen möglichen Fehler von ± 5 Jahre wegen des fehlenden Splintholzes) bestätigen die absolutchronologische Einordnung der relativen Chronologie der bandkeramischen Gefäßverzierungen. Außerdem sind unter Luftabschluß Geräte und Gefäße bisher unbekannter Art aus Materialien wie Holz und Rinde überliefert. Auch die dort gefundenen Früchte und Samen erlauben neue Einblicke in Umwelt und Ernährungsweise dieses ältesten Bauern.

In Kückhoven und Köln-Lindenthal wurden ab der mittleren Bandkeramik die ersten Grabenanlagen errichtet. Der Aushub aus diesen Gräben war sicher zu Wällen aufgeschüttet; diese sind jedoch im Laufe der Jahrtausende in den Graben zurückgeflossen, so daß heute nur noch die Hohlformen

Verzierte Glockenbecher aus dem Rheinland im Rheinischen Landesmuseum Bonn. 2800–1800 v. Chr.

auszugraben sind. In größerer Zahl treten diese Befunde in einem kurzen Zeitabschnitt am Ende der Bandkeramik in einer krisenartigen Situation auf, die sich am besten im Rückblick aus der Perspektive des Mittelneolithikums verstehen läßt.

Mittelneolithikum

Nordrhein-Westfalen ist ein Gebiet, in dem kein kontinuierlicher Übergang von der (Linear-)Bandkeramik zur Stichbandkeramik wie im östlichen Teil Deutschlands zu beobachten ist. Die uns interessierende Region orientiert sich an Südwest-

deutschland, in der mit dem Mittelneolithikum ein bewußter Neubeginn mit der Kulturfolge Hinkelstein, Großgartach, Rössen erfolgte. Daß dies ein bewußter Neubeginn war, kann man deshalb sagen, weil der Wandel vom Alt- zum Mittelneolithikum nicht nur die Art und Weise betrifft, wie Form und Verzierung der Keramik gestaltet wurden; auch die Wahl der verwendeten Feuersteine, der Hausbau und eine geänderte Siedlungsstruktur sprechen dafür, daß eine neue Identität geschaffen wurde, die ihren materiellen Ausdruck in den verschiedensten Lebensbereichen fand. Die Ergebnisse der Pollenanalyse deuten darauf hin, daß im Rheinland etwa zwischen 4900 und 4800 v. Chr. mit einer deutlich geringeren Bevölkerungsdichte zu rechnen ist als vorher; auch im Fundstoff fehlen Hinkelstein und das ältere Großgartach. Es scheint eher, als hätte hier in der Zeit um 4900 an wenigen Fundstellen eine extrem späte Fazies der Bandkeramik bestanden, die gleichzeitig mit dem frühen Mittelneolithikum in Südwestdeutschland existierte. Aus dem darauf folgenden Zeithorizont des frühen und beginnenden mittleren Großgartach scheinen Belege überhaupt zu fehlen, dies bedeutet jedoch nicht zwangsläufig, daß das heutige Nordrhein-Westfalen in dieser Zeit menschenleer war. Weshalb kam es zu dieser Abnahme der Bevölkerungsdichte? Im atlantisch geprägten Klima Westdeutschlands ist nicht mit dramatischen Veränderungen des Wetters zu rechnen. Allerdings rekonstruieren die Archäobotaniker für diese Zeit in den von Alt- und Mittelneolithikum genutzten Alt-Siedellandschaften einen geschlossenen, dunklen Lindenwald, in dem nur die Vegetation der Täler geeignet war, als Waldweide für die als Haustiere besonders wichtigen Rinder zu dienen – Weiden im heutigen Sinne bestanden im heutigen Nordrhein-Westfalen erst ab der Bronzezeit. Es ist also denkbar, daß die flächendeckende Nutzung des Landes durch die Bandkeramik zu Konflikten wegen der knappen Ressource Waldweide führte. Man versuchte wohl, diese Probleme im Mittelneolithikum durch Siedlungskonzentration, also größere und weiter voneinander entfernte Dörfer zu lösen. Voraussetzungen zu einem besseren Verständnis dieser neuen Wirtschafts- und Sozialstrukturen werden vor allem durch die großflächigen Ausgrabungen im rheinischen Braunkohlenrevier und im Stadtgebiet von Dortmund in der Siedlungskammer des Oespeler Bachs geschaffen. Vielleicht hätte es auch noch andere Möglichkeiten der Konfliktlösung gegeben, wäre nicht durch die mit großer Eigendynamik verlaufende Entwicklung in Südwestdeutschland mit Siedlungskonzentration und einer neuen ‚mittelneolithischen' Identität das bisherige Kommunikationsnetzwerk von Grund auf verändert worden. Faßbar wird dieses Netzwerk für den Archäologen durch die Weitergabe von Gesteinsmaterialien: In der Bandkeramik wurde ein beträchtlicher Teil roter Farbstoffe aus dem Gebiet der südlichen Mittelgebirge, der für die

Herstellung von Querbeilen bevorzugte Amphibolit aus wesentlich größerer Entfernung, wohl aus dem Umfeld der böhmischen Masse von Südosten in Richtung Nordwesten vertauscht. In umgekehrter Richtung floß Feuerstein, der vor allem aus dem niederländisch-belgischen Grenzgebiet stammt. Die bedeutendste Gewinnungsstelle ist zu dieser Zeit die weitere Umgebung von Rijckholt bei Maastricht. Tatsächlich kann man eine gewisse Asymmetrie in der Wertigkeit der Regionen hinsichtlich der Tauschverhältnisse erahnen. Die bandkeramischen Siedlungen im Rheinland haben durch die Möglichkeiten des direkten Zugangs zu den Feuersteingewinnungsstellen wohl eher eine Rolle als Geber gespielt, während diejenigen im Rhein-Main-Gebiet sowohl bezüglich der Feuersteine aus Nordwesten als auch der Querbeile aus Südosten eine nehmende Stellung in gewissermaßen peripherer Position einnahmen. Diese Situation änderte sich in dem Moment, als sich in Rheinhessen und am Neckar mit Hinkelstein und dem folgenden Großgartach ein durch kulturelle Innovationen zentrales Gebiet mit expansiven Traditionen herausbildet. Nordrhein-Westfalen gerät durch diese Entwicklung eher an die kulturelle Peripherie. Tatsächlich verliert das niederländisch-belgische Feuersteingebiet in Großgartach die überregional dominierende Position, die nun durch das Gewinnungsgebiet von Abensberg-Arnhofen südlich von Regensburg ersetzt wird. Die für den Archäologen in den Gesteinsmaterialien faßbaren Kommunikationsverhältnisse müssen wir in der lebenden Kultur ergänzt denken durch Tauschpartnerschaften zwischen einzelnen Personen und Siedlungsverbänden sowie durch Heirats- und Verwandschaftsbeziehungen, wie uns die aus der Völkerkunde bekannten Verhältnisse zeigen. Die Unterbrechung dieser Kontakte war neben knappen Ressourcen ein weiterer Grund für eine krisenhafte Entwicklung am Ende der Bandkeramik im heutigen Nordrhein-Westfalen. Mit dem auf Rössen folgenden Zeithorizont geraten wir in den Jahren zwischen 4500 und 4300 v. Chr. in einen Abschnitt, in dem die Befundlage in Nordrhein-Westfalen außerordentlich unbefriedigend ist; gleichzeitig ist zu ahnen, daß sich wirtschaftlich und sozial völlig neue Entwicklungen

Köln-Lindenthal. Rekonstruktion der bandkeramischen Siedlung. Modell (Ausschnitt) im Rheinischen Landesmuseum Bonn. Ca. 5300 v. Chr.

anbahnen. Der Beginn der Kupferverarbeitung ist ein Aspekt, den man in diesem Zusammenhang nennen könnte. Das nördliche Westfalen ist während dieser Zeit zur Dümmer-Swifterbant-Gruppe zu rechnen, wie Oberflächenfunde zeigen. Dieses Gebiet wird später von der Trichterbecher-Kultur eingenommen, in der die zunächst unverzierten Gefäße zunehmend flächendeckend verziert werden – ein Trend, der etwa um 3000 v. Chr. seinen Höhepunkt erreicht. Das Rheinland befindet sich in dieser Zeit im Gebiet der rundbodigen Bischheimer Keramik. Zu ihr sind aus dem Braunkohlengebiet vom Fundplatz Hambach 502 immerhin zwei der typischen Grubenhäuser vorzuweisen, die in Süddeutschland in einigen Fällen ganze Dörfer entlang einer Straße bilden – eine Organisationsform, die 1000 Jahre später in den Feuchtbodensiedlungen häufiger anzutreffen ist. Die Bischheimer Keramik ist im Gegensatz zu den Gefäßen des mittleren Mittelneolithikums nur noch sparsam verziert. Dieser Trend setzt sich mit der beinahe völlig unverzierten Keramik der Michelsberger Kultur fort.

Jung- und Spätneolithikum

Die charakteristische Befundart dieses Zeithorizontes bilden Grabenanlagen. Abgesehen von Ausnahmen haben diese Anlagen Durchmesser von meist 200 bis 300 Metern und umfassen eine Innenfläche von einigen wenigen Hektar. Bei einer Breite des Grabens von oft drei Metern und einer Tiefe um die zwei Meter schätzt man, daß für diese Bauwerke einige 10 000 Arbeitsstunden benötigt wurden. Um solche Anlagen in einem für die damaligen Gesellschaften akzeptablen Zeitrahmen zu errichten, muß man mit mehreren Hundert Mitarbeitern rechnen. Im Osten der Westfälischen Bucht, wo die Dichte der bekannten Erdwerke am größten ist, denkt man darüber nach, ob ein Regelabstand von vielleicht zehn Kilometern zwischen zeitgleichen Grabenanlagen realistisch ist. Insgesamt verteilen sich das Dutzend Grabenbefunde und befestigte Höhensiedlungen jedoch auf einen Zeitraum von ca. 1000 Jahren, so daß in keinem Fall damit zu rechnen ist, daß alle gleichzeitig genutzt wurden. Zunächst denkt man bei Wall und Graben sicher an Fortifikationen; möglicherweise ist dies tatsächlich bei einigen Bauwerken eine von mehreren Funktionen. Lage, ein Mißverhältnis zwischen Umfang der Befestigungsanlage und der vorstellbaren Anzahl von Verteidigern sowie eine oft für solche Zwecke zu große Zahl von Eingängen lassen dies als alleinige Funktion jedoch problematisch erscheinen. Die Funde könnten in manchen Fällen dafür sprechen, daß sich Siedlungen im Inneren der Gräben befanden; Leichenteile von Menschen machen es aber auch erforderlich zu diskutieren, ob rituell-religiöse Tätigkeiten im Umfeld der Grabenanlagen stattfanden.

Die Michelsberger Kultur ist, wie auch der vorangehende Zeithorizont von Bischheim, ein Abschnitt, aus dem viel zu wenige Bestattungen bekannt sind; man hat den Eindruck, daß sich die übliche Weise, in der man damals mit den Toten umging, archäologisch nicht fassen läßt. Schnittspuren an den wenigen Knochen aus Salzkotten-Oberntudorf, die nicht als Indiz für Kannibalismus gedeutet werden dürfen, könnten ein Hinweis auf ein mehrstufiges Bestattungsritual geben, bei dem zunächst das Fleisch von den Körpern entfernt wurde, bevor mit den verbleibenden Knochen etwas geschah, was unserer Bestattung entspricht. Wenn man aus den vorhandenen Befunden einen Zusammenhang zwischen Grabenanlagen und Bestattungen ableitet, schließt dies nicht zwingend aus, daß solche Anlagen Siedlungen in ihrem Inneren enthielten – in vielen Gesellschaften liegen die Wohnungen der Toten und der Lebenden nicht weit voneinander entfernt.

Gegen Ende des 4. Jahrtausends v. Chr. treten zunehmend aufwendige Kollektivbestattungen auf. Im Norden der Westfälischen Bucht handelt es sich um die aus Findlingen gebauten Megalithgräber, am Rand der Mittelgebirge sind es die aus eher plattigem Baumaterial errichteten Steinkisten wie z.B. die Anlagen von Warburg. Der Transport der großen Steine von oft einigen Tonnen Gewicht sowie das Erbauen der Gräber ist im Arbeitsaufwand mit den Grabenanlagen vergleichbar; auch hier wird man damit rechnen müssen, daß an die hundert Beschäftigte an der Errichtung dieser Bauwerke beteiligt waren. Gemeinschaftsarbeiten sind offensichtlich ein Charakteristikum des Jung- und Spätneolithikums bis etwa 2800 v. Chr. Während im Alt- und Mittelneolithikum in Streusiedlungen eher Identitäten auf dem Niveau einzelner Haushalte und bei durch Zäunen abgeschlossenen Dörfern eher Identitäten auf diesem Niveau eine Rolle zu spielen scheinen, deuten die erwähnten Gemeinschaftsarbeiten eher darauf hin, daß nun größere Gruppen mit einem Einzugsbereich von vielleicht zehn Kilometer Durchmesser und wenigen tausend Menschen an Bedeutung gewinnen. Die Grabenanlagen und Bestattungsplätze des Spätneolithikums in Ostwestfalen verbinden die Verbreitungsgebiete der von den Archäologen sogenannten Wartberg-Kultur sowie der westlichen und der nördlichen Trichterbecher-Kultur. Daß die Archäologen diese Menschen auf Grund ihrer verschiedenartigen Keramikgefäße unterschiedlichen Kulturen zuordnen, obwohl sie sich doch vermutlich

Aldenhoven-Langweiler / Kreis Düren. Bandkeramischer Becher. Nach 5300 v. Chr.

in wichtigen Aspekten ihrer Vorstellungswelt nicht wesentlich unterschieden, könnte als Hinweis darauf gewertet werden, daß soziale Einheiten auf dem Niveau archäologischer Kulturen mit vielleicht einigen 100 km Durchmesser für die damals lebenden Menschen weniger bedeutsam waren. Es ist auffällig, daß bedeutende Individuen, die bei der Organisation der genannten Gemeinschaftsarbeiten eine wichtige Rolle hätten spielen können, im Bestattungswesen nicht besonders hervortreten. Zwar gibt es neben den Gemeinschaftsbestattungen auch immer wieder einige Einzelgräber, diese unterscheiden sich jedoch hinsichtlich ihrer Beigaben nicht substantiell von den Kollektivbestattungen. Es spricht viel dafür, daß in diesen mehrfach hintereinander Begräbnisse vorgenommen wurden. Die Mindestanzahl der Toten in den Warburger Gräbern liegt bei 65, 71 und 80 Toten. Die wahre Anzahl ist schwer zu bestimmen, da die Skelettzusammenhänge bei hoher Knochendichte auf den wenigen Quadratmetern Grabfläche oft nicht mehr erkennbar waren. Speziell in solchen Fällen ist beinahe mit Sicherheit auszuschließen, daß nach mehreren Beerdigungsritualen noch einzelne Tote etwa mit Namen bekannt waren. Möglicherweise schätzten die Gesellschaften des Jung- und Spätneolithikums den Wert des Individuums in einer Weise gering, die unserem heutigen Denken fremd ist.

Beobachtungen bei der Ausgrabung der an sich frühmittelalterlichen Wallburg Gaulskopf bei Warburg-Ossendorf werfen ein Schlaglicht auf andere Aspekte des damaligen Weltverständnisses. Anhäufungen verbrannter Knochen, darunter Teile menschlicher Schädeldächer, im Bereich einer Steinsetzung weisen auf die Durchführung von Riten hin, wie wir sie bisher erst seit der Bronzezeit kannten. Leider ist es nicht gelungen, für die weitere Untersuchung dieses Platzes die finanzielle Unterstützung der Deutschen Forschungsgemeinschaft zu gewinnen.

In die Zeit des Spätneolithikums gehört eine weitere wichtige archäologische Quelle, die eher den wirtschaftlich-handwerklichen Aspekt neolithischer Lebensweise betrifft. Auf dem Lousberg bei Aachen wurden aus dem dort vorkommenden plattigen Feuersteinmaterial Beile weit über den Eigenbedarf der im Umfeld lebenden neolithischen Gemeinschaften hergestellt – in gewisser Weise handelt es sich also um ein neolithisches Industriedenkmal. Nach den Ausgrabungen in den 1980er Jahren müssen nun Herstellungstechniken und Weitergabemechanismen dieser Geräte analysiert werden. Wie bereits am Beispiel von Alt- und Mittelneolithikum ausgeführt, werden bei solchen Untersuchungen die damaligen Kommunikationsverhältnisse sichtbar, was für ein Verständnis der kulturellen Verhältnisse unabdingbar ist.

Endneolithikum

Am Ende des Neolithikums nimmt anscheinend die Bedeutung des Individuums zu. Bei den Bestattungen mit Schnurkeramik, Glockenbechern oder den sogenannten Riesenbechern handelt es sich in Mitteleuropa wieder um Individuen, die nun oft durch ihre Ausrichtung im Grab für den Archäologen, aber auch für die damals lebenden Menschen, eindeutig als Frau oder als Mann identifizierbar sind. Spätestens jetzt, vielleicht aber auch schon im Jung- und oder Spätneolithikum, scheint die Viehzucht an Bedeutung zu gewinnen. Wurde früher das Fehlen von Siedlungsbefunden im Endneolithikum als Hinweis auf diese Entwicklung gewertet, erlauben nun vor allem die Ergebnisse der Pollenanalyse eine positive Argumentationsweise.

Zusammenfassung

Das Neolithikum ist hinsichtlich der sozialen, technischen und wirtschaftlichen Entwicklung eine besonders dynamische Periode der Ur- und Frühgeschichte. Auf sozialem Sektor vollzieht sich mit dem Übergang von den Wildbeutern des Mesolithikums zum Alt- und Mittelneolithikum der Wandel von den sogenannten egalitären Gesellschaften zu einem Sozialsystem, das sich im Spannungsverhält-

Borchen-Kirchborchen / Kreis Paderborn. Steinkammergrab (Galeriegrab). Um 3000 v. Chr. ▷

nis zwischen sozialer Kontrolle und Differenzierung entwickelt. Stehen in diesem Zeitabschnitt soziale Einheiten auf dem Niveau von Haushalt und Siedlungsgemeinschaft im Vordergrund, gewinnen im Jung- und Spätneolithikum Einheiten in einer Größenordnung von vielleicht wenigen tausend Menschen an Bedeutung, wobei für den Archäologen Individuen immer schwerer faßbar werden. Dies ändert sich im Endneolithikum, indem man die Toten nun wieder einzeln bestattet, wobei erstmals durch die Orientierung systematisch zwischen Mann und Frau unterschieden wird.

Das Neolithikum stellt sich ebenfalls als eine Periode dar, während der sich eine Vielzahl von technischen Neuerungen durchsetzt. Dies beginnt mit der Einführung von Ackerbau und Viehzucht, die zunächst wohl nur zur Fleischgewinnung, spätestens ab dem Jungneolithikum aber auch mit dem Ziel der Milchwirtschaft betrieben wurde. Die Zugkraft der Rinder wurde vermutlich schon seit ihrer Domestikation genutzt; der Pflug wird wohl im Jungneolithikum erfunden und setzt sich im Spätneolithikum durch. Gegen Ende dieses Zeitabschnittes können wir mit dem Gebrauch von Rad und Wagen rechnen. Seit dem späten Mittelneolithikum kamen die Menschen Mitteleuropas mit den ersten Techniken der Metallverarbeitung in Kontakt.

Auch wenn zu den meisten dieser Gegenstandsbereiche aus Nordrhein-Westfalen noch keine Befunde vorliegen, läßt sich doch sagen, daß zwischen Erfindung und allgemeiner Nutzung dieser Neuerungen in der Regel ein längerer Zeitraum lag; es hat also wohl Widerstände gegen ihre Einführung gegeben. Die Erprobung technischer Neuerungen war aber wohl in keinem Fall zu verhindern; allerdings haben diese Erfindungen auch nicht zu einer merklichen Verbesserung der Lebensqualität geführt – eine deutliche Verlängerung der Lebenserwartung ist beispielsweise im anthropologischen Material aus Mitteleuropa nicht zu beobachten.

Selbst wenn sich natürlich unsere heutige eher gewinnorientierte Wirtschaftsweise von dem damals mehr subsistenzbetonten Leben grundsätzlich unterscheidet, könnte die Untersuchung von Wechselwirkungen zwischen technischem Fortschritt und sozialen Verhältnissen hinsichtlich von langfristig wirksamen, systembedingten Veränderungen auch für das Verständnis unserer heutigen Gesellschaft von Interesse sein. Insofern kann die Bodendenkmalpflege für sich reklamieren, nicht nur historische Quellen vor der drohenden Zerstörung zu bewahren, sondern auch unmittelbar einen kulturhistorischen Beitrag zu einem besseren Verständnis gegenwärtiger Verhältnisse zu leisten.

Kulturlandschaften im Schnittpunkt zwischen Nord und Süd – Vorrömische Metallzeiten in Nordrhein-Westfalen

Gisela Schumacher-Matthäus

Eine starke lokale Kontinuität etwa im Hausbau, in den Grabsitten und im Töpferhandwerk bis in die jüngere Eisenzeit und das Fehlen spektakulärer Fundstücke und Befunde hat lange Zeit dazu geführt, die vorrömischen Metallzeiten in Nordrhein-Westfalen quantitativ wie qualitativ im Vergleich zu anderen Regionen als ‚dürftig‘ zu betrachten. Die Ende des 19. Jahrhunderts für das Westpreußische Provinzial-Museum angefertigten Typentafeln umschreiben das, was hier lange Zeit prägend für das Verständnis der Bronze- und Eisenzeit war: die Grabformen – Hügelgräber und Brandbestattungen in Urnen oder anderen im Boden vergangenen Behältnissen – sowie Bronze- und Eisengegenstände, die in anderen Gebieten hergestellt wurden und mit deren Hilfe eine chronologische Einordnung vorgenommen werden konnte.

Besonders die Gräber haben früher in weiten Gebieten die Landschaft geprägt, denn sie waren bis in die vorrömische Eisenzeit meist obertägig mit Hügeln überdeckt, die über 20 m Durchmesser haben konnten. Je nach Bevölkerungsdichte und Belegungsdauer waren die Ausmaße der Friedhöfe enorm. Noch Anfang dieses Jahrhunderts zählte man z. B. zwischen Duisburg und Düsseldorf mehrere tausend Grabhügel. Intensive Bebauung, Landwirtschaft, Straßenbau und andere Bodeneingriffe haben diese landschaftsprägenden Kulturdenkmäler für immer zerstört.

Bronze- und Eisenzeit sind zwei Begriffe, die vordergründig nur Auskunft geben über die für diese Perioden wichtigen Rohstoffe. Gerade in diesen Epochen spielt sich aber ein für die Entwicklung von Gesellschaftsstrukturen bis heute grundlegender Prozeß ab: Die Gewinnung der Metalle, ihre Verarbeitung und der Handel mit ihnen eröffnen neue Berufe, führen zu Arbeitsteilung, zu sozialer Differenzierung, zur Herausbildung von Führungsschichten und zur Intensivierung von Kulturbeziehungen über weite Räume. Die im Vergleich zum Neolithikum wirkungsvolleren Technologien bilden die Voraussetzung stärkerer Bevölkerungskonzentrationen und – zumindest im östlichen Mittelmeergebiet und in Vorderasien – der Entwicklung neuer Formen von Staatlichkeit, der Entstehung größerer Territorien, zugleich aber auch die Möglichkeit effektiver Kriegsführung.

So wie die Seßhaftwerdung ein Prozeß ist, der sich über Generationen vollzieht – der Begriff ‚neolithische Revolution‘ ist daher irreführend –, ist auch die das Metallzeitalter einleitende Bronzezeit nicht das Produkt einer kurzfristigen Entwicklung. Kupfer wurde schon Jahrhunderte vor dem Beginn der Bronzezeit abgebaut, verarbeitet und über weite Gebiete verhandelt. Diesem sehr weichen Material ist der Werkstoff Bronze (ca. 90 % Kupfer werden mit ca. 10 % Zinn legiert) überlegen und wurde später vom Eisen hinsichtlich der höheren Festigkeit und Elastizität noch übertroffen.

Die schriftführenden bronzezeitlichen Hochkulturen in Asien, Nordafrika und Südosteuropa geben wichtige Infomationen über Gesellschafts- und Machtstrukturen, über Wirtschaftsweise und Handelsbeziehungen. Ähnlich wie im Neolithikum erreichten die Neuerungen der Bronze- und auch der Eisenzeit Mittel- und Nordeuropa mit zeitlicher Verzögerung. Durch die Kenntnis der Bronzeherstellung waren Gebiete begünstigt, die diese Metalle besaßen bzw. die Regionen, die adäquate Tauschobjekte bieten konnten. Wie waren die Außenkontakte und welche Veränderungen bewirkten sie in Gebieten, die von Ackerbauern und Viehzüchtern bewohnt wurden, in denen die Entwicklung durch lokale Kontinuität geprägt scheint? Wie schon in den vorangegangenen Zeitepochen waren auch während der vorrömischen Metallzeiten die Kulturgruppen stark an topographische Zusammenhänge gebunden, wobei Rhein, Ems und Weser mit ihren Nebenflüssen eine wichtige Rolle spielten.

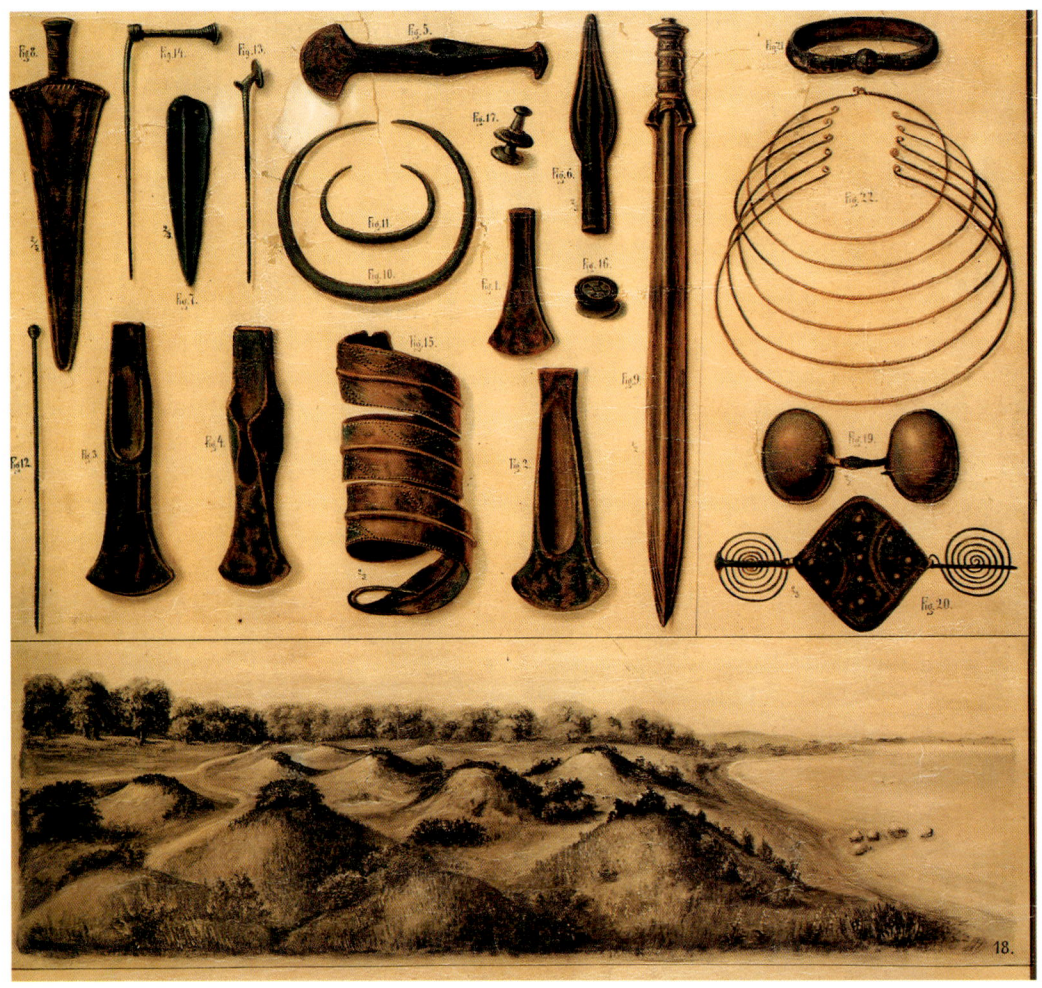

Grabhügelfelder und ‚fremde' Bronzen prägten lange Zeit die Vorstellung von der Bronzezeit in Nordrhein-Westfalen (aus: W. Ludorff, Vor- und frühgeschichtliche Alterthümer der Provinz Westfalen, 1899).

Der Kenntnisstand hat in den letzten 25 Jahren einen erheblichen Zuwachs erfahren. Neben Ausgrabungen ist dies auch ein Verdienst der Luftbildarchäologie, die unter anderem dazu beigetragen hat, viele eingeebnete Grabhügel wiederzuentdecken. Die Bauweise sowohl der Gebäude – Verwendung von Holz, Flechtwerk und Lehm – als auch der Gräber bedingte, daß obertägig Spuren kaum erhalten blieben. Von den Bauten sind in der Regel nicht einmal mehr die Fußböden vorhanden, lediglich Verfärbungen und Inhalte von Pfostenlöchern, Ab-

fall- und Speichergruben bieten oftmals die einzigen Hinweise auf die Anwesenheit von Menschen. Wenn man durch Zufall auf sie stößt, ist meist schon viel zerstört. Ähnliches gilt für die Grabanlagen: Alles, was ehemals in den Boden eingetieft war, kann zwar entdeckt werden, aber der Substanzverlust ist oft groß.

Es ist daher von größter Bedeutung, daß sowohl Siedlungen wie Friedhöfe großflächig freigelegt werden konnten. Insgesamt wurden im letzten Vierteljahrhundert Ausgrabungen an über 300

Fundstellen aus der Bronze- und vorrömischen Eisenzeit durchgeführt. Teilweise handelt es sich um Ergänzungen früherer Untersuchungen, aber es ist auch viel ‚Neuland‘ entdeckt worden. Neue Aspekte zu Siedlungsräumen, Umwelt, Ernährung, Sozialstrukturen, Wirtschaft und Handel eröffnen sich. Die komplexen Zusammenhänge wurden und werden teilweise im Rahmen verschiedener wissenschaftlicher Projekte aufgearbeitet, von denen als Beispiele „Archäobotanik und Bodendenkmalpflege", „Archäologische Talauenforschung im rheinischen Braunkohlenrevier" (beide mit der Universität Köln), „Erforschung der Bronzezeit im Kreis Paderborn", „Frühe Salzgewinnung am Hellweg" (mit der Universität Bochum) genannt seien ebenso wie die Zusammenarbeit belgischer, deutscher, französischer und niederländischer Wissenschaftler zur Erforschung von Grabeingehungen der Bronze- und frühen Eisenzeit zwischen Aller und Dordogne. Es darf auch nicht unerwähnt bleiben, daß an den Hochschulen in NRW über 40 Doktor- und Magisterarbeiten seit 1975 Fragestellungen der heimischen vorrömischen Metallzeiten zum Thema hatten und haben.

Das heutige Bundesland Nordrhein-Westfalen lag während der vorrömischen Metallzeiten im Schnittpunkt verschiedener Kulturlandschaften. Die nördlichen Bereiche (besonders in Westfalen) stehen in engem Zusammenhang mit dem ‚Nordischen Kreis‘, Ostwestfalen / Lippe orientiert sich an den Kulturraum Hessens und weiter süd- und östlich gelegener Regionen, während das Rheinland und das Siegerland Verbindungen zum Mittelgebirgsgebiet und darüber hinaus besitzen.

Dies hat zur Folge, daß verschiedene Chronologieschemata, nämlich die des bronzezeitlichen ‚Nordischen Kreises‘ sowie der nachfolgenden Eisenzeitstufen und der süddeutschen Bronze- und Eisenzeitstufen, hier aufeinander treffen, was oft für Verwirrung sorgt. So liegt der Beginn der mitteleuropäischen Frühbronzezeit noch im 3. Jahrtausend v. Chr., während die nordische Bronzezeit erst gegen 1700 einsetzt. Auch für die Eisenzeit gibt es unterschiedliche Anfangsdaten, 800 v. Chr. im Süden, ca. 600 v. Chr. im Norden. In vielen Teilen Nordrhein-Westfalens ist daher eine klare terminologische Trennung von Spätneolithikum und Bron-

Fremde Perfektion und heimische Nachbildung – die gegossenen Bronzebecken aus der Umgebung von Bad Driburg / Kreis Paderborn (rechts) und Münster-Gittrup. 9. Jahrhundert v. Chr.

zezeit sowie Bronzezeit und Eisenzeit schwierig. Die neuen Ausgrabungen geben zur Hoffnung Anlaß, die regionalen Gruppen besser fassen und umschreiben zu können. Hier wird einstweilen nur grob zwischen älterer und jüngerer Bronze- bzw. Eisenzeit unterschieden, in absoluten Daten ca. 1700/1600–1200, 1200–700/600, 700/600–300/250 v. Chr. und dann bis Christi Geburt, wobei im südlichen Rheinland und Ostwestfalen / Lippe die höheren Daten anzusetzen sind.

Umwelt und Ernährung

Im Rheinland existiert schon seit längerer Zeit eine fruchtbare interdisziplinäre Zusammenarbeit zwischen Archäologie und Naturwissenschaften, die in den letzten Jahren noch intensiviert wurden, wäh-

rend sich in Westfalen eine derartige Forschungs-
tradition erst langsam seit Mitte der 1970er Jahre
etabliert hat. Klimakundliche Untersuchungen haben gezeigt, daß ca. um 700 v. Chr. eine anhaltende
Wetterverschlechterung mit viel Regen und niedrigeren Durchschnittstemperaturen einsetzte. Dies
hatte teilweise die Verlagerung der Siedlungen auf
benachbarte, etwas höher gelegene Plätze zur Folge, scheint aber den allgemeinen Siedlungsausbau
nicht beeinträchtigt zu haben.

Durch Pollenanalysen sind Landschaftsrekonstruk-
tionen möglich. Die Jülicher Lößbörde – an verschiedenen Stellen wurden hier Untersuchungen
durchgeführt – war in der älteren Bronzezeit fast
vollständig mit Wald bedeckt, im Westen belegen
kleine Waldlichtungen die Anwesenheit von Menschen. Ab 1250 v. Chr. verschiebt sich das Bild zugunsten der mittleren Börde. Große geschlossene
Wirtschaftsflächen sind ab 1000 v. Chr. belegt, ein
Indikator für die Zunahme der Bevölkerung. Ein
merklicher Rückgang des Waldes, die Entstehung
von Heiden und der Anstieg von Ackerkräutern
weisen auf intensiven Ackerbau und Weidewirtschaft. In Talauen entstanden Grünlandschaften.
Bis zum Beginn der jüngeren Eisenzeit war das
Gebiet fast völlig entwaldet, der Ackerbau erreichte bis Mitte des 1. Jahrhunderts einen Höhepunkt.
Nach der Invasion der Römer hatte sich der Wald
jedoch für kurze Zeit wieder ausgebreitet. Für die
Randgebiete des Münsterlandes ist ebenfalls eine
stete Zunahme der Nutzflächen zu verzeichnen – ab
der jüngeren Eisenzeit setzte allerdings ein deutlicher Rückgang ein. Das Zentralmünsterland war
hingegen überwiegend bewaldet.

Gezielt werden an vielen Fundplätzen archäobotanische und archäozoologische Untersuchungen
durchgeführt, die kleinräumig Hinweise über die
Wirtschafts- und Ernährungsweisen geben, also
differenziertere Aussagen und Landschaftsrekon-
struktionen ermöglichen. Auch die Lebensmittel-
chemie ist im Dienste der Archäologie tätig: Mitte
der 1970er Jahre konnte aus einem Urnengrab in
Telgte das erste Brot aus Sauerteig nachgewiesen
werden.

Höfe, Dörfer und Befestigungen

Dank mehrerer großflächig (und teilweise ganz)
ausgegrabener Siedlungen lassen sich punktuell
genauere Aussagen treffen.

Für die ältere Bronzezeit liegen neue Hinweise im
Braunkohlengebiet vor, wo einige nicht allzuweit
voneinander entfernt liegende gehöftartige Ansied-
lungen mit Langhäusern (Wohn-Stall-Häuser) untersucht werden konnten. Auch aus Westfalen gibt
es jetzt Belege, so konnte unter anderem bei Telgte
ein 25 × 6 m großes Langhaus mit Herdstelle, zwei
sich an den Längsseiten gegenüberliegenden Eingängen und Viehtrakt freigelegt werden.

Für die Zeit um 1000 v. Chr. ist in Eschweiler-Lohn
ein Siedlungskomplex mit mehreren Höfen vollständig ausgegraben worden. Bronzeschlacken deuten auf metallurgische Aktivitäten. Ebenso sind
von anderen Plätzen sowohl im Rheinland als auch
in Westfalen Hofgruppen bekannt, deren Größe
aber wegen zu kleiner Grabungsflächen nicht immer festgestellt werden konnte. Im Töpferdorf
Köln-Blumenberg ließ sich für die jüngere Bronzezeit bis in die Eisenzeit eine kleinräumige Siedlungslandschaft rekonstruieren, auch für das
Merzbachtal sind die Untersuchungen über das
metallzeitliche Siedlungsmuster richtungweisend.
Einzelgehöfte und Hofgruppen als lockere Streusiedlungen auf einer Fläche von ca. 50 ha charak-
terisieren weitgehend die Entwicklung während der
Bronze- und frühen Eisenzeit (wobei sich allerdings auch regionale Unterschiede abzuzeichnen
scheinen), während sich in der Folge dichter bebaute Dorfanlagen herausbildeten. In Niederzier-
Hambach konnte ein derartiges Dorf vollständig
ausgegraben werden. Das 210 × 170 m große Areal
war durch einen Wall mit zwei Gräben und durch
ein Tor im Nordosten geschützt. Es erfolgten mehrfach Umbauten, in der jüngeren Phase bestanden
108 gleichzeitige Gebäude (Wohnhäuser, Speicher,
Stallungen). Im 2. Jahrhundert v. Chr. gegründet,
wurde die Siedlung wahrscheinlich während der
Unruhezeiten, als 53 v. Chr. die Eburonen von Cä-
sar unterworfen wurden, planmäßig geräumt (daß
dies wohl kein Einzelfall war, belegen die Pollenanalysen). Von großer Bedeutung ist auch das Dorf
aus dem 1. Jahrhundert v. Chr., das am Rheinufer

Rheine-Altenrheine / Kreis Steinfurt. Kombination von sechs miteinander verbundenen Kreisgräben auf dem Friedhof der jüngeren Bronzezeit / älteren Eisenzeit. 1200–300 v. Chr.

bei Köln-Porz ausgegraben wurde. Über 1000 hölzerne Gebrauchsgegenstände und ein Mehrfaches von Holzabfällen eröffnen völlig neue Dimensionen – gehört doch Holz zu den Materialien, die in der Regel im Boden vergehen.

Befestigungsanlagen auf Höhen stellen eine weitere Facette metallzeitlicher Siedlungsformen dar. Sie stehen schon lange im Interesse von Wissenschaftlern und Laien. Im Gegensatz zu anderen archäologischen Quellen sind Überreste ihrer Mauern, die aus Pfosten, Querhölzern, Steinen und Flechtwerk bestanden und heute nur noch die Form von Wällen haben, meist noch gut im Gelände erkennbar. Eine genaue Datierung ist nur durch umfangreiche Ausgrabungen auch im Innenbereich zu erreichen, daher erfolgt eine grobe Einordnung oft nur durch typologische Vergleiche. Die neueren Untersuchungen gelten daher in erster Linie der Vermessung. Allerdings konnten bei der Anlage von Wegen in den letzten Jahren kleinere Schnitte in Mauerbereichen durchgeführt werden, die nähere Angaben über die unterschiedlichen Konstruktionen ermöglichen.

Im Auftrag der Altertumskommission Westfalen durchgeführte Analysen von Holzkohle erbrachten einige kalibrierte ^{14}C-Daten, die zumindest einen Anhaltspunkt für bestimmte Bauphasen geben können. Als Überraschung muß man die Daten von der Schweinsburg bei Tecklenburg-Ochterbeck / Kreis Steinfurt betrachten: Die ursprünglich für eisenzeitlich gehaltene Anlage stammt aus der älteren Bronzezeit! Auch für die Eisenzeit selbst gibt es neue Anhaltspunkte, wobei an verschiedenen Befestigungen übereinstimmende Zeitkonzentrationen zu verzeichnen sind. So ist allein für vier Burgen ein Brand im Mauerbereich um 270 ± 71 v. Chr. belegt. Nach Ausweis der Pollenanalysen ist seit dieser Zeit ein starker Bevölkerungsrückgang zu verzeichnen. Es ist derzeit allerdings noch verfrüht, ein einschneidendes historisches Ereignis konstruieren zu wollen. Zu welchem Zeitpunkt die Befestigungen angelegt wurden und welche Gründe dazu führten, kann derzeit nicht ermittelt werden.

Neue Erkenntnisse gibt es ebenfalls für das innerbergische Gebiet. Auf dem Burgberg bei Gummersbach-Lobscheid wurde eine Befestigungsanlage entdeckt, die von der Form her ältereisenzeitlichen Burgen entspricht. Das bisher in der Eisenzeit für unbesiedelt gehaltene Gebiet kann demnach nicht ganz ohne Bedeutung gewesen sein, zumal dort mittlerweile auch weitere Fundstellen entdeckt wurden. Die Neufunde der letzten Jahre geben zu Vermutungen Anlaß, daß sich das Bild noch weiter verdichten wird. Sie leiten eine Entwicklung der Forschung ein, die es vielleicht ermöglichen könnte, Stammesgebiete zu erkennen und Aufschlüsse über eine differenzierte Sozialstruktur zu erlangen. Die aus römischen Schriftquellen bekannten germanischen Stämme haben schließlich in der vorrömischen Eisenzeit gelebt. Es sind gute Voraussetzungen gegeben, ihre Genese und Entwicklung nachzuvollziehen.

Grabformen und Totenkult

Für die ältere Bronzezeit gibt es einzig aus dem Paderborner Raum Nennenswertes zu berichten. Der Übergang von der Körper- zur Brandbestattung setzt dort in den Hügelgräbern schon um 1600 v. Chr. ein, was bisher nirgendwo anders beobachtet werden konnte (siehe S. 245 f.), wobei der Leichenbrand in Körperlänge ausgestreut wird.

Für die jüngere Bronzezeit und den Beginn der älteren Eisenzeit sind Brandbestattungen in Urnen und Behältern aus organischem Material typisch. Es gibt mehrere Arten, den Grabbezirk zu kennzeichnen. Eine besondere niederländisch-westfälische Ausprägung ist die Einfassung des Grabhügels mit einem Graben, der – meist nach Osten – einen kleinen Vorhof einfaßt (‚schlüssellochförmiger Graben‘). Man glaubte, auf der Basis bisher ausgegrabener Abschnitte von Friedhöfen einen guten Überblick über Grabinhalte und -formen zu haben. Die Vielfalt dessen, was seit Mitte der 1970er Jahre wieder an Neuem bekannt geworden ist, überrascht daher: Totenhäuser in verschiedensten Ausführungen, Hügel, die nicht nur von einfachen oder doppelten, sondern auch von dreifachen oder spiralförmigen Kreisgräben umschlossen werden, langrechtige Gräben mit und ohne Hügel, deren Länge bis 70 m betragen können, und zu Beginn der Eisenzeit rechteckige, aneinandergereihte Grabeneinfassungen. Auch wenn das Spektrum

Dortmund-Oespel / Marten. Reste der hellen Farbpaste in einer „kerbschnittverzierten" Urne aus der jüngeren Bronzezeit. 1200–700 v. Chr.

der metallenen Grabbeigaben verglichen mit anderen Gebieten eher klein ist und im wesentlichen aus Nadeln, Rasiermessern oder Pinzetten besteht, so haben Qualität wie Quantität zugenommen. Es können hier nur die Tendenzen zukünftiger Forschungen aufgezeigt werden, denn viele Brand- und Körpergräber liegen noch im ‚Gipsbett', um später in einer Restaurierungswerkstatt eine sachgemäße, durch Mikroskop und Röntgengerät gestützte Analyse zu gewährleisten, die die Voraussetzung für anthropologische Untersuchung bildet und ohne die auch z.B. Brotrückstände, Pflanzen- und Stoffreste nicht entdeckt würden. Die Freilegung von Keramik, Metall, Bernstein etc. bedarf der Erfahrung, da die lange Lagerung in der Erde meist zu Schäden geführt hat. Betrachtet man die Anzahl der Gräber pro Gräberfeld (unter anderem mehrere Hundert allein in Warendorf-Neuwarendorf, Dortmund-Oespel / Marten, Borken-Hoxfeld, etwas weniger in Borken-Südring, Ibbenbüren, Saer-

beck, Straelen), so ist es klar, daß ein Großteil noch der Bearbeitung harrt. Es läßt sich jedoch sagen, daß die Bestattungsbräuche ein unglaubliches Potential enthalten und daß die Totenbehandlung Rückschlüsse auf ganz eigene Gesellschafts- und Glaubensformen geben, wie auch die Grabfunde aus Warendorf-Milte zeigen.

Ein besonderes Licht auf die Trachtsitten der Eisenzeit werfen die jüngst in Petershagen-Ilse ausgegrabenen Körpergräber (siehe S. 247 ff.). Nach der 1961 in Meschede-Gevelinghausen im Sauerland gefundenen, als Urne benutzten exquisiten Bronzeamphore südlicher Provenienz aus dem 9. / 8. Jahrhundert v. Chr. wurde Westfalen zum zweiten Mal Schauplatz außergewöhnlicher Fundumstände. Welche Rolle hat dieser Fundplatz zwischen dem Oberrheingebiet und Thüringen gespielt, wo es aus der gleichen Zeit ebenfalls Körpergräber gibt und wo die Ilser Trachtgegenstände zum Hortfundinventar gehörten? Jedenfalls ist dies ein weiterer

Warendorf-Milte / Kreis Warendorf. Rekonstruiertes Schmuckensemble aus einem früheisenzeitlichen Brandgrab. Um 500 v. Chr.

Beleg dafür, daß Importe auch in der entwickelten älteren Eisenzeit nicht aufhörten, wie ebenfalls – wenn auch nicht so spektakulär – andere Grabfunde zeigen. Für die jüngere Eisenzeit hat sich die Materialbasis gleichermaßen erweitert, der Einfluß der Kelten wird (besonders im südlichen Rheinland und im Siegerland) immer deutlicher. In Westfalen wurden einige Gräberfelder im 3. Jahrhundert neu angelegt. Besteht hier ein Zusammenhang mit den Brandhorizonten auf den Burgen?

Bronze, Eisen und Salz – Wirtschaft und Handel

Aufgrund der vielen Fremdformen kann man davon ausgehen, daß die Kupfervorkommen auf dem Gebiet von Nordrhein-Westfalen während der Bronzezeit noch nicht erschlossen waren, daß aber in der jüngeren Bronzezeit soviel Metall zur Verfügung stand, daß unbrauchbar gewordene Gegenstände eingeschmolzen und nachgegossen wurden. Auch der geringe Anteil bronzener Grabbeigaben spricht gegen eigene Ressourcen. Schon 1960 machten Einzelfunde 70% der Bronzen aus, die Zahl ist in den letzten Jahren deutlich gestiegen. Es handelt

Niederzier-Hambach / Kreis Düren. Goldschatz aus der eisenzeitlichen Siedlung. Keltische Halsringe, Armring und Münzen. Letztes Viertel 1. Jahrhundert v. Chr.

sich im wesentlichen um Waffen (überwiegend Schwerter, Lanzenspitzen und Beile), seltener um Trachtbestandteile, die ihren Ursprung von Skandinavien bis in die Schweiz, von Westeuropa bis in das Gebiet östlich der Elbe haben. Die neueren Forschungen schenken den Fundumständen besonde-

re Bedeutung, wobei die an oder in Wasserläufen geborgenen Artefakte Hinweise auf eine absichtliche Niederlegung geben: Es handelt sich also nicht nur um verlorene Gegenstände. Ihr Vorkommen besonders am Rhein und im Weserbereich ist nur so zu erklären, daß großräumiger Transfer durch

Nordrhein-Westfalen ging, demnach eine Einbindung in überregionale Zusammenhänge bestand. Daß aber auch in der älteren Bronzezeit, um 1400 v.Chr., schon Eigenversuche gemacht wurden, zeigt eine sog. Radnadel aus Rheydt-Trimpelshütte. Vorbilder sind Nadeln, die es in verschiedenen Varianten im gesamten Bereich der mitteleuropäischen Hügelgräberkultur gibt.

Ähnliches gilt für die Gegenstände aus der jüngeren Bronzezeit, aus der man mehr Belege für einheimische Nachahmungen hat. Aus Münster-Gittrup stammt ein gegossenes Bronzebecken, eine Form, die typisch für das 9. Jahrhundert v.Chr. im Norden und in Mitteldeutschland ist und dort überwiegend aus Hortfunden bekannt ist. In Gittrup stand das Becken innerhalb einer Vier-Pfosten-Stellung am Rand einer Siedlung. Von einer schönen grünen Patina überzogen, kann das Exemplar aber nicht darüber hinwegtäuschen, daß fachmännische Qualitäten fehlen: Die Wandung ist teilweise sehr dick, dünnt aber zur Spitze so weit aus, daß sich dort heute ein Loch befindet. Die Verzierung ist liebevoll dilettantisch, wie der Vergleich mit einem exquisiten Fragment eines Beckens zeigt, das wohl, nach der Patina zu urteilen, aus einem ehemaligen Gewässer in der Nähe von Bad Driburg stammt, dessen besten Parallelen sich nördlich von Berlin finden. Hier ist die Wandung dünn und gleichmäßig, die Verzierung exakt. Radnadel und gegossenes Bronzebecken sind beide eindeutig Zeichen dafür, daß Fremdes übernommen und auf heimische Weise umgesetzt worden ist (ähnliches konnte schon früher bei der Keramik festgestellt werden). Neben nachgeahmten Rasiermessern, Pinzetten oder Nadeln sind aber auch eigenständige einheimische Formenentwicklungen bekannt: Von Ostwestfalen / Lippe bis zum Niederrhein und in die Niederlande (mit einem ‚Ausreißer' nach Dänemark) gibt es einen fachmännisch im Vollguß hergestellten Messertyp ohne Gebrauchswert, bei dem es sich um ein Zeremonialgerät handeln kann. Festzuhalten bleibt, und das haben die Ausgrabungen der letzten Jahre eindrücklich gezeigt, daß die verschiedenen Entwicklungsstadien im Gebiet zwischen Rhein und Weser ihren Niederschlag gefunden haben, Anregungen aufgenommen, weiterentwickelt und für die eigenen Bedürfnisse umfunkioniert wurden. Die nicht aus eigenen Ressourcen schöpfenden Kulturlandschaften können daher nur in ein größeres Verkehrs-Handelsnetz eingebunden gewesen sein und davon profitiert haben. Aufgrund des gehäuften Auftretens von qualitätvollen Einzelfunden (kürzlich ist sogar ein Goldring gefunden worden), besonders der Flußfunde, kann man auch Rückschlüsse auf Verkehrswege und Flußüberquerungen ziehen (wie z.B. in Wesel-Aue und Xanten-Wardt), wobei sich die Frage stellt, ob die teilweise neuwertigen und qualitätvollen Gegenstände nicht eher von den Händlern als von den Einheimischen „geopfert" worden sind.

Für die Eisenzeit sieht es mit eigenen Ressourcen (z.B. Raseneisenerz) anders aus. Das bisher älteste Eisen, allerdings ein Import in Form einer Kugel, wurde in einem Grab aus dem 9. Jahrhundert v.Chr. in Dortmund-Oespel / Marten gefunden. Die Ausgrabungen der letzten Jahre haben unser Wissen sowohl über Verhüttungsplätze als auch Eisenverarbeitungsplätze enorm erweitert (siehe S. 190 ff.). Aber auch im Sauerland ist jetzt die Eisenverarbeitung nachgewiesen, ebenso gibt es neue Belege in mehreren Flachlandsiedlungen sowohl im Rheinland als auch in Westfalen.

Mit Ausnahme der Vorkommen in den Montan-Regionen hat es bisher den Anschein, als sei das Eisen zum Eigengebrauch bestimmt. Anders könnte es mit dem Salz sein. Es verdichten sich die Anhaltspunkte, daß während der älteren Eisenzeit in Werl am Hellweg Salzsieder tätig waren (siehe S. 250 f.). Inwieweit das Salz als Handelsware genutzt wurde, ist bisher nicht feststellbar.

Die vorrömischen Metallzeiten in Nordrhein-Westfalen sind durch die Ausgrabungen und Forschungen der letzten 25 Jahre etwas mehr in das ‚Licht der Geschichte' gerückt. Die eigenen Ausprägungen dieses peripheren und in sich heterogenen Gebietes sowie seine inneren Strukturen nehmen langsam Gestalt an. Es sind Wege aufgezeigt worden, die es weiter zu verfolgen gilt, um der Komplexität dieser Zeitepochen gerecht zu werden.

Ein Vierteljahrhundert Ausgrabungen und Forschungen in der römischen Provinz Niedergermanien

Wolfgang Gaitzsch

Die provinzialrömische Forschung hat in den vergangenen fünfundzwanzig Jahren beachtliche, auch international bedeutende Ergebnisse zu verzeichnen. Während in den 1950er und 1960er Jahren vorwiegend militärhistorische Fragestellungen die Grabungsschwerpunkte bestimmt haben, ist seit den 1970er Jahren das Interesse an den zivilen römischen Siedlungen in den Vordergrund getreten. An erster Stelle sind die flächendeckenden Ausgrabungen von römischen Landsiedlungen, den *villae rusticae*, und die Untersuchung von kleineren und größeren Siedlungen, den Vici, anzuführen. Die veränderte Schwerpunktlage ist vor allem auf die enorme Ausweitung der rheinischen Braunkohlentagebaue im westlichen Vorland der Provinzhauptstadt Köln *(Colonia Claudia Ara Agrippinensium)* zurückzuführen. Den Reichtum der römischen Funde und Befunde im Rheinland dokumentierte das Römisch-Germanische Museum Köln 1974 mit einer epochalen Ausstellungskonzeption. 1977 wurde auf dem Territorium der antiken Stadt Xanten *(Colonia Ulpia Traiana)* ein Archäologischer Park eröffnet, der sich bis heute zunehmender Resonanz erfreut. 1987 erschien das Handbuch „Die Römer in Nordrhein-Westfalen", und seit 1990 werden die Leistungen der rheinischen Bodendenkmalpflege in großen Landesausstellungen präsentiert, in denen die Römerzeit einen festen und profilierten Platz einnimmt.

Die herausragenden Ergebnisse der römischen Siedlungsforschung beruhen auf der engen Verknüpfung von systematischer Geländeprospektion und gezielter flächendeckender Ausgrabung. In der fruchtbaren rheinischen Bördenlandschaft bestand eine außergewöhnlich dichte Siedlungsstruktur. Die landwirtschaftlichen Betriebe der mittleren Kaiserzeit lagen in Entfernungen von ein bis zwei Kilometern. Das jeweils bewirtschaftete Acker- und Weideland konnte Ausdehnungen von 50 ha erreichen. Die Böden wurden mit Kalk gedüngt. Unter den angebauten Getreidearten dominierten Dinkel und Gerste. Die Viehhaltung basierte auf Grünland- und Weidewirtschaft. Die bebauten Hofplätze hatten Größen von 1–2,5 ha. Seit der Mitte des 1. Jahrhunderts wurde das Land planmäßig aufgesiedelt und bis in das 3. Jahrhundert intensiv bewirtschaftet. Im nördlichen Teil der Bördenlandschaft, wo kleinere holzbebaute Siedlungsplätze nachgewiesen wurden, gibt es Anzeichen für einen früheren Siedlungsbeginn und für einheimische Einflüsse. Ein dichtes Netz von Straßen und Wegen erschloß die Siedlungslandschaft. Gräberfelder wurden an Hofgrenzen und Wegen errichtet. Den Romanisierungsprozeß dokumentieren einheimi-

Römischer Gutshof (villa rustica) der 1. Hälfte des 2. Jahrhunderts. Hofplatz, Gärten, Obstwiesen, Felder und Weiden. Modell.

*Niederzier-Steinstraß / Kreis Düren. Steinerner Brun-
nenkranz am Rande des Braunkohlentagebaus Hambach. 2./3. Jahrhundert n. Chr.*

sche Bestattungen, wie sie in Tönisvorst / Kreis
Viersen und in Köln gefunden wurden. Kontinuierlich bis in die Spätantike bewirtschaftete Siedlungsplätze wurden westlich der Rur und in Rheinbach-
Flerzheim ausgegraben. In Dormagen-Nievenheim
wurde ein 5 ha großer Siedlungsplatz erschlossen,
dessen Stallungen ein kleines Gestüt vermuten lassen. Einen ausgezeichneten Forschungsstand hat
die Vegetationsgeschichte der ersten nachchristlichen Jahrhunderte erreicht. Die paläobotanische
Auswertung von Pollen- und Pflanzenresten aus
Brunnen und Feuchtböden ergab, daß über 30
Nutzpflanzen und die Mehrzahl der Gewürzkräu-
ter erstmals in römischer Zeit im linksrheinischen
Gebiet nachgewiesen sind. An Importfrüchten
wurden Oliven, Pfeffer, Datteln und Reis gefunden.
Die in Xanten erhaltenen römischen Tierknochen
bilden eine der größten und wichtigsten Referenz-
gruppen Mitteleuropas.

Neben landwirtschaftlichen Einzelbetrieben haben
zentrale Orte das kaiserzeitliche Siedlungsbild geprägt. Die Erforschung der Vici, die kein Stadtrecht
besaßen, hat beachtliche Fortschritte gemacht.
Beispielhaft ist *Iuliacum*, das heutige Jülich, wo in
Verbindung mit dem Ausbau der städtischen Kanalisation in den 1980er Jahren eine systematische Be-

fundaufnahme erfolgte, die viele im beschleunigten
Aufbau der Nachkriegszeit entstandene archäologische Lücken schließen konnte. Aufgrund dieser
Forschungen ist die Ausdehung des mittelkaiserzeitlichen Vicus mit 15 ha und seine Einwohnerzahl
mit 1200 bis 1500 anzugeben. Charakteristisch für
die Bebauung sind planmäßig errichtete langrechteckige Häuser, die zu den Hauptstraßen orientiert
wurden. Die Infrastruktur der Vici bestimmten
Handwerk und Handel. Der Vicus von Mülfort bei
Mönchengladbach wurde durch eine archäologisch-
topographische Auswertung östlich der Niers an
einem Flußübergang lokalisiert.

Anwendung fanden neue geophysikalische und
naturwissenschaftliche Prospektionsmethoden wie
z. B. die Messung des Bodenphosphatgehaltes, mit
der die Ausdehnung der Vici von Billig und von
Kornelimünster, zu dem die rekonstruierte Tempel-
anlage *Varnenum* gehört, bestimmt wurde. Durch
Luftaufnahmen bekannt sind die Tempel der Vici
von Elsdorf und Mariaweiler bei Düren. Der Vicus
Rimburg, am Wurmübergang der römischen Fernstraße Köln–Heerlen gelegen, ist durch Altfunde
und jüngere niederländische Ausgrabungen bekannt. Eine internationale Ausgrabung wurde 1991/
92 an der deutsch-niederländischen Grenze durchgeführt. Die größte Vicusgrabung fand in Bonn
statt. Der Bau der ehemaligen Bundesgeschäftsstel-
le der FDP und des Hauses der deutschen Geschichte ermöglichte 1989 bzw. 1991 zwei große Flächen-
aufschlüsse. Sie waren südlich des Legionslagers im
Bereich des Vicus gelegen, der seit Ende des 1. Jahrhunderts bestand. Durch die Grabung und die Auswertung der Altfunde wurden seine Größe und
Infrastruktur bekannt. In Asberg (*Asciburgium*) wurden südlich des in den 1970er Jahren erforschten
Auxiliarkastells Streifenhäuser der Vicusbebauung
beiderseits einer Straße mit Abwassergräben untersucht. Dank der technischen Möglichkeiten des
Braunkohlentagebaus konnten seit 1978 mehr als 80
römische Brunnen bis in Tiefen von 30 m freigelegt
werden. Die dendrochronologische Datierung der
erhaltenen Bauhölzer hat ein außergewöhnlich reiches und zuverlässiges Datennetz erbracht, das von
überregionaler chronologischer Bedeutung ist. Das
Datenspektrum reicht von der Mitte des 1. Jahrhunderts bis zum Jahre 395.

Politische Ereignisse im 1. Jahrhundert werden durch Militaria und Gerätschaften dokumentiert, die aus dem Altrhein bei Xanten-Wardt infolge der Kiesgewinnung ausgebaggert worden sind. Es handelt sich um Plünderungsgut, das bei der Zerstörung von *Vetera I* verlorenging. Neue römische und frühmittelalterliche Schiffsfunde gaben technischen Aufschluß über den antiken Schiffbau. Moderne Methoden der Holzkonservierung kamen zur Anwendung. Mehrere Jahrzehnte waren Forschungen zivilen und militärischen Plätzen gewidmet. In besonders reichem Maße erbrachten sie Erkenntnisse zur spätrömischen Besiedlungsgeschichte der nordwestlichen *Germania secunda*. Hervorzuheben ist die mehr als eineinhalb Hektar große Befestigung in der *CUT*, die in der ersten Hälfte des 4. Jahrhunderts bestand. Weitgehend erforscht sind die spätantiken Kastelle von Krefeld und Dormagen. Das Kavallerielager Dormagen wurde in domitianischer Zeit errichtet und im Verlaufe des 2. Jahrhunderts in Stein ausgebaut. Erschlossen wurde die Bebauung der Retentura und die Principia. Die Praetentura ist nur zum Teil ausgegraben. In Gellep wurden Holzpfostenbauten der zweiten Hälfte des 3. Jahrhunderts und die spätantike Befestigung der ersten Hälfte des 4. Jahrhunderts nachgewiesen. Von Bedeutung sind eine Bauinschrift des Postumus und Waffenfunde.

Die spätantike Schwerpunktsetzung zeichnete sich auch im großen Gräberfeld von Krefeld-Gellep ab, wo im August 1999 das 6221. Grab geöffnet wurde. Weit über 2500 Gräber wurden in den vergangenen 25 Jahren untersucht. Besonders hervorzuheben sind reich ausgestattete Gräber von Germanen und eines Sarmaten, die Ende des 4. Jahrhunderts in römischen Diensten standen. Jüngste, unter internationaler Beteiligung durchgeführte Ausgrabungen galten Haus Bürgel bei Monheim. Das ½ ha große Kastell war mit einem Doppelgraben und einer turmbestandenen Mauer umwehrt. In konstantinischer Zeit am alten Rheinufer erbaut läßt sich seine Nutzung bis in das 5. Jahrhundert belegen. Ein Gräberfeld des 1. bis 3. Jahrhunderts zeugt von einem benachbarten Siedlungsplatz.

Große Erfolge hat die regionale und überregionale Straßenforschung zu verzeichnen. Auf eine Distanz von über 4 km wurde die *Via Agrippinensis* im nörd-

Moers-Asberg / Kreis Wesel. *Asciburgium. Napf des Töpfers Cn. Ateius aus Arezzo mit dem eingeritzten Namen des Legionärs Cornelius. Anfang 1. Jahrhundert n. Chr.*

lichen Abschnitt des Braunkohlentagebaues Hambach wiederholt freigelegt. Die von Köln durch Nordgallien bis zum Atlantik führende Fernstraße ist damit die am besten erforschte Verkehrsverbindung im Norden des Römischen Reiches. Im Detail bekannt ist nicht nur die 25 m breite Trasse, sondern auch die angrenzende Straßenbebauung mit zahlreichen Gräbern des 1.–3. Jahrhunderts. Einer intensiven Luftbild- und Geländeprospektion wurde die römische Verkehrsverbindung Köln–Zülpich–Trier im Eifelraum unterzogen. Hier konnten wichtige Straßenkreuzungen und Flußüberquerungen erschlossen werden. Im ländlichen Raum wurden im Elsbachtal Teile des Wegenetzes des 1. Jahrhunderts bekannt und im Hambacher Forst der Verlauf einer mittelkaiserzeitlichen Landstraße erforscht. Der Entwicklung des städtischen Straßennetzes galten Untersuchungen in der *CCAA* und besonders in der *CUT*.

Internationale Anerkennung gefunden hat die Erschließung der römischen Wasserleitungen nach Köln. Weitreichende Erkenntnisse zur Wasserversorgung einer antiken Großstadt wurden gewonnen. Zu einem kleinen Vicus mit etwa 500 Bewohnern muß eine hölzerne und steinerne Wasserleitung geführt haben, die im Elsbachtal auf über 600 m Länge freigelegt wurde. Diese im Vorfeld des Braunkohlentagebaues Garzweiler durchgeführte

Krefeld-Gellep. Im Vorfeld des Kastells Gelduba im Jahre 259 n. Chr. bei einem fränkischen Überfall gefallene Römer.

Ein weiterer Forschungsschwerpunkt galt montanarchäologischen Fragestellungen. Von historischer Tragweite ist der archäologische Nachweis von Blei- und Kupfererzgewinnung im rechtsrheinischen Gebiet seit tiberischer Zeit. Der Abbau von Galmei und siberhaltigem Bleiglanz in der Nordeifel läßt sich durch ältere Einzelfunde belegen, doch fehlen nach wie vor zuverlässige archäologische Aufschlüsse. Zur Lokalisierung der vermuteten römischen Messingindustrie haben gezielte Geländesondierungen und naturwissenschaftliche Analysen beigetragen. Im Raume Stolberg-Gressenich wurden erstmals höhere Schwermetallgehalte im Boden nachgewiesen. Systematische Prospektionsmaßnahmen zeigten, daß um Blankenheim Eisenerz gewonnen und verhüttet wurde. Durch Isotopenbestimmung gelang der Nachweis, daß das Blei zur Fertigung römischer Sarkophage aus der Eifel stammt. Gleichfalls von überregionaler Bedeutung ist der Nachweis spätrömischer Glasverarbeitung im Hambacher Forst. Lokalisiert wurden sechs Glashütten, darunter wahrscheinlich eine Werkstatt des namentlich bekannten ECVA-Produzenten. Aktueller Forschungsschwerpunkt ist die Rohglasherstellung, die durch eingehende Glasanalysen belegt wird.

Den Ausgrabungen und Forschungen in der Provinzhauptstadt Köln kommt naturgemäß eine überregionale und internationale Schlüsselstellung zu. Umfangreiche innerstädtische Baumaßnahmen haben in den vergangenen Jahrzehnten wichtige Aufschlüsse über die Genese der römischen Stadt ermöglicht. Während die archäologische Substanz des Neumarktes durch Unterschutzstellung gesichert werden konnte, wurde der an einer versandeten Hafenrinne des Rheins gelegene Heumarkt in einer mehrjährigen Untersuchung freigelegt. Erstmals konnte in einem größeren Flächenaufschluß die städtebauliche und verkehrsmäßige Entwicklung von der Spätantike bis in das frühe und hohe Mittelalter verfolgt werden. Anfang des 5. Jahrhunderts kam es zu einer Ausbauphase, als verschiedene Handwerksbetriebe errichtet wurden. Von militärgeschichtlicher Bedeutung sind die Forschungen zum Kastell Deutz (*Divitia*) und die neuen Ausgrabungen im Flottenkastell Köln-Marienburg. Der Beginn des Lagerausbaues ist in spätaugusteische

mehrjährige Feuchtbodenuntersuchung in der Talaue des Elsbaches – streckenweise unter einem 8 m starkem Kolluvium – hat in Verbindung mit archäologischen Befundlagen aufsehenerregende geomorphologische, paläobotanische und dendrochronologische Erkenntnisse erbracht. Hier konnte die Entwicklung einer kleinräumigen Kulturlandschaft durch interdisziplinäre Zusammenarbeit annähernd lückenlos nachvollzogen werden.

Jüchen/Kreis Neuss. Feuchtbodenuntersuchungen im Elsbachtal im Vorfeld des Braunkohlentagebaus Garzweiler (1994). Römische Wasserleitung. Anfang 3. Jahrhundert n. Chr.

Zeit zu datieren. Die Lagerbauten, insbesondere die Mannschaftsbaracken, wurden vielfach bis zum Untergang des Flottenkastells in den Jahren um 265/270 n. Chr. erneuert. Große Fortschritte hat die Untersuchung und Auswertung Kölner Nekropolen wie z. B. an der Jakobstraße, in St. Severin und bei St. Gereon gemacht.

Von internationaler Bedeutung sind die seit über zwei Jahrzehnten kontinuierlich durchgeführten Ausgrabungen in Xanten. Im Unterschied zur antiken Metropole Köln stellt das in nachantiker Zeit nicht überbaute 73 ha große Territorium der *CUT* ein einzigartiges Forschungsareal dar. Hier wurden grundlegende Erkenntnisse zur antiken Stadtentwicklung gewonnen und durch Rekonstruktionsmaßnahmen anschaulich gemacht. Die Ausgrabungen zeigen, daß zwischen 15/20 n. Chr. und der Stadtgründung zu Anfang des 2. Jahrhunderts eine

Vorgängersiedlung bestand, von der mindestens sechs Bauphasen zu erschließen sind. Die Ausgrabungen der 1980er Jahre haben zur Freilegung großer öffentlicher und privater Gebäude geführt. Rekonstruiert wurden Teile des Amphitheaters und der Stadtmauer, das Nordtor, eine Herberge und der Hafentempel. Die städtische Infrastruktur veranschaulichen offene Partien des Hauptwasserkanals und Brunnen. Die jüngste, 1999 abgeschlossene Konservierungs- und Rekonstruktionsmaßnahme galt den im Jahre 125 erbauten und 275 zerstörten Großen Thermen. Die Xantener Baurekonstruktionen und die Gesamtsdarstellung der antiken Stadt im CAD-System sind richtungsweisend für ähnliche Projekte in ganz Europa. Zur wissenschaftlichen Interpretation archäologischer Befunde haben maßstäbliche Modellbauten römischer Siedlungs- und Landschaftsbilder sowie von Militärlagern beigetragen.

Großes Interesse gefunden hat in der Fachwelt ein 1989 erstmals durchgeführtes Experiment. Es wurde versucht, eine römische Leichenverbrennung nachzuvollziehen. Ihre interdisziplinäre Durchführung hat entscheidend zur Auswertung der archäologischen Befunde beigetragen und die Kenntnis der antiken Bestattungszeremonien im Detail erweitert.

Unter der Vielzahl bedeutender Fundstücke kann hier nur auf einige Fundkomplexe hingewiesen werden, die von besonderem wissenschaftlichen Stellenwert und museal-repräsentativer Bedeutung sind. In Köln kamen bei Ausschachtungsarbeiten in Rheinufernähe mehrere außergewöhnlich qualitätvolle Grabdenkmäler mit figürlichen und ornamentalen Reliefdarstellungen zum Vorschein. Von der Ausstattung privater und öffentlicher Bauten der Hauptstadt zeugen reiche Wandmalereien und Mosaikfunde. Vierzig Inschriften und figürliche Darstellungen der *Matronae Amfratninae* und *Alaferhuiae* stürzten 1980 bei einer Auskiesung im Vorfeld des Braunkohlentagebaues Zukunft-West aus einem römischen Brunnenschacht. Beachtlich ist die Zahl der aus Gräbern stammenden Bernstein- und Glasfunde. Hier sind höchste künstlerische Qualität mit hervorragender Erhaltung gepaart. Unter den Kleinfunden mit großem chronologischem Aussagewert sind die zahlreichen, besonders frühkaiserzeitlichen Münzen aus Köln und die spätantiken Münzfunde aus dem Jülicher Raum zu erwähnen. Große Metalldepots wurden in Xanten, im Königsforst bei Köln und in Jülich-Pattern gefunden. Unter den Militaria ist auf kostbare Helmfunde aus Xanten, Krefeld und Dormagen hinzuweisen. Zur Rekonstruktion militärischer Ausrüstung und Strategie, die in den letzten Jahrzehnten Höhepunkte erlebt hat, haben nicht zuletzt auch rheinische Funde und Forschungen beigetragen.

Römer und Germanen im Raum zwischen Rhein und Weser in den ersten vier nachchristlichen Jahrhunderten

Hartmut Polenz

Die vielfachen Aktivitäten der archäologischen Bodendenkmalpflege in Nordrhein-Westfalen im Verlaufe der vergangenen 25 Jahre haben das Wissen um die kulturgeschichtliche Entwicklung in Teilen Germaniens rechts des Rheins in den Jahrzehnten um Christi Geburt sowie den nachfolgenden vier Jahrhunderten ganz erheblich erweitert. Maßgeblich dafür sind die wichtigen Ergebnisse zahlreicher Ausgrabungen und deren zügige Veröffentlichung. Eng damit verbunden ist aber ebenso die Aufarbeitung und Publikation größerer älterer Materialkomplexe, zu nennen sind hier vor allem die zusammenfassenden Vorlagen wichtiger Fundgattungen aus den Römerlagern von Haltern sowie das Corpus-Projekt „Römische Funde im europäischen Barbaricum".

Nachdem Julius Caesar die römische Reichsgrenze um die Mitte des 1. Jahrhunderts v. Chr. bis an den Rhein vorgeschoben hatte, kam es in der Folgezeit zu wiederholten Plünderungszügen rechtsrheinischer Germanengruppen über den Fluß hinweg in die jetzt von Rom beanspruchten Gebiete. Um diesem Treiben ein Ende zu bereiten, erhöhte daher der römische Kaiser Augustus im vorletzten Jahrzehnt v. Chr. die militärische Präsenz in der Grenzregion und verband dies mit zusätzlichen Sicherungsmaßnahmen im Vorfeld, jenseits des Stromes, bis weit nach Germanien hinein. Mit den im Jahre 12 v. Chr. einsetzenden Germanenkriegen rückten die zwischen Rhein und Weser ansässigen germanischen Stämme und deren – im heutigen Rheinland und Westfalen liegenden – Siedelgebiete erstmals bewußt in den Blick der antiken Geschichtsschreiber. Insbesondere die weltgeschichtlich bedeutsame Niederlage und zugleich weitgehende Vernichtung dreier römischer Legionen samt Hilfstruppen unter der Führung des Statthalters P. Quinctilius Varus im Jahre 9 n. Chr. im sog. Teutoburger Wald hat den 28 Jahre während kriegerischen Auseinandersetzungen schon in der Antike

zu außergewöhnlicher Publizität verholfen. Doch erst die Entdeckung und wissenschaftliche Untersuchung frührömischer Lager am Lippefluß, an dem entlang eine der wichtigsten Vormarschrouten ins Innere Germaniens verlief, haben näheren Aufschluß über den Ablauf der damaligen Militäraktionen vermittelt.

Vor rund 100 Jahren wurde mit den ersten Ausgrabungen von Römerlagern nahe Haltern / Kreis Recklinghausen begonnen, wenig später auch bei Oberaden / Kreis Unna an der Lippe. Seitdem hat eine bis heute andauernde Erkundung der dortigen Anlagen und ihres Umfeldes wie auch die Suche und Erforschung weiterer solcher Plätze entlang dieser Flußlinie die Bodendenkmalpflege in besonderem Maße beschäftigt. Umfangreiche Baumaßnahmen als Folge der Ausweisung neuer Wohn- und Gewerbegebiete, aber ebenso die Umnutzung bzw. das immer häufigere Tiefpflügen landwirtschaftlich genutzter Flächen machten seit den beginnenden 1950er Jahren zunehmend archäologische Rettungsgrabungen erforderlich. Dies betraf gerade in den verflossenen zweieinhalb Jahrzehnten – neben vielen anderen vor- und frühgeschichtlichen Fundstellen – die Bereiche der schon länger bekannten wie auch der erst nach dem Zweiten Weltkrieg entdeckten frührömischen Militärlager in Westfalen. So haben dort – meist über Jahre hinweg und oftmals an mehreren Plätzen gleichzeitig – großflächige Untersuchungen stattgefunden. Bei diesen wurden bedeutsame Erkenntnisse nicht nur für die Geschichte der Region, sondern darüber hinaus für die Provinzialrömische Forschung allgemein erzielt.

An erster Stelle müssen hier die sicheren Datierungsanhalte für das Gründungsdatum des Zweilegionenlagers Oberaden und die umfangreichen Hinweise zu seiner Bebauungsstruktur genannt werden. So ließ sich die Fällungszeit von Hölzern verschiedener Brunnenverschalungen und der Ei-

Bergkamen-Oberaden / Kreis Unna. Römisches Lager. Spuren des Grabens (links) und der beiden Pfostengräben der Holz-Erde-Mauer (Mitte) in der Grabungsfläche. 11–8 v. Chr.

chenpfosten, die seinerzeit zum Bau der Holz-Erde-Mauer verwendet wurden, exakt auf den Spätsommer bzw. Herbst des Jahres 11 v. Chr. bestimmen. Dieses jahrgenaue Datum korrespondiert mit einer Nachricht des Schriftstellers Cassius Dio, derzufolge der römische Feldherr Drusus zum Ende der Kampfhandlungen in Germanien in besagtem Jahr im Gebiet der Sugambrer, dort, wo Lippe und Elison sich vereinigen, ein Kastell errichtete. Archäologischer Befund und literarische Überlieferung können mit großer Wahrscheinlichkeit aufeinander bezogen werden. Entgegen langtradierter Forschungsmeinung ist aufgrund der neuesten Beobachtungen davon auszugehen, daß

Oberaden doch ein voll ausgebautes Lager mit festen Gebäuden gewesen ist, in dem vermutlich sogar Drusus als Oberbefehlshaber der Truppen in Germanien zeitweilig residiert haben dürfte. Dafür könnte das in der Lagermitte aufgedeckte, vielräumige Kommandantenwohnhaus sprechen, an das südlich das fast doppelt so große Stabsgebäude anschloß. Für die Mannschaften ist, ähnlich wie bei den anderen Lagern augusteischer Zeitstellung, nunmehr mit Kasernen in Holz-Fachwerkbauweise zu rechnen.

Nach Ausweis der Funde und Befunde wurde dieser Stützpunkt Oberaden im Stammesgebiet der Sugambrer – nach deren Umsiedlung in linksrheinische Gebiete – im Verlaufe der Jahre 8/7 v. Chr. unter dem Kommando des Tiberius planmäßig geräumt. Dabei sind einige der Brunnen vergiftet und die vorhandenen Bauwerke, verschiedentlich durch Brand, vom römischen Militär niedergelegt worden. Jüngst erfolgte Überprüfungen haben überdies gezeigt, daß auch das zugehörige kleine Uferkastell an der Lippe bei Beckinghausen zum gleichen Zeitpunkt aufgegeben und nicht weitergenutzt worden ist, wie verschiedentlich früher vermutet wurde. Der Abschluß von Friedensverträgen mit den übrigen Germanenstämmen der Region, unter anderem mit den Usipetern und Brukterern, ließ damals offensichtlich keine weitere Militärpräsenz im rechtsrheinischen Raum notwendig erscheinen. Allerdings ergaben sich um die Zeitenwende erneut Schwierigkeiten mit den dort siedelnden Germanen, was Anlaß zu einer nun auf Dauer vorgesehenen Besetzung und in diesem Zusammenhang zur Anlage neuer militärischer Stützpunkte gab, zu denen die Lager von Haltern und Anreppen gehören.

Die umfänglichen Ausgrabungen der zurückliegenden Jahre im Hauptlager von Haltern, dessen Errichtungsdatum – weniger scharf eingegrenzt – um Christi Geburt angenommen wird, erbrachten viele weitergehende Aufschlüsse zur Innenbebauung und Befestigung. Die überproportional hohe Zahl an Wohnhäusern für Offiziere von Rang oder höhere Verwaltungsbeamte im Vergleich zu den Truppenunterkünften läßt darauf schließen, daß dem Standort Haltern offensichtlich weitergehende Aufgaben als Verwaltungsmittelpunkt für die Lipperegion in einer geplanten neuen römischen Provinz im rechtsrheinischen Germanien zugedacht waren. Allem Anschein nach sollte von hier aus auch die germanische Bevölkerung des Umlandes mit vor Ort gefertigten römischen Wirtschaftsgütern beliefert werden, so etwa mit allerlei keramischen Erzeugnissen, um auf diese Weise einen Romanisierungsprozeß in Gang zu setzen. Dafür sprechen beispielsweise die in Haltern wiederholt entdeckten Zeugnisse für eine auf große Serienfertigung ausgelegte Töpferindustrie. In diesem Zusammenhang paßt gut, daß die früher fälschlich als Speicher gedeuteten Spuren größerer Bauten „Auf der Hofestatt" direkt am Lippeufer inzwischen als

Bergkamen-Oberaden / Kreis Unna. Römisches Lager. Holzverschalung eines Kastenbrunnens. 11–8 v. Chr.

die großer Schiffshäuser erkannt werden konnten. Damit ergaben sich nämlich zusätzliche Hinweise auf die Bedeutung des Platzes Haltern auch als Flottenstützpunkt im Rahmen des Transportes umfangreicher Lasten auf Flußkähnen die Lippe aufwärts.

Sowohl in Haltern, südwärts des Hauptlagers, als auch neuerdings westlich des Lagers von Holsterhausen / Stadt Dorsten und nordöstlich des Römerlagers Anreppen bei Delbrück / Kreis Paderborn konnten erstmals verschiedene Abschnitte der vom Rhein kommenden, nach Osten ins Innere Germaniens zielenden römischen Heerstraße entdeckt werden. Nahe Haltern kamen an ihrer Nordseite außerdem größere Bereiche des zum Hauptlager gehörigen Brandgräberfeldes zutage. Neben einer Anzahl schlichter Urnengräber wurden auch einige Beisetzungen mit ehemals aufwendig gestalteten Grabbauten sowie Resten herausragender Totenausstattungen freigelegt. In dem erst 1967 bekanntgewordenen Römerlager bei Anreppen am Oberlauf der Lippe kam es nach mehreren kleinen Teiluntersuchungen, die hauptsächlich der polygonal geführten Umwehrung galten, seit 1988 zur Aufdeckung wesentlicher Partien des Innenraumes und des Südtores. Ähnlich wie in Oberaden konnte neben vielfacher weiterer Bebauung des Lagerareals ein großes und repräsentatives, zentral gelege-

Bielefeld-Sieker. Germanisches Brandgräberfeld der jüngeren römischen Kaiserzeit. Blick auf eine freigelegte Urne mit Leichenbrand und die mit Scheiterhaufenresten verfüllte Grube. 2.–4. Jahrhundert n. Chr.

nes Wohnhaus für den Kommandanten festgestellt werden. Dendrochronologische Anhaltspunkte lassen vermuten, daß hier das Lager erfaßt ist, welches nach einer Nachricht bei Velleius Paterculus im Winter 4/5 n. Chr. auf Befehl des Tiberius angelegt wurde und in dem er wohl zeitweilig selbst Quartier bezogen hat, was die großzügige Architektur der Kommandantenwohnung erklären könnte.

An diesem Punkt sei kurz über zwei Neuentdeckungen berichtet. 1988 wurde am Südrand Bielefelds auf dem Kamm der Sparrenberger Egge ein kleines Erdwerk erkannt, bei dem es sich um einen unvollständig gebliebenen Wachtposten des römischen Militärs aus augusteischer Zeit handeln könnte. Eigentlich möchte man derartige kleine Anlagen in größerer Zahl im besetzten Gebiet östlich des Rheins erwarten, doch entziehen sie sich bis jetzt jeglichem Nachweis. Des weiteren kamen jüngst, 1997, nordöstlich von Haltern, in der Flur „Auf der Borg", römische Amphorenscherben und im Zuge erster Untersuchungen in den Jahren 1998 und 1999 die Grabenumwehrung eines neuen Marschlagers ans Tageslicht. Seine genauere zeitliche Einordnung innerhalb des Datierungsrahmens zwischen 12 v. und 16 n. Chr. ist noch offen.

Den Anfang vom Ende der Eroberungspolitik des Kaisers Augustus in Germanien markiert die berühmte Varus-Schlacht im Teutoburger Wald, in der das römische Heer von mehreren verbündeten Germanenstämmen unter der Führung des Cheruskerfürsten Arminius vernichtend geschlagen und fast völlig aufgerieben wurde. Als Folge dieses Geschehens sind – nach der Befundlage zu urteilen – das Anreppener Kastell und das Hauptlager bei Haltern aufgegeben worden, ohne daß die Germanen sie erstürmt hätten. Seit hunderten von Jahren beschäftigen sich Wissenschaftler, mehr aber noch das Gros der Laienforscher, mit der Lokalisierung des Schlachtfeldes. Als vor gut zehn Jahren in der Niewedder Senke bei Kalkriese am Wiehengebirge nördlich von Osnabrück in größerem Umfange römische Funde, darunter eindeutige Militaria, aus dieser Zeit zutage traten, glaubten bereits viele, nun sei die Frage, wo Varus und seine Legionen geschlagen wurden, verbindlich geklärt. Doch inzwischen werden berechtigte Zweifel an einem direkten Zusammenhang mit diesem Ereignis im Jahre 9 n. Chr. geäußert. Stattdessen wird an eine Verknüpfung mit den späteren Rachefeldzügen des Germanicus in den Jahren zwischen 14 und 16 n. Chr. gedacht, so daß also die Suche nach dem Ort der Varusschlacht weitergeht.

Über lange Zeit sind in der Forschung viele der vor- und frühgeschichtlichen Wallburgen in der westfälisch-lippischen Gebirgsregion mit den damaligen Abwehrkämpfen der Germanen gegen die Römer in Verbindung gebracht worden, beispielsweise die Hünenburg bei Bielefeld, die Dehmer Burg und das sog. Nammer Lager an der Porta Westfalica oder die Grotenburg bei Detmold, in der im vorigen Jahrhundert das allseits bekannte Hermanns-Denkmal errichtet worden ist. In Unkenntnis der tatsächlichen Datierung sind im Schrifttum – bis in unsere Tage – die wie ein Sperrriegel wirkenden, auf den Höhenzügen am Ostabschluß der Westfälischen Bucht und im anschließenden Gebirge wie Perlen an einer Kette aufgereihten Anlagen immer wieder als „germanische Weserfestung" bezeichnet worden. Daß eine solche Annahme nicht länger haltbar ist, haben die vielfachen Sondagen, Ausgrabungen und Fundauswertungen der letzten Jahrzehnte zweifelsfrei ergeben. Keine einzige

Wallburg läßt sich hinsichtlich ihrer Erbauung oder Nutzung in einen zeitlichen Zusammenhang mit den augusteischen Römerkriegen bringen. Dieses eindeutige Forschungsergebnis steht übrigens in bester Übereinstimmung mit der Angabe des römischen Schriftstellers Tacitus, der ausdrücklich das Fehlen von Burgen bei den Germanen hervorhebt. Von den bekannten und teils recht gut untersuchten römischen Militärstationen entlang der Lippe kann vorerst keine mit den Rachefeldzügen des Germanicus verbunden werden. Es ist jedoch nicht auszuschließen, daß womöglich das Marschlager von Holsterhausen sowie das neuentdeckte bei Haltern in diesen Zeithorizont nach der Varusniederlage gehören. Zukünftige Aufschlüsse und Forschungen vor Ort, teils geplant, teils bereits im Gange, mögen uns diesbezüglich vielleicht bald neue Einsichten vermitteln. Doch auch in den bislang aufgedeckten germanischen Siedlungen lassen sich die äußerst grausamen und dramatischen Kampfhandlungen jener Jahre, bei denen Germanicus mit seinen römischen Truppen einen Krieg der ‚verbrannten Erde‘ führte, archäologisch bislang nicht recht fassen. Dies hängt letztlich damit zusammen, daß das Material von den heranzuziehenden germanischen Fundstellen in der Regel keine solche Feindatierung zuläßt. Überdies fehlt es im Bereich des Siedlungswesens an aussagefähigen Aufschlüssen. Allenfalls das Abbrechen von Gräberfeldern während dieses Zeitrahmens, also im 2. Jahrzehnt n. Chr., wie es sich beispielsweise für die Nekropole Talmühle in Petershagen-Lahde / Kreis Minden-Lübbecke andeutet, mag als vager Hinweis in dieser Richtung zu werten sein.

Mit dem Rückzug der Römer hinter die Rheinlinie im Jahre 16 n. Chr. auf Geheiß des nunmehrigen Kaisers Tiberius endete zumindest die Phase permanenter Anwesenheit römischer Truppen im westfälischen Teil Germaniens. Allerdings kontrollierte Roms Militär die unmittelbare Rheinzone auf beiden Seiten des Flusses auch weiterhin. Dies machen schon die wiederholt aus der Luft entdeckten römischen Übungslager rechts des Rheins deutlich, so beispielsweise Anlagen an der unteren Sieg oder an der Stelle, wo ehemals die Lippe in den Rhein mündete. Überdies wurden bis in spätrömische Zeit hinein auf der germanischen Flußseite an

Bielefeld-Sieker. Germanisches Brandgräberfeld der jüngeren römischen Kaiserzeit. Römisches Gefäß, sog. Spruchbecher, mit der Aufschrift „pete vinum" (Hol Wein!). Grabbeigabe. 3. Jahrhundert n. Chr.

wichtigen Punkten fest ausgebaute Brückenköpfe unterhalten. Diese dienten weitergehend natürlich auch der Sicherung wirtschaftlicher Interessen der Römer im grenznahen Raum. Verwiesen sei nur auf die Ausbeutung der Trachytsteinbrüche am Drachenfels oder an die 1995 / 96 untersuchte Befestigung einer frührömischen Handelsstation bei Hennef-Altglück / Rhein-Sieg-Kreis, die mit dem Abbau von Bleierz und Buntmetall in Zusammenhang stand. Gleichfalls noch in den Anfang des 1. Jahrhunderts n. Chr. datieren die 1997 entdeckten Nachweise für römische Bleigewinnung im Bergi-

133

schen Land auf dem Lüderich bei Rösrath / Rheinisch-Bergischer-Kreis. In letzteren beiden Fällen wurden diese Außenposten aber schon bald wieder aufgehoben.

Die Auswirkungen der römischen ‚Befriedungs‘- und Eroberungsaktionen im rechtsrheinischen Raum während der vier Jahrzehnte um Christi Geburt werden bis zu einem gewissen Grade nur indirekt greifbar. Das fast völlige Ausbleiben germanischer Funde auf dem rechten Flußufer der Rheinischen Bucht bis ins späte 1. Jahrhundert n. Chr. wird man mit den drastischen Umsiedelungsmaßnahmen in Zusammenhang bringen, bei denen die germanischen Stämme der Ubier und Sugambrer im 2. und 1. Jahrzehnt v. Chr. in Gebiete links des Rheins verpflanzt wurden. Auf diese Weise schaffte man sich ein weitgehend besiedlungsleeres Glacis östlich des Stromes, der für gut 400 Jahre die Grenze zum Barbaricum bilden sollte. Neue germanische Ansiedelungen erfolgten in dem Uferstreifen zwischen unterer Sieg und Lippemündung, sicherlich nicht ohne Einverständnis oder zumindest Duldung römischer Stellen, vereinzelt seit dem ausgehenden 1. Jahrhundert n. Chr., und zwar vermutlich erst, als dieses Gebiet – nach der Einrichtung der Provinz Niedergermanien um 90 n. Chr. – unter ziviler Verwaltung stand. Von da an kam es für rund anderthalb Jahrhunderte in dieser Region zu einem verhältnismäßig friedlichen Neben- und Miteinander von Römern und Germanen.

Und so nahm im Verlaufe des 2. Jahrhunderts n. Chr. der Zuzug germanischer Gruppen ins Grenzgebiet am Rhein spürbar zu, insbesondere am Niederrhein zwischen Ruhr und Lippe. Das ist besonders gut an den Gräberfeldern ablesbar, so etwa an dem lange bekannten Friedhof von Rheindorf an der Wupper, dem mit 244 Gräbern größten germanischen Bestattungsplatz dieses Raumes. Es zeigt sich ebenso bei der 1982 in der Wahner Heide bei Troisdorf-Sieglar / Rhein-Sieg-Kreis aufgedeckten, zweitgrößten rheinischen Nekropole mit ehemals mehr als 60 Beisetzungen. Die Tatsache, daß diese Ausgrabung die erste systematische Untersuchung eines solch umfangreichen germanischen Brandgräberfeldes der römischen Kaiserzeit im Rheinland überhaupt darstellt, rückt die Bedeutung die-

ser bodendenkmalpflegerischen Maßnahme erst ins rechte Licht. An beiden Stellen, Rheindorf und Troisdorf, wurde vom späten 1. Jahrhundert n. Chr. an bestattet, bei letzterer etwa bis ins beginnende 3., in Rheindorf sogar bis in die 1. Hälfte des 4. Jahrhunderts n. Chr. Erstmals gesichert für den Rhein-Weser-germanischen Kulturkreis ergab die Auswertung der geschlechts- und altersspezifischen Leichenbrandbestimmung der Toten von Troisdorf, daß innerhalb dieses Friedhofes eine tendenzielle Trennung der Männer- und Frauengräber zu erkennen ist und sich außerdem eine gewisse familien- oder sippenmäßige Gruppenbildung abzeichnet. Und während das große Gräberfeld von Rheindorf vermutlich mehreren Hofgemeinschaften als gemeinsamer Bestattungsplatz diente, lassen Umfang und Belegungsstruktur in Troisdorf an die Begräbnisstätte von lediglich zwei benachbarten Wohnplätzen denken.

Entsprechendes trifft in Westfalen für das 1989 ausgegrabene und weitgehend vollständig erfaßte Brandgräberfeld von Costedt, Großgemeinde Porta Westfalica / Kreis Minden-Lübbecke zu. Auf diesem haben ebenfalls zwei am Ort ansässige Familien ungefähr einhundert Jahre lang, von ca. 150 / 160 bis 250 / 260 n. Chr., insgesamt mindest 43 Verstorbene beigesetzt; einige wenige Gräber könnten jedoch unbeobachtet schon in früherer Zeit zerstört worden sein. Nach den anthropologischen Untersuchungen zu urteilen, sind außerdem Kinder – wie in anderen Fällen auch – hier deutlich unterrepräsentiert. Über die Beigaben kann eine soziale Führungsschicht gefaßt werden, die über drei Generationen mit einer der beiden Hofgemeinschaften zu verbinden ist. Vor allem fallen in den Gräbern dieser Gruppe römische Luxusgüter auf, wie Reste von Bronzegefäßen, eine Bronzescheibenfibel mit farbiger Emaileinlage, Gläser und eine Terra-Sigillata-Schüssel, ein Fundspektrum, das auch in anderen Grabfunden und Siedlungen dieser Zeitstellung zwischen Rhein und Weser vielfach zu belegen ist, wobei in Siedlungszusammenhängen meist noch Münzen und verschiedentlich figürliche Kleinbronzen hinzutreten.

Im Gegensatz zu Tracht- und Schmuckbestandteilen gehören Waffen in den Gräbern der Rhein-Weser-germanischen Bevölkerung nach wie vor zu

Porta Westfalica-Costedt / Kreis Minden-Lübbecke. Germanische Graburne der jüngeren römischen Kaiserzeit. Verzierung auf der Unterwand. Ende 2. Jahrhundert n. Chr.

den großen Seltenheiten. Nur wenige der in neuerer Zeit entdeckten Grabfunde enthielten derartige Beigaben. Neben einem der Troisdorfer Gräber, aus dem ein als Schildfessel anzusprechendes Eisenbruchstück stammt, sind hier zwei der Bestattungen von Costedt zu nennen, die Reste von bronzenen Schildbuckeln samt zugehörigen Beschlagteilen enthielten. Das eine dieser beiden Gräber war überdies durch die Mitgabe eines einzigartig verzierten germanischen Gefäßes ausgezeichnet, dessen Unterteil flächendeckend mit einer metopenartig angeordneten, stilisierten Bildkomposition versehen

ist, deren mythologischer Zusammenhang sich noch nicht entschlüsseln ließ.

Seit 1973 konnten von der archäologischen Bodendenkmalpflege in der flußnahen Rheinzone außer bei Troisdorf keine weiteren größeren germanischen Gräberfelder im Zusammenhang aufgedeckt werden. Es kamen aber noch an vier anderen Orten einige wenige Brandgräber zutage, allerdings ohne nennenswertes Beigabengut, die in die Zeit vom ausgehenden 1. bis ins 3. Jahrhundert n. Chr. datieren. In Westfalen ist die Zahl der bekannt gewordenen Fundstellen mit kaiserzeitlichen Brandgräbern

Castrop-Rauxel / Kreis Recklinghausen. Germanischer Handels- und Opferplatz der jüngeren Kaiserzeit. Skelett einer deponierten Kuh. 3./4. Jahrhundert n. Chr.

aus den verflossenen 25 Jahren viermal höher und beläuft sich auf ungefähr 20, wobei aber auch hier kein weiterer Bestattungsplatz neben Costedt annähernd gleichviele Gräber erbracht hat bzw. als vollständig ergraben gelten darf. Von den Friedhöfen gehören wahrscheinlich fünf ins 1. Jahrhundert n. Chr., zum Teil möglicherweise sogar in die Zeit um Christi Geburt, doch ist eine sichere Eingrenzung anhand der Beigaben nur schwer zu treffen. Die restlichen 15 Gräberfelder verteilen sich hinsichtlich ihres Belegungszeitaumes vorwiegend auf das 2. und 3. Jahrhundert n. Chr., einige wenige reichen aber noch bis ins 4. Jahrhundert n. Chr. hinein. Neben vereinzelten Bestattungen wurden kleinere Gruppen zwischen acht und zwanzig Brandgräbern aufgedeckt. Soweit Grabfunde zeitgleichen Siedlungen im näheren Umfeld zugeordnet werden können, beträgt die Entfernung zu diesen meist zwischen 100 und maximal 400 m. Angesichts des Vorherrschens von Einzelhofsiedlungen ist, von Ausnahmen abgesehen, in der Regel wohl in Zukunft nicht mit allzugroßen Friedhöfen zu rechnen. Bei der bodendenkmalpflegerischen Arbeit in den zurückliegenden zweieinhalb Jahrzehnten stand – soweit es die römische Kaiserzeit anbelangte –, allein schon von den abzudeckenden Flächen, aber

auch von der Anzahl der Fundstellen her, die Beschäftigung mit entsprechenden Siedlungsbefunden im Vordergrund. Während im Rheinland nur an insgesamt sieben Stellen germanische Wohnplätze angeschnitten wurden, von denen vor allem die Überreste eines germanischen Gehöftes aus den Jahren um die Zeitenwende in Essen-Burgaltendorf sowie die weitläufige Siedlung der jüngeren römischen Kaiserzeit mit zahlreichen Baustrukturen bei Düsseldorf-Stockum genannt seien, mußten im selben Zeitraum in Westfalen an gut siebzig Stellen Siedlungszeugnisse aus der Zeit um Christi Geburt bis ins 4./5. Jahrhundert n. Chr. untersucht werden. Davon entfällt etwa die Hälfte auf die ältere Kaiserzeit, vor allem das frühe 1. Jahrhundert n. Chr., wobei oftmals eine klare Abgrenzung zur jüngeren vorrömischen Eisenzeit des letzten Jahrhunderts v. Chr. anhand des keramischen Fundmaterials nicht gelingt. Für die jüngere römische Kaiserzeit können gleichviele Plätze namhaft gemacht werden, wobei um die zwanzig ins 2. und 3. Jahrhundert n. Chr. zu stellen sind, vermutlich zehn laufen vom 2. bis ins 4. Jahrhundert durch und beim Rest scheint örtliche Siedlungskontinuität bis ins 5./6. Jahrhundert n. Chr. zumindest möglich, wenn dies auch in keinem einzigen Fall unabweislich belegt ist.

Die Strukturen der Hofstellen ähneln denen, die uns schon während der vorrömischen Eisenzeit begegnen. Neben dem großen und langen Wohnstallhaus mit häufig mittiger Erschließung durch gegenüberliegende Eingänge an den Längsseiten gehören zu einem Gehöft noch ein bis zwei, manchmal auch mehr, eingetiefte Grubenhütten, ferner gestelzte Vier- oder Sechspfostenspeicher, außerdem können verschiedene kleinere Nebenbauten hinzutreten. Die Großbauten sind in der älteren Kaiserzeit meist durchgängig dreischiffig bei einer Breite von 6 bis 8 m und Längen zwischen 16 und 25 m. In der jüngeren Kaiserzeit begegnen aber auch neue Hauskonstruktionen, mit einschiffigen Innenräumen bei Gesamtlängen bis zu 50 m, wie an Beispielen in der Siedlung von Soest-Ardey erneut belegbar ist.

Webgewichtfunde und Spinnwirtel in den Grubenhütten verweisen häufig auf ihre Nutzung für die Textilherstellung. In anderen eingetieften Bauten

Bielefeld-Sieker. Jüngerkaiserzeitliches und frühmittelalterliches Siedlungsareal. Mit Stäbchen markierte Pfostengruben eines frühmittelalterlichen Hauses mit ausbauchenden Wänden (links u. Mitte) und bereits geschnittene Pfostengruben eines Hauses der jüngeren Kaiserzeit (Mitte). 2.–4. Jahrhundert n. Chr.

fanden sich zahlreiche Zeugnisse für die Verarbeitung von Metall. Besonders anschaulich sind diesbezügliche Befunde in der zwischen 1974 und 1981 komplett aufgedeckten Schmiedesiedlung der älteren römischen Kaiserzeit (1. Hälfte 1. Jahrhundert n. Chr.) von Warburg-Daseburg / Kreis Höxter, wo zahlreiche Werkstattreste die Verarbeitung von Silber, Bronze, Eisen und Blei belegen. Dabei können die einzelnen Arbeitsgänge, beispielsweise bei der Herstellung von Bronzefibeln, von der Einschmel-

zung römischen Buntmetallschrotts über Barren und Fibelrohlinge, diverse Stadien von Halbfabrikaten bis hin zum fertigen Endprodukt an den von dort stammenden Fundstücken bestens illustriert werden. Auch für manche der anderen Siedlungsplätze läßt sich Buntmetallverarbeitung nachweisen. Ebenso gibt es genügend Hinweise auf die Verhüttung von Raseneisenerz direkt vor Ort. Allein in Petershagen-Lahde / Kreis Minden-Lübbecke wurden 1983 insgesamt 35 Rennfeueröfen des Schachtofentyps für nur einmalige Nutzung freigelegt. Offensichtlich mit der Gewinnung und zugleich Verarbeitung von Blei befaßten sich während der älteren römischen Kaiserzeit verschiedene Siedlergruppen im Gebirgsraum, dafür sprechen Befunde in Balve-Garbeck / Märkischer Kreis, Brilon-Altenbüren und Brilon-Fülsenbeck / Hochsauerlandkreis. In einigen Fällen konnten zaun- oder grabenartige Umhegungen der Gehöftanlagen nachgewiesen werden. An längerfristig besiedelten Plätzen wurden zudem immer wieder im Zuge von Bauerneuerungen stattgehabte Verschiebungen der Wohnstellen innerhalb des Siedlungsareals erkennbar, was verschiedentlich, wenn die Bauten in ihrer zeitlichen Abfolge nicht sicher zu fassen waren, zu Fehlinterpretationen in Richtung auf weiler- oder dorfartige Siedlungsstrukturen Anlaß gab. Für Klarheit können nur sehr großflächige Ausgrabungen sorgen, wie dies in den Jahren 1981–1986 in Bielefeld-Sieker möglich war, wo mehrere, einander benachbarte Einzelgehöfte der jüngeren Kaiserzeit – sicher zu recht – als Weiler angesprochen werden dürfen. Die Zusammengehörigkeit dieser verschiedenen Hofraiten dokumentiert sich überdies in dem von allen gemeinsam genutzten, unweit entfernt gelegenen Brandgräberfriedhof, der 1960–1973 untersucht wurde und mit 66 Bestattungen des 2. bis 4. Jahrhunderts n. Chr. zugleich die größte Nekropole in Westfalen darstellt.

Vollkommen aus dem Rahmen fällt bisher der Ausgrabungsbefund bei Dortmund-Oespel, wo zwischen 1996 und 1998 tatsächlich eine regelrecht dorfartig strukturierte Siedlung des 3. bis frühen 5. Jahrhunderts n. Chr. gefaßt zu sein scheint. Das Zentrum bildet ein zusammenhängendes Wohnareal mit zugehörigen großen Wirtschaftsflächen sowie einer randlich gelegenen Sonderzone, bei der es sich wohl um einen Kultplatz handelt, wie aus besonderen Opfergruben und Tierdeponierungen geschlossen werden kann. Der Charakter dieser Siedlung dokumentiert sich unter anderem auch in einigen spektakulären Funden, die hier gemacht wurden, hingewiesen sei lediglich auf die Teile eines eisernen Kettenhemdes, dem ersten derartigen Stück in Rhein-Weser-germanischen Zusammen-

hängen. Die dortigen Befunde lenken den Blick noch auf einen Bereich, der sich bislang selten hat fassen lassen und dem erst in neuerer Zeit mehr Aufmerksamkeit geschenkt wird, nämlich germanischen Kult- und Opferplätzen in unserem Raum. 1985 vorgenommene Nachuntersuchungen im Unterlübber Moor bei Hille-Unterlübbe / Kreis Minden-Lübbecke haben ergeben, daß die bei den Grabungen 1938 als Siedlung interpretierten Pfostenstellungen eher als Teile eines Steges mit Plattform anzusprechen sind, von denen aus im Rahmen von Kultfeiern Opfergaben im Moor versenkt wurden. Dabei scheinen unter anderem blutige Opfer von Mensch und Tier erfolgt zu sein, wie aus dort geborgenem menschlichem Skelettmaterial und einem aufgefundenen Schädel sowie zahlreichen Tierknochen geschlossen werden darf. Auch am Rande des Siedlungs- und Handelsplatzes der jüngeren Kaiserzeit auf dem Gelände der Zeche Erin bei Castrop-Rauxel / Kreis Recklinghausen kamen in den Jahren 1991–1994 in einem verlandeten Bachlauf Deponierungen von ganzen Tieren bzw. Teilen solcher zum Vorschein (Rind, Pferd, Hund), die nur in Verbindung mit bestimmten Kultriten eine befriedigende Erklärung finden.

So gilt es in Zukunft, diesen Aspekten des Kultlebens bei Ausgrabungen mehr Aufmerksamkeit zu schenken, um weitere Hinweise zur geistigen Vorstellungswelt der zwischen Rhein und Weser wohnenden Germanen während der römischen Kaiserzeit zu gewinnen. Bei der Durcharbeitung des Fundstoffes sollte zudem immer wieder geprüft werden, ob sich nicht vielleicht doch anhand bestimmter Merkmale spezifischer Fundgattungen und deren Verbreitung eventuell die schriftlich überlieferten Stammesverbände und deren Wohnsitze archäologisch fassen lassen. Um schließlich Fragen der Siedlungskontinuität und damit eng verbunden auch der Stammeszuweisung besser beantworten zu können, bedarf es weiterhin großflächiger Aufdeckungen von Siedlungsplätzen und der möglichst vollständigen Ausgrabung geschlossener zugehöriger Gräberfelder unter Beachtung modernster Ausgrabungs- und Auswertungsmethoden.

Romanen, Franken und Sachsen –
Die Merowingerzeit in Nordrhein-Westfalen

Bernd Päffgen

Als Merowingerzeit wird der Geschichtsabschnitt verstanden, der vom Ende der römischen Herrschaft am Rhein um die Mitte des 5. Jahrhunderts bis zur offiziellen Etablierung der Dynastie der Karolinger in der 1. Hälfte des 8. Jahrhunderts reicht. Bestimmt wurde diese Zeit durch die Herrscherfamilie der Merowinger, die es verstanden hatte, über die Dominanz im Stammesverband der germanischen Franken weite Teile Mittel- und Westeuropas zu beherrschen. Angesichts der geringen Aussagekraft der Schriftquellen für diesen Übergangszeitraum von der Spätantike zum Mittelalter besitzt die Archäologie besondere Bedeutung in der Erforschung dieser ‚Dark Ages'. Bezogen auf das heutige Land Nordrhein-Westfalen trat die Bedeutung des Rheins als politische Grenze zurück, da die Franken zu beiden Seiten des Flusses ansässig waren bzw. herrschten. Weiter im Osten des Landes dominierten die Sachsen. Im römischen Rheinland verblieben Teile der alten Provinzialbevölkerung. Im Norden des heutigen Bundeslandes kam ein friesischer Einfluß hinzu.

Mit der systematischen Erfassung des merowingerzeitlichen Fundguts in den Rheinlanden wurde zwischen den beiden Weltkriegen besonders durch das Rheinische Landesmuseum Bonn begonnen. Sie mündete in den Aufbau des ‚Frankenkatalogs' als Sammlung der Sachzeugnisse des 5.–8. Jahrhunderts. Dabei darf nicht übersehen werden, daß auch nationale Beweggründe eine Rolle spielten, die auf das ‚Deutschtum' des Rheinlandes gegenüber dem romanisch geprägten Westen abzielten. Der heutigen Forschergeneration erscheinen solche Überlegungen fremd, man begreift vielmehr gerade die Franken als ‚Wegbereiter Europas', wie es die große Überblicksausstellung des Jahres 1996 in Mannheim, Paris und Berlin zum Ausdruck brachte.

In den letzten Jahren hat die rheinische Mittelalterarchäologie große Fortschritte erzielt. Als besonders effektiv hat sich die Bearbeitung der Fundstellen mehrerer Landkreise im Rahmen von Dissertationen gezeigt, wie sie konsequent an den Universitäten Köln und Bonn vergeben wurden. Hinzu kommt beispielhaft die monographische Vorlage des Gräberfeldes von Rödingen bei Jülich. Betrachtet man die Arbeitskarte des Rheinischen Amtes für Bodendenkmalpflege, die aufgrund der Bodendenkmälerdatenbank erstellt wurde, zeigt sich gegenüber den älteren Kartierungen die deutliche Zunahme der Funddichte. Die Fundstellen konzentrieren sich in der fruchtbaren Köln-Bonner Bucht, während in der Nordeifel ihre Zahl abnimmt. Das Bergische Land erscheint fundleer. Nach Norden dünnt die Verbreitung aus, deutlich bleibt dabei in der Besiedlung die Rolle des Rheins. Während die Gräberfunde recht gut erfaßt sind, fehlen Siedlungsfunde weitgehend. Auch intensiv betriebene archäologische Prospektion, wie sie beispielsweise in dem Rheinischen Braunkohlengebiet an der Tagesordnung ist, weist die Siedlungen des 5.–7. Jahrhunderts nur unzureichend nach. Die Siedlungskeramik dieser Zeit kann – anders als römische und jüngere mittelalterliche Ware – im zerscherbten Zustand nur schwer erkannt werden, wohingegen die Grabgefäße besser bekannt sind. Die Bauform und das Wirtschaftsprinzip der Villa rustica, die die römische Zeit als Einzelhofsiedlung prägte, ging im 5. Jahrhundert unter. Gleichzeitig wurzeln in der Merowingerzeit die ältesten rheinischen Weiler und Dörfer. Wenige Siedlungswüstungen des 5.–7. Jahrhunderts konnten archäologisch untersucht werden. In Hasselsweiler und Inden-Lamersdorf bei Jülich sowie bei Meerbusch wurden seltene Siedlungsbefunde im Rahmen urgeschichtlicher Siedlungsgrabungen zufällig entdeckt.

Wichtig für eine weitergehende Analyse des Fundstoffes ist dessen chronologische Gliederung. Das von Kurt Böhner 1958 eingeführte Chronologieschema wurde 1976 und 1977 durch Hermann Ament verfeinert. Ein immer größeres Gewicht erhält in der Frühgeschichtsforschung der sogenannte belegungschronologische Ansatz, der über die

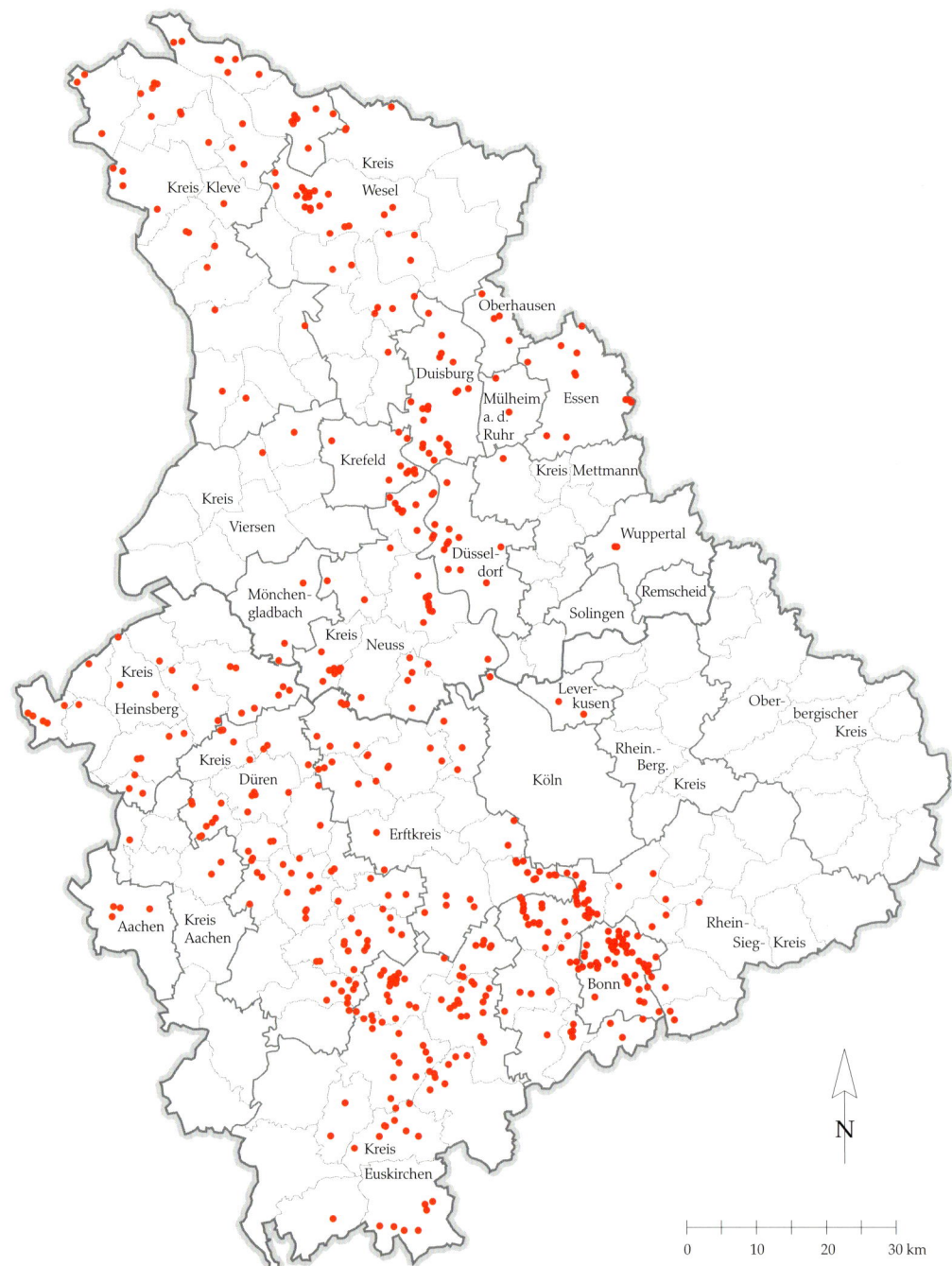

Kreis
Wesel

Kreis Kleve

Oberhausen

Duisburg

Mülheim
a. d.
Ruhr

Essen

Krefeld

Kreis Mettmann

Kreis
Viersen

Wuppertal

Düssel-
dorf

Remscheid

Mönchen-
gladbach

Solingen

Kreis Neuss

Kreis
Heinsberg

Le6
Leue-
kusen

Ober-
bergischer
Kreis

Kreis
Düren

Rhein.-
Berg.

Köln

Kreis

Aachen

Erftkreis

Kreis
Aachen

Rhein-
Sieg- Kreis

Bonn

Kreis
Euskirchen

N

| 0 | 10 | 20 | 30 km |

Fränkische Fundstellen im Rheinland.

Abfolge der Anlage von Gräbern mit Beigaben die zeitliche Entwicklung großer Friedhöfe klärt. Ein anderer Ansatz ist die statistische Auswertung der miteinander im Grab vergesellschafteten Fundstükke einer Nekropole bzw. aller aussagekräftigen Gräber einer Region. Für den Niederrhein erarbeitete Frank Siegmund die bislang ausführlichste typologische Gliederung des Fundstoffes in elf Gruppen, die von 400–740 n. Chr. reichen. Im nördlichen Rheinland ist die mit Mitteln der Deutschen Forschungsgemeinschaft unternommene Ausgrabung und Vorlage des umfangreichen Gräberfeldes von Krefeld-Gellep hervorzuheben, von dem bisher mehr als 7000 Bestattungen ausgegraben wurden. Der Kastellort Gellep vermochte seine Bedeutung in die Frankenzeit als Gauvorort zu tradieren. Weiter südwestlich gelangte man trotz wesentlich geringerer Gräberzahl für den Kastellort Jülich zu ähnlichen Ergebnissen.

Die Kontinuitätsdiskussion für die rheinischen Städte ist räumlich und zeitlich zu differenzieren. Deutlich erscheint ein gewisses Gefälle von Norden nach Süden. In Xanten haben die jüngeren Ausgrabungen ergeben, daß die verkleinerte, um 275 n. Chr. festungsähnlich ausgebaute Anlage im Zentrum der alten *Colonia Ulpia Traiana* nach Ausweis der bisherigen Befunde und Funde in der Merowingerzeit nicht nennenswert besiedelt gewesen sein kann. Der Siedlungsdiskontinuität steht ein etwas breiterer Quellenbestand an Bestattungen gegenüber; seit dem 6. Jahrhundert wird das Ausgreifen der Kölner Kirche in das Gebiet der ehemaligen Xantener Civitas faßbar.

In Köln richtet die Bodendenkmalpflege ihr Interesse verstärkt auf die Zeit des 5.–7. Jahrhunderts. Immer deutlicher wird das Bild der römischen Provinzhauptstadt, die keineswegs gänzlich verödete. Römische Großbauten wurden zumindest partiell genutzt. Das Prätorium war nicht mehr Sitz des römischen Statthalters, sondern Residenz fränkischer Teilkönige bzw. ihrer Vertreter. Die sakrale Nutzung des Geländes des Kölner Doms kann für die Merowingerzeit archäologisch sicher nachgewiesen werden. Der diskutierte spätantike Kirchenkomplex im Dombereich dagegen ist nach einer Revision der Befunde kritischer zu beurteilen. Reiche Grabfunde, ein neu eingebauter Ambo (Kanzelan

Rekonstruktion einer Holzkirche, die in der ausgehenden Merowingerzeit auf einem fränkischen Gräberfeld errichtet wurde. 7./8. Jahrhundert.

lage) und ein Baptisterium (Taufanlage) waren Bestandteile der Bischofskirche des 6. Jahrhunderts, die seitdem kontinuierlich erweitert wurde. Die in St. Ursula ausgegrabene Amboanlage dürfte ebenfalls in die 2. Hälfte des 6. Jahrhunderts zu datieren sein. Südlich der Stadt kann die bauliche Entwicklung der Coemeterialkirche St. Severin in mehreren Phasen nachgezeichnet werden: ein kleiner Apsidensaal auf dem Gräberfeld an der Fernstraße wurde wohl noch im 4. Jahrhundert erweitert und diente in der Folgezeit als Grablege vornehmer Franken und Romanen.

Die fränkischen Herrscher begriffen den Rhein keineswegs als Grenze ihres Machtbereichs: Die grenznahen rechtsrheinischen Gebiete waren für sie Teile ihres Reiches, weiter nach Osten dürften sie mit lokalen Machthabern auf Ausgleich bedacht gewesen sein. Diesen bot die überlegene wirtschaftliche und kulturelle Kraft des Merowingerreiches genügend Gründe für eine solche Anlehnung. Das sog. Fürstengrab von Beckum bezeugt einen sächsischen Adligen der Zeit um 600, der enge Kontakte zu den Franken unterhielt. Das reiche Grabinventar zeichnet sich durch eine fränkische Waffenausstattung

Paderborn. Bernhauser Straße. Pferdegrab. 6. / 7. Jahrhundert.

mit Ango (Wurflanze), Ringknaufspatha (zweischneidiges Langschwert), Sax (einschneidiges Kurzschwert) und Axt aus, hinzu kommen die Gefäßbeigabe von Trinkhorn und Bronzeschale, eine Tasche sowie die Münzbeigabe mit Goldmünze (Nachprägung eines Solidus des byzantinischen Kaisers Justinian). Die Bestattung kann sehr gut mit dem nur wenig älteren Grab des Herren von Morken im linksrheinischen Gebiet verglichen werden und zeigt eine Imitation von Ausstattung und Lebensweise des rheinfränkischen Adels an. Daß das Beckumer Grab nicht wie im Rheinland üblich von West nach Ost ausgerichtet war, zeigt ebenso wie die Tatsache, daß man neben dem Sachsen zehn seiner Pferde bestattet hatte, den kulturellen Unterschied im Detail. Der fränkische Herr von Morken dokumentierte seinen Status ohne vollzogene Pferdetötung lediglich durch die stellvertetende Beigabe von Reitzubehör und war mit Sicherheit christlichen Glaubens. Beide Adlige fanden ihr Grab separiert von ihrer Dorfbevölkerung; in beiden Fällen konnte auch das Dorfgräberfeld untersucht werden.

In Krisenzeiten sind im Reich der Merowinger seit der Mitte des 6. Jahrhunderts kriegerische Auseinandersetzungen zwischen Franken und Sachsen überliefert. Damit einhergehend kann im Verlauf des 7. Jahrhunderts eine stärkere Aufsiedlung Westfalens durch aus dem Norden eingewanderte Sachsen festgestellt werden, die das Land intensiver als zuvor nutzten. Davon zeugen Siedlungsgrabungen und solche Gräberfelder, die neu angelegt wurden bzw. keine kontinuierliche Entwicklung aus der älteren Merowingerzeit aufweisen. Bereits durch die Ausgrabungen von W. Winkelmann ist die Siedlung von Warendorf bekannt, zu der nun detailliertere Analysen vorliegen. Hinzu kommen neue Siedlungsgrabungen, beispielsweise in Paderborn-Balhorn.

Während die merowingischen Teilherrscher des 7. Jahrhunderts kaum in der Lage waren, aktiv weit in das rechtsrheinische Gebiet auszugreifen, betrieben die Kölner Bischöfe bereits zu dieser Zeit eine geschickte Missionspolitik, die freilich auch von Rückschlägen betroffen war. Ein Bischof vom Format Kuniberts von Köln wußte jedoch auch die Mißerfolge seiner Bemühungen zu nutzen bzw. zu inszenieren, indem er in seiner eigenen Grabeskirche im Norden Kölns (St. Clemens, heute St. Kunibert) die zur Sachsenmission entsandten und dabei getöten Missionsbischöfe Ewaldus Niger und Ewaldus Albus zur Unterstützung des eigenen Gebietsanspruchs feierlich beisetzen ließ. Die beiden Brüder, die das Martyrium erlitten hatten, wurden in Köln als Heilige verehrt und ihre Leiber in kostbare Seidenstoffe gehüllt. Die Schriftquellen besagen, daß es Kunibert gelang, Soest zu gewinnen und dort eine Kirche zu errichten. Daß gerade die fruchtbare Soester Börde das Interesse der Kölner fand, erscheint nicht verwunderlich. Nimmt man Soest als Missionspunkt der Kölner Kirche an, erscheint auch der archäologische Nachweis der dort Ende des 6. Jahrhunderts in römisch-mediterraner Tradition angelegten Salinen (Salzgewinnungsstätten) verständlicher. Ähnlich zu bewerten ist der Fund einer fränkischen Töpferei in Geseke, etwa 30 Kilometer nördlich von Soest gelegen. Das technische Wissen hierzu kam am ehesten aus dem Machtbereich des Kölner Kirchenfürsten, wo es florierende Keramikbetriebe an den Hängen des Vorgebirges zwischen Köln und Bonn gab.

Im Rückschluß aus den karolingischen Quellen über die Sachsenkriege Karls des Großen hat die ältere Forschung das dort wiedergegebene Bevöl-

Lengerich-Hohne / Kreis Steinfurt. Siedlungsgrabung. Schiffsförmiger Hausgrundriß der ausgehenden Merowingerzeit. 7./8. Jahrhundert.

143

Bonn-Oberkassel. Freilegung eines fränkischen Bronzekästchens in einem Frauengrab. 6. Jahrhundert.

werden. Er faßt die dortigen Ethnien vielmehr unter dem allgemeinen Oberbegriff Rhein-Weser-Germanen zusammen.

Das archäologisch feststellbare Abbrechen germanischer Siedlungen nach dem 4. Jahrhundert dürfte mit Bevölkerungsverschiebungen der Völkerwanderungszeit in Zusammenhang stehen. Während die Franken besonders in die Provinz Niedergermanien und nach Nordgallien drängten, ging eine andere Siedlungsbewegung auch unter Beteiligung Rhein-Weser-germanischer Gruppen nach Norden. Ihr Ziel war Britannien, wo sich Angeln, Sachsen und Jüten niederließen. Eine fortdauernde Präsenz von Rhein-Weser-Germanen läßt sich jedenfalls auch noch nach dem 4. und 5. Jahrhundert belegen. Ab dem 5. Jahrhundert tauchten dann im östlichen Westfalen fremde Elemente in der Sachkultur auf: Aus Bad Oyenhausen und Minden sind Urnengräber bekannt, deren handgemachte Gefäße denen im Elb-Weser-Gebiet entsprechen. Hier kann an eine Einwanderung sächsischer Neusiedler aus Norddeutschland gedacht werden, die sich in mehreren Zuzugswellen vollzog. Die westlichen Landesteile hingegen wurden in unterschiedlicher Intensität fränkisch dominiert.

Dennoch kennzeichneten den westfälischen Raum während des gesamten Frühmittelalters Eigenheiten, die bei den Rheinfranken unbekannt waren. Hieraus ergab sich eine zeitlich verschieden stark ausgeprägte Tendenz zur kulturellen Abgrenzung gegenüber dem Frankenreich sowie zur Ausbildung einer sächsischen Identität. Hierbei spielte wohl der in Ostwestfalen seit der römischen Kaiserzeit ansässige Stamm der Angrivarier, der in den Schriftquellen der nachfolgenden Karolingerzeit als Engern unter Führung eines eigenen Herzogs erscheint, eine wichtige Rolle. So war man zwar inzwischen auch in Westfalen von der Sitte der Brandbestattung abgerückt und praktizierte die Körperbeisetzung, hatte aber den Wechsel zur christlich verstandenen West–Ost-Orientierung nicht mit vollzogen, sondern hielt weiterhin an der Süd–Nord-Ausrichtung der Gräber fest. Die klassische Anlage der Gräberfelder in Reihen scheint weniger üblich gewesen zu sein. Als sächsisches Merkmal kann außerdem das gehäufte Vorkommen von Pferdebestattungen gelten.

kerungsbild allzu undifferenziert in die Jahrhunderte davor übertragen. Heute hingegen betont die Wissenschaft verschiedene Phasen der sächsischen Ethnogenese. Zunächst muß festgehalten werden, daß Westfalen – im Unterschied zu Teilen Norddeutschlands – zumindest kein genuin sächsisches Kerngebiet darstellte. In spätrömischer Zeit wohnten in Westfalen fränkische Stämme, deren Namen als Chamaven und Brukturer (Hattuarier?) überliefert sind. In den östlichen Teilen des Landes dagegen lebten die Angrivarier, die dem sächsischen Stammesverband zuzurechnen sind. Besonders für die rheinnahen Germanen dürfte ein Leben in den linksrheinischen römischen Provinzen, die einen anderen Kulturstandard besaßen, verlockend gewesen sein. Für den Archäologen kann das aus Westfalen stammende Fundmaterial des 4. und frühen 5. Jahrhunderts nur schwer mit den schriftlich bezeugten Stammesnamen in Einklang gebracht

Soest. Lübecker Ring. Fränkische Goldscheibenfibel. 7. Jahrhundert.

Die größeren Friedhöfe in Westfalen begannen zwar ebenso wie die des benachbarten Rheinlandes oft schon im 5. Jahrhundert, ihre Belegungszeit reichte aber länger ins 8. oder gar 9. Jahrhundert hinein. Die in ihren Gräbern gefundenen Fibeln, Gürtelteile und Perlen des 6. / 7. Jahrhunderts wurden überwiegend in fränkischen Werkstätten angefertigt. Ein eigenständiges Feinschmiedehandwerk, wie es bei den Sachsen noch im 5. Jahrhundert vorhanden war, existierte offenbar nicht mehr. Anders als westlich des Rheins waren die westfälischen Nekropolen außerdem selbst in der Spätzeit noch dicht belegt und fallen durch eine reichhaltige Beigabenausstattung, darunter Waffen, auf. Neu entdeckte Gräberfelder, die erst im 7. Jahrhundert entstanden, sind Lembeck und Haltern-Flaesheim / Kreis Recklinghausen. Was den vornehmen Romanen und Franken im Zuge ihrer Separierung von

der einfachen Bevölkerung die Kirchenbestattung bedeutete, waren für die sächsische Oberschicht aufgeworfene Grabhügel. Die Militarisierung und die Verschärfung des fränkisch-sächsischen Gegensatzes kann der Archäologe in Burganlagen erkennen, die im 7.–8. Jahrhundert genutzt wurden.

Auch nach der Eroberung Westfalens durch Karl den Großen zeigt sich noch für zwei oder drei Generationen das Festhalten am sächsischen Grabritus. Dies wird an der Weiternutzung der alten Gräberfelder deutlich, die eigentlich den rechtlichen Bestimmungen widersprach, die den Kirchhof als Bestattungsplatz bestimmte. Nach der Eingliederung in das Karolingerreich vollzog sich bei den Sachsen durch die Übernahme der West–Ost-Grabausrichtung und die weitgehende Aufgabe der Beigabenausstattung im 9. Jahrhundert die Anpassung an das romanisch-fränkische Totenbrauchtum.

Ein Land im Wandel. Rheinland und Westfalen in der Zeit der Karolinger

Matthias Wemhoff

'Gravierende Veränderungen' – mit dieser Schlagzeile könnte man zusammenfassen, was sich im 8. und 9. Jahrhundert im Bereich des heutigen Bundeslandes Nordrhein-Westfalen zugetragen hat. Das Bild von einem nahezu alle Lebensbereiche umfassenden Wandel wird inzwischen von einer Vielzahl archäologischer Grabungen untermauert. Diese liefern eine Basis, auf der schriftliche Nachrichten eingeordnet werden können. In den Jahrzehnten um 800 entstand eine Siedlungs- und Organisationsstruktur, die in weiten Teilen von großer Dauerhaftigkeit gewesen ist. Bei der Betrachtung der Forschungssituation fällt auf, daß die Besonderheiten in Westfalen zweifellos deutlicher zu fassen sind als im Rheinland. Hier spielt die unterschiedliche Vorgeschichte der beiden im heutigen Bundesland zusammengeschlossenen Regionen eine wesentliche Rolle. Während das Rheinland eine spätantike, merowingisch geprägte Siedlungsstruktur aufweist, ist Westfalen zumindest in den von Königtum und Kirche geprägten Prozessen erst am Ende des 8. Jahrhunderts geformt worden. Daher liefert die Archäologie hier auch eine besonders gute Kenntnis von den um 800 entstandenen Siedlungsgefügen und Bauten.

Der König

Die fränkischen Könige, unter ihnen insbesondere Karl der Große, haben mit ihren Pfalzbauten den Herrschaftsansprüchen des Königtums sichtbaren Ausdruck verliehen. Von den wichtigen Pfalzen der Karolinger liegen Aachen und Paderborn im Gebiet des heutigen Nordrhein-Westfalen. Zur Kenntnis beider Pfalzen hat die Archäologie maßgeblich beigetragen. In Aachen ist mit der Pfalzkapelle noch heute der bedeutendste Bau der Karolingerzeit erhalten. Leider fehlt für die Pfalz Aachen trotz erster Ansätze einer kritischen Revision immer noch eine Aufarbeitung und genaue Vorlage der zahlreichen Altgrabungen. In den letzten Jah-

Lippetal-Herzfeld / Kreis Soest. Sarkophag der Heiligen Ida. Die aus der Verwandtschaft Karls des Großen stammende Ida brachte ihren aus Muschelkalk des Pariser Beckens gefertigten Sarkophag mit in ihre neue Heimat in Herzfeld an der Lippe. Diesen Sarkophag füllte sie täglich mit Gaben für die Armen, eine besonders eindrückliche, die christliche Paradiesvorstellung vermittelnde Geste. 9. Jahrhundert.

ren hat insbesondere die Freilegung der Nordwestecke des Atriums der Pfalzkirche neue Erkenntnisse erbracht. Die Forschungsdiskussionen befassen sich momentan vor allem mit der Datierung des Baus der Pfalzkapelle, deren Errichtung aufgrund einer Vielzahl von Gründen inzwischen bereits für den Beginn des letzten Viertels des 8. Jahrhunderts vermutet wird, mit der Gestalt der Aula Regia (Emporen?), mit der Funktion des an die Aula angefügten Granusturmes und mit dem an zentraler Stelle in den Verbindungsgang zwischen Aula und Pfalzkirche eingefügten, neuerdings auch als Wohngebäude des Königs angesprochenen Gebäude. Wesentliche Fortschritte sind in den letzten Jahren in Paderborn gemacht worden. Die Entdeckung der Pfalz Karls des Großen in Paderborn in den Jahren 1964–1970 gehört zu den großen Leistungen

Paderborn. Modell der Pfalz in der Mitte des 9. Jahrhunderts. Der Blick von Nordosten zeigt, daß die am Abhang zu den Paderquellen errichtete Baugruppe inzwischen von der 799 erbauten Kathedrale überragt wird. Nordwestlich des 836 durch ein Querhaus mit Krypta erweiterten Domes befindet sich das alte inzwischen vergrößerte Pfalzgebäude mit der Aula. Am rechten Bildrand verläuft die Befestigungsmauer der Domburg.

der Mittelalterarchäologie in Nordrhein-Westfalen. 1978 konnte die unter Einbeziehung des originalen Mauerwerks wiedererrichtete Königspfalz des Bischofs Meinwerk als Museum und Veranstaltungsort eingeweiht werden. Damit war eine Möglichkeit zur Präsentation der Grabungsergebnisse gegeben. Doch die unglaubliche Fülle der Funde und der enorme Umfang der Stratigraphie verhinderte bis 1994 den Beginn einer systematischen Auswertung der Ausgrabung. In einem großen Projekt konnten bis zur Karolingerausstellung 1999 in Paderborn die Grundlinien der Bauentwicklung in karolingischer Zeit geklärt werden. Bereits 777 war eine erste Pfalzkirche und die Aula Regia fertiggestellt. Doch die Zerstörung bei einem sächsischem Aufstand 778 verhinderte zunächst die weitere bauliche Entwicklung der Pfalz, die in diesen Jahren vermutlich mit dem vornehmen Namen Karlsburg bezeichnet worden ist. Erst in den neunziger Jahren des 8. Jahrhunderts sind wieder größere Baumaßnahmen zu fassen. Dazu zählt insbesondere die Errichtung der Kirche von wunderbarer

Größe, einer dreischiffigen Basilika, die wenige Jahre später die Kathedrale des ersten Paderborner Bischofs werden sollte. Damit ist auch im archäologischen Befund die Entwicklung vom Pfalzort mit Kirche zum Bischofssitz mit Pfalz eindrucksvoll dokumentiert. Die Pfalzaula wurde ebenfalls in diesen Jahren umgebaut und erweitert.

Die Funde bestätigen die besondere Ausstattung mit äußerst qualitätvoller Wandmalerei, die direkte Bezüge nach Norditalien aufweist und zudem die Vorstellung zuläßt, daß Handwerker aus dem seit 774 unter der Herrschaft Karls des Großen stehenden Langobardenreich hier tätig gewesen sind. Ein kleines Detail führt besonders anschaulich die königliche Repräsentation und Hofhaltung vor Augen. In Paderborn arbeitete für kurze Zeit ein Glasbläser, der hochwertige Trinkgläser für die königliche Tafel produzierte. Offensichtlich war der Bedarf so hoch, daß für die Festmähler ein stetiger Nachschub gewährleistet sein mußte. Auch das Ende eines Mythos ist mit der Auswertung der Pfalzgrabung verbunden gewesen: Der treppenartige steinerne Unterbau zwischen Dom und Pfalz-aula diente nicht als Stellfläche für den Thron Karls des Großen, sondern ist eine einfache, erst im 10. Jahrhundert errichtete Treppe. Zusammen mit der Domgrabung ergibt sich nun ein umfassendes Bild der Bauentwicklung. Es zeigt, daß auch noch unter den Nachfolgern Karls des Großen tatkräftige Bischöfe bis in die Mitte des 9. Jahrhunderts das Bauensemble ständig veränderten Ansprüchen angepaßt haben.

Somit liegen für die wichtigsten Pfalzen gute Kenntnisse über die Karolingerzeit vor, anders verhält es sich mit der bisher archäologisch kaum untersuchten Pfalz Düren östlich von Aachen und mit den zahlreichen Königshöfen. Insbesondere die Erforschung der baulichen Ausstattung der Königshöfe ist eine wichtige Aufgabe für die Zukunft. Für den Hellwegraum ist dabei auch die Frage nach einer möglichen Gründung der Königshöfe in merowingischer Zeit von Bedeutung.

Die Kirche

Am Ende der Karolingerzeit prägte ein dichtes Netz von Bischofs-, Kloster- und Pfarrkirchen das Land. Während in Westfalen mit wenigen, im Dunkeln liegenden Ausnahmen alle Kirchengebäude frühestens in die Zeit Karls des Großen zu datieren sind, gibt es im Rheinland in vielen Fällen eine lange Kontinuität. Dies macht die Erforschung der Bauentwicklung der dortigen Kirchen häufig sehr viel komplizierter. Der hervorragende rheinische Kirchenbau, der Kölner Dom, ist dafür ein gutes Beispiel. Die Bauzeit der großen, doppelchörigen Kirchenanlage mit Ringatrium im Westen, der sogenannte Dombau VI, wird noch heute diskutiert, eine Errichtung in den ersten beiden Jahrzehnten des neunten Jahrhunderts ist wahrscheinlich. Schwieriger ist die Einordnung des folgenden Domneubaus VII, der auch in ottonischer Zeit erfolgt sein kann. Die Auswertung und Diskussion der weiter fortschreitenden Ausgrabungen unter dem Kölner Dom gehört weiterhin zu den spannendsten Kapiteln der Archäologie im Rheinland. Während das nördliche Rheinland nur diesen einzigen, dafür als Erzdiözese um so bedeutenderen

Bischofssitz aufweist, ist Westfalen unter Karl dem Großen um 800 in mehrere Bistümer eingeteilt worden. In Münster, Minden, Paderborn und Osnabrück entstanden bereits um 800 große, mehrschiffige Kathedralkirchen, die sichtbares Zeichen der neuen Kirchenstruktur wurden. Die Erforschung dieser wichtigen Dombauten ist eine herauszuhebende Leistung der westfälischen Archäologie. Noch vor wenigen Jahren wurde für Minden angenommen, daß jahrzehntelang eine einfache Saalkirche als Bischofskirche gedient habe. Genaue Profildokumentationen während eines Heizungseinbaus lassen nun eine schlüssige Interpretation älterer Grabungsbefunde zu und belegen einen dreischiffigen Dombau mit Ostquerhaus sowie einen Chor, zu dem aller Wahrscheinlichkeit nach auch eine Kryptenanlage gehörte. Ähnlich umstürzend sind die Ergebnisse zum Dom von Münster. Während vor einigen Jahren noch vermutet wurde, daß der ursprüngliche Dom nördlich des heutigen gelegen hat, ist nun die Ortskontinuität der Domkirchen sicher nachgewiesen. Auch hier wird die wahrscheinlich an gleicher Stelle vorhandene Saalkirche der frühen Missionszeit, die den ersten Kirchen in Paderborn und Minden gleicht, bereits im Zusammenhang mit der Bistumsgründung durch eine mehrschiffige Basilika ersetzt worden sein.

Im Gegensatz zu Münster und Minden konnte der Paderborner Dom in mehrjährigen Grabungen nahezu flächendeckend untersucht werden. Die umfassende Publikation gibt einen guten Einblick in die intensive Bautätigkeit, die den Dombau den sich häufig wandelnden liturgischen und repräsentativen Bedürfnissen des Bischofs und des hier insbesondere in der 1. Hälfte des 11. Jahrhunderts häufig Aufenthalt nehmenden Königs anpaßte. An die erste, im Jahr 799 unmittelbar vor dem folgenreichen Zusammentreffen von Karl dem Großen und Papst Leo III. geweihte Domkirche wurde bereits in der Mitte der 1. Hälfte des 9. Jahrhunderts ein großes Querhaus mit einer westlichen Apsis und einer darunterliegenden Krypta angebaut. Dieser archäologische Befund eröffnet einmal mehr einen Zugang zu einem der faszinierendsten Kapitel der christlichen Durchdringung dieses gerade erst missionierten Raumes, der Überführung von Heiligenreliquien. Die Krypta in Paderborn war für

Paderborn. Wüstung Balhorn. Kleiner kreuzförmiger Anhänger aus Bein oder Elfenbein aus der Verfüllung eines Grubenhauses der Zeit um 800 im Balhorner Feld. Möglicherweise bereits Anfang 8. Jahrhundert in England hergestellt. Der Anhänger könnte von der Tätigkeit angelsächsischer Missionare in Westfalen zeugen.

die Aufnahme der Reliquien des 836 aus Le Mans nach Paderborn überführten Hl. Liborius gebaut. Westliches Querhaus und Westapsis sind dabei ebenso wie die Baugestalt der Krypta als Hinweis auf die entsprechend gestaltete Peterskirche in Rom zu verstehen.

Neben den Bischofskirchen bilden die Klöster wichtige Zentren der kirchlichen Organisation. Die Baugeschichte der Kirche des 799 von Liudger, dem ersten Bischof von Münster, in Werden gegründeten Benediktinerklosters ist in den letzten Jahrzehnten durch zahlreiche kleine Grabungen und Bauuntersuchungen erhellt worden. Um 800 entstand der Gründungsbau Liudgers, der bereits in der Mitte des 9. Jahrhunderts durch einen Neubau mit einem nach Osten verschobenen, mit drei Apsiden geschlossenen Chor und einer sehr frühen Hallenkrypta ersetzt wurde. Diese Hallenkrypta ermöglichte eine angemessene Verehrung an der Grabstätte des ursprünglich außerhalb der Kirche bestatteten Klostergründers. Die Untersuchung der Areale der großen Kanonikerstifte in Xanten, Bonn und Neuss sowie die Klärung der Baugeschichte der wichtigen Kölner Kirchen St. Severin, St. Pantaleon und St. Ursula bilden zudem bereits seit Jahrzehnten einen Schwerpunkt der Archäologie im Rheinland.

In Westfalen stand das Benediktinerkloster Corvey an der Weser im Blickpunkt der Forschung. Die Ausgrabungen der letzten Jahre haben nach der bereits zwischen 1974 und 1978 erfolgten Untersuchung der Klosterkirche neue Erkenntnisse über das im Westen vorgelagerte Atrium der Klosterkirche erbracht. Von größter Wichtigkeit ist zudem die Entdeckung der Vorzeichnungen großformatiger Stuckfiguren an den Pfeilern des Obergeschosses des zwischen 873 und 885 gebauten Westwerkes der Klosterkirche und die Zuweisung von bereits früher geborgenen, originalen Stuckfragmenten zu diesen Vorzeichnungen.

Gleichzeitig mit Corvey wurde das älteste Kloster Westfalens, das spätere Damenstift Herford von Ludwig dem Frommen in den Schutz des Reiches übernommen und besonders gefördert. Großflächige Grabungen brachten in Herford zwischen 1988 und 1990 die Spuren der großen karolingischen Klausuranlage, die nach einem Brand im Jahr 926 von den Fundamenten an erneuert worden ist, ans Licht. Damit war auch die nach den alten Grabungen 1965 und 1966 in der Münsterkirche entstandene Verunsicherung über die Lage des karolingischen Klosters und seiner Kirche im Sinne einer Ortskontinuität entschieden. Die ausschließliche Gründung von Frauenklöstern in Westfalen im 9. Jahrhundert ist eine beachtenswerte Besonderheit. Neben Herford und dem bereits in den späten 1960er Jahren untersuchten Klausurbereich in Frekkenhorst brachten die Ausgrabungen im später in ein Männerkloster umgewandelten Damenstift Liesborn neue Erkenntnisse. Dort wurde die Verbindung dieser Einrichtungen zum Adel besonders deutlich.

Der Adel

Der Adel benötigte nach der Eroberung und Mission in Westfalen neue familiäre Zentren. Kirchen und Klöster dienten von nun an als Orte der Grablege und des Totengedächtnisses. Häufig wurden solche Kirchen und Klöster auf altem Familienbesitz gegründet. In Liesborn konnte auf der nicht von der Klausur der Klosterfrauen genutzten Nordseite der Kirche der Grundriß eines großen, wohl als Wohnhaus der Stifterfamilie anzusprechenden Gebäudes gefunden werden. Einzelfunde wie ein sorgfältig gearbeiteter und verzierter Sporn sind in Verbindung mit dieser Funktion zu sehen. Stiftungen des Adels begegnen uns auch in den Kirchen von Herzfeld und Enger. Während in Enger die Zuweisung der im Chorbereich gefundenen Gräber zu Widukind und seiner Familie noch umstritten ist, konnte in Herzfeld zweifelsfrei das Grab der Heiligen Ida entdeckt werden. Ida ließ sich gemäß den kirchlichen Bestimmungen nicht im Kirchenraum, sondern in einem Anbau an die erste Saalkirche in Herzfeld bestatten. Mit der dortigen Familiengrablege wird die Funktion der Kirche als ein religiöses Zentrum der Egbertiner besonders deutlich.

Während mehrere Kirchen des Adels inzwischen untersucht worden sind, fehlen aussagekräftige Funde von den westfälischen und rheinischen Burgen dieser Zeitstellung weitgehend. Dies gilt auch für die in den Sachsenkriegen heftig umkämpften Burgen Hohensyburg und Eresburg, auch wenn die Ausgrabungen in der Peterskirche in Obermarsberg inmitten der vormaligen Eresburg zeigen, daß die noch während der Sachsenkriege errichtete Kirche bereits im 9. Jahrhundert mit einem aufwendigen Westbau ausgestattet worden ist. Zahlreiche Einzelfunde des 8. und 9. Jahrhunderts stammen dagegen aus der mit steinernen Toren versehenen Wallburg Gaulskopf, unter denen die einzige bisher bekannte goldene Kreuzfibel besonders auffällt.

Die zentralen Orte

Entgegen der älteren Forschungsmeinung zeigt sich inzwischen deutlich, daß bereits in karolingischer Zeit große Areale in den wichtigen Zentren des Landes bebaut gewesen sind. An erster Stelle ist Köln zu nennen, wo insbesondere die Ausgrabungen auf dem Heumarkt mit der Aufdeckung der vor Anlage des Marktes im 10. Jahrhundert vorhandenen Siedlung neue Erkenntnisse erbrachten. Erstmals konnte im Kölner Stadtgebiet außerhalb des Domes die Kontinuitätslücke zwischen Spätantike und Mittelalter geschlossen werden. Zudem wurden neben Grubenhäusern des 5.–7. Jahrhunderts auch karolingische rechteckige Hausgrundrisse freigelegt. Über 12 000 frühmittelalterliche Scherben bieten zusammen mit der dichten Stratigraphie überdies die Grundlage dafür, daß die in den letzten Jahren bereits für die Keramiken aus Badorf, Pingsdorf und Walberberg erheblich verfeinerte Chronologie weiter differenziert werden kann. Dies gilt in ähnlicher Weise auch für Grabungen in Bonn, Duisburg und Xanten.

In Westfalen haben die Tätigkeiten der Stadtarchäologien in Dortmund, Höxter, Soest und Paderborn das Detailwissen über diese Epoche in vor wenigen Jahren noch unvorstellbarer Weise bereichert. An vielen Stellen konnten nun Siedlungs- und Gewerbespuren nachgewiesen werden. Dabei fällt auf, welche große Rolle die Eisen- und Buntmetallverarbeitung in der Karolingerzeit gespielt hat. Auch werden langsam erste Unterschiede zwischen dem Siedlungsbild der späteren mittelalterli-

Aachen. Grabung im Atrium der Pfalzkirche (8. / 9. Jahrhundert). Freilegung der Nordwestecke des karolingischen Atriums in einem barocken Gewölbekeller am Domhof 1988.

chen Stadt und dem der Karolingerzeit deutlich. Eine Schlüsselstellung kommt dabei der vier Kilometer westlich von Paderborn gelegenen Siedlung Balhorn zu. Dieser handwerklich geprägte Ort am Schnittpunkt von Hellweg und Frankfurter Weg bestand bereits vor den Sachsenkriegen und übertraf in karolingischer Zeit die Domburg in Paderborn erheblich an bebauter Fläche. Über die Bebauung der Domburgen kann die Auswertung der Altgrabungen in Münster wichtige neue Erkenntnisse liefern.

Ländliche Siedlungen

Ländliche Siedlungen konnten umfassend im Bereich der vom Braunkohlentagebau betroffenen Regionen untersucht werden. Im Vorfeld des Tagebaus Garzweiler I in Elfgen / Belmen, im Tagebau Hambach (Wüstweiler) und beim Umsiedlungsstandort Inden-Lamersdorf sind großflächige Ausgrabungen möglich gewesen. Dabei wird in vielen Fällen die lange Kontinuität einzelner Siedlungen seit der Merowingerzeit deutlich, des weiteren sind karolingische Neugründungen erfaßt worden. Auch in Westfalen zeigen Grabungen insbesondere im Münsterland die Kontinuität vieler Siedlungen, so z. B. Emsdetten-Isendorf und Haltern-Flaesheim, über die Zeit der Sachsenkriege.

Die archäologischen Ergebnisse der letzten 25 Jahre lassen den großen Wandel erkennen, der in der Karolingerzeit einsetzte und der das Land dauerhaft und folgenreich prägte. Dabei ist Westfalen dem Wandel in deutlich stärkerer Weise unterworfen gewesen als das Rheinland. Mit der Ausbildung der von den Bischofssitzen geprägten Zentren, der Strukturierung des ländlichen Raumes durch Klöster und Pfarrkirchen und der Entstehung neuer wirtschaftlicher Zentren gewann dieser Landesteil in der Karolingerzeit ein neues, bis heute prägendes Gesicht. Die Bezüge zum Rheinland werden nun aber auch deutlicher faßbar, so daß der Ausspruch des „Poeta Saxo" in den *Annales de gestis Caroli Magni* zwischen 881 und 891 durchaus auch auf die beiden heutigen Landesteile zutreffen könnte. „Damals ... sind die Sachsen ... schließlich mit den Franken durch ein Bündnis verbunden worden, so daß Stamm und Volk einmütig eins wurden, dabei immer dem einen König gleichermaßen gehorchend".

Paderborn. Kaiserpfalz. Reste der karolingischen ▷
Anlage. 9. Jahrhundert.

Büren / Kreis Paderborn. Augustinerchorherrenkloster ▷▷
Böddeken. Kirchenruine. 12.–15. Jahrhundert.

Archäologie des Mittelalters und der Neuzeit in der Landesarchäologie von Nordrhein-Westfalen im letzten Viertel des 20. Jahrhunderts

Barbara Scholkmann

Ein Schwerpunkt in der Bodendenkmalpflege des Landes

Die Archäologie des Mittelalters und der Neuzeit hat in Nordrhein-Westfalen in den vergangenen 25 Jahren eine ständig wachsende Bedeutung erlangt. In den ersten Jahrzehnten nach dem Ende des Zweiten Weltkriegs waren hier wie in anderen Bundesländern Denkmäler dieser Zeitstellung erst allmählich in die bodendenkmalpflegerische Betreuung einbezogen worden, wie etwa im Rheinland die Motten oder Kirchenbauten. Ein Bewußtsein für die Schutz- und Untersuchungswürdigkeit noch später entstandener Überreste konnte sich nicht entwickeln. Seit der Mitte der 1970er Jahre sind jedoch die im Boden und obertägig erhaltenen Zeugnisse aus dem Mittelalter in immer größerem Umfang in das Blickfeld der Bodendenkmalpflege des Landes gerückt. Darüber hinaus hat die Erkenntnis, daß auch die materiellen Überreste der nachmittelalterlichen Zeit Quellen von eigener Aussagefähigkeit und somit gleichrangige untersuchungs- und schutzwürdige historische Zeugnisse sind, in zunehmendem Maße zur Einbeziehung in deren Arbeit geführt. Dies gilt für das Rheinland wie für Westfalen, wenn auch – bedingt durch die verschiedenartige Situation der jeweiligen Bedrohung durch moderne Bodeneingriffe – die Gewichtungen ein unterschiedliches Profil zeigen. Zu Recht kann also heute die Archäologie des Mittelalters und der Neuzeit als einer der Arbeitsschwerpunkte der Bodendenkmalpflege bezeichnet werden. Dies zeigt sich mit aller Deutlichkeit daran, daß inzwischen annähernd die Hälfte aller Artikel in den jeweiligen Jahresberichten den Grabungen und Befundbeobachtungen dieses Zeitraums gewidmet sind.

Bewertet man diese Entwicklung quantitativ, so gehört Nordrhein-Westfalen heute innerhalb der Bundesrepublik zu den Ländern, in denen mit die mei-

Minden/Kreis Minden-Lübbecke. Unscheinbare Zeugnisse des mittelalterlichen Alltags aus dem Boden. Spielrädchen, Würfel, Griffel und Angelblinker. Bein. 13./14. Jahrhundert.

sten archäologischen Entdeckungen gemacht worden sind. Bei einer qualitativen Analyse erscheinen zwei Punkte bedeutsam. Zum einen ist neben die Rettungsgrabung als *ultima ratio* der denkmalpflegerischen Arbeit die Erfassung von Bodendenkmälern getreten, die intensiv vorangetrieben wurde. Durch Prospektionen verschiedener Art, die großräumige Kartierung und Bewertung archäologischer Denkmäler und Denkmalgruppen in verschiedenen Regionen und die Inventarisation erhaltener Bausubstanz vor allem in den Kernbereichen der mittelalterlichen Städte wurden die Grundlagen für eine Prävention durch Unterschutzstellung erarbeitet und wichtige Erkenntnisse als Entscheidungshilfe für die Ausgrabung im Bedrohungsfall gewonnen. Zum andern wurde eine umfassende Ausweitung der Arbeit der Bodendenkmalpflege hinsichtlich der untersuchten Denkmalgruppen und Fragestellungen vollzogen. Spiegelte die 1962 im Rheinischen Landesmuseum Bonn gezeigte Präsentation von Ergebnissen der Mittelalterarchäologie in ihrem Titel „Kirche und

Burg und Festung Lipperode an der Lippe. 14./15. Jahrhundert. Luftbild.

Burg in der Archäologie des Rheinlands" noch eine enge Begrenzung der Objektgruppen, so umfassen heute die archäologischen Aufschlüsse uneingeschränkt alle gegenständlichen Überreste aus mittelalterlicher und nachmittelalterlicher Zeit und schließen selbst Relikte der historischen Kulturlandschaft mit ein. Die Vielzahl von Grabungen hat darüber hinaus eine Fülle von Fundgegenständen aus dem Alltag der Menschen wieder greifbar gemacht.

Entsprechend umfangreich ist der Ertrag an wissenschaftlichen Erkenntnissen. Am Ende dieses Jahrtausends liegen in Nordrhein-Westfalen Aufschlüsse zu allen wichtigen Befundgruppen und zahlreichen Fundkategorien vor, auch wenn diese aufgrund einer jeweils unterschiedlichen denkmalpflegerischen Ausgangslage hinsichtlich der Erkenntnisdichte nicht gleich gewichtet erscheinen. Sie erhellen vor allem zahlreiche Aspekte der Vergangenheit des Landes zwischen Mittelalter und Neuzeit. Nicht wenige haben jedoch neue Ergebnisse erbracht, die weit über den lokal- oder regionalhistorischen Aspekt hinaus reichen. Sie sind in einer Vielzahl von Publikationen der Wissenschaft ebenso wie der interessierten Öffentlichkeit zugänglich gemacht worden, wenn auch, bedingt durch die Verpflichtungen der Alltagsarbeit der Bodendenkmalpflege, die wissenschaftliche Aufarbeitung mit der Grabungstätigkeit nicht Schritt halten kann.

Klöster, Kirchen, Friedhöfe, Synagogen

Der traditionelle Schwerpunkt der Kirchenarchäologie wurde in breitem Umfang fortgeführt. Heute liegen zu einer großen Anzahl von Kirchen und Klosteranlagen neue und wichtige Erkenntnisse vor. Ausgrabungen von unterschiedlichem Umfang fanden in den bedeutenden Bischofskirchen ebenso statt wie in vielen Sakralbauten in den Städten und in zahlreichen ländlichen Kleinkirchen. Von den

Gelsenkirchen. Schloß Horst. Sturzbecher als Zeugnis des adligen Lebensstils. Mann in spanischer Hoftracht (H. 33,5 cm). 2. Hälfte 16. Jahrhundert.

über die jeweilige Baugeschichte hinaus reichenden Fragestellungen, zu denen sie neue Erkenntnisse erbracht haben, ist insbesondere die Etablierung und Verbreitung des Christentums zu nennen, wobei im Rheinland Fragen der Kontinuität des christlichen Kults von der Spätantike in das fränkische Frühmittelalter, in Westfalen der Prozeß der Christianisierung der Sachsen im Vordergrund stehen. Die Untersuchung zahlreicher Innenbestattungen in den Kirchen und, meist in Ausschnitten, der zugehörigen Außenfriedhöfe, erhellt die Funktion und Bedeutung der Kirche als Bestattungsplatz und Zentrum des christlichen Totenkults.

Die zahlreichen Untersuchungen in westfälischen Klöstern umfassen neben den Kirchen häufig Teile der Klausur und die Wirtschaftsgebäude. Erkenntnisse konnten so nicht nur zu den Gründungsanlagen, sondern auch zu den Veränderungen des klösterlichen Lebens oder der Infrastruktur der Ver- und Entsorgungseinrichtungen gewonnen werden. Die Ausgrabung der vollständig abgegangenen Propstei Tom Roden hat eine Klosteranlage als Gesamtheit wieder sichtbar gemacht. Besonders hervorzuheben ist die in den letzten Jahren intensivierte Erforschung von Anlagen des jüdischen Kults. Synagogen wurden in mehreren Städten freigelegt oder durch systematische Grabungen untersucht.

Stadtarchäologie

Die zahlreichen Veränderungen in den Stadtkernen machte umfangreiche Grabungen in vielen historischen Städten Westfalens und des Rheinlands notwendig. Die Einrichtung kommunaler Stadtarchäologien in bisher neun Städten hat dort zu besonders intensiven und ertragreichen Forschungen geführt. Erstmals wurde in Köln mit der Großgrabung auf dem Heumarkt eine großflächige mittelalterarchäologische Stadtkernforschung begonnen. Ihre international bedeutenden Ergebnisse brachten vor allem neue Erkenntnisse zu den dunklen Jahrhunderten zwischen Römer- und Karolingerzeit und belegen besonders eindrucksvoll das Aussagepotential der archäologischen Quellen zur Geschichte der mittelalterlichen Stadt.

Von besonderer Bedeutung ist die Stadtarchäologie zur Klärung der Entstehung der Städte, Erforschung ihrer frühmittelalterlichen oder antiken Wurzeln und der Entwicklung der städtischen Topographie mit ihrem Gefüge von Straßen, Plätzen und Parzellen. Zur Stadtbefestigung, dem städtischen Hausbau, der ortsfesten Infrastruktur zur Ver- und Entsorgung oder den herrschaftlichen und kirchlichen Anlagen in der Stadt, den Burgen, Adelshöfen und Klöstern konnten wichtige Aufschlüsse gewonnen werden. Ebenso bedeutend sind solche zum städtischen Handwerk mit seinen zahlreichen verschiedenen Produktionsstätten, den angewandten Techniken und den Produkten. In die Erforschung einbezogen wurden auch abgegangene Städte wie die Stadtwüstung Corvey.

Befestigungen, Burgen und Schlösser

Obwohl die archäologische Erforschung von Befestigungen, Burgen und Schlössern gegenüber der Stadt- und Kirchenarchäologie in weitaus geringerem Umfang den bodendenkmalpflegerischen Alltag bestimmt, haben sich auch hier die Fragestellungen, Forschungsobjekte und Ergebnisse vor allem seit dem Beginn der 1980er Jahre beträchtlich erweitert, nicht zuletzt als Folge von Sanierungs-, Restaurierungs- und Umgestaltungsmaßnahmen an einzelnen Anlagen. Mehrere Grabungen in frühmittelalterlichen Wallanlagen in Westfalen erbrachten neue Erkenntnisse, zum Beispiel zu deren Funktion. Gleiches gilt für die Entstehung und Entwicklung der Adelsburg, dank einer größeren Zahl von teils umfangreichen Aufschlüssen in hoch- und spätmittelalterlichen Burganlagen. Die Mottenforschung im Rheinland konnte erfolgreich fortgeführt werden. Herrensitze und Adelshöfe sowie die Landwehren der mittelalterlichen Städte wurden in die Untersuchungen einbezogen. Eine beträchtliche Anzahl von Grabungen ist vor allem im letzten

Warburg / Kreis Höxter. Die Burgruine auf dem Desen- ▷
berg. 11.–15. Jahrhundert. Luftbild.

159

Jahrzehnt in Schlössern, Befestigungswerken und militärischen Anlagen des 16.–19. Jahrhunderts durchgeführt worden.

Kulturlandschaft und Siedlung im ländlichen Raum

Als ein noch immer defizitärer Bereich erscheint die archäologische Erforschung der Siedlungen im ländlichen Raum, obwohl auch diese in den letzten 25 Jahren einem starken Veränderungsdruck ausgesetzt waren. Im Rheinland konnte im Rahmen großflächiger Untersuchungen, bedingt durch den Braunkohlentagebau, die Genese von Dörfern und ihre Entwicklung im Verlauf des Mittelalters an mehreren Beispielen nachvollzogen werden. Die Entstehung des Dorfes als geschlossener Siedlungskomplex aus Einzelhöfen und Hofgruppen auf einer Markung erst im Verlauf des Hochmittelalters stellt ein wichtiges Ergebnis dieser Forschungen dar. Eine archäologische Neuentdeckung sind die unterirdischen Gangsysteme, die inzwischen unter mehreren ländlichen Siedlungen nachgewiesen werden konnten. In Westfalen wurden mittelalterliche Wüstungen als Geländedenkmale erfaßt und einige abgegangene Siedlungen in größeren Teilen ausgegraben. Neue und teils unerwartete Erkenntnisse konnten außer zu deren Siedlungs- und Baustruktur vor allem zur wirtschaftlichen Basis der Dörfer gewonnen werden. Mehrfach ist inzwischen eine nicht nur agrarische, sondern auch handwerkliche und gewerbliche Wirtschaftsstruktur belegt, wie die Gewinnung und Verarbeitung von Eisen oder die Töpferei.

Ein wichtiger, neuer und zukunftsweisender Ansatz ist die großräumige Erfassung der mittelalterlichen Kulturlandschaft, die vor allem im Rheinland besonders vorangetrieben wurde. Für einzelne Regionen konnten wichtige Fragen der Siedlungsentwicklung erforscht werden, wie die Aufsiedlung in ihrer zeitlichen Abschichtung oder Siedlungsverdichtungs- und Verlagerungsprozesse. Die Untersuchung einzelner Siedlungen wurde in die Erforschung der mittelalterlichen Kulturlandschaft integriert. Ein derartig raumübergreifend angelegter und verschiedene Befundgruppen vernetzender Ansatz scheint für die künftige Arbeit der archäologischen Denkmalpflege besonders wichtig, um über die Erfassung und Untersuchung von Einzelobjekten hinaus zu der Erfassung historischer Räume, etwa der Stadt und ihres Umlands, zu gelangen.

Bergbau, Bodenschätze und Gewerbe

Relikte von Bergbau und der Gewinnung von Bodenschätzen haben erst in jüngerer Zeit eine stärkere Beachtung durch die Bodendenkmalpflege gefunden, so daß bisher Ergebnisse nur in geringerem Umfang vorliegen. In Soest konnten wichtige Erkenntnisse zur Technologie der Salzgewinnung im Frühmittelalter gemacht werden. Im Bergischen Land wurden im Gelände zahlreiche Überreste des Erzabbaus erfaßt und teilweise archäologisch untersucht, wie Schlackenhalden, Pingen, Hammerwerke und Mühlen. Von grundlegender Bedeutung für die Geschichte der Hochofentechnologie sind die langjährigen interdisziplinären Forschungen des Seminars für Ur- und Frühgeschichte der Universität Münster im Märkischen Sauerland. Es konnten noch sehr gut erhaltene frühe Hochöfen aus dem 13. bis 14. Jahrhundert ausgegraben werden. Die wasserkraftgetriebenen Öfen sind die frühesten Belege in Europa für die technische Revolution in der Eisenverhüttung, in der Umstellung von der Produktion von Schmiedeeisen zum Roheisen. Von ebenfalls hoher Bedeutung war für das Rheinland das Töpfereigewerbe, wie die europaweite Verbreitung der Produkte im Mittelalter und noch bis in die Neuzeit eindrücklich belegt. Die archäologischen Forschungen in den Töpfereizentren, wie Frechen, Langerwehe, Siegburg und auch an anderen Orten, geben Einblick in die Produktionsprozesse und die Technologie der Keramikherstellung, die chronologische und typologische Entwicklung der Produkte, ihre Zuweisung zu einzelnen Töpferzentren, aber auch in den Handel und in die regionale und überregionale Verbreitung der Töpferwaren.

Warburg/Kreis Höxter. Klockenstraße. Mittelalterlicher Hausrat. 12.–15. Jahrhundert.

,Alltagskultur' in Dorf, Burg und Stadt

Die bei den zahlreichen Grabungen geborgene Menge der Funde vermittelt ein immer anschaulicheres Bild der materiellen Kultur und des menschlichen Alltags in Mittelalter und Neuzeit. Dies gilt in besonderem Maße für die Lebensbedingungen in der Stadt, wo die Konzentration von Menschen auf kleinem Raum und die Art der Abfallentsorgung eine besonders hohe Funddichte mit sich bringt. Aber auch viele Aspekte der bäuerlichen, adligen und klösterlichen Sachkultur sind in beeindrucken-

der Fülle faßbar geworden. Sie umfassen die verschiedenen Lebensbereiche, wie die Wohnkultur, die Herstellung und den Verzehr von Nahrung, Bekleidung und Repräsentation, Spiel und Freizeitgestaltung, Hygiene und Gesundheitsvorsorge, Glaubensvorstellungen und Aberglaube. Viele Erkenntnisse dazu sind aus dem materiellen Niederschlag, den Funden, gewonnen worden. Wieder sichtbar geworden ist dadurch ein Teil der vergangenen Realität der Menschen, die in mittelalterlicher und noch späterer Zeit in diesem Land gelebt haben.

Die ,Segnungen des Fortschritts' – Von der Industrialisierung bis zur Modernisierung. Archäologie des 19. und 20. Jahrhunderts

Helmut Luley und Wolfgang Wegener

Für die amtliche Bodendenkmalpflege in Nordrhein-Westfalen sind Objekte des Mittelalters und der Neuzeit in der Praxis ebenso gleichgewichtig zu behandeln wie die archäologischen Zeugnisse aus ur- und frühgeschichtlicher Zeit. Das Denkmalschutzgesetz NW setzt hier kein bestimmtes Alter voraus, so daß Dokumente auch aus der jüngsten Vergangenheit als ortsfeste Bodendenkmäler bezeichnet werden können. Beispielhaft seien hier die Höckerlinien des Westwalls und die Bunkeranlagen des Zweiten Weltkrieges in der Nordeifel genannt, die in ihrem Erscheinungsbild aus heutiger Sicht die Sinnlosigkeit des Bau- und Kriegsgeschehens zwischen 1938 und 1945 vor Augen führen. Zweifelsohne wurde den Zeugnissen unserer jüngeren und jüngsten Vergangenheit nicht immer die notwendige Aufmerksamkeit gewidmet: entweder fehlte das Interesse an jenen Epochen, oder man sah angesichts der Fülle an Informationen in Text und Bild keinen Anlaß zu ergänzenden archäologischen Untersuchungen. Mit der Orientierung hin zur Alltagsgeschichte seit etwa Mitte der 1970er Jahre richtet sich das historische Augenmerk zunehmend auf die systematische Erfassung, Dokumentation und Erforschung so facettenreicher Themen wie der Orts- und Regionalgeschichte, Sozial- und Wirtschaftsgeschichte, Verkehrs- und Technikgeschichte. Hier vermochte die Bodendenkmalpflege mit ihrer archäologischen Methode Wesentliches zur Erforschung neuzeitlicher Objekte beizutragen, was mit Hilfe anderer Quellen nicht oder nur unzureichend gelang. Mittlerweile nimmt die Dokumentation der Befunde und Fundmaterialien des 19./20. Jahrhunderts in den Publikationen der nordrhein-westfälischen Bodendenkmalpflege spürbaren Raum ein. Sie reicht von der Sachquellenerschließung bei der Betreuung von Baudenkmälern über die Vorstellung wissenschaftlicher Ausgrabungen bis zur Bestandsaufnahme archäologischer Denkmäler und deren Präsentation, um Geschichte transparenter und nachvollziehbar zu machen. Ein Zeugnis vom Beginn der industriellen Produktionstechnik stellt die Baumwollspinnerei Cromford in Ratingen / Kreis Mettmann dar, die 1784 errichtet wurde. Obwohl verhältnismäßig gut durch schriftliche Quellen belegt, erbrachten die im Zusammenhang mit der Gebäudesanierung durchgeführten archäologischen Untersuchungen weiterreichende Erkenntnisse zur Nutzung der Wasserkraft und zu den zahlreichen Um- und Neubaumaßnahmen, die Ausdruck der wirtschaftlichen Erfolge des Betriebes in den Jahren 1784 bis 1853 sind. Unter einer Schuttschicht im Hofgelände kamen unerwartet technische Installationen zum Vorschein, darunter das Einlaufsystem zu den Wasserrädern, mit deren Hilfe Spinnmaschinen angetrieben wurden. Innerhalb eines freigelegten Kanalschachtes konnte ein Rest der Innenverkleidung aus einer eichenen Beplankung am Boden festgestellt werden. Auch der hölzerne Wasserradschieber war vorhanden. Die erhaltenen Anlagen des technischen Bodendenkmals belegen eindrucksvoll den Aufschwung der Textilindustrie im beginnenden 19. Jahrhundert. Im Verbund mit der denkmalgeschützten Fabrikanlage des Rheinischen Industriemuseums ließen sich so wichtige Erkenntnisse der rheinischen Industrie- und Sozialgeschichte, insbesondere die Bedingungen und Umstände, unter denen die Menschen seinerzeit gearbeitet haben, für die Öffentlichkeit erfahrbar machen.

Seit Mitte des 19. Jahrhunderts kennzeichneten stattliche Halden, Fördergerüste und Hochöfen das Bild der Montanregion um Rhein und Ruhr, Sieg und Wupper. An den zahlreichen Kleinzechen, die am austretenden, produktiven Karbon die Steinkohlenflöze abbauten, entstanden die ersten Tiefbaugruben. Bereits um 1850/60 gab es 85 Tiefbauschächte an der Ruhr und weitere 315 Zechen in Essen. Mit der Schließung vieler Anlagen in den 1980er Jahren verschwanden allmählich die auffäl-

Aachen-Walheim. Westwall-Anlage (Höckerlinie) des 2. Weltkrieges westlich der Ortschaft Walheim an der Landstraße von Aachen nach Schmithof. Luftbild.

ligen Landmarken wieder und Industriebrachen entstanden. Um wenigstens Teile dieser Denkmälergattung für nachkommende Generationen erlebbar erhalten zu können, ist es inzwischen auf Antrag der zuständigen Bodendenkmalpflegeämter in Nordrhein-Westfalen zu über 220 Unterschutzstellungen gekommen. Bemerkenswerte Arbeit leistet die kommunale Archäologie in Dortmund: So konnten bereits als landschaftsprägendes Objekt des Ruhrgebietes in Dortmund-Dorstfeld die ‚Spitzkegelhalden' und die ‚Bergbauhistorischen Stätten Syburg' bei Dortmund als Zeugnis der vor- und frühindustriellen Kohlegewinnung im Ruhrgebiet des 16. bis 19. Jahrhunderts als schützenswerte Bodendenkmäler eingetragen werden. Ebenso wurde der ‚Bergbau in der Bittermark' in Dortmund-Kirchhörde mit seinen zahlreichen Pingen, Schächten und Stollenmundlöchern – als Beleg des Abbaus vom 18. bis zur 2. Hälfte des 20. Jahrhunderts – zwischenzeitlich als wichtige Geschichtsdokumente gesichert.

Hellenthal-Rescheid / Kreis Euskirchen. Grafitti der Bergleute aus der Bleierzgrube „Wohlfahrt". 19. Jahrhundert.

Die montanarchäologischen Erkundungen, Bestandserhebungen und kleinflächigen Ausgrabungen im Ruhrgebiet, Siegerland, Bergischen Land und in der Eifel haben für die Neuzeit eine Vielzahl von Informationen zur Gewinnung und Verarbeitung von Bodenschätzen erbracht, aus denen die dynamische Entwicklung der Arbeits- und Produktionsverhältnisse gerade des Zeitalters der Industrialisierung erschlossen werden kann. Am Beispiel einiger Bergbaurelikte läßt sich das spontane Wirtschaften des Menschen in der damaligen schnellebigen Zeit aufzeigen und das Schicksal eines Betriebes mit allen Höhen und Tiefen mit archäologischen Methoden deutlich machen. Pingen, Halden, plattformartige Anschüttungen und die Fragmente einer Stützmauer kennzeichnen die Reste der Zechenanlage „Amalia", die im 19. Jahrhundert Steinkohle aus dem mittleren Jura am Nordhang der Egge bei Preußisch-Oldendorf-Harlingshausen / Kreis Minden-Lübbecke ausbeutete. Ihre Geschichte war gleichermaßen das Schicksal vieler gescheiterter Bergbauversuche im Weserbergland: Im Jahre 1840 gegründet, mußte sie bereits 1864 wegen Geringmächtigkeit des Steinkoh-

lenvorkommens wieder schließen. Auch eine zusätzliche Förderung von Eisenstein und Schwefelkies verhalf nicht zum wirtschaftlichen Aufschwung. Eine Modernisierung des Betriebes zu Beginn des Jahrhunderts zur Steigerung der Förderkapazität scheiterte, so daß der Grubenstandort im Jahre 1921 aufgegeben wurde. Die Relikte der Zeche belegen einmal mehr die bergmännischen Anstrengungen, die schwierigen wirtschaftlichen Verhältnisse und den Kampf um Absatzmärkte.

Wie sehr das Interesse am Erleben der Industriekultur in der Bevölkerung vorhanden ist, zeigen die Einrichtungen industrie- und technikgeschichtlicher Museen und Besucherbergwerke, deren Zahl stetig zunimmt. Im Herbst 1993 wurde in Hellenthal-Rescheid / Kreis Euskirchen die Bleierzgrube „Wohlfahrt" der interessierten Öffentlichkeit übergeben. Die Erschließungs- und Herrichtungsarbeiten erfolgten durch den Heimatverein Rescheid e. V. und der RWTH Aachen in Zusammenarbeit mit dem Rheinischen Amt für Bodendenkmalpflege. Die Grubenanlage mit ihren gut erhaltenen Abbauspuren und bemerkenswerten Grafitti der Bergleute vermittelt durch ihre Aufbereitung als Schaubergwerk umfassend die Geschichte des Bleierzbergbaus und besitzt damit einen außerordentlichen Quellenwert. Nach den derzeitigen Erkenntnissen der Archäologie liegen hier eindrucksvolle Befunde vor, die den Übergang vom Tagebau zum Stollen- und später zum Schachtbau bezeugen.

Daß es der Archäologie hin und wieder auch gelingt, nicht nur bereits bekanntes schriftliches wie auch bildliches Quellengut in seiner Aussage zu bestätigen bzw. zu differenzieren, sondern auch zu korrigieren, zeigt das Beispiel der Untersuchung des technischen Kulturdenkmals der Zeche „Nachtigall" in Witten-Bommern / Ennepe-Ruhr-Kreis. Um das ursprüngliche Aussehen rekonstruieren zu können, hatte die westfälische Bodendenkmalpflege in Absprache mit dem Industriemuseum dort eine Grabung durchgeführt. Statt der erwarteten Fundamentreste des Kesselhauses fanden sich die Ringöfen der Ziegelei Dünkelberg, die bereits in den neunziger Jahren des 19. Jahrhunderts den Schacht „Hercules" und weitere Zechengebäude überbaut hatten. Die im Jahre 1832 aus sieben kleineren Bergbaubetrieben entstandene Zeche war

Kleve-Salmorth. Dynamittransportschiff „Elisabeth", 1895 gesunken.

eine der ersten im Revier, in der Dampfmaschinen zum Einsatz kamen, um Tiefbau betreiben zu können. Eine unmittelbar am Ufer der Ruhr angelegte Kohlenniederlage diente ursprünglich zur Zwischenlagerung der geförderten Kohle, ehe sie per Schiff weitertransportiert wurde. Die Untersuchung ergab ein 20 × 40 m großes Geviert aus sorgfältig errichtetem Grauwacke-Bruchsteinmauerwerk, mit einem für die Materialbeschickung notwendigen Durchlaß. Ein dabei entdeckter Pfostenstumpf konnte als Rest eines Pollers zum Festmachen der Transportlastkähne gedeutet werden. Der Befund im Verein mit Gleisanlagen der Ruhrtalbahn und einer Kohlenverladerampe lassen die Veränderung der Kohlentransportwege im Laufe des 19. Jahrhunderts anschaulich nachvollziehen. Fundmeldungen von neuzeitlichen Schiffsteilen oder ganzen

Schiffswracks häufen sich im Arbeitsgebiet der rheinischen Bodendenkmalpflege besonders in den extrem trockenen Sommermonaten, wenn die Flüsse Niedrigwasser führen. Meist handelt es sich um stark fragmentierte und schwer zu identifizierende Bootsteile, die sich am Flußufer in den Kies einsedimentiert haben. Gut erhaltene Überreste wie das Seitenruder eines Flachbodenfrachters von Bad Honnef / Rhein-Sieg-Kreis oder das mit 32 m Länge erhaltene Vorschiff eines bei Düsseldorf-Mönchenwerth gesunkenen Frachtseglers geben Auskunft über die technische Entwicklung des Schiffsbaus im 19. Jahrhundert. Zwei Schiffsfunde vom unteren Niederrhein, bei denen aufgehende Baulichkeiten und Fracht nachweisbar sind, bereichern mit ihren Details ein Stück der rheinischen Wirtschafts- und Sozialgeschichte. Um ein bei Kleve-Salmorth /

Blomberg / Kreis Lippe. Ehemalige Synagoge. Blick auf das 1808 errichtete, heute als Stadtarchiv genutzte Fachwerkgebäude nach der Wiederherstellung.

Kreis Kleve bereits Anfang der 1980er Jahre aufgefundenes Schiffswrack von etwa 7 m Breite und 25 m Länge rankten sich abenteuerliche Nachrichten über seine Herkunft. Das Ergebnis kritischer Archivprüfung machte aus dem angeblichen spanischen Munitionsschiff des 16. Jahrhunderts das Dynamittransportschiff „Elisabeth", das am 19. 3. 1895 bei einer Explosionskatastrophe im Rhein sank. Ein sogenanntes Steinschiff aus Kalkar-Grieth / Kreis

Kleve bietet bei Niedrigwasser dagegen nur noch nüchterne Daten. Die Bezeichnung trägt das etwa 27 m lange Schiffswrack zu Recht wegen seiner noch in Resten vorhandenen Ladung neuzeitlicher Ziegelsteine.

Mit einer stetigen Modernisierung des Wasserstraßennetzes wurden im 19. Jahrhundert auch Wirtschaftsräume erschlossen, die mit größeren Schiffen nicht erreichbar gewesen wären. Auf die wachsenden Ansprüche der Schiffahrt wurde durch eine stetige Anpassung der Kanalbauwerke reagiert. Neben der von 1823 bis 1840 ausgeführten Kanalisierung der Lippe zwischen Wesel und Lippstadt zählt der 1899 eröffnete Dortmund-Ems-Kanal mit seinem Schiffshebewerk Henrichenburg in Waltrop-Oberwiese zu den hervorragendsten wirtschaftsgeschichtlichen Hinterlassenschaften der Neuzeit. Die künstlichen Wasserstraßen sind Zeugnisse für die zunehmende Bedeutung der frühen Binnenschiffahrt und damit ein wichtiges, schützens- und erhaltenswertes Dokument der Technikgeschichte. Seit 1992 bemüht sich das Rheinische Amt für Bodendenkmalpflege um den Erhalt und die Unterschutzstellung des neuzeitlichen Nordkanals / Kreis Neuss und Kreis Viersen. Ursprünglich mit 54 km Länge und 19 Schleusen geplant, sollte die Wasserstraße von Neuss über Venlo zur Scheldemündung verlaufen. Auf französischem Territorium sollte die Nordsee erreicht werden. Im Jahre 1824 wurde ein Teilstück zwischen Neuss und Gladbach-Neersen für Schiffe mit großer Tonnage in Betrieb genommen. Nach Einstellung der Schiffahrt 1850 diente die stillgelegte Kanaltrasse nur noch zum schnellen Abtransport des Niederschlagswassers zum Rhein. Im Zusammenspiel von Luftbildarchäologie und Geländeprospektion, der Bearbeitung von schriftlichen und bildlichen Quellenmaterialien und der Auswertung historischer Bau- und Ausführungspläne läßt sich die Trasse des Kanales im Gelände heute noch nachvollziehen.

Die Erfassung, Bewertung, Erhaltung und wissenschaftliche Untersuchung von Denkmälern des Dritten Reiches und des NS-Regimes nehmen im zurückliegenden Jahrzehnt in der amtlichen Bodendenkmalpflege Nordrhein-Westfalens einen besonderen Stellenwert ein. Exemplarisch sei hier auf die 3150 registrierten Bunker der eingangs bereits er-

wähnten Westwall-Anlage hingewiesen. Die noch
im Boden erhaltenen Hinterlassenschaften des Kon-
zentrationslagers Witten-Annen / Ennepe-Ruhr-
Kreis ergaben eine Fülle von Hinweisen über Aussehen und Lebensbedingungen eines solchen
Lagers. Archäologische Prospektionen im Gebiet
des durch Luftbildaufnahmen und Planunterlagen
nur annähernd in seinen Ausmaßen erfaßten Kriegs-
gefangenenlagers Wickrathberg bei Mönchengladbach ergänzten die schriftlichen Quellen. Auf der
Grundlage der Befunddaten konnten so Ausdehnung und Binnenstruktur des von den Alliierten unmittelbar nach Kriegsende 1945 für die deutschen
Soldaten errichteten Lagers erforscht und dokumentiert werden.

Einen Beitrag zur Dokumentation von Zeugnissen
jüdischen Lebens, wenn auch nur in geringem Umfang, lieferten die archäologischen Untersuchungen in den Synagogen der Städte Bonn und Köln,
Blomberg / Kreis Lippe und Petershagen / Kreis
Minden-Lübbecke. Bei den beiden letztgenannten
Synagogen, die die Progromnacht aufgrund ihrer
seinerzeit profanen Nutzung unversehrt überstan-
den haben, galt die bodendenkmalpflegerische Begleitung der Baugeschichte und Rekonstruktion
der ursprünglichen Gebäudeeinrichtung. In den
wenigen historischen Hinterlassenschaften besitzen beide Synagogen einen bemerkenswerten Quellenwert zur Kultur-, Sozial- und Religionsgeschich-
te des kleinstädtischen Judentums des 19. / 20.
Jahrhunderts. Für den Erhalt der Bau- und Einrich-
tungszeugnisse besteht in beiden Fällen ein öffentliches Interesse.

Ein knapper Blick in die Geschichte der letzten 200
Jahre macht deutlich, daß die so scheinbar nahe
Vergangenheit häufig weniger bekannt ist als mittlerweile manche Epoche in der Urgeschichte. Un-
strittig ist, daß zu ihrer Erhellung die Archäologie
mit ihrer Technik und Methode, in Gemeinschafts-

*Petershagen / Kreis Minden-Lübbecke. Umrisse des
Thoraschreins und des ursprünglichen Sandsteinplat-
tenbelags der Synagoge von 1845/46.*

leistung mit anderen historischen Wissenschaften,
ihren Sachbeitrag beizusteuern weiß, um Geschichte ‚von gestern' für nachkommende Generationen
nachvollziehbar zu erhalten.

Essen-Burgaltendorf. Horster Schleuse. ▷
Ende 18. Jahrhundert.

KOMMUNALE BODENDENKMALPFLEGE

1995–1999

Jülich / Kreis Düren. Zitadelle. St. Johannes-Bastion. 2. Hälfte 16. Jahrhundert.

Stadtarchäologie in Duisburg

TILMANN BECHERT

Bis zu Beginn der 1990er Jahre gehörte die Duisburger Stadtarchäologie unter der Leitung von Günter Krause zu den Aufgaben des Kultur- und Stadthistorischen Museums. Dabei lag der Schwerpunkt in der Erforschung des mittelalterlichen Duisburg. Die Schaffung eines archäologischen Freilichtmuseums auf dem Alten Markt und die Wiederherstellung großer Teile der Duisburger Stadtmauer des 11.–13. Jahrhunderts am Innenhafen sind sichtbare Zeugnisse des in Duisburg spürbar gewachsenen Bestrebens, historische Baustruktur zu bewahren und in das ‚moderne' Stadtbild zu integrieren. Seit 1994 gibt es das „Institut für Denkmalschutz und Denkmalpflege". Damit verfügt die Stadt Duisburg – als bislang einzige Kommune des Landes Nordrhein-Westfalen – über eine Institution, in der die staatlichen Aufgaben der Stadtarchäologie und der Baudenkmalpflege zusammengefaßt sind. Im Sommer 1997 wurde der gesamte Denkmalbereich dem Technischen Dezernat übertragen, wo Stadtarchäologie und Baudenkmalpflege seitdem zum Planungsbereich gehören.

Duisburg-Huckingen. Angerbogen. Eisenzeitliche Grube mit reichlich Keramik, mehreren Feuersteingeräten und zwei Fragmenten eines Eisenmesserchens. 5. Jahrhundert v. Chr.

Duisburg-Huckingen. Angerbogen. Vollständiges Vorratsgefäß in Fundlage. 5. Jahrhundert v. Chr.

Nunmehr lassen sich die Ziele moderner Stadtentwicklung und archäologisch-historischer Stadtforschung dauerhaft und mit Gewinn für beide Seiten verknüpfen. Ziele und Charakter der archäologischen Arbeit haben sich seit 1994 unter der Leitung des Verfassers nur unwesentlich verändert. Im Vordergrund steht grundsätzlich das Bodendenkmal, dessen Schutz und Erhaltung die oberste Prämisse archäologischer Denkmalpflege darstellt. Erst wenn seine Zerstörung unausweichlich ist, kommt es zur archäologischen Freilegung und detaillierten Dokumentation der angetroffenen Befunde. Die wissenschaftliche Auswertung und Veröffentlichung erfolgt umfassend und möglichst ohne Verzögerung durch den Archäologen vor Ort. Seit 1995 berichtet die Schriftenreihe ‚Archäologie vor Ort' über archäologische und denkmalpflegerische Aktivitäten der Stadt Duisburg.

In den Jahren 1995–1998 hat sich im Süden Duisburgs ein Forschungsschwerpunkt herausgebildet. Anlaß war die geplante Bebauung des ‚Angerbogens', südlich des Ortskerns Huckingen, mit der im Sommer 2000 begonnen wird. Im Rahmen einer zweijährigen Arbeitsbeschaffungsmaßnahme wurden beiderseits der B8 etwa 40 ha prospektiert und sämtliche Fundpunkte eingemessen und kartiert. Das Ergebnis übertraf alle Erwartungen: Die weitflächige Streuung eisenzeitlicher Keramik sowie zahlreicher Steinartefakte ließen eine Siedlungsweise erkennen, die dem Verlauf des Angerbogens entsprach. Im gleichen Zeitraum erfolgte die Ausgrabung unmittelbar gefährdeter Flächen mit besonders markanter Fundkonzentration. Dabei ergab sich eindeutig, daß dieser Platz in der Mittel- und Jungsteinzeit von Menschen aufgesucht worden war: Es fanden sich Feuersteingeräte, typische Gefäßreste sowie zahlreiche Tierknochen und Geweihstücke von Haus- und Wildtieren und eindeutige Belege dafür, daß im Gebiet des heutigen Angerbogens vor 5000–6000 Jahren auch der Biber heimisch war.

Eine intensivere Besiedlung erfolgte jedoch erst um die Mitte des 1. Jahrtausends v. Chr, als ein „Weiler mit mehreren Hofstellen" entstand. Es ergaben sich zumindest zwei solcher Hofanlagen sowie ein größerer ‚Arbeitsbereich', in dem u. a. auch getöpfert wurde. Die Siedlung lag auf einer leichten Anhöhe, die nach Süden hin abfiel. Gleichzeitigen geoarchäologischen Untersuchungen zufolge war der eisenzeitliche Siedlungsbereich größtenteils von Wasserläufen umgeben, die den Bewohnern Schutz boten, von ihnen aber auch als Nahrungsquelle genutzt wurden. Da der Platz – von keiner späteren Besiedlung überlagert – jahrhundertelang den zerstörerischen Kräften von Erosion und menschlicher Einwirkung ausgesetzt war, fanden sich von der ehemaligen Wohnbebauung nur geringe Spuren im Boden. Einst standen dort Holzbauten mit einem Grundgerüst aus vier, sechs und mehr senkrechten Pfosten, die – verglichen mit besser erhaltenen Hausgrundrissen der mittleren Eisenzeit – selten mehr als 50 cm eingetieft waren. Leider sind sämtliche Überreste der ‚Angerbogen-Siedlung' durch Tiefpflügen gekappt worden und nur im unteren Teil erhalten. Dennoch konnten an zwei Stellen die Spuren von Pfostengruben nachgewiesen werden, die sich zu Hausgrundrissen ergänzen ließen. Die Grundfläche eines Hauses betrug etwa 12–15 m².

Die archäologischen Befunde bestanden zumeist aus rundlichen bis ovalen Gruben. Nicht immer läßt sich ihr einstiger Verwendungszweck sicher bestimmen. Einige von ihnen können auf Grund ihrer besonderen Form, die einem Kegelstumpf ähnelt, als Speicher- oder Vorratsgruben angesprochen werden. Weitaus die meisten werden jedoch – nach urspünglich anderem Zweck – der Abfallbeseitigung gedient haben. Trotz der oft sehr starken Abpflügung der Befunde enthielten die meisten Gruben reichhaltiges Fundmaterial. Am häufigsten waren Keramikscherben, die vor dem Brennen der Gefäße mit typischen Verzierungen wie Fingertupfen oder sog. Kammstrich versehen wurden. Verhältnismäßig groß war auch der Anteil an kleinen Sandsteinen und Quarzgeröllen. Einige von ihnen trugen deutliche Arbeitsspuren, während die Masse offenbar – als Kochsteine – im Feuer gelegen hatte und zerplatzt war. Auch Tierknochen und -zähne waren in vielen Fällen verbrannt, weil sie ebenfalls (zur Beseitigung?) im Feuer gelegen hatten. Größere Mengen Rotlehms lassen sich als Überreste von Wandverkleidungen wie als ursprünglicher Bestandteil unbrauchbar gewordener Töpferöfen interpretieren.

In der ‚Angerbogen-Siedlung' in Duisburg-Huckingen wurden lediglich zwei Bruchstücke eines Eisenmesserchens gefunden. Stattdessen benutzte man Werkzeuge und Geräte aus Feuerstein, die in den Gruben in zahlreichen Fällen mit eisenzeitlicher Keramik ‚vergesellschaftet' waren. Der Gebrauch des Eisens war also in der Eisenzeit um 500 v. Chr. längst nicht so weit verbreitet, wie man eigentlich annehmen möchte, hingegen war Feuerstein am Niederrhein nach wie vor ein unentbehrlicher Werkstoff.

Die wirtschaftliche Grundlage der Siedlung bildeten Ackerbau und Viehzucht. Darauf deuten Pflanzenfunde ebenso wie Tierknochen, unter denen die Überreste von Wildtieren erkennbar in der Minderzahl sind. Auch der Fischfang dürfte für die Ernährung eine wichtige Rolle gespielt haben. Einige eher unscheinbare Keramikfragmente, die zu Salzhalbröhren gehörten, zeigen, daß die Huckinger Siedler Salz von der Küste bezogen. Archäologisch nachweisbar ist auch der Handel mit Mahlsteinen aus Basalt, vielleicht vom Mittelrhein. An hand-

Duisburg-Huckingen. Angerbogen. Freilegung der Hölzer und Firstsetzung im eisenzeitlichen Verlandungs-
sumpf. 5. Jahrhundert v. Chr.

werklichen Tätigkeiten ist in der Siedlung zum einen – durch zahlreiche tönerne Spinnwirtel – das
Verspinnen von Wolle belegt, zum anderen die
Herstellung von Steingeräten, die ein weiterer Beweis dafür sind, daß steinzeitliche Techniken in der
Eisenzeit nicht vergessen waren. Bedeutsam ist vor
allem der Fund mehrerer Fragmente einer Lochtenne, d.h. eines tönernen Rostes, wie er in Töpferöfen
eingebaut war, um den Feuerungsraum vom aufge-
stapelten Töpfergut in der Brennkammer zu trennen. In derselben Grube lag auch ein ca. 30 kg
schwerer Tonklumpen, bei dem es sich zweifellos

um den Materialvorrat eines eisenzeitlichen Töpfers handelte. Etwa 400 v. Chr. endete die Siedlungstätigkeit im Angerbogen. Die Siedler späterer
Jahrhunderte bevorzugten das Gebiet weiter nördlich nahe dem heutigen Huckinger Ortskern, wo
zuletzt 1997 Siedlungsfunde des 6. nachchristlichen
Jahrhunderts nachgewiesen wurden. Gemeinsam
mit weiteren Funden aus der unmittelbaren Umgebung bilden sie ein sicheres archäologisches Indiz
dafür, daß die Geschichte des 1229 erstmals urkundlich genannten *Huchilheim* (= Huckingen) bis
in die Zeit der fränkischen Landnahme zurückgeht.

Stadtarchäologie in Essen

DETLEF HOPP

Im Verlauf der letzten Jahre wurden zahlreiche Fundstellen im Stadtgebiet von Essen neu entdeckt oder genauer erforscht, daneben viele Notbergungen und archäologische Untersuchungen durchgeführt. Gleichzeitig besteht bereits seit mehreren Jahren eine Zusammenarbeit zwischen Unterer Denkmalbehörde der Stadt und dem Fachbereich Vermessungswesen der Universität / Gesamthochschule Essen. Mehrere Diplomarbeiten befassen sich mit der kartographischen Erfassung archäologischer Fundstellen der historischen Kerne der Innenstadt und des Ortsteils Werden. Zusätzlich erfolgt die Erfassung und wissenschaftliche Bearbeitung von bisher nicht veröffentlichten Altfunden. Besondere Erwähnung soll auch der Archäologisch-Historische-Pfad, der 1995 in der Essener Innenstadt eröffnet wurde, finden. Ein weiterer Pfad wurde 1999 in Werden eingeweiht.

Einige der wichtigsten Untersuchungen zwischen 1995 und 1999 betreffen die von bedeutenden Umgestaltungen betroffene Essener Innenstadt. Im Frühjahr 1995 wurden vor dem Eingang der evangelischen Marktkirche und in deren Süden größere Flächen untersucht. Die Reste des im Zweiten Weltkrieg zerstörten und nicht wieder errichteten mittelalterlichen Kirchturmes wurden dicht unter der modernen Straßenoberfläche freigelegt. Auch das ehemalige Marktgewölbe sowie zahlreiche mittelalterliche und jüngere Bestattungen wurden in und außerhalb der Kirche ergraben. Unter den Funden ist besonders ein Denar der Äbtissin Katharina von der Mark (1337–1360) zu erwähnen, eine Essener Prägung, die europaweit bisher nur dreimal existiert.

Im Rahmen der Renovierungs- und Umgestaltungsarbeiten im Essener Münster kamen zahlrei-

Essen.
Grabung der Kreuzeskirche.
Aus Scherben rekonstruierte
Gußform eines mittelalter-
lichen Gefäßes (Grapen).

174

che Funde und Befunde, vor allem mittelalterliche und frühneuzeitliche Gräber zum Vorschein. Daneben war die Freilegung der Reste einer Wasserleitung aus dem 11. Jahrhundert von besonderem Interesse. Diese Leitung gehört zu den ältesten Belegen einer an römische Tradition anknüpfenden Bauweise. Bei archäologischen Beobachtungen zwischen den ehemaligen Stadttoren im Nordwesten und Norden der Innenstadt konnten Reste der mittelalterlichen Stadtbefestigung dokumentiert werden.

Auf einem Grundstück nordöstlich der Kreuzeskirche wurde im Juni 1997 ein grubenähnlicher Befund von ca. 3,5 m Durchmesser angeschnitten. Die Grube (?) weist mit ihren Funden, z. B. zerschlagenen Tonformen, (Bronze?)-Schlacken und -Fragmenten auf Bronze- oder Buntmetallguß hin. Anhand der Formenscherben konnte die Gußform eines mittelalterlichen Grapens rekonstruiert werden.

Der bisher älteste Fund gelang auf dem Pferdemarkt. In einer Tiefe von ca. vier Metern wurde 1995 der fragmentierte Knochen eines Wildschweines gefunden. Dieser weist Schnittspuren, möglicherweise von einem Steinmesser, auf. Der Fund kann als jungdiluvial, vielleicht endpaläolithisch angesprochen werden.

Durch die starke Überbauung im Essener Norden sind dort die Aktivitäten der Stadtarchäologie geringer als in anderen Stadtgebieten. Neuerdings wird aber untersucht, ob in diesem von Schwerindustrie geprägten Raum zwischen nördlicher Innenstadt und Rhein-Herne-Kanal von ‚Verlustzonen' auszugehen ist. Die ersten Ergebnisse zeigen, daß große Teilbereiche längst nicht völlig als Verluste angesprochen werden können, da es sich um gering überbaute Flächen oder Halden handelt. Im Süden ist vor allem der Anstieg alt- und mittelsteinzeitlicher Fundstellen bemerkenswert. Eine Untersuchung auf einem 1985 entdeckten Fundplatz in Fischlaken erbrachte 1998 den Nachweis von Artefakten und Befundresten der Jüngeren Altsteinzeit. Von Bedeutung ist auch der Fund eines Rothirschgeweihhammers, der im Winter 1997 in Frohnhausen gefunden wurde. Aufgrund der Fundsituation kann er vermutlich in die Weichsel-Eiszeit datiert werden (siehe S. 239 ff.).

Essen-Werden. Turm- und Stadtmauerrest in der Körholzstraße. 14. Jahrhundert.

Eine Notbergung im Frühjahr 1998 in Fulerum führte zu intensiven Recherchen in den Archiven des Ruhrlandmuseums. Es konnten bisher unbekannte Reste eines Grabungsplanes von 1940 wiedergefunden werden, die das Vorhandensein eines endneolithischen bis frühbronzezeitlichen Hügelgräberfeldes und einer großen eisenzeitlichen Siedlung belegen. Ein bronzenes Absatzbeil der Mittleren Bronzezeit wurde im Frühjahr 1999 bei Begehungen in Burgaltendorf gefunden. Möglicherweise besteht zwischen einer bereits 1993 untersuchten, bronzezeitlichen Siedlung und dem Fundort des Beiles eine Verbindung. In Burgaltendorf konnten 1998 auch Reste einer Siedlung des 5./6. Jahrhunderts n. Chr. freigelegt werden. Allerdings waren die Erhaltungsbedingungen für die Befunde sehr schlecht. Besonders erwähnenswert sind hier die Reste mehrerer fränkischer Gläser.

Einen ganz besonderen Schwerpunkt der Stadtarchäologie bildete 1998 die 1200-Jahr-Feier von Werden. Sowohl 1998 als auch 1999 wurden in der Körholzstraße und an der Brückstraße Teile der aus dem 14. Jahrhundert stammenden Stadtmauer freigelegt und dokumentiert. Dabei fanden sich Reste eines Turmes, der mit der Stadtmauer verzahnt

Essen-Werden. 1998/99 ergrabenes (und 1999 konserviertes) Stück der Stadt-mauer. 14. Jahrhundert.

und somit gleichzeitig mit dieser errichtet worden war. Sowohl an der Körholzstraße, als auch an der Brückstraße und in der Hufergasse wurde der Verlauf der Stadtmauer im Pflaster gekennzeichnet oder blieb sogar sichtbar erhalten.

Auf der südlich von Werden gelegenen, vermutlich karolingerzeitlichen Herrenburg konnte im Frühjahr 1996 eine Kanalsanierung archäologisch betreut werden. Dabei ließ sich ein gemörtelter Mauerrest der Burgmauer sowie der Burggraben nachweisen. Eine dabei geborgene Scherbe des 9./10. Jahrhunderts ist jetzt der erste Fund, der sich mit einer karolingischen Burg in Zusammenhang bringen läßt. In Steele konnten im Frühjahr 1997 am Plesserpark die mittelalterlichen und neuzeitlichen Reste des Gehöftes Lindemann erforscht werden. Die dort gefundenen Überreste eines Baus aus Ruhrsandstein finden vergleichbare Hausgrundrisse, die etwa in das 13./14. Jahrhundert datiert werden, im Westfälischen.

1995 und 1996 konnten in Bochold im Bereich der mittelalterlichen Motte „Haus Berge" immer wie-

der Baubefunde und Abschnitte der verschiedenen Burggräben festgestellt werden. Ungefähr in der Mitte des jüngeren Grabens wurden noch Holzpfähle beobachtet. Die dendrochronologische Untersuchung eines der Pfähle ergab als Fälldatum das Jahr 1254, so daß die Burganlage spätestens zu diesem Zeitpunkt – schriftliche Quellen setzten erst im Jahr 1291 ein – erbaut oder bereits umgebaut wurde: Die ältesten mittelalterlichen Funde stammen aus dem 10./11. Jahrhundert.

Die Beispiele aus den Tätigkeiten der letzten Jahre belegen, wie reich Essen an Zeugnissen der Vergangenheit ist. Die jüngsten Ergebnisse zeigen auch, daß die Vielzahl archäologischer Fundstellen anscheinend ein typisches Merkmal des Ruhrlandes ist.

Lit: C. Brand / D. Hopp, Essen. Von den Anfängen bis zum Mittelalter (Essen 1995). – Dies., Stadtarchäologie in Essen (Essen 1999).

Festungsarchäologie in Jülich

Bernhard Dautzenberg, Andreas Kupka und Marcell Perse

Die Festungsstadt Jülich erreichte vor 200 Jahren ihren größten Ausbauzustand. Wegen der Fortentwicklung der Feuerwaffen wurden Zitadelle und Stadtbefestigung des 16. Jahrhunderts mit immer weiteren Vorwerken umgeben, bis sie in der französischen Zeit nur noch den Kern einer ausladenden Gesamtbefestigung ausmachten. Die ursprüngliche Konzeption der Festung von 1548 bestand aus der mit pfeilförmigen Eckbastionen versehenen quadratischen Zitadelle und einer fünfeckigen Stadtbefestigung. Ab dem 17. Jahrhundert wurden die geraden Kurtinenabschnitte mit winkelförmigen Ravelins gesichert. An der Feldseite der Zitadelle entstanden im 18. Jahrhundert vor den Bastionen Contregarden, hochaufragende spitzwinklige Erdwerke, als vorgezogene Schutzwälle gegen Beschuß. Gedeckte Wege führten rund um den Gesamtkomplex. Die Planungen der französischen Militäringenieure von 1804 sahen vor, den Festungskomplex Juliers an den Schwachstellen zur Rur und zur Merscher Höhe hin erheblich auszuweiten. Der Rurübergang erhielt eine Brückenkopfbefestigung. Das Kronwerk sicherte die Schleusenbrücke, mit der im Verteidigungsfall die Rur angestaut und so die ganze Talaue rund um die Festungswerke inondiert, d. h. unter Wasser gesetzt werden sollte. Ein breit angelegter Sperriegel aus drei detachierten Forts in einem gemeinsamen Graben sollte die Merscher Höhe sichern, von der Belagerungsbatterien schon bei den Einnahmen der Festung 1610 und 1621 die entscheidende Rolle gespielt hatten.

Obwohl nicht alle geplanten Werke während der französischen Herrschaft fertiggestellt werden konnten, prägt die Struktur des Festungsensembles bis heute das Stadtbild. Die Vorbereitungen der Landesgartenschau 1998 verursachten eine archäologisch intensive Phase in Jülich. Die Arbeiten im Bereich der Großdenkmäler Zitadelle und Brückenkopf mit je 20 archäologischen Einzelaktivitäten, jeweils 10 Kanalsanierungsmaßnahmen und ebensovielen Bauprojekten in der Innenstadt sowie Prospektionen im Zuge einer Umgehungsstraße und die Anlage eines Gewerbegebietes ergaben zwischen 1995 und 1999 über 60 archäologische Maßnahmen mit ca. 75 % festungsarchäologischen Fragestellungen. Einen Untersuchungsschwerpunkt bildete die Zitadelle. Der Bereich des stadtseitigen Brückenauflagers an deren Südfront ergab westlich der Brücke den Gesamtgrundriß des Torhauses im Stadtravelin aus dem 17. Jahrhundert, das den Zugang zur Zitadelle kontrollierte. Das für die Anlage des Schloßplatzes im 19. Jahrhundert abgetragene Werk wurde bei der Neugestaltung des Schloßplatzes 1995 durch Pflasterung und Heckenpflanzung angedeutet. Der Grundriß des Torwächterhauses ist durch Blausteinspolien markiert. Im südlichen Grabenbereich konnte die Lage und der Aufbau der 1827 geplanten Künette bestimmt werden. Eine Hauptaufgabe dieses künstlichen Bachbettes war die Trockenlegung des Zitadellengrabens.

In der Künette vor der stadtseitigen Face der Bastion St. Johannes, der Südwestecke der Zitadelle, wurde ein gußeisernes Kanonenrohr gefunden. Der 1,69 m lange Vorderlader von 1845 aus der auch für Preußen produzierenden königlich-schwedischen Gießerei Finspång wurde für die Bestückung der Zitadelle 1855 mit einer schmiedeeisernen Festungslafette versehen. Am 2. September 1872 integrierte man das Geschütz mit drei weiteren in ein Kriegerdenkmal zur Erinnerung an die Gefallenen des deutsch-französischen Kriegs 1870/71 auf der Plattform der Bastion St. Johannes. Vermutlich zerstörte ein Bombentreffer am 16. November 1944 das Denkmal. Das Geschützrohr vertritt die letzten Vorderlader, die nach den international beachteten Schießversuchen an der Zitadelle Jülich 1860 von den neuen Hinterladern mit gezogenem Lauf der Firma Krupp abgelöst wurden.

Die heutige Rekonstruktion der Künette nimmt die spätestens seit 1886 von Ost nach West verlaufende Fließrichtung wieder auf und ist seit der Neugestaltung wieder zugänglich. Über dem Südtor der Zitadelle wurde der L-förmige Grundriß des ehe-

Jülich / Kreis Düren. Südfront der Zitadelle mit Wallgraben und Esplanade nach der Umgestaltung (1998). Blick nach Westen.

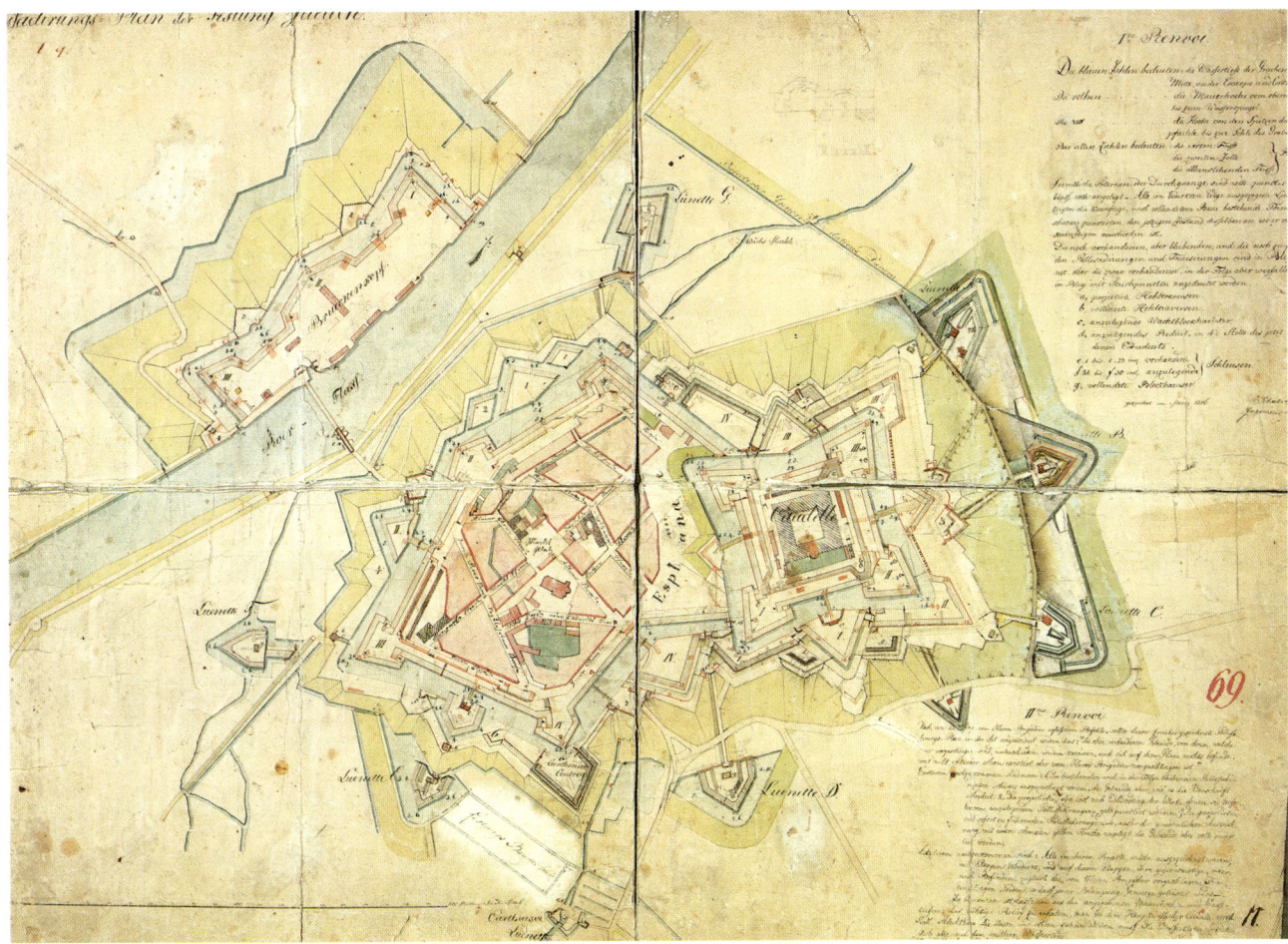

Jülich / Kreis Düren. „Palisadirungs-Plan der Festung Juelich". März 1816.

maligen Torhauses freigelegt. Ein nachträglich ein-
gebrochenes Treppenhaus mit verbauten Spolien
ermöglichte einen Aufgang aus der Wachkammer
der Südpoterne auf den Wall. Der Umbau der Tor-
häuser über der Nord- und Südpoterne dürfte in
Zusammenhang mit dem Ausbau der Wälle im 18.
Jahrhundert stehen. Auf den Wällen wurde ein
durchlaufender Oberwall als zweite Feueretage errichtet. Im südlichen Festungshof ließen sich Mau-
erzüge dem Wachthaus von 1697 zuordnen. Direkt
anschließend zeigen das Modell der Zitadelle von
1802 in Paris und das danach gebaute in Jülich entlang der Innenmauer des Walles einen 1792 geplan-

ten flacheren Kasernenbau, von dem ebenfalls
Mauerteile dokumentiert wurden. Die Befunde bezeugen die Umnutzung der herzoglichen Zitadelle
mit ihrem Schloß zur Kaserne.
Auf der linken Rurseite errichtete das französische
Militär zwischen 1799 und 1810 den Brückenkopf
als Kronwerk mit zwei Halb- und einer Vollbastion,
um den Rurübergang mit der strategisch wichtigen
Straßenverbindung Köln–Aachen und die West-
flanke der Stadt zu sichern. Das verfallene Bauwerk wurde als Kernstück der Landesgartenschau
1998 aufwendig restauriert und archäologisch untersucht, so zum Beispiel der Aufbau des Erdwalls,

Jülich / Kreis Düren. Die Fundamente der ersten luthe-
rischen Kirche Jülichs unter dem zwischen 1799 und
1810 angelegten Waffenplatz des Brückenkopfes.

die Rekonstruktion der Rampen und das Drainage-
system. Die seit 1695 belegte und 1801 beseitigte
erste lutherische Kirche Jülichs auf dem späteren
Brückenkopfgelände wurde vor der Baumaßnahme
durch die digitalisierte Auswertung historischer
Pläne so genau lokalisiert, daß die Sondagen sehr
gezielt ansetzten. Sie dokumentierten ein 14 × 7 m
großes Gebäude mit halbrunder Apsis im Osten.
Die freigelegten, 1 m starken Fundamentreste bestanden aus groben Kieselsteinen im Mörtelbett.

Der Befund blieb unzerstört unter dem wallseitigen
Abschnitt der kreisförmigen Pflasterung des Stadt-
gartens im Bereich der Mittelbastion unter der heutigen Hauptbühne erhalten.
Zum preußischen Artilleriewagenhaus von 1829
auf dem Waffenplatz der Festungsanlage gehörten
mehrere sorgfältig gemauerte Feldbrandziegel-
fundamente eines west-östlich ausgerichteten
Rechteckbaus, dessen Ursprungsbau bereits im
Bestandsplan der französischen Festungsbauinge-
nieure von 1807 eingezeichnet ist. Bis 1897 diente
das Gebäude, das 1931 abgerissen wurde, der preußischen Armee zur Unterbringung des Wagenparks
des 8. Holtzendorffschen Feldartillerieregimentes.
Nach seinem Inspektionsbesuch am 11. 9. 1804 in
Jülich ordnete Napoleon I. eine drastische Reduk-
tion des Brückenkopfes an. So besitzt lediglich die
Südbastion drei Feuerebenen. Daß man mit dem
gleichartigen Ausbau der beiden anderen Bastionen zu diesem Zeitpunkt bereits begonnen hatte,
belegten Fundamente von V-förmigen Mauerstruk-
turen bei der Freilegung der Kasemattendecken im
nördlichen Wallbereich.
Beim Abtragen des Straßendammes der Aachener
Landstraße (B1), der seit 1911 durch das Gelände
des Brückenkopfes führte, zeigte sich auf 40 m entlang der westlichen Seite des Festungsgrabens eine
0,70 m starke Mauer aus Feldbrandziegeln mit auf
Pfeilern ruhenden Gewölbebögen (Spannweite 6 m,
Stärke 0,55 m). Die Konstruktion entspricht der Es-
carpenmauer des Brückenkopfes, d. h. einer vorge-
setzten Mauer mit dahinterliegenden Gewölben,
die nicht miteinander verbunden sind. Die Gewölbe waren ohne Lehrgerüst aufgemauert worden.
Der Befund weist auf die bisher nur auf den Pro-
jektzeichnungen Mallets von 1804 erkennbare
Contrescarpe des Kronwerks, die den nassen Fe-
stungsgraben gegen das feindseitige Ufer abgren-
zen sollte.
Am Ende der Festungsentwicklung präsentierte
sich die preußische Festungsstadt Jülich in einem
gegenüber den französischen Planungen deutlich
zurückgenommenen Konzept, wie es ein Palisadie-
rungsplan von 1816 vorstellt. Der Brückenkopf mit
doppeltem Graben und mehreren inneren Gebäuden ist in reduzierter Form abgeschlossen worden.
Von dem geplanten Lünettenkranz sind nur einzel-

Jülich / Kreis Düren. Vorderladergeschütz von 1840 aus dem Zitadellengraben.

ne Werke in veränderter Version umgesetzt. Die Schleusenbrücke hatte sich bei einem Flutungsversuch 1814 als untauglich erwiesen. Außerdem war die Defensionsgalerie des Kranwerkes zu tief angelegt worden, so daß der Gewehrschützengang bei über 1 m Stauhöhe voll Wasser lief. Entsprechend mußte das preußische Verteidigungskonzept auf Inondation außerhalb der Gräben verzichten. Die weitreichende Absicherung zur Merscher Höhe hin wurde aufgegeben und durch eine kleine Lösung von drei Lünetten vor der Nordfront der Zitadelle ersetzt. Die westliche Lünette A ist als markantes Erdwerk erhalten. Eine archäologische Sondage des Grabenbereiches wurde bei der Bebauung 1999 durchgeführt.

Archäologie und Denkmalpflege machen die Lebensqualität, die in der gestalteten Umwelt steckt, wieder erfahrbar. Die Gesamtschau aller historischen Schichten der Vergangenheit läßt eine Stadtpersönlichkeit entstehen, die als Erbe die gescheiterte Vision militärischer Sicherheit bewahrt.

Lit.: H. NEUMANN, Stadt und Festung Jülich auf bildlichen Darstellungen (Bonn 1991). – Juliers-France. Jülich in Frankreich 1794–1814. Ausstellungskat. Jülich 1994. – Architektur, Kunst und Kulturgeschichte in Nord- und Westdeutschland 1 / 96. Themenheft Schloßfestung Jülich. – B. DAUTZENBERG / A. SCHULER / A. KUPKA, Jülicher Geschichtsbl. 66, 1998, 7 ff. – B. DAUTZENBERG / A. KUPKA in: Italienische Renaissancebaukunst an Schelde, Maas und Niederrhein. Tagungshandbuch 2. Jülicher Pasqualini-Symposion (Jülich 1999) 209 ff.

Bodendenkmalpflege in Krefeld

Christoph Reichmann

Das römische Kastell Gelduba wurde um 70 n. Chr. auf einem Gelände errichtet, das bereits in der vorrömischen Eisenzeit besiedelt war. Darauf verweist eine bis zu 35 cm mächtige Ackerschicht, die unter dem Schotter der Straßen und den Lehmestrichaufträgen der untersten Kasernenböden an vielen Stellen recht gut erhalten ist. Im vergangenen Jahr wurde erneut ein besonders gut erhaltener, mit zahlreichen stark zerkleinerten und abgerollten eisenzeitlichen Scherben durchsetzter Abschnitt untersucht. Bodenverbesserung durch Erddüngung läßt sich auf den Sandböden des rechtsrheinischen Raumes schon seit der Bronzezeit belegen, aber der Nachweis römischer Auftragsböden im Rheinland steht noch aus. Der römische Schriftsteller Plinius (Nat. hist. 17,47) berichtet von einer solchen Ackerbaumethode im Rheinland, bezeichnet sie jedoch als ein spezielles Verfahren der einheimischen Ubier. Weitere Fortschritte machte in den letzten Jahren die Untersuchung der Lagerspuren aus der Zeit des Bataveraufstandes in Gellep. So konnte – von Türmen und Toranlagen abgesehen – erstmals ein fester Innenbau nachgewiesen werden, bei dem es sich um ein recht kleines und aus einfachen Rundhölzern errichtetes Gebäude (2,30 × 6,10 m) handelt, das als Magazin für Waffen bzw. Geschosse Verwendung gefunden haben könnte. Auffallend waren der unregelmäßige Verlauf sowie die wenig sorgfältige Ausführung der Gräben im südwestlichen Außenbereich. Sie scheinen erneut zu bestätigen, daß hier keine regulären Truppen standen, sondern die im Bericht des römischen Schriftstellers Tacitus (Hist. 33,1–4) genannten, eilig ausgehobenen und mit dem römischen Reglement kaum vertrauten gallischen Volksaufgebote. Da die jetzt untersuchten Abschnitte anscheinend nicht unmittelbar im Brennpunkt der Schlacht gelegen haben, blieben die Funde spärlich. Es fanden sich einige Skelette verscharrter Pferde, darunter eines mit der eisernen Trense im Maul.

Auf den ausgedehnten Gräberfeldern in Gellep wurden in den letzten fünf Jahren vor allem Flächen aus der Frühzeit der Belegung ausgegraben. Entlang eines alten, wahrscheinlich bereits in vorrömische Zeit zurückreichenden Wegezuges kamen hier in relativ großer Entfernung südwestlich von Kastell und Vicus überwiegend Gräber aus dem späten 1. und der ersten Hälfte des 2. Jahrhunderts zutage. Auf einer etwas weiter nördlich gelegenen Fläche wurde eine kleine Gruppe spätrömischer Körpergräber freigelegt. Die älteren Gräber waren überwiegend sog. Busta, d. h. Gräber, bei denen der Verstorbene unmittelbar über, manchmal sogar in der Grabgrube verbrannt worden war. Fast alle enthielten Gefäßbeigaben, einige Tonlampen, Münzen oder Trachtteile. Außergewöhnlich war der Fund eines eisernen Reiterhelmes in einem Grab aus der Mitte des 2. Jahrhunderts, denn Waffen wurden zu dieser Zeit römischen Toten gewöhnlich nicht beigegeben.

Auf einem zur Bebauung vorgesehenen Acker in Krefeld-Fischeln wurde 1997 der Grundriß eines einzeln stehenden Bauernhauses aus dem 12. Jahrhundert freigelegt. Das offenbar durch Feuer vernichtete Haus repräsentiert den bereits vollentwickelten Typ des sog. Niederdeutschen Hallenhauses, d. h. es besaß beiderseits angefügte Seitenschiffe (Abseiten) und die dadurch freigewordene befahrbare Mittellängsdiele. Obwohl das Haus noch in der altertümlichen Pfostenbauweise errichtet wurde, gehört es zu einem für die Zeit modernen Bautyp. Interessant ist – vor allem im Vergleich zu benachbarten Siedlungen –, daß offenbar keine Nebengebäude vorhanden waren und damit tatsächlich eines der von der Hausforschung theoretisch angenommenen Einhäuser (= Haus, das alle Funktionen eines landwirtschaftlichen Betriebes unter einem Dach birgt) konkret nachgewiesen ist.

Linn, seit 1901 ein Stadtteil von Krefeld, besitzt einen für den Niederrhein ungewöhnlich gut erhaltenen, von Kriegsschäden weitgehend verschonten Baubestand. In den letzten Jahren mußten wegen der zunehmenden Schließung von Freiflächen und Baulücken größere Eingriffe in das Bodenarchiv ar-

Krefeld-Linn. Flechtwerkfassung eines begradigten Bachlaufes. 14. Jahrhundert.

chäologisch begleitet werden. Unmittelbar in die Zeit der Stadtgründung um 1300 führte eine größere Baumaßnahme am Nordrand des Kirchhofes. Unerwartet zeigte sich hier ein künstlich angelegtes und mit Flechtwerk eingefaßtes Bachbett, das man wegen zunehmender Verschlammung schon am Ende des Mittelalters aufgegeben und zugeschüttet hatte. Die Ablagerungen waren bis heute feucht geblieben und boten daher gute Erhaltungsbedingungen für organische Materialien. Unter anderem ließen sich die verschiedenen Hochwasser des 14. Jahrhunderts anhand andersartiger Einschwemmungen deutlich ablesen. Botanische Untersuchungen durch K. H. Knörzer zeigten, daß dabei jeweils dichte Teppiche aus Blättern und Zweigen gegen die gewöhnliche Stromrichtung (von West nach Ost) aus dem östlich gelegenen Stadtwald, der Elt, in das Stadtgebiet gedrückt worden waren. In den Zusammenhang mit den Hochwassern bzw. deren Abwehr gehört wohl auch die kurzfristige Aufstellung einer Stange mit

Pferdekopf inmitten des Bachbettes. Da die Stange genau in Höhe des Chors der damals wohl noch im Bau befindlichen Pfarrkiche St. Margareta aufgerichtet war, läßt sie sich als eine Art Pendant zur Anrufung der Heiligen innerhalb der Kirche und des geweihten Kirchhofes auffassen.

Die untersten Ablagerungen des Grabens waren mit zahlreichen Holzresten durchsetzt, die offensichtlich bei der Errichtung von Fachwerkhäusern angefallen waren. Neben vielen Holzspänen, Balkenköpfen und anderen Schnittresten fanden sich darunter auch erkennbare Bauteile, wie Wandstaken, Holznägel und Dachschindeln. Abgesehen von einigen Rollsteinen fehlten dagegen steinerne Baumaterialien, so daß mit Sicherheit davon ausgegangen werden kann, daß man den Bau der steinernen Pfarrkiche erst nach der Fertigstellung der ersten Wohnhausgeneration in Angriff nahm. Den Abschluß bildeten schließlich Reste der bleiverglasten Kirchenfenster in den Ablagerungen des 15. Jahrhunderts, wobei die Masse der Funde hier je-

183

Krefeld-Linn. Bemalte Glasscherben aus der Glaserei neben dem Kirchhof. Stifterfigur (?). 16. Jahrhundert.

Chores mit dem angrenzenden Schullokal und ein spätgotischer Pfeiler des Mittelschiffes. Der Verlauf der übrigen Fundamente ist ebenerdig durch unterschiedliche Pflasterungen in der Platzoberfläche kenntlich und wird durch eine Hinweistafel erläutert.

In der Krefelder Innenstadt betrafen die Untersuchungen vor allem die ehemaligen, heute vollständig aus dem Stadtbild verschwundenen Stadtbefestigungen. Neben dem mittelalterlichen Eckturm an der Dionysius-Kirche wurde der Standort des im Rahmen der ersten Stadterweiterung 1692 errichteten Uerdinger Tores von Neubauplanungen berührt. Hier ließ sich die neue Stadtbefestigung mit Graben und Stützmauern sowie deren weitere

Krefeld-Linn. Bemalte Glasscherben aus der Glaserei neben dem Kirchhof. Ansicht einer niederrheinischen Stadt hinter einer Kreuzigungsdarstellung. 16. Jahrhundert.

doch nicht aus dem Bachbett, sondern aus dem Abfall der später am Nordufer angesiedelten Glaserei stammt, die bis ins 17. Jahrhundert hinein arbeitete. Es handelte sich um einfache unbemalte Fenster, wie sie in der Burg und in privaten Häusern Verwendung gefunden haben können, sowie um profane Fensterbierscheiben. Bei einem auf 1577 datierten Stück wies die Inschrift auf den Besitzer des Bakenhofes, eines der beiden innerstädtischen Burglehen, als Auftraggeber. In den Ablagerungen des späteren 14. Jahrhunderts sind zahlreiche Gebrauchsgegenstände und Speiseabfälle, z. B. Schuhe und Holzteller, aber auch so unscheinbare Fundstücke wie Walnüsse (wohl von den Bäumen des Kirchhofs), Zunderschwamm oder Abfälle aus der Paternoster- (= Rosenkranz-)Herstellung gefunden worden.

Die 1814 nach Einsturz abgetragene Pfarrkirche ist bereits 1989 näher untersucht worden. 1998 konnte anläßlich des Abschlusses der Platzsanierung auch ein Teil des Bodendenkmals Pfarrkirche für die Öffentlichkeit sichtbar gemacht werden. In einem tiefer gelegten Abschnitt des Platzes wurden originale Mauerabschnitte restauriert, darunter Teile des

Krefeld-Linn. Fundamente eines Fachwerkgebäudes. 15. Jahrhundert.

Entwicklung zum Abwassergraben und schließlich, nach der endgültigen Entfestigung zu Beginn des 19. Jahrhunderts, der Umbau in einen überwölbten Abwasserkanal erfassen. Vor dem Tor lag eine an den Stadtgraben angeschlossene Gerberei. Zur gleichen Zeit wurde und wird mit Unterstützung des Heimatvereins Krefeld ein Projekt des Geometers und Künstlers Georg Opdenberg verwirklicht. Dabei soll der Grundriß der mittelalterlichen Stadt, der Verlauf der Stadtmauer und die Lage der Stadttore an den noch offenen Flächen im Stadtgebiet oberflächlich durch eine Spur aus breiten gußeisernen Elementen und Informationstafeln gekennzeichnet und für den Bürger erfahrbar gemacht werden.

Lit.: B. LIESEN / R. PIRLING, Glasierte spätrömische Keramik aus Krefeld-Gellep. Germania 76, 1998, 721–746. – CH. REICHMANN, Archäologische Spuren der sogenannten Bataverschlacht vom November 69 n. Chr. und von Kämpfen des 3. Jahrhunderts n. Chr. im Umfeld des Kastells Gelduba (Krefeld-Gellep). In: W. SCHLÜTER / R. WIEGELS (Hrsg.), Rom, Germanien und die Ausgrabungen von Kalkriese (Osnabrück 1999) 97–116. – CH. REICHMANN, Ausgrabungen am Krefelder Neutor. Die Heimat (Krefeld) 70 (im Druck).

Archäologische Bodendenkmalpflege in Neuss

Sabine Sauer und Michael Kaiser

Da Neuss im Mittelalter nach Köln die größte Dichte an klösterlicher Bebauung aufwies, werden durch archäologische Untersuchungen meist Baubefunde aus Konventen erfaßt. Im Norden der Innenstadt wurden zum Teil stark verkohlte Holzständer eines Gebäudes und eines Umfassungsgrabens aus dem 12. / 13. Jahrhundert sowie ein runder, 2 m breiter Basaltbrunnen aus dem 12. Jahrhundert, den man im 13. Jahrhundert mit Zylinderhalskrügen verfüllt hatte, gefunden. Hinweise auf eine Brandkatastrophe könnten die Ursache für den Namen der seit dem 14. Jahrhundert urkundlich erwähnten, südlich anschließenden Brandgasse oder Gebrannte Gaß, gewesen sein. Aus dem 14. Jahrhundert stammte eine steinfundamentierte Bebauung aus Tuffen und Grauwacken, die nach dem abgebrannten Gebäude ausgerichtet war (Länge 20 m). Danach wurde die Fläche Brachland oder Garten mit zwei Brunnen und gelangte in den Besitz des Sebastianuskonventes, der dort im 16. Jahrhundert ein querstehendes Gebäude errichtete. Von dem 7,5 × 6,2 m großen Bau waren der Ziegelfußboden und Teile des aufgehenden, außen verputzten Mauerwerks erhalten sowie Dachpfeiler, die am Boden auf einem Mahlstein und einer halbierten, großen Geschoßkugel auflagen. Kurz nach 1700 wurde das Gebäude, wahrscheinlich nach einem weiteren Brand, abgerissen, das Gelände zum Wall hin um 1,8 m anplaniert. In der Verfüllung lagen Reste von Schaf- und Ziegenschädeln, die auf einen Gerber hinweisen. Er gewann aus den Nasen- und Stirnhöhlen das reine Fett für die Sämischlederherstellung.

Auf einem nördlich angrenzenden Gelände lagen eine mit Flechtwerk aus Haselnußzweigen ausgekleidete Kastengrube und ein rechteckiger Brunnen aus Eichenbrettern. In der Brunnenfüllung fanden sich zahlreiche Reste von Gagel, der im 15. Jahrhundert als Würze und Konservierungsmittel bei der Bierherstellung diente. Im Südwesten des mittelalterlichen Stadtkerns im Winkel von Oberstraße und Klarissenstraße wurden die Reste des ehemaligen, 1283 gegründeten Klarissenklosters untersucht. Es zeigten sich auch vorklosterzeitliche Befunde wie Reste von langgestreckten Fachwerkständerbauten und rechteckige Kastengruben der römischen Zivilsiedlung *(vicus)* des 2. Jahrhunderts und eine U-förmige, an den Rändern rot verziegelte (Koch-?)Grube mit rotgebrannter, glimmerhaltiger Keramik des 7. Jahrhunderts, die an Mayener Machart erinnert. Die entdeckte Grube ist das erste Indiz für eine frühmittelalterliche Siedlungstätigkeit im Gebiet der Neusser Innenstadt.

Neuss. Klarissenkloster. Zisterne im Kreuzgang. 1. Hälfte 13. Jahrhundert.

Vom Klarissenkloster wurden auf einer Strecke von 18 m die Fundamente der inneren Kreuzgangmauer freigelegt. Im Innern des Quadrums lag ein großer, ovaler ca. 4,5 × 2,8 m breiter Brunnen, verfüllt mit zum Teil ganz erhaltenen Gefäßen des ausgehenden 13. Jahrhunderts. Der Brunnen war offensichtlich nach der Fertigstellung des ersten Kreuzgangs aufgegeben worden. Seine Funktion übernahm eine Zisterne. Sie war noch zur Klosterzeit um 1700 um ein 2,8 × 3 m großes Auffangbecken erweitert worden, in das ein gemauerter Überlaufkanal führte. Aus der Spätzeit des Klosters stammt ein Raum, der mit Hausrat und Fäkalien aus der Zeit um 1800 verfüllt war. Unter dem Keramikmaterial fanden sich auffallend viele kleine Apothekergefäße aus Steinzeug und kleine Glasflaschen. In den Fäkalien kam die Blutwurz, auch Rotheilwurz oder Retterwurz, häufig vor, die zur Blutstillung und Wundbehandlung verwendet wurde. Die französischen Soldaten benutzten das Klarissenkloster offensichtlich als Lazarett. In der Abfallgrube ließ sich erstmals die Kartoffel nachweisen, sicherlich eine zum

Neuss. Klosterkirche Marienberg. Blick in die Grabgruft. Grablegen mit Namen und Todesjahr der Bestatteten. 18. Jahrhundert.

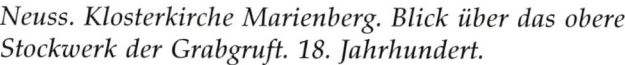

Neuss. Klosterkirche Marienberg. Blick über das obere Stockwerk der Grabgruft. 18. Jahrhundert.

(ebenfalls in der Kloake nachgewiesenen) mit Kornkäfern durchsetzten Haferbrei willkommene Abwechslung.

In der Kirche des Klosters Marienberg im Osten der Innenstadt wurden vor dem Ostchor nach dem Abriß des Hauptaltars aus Feldbrandziegeln gemauerte und im oberen Abschluß überwölbte Grablegen freigelegt. Die Grabkammer enthielt einige Grabplatten, darunter die der Gründerin Aleidis von Stade (gestorben 1493). Die Todesjahre der Verstorbenen reichten von 1739 bis 1786. Die Gruft unter Marienberg ist durch eine Bodenklappe für das Publikum zugänglich.

Im Bereich der römischen Militäranlagen in Gnadental kamen u. a. im Legionslager (Koenenlager) unmittelbar vor der südwestlichen Umfassungsmauer ein ovaler Backofen und die Plattform für eine große Getreidemühle aus der letzten Bauphase des Lagers zutage, im Koenenlager an der Kölner

Neuss-Gnadental. Eckturm eines spätantiken Burgus bei Gut Gnadental. Anfang 4. Jahrhundert n. Chr.

Neuss-Allerheiligen. Urnenbestattung in einem eisenzeitlichen Gräberfeld. 750–500 v. Chr.

Straße im Bereich einer Reiterkaserne aus der letzten Bauphase ein zuvor hier errichtetes Großgebäude aus monumentalen Tuffquadern mit Teilen einer Porticus. Außerhalb der *portumana dextra*, des Lagertores in Richtung Süden, wurden der Randbereich der Badeanlage und ein Abwasserkanal einer bekannten Mansio (Herberge) des 1. / 2. Jahrhunderts erfaßt. Dabei kamen auffallend viele Austernschalen zutage.

Im Bereich des Gutes Gnadental an der Erft, einer ehemaligen Zisterzienserinnenabtei, zeigten sich im westlichen äußeren Hofbereich nur 60 cm unter der heutigen Oberfläche die Fundamente eines Rundturms und zweier Mauern. Das Baumaterial war nur mit leichter Mörtelbindung gesetzt und bestand aus römischem Abbruchmaterial. Vor dem Fundament lag eine schwarz verkohlte Grube, die sich als Brandgrab des 5. Jahrhunderts erwies. Runde, vorkragende Ecktürme kamen bei römischen Militärbefestigungen erst in konstantinischer Zeit, also zu Beginn des 4. Jahrhunderts, in Mode. Zu dieser Zeit war das römische Lager an der Erftmündung bereits verlassen. Offensichtlich sicherte hier ein Kleinkastell (Burgus) die römische Fernstraße von Marseille, die hier die Erft überquerte. Der Befund konnte im Boden erhalten werden.

Östlich des Dorfes Allerheiligen im Umkreis des Hofes Illinghausen war auf dem Acker eine dichte Streuung von Scherben des 9.–12. Jahrhunderts festgestellt worden. Beim Abschieben des Geländes zeigte sich jedoch keine Spur hochmittelalterlicher Besiedlung, sondern ein kleines, eisenzeitliches Gräberfeld (Hallstatt C–D) mit insgesamt sechs Bestattungen. Die Grablegen bestanden meist nur aus einer Urne mit Leichenbrand. Drei Urnen waren im oberen Bereich stark vom Pflug beschädigt worden, so daß vermutlich von dem Gräberfeld nur die tieferliegenden Grablegen erhalten sind.

Am Südrand wurde eine 2000 m² große Fläche untersucht, die durch Oberflächenfunde als römische Fundstelle bekannt war. Außer einer bronzezeitlichen Grube und mehreren eisenzeitlichen Pfostengruben wurde eine ausgedehnte Schuttlage aus römischem Ziegelbruch, vermischt mit Holzkohleresten, freigelegt, ferner zwei schuttverfüllte Brunnen und mehrere große Gruben. Eine kastenförmige Grube enthielt umfangreiches Scherbenmaterial vom Ende des 2. und Anfang des 3. Jahrhunderts, eine große kesselförmige Grube Keramik vom späten 3. und beginnenden 4. Jahrhundert. In ihr fand sich auch ein Juppiterfragment (siehe S. 316f.). Die aufgedeckte Fläche scheint Arbeitsraum oder Lagerfläche eines Gewerbegebietes gewesen zu sein. Die zugehörigen Gebäude befanden sich wohl unmittelbar nördlich in einem bereits überbauten Gebiet.

Neuss-Allerheiligen. Eisenzeitliche Urne. 750–500 v. Chr.

Nur 700 m nordwestlich lag ein weiterer römischer Gewerbebetrieb in der Flur „Am Steinacker", von dem die Fundamente ehemals überdachter Werkräume und zweier quadratischer Wohnräume freigelegt wurden. Südlich des Gebäudes wurden ein Brunnen mit Brandschuttverfüllung und Reste von Rennfeueröfen freigelegt, in deren Gruben Holzkohle und Reste der Ofenwände vermischt waren. In einem der Öfen lag eine eiserne Düse. Da keine Schlacken gefunden wurden, dienten sie nicht zum Verhütten von Erzen, sondern zum Schmelzen von Eisen oder anderem Metall. Nicht alle Öfen können mit dem Gebäude zeitgleich sein, zwei Ofenreste befanden sich unter der südlichen Außenmauer. Die Keramik datiert vom 2. bis zum Anfang des 4. Jahrhunderts, die aus dem Brunnen vom Ende des 2. und der 1. Hälfte des 3. Jahrhunderts. Bei dem Gebäude aus dem 3. Jahrhundert handelte es sich vielleicht um eine Schmiede.

Eisenverarbeitendes Gewerbe wurde auch im Südwesten von Allerheiligen im Bereich der mittelalterlichen Wüstung „Auf der Enge" am Prallhang einer alten Norfbachschlinge angetroffen. Eine Hangfläche von rund 200 × 200 m bedeckte ein dichter Scherbenschleier mit Keramik des 10. bis 15. Jahrhunderts. Die ältesten Befunde (zwei Grubenhäuser und Pfostengruben von zwei Langhäusern, einige Umfassungsgräbchen) lagen auf dem hochwassergeschützten Plateau über dem Bachlauf, die Keramik des 14. und 15. Jahrhunderts fand sich hingegen vornehmlich in Ufernähe. Über das Areal verteilt fanden sich Reste von vier runden Rennfeueröfen und einem langovalen Rennfeuerofen, in denen das in der Bachniederung anstehende Raseneisenerz verhüttet wurde. Die archäologischen Untersuchungen in Allerheiligen werden in den nächsten Jahren fortgeführt.

Prospektion und Landschaftsarchäologie in Dortmund

Henriette Brink-Kloke

In den vergangenen fünf Jahren sind der Stadtarchäologie Dortmund fast 100 neue Fundstellen bekannt geworden, so daß sich der Stand gegenüber 1995 von ca. 350 auf ca. 450 erhöht hat. Gelungen ist dies durch die Intensivierung von Prospektionsmaßnahmen, wie Feldbegehungen, Probebohrungen und Suchschnitte. Ebenso führte die Beteiligung der Stadtarchäologie bei den Genehmigungsverfahren für Baumaßnahmen häufig zu baubegleitenden Untersuchungen und dadurch ebenfalls zur Vermehrung der Fundstellenanzahl. Die Verstärkung besonders der Prospektion hat nicht nur die Anzahl der Fundstellen erhöht, sondern letztendlich sogar die Erschließung archäologischer Landschaften ermöglicht. So führten im Dortmunder Westen, am Oespeler Bach, Prospektionsmaßnahmen und Ausgrabungen sowohl zur Entdeckung von Fundstellenkonzentrationen als auch zur Abgrenzung von Fundstellen gegeneinander und zur Feststellung von Freiflächen. Dadurch konnte hier eine von der Zeit der Linienbandkeramik bis in die Gegenwart bewohnte Siedlungskammer festgestellt werden, deren archäologische und archäobotanische Auswertung seit 1999 Gegenstand eines von der Deutschen Forschungsgemeinschaft (DFG) geförderten Projektes ist.

Der Oespeler Bach ist das wichtigste Bindeglied der Siedlungskammer. Er durchfließt das Lößgebiet zwischen den Ortsteilen Oespel und Marten auf einer Länge von ca. 2,5 km von Süd nach Nord. Eine Straße überquert den Bach ungefähr in halber Höhe zwischen den beiden Ortsteilen. Sie ist ein Teilstück des Hellwegs, der wichtigen Verkehrsachse von West nach Ost am Nordrand der Mittelgebirge, die vom Rhein kommend weiter nach Osten führt. Teile des alten Hellwegverlaufes sind in Dortmund-Oespel / Marten ergraben. So ist bekannt, daß er in früher Neuzeit als mindestens 2,5 m tief eingeschnittener Hohlweg zum Oespeler Bach führte. Im Bereich zwischen Dortmund und Soest läßt sich auch indirekt ein Mindestalter des Hellwegs erschließen: Die Langstreifenfluren vom

Dortmund-Oespel. *Älteste Darstellung der topographischen Situation am Oespeler Bach zwischen Oespel und Marten auf dem Urmeßtischblatt von 1839/40. Der Hellweg kreuzt etwa in der Bildmitte von West nach Ost. Die im Text erwähnten Fundstellen sind gerastert (obere Rasterung: Jungsteinzeit und Bronzezeit, untere Rasterung: Römische Kaiserzeit).*

Anfang des Hochmittelalters wurden vom Hellweg aus nach Süden abgemessen, so daß die Straße zu diesem Zeitpunkt schon vorhanden gewesen sein muß.

Dortmund-Oespel. Modell des bronzezeitlichen Friedhofes (Ausschnitt). Die Kreuzung Alter Hellweg / Overhoff-straße (= alte Verbindung Oespel–Marten) ist dunkel gerastert.

Beidseits des Oespeler Baches und beidseits des Hellwegs lagen die vorgeschichtlichen Siedlungen und Friedhöfe, die Thema des Forschungsprojektes sind. Besondere Schwerpunkte liegen dabei auf der Rekonstruktion der Landschaft in der Jungstein-zeit, speziell während der Dauer der Rössener Kul-tur, und der mittleren und jüngeren Bronzezeit, wo sich in der Siedlung und nachfolgendem Friedhof die pflanzlichen Reste unter besonderen Bedingun-gen erhalten konnten. Die Erforschung der erst kürzlich ergrabenen jüngerkaiserzeitlichen Land-schaft ist Thema eines eigenen Beitrags (siehe S. 343 ff.). Den chronologischen Abschluß der Sied-lungskammer am Oespeler Bach bilden Mittelalter und Neuzeit, die in einer Denkmaltopographie er-

faßt werden konnten. Baubegleitende Untersu-chungen bei Baumaßnahmen in archäologischen Verdachtsflächen ermöglichten in den vergangenen Jahren auch zahlreichen Einblicke in eisenzeitliche Siedlungen. Zuvor hatten 1992 die Ausgrabungen in Dortmund-Grevel ein irritierendes Ergebnis er-bracht: Im Gegensatz zur erwarteten Siedlungs-struktur mit Gehöftplätzen, die jeweils ein großes Wohnhauser und kleine Speicherbauten umfaßten, schien diese Siedlung nur aus kleinen Sechs- bis Neunpfostenbauten zu bestehen. Inzwischen ist dieser Befund keine Ausnahme, sondern wohl zu-mindest in Dortmund ein Regelfall. An zahlreichen Plätzen im Stadtgebiet konnten Siedlungsspuren der Eisenzeit nachgewiesen werden, deren Überre-

Dortmund-Innenstadt. Bruchstück einer Gußform aus Ton für Kreuzemailscheibenfibeln. 10. Jahrhundert.

abgerissen werden mußten. Die restliche, südlich gelegene Fläche blieb unbebaut.

Die Ausgrabung ergab, daß der ‚Hinterhof‘ fast vollständig mit Gruben des 12. bis 20. Jahrhunderts durchsetzt war, die sich vielfach überschnitten. Die ältesten Fundstücke sind eine Heiligenfibel und die Gußform einer Kreuzemailscheibenfibel des 10. Jahrhunderts, am jüngsten sind Architekturteile der Wohnhäuser des 19./20. Jahrhunderts. Bei der Gußform handelt es sich um das Fragment einer zur gleichzeitigen Herstellung mehrerer Fibeln gefertigten Form. Vorhanden sind ein vollständiges Negativ einer Kreuzemailfibel mit Gußkanal sowie direkt daneben der Randteil eines weiteren Negatives. Makroskopisch lassen sich nirgends Gießrückstände erkennen, allerdings sind durch starke Hitzeinwirkung besonders im Bereich des vollständig erhaltenen Formnegatives feine Haarrisse entstanden. Die Gußform ist bislang einzigartig.

Das auffälligste Fundstück der Ausgrabung an der Olpe ist aber eine kleine Schiefertafel mit einem eingeritzten Motiv, das sich bislang jeder Deutung,

ste aus kleinen Sechs- bis Neunpfostenbauten, einzelnen Siedlungsgruben sowie fast kreisrunden Gruben von ca. 1 m Durchmesser mit deutlichen Zeichen von Feuer (Holzkohle und z. T. gerötete Wände bzw. Böden) nachgewiesen werden. Typisch scheint auch zu sein, daß die Siedlungsreste jeweils auf einer großen Fläche (5–10 ha) streuen und keine dichte Struktur erkennen lassen.

Eine bauvorgreifende Untersuchung in der Dortmunder Innenstadt an der Straße Olpe ermöglichte erste Einblicke in 800 Jahre Keramikbenutzung in Dortmund. Durch eine Zeitungsmeldung im Januar 1997 wurde der Stadtarchäologie ein Neubauprojekt des städtischen Tochterunternehmens Dortmunder Energie und Wasser bekannt. Das Grundstück gehörte zu einem der mittelalterlichen Wohnhöfe in der südlichen Innenstadt und befand sich spätestens seit dem 17. Jahrhundert im Besitz der Familie Küpfer, die 1564 aus Coesfeld einwanderte. Erst am Ende des 19. Jahrhunderts hatten entlang der Straßenfront Olpe zwei Häuser gestanden, die nach Kriegsschäden in den 1950er Jahren

Dortmund-Oespel. Scheibenfibel mit Hirschdarstellung (Agnus Dei). Einer der ältesten Hinweise auf die mittelalterliche Besiedlung der Siedlungskammer am Oespeler Bach. 10./11. Jahrhundert.

Dortmund-Innenstadt. Schiefertäfelchen mit ungedeuteten Einritzungen. Länge 8 cm. Noch undatiert.

aber auch jeder Datierung entzieht. Sie stammt aus einer frühneuzeitlichen Grube mit zahlreichen Überschneidungen und zeigt einen Baum mit Wurzeln und Astwerk, Teile eines Speichenrades, Sterne und Zeichen unklarer Bedeutung. Bis heute ist es nur gelungen, einige Einzelelemente zu entschlüsseln, die Bedeutung der Bildkomposition ist noch völlig ungeklärt. Erfolglos blieben bislang Versuche, sie in den Bereich der Volkskunde (Weih-

nachtsbaum etc.), Familienkunde (Stammbaum) oder besonderer Religionen einzuordnen.

Alle Ausgrabungen der letzten vier Jahre lieferten wichtige Erkenntnisse und überraschende Funde. Besondere Aufmerksamkeit verdient aber die durch Prospektion und Ausgrabung gewonnene Möglichkeit, Einblicke in die archäologische Kulturlandschaft zu gewinnen.

Roß und Reiter im mittelalterlichen und frühneuzeitlichen Höxter

Andreas König

Die am westfälischen Hellweg gelegene Kreisstadt Höxter ist der kleinen Gruppe von frühmittelalterlichen Zentralorten in Westfalen zuzuweisen und zählt zu den ältesten Städten in Nordwestdeutschland. Die Gründung der Reichsabtei Corvey (822) in unmittelbarer Nachbarschaft des Weserortes sowie dessen Markt- und Münzprivileg (833) haben zum raschen Ausbau der *villa Huxori* geführt, deren Ursprung wahrscheinlich in den ersten Jahrhunderten unserer Zeitrechnung liegt. In den Jahren 1995 bis 1999 hat die Stadtarchäologie Höxter über 20 archäologische Untersuchungen durchgeführt, die vor allem für die früh- und hochmittelalterliche Ortsgeschichte neue Erkenntnisse ergeben. So konnten beispielsweise erstmals Grubenhäuser des 7./8. Jahrhunderts auf dem Grundstück Rodewiekstraße 1 freigelegt werden (1995/96). Der für das Frühmittelalter wichtigste Aufschluß ist sicherlich in der Entdeckung eines ca. 5 m breiten und bis zu 1,9 m tiefen Grabens am südlichen Siedlungsrand zu sehen (1999). Die in der 2. Hälfte des 9. Jahrhunderts angelegte und in der Mitte des 11. Jahrhunderts aufgelassene Befestigung hat anscheinend dem Schutz des 833 privilegierten und in Höxter zu lokalisierenden Marktes gedient. Neue Einblicke in das hochmittelalterliche Handwerk liefern zwei Ausgrabungen der Jahre 1995 und 1998. Auf dem Grundstück Grubestraße 40–44 sind in der Verfüllung eines eingetieften Gebäudes mehrere Tausend Abfallprodukte einer Beinschnitzerwerkstatt des späten 11. Jahrhunderts geborgen worden, ein für diese Zeit in Westfalen und angrenzenden Regionen einzigartiger Befund. Ebenso bemerkenswert sind ein Glasschmelzgefäß und Rohglas auf dem Grundstück Corbiestraße 21, die für die erste Hälfte des 12. Jahrhunderts die Verarbeitung von Holzascheglas im frühstädtischen Milieu anzeigen. Neben den schwerpunktmäßig in der Altstadt durchgeführten Untersuchungen sind Notgrabungen im Bereich der Klosterwüstung tom Roden (1995/96) und Corveys (1996) sowie auf der Brunsburg (1997) anzuführen.

Im folgenden wird ein Überblick über charakteristisches Reitzubehör aus den Altstadtgrabungen der vergangenen zwölf Jahre gegeben. Ergänzt wird die Zusammenstellung durch Funde von der Brunsburg, der Stadtwüstung Corvey und dem Kloster tom Roden, die ebenfalls im Stadtgebiet liegen. Die frühesten Belege für die Pferdehaltung liegen in Form von Knochenfunden aus Siedlungsabfällen des 9. Jahrhunderts vor. In diese Zeit datiert auch der für Westfalen bisher einzigartige Nachweis eines Maultieres. Die wirtschaftliche Bedeutung des Pferdes ist in seiner Nutzung als Reit-, Zug- und Lasttier zu sehen. Daß selbst noch die Kadaver eine gewisse Wertschätzung erfahren haben, führen 1998 geborgene Abfälle einer Beinschnitzerwerkstatt des späten 11. Jahrhunderts vor Augen, unter denen Pferdeknochen überwiegen. Mit Reitpferden in Zusammenhang stehende Bodenfunde lassen sich in Höxter bis in das 10./11. Jahrhundert zurückverfolgen. Hierzu zählen Fragmente von zwei frühen Hufeisen aus der Mitte des 11. Jahrhunderts sowie zwei eiserne Stachelsporen. Ihre Fundstellen liegen bezeichnenderweise an den beiden die Siedlung durchziehenden Trassen des westfälischen Hellweges und in der Nähe der karolingischen St. Kilianikirche. Der ältere, wahrscheinlich noch in das 10. Jahrhundert zu datierende Sporn besitzt nach außen gebogene sowie eingerollte Bügelenden. Das Exemplar aus dem 11. Jahrhundert ist deutlich aufwendiger gestaltet: Bügel und Ösen sind profiliert, die pyramidenförmige Dornspitze weist eine gravierte Rautenverzierung auf. Die ursprüngliche Oberflächenverzinnung hat dem Stück entsprechenden Glanz verliehen und es zusätzlich vor Rost geschützt. Drei weitere eiserne

Höxter. Keramikschüssel mit der Darstellung eines ▷ *Kavalleristen und Reitzubehör (unter anderem Sporen, Steigbügel, Trensenbeschlag, Zaumzeuganhänger und Striegel). 10.–17. Jahrhundert.*

194

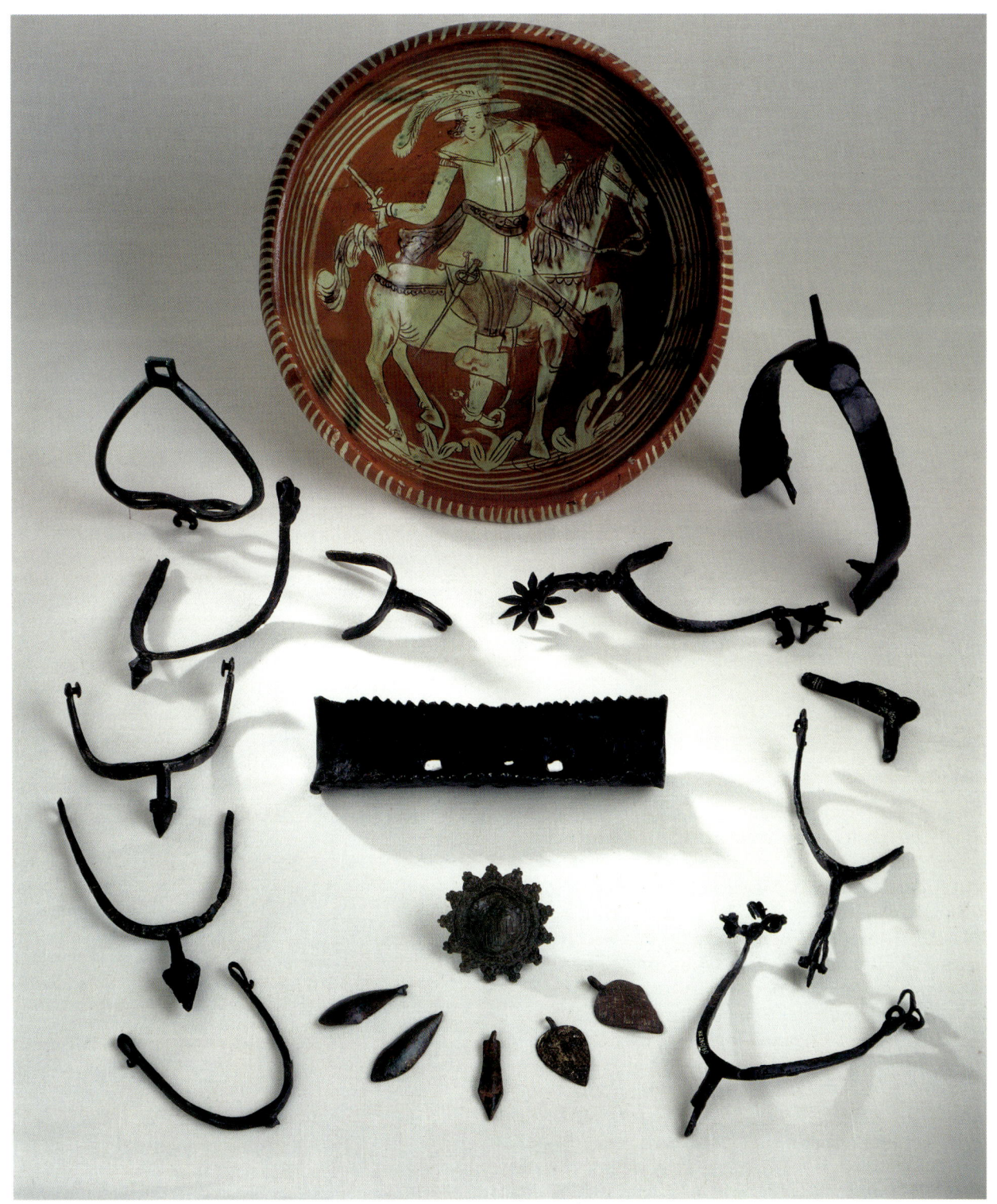

Höxter. Zaumzeuganhänger mit Rautenmuster und Adlerdarstellung aus vergoldeten Kupferlegierungen. 13. und 15. Jahrhundert.

Stachelsporen stammen von Ausgrabungen im Bereich des Klosters tom Roden und auf der corveyischen Landesburg (Brunsburg). Von diesen Fundstücken des 12. und 13. Jahrhunderts weisen zwei geringfügige Reste einer Verzinnung auf. Sind hierbei die einstigen Träger sicherlich im Milieu des Adels und Klerus zu suchen, bleibt bei den älteren Sporen aus Höxter eine Zuweisung ungewiß.

Im 13. Jahrhundert kommt ein neuer Typ des Sporns auf, bei dem der Stachel durch ein bewegliches Rädchen ersetzt wird. Er verdrängt im Laufe des Jahrhunderts zunehmend die ältere Form. Das Fragment eines frühen Beispieles liegt aus der Stadtwüstung Corvey (1265) vor. Dem ausgehenden Mittelalter sind zwei Radsporen aus Höxter zuzuweisen, wobei das einstmals versilberte und demzufolge repräsentativere Stück im Bereich einer Klerikerwohnstätte zutage getreten ist. Weitere Indikatoren für den Besitz von Reitpferden bilden die Funde eines bronzenen Steigbügels aus dem Kloster tom Roden sowie eines eisernen Trensenbruchstückes aus der Stadtwüstung Corvey des 12./ 13. Jahrhunderts. Hinzu treten fünf hoch- und spätmittelalterliche Anhänger aus der Altstadt. Diese in der Regel am Zaumzeug befestigten Zierelemente sind aus Kupferlegierungen gefertigt und zeigen zum Teil noch Spuren einer Vergoldung. Besonders dekorativ erscheint der schildförmige Anhänger des 13. Jahrhunderts mit plastischem Adlermotiv.

Aus dem renaissancezeitlichen Höxter liegen ebenfalls Attribute des Reiters vor. Von dem Grundstück des von-Kanne-Oeynhausenschen Adelshofes, dem bedeutendsten Eigenhof in der Stadt, stammen zwei Radsporen und ein Pferdestriegel aus Eisen. Ferner ist auf einen eisernen Steigbügel und einen aufwendig verzierten, rosettenförmigen Beschlag einer Gebißstange zu verweisen. Das Reitzubehör eines Kavalleristen aus der Zeit des Dreißigjährigen Krieges findet sich auf einem höxterschen Bodenfund wieder, einer Schüssel der regionaltypischen Werraware. Neben Zaumzeug, Sattel mit Pistolentaschen, gezähnten Brust- und Schweifriemen sind Steigbügel sowie Sporen abgebildet. Den besonderen Status des Besitzes von Reitpferden unterstreichen eindrucksvoll die Fundorte der Exponate: Neben Burg und Kloster zählen dazu die von der städtischen Oberschicht bevorzugte Wohn- und Geschäftslagen.

Lit.: M. DOLL, „Im Essen jedoch konnte er nicht enthaltsam sein ...". Fleischverzehr in der Karolingerzeit. In: C. STIEGEMANN / M. WEMHOFF (Hrsg.), 799 – Kunst und Kultur der Karolingerzeit. Karl der Große und Papst Leo III. in Paderborn. Beiträge zum Katalog der Ausstellung Paderborn 1999 (Mainz 1999) 445–449. – A. GELBHAAR, Mittelalterliches und frühneuzeitliches Reit- und Fahrzubehör aus dem Besitz der Kunstsammlungen der Veste Coburg (Hildesheim, Zürich, New York 1997). – R. KOCH, Stachelsporen des frühen und hohen Mittelalters. Zeitschr. Arch. Mittelalter 10, 1982, 63–83. – A. KÖNIG, Bibliographie zur archäologischen Forschung in Höxter und Corvey. Jahrb. Kreis Höxter 1997, 215–227. – S. KRABATH, Die mittelalterlichen Buntmetallfunde aus Höxter und Corvey. Diss. (Göttingen 1999).

‚Unterm Rad' – Ausgrabungen auf dem Parkplatz Stubengasse in Münster

Stephan Winkler

In der Innenstadt von Münster soll der Parkplatz an der Stubengasse im Laufe des Jahres 2000 bebaut werden. Noch bevor die Bagger des Bauherrn aber mit ihrer Arbeit beginnen, hat die Stadt Münster in einer dreiteiligen Kampagne von 1997 bis 1999 das Gelände archäologisch untersucht. Auf der Grundfläche von 6500 m² wurden Reste der historisch überlieferten Bebauung freigelegt, darüber hinaus ergaben die Befunde interessante Details zur Siedlungs- und Sozialgeschichte Münsters.

Münster wurde 793 gegründet, sein Areal erstreckte sich auf dem Domhügel. Schon früh war diese Ansiedlung mit Wall und Graben umgeben. Außerhalb der damaligen Befestigung – auf der Fläche des heutigen Parkplatzes Stubengasse – befanden sich im 9. Jahrhundert der domkapitularische Hof Nerdinck und weiter südlich der bischöfliche Hof Eschhues. Über die Frühzeit der Höfe gibt es bisher noch keine Hinweise, da die Grabungen noch nicht abgeschlossen sind. Hier werden die spätere Bearbeitung und Auswertung des Fundmaterials noch einige Fragen klären können. Zumindest der Hof Nerdinck war von einem Wassergraben umgeben, wie sich nachweisen ließ. Die ältesten Teile dieses Grabens waren fundfrei, da der Graben offensichtlich stets gepflegt wurde, um seine Sicherungsfunktion zu gewährleisten. Nach dem Bau der Stadtmauer ab 1200 lagen beide Höfe im umgrenzten Stadtgebiet. Der Graben wurde danach vernachlässigt und nur noch als Entsorgungsraum genutzt. So konnte eine sehr große Anzahl an Fundstücken geborgen werden, die vom Bau der Stadtmauer um 1200 bis zu der endgültigen Verfüllung des Grabens im Jahr 1744 datieren. Im folgenden Jahr errichtete Johann Conrad Schlaun auf der Parzelle des Hofes Nerdinck das Clemenshospital, das ständig erweitert wurde und schließlich das größte und leistungsfähigste Krankenhaus Münsters war.

Südlich davon, auf dem Areal des Hofes Eschhues, siedelte sich 1619 ein Kloster der Klarissen an. In diese Gebäude zog nach der Auflösung des Klo-

Münster. Stubengasse. Geöffneter Schädel einer Bestattung in Bauchlage. Mitte 18. Jahrhundert.

sters ab 1824 das Große Armenhaus ein. 1926 schließlich war in der Kirche die Universitäts-Hautklinik untergebracht. Das gesamte Areal wurde während eines großen Bombenangriffs am 10. Oktober 1943 völlig zerstört.

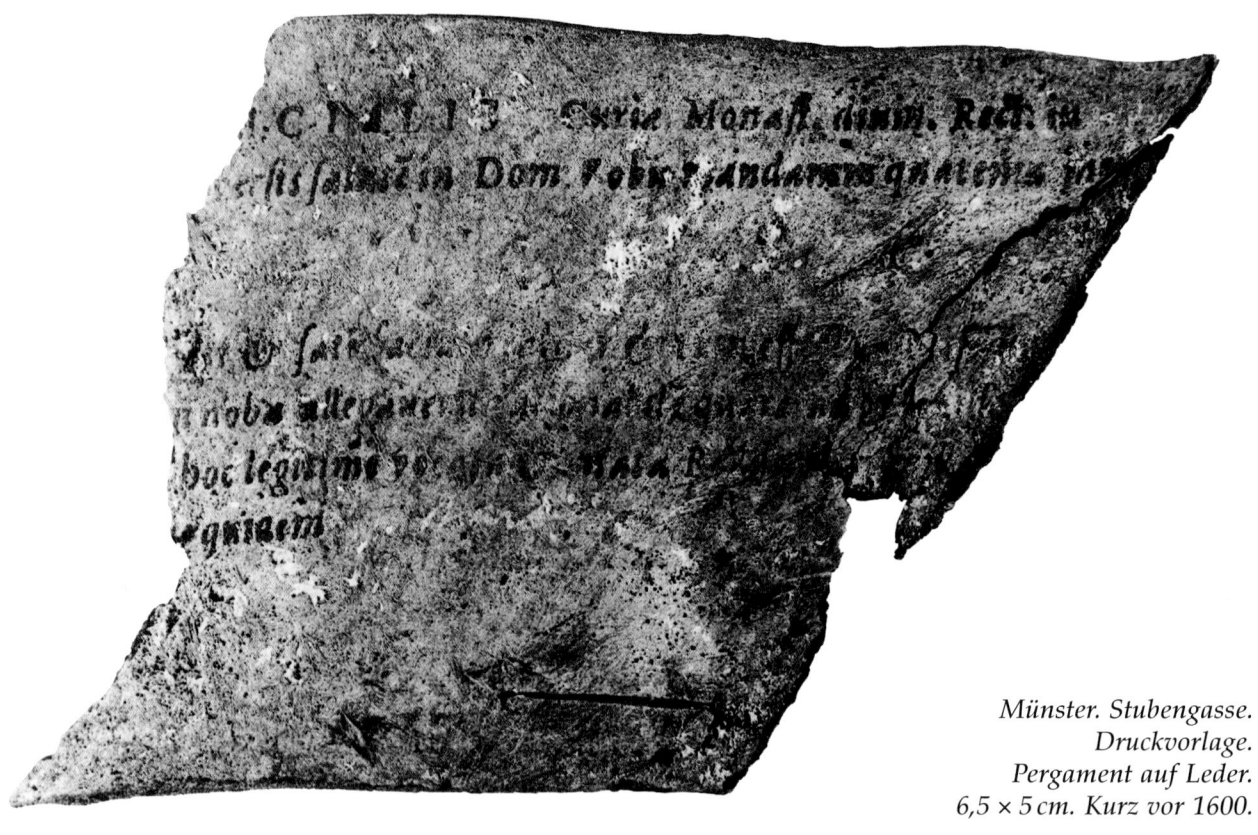

Auf einer mittelalterlichen Hausparzelle außerhalb der beiden Höfe konnte unter anderem ein Ziegelbrunnen untersucht werden, der zur Hälfte auf einem älteren Holzkastenbrunnen aus der Mitte des 14. Jahrhunderts angelegt war. Der Ziegelbrunnen stand auf einem Ring aus Eichenholz, der dendrochronologisch nicht datiert werden konnte. In der Füllung des Brunnens steckte aber ein besonderer Fund: ein lateinisch bedrucktes Stück Pergament, das auf Leder aufgebracht ist. Es handelt sich um eine Druckvorlage (Mater) für ein Formular (Zitation) des bischöflichen Gerichts. Diese Vorlage war wohl bei dem Drucker Lambert von Raesfeld (1567–1617) in Gebrauch. Das Stück datiert kurz vor 1600 und ist sehr gut erhalten. Es wird ungeklärt bleiben, wie die Mater aus der ca. 800 Meter entfernten Werkstatt Lamberts in den Brunnen an der Stubengasse gelangte.

Auch die Deutung eines weiteren Befundes steht noch aus. In einer von Ost nach West gerichteten Grube mit den Kantenlängen 2,30 m und 0,60 m fanden sich 77 Eichenbalken, die waagerecht in der gesamten Tiefe der Grube von 1,70 m ordentlich aufeinander geschichtet und sehr eng gestapelt waren. Diese stammen alle aus einer Fachwerkkonstruktion und sind teilweise auf die Grubenmaße zugesägt worden. Die Balken wurden zwischen 1556 und 1571 / 72 gefällt. Weiter fand sich in dieser Grube eine zerbrochene Oblatenform, auf der die Versuchung Jesu durch den Teufel und die Vertreibung der Händler aus dem Tempel abgebildet sind. Das dunklere Bruchstück befand sich auf dem

Münster. Stubengasse. Oblatenform und (moderner) Abdruck. Versuchung Jesu durch den Teufel und die Vertreibung der Händler aus dem Tempel. Um 1500.

Grund der Grube, der hellere Teil lag 1,70 Meter höher auf dem Balkenstapel auf. Das letzte Fragment der Oblatenform wurde nicht gefunden. Ob die Niederlegung der Bruchstücke in dieser Form absichtlich erfolgte und wie das Vergraben der durchweg gut erhaltenen Balken zu deuten ist, wird noch weiter zu untersuchen sein.

Überraschend war auch eine größere Anzahl von Bestattungen, die auf dem Gelände des Hofes Nerdinck, weit außerhalb des Klarissenklosters, freigelegt wurde. Auf einer Grundfläche von 6 × 8 m wurden in fünf Schichten 50 Skelette angetroffen, die von Ost nach West, aber auch von Nord nach Süd gerichtet lagen. Naturwissenschaftliche Untersuchungen legen den Zeitpunkt der Bestattungen in die Mitte des 18. Jahrhunderts. Zumindest an einem Körper waren anatomische Untersuchungen vorgenommen worden. Der Schädel war geöffnet, und die abgetrennte Schädeldecke wurde im linken Brustbereich aufgefunden. Das Skelett war von Nord nach Süd orientiert und in Bauchlage niedergelegt worden. Die fachmännischen Eingriffe machen einen Zusammenhang mit dem Clemenshospital sehr wahrscheinlich. Da es keinerlei archivalische Überlieferungen zu einer Bestattungstätigkeit an dieser Stelle gibt, konnte die Archäologie hier ein bisher unbekanntes Detail zur Stadtgeschichte hinzufügen.

Stadtarchäologische Grabungen in Soest

WALTER MELZER

Neben vielen Baustellenbeobachtungen und den umfassenden Ausgrabungen im ehemaligen Kloster Paradiese konnten weitere größere Untersuchungen in Soest durchgeführt werden. Westlich der karolingisch-ottonischen Befestigung von Soest wurde vom Herbst 1997 bis Ende 1998 auf dem Gelände Rosenstraße 1 ein teilweise unterkellertes, großes Fachwerkgebäude aus dem Spätmittelalter aufgedeckt. Aus der Verfüllung eines 6,4 × 6,4 m großen Steinkellers stammt unter anderem umfangreiches keramisches Kücheninventar des 16./ 17. Jahrhunderts, das nach einer Zerstörung des Hauses, wahrscheinlich im Dreißigjährigen Krieg, dort einplaniert wurde. Ein prägefrischer Golddukaten von 1639 mag den genauen Zeitpunkt dieses Ereignisses widerspiegeln. Bemerkenswert sind aus dem Zerstörungsschutt auch noch 16 z. T. vollständig erhaltene Model aus oxidierend gebranntem Ton. Die Model, die für die Herstellung von Gebäck gedient haben dürften, haben eine runde bis ovale Form, einen Durchmesser von 2,5 bis 10 cm und weisen durchweg figürliche Motive auf. Aus der Verfüllung einer zugehörigen steinernen Kloake konnten u. a. rund 70 vollständig erhaltene sowie ca. 200 zerscherbte kleine Glasfläschchen des 18./19. Jahrhunderts geborgen werden, die zum Inventar einer Apotheke oder zum Besitz eines Arztes gehört haben dürften.

Die karolingerzeitlichen und hochmittelalterlichen Bebauungsspuren, welche sich schon auf der naheliegenden Grabung Burgtheaterparkplatz gezeigt hatten, konnten auch in der Rosenstraße 1 weiter verfolgt werden. Besonders deutlich zeichneten sich ein großer Pfostenbau mit Steinwerk des frühen 13. Jahrhunderts sowie ein karolingisches Parzellensystem in Form von kleinen Spitzgräben ab. Als interessanter Befund darf der Arbeitsraum eines Glockengießers angesehen werden. In dem ca. 1 m tiefen, 6,2 × 3 m großen Raum fanden sich in der Mitte, über einem 4,9 m langen Heizkanal, die verstürzten Reste einer Ofenkonstruktion aus Lehm und die stark verziegelten Teile eines töner-

nen Glockenmodels mit dazugehörendem Formmantel. Das ca. 5 cm dicke Tonmodel ist zu ungefähr 80 % erhalten; es fehlen Rand und Krone, so daß sich bei der Restaurierung eine Größe für die Glocke mit ca. 50 cm Durchmesser und einer erhaltenen Höhe von 65 cm ergab. Die Form der Glocke, die Herstellungstechnik sowie Keramik aus der Verfüllung der Glockengußgrube ermöglichen eine Datierung in das 12. Jahrhundert. Bei der Bearbeitung des Befundes und der Funde zeigte es sich, daß auch große Reste eines älteren Glockengusses (Durchmesser der Glocke ca. 1,4 m) vorhanden sind.

Die bevorstehende Neubebauung des Areals um das abgebrochene Soester Hallenbad führte Ende 1996 zu einer ersten Ausgrabung in diesem Bereich. Das Gelände liegt an der Nordost-Ecke der karolingisch-ottonischen Befestigung, die durch die vorgelagerten Quellen, die heute noch im Großen Teich und unter dem Parkstreifen an der Wiesenstraße kräftig sprudeln, und den vorbeifließenden Kützelbach eine zusätzliche natürliche Begrenzung erfuhr. Die Untersuchungen erbrachten interessante Ergebnisse zur mittelalterlichen Topographie. Etwa 2 m unter der heutigen Oberfläche steht massiver Fels an, der nach Westen leicht abfällt und eine natürliche Kante bildet. Davor finden sich mächtige Lehmpakete eines Wasserlaufes bzw. einer Niederung. Dendrochronologisch datierte Holzpfähle deuten auf eine künstliche Uferbegrenzung in der 2. Hälfte des 12. Jahrhunderts hin. Es steht fest, daß etwa um 1200 das feuchte Gelände aufgefüllt wurde. Kulturschutt mit zahlreichem Fundmaterial des 10.–12. Jahrhunderts wurde in die Niederung gekippt, um das Gelände zu entwässern und das Bachbett stark einzuengen. Etwa 1,5 m unter der heutigen Oberfläche ließen sich über der

Soest. Rosenstraße. Glasfläschchen und Apothekerabgabegefäße aus einer Kloake. 18./19. Jahrhundert. ▷

Soest. Rosenstraße. Ausgrabung einer Glockengußgrube. 12. Jahrhundert.

Verfüllung Siedlungsreste nachweisen. Mindestens zwei Hausgrundrisse des 13. Jahrhunderts mit rechteckigen Feuerstellen gehören zu Fachwerkhäusern, von denen sich eines durch zusammengefallene, verbrannte Flechtwerklehmwände im Boden gut abzeichnete.

Vor der Neubebauung des Grundstückes Grandweg 39 – teilweise auf dem Gelände des ehemaligen, 1233 gegründeten Franziskaner-Minoritenklosters – erbrachte die Grabung den Grundriß eines karolingerzeitlichen Grubenhauses und Siedlungsspuren des 12./13. Jahrhunderts. In das Hochmittelalter kann auch die Errichtung eines rechteckigen Gebäudes datiert werden, dessen 3 m breiter Steinkeller auf einer Länge von 4,2 m und bis in eine Tiefe von 3 m freigelegt werden konnte, ohne

daß ein Ende bzw. ein Fußboden erreicht wurde. Aus mehreren Abfallgruben aus der Bauzeit des Klosters wurden neben Speiseabfällen und Keramikfragmenten große Mengen von Eierschalen geborgen. 99 freigelegte Gräber belegen die Nutzung des Geländes im Spätmittelalter als Klosterfriedhof.

Der für das Jahr 2000 angesetzte Bau einer Turnhalle auf dem Gelände des Plettenberges, einem natürlichen kleinen Lößrücken, erforderte 1995 und 1999 archäologische Untersuchungen. Zentral auf dem Platz wurde ein mächtiges Gebäude angeschnitten. Es handelt sich um einen 13 m breiten, von West nach Ost gerichteten Rechteckbau, der im Westen auf einer Länge von 7,5 m unterkellert war. Auf die Kellersohle führen zwei an die beiden Längswände angebaute Steintreppen hinab. Zu diesem Gebäude gehört eine große Abfallgrube von je 5 m Durchmesser und Tiefe, außerdem ein offenbar nicht verschalter Erdkeller von 3 m Breite und mindestens 4,5 m Länge, dessen Überbau, wahrscheinlich ein Holzgebäude, jedoch keine Spuren hinterlassen hat. Das zu Beginn des Spätmittelalters errichtete Haus ist spätestens zu Anfang des 19. Jahrhunderts abgebrochen worden. Ob dieses Areal mit der Familie von Plettenberg in Verbindung zu bringen ist, die nach schriftlichen Quellen ihren Patriziersitz in Soest hatte, werden vielleicht archivalische Untersuchungen klären können.

Unter den seit dem Spätmittelalter nicht mehr überbauten Flächen konnten sich die Spuren aus karolingischer bis ottonischer Zeit hervorragend erhalten. Neben den Pfostengruben ebenerdiger Häuser sind 15 Grubenhäuser, meist vom Sechspfostentyp, aufgedeckt worden. Viele Bruchstücke von Schmelztiegeln sowie zahlreiche Schlackenreste belegen eine intensive Buntmetallverarbeitung vor Ort. Nachdem 1989 am Isenacker unter großem Zeitdruck ein Areal mit intensiver Eisenverarbeitung entdeckt worden ist, konnte auf dem Plettenberg nun ein weiteres Handwerkerquartier für die Metallverarbeitung ergraben werden.

Neben einem Grubenhaus mit Fundmaterial des 4. nachchristlichen Jahrhunderts fanden sich zur großen Überraschung auf der Hügelkuppe auch zwei Gruben mit einem reichhaltigen Fundspektrum von Keramik der vorgeschichtlichen Bandkeramischen Kultur (Stufe Flomborn) und machen so den Plettenberg auch zum ältesten jungsteinzeitlichen Fundplatz innerhalb des Soester Stadtgebietes.

Einmal mehr zeigen die vielfältigen Befunde, daß durch die kontinuierlichen Untersuchungen der Soester Stadtarchäologie neue, bisher unbekannte Strukturen der Stadtentwicklung aufgedeckt und für die Nachwelt dokumentiert werden konnten.

Miniatur aus dem Soester Nequam-Buch von 1315. Einäscherung eines Hauses.

Lit.: W. MELZER, Stadtarchäologie in der westfälischen Hansestadt Soest. Ein Überblick. Zeitschr. Arch. Mittelalter 23–24, 1995–96, 3–39. – DERS., Soest zur Karolingerzeit. In: CH. STIEGEMANN / M. WEMHOFF (Hrsg.), 799 – Kunst und Kultur der Karolingerzeit. Karl der Große und Papst Leo III. in Paderborn. Beiträge zum Katalog der Ausstellung Paderborn 1999 (Mainz 1999) 365–373.

Archäologische Bodendenkmalpflege im Kreis Lippe

Elke Treude

Auch in den vergangenen fünf Jahren mußte das Lippische Landesmuseum, Abteilung Bodendenkmalpflege, im Rahmen der ihm übertragenen Aufgaben zahlreiche Baumaßnahmen archäologisch begleiten sowie Fundmeldungen ehrenamtlicher Helfer überprüfen und auswerten. Zu den ältesten untersuchten Objekten zählen der Lesefund eines Faustkeils aus Basalt und der einer Spitze aus Feuerstein. Der Faustkeil aus dem Jung-Acheuleen wurde bei Ausschachtungsarbeiten für ein Mehrfamilienhaus entdeckt, während die aus der mittleren Altsteinzeit stammende Spitze bei der systematischen Begehung eines ackerbaulich genutzten Feldes stammt. Regelmäßig betreut werden auch die vielen Kies- und Sandgruben im Kreis Lippe, die häufig wichtige Aufschlüsse liefern. So konnten in der Erweiterungsfläche einer Kies- und Sandgrube in Lage-Müssen über zwei Jahre archäologische Untersuchungen durchgeführt werden. Durch eine erste Probegrabung, bei der mit Hilfe eines Schlagbohrstockes in einem regelmäßigen Raster Bohrungen durchgeführt wurden, ließen sich drei Bereiche eingrenzen, in denen sich Feuersteinartefakte, Holzkohle und Keramik konzentrierten. Die flächige Ausgrabung erbrachte keine weiteren Befunde, die Auskunft über den vermuteten jungsteinzeitlichen Siedlungsplatz hätten liefern können. Hier ist es notwendig, den Abbau und mögliche Erweiterungen der Abbauflächen regelmäßig zu kontrollieren. Aus der Kiesgrube Rescha in Lage-Müssen konnte bei Begehungen das Fragment eines bronzenen Kurzschwertes vom Typ Sögel – etwa 1600 v. Chr. – geborgen werden.

Auch die Untersuchungen eines Gräberfeldes der jüngeren vorrömischen Eisenzeit in Lage-Müssen ist auf die Erweiterung einer Kiesgrube zurückzuführen. Im Sommer 1996 wurde dafür eine ca. 3000 m² große Fläche planmäßig archäologisch untersucht. In dem vorher landwirtschaftlich genutzten Areal am westlichen Rand der Kiesgrube Rescha konnten bereits 1989/90 sechs Urnenbestattungen und ein Körpergrab festgestellt werden.

Lage-Müssen / Kreis Lippe. Fragment eines bronzenen Kurzschwertes. Ca. 1600 v. Chr.

Lage-Müssen / Kreis Lippe. Freilegen einer Urnenbestattung. Jüngere vorrömische Eisenzeit.

Bislang wurden im Bereich dieser Kiesgrube 15 ha Fläche beobachtet und partiell ausgegraben. Bei der Grabung 1996 konnten insgesamt 13 Brandschüttungen dokumentiert werden, die sich in länglichen, gelegentlich auch runden Gruben von bis zu 2,7 m Länge und 1,6 m Breite befanden. Soweit feststellbar, lagen überwiegend Orientierungen von Südosten nach Nordwesten vor. Neben den Brandschüttungen ließen sich noch Reste von sieben beigabenlosen Körpergräbern erkennen, die aufgrund ihrer Orientierung und ihrer Nähe zur bekannten Wüstung „Retlage" in die Zeit des 10.–12. Jahrhunderts datiert werden dürften. Hier hatte eine intensive Überackerung bereits stark in die Substanz der Befunde eingegriffen. Das Fundmaterial des Brandgräberfeldes der Mittel- und Spätlatènezeit setzt sich aus dem Fragment eines Glasarmringes, einer mittellangen Glasperlenkette, Fibeln, einem Lochgürtelhaken, Keramik und technischen Eisenfragmenten zusammen.

Neben Kies- und Sandabbau gefährden auch andere Baumaßnahmen unser archäologisches Kultur-

gut. So wurden beim Anlegen eines neuen Waldwirtschaftsweges Teile einer eisenzeitlichen Ringwallanlage gestört – die Bodendenkmalpflege konnte nur noch im Rahmen von Schadensbegrenzung tätig werden. Beim Bau der Umgehungsstraße B 238n in Lemgo wurde Dank frühzeitiger Absprache zwischen Straßenbauamt und Amt für Bodendenkmalpflege in mehrmonatigen Kampagnen von 1997 bis 1999 auf ca. 3500 m² eine Siedlung der späten Eisenzeit und frühen römischen Kaiserzeit ausgegraben. Dabei konnten zwei Grubenhäuser mit Maßen von 3,0 × 3,5 m, ein Sechspfostenspeicher, Reste von zwei nicht näher bestimmbaren größeren Pfostenbauten und mehrere Abfall- bzw. Vorratsgruben freigelegt werden. Stratigraphische Befunde oder sonstige Überschneidungen von Baustrukturen liegen nicht vor, so daß die Siedlung als einphasig angesehen werden muß.

Auf einer Bachterrasse in Lage-Müssen, die überwiegend jungsteinzeitliches Fundmaterial geliefert hat, wurde bei Begehungen durch einen ehrenamtlichen Mitarbeiter eine goldene Münze mit arabi-

Lemgo / Kreis Lippe. Ausgrabung einer Siedlung der späten Eisenzeit und frühen römischen Kaiserzeit. 3. Jahrhundert v. Chr. bis 2. Jahrhundert n. Chr.

scher Schrift entdeckt und dem Lippischen Landesmuseum, Abteilung Bodendenkmalpflege, zur Verfügung gestellt. Eine Untersuchung im Münzkabinett des Westfälischen Landesmuseums für Kunst und Kulturgeschichte und an der Forschungsstelle für islamische Numismatik in Tübingen ergab, daß es sich höchstwahrscheinlich um eine Imitation eines Dinars des Kalifen Al-Mansur (754–775 n. Chr.) handelt. Lötspuren auf der Rückseite deuten auf eine Zweitverwendung als Fibel hin.

Neben den ur- und frühgeschichtlichen Objekten nimmt mit den Sanierungsmaßnahmen innerhalb der historischen Städte und der Schließung alter Baulücken die Betreuung von mittelalterlichen und neuzeitlichen Befunden zu. Dabei sind es z. T. kleinere baubegleitende Projekte wie die Untersuchung in einem zur Sanierung anstehenden Haus in Detmold. Dort konnten ein Gewölbekeller und ein spätmittelalterlicher bis frühneuzeitlicher Brunnen dokumentiert werden. Die archäologischen Befunde wurden bei der Neugestaltung des Hauses mit eingebunden. Umfangreichere archäologische Maßnahmen erforderten die Sanierungsarbeiten auf

Burg Sternberg, einer Höhenbefestigung, deren erster urkundlicher Nachweis aus dem Jahre 1243 stammt, als sich Edelherr Heinrich von Schwalenberg auf seinem Siegel als Graf von Sternberg benannte. 1996 konnten erste archäologische Untersuchungen im Bereich der Unterburg durchgeführt werden. Neben neuzeitlichen Bebauungsspuren wurden Füllschichten mit Keramik des 13. bis 15. Jahrhunderts freigelegt. Die weiteren archäologischen Untersuchungen und die Sanierungsmaßnahmen konzentrierten sich auf die Hauptburg. Neben neuen Erkenntnissen zur Baugeschichte der bestehenden Anlage wurden Reste einer älteren Bebauung festgestellt, die das bislang angenommene Gründungsdatum der Burg (um 1240) ins 12. Jahrhundert vorverlegt. Älteste Siedlungsspuren waren ein Lehmestrich und ein Grubenhaus, die beide durch Feuer zerstört worden sind. Aus dem Grubenhaus wurden zwei Proben des verkohlten Holzes geborgen und im ^{14}C-Labor des Institutes für Ur- und Frühgeschichte der Universität Köln analysiert. Die Ergebnisse datieren das Grubenhaus in einen Zeitraum zwischen ca. 1050 und ca. 1205.

Für die Realisierung eines Bauvorhabens in der Detmolder Altstadt wurde, in enger Zusammenarbeit mit dem Westfälischen Museum für Archäologie, Amt für Bodendenkmalpflege, Fachreferat Mittelalter-Archäologie, das unter Bodendenkmalschutz stehende Gelände in den Jahren 1997–1998 archäologisch untersucht. Dabei konnte eine Vielzahl unterschiedlicher Befunde, z. B. eine mehrphasige Wohnbebauung, zwei Kloaken und ein Ofen, freigelegt werden, von denen die ältesten bis ins 13. Jahrhundert zurückreichen.

Ein Neubauvorhaben des Westfälischen Freilichtmuseums auf den terrassierten Flächen der ehemaligen barocken Gartenanlage der Grafen zur Lippe in Detmold-Friedrichstal erforderte eine mehrjährige archäologische Untersuchung. Nach der Umformung des barocken Gartens zu einem Garten im englischen Stil um 1770 wurden die ehemals vorhandenen Balustraden, Putten und Fontänen verkauft sowie Mauern teilweise abgebrochen. Eine Flächengrabung konnte allerdings noch Einzelheiten zur Struktur und Bepflanzung dokumentieren. Durch die Freilegung bislang unbekannter Böschungsmauern, Treppenanlagen, Wasserbassins und Wegeführungen sowie der Reste von Holzwasserleitungen wurde eine detaillierte Rekonstruktion des barocken Gartens möglich. Pollenanalysen aus den wieder freigelegten barocken Pflanzgräben lassen sogar Rückschlüsse auf die Bepflanzung des Gartens zu. Die Gartenanlage selbst gehört in eine großangelegte Gesamtkonzeption der Grafen zur Lippe. Dazu zählten neben der auf drei Terrassen angelegten Gartenanlage mit Wasserspielen die Kanalisierung der Berlebecke zwischen dem Residenzschloß und der Gartenanlage in Friedrichstal, eine Insel mit vier massiven Türmen, eine Grotte (heute Mausoleum) und eine Orangerie. Damit sollte eine repräsentative Verbindung zwischen Schloß und Gartenanlage geschaffen werden.

Nicht unerheblich ist auch die Beeinträchtigung archäologischer Kulturgüter durch die landwirtschaftliche Nutzung. Beackerungs- und Erosionsschäden führten 1999 zur Untersuchung der Wüstung Hiddenhusen. Schon seit einiger Zeit wurden durch ehrenamtliche Mitarbeiter unverhältnismäßig viele Oberflächenfunde geborgen, was darauf schließen ließ, daß der Pflug auf bislang

Lage-Müssen / Kreis Lippe. Gefälschter Dinar des Kalifen Al-Mansur (754–775).

ungestörte archäologische Schichten stieß. Um einen weiteren undokumentierten Verlust an archäologischer Substanz zu verhindern, sollen durch eine Flächengrabung die noch erhaltenen Befunde freigelegt und dokumentiert werden. Der zur Wüstung gehörende Friedhof wurde schon in Ausschnitten untersucht, wobei die anthropologische Untersuchung der Skelette ein fast ausgeglichenes Geschlechterverhältnis der erwachsenen Individuen ergab.

Die angesprochenen Ausgrabungen können nur einen Ausschnitt aus dem vielfältigen Tätigkeitsfeld eines Bodendenkmalpflegeamtes darstellen. Dabei zeigte sich wieder, daß es nicht immer nur die größeren Projekte waren, welche die interessantesten Ergebnisse lieferten. Alle Arbeiten dienen in erster Linie der Sicherung bzw. Erhaltung unserer archäologischer Quellen und, sollte dies nicht möglich sein, ihrer Dokumentation.

Lit.: W. Ebel-Zepezauer / D. Ackermann-Grünewald, Das Gräberfeld der jüngeren vorrömischen Eisenzeit von Lage-Müssen, Kreis Lippe. In: Bodenaltertümer Westfalen (im Druck). – W. Ebel-Zepezauer, Die Siedlung der späten Eisenzeit und frühen Römischen Kaiserzeit von Lemgo, Kreis Lippe. Lipp. Mitt. Gesch. u. Landeskde. (im Druck). – Neujahrsgruß 1995. Jahresbericht für 1994 des Westfälischen Museums für Archäologie, Amt für Bodendenkmalpflege, Münster, und Altertumskommission für Westfalen (Münster 1994) 55–56. – Ebd. 1997 (Münster 1996) 56–57. – Ebd. 1998 (Münster 1997) 97–98. – Ebd. 1999 (Münster 1998) 75. – M. Salesch / F. Huismann, Burg Sternberg. Westfalen (im Druck).

Landschaftsbild aus der Trias-Zeit. Von solchen Reptilien (Rhynchosauroides peabodyi) könnten die Fuß- und Handabdrücke in Borgholzhausen / Kreis Gütersloh stammen. Vor ca. 240 Millionen Jahren.

ERDGESCHICHTE

Wülfrath / Kreis Mettmann. Megaspore aus der unterkreidezeitlichen Höhlenfüllung. Die Spore ist im Bereich der Dreiecksmarke und des Äquators mit einem breiten, stark gefurchten Saum versehen. Aufnahme mit dem Raster-elektronenmikroskop. Vergrößerung 293fach. Vor 120 Millionen Jahren.

Neue Fischfunde aus der Oberkreide des Teutoburger Waldes

Lothar Schöllmann

Umfangreiche Fischfaunen, die in kompletter Skeletterhaltung vorliegen, sind aus der Oberkreide nur von wenigen Fundorten bekannt. Aus dem Campan (ein Zeitabschnitt der Kreide; vor 83–74 Millionen Jahren) des Münsterlandes wurde eine solche einzigartige Fauna beschrieben. Weitere berühmte Fundpunkte von vollständigen Fischen in der Oberkreide liegen in Großbritannien und im Libanon. In den letzten Jahren sind in der schwarzbunten Wechselfolge (Cenoman-Turon-Grenze, vor ca. 90,4 Millionen Jahren) im Teutoburger Wald an verschiedenen Lokalitäten Fischfunde getätigt worden. In den meisten Fällen handelt es sich um Relikte von Fischen bzw. um isolierte Reste, wie Zähne und Schuppen. Im Wasser treibende Fischleichen zerfallen sehr schnell, und die Skelettelemente werden über eine große Fläche verstreut. Zu Boden gesunkene Fischleichen werden häufig von Aasfressern, wie z. B. Krebsen, zerstört. Die besonderen Bedingungen, die die Erhaltung vollständiger Fische ermöglichten, waren Sauerstoffmangel am Meeresboden und eine rasche Überdeckung mit Sediment. In einer Schichtenfolge von Schwarzschiefern gelang einem Fossiliensammler der Fund eines Teilskeletts des Haies *Ptychodus decurrens*, von dem bisher nur isolierte Zähne bekannt waren. Mit diesem Fund, der noch 15 Wirbel, einen Flossenstachel, ein nahezu vollständiges Gebiß und große Teile der Haut mit den Plakoidschuppen besitzt, ist erstmals die verwandtschaftliche Stellung dieser Art klärbar. Dieser Fund befindet sich inzwischen als Eigentum im Westfälischen Museum für Naturkunde.

In Zusammenarbeit mit dem Lehrstuhl für Paläontologie der Universität Münster und dem Westfälischen Museum für Naturkunde wurden in einem Steinbruch bei Halle / Westfalen Grabungen durchgeführt, in deren Verlauf in mehreren Schichten unter anderem Fische geborgen werden konnten. Die Funde, die uns 1999 übergeben wurden, bestehen aus Haien, die in der Kreidezeit schon Ähnlichkeit mit den heutigen Formen besaßen, aus echten Knochenfischen und Knochenschmelzschuppern. Die echten Knochenfische (unsere heutigen Süß- und Meerwasserfische) tauchten in der Kreidezeit erstmalig in größerer Zahl auf. Bei den Knochenschmelzschuppern handelt es sich um eine Übergangsgruppe zwischen einer urtümlicheren Fischgruppe (Knorpelschmelzschuppern) und den echten Knochenfischen. Die Knochenschmelzschupper werden in der aktuellen Systematik nicht mehr als eine eigene Gruppe behandelt. Bei den vorliegenden Fossilien wird dies der Einfachheit halber aber noch so gehandhabt. Da die Stücke zur Zeit erst unpräpariert vorliegen, kann ein Exemplar noch nicht exakt bestimmt werden. Es handelt sich um einen hochrückigen, seitlich abgeflachten Knochenfisch mit großen Augen. Das Exemplar könnte zur Gruppe der Echten Schleimköpfe gehören, einer Fischgruppe, die seit dem Jura (d. h. seit ca. 208 Millionen Jahren) existiert. Diese Fische besitzen eine aus harten Strahlen bestehende Rückenflosse. Der Lebensraum der heutigen Echten Schleimköpfe ist die Tiefsee. Von *Protosphyraena*, einem Dickrumpffisch aus der Gruppe der Knochenschmelzschupper, dessen Vorkommen auf die Oberkreide beschränkt ist, liegen zahlreiche isolierte Reste von Fundpunkten in Europa, Asien, Nord- und Südamerika vor. Es handelt sich bei dieser Form um große Fische mit einem langen, schmalen Schädel, der in ein kräftiges, langes Rostrum übergeht. Die Brustflossen dieser Tiere sind schmal und sichelförmig. Der Vorderrand der Flossen besitzt zahnartige Vorsprünge. Das vorliegende Exemplar von *Protosphyraena* scheint nach dem Stand der Präparation nahezu vollständig zu sein. Dieses Fossil ist damit weltweit das bisher besterhaltene Exemplar dieser Art. Die kräftigen, nach vorn gerichteten Zähne weisen diese Fische als Jäger aus. Eine mögliche Funktion des Rostrums kann vielleicht von den heutigen Schwertfischen abgeleitet werden. Der Schwertfisch benutzt sein Rostrum beim Durchstoßen von Fischschwärmen zum Abdrängen und Aufspießen von Beutefischen.

Steinbruch Hesseltal / Kreis Gütersloh. Raubfisch aus der Gruppe der Knochenschmelzschupper (Protosphyraena sp.). Erstes nahezu vollständig erhaltenes Exemplar dieser Gattung. Maßstab in cm. Vor 83–74 Millionen Jahren.

Zur Klärung der nach heutigen Maßstäben unge-wöhnlichen Verbreitung der vorgestellten Fische muß die Geographie der Kreidezeit herangezogen werden. Im Laufe der Kreide war ein weltweiter Anstieg des Meeresspiegels zu verzeichnen. In der Oberkreide erreichte der Meeresspiegel den höch-sten Stand in der Erdgeschichte, dabei wurden die Kontinente großflächig mit marinen Ablagerungen bedeckt. Die vorherrschende Erscheinung in der Geographie der Kreide war eine große Tethys, ein breites, im Bereich des Äquators und damit im tro-pischen Klimabereich gelegenes Mittelmeer. Kleine Reste dieses Meeres sind das heutige Mittelmeer, das Schwarze und das Kaspische Meer. Westfalen lag im Bereich des Nordseebeckens, das in der Oberkreide wesentlich weiter nach Süden reichte als heute. Gegen die Tethys wurden diese Räume durch Landschwellen begrenzt, wie z.B. die Rhei-nische Masse. Diese Konstellation bot den verschie-denen Fischgruppen ideale Möglichkeiten zur Aus-breitung. Im Gebiet des heutigen Teutoburger Waldes befand sich die Osning-Vortiefe, in der zu-mindest zeitweise größere Wassertiefen erreicht wurden, womit die Anwesenheit von Fischen des tieferen Wassers erklärt ist. An der Grenze Cenoman–Turon kam es weltweit zur Bildung von Schwarzschiefern. Diese Schwarzschiefer bildeten sich unter sauerstoffarmen Bedingungen, die jegli-ches Leben am Meeresboden unmöglich machten, dadurch blieben die Fischleichen vor Zerstörungen bewahrt.

Lit.: G. Arriata / P. Lamber, The caudal skeleton of pachycormi-formes: Parallel evolution ? In: G. Arriata / G. Viohl (Hrsg.), Mesozoic Fishes (München 1996) 191–218. – C. Diedrich, Die Fauna, Paläoökologie, Taphonomie sowie Stratigraphie und Fa-zies der Großammoniten-Kolktaphozönosen des *Puzosia*-Event (Obercenoman) von Halle / Westfalen (Nordwestdeutschland) 2 Bd. Unveröff. Diss. Münster 1999. – A. Müller / L. Schöll-mann, Neue Selachier (Neoselachii, Squalimorphii) aus dem Campanium Westfalens. N. Jahrb. Geol. Pal., Abh., 178, 1–35 (Stuttgart 1989). – A. Müller, Ein artikulierter Fund von *Ptycho-dus* aus dem Obercenoman von Westfalen. Geol. u. Paläontol. Westfalen (im Druck).

Paläontologische Grabungen in der ehemaligen Ziegeleigrube Hagen-Vorhalle

Lothar Schöllmann

Die Ziegeleigrube Hagen-Vorhalle ist durch die Funde der ältesten vollständigen Fluginsekten zu Berühmtheit gelangt. Während der Grabungskampagnen in den Jahren 1990–1997 konnten ca. 16 000 Fossilien, darunter 147 Insekten bzw. Insektenreste, geborgen werden. Die in der Ziegeleigrube aufgeschlossenen Gesteine werden nach der Lokalität als Vorhaller Schichten bezeichnet. Diese gehören ins Namur B (vor ca. 316 Millionen Jahren), einem Zeitabschnitt des tieferen Oberkarbon. Im oberen Unterkarbon änderte sich durch die variskische Gebirgsbildung die Paläogeographie (d. h. die geographische Gestalt der Erde in vergangenen Erdzeitaltern) in Mittel- und Nordeuropa grundlegend. Südlich des Old-Red-Kontinentes, der sich aus Nordamerika, Grönland und Teilen von Europa zusammensetzte und im Devon stark abgetragen worden war, erstreckten sich nun die Ketten des variskischen Gebirges. Meerwärts gingen diese Gebirgsketten in weite paralische, d. h. am Meer gelegene Ebenen über. Im Raum Hagen war dieser Küstenebene eine Lagune vorgelagert, in die ein großes Flußsystem mündete. Die Lagune lag in der Nähe des Äquators und somit im tropischen Klimabereich. Dichte Wälder bedeckten die Küstenebenen, in denen baumförmige Bärlappgewächse und Schachtelhalme vorherrschten. Die Bärlappgewächse *Lepidodendron* (Schuppenbaum) und *Sigillaria* (Siegelbaum) waren als Sporenpflanzen auf die Sumpfgebiete der Küstenebenen beschränkt. Namengebend bei *Lepidodendron* sind die in Schrägzeilen angeordneten spindelförmigen Blattpolster. Diese Bäume konnten bei einem Stammdurchmesser von 1 m eine Größe von 30 m erreichen. Die Krone dieser Pflanzen war licht und spendete mit den nadelförmigen Blättern nur wenig Schatten. Die Rindenoberfläche der Siegelbäume bestand aus in Längsreihen angeordneten, etwa sechseckigen Blattpolstern. Die Kronen waren wenig oder gar nicht verzweigt und lieferten mit ihren bandförmigen Blättern entsprechend wenig Schatten. Eine weitere Gruppe von oberkarbonischen Bäumen sind die zu den Nacktsamern gehörenden Cordaiten. Die Cordaiten besaßen eine große schattenspendende Krone mit über 0,5 m langen, bandförmigen Blättern. Das Unterholz in diesen Sumpfwäldern setzte sich aus einer Vielzahl von Farnen und farnähnlichen Pflanzen zusammen. Einige dieser Formen besaßen kleine buschige Wuchsformen, andere erreichten Baumgröße. Der Farn *Mariopteris* z. B. verfügte über Klimmhaken und wird als Kletterpflanze interpretiert, die eine Wuchsform ähnlich den heutigen Lianen aufwies. Entlang der Flüsse, die diese Sumpfwälder durchzogen, wuchsen dichte Bestände von Schachtelhalmen, die im Oberkarbon wesentlich zahlreicher vertreten waren als heute. In diesen Sumpfwäldern, die durch den Pflanzenwuchs und durch abgestorbenes Pflanzenmaterial fast undurchdringlich waren, lebte eine Vielzahl von Insekten, Tausendfüßern, Hundertfüßern, Spinnen, Skorpionen und Amphibien. Die häufigsten in Hagen-Vorhalle gefundenen Insekten, die Urschnabelkerfe (die Vorfahren der heutigen Wanzen und Zikaden), gehören zu einer Gruppe, die ihre Flügel auf dem Hinterleib zusammenlegen konnte. Das wohl eindrucksvollste Insekt, die Großlibelle *Namurotypus sippeli*, erreichte eine Flügelspannweite von 32 cm und ist die größte bekannte Form des Namur. Die beiden anderen Libellenarten der Fundstelle sind wesentlich kleiner. In der Endphase der Grabungsaktivitäten konnte ein zweites Exemplar von *Erasipteroides valentini* mit einer Flügelspannweite von 16,5 cm geborgen werden.

Die Urnetzflügler, eine weitere ausgestorbene Insektengruppe, konnte ihre Flügel in Ruhestellung nicht auf dem Rücken zusammenlegen. Bei einigen Formen befinden sich auf den Flügeln regelmäßig angeordnete weiße Flecken. Hierbei handelt es sich um Reste der ursprünglichen Farbverteilung. Mit Hilfe der vollständigen Funde aus Hagen-Vorhalle

Hagen-Vorhalle. Libelle (Erasipteroides valentini). Flügelspannweite 16,5 cm. Vor ca. 320 Millionen Jahren.

konnte gezeigt werden, daß diese Insekten einen langen Saugschnabel besaßen und sich von Pflanzensporen und vielleicht auch von Pflanzensäften ernährten. Die Urschnabelkerfe, die Urnetzflügler und die Libelle *Erasipteroides valentini* besitzen als gemeinsames urtümliches Merkmal ein drittes Flügelpaar am Vorderbrustsegment. Mit diesem Fund von *Erasipteroides valentini* konnte dieses Merkmal erstmalig eindeutig bei einer Libelle nachgewiesen werden. Die Laubstreu war Lebensraum der zahlreichen Spinnen. Die Tausendfüßer, die als Detritusfresser lebten, werden in der feuchten Bodenstreu häufig gewesen sein. Die Hundertfüßer – während der Grabungskampagnen wurde nur ein einziges Exemplar gefunden – lebten räuberisch von kleineren Gliederfüßern. Die Geißelskorpione, die zu den außerordentlich seltenen Fossilien gehören, hausten wie ihre heutigen Verwandten unter abgefallenem Laub und unter Steinen. Diese Tiere ernährten sich räuberisch wie die heutigen Formen von Insekten, kleinen Tausendfüßern und Würmern. In den Flüssen dieser Urwälder lebten heute ausgestorbene Fische, wie Stachel- und Einhornhaie, und Amphibien. Der Übergangsbereich von Süßwasser und Meerwasser, wie er im Mündungsbereich von Flüssen vorhanden ist, war der Lebensraum von Strahlenflossern und einer seltenen Krebsart. Die Lagune bot zahlreichen Fischen, Goniatiten (ausgestorbene schalentragende Kopffüßer) und Krebsen Lebensmöglichkeiten. Dieser Meeresraum nahm die Reste von Pflanzen und Tieren unterschiedlicher Lebensräume auf, so daß typische Bewohner des Festlandes neben vollmarinen Tieren auf einer Schichtfläche liegen. Stellenweise herrschten am Boden der Lagune lebensfeindliche Bedingungen, die eine Zerstörung der Organismenreste verhinderten und mit dem feinkörnigen Ablagerungsgestein für die sehr gute Erhaltung der Fossilien verantwortlich sind.

Hagen-Vorhalle. Blattpolster des Schuppenbaums (Lepidodendron).
Breite des Astes 10 cm. Vor ca. 320 Millionen Jahren.

Lit.: C. BRAUCKMANN, Arachniden und Insekten aus dem Namurium von Hagen-Vorhalle. Veröff. Fuhlrott Mus. 1 (Wuppertal 1991). – O. HAMPE / U. H. J. HEIDTKE, Hagenoselache sippeli n. gen. n. sp., ein früher xenacanthider Elasmobranchier aus dem Oberkarbon von Hagen-Vorhalle. Geol. u. Paläontol. Westfalen 47 (Münster 1997). – U. H. J. HEIDTKE, Acanthodes sippeli n. sp., ein Acanthodier aus dem Namurium von Hagen-Vorhalle. Ebd. 39 (Münster 1995). – T. KRAFT, Faziesentwicklung vom flözleeren zum flözführenden Oberkarbon (Namur B–C) im südlichen Ruhrgebiet. Deutsche wissenschaftliche Gesellschaft für Erdöl, Erdgas und Kohle e. V. 384–6 (Hamburg 1992). – L. SCHÖLL-MANN, Pleurocaris juengeri n. sp., ein neuer Krebs aus dem Namur B von Hagen-Vorhalle. Geol. u. Paläontol. Westfalen (Münster 1999).

Land- und Schwimmsaurier aus dem Jura des Weser-Wiehengebirges

Friedrich Albat

Die Gesteinsablagerungen der Juraformation (208–145 Millionen Jahre) sind in Süddeutschland, England, Frankreich und darüber hinaus weltweit bekannt für ihre meist reiche Führung an Fossilien. Berühmt sind die Schwimmsaurierfunde aus dem unteren Jura, dem Lias, im Umkreis von Holzmaden und die gut erhaltenen Fossilien aus den Plattenkalken des oberen Jura, dem Malm, aus der Umgebung von Solnhofen, in denen man neben vielen anderen Fossilien auch Nachweise des Urvogels *Archäopteryx* gefunden hat. Durch den Abbau der Sandsteine des Malms in Steinbrüchen auf dem Kamm des Weser-Wiehengebirges wurden dort die tonigen Schichten des mittleren Jura, des Doggers, freigelegt. Diese Schichten bestehen aus einer etwa 40 m mächtigen Abfolge von dunklen, oft mergeligen, sandigen Schiefertonen, dem nach dem Ammoniten *Ammonites ornatus* benannten Ornatenton. Darin fanden Mitarbeiter des Westfälischen Museums für Naturkunde seit Herbst 1996 u. a. Teile einer Pliosaurierflosse sowie Ober- und Unterkiefer des Meereskrokodils *Steneosaurus*. Im Herbst 1998 gelang der Fund eines großen fleischfressenden Landraubsauriers (Carnosaurier).

Die genannten Funde stammen von Tieren, die vor 160 Millionen Jahren im norddeutschen Raum lebten. Zu dieser Zeit des mittleren Jura war der Bereich des heutigen Weser-Wiehengebirges von einem relativ flachen Meer bedeckt, das von zahlreichen Inseln durchsetzt war. Holzfunde, in den marinen Gesteinsschichten häufig vorkommend, sind ein Indiz für die Nähe des Ablagerungsraumes zum Festland. Die Knochen des Landraubsauriers sind mit Resten von Meeresbewohnern (Austern, Ammoniten, Belemniten, Brachiopoden usw.) vergesellschaftet. Somit muß das auf dem Land lebende Tier als Leiche in das Meer eingeschwemmt worden sein. Die Knochen waren zum Teil mit Muscheln besiedelt, ein Hinweis, daß sie längere Zeit ohne Sedimentbedeckung auf dem Meeresboden gelegen haben. Die Fossilführung des Ornatentons ähnelt sich über weite Entfernungen, von Süddeutschland bis nach England, wo man diese Abfolge als Oxford Clay bezeichnet. Die reiche Führung sehr vielfältiger Fossilien führte dort zu zahlreichen Aufsammlungen und wissenschaftlichen Bearbeitungen. Dabei handelte es sich überwiegend um Reste von wirbellosen Tieren. Aber auch Wirbeltiere, in der überwiegenden Anzahl Reste von Ichthyosauriern, Plio- und Plesiosauriern sowie Meereskrokodilen, fehlten nicht. Darüber hinaus wurden in England und Frankreich auch Reste von landlebenden Sauriern, von Dinosauriern, in diesen Schichten entdeckt.

Veranlaßt durch Funde von einzelnen Saurierknochen durch Sammler führt das Westfälische Museum für Naturkunde seit 1985 Geländebeobachtungen und Grabungen in diesen Schichten durch. Es bestätigte sich bald, daß praktisch in allen größeren Aufschlüssen, in denen der Ornatenton auf dem Kamm des Weser-Wiehengebirges aufgeschlossen ist, wenn auch selten, Wirbeltierreste auftreten. Bei den allermeisten Funden handelte es sich um vereinzelte Knochen und Zähne, und nur manchmal lassen sich Fundkonzentrationen feststellen. Durch die starke Hangneigung und durch die Verwitterung werden immer wieder Fossilien freigelegt, die schnell zerfallen, falls sie nicht sofort geborgen und fachmännisch präpariert werden.

Bei einem Kontrollgang in einem ehemaligen Steinbruch in der Nähe von Minden gelang ein spektakulärer Fund, Reste des oben erwähnten Landraubsauriers. Im oberen Bereich der ca. 50 m hohen und mit 40° nach Norden einfallenden Schichtfläche des Ornatentones fand sich der Oberkiefer des fleischfressenden Dinosauriers. Eine sofortige Rettungsbergung erbrachte weitere Schädelteile, Reste des Unterkiefers, Rippen, Schwanzwirbel, ein Wadenbein sowie bislang sechs einzelne Zähne. Die Fundkonzentration erstreckte sich über eine Länge von ca. 4,5 m. Reste von Raubsauriern aus dem mittleren Jura zählen zu den Seltenheiten und die wenigen Nachweise, die man gefunden hat, sind zum größten Teil nur sehr unvollständig. Eine Gegen-

217

Minden / Kreis Minden-Lübbecke. Innenansicht des rechten Oberkieferknochens eines Landraubsauriers (Carnosaurier). Vor 160 Millionen Jahren.

überstellung mit gleichartigen Funden, z.B. mit dem Skelett eines Allosauriers aus dem oberen Jura der USA, zeigt, daß der Saurier aus dem Wiehengebirge ungewöhnlich groß gewesen sein muß. Vergleicht man die bislang gefundenen Schädelknochen des Sauriers aus dem Wiehengebirge mit den Maßen und den Proportionen anderer Carnosaurier ähnlichen Alters, so läßt sich abschätzen, daß der Schädel etwa 1 m lang gewesen sein muß. Die Größe und die Anzahl der Zähne im Oberkiefer zeigen Ähnlichkeiten mit Raubsauriern aus dem oberen Jura der USA und Ostafrikas.

◁ *Minden / Kreis Minden-Lübbecke. Ausgrabung des Landraubsauriers (Carnosaurier) im Sommer 1999.*

Die Reptilfährten von Borgholzhausen

Detlef Grzegorczyk

Ein interessanter Einblick in Gesteine des Erdmittelalters (Trias, Jura und Kreide) wurde 1996 und 1997 in Borgholzhausen, einer Stadt am Teutoburger Wald, gewährt. Hier wurde durch den Neubau eines Sportplatzes der Gesteinsuntergrund freigelegt und dabei eine Abfolge von Trias-Gesteinen angeschnitten. Es handelt sich um Kalk- und Mergelsteine aus der mittleren Trias, dem Muschelkalk. Darin fanden sich Fossilspuren von Lebewesen, nämlich Trittsiegel und Fährtenabdrücke von Tetrapoden, Wirbeltieren mit vier Extremitäten. Die Fundstelle liegt nordöstlich der beiden Hauptkämme des Teutoburger Waldes, die aus kreidezeitlichen Sand- und Kalksteinen aufgebaut sind. Der Untergrund ist – tektonisch bedingt – großräumig in Schollen zerlegt, so daß unterschiedlich alte Gesteinsserien, durch Störungen getrennt, nebeneinander liegen. In einer solchen Scholle liegt begrenzt das fossilführende Muschelkalk-Vorkommen.

Die Gesteine des Unteren Muschelkalkes sind Sedimentgesteine. Ihre Entwicklung begann vor 240 Millionen Jahren. Aus den Kalk- und Tonschlämmen, die auf dem Meeresboden schichtig abgelagert wurden, entstanden Kalk- und Mergelsteine, die auch Reste der Lebewelt, wie Muscheln oder Cephalopoden, aber auch die Lebensspuren der Wirbeltiere enthalten. Es ist bekannt, daß während der Trias-Zeit ein Großteil von Europa vom Meer bedeckt war. Das Klima war warm, Norddeutschland lag im subtropischen Bereich. Die Küste des nächsten Festlandes, der Rheinischen Masse, lag über weite Zeiträume vielleicht einige Dutzend Kilometer südwestlich von Borgholzhausen. Norddeutschland gehörte zum germanischen Becken, einem sehr flachen Meer, das teilweise geringfügig übersalzen war.

Ebenfalls liegen vielfach Hinweise vor, daß bestimmte Meeresbereiche gelegentlich trockenfielen. In Borgholzhausen belegen dies in den Mergelsteinen auftretende Trockenrisse, die nur an der Luft entstehen können. Eine Deutung von zahlreichen punktförmigen Vertiefungen auf einigen Schicht-

oberflächen als Regentropfen (evtl. auch Schaumabdrücke) bestätigt dies. Die Reptilfährten von Borgholzhausen fügen sich gut in die Flachwasser-Theorie ein. Fossile, von vierbeinigen Wirbeltieren erzeugte Spuren sind in den Gesteinen des Unteren Muschelkalkes sehr selten, bisher wurden sie hauptsächlich aus dem holländischen Winterswijk beschrieben. Meistens fehlen zu den Fährten die Relikte der zugehörigen Tiere, weil Skeletteile oder auch versteinerte Schalen von Muscheln oder Schnecken häufig durch Wasserbewegung wegtransportiert und zusammengeschwemmt wurden. Solche Fährten sind daher außerordentlich wichtige Nachweise für den unmittelbaren Lebensraum der Tiere. Die meisten Fußabdrücke von Borgholzhausen sind Einzelabdrücke (Trittsiegel). Seltener gelingt es, eine ganze Schrittabfolge zu rekonstruieren. Ca. 30 Fährtenhorizonte treten in Borgholzhausen in einem über 2 m mächtigen Schichtstapel aus grauen Mergelkalken im Bereich der Oolith-Bänke des Unteren Muschelkalkes auf. Die untersten ca. 0,8 m wurden von Mitarbeitern des Westfälischen Museums für Naturkunde in einer Rettungsgrabung untersucht. Dabei konnten mittels eines bestimmten präparativen Bergungsverfahrens auch größere zusammenhängende Gesteinsplatten geborgen werden. Prunkstück ist eine ca. 2,8 m lange und ca. 1,7 m breite Gesteinsplatte mit zahlreichen Fährtenabdrücken.

In Borgholzhausen treten einige unterschiedliche Grundtypen von Fährten auf. Als Schwimmfährten sind typische Kratzspuren auf der Schichtoberfläche zu deuten. Dünnere, nebeneinander angeordnete Furchen lassen darauf schließen, daß nur die Krallen des Reptils den Boden berührten, was durch eine größere Wassertiefe begründet sein könnte. Kräftigere und vollständigere Abdrücke der Füße könnten durch eine geringe Wassertiefe begünstigt worden sein. Die ‚normalen' Fährten von Borgholzhausen sind der Gattung *Rhynchosauroides peabodyi* (FABER 1958) zuzuschreiben, die auch in Winterswijk auftritt. Von den Füßen sind überwiegend nur

220

Borgholzhausen / Kreis Gütersloh. Grabung und Bergung der Reptilfährten am Sportplatz.

Zeheneindrücke überliefert (digitigrad), von den Händen meist die ganze Sohle (plantigrad). Neben diesen beiden Haupttypen treten noch weitere Typen von Trittsiegeln auf, so z. B. ein ‚Dreizeher', der allerdings nicht eindeutig zugeordnet werden kann. Eine detaillierte wissenschaftliche Bearbeitung des Fährtenmaterials von Borgholzhausen wird noch erfolgen. Welche Tiere die Fährten von Borgholzhausen verursacht haben, bleibt letztendlich nur Mutmaßung. Da es in der Triaszeit zu einem erheblichen Entwicklungsschub in der Tierwelt kam und sich sowohl die wirbellosen Tiere wie auch im Meer oder an Land wohnende Wirbel-

tiergruppen, besonders die Reptilien, entfalteten, werden es am wahrscheinlichsten wohl Reptilien gewesen sein. Dabei könnte es sich um Exemplare gehandelt haben, die, allerdings nur in ihrem Erscheinungsbild, an Eidechsen erinnerten und die ein Milieu zeitweise geringerer Wassertiefe mit Untiefen und kleineren Inseln bevölkerten. Ein solches oder ähnliches Milieu hat sich innerhalb des 2 m mächtigen fährtenführenden Schichtpaketes, das grundsätzlich einen marinen Charakter besitzt, einige Male eingeschaltet. So konnte es überhaupt zur Fährtenbildung und -erhaltung an dieser Stelle kommen.

Borgholzhausen / Kreis Gütersloh. Fuß- und Handabdruck eines Reptils (Rhynchosauroides peabodyi) aus der Muschelkalkzeit. Vor 240 Millionen Jahren.

Lit.: F. ALBAT, Tetrapodenfährten im Unteren Muschelkalk von Borgholzhausen – ein Grabungsbericht. Geol. u. Paläontol. Westfalen 52 (Münster 1999) 19–39. – G. R. DEMATHIEU / H. W. OOSTERINK, Die Wirbeltier-Ichnofauna aus dem Unteren Muschelkalk von Winterswijk (Die Reptilfährten aus der Mitteltrias der Niederlande). Staringia 7 Nederlandse Geol. Ver. (Winterswijk 1983). – H. HAUBOLD, Ichnia Amphibiorum et Reptiliorum fossilium. In: O. KUHN, Handbuch der Paläoherpetologie Teil 18 (Stuttgart 1971).

Blick zurück in die Unterkreide-Zeit – Karsthöhlenfüllungen und ihre Pflanzenreste im Wülfrather Massenkalk

Christoph Hartkopf-Fröder und Agnes Viehofen

In den devonischen Massenkalk-Vorkommen im Rheinischen Schiefergebirge sind Verkarstungen seit langem bekannt. Mangels tiefreichender, großer Aufschlüsse konnten bisher allerdings meist nur die oberflächennahen Vorkommen erfaßt werden. Einen wesentlichen Fortschritt in der Untersuchung des Tiefenkarstes stellte daher die überraschende Entdeckung riesiger verfüllter Karsthöhlen in einem Steinbruch bei Wülfrath im Bergischen Land dar. Die Höhlenfüllungen, die Datierungen mit Hilfe der fossilen Pollen und Sporen zufolge aus der Unterkreide-Zeit (ca. 120 Millionen Jahre vor heute) stammen, liegen etwa 200 m unter der heutigen Geländeoberfläche im oberdevonischen Massenkalk. Die in ihnen gefundenen, erstklassig erhaltenen Fossilien machen die Fundstelle zu einer Fossillagerstätte ersten Ranges, die in ihrer Bedeutung für die Rekonstruktion eines festländischen, unterkreidezeitlichen Ökosystems nur mit wenigen anderen Vorkommen vergleichbar ist.

Da das Vorkommen in einem aktiven Steinbruch liegt, wäre eine Unterschutzstellung des gesamten Vorkommens nicht verhältnismäßig gewesen, zumal dies einer dauerhaften Wasserhaltung und Stabilisierung riesiger Böschungen bedurft hätte. Das vom Rheinischen Amt für Bodendenkmalpflege, dem Geologischen Landesamt NRW und der Rheinkalk GmbH & Co. KG erarbeitete Konzept zielte daher darauf ab, das Vorkommen durch Grabungen und geophysikalische Vermessungen wichtiger Bereiche dauerhaft zu dokumentieren. Die Durchführung des Projektes wurde durch erhebliche finanzielle Mittel aus der Bodendenkmalpflege sichergestellt. Mehrere Kernbohrungen konnten vom Geologischen Landesamt NRW finanziert werden, das die Untersuchungen koordinierte. Dort wurden außerdem über 3000 kg der fossilführenden Sedimente eingelagert und so das wertvolle Untersuchungsmaterial für zukünftige Generationen archiviert. Die Rheinkalk GmbH & Co. KG er-

möglichte durch den Einsatz von Großgeräten die genaue Aufschlußaufnahme und trug aufgrund ihres engmaschigen Bohrnetzes und durch die Bereitstellung von Bodenradarmessungen wesentlich zur dreidimensionalen Rekonstruktion des Karstvorkommens bei.

Die aufgeschlossene Höhlenfüllung ist Teil eines sehr viel größeren, komplexen Karstsystems. Allein seine Ost–West-Erstreckung beträgt etwa 700 m. Der direkt der Beobachtung zugängliche Bereich umfaßte entlang der Steinbruchwand eine Länge von bis zu 200 m. Die lichte Höhe des ehemaligen Hohlraums betrug bis zu 20 m. Die Höhlenfüllung besteht überwiegend aus hellgelben Sanden, in die mehrere dunkelgraue Horizonte eingeschaltet sind, die reich an Holzkohle sind. Bedenkt man, daß die Organismenreste einen längeren Transportweg vom Lebensort bis zum endgültigen Einbettungsort in der Höhle hinter sich haben, sind große Fossilien in der Höhlenfüllung nicht zu erwarten. Kleine und kleinste Pflanzen- und Tierreste sind dagegen in ausgezeichneter Erhaltung und großer Artenvielfalt überliefert, z. B. Holzreste und Farnreste wie Fiederblättchen, Blattstiele sowie Sporenbehälter (Sporangien). Sehr häufig sind außerdem Kutikelreste, Mega- und Mikrosporen und Samenhüllen. Überreste von Tieren wurden in Form von Kokons von Gürtelwürmern, Insektenpanzern und Insektenkot nachgewiesen.

Die Menge der Fossilreste und der außergewöhnliche Artenreichtum der überlieferten Organismen werden eine umfassende Rekonstruktion der Landschaft und der Ökosysteme zur Zeit der Unterkreide im Bereich des Bergischen Landes ermöglichen. Detailuntersuchungen an der Holzkohle werden sogar Hinweise zur Bedeutung von Waldbränden in diesen Ökosystemen vor 120 Millionen Jahren liefern. Neben den rein wissenschaftlichen Aspekten sind die großräumigen Verkarstungen und ihre Erforschung noch aus anderen Gründen von gro-

Wülfrath / Kreis Mettmann. Blick auf die Karsthöhlenfüllung. Unten an der Steinbruchwand bilden große Kalk-
steinbrocken den Höhlenboden, darüber folgen Sande, in die mehrere fast schwarze, holzkohlenreiche Horizonte
eingeschaltet sind. Vor ca. 120 Millionen Jahren (Unterkreide).

ßer Bedeutung. Die wertvolle Kalksteinlagerstätte von Wülfrath ist Grundlage für einen wichtigen Industriezweig. Die Möglichkeit, bei der Lagerstättenprospektion verkarstete Bereiche vorherzusagen und beim Abbau auszugrenzen, hat daher enorme wirtschaftliche Relevanz. Nicht zuletzt ist dies auch der Grund, weshalb es im Laufe des Projektes über die Karsthöhlenfüllungen von Wülfrath gelungen ist, die unterschiedlichen Interessen der Öffentlichkeit, der beteiligten Behörden und der Industrie zusammenzuführen und konstruktiv zu nutzen. Kooperation statt Konfrontation – dies ist auch bei der Bodendenkmalpflege sicherlich ein erstrebenswertes Ziel.

VORGESCHICHTLICHE ZEIT

Petershagen-Ilse / Kreis Minden-Lübbecke. Späthallstattzeitliche Armringe (Fundzustand). Bronze. Um 550 v. Chr.

Tier- und Pflanzenwelt zur Zeit des Neandertalers

Klaus-Peter Lanser

In der Zeit von etwa 220 000 bis ca. 25 000 Jahren vor heute lebten von der iberischen Halbinsel über Palästina bis nach Zentralasien Menschen, die aufgrund ihrer gemeinsamen Skelettmerkmale als Neandertaler bezeichnet werden. Dieser Zeitraum umschreibt die Saale-Eiszeit mit der darauffolgenden letzten Warmzeit, dem Eem, bis weit in die letzte Eiszeit, die Weichsel-Eiszeit. Die Neandertaler durchlebten Zeiten weitreichender klimatischer Umwälzungen, in deren Folge sich die Vegetation und die Tierwelt und damit ihre Umwelt drastisch veränderten.

Bereits im oberen Tertiär, der Zeit, die dem Eiszeitalter vorausging, zeichneten sich zyklische Wärme- und Kälteschwankungen ab, die sich in der Folge verstärkten. Zu Beginn des Eiszeitalters – dieser Zeitpunkt wurde international mit dem ersten Eindringen nordatlantischer Mollusken in das Mittelmeergebiet vor 1,64 Millionen Jahren festgelegt – verschwanden die Wälder der Tertiärzeit, und es breiteten sich in Zentraleuropa kaltzeitliche Tundren und Steppen aus. In der nachfolgenden Warmzeit rückte der Wald aus Restarealen des Mittelmeerraumes und Südosteuropas wieder in seinen früheren Verbreitungsraum vor, wurde aber zu Beginn der nächsten Kaltzeit wieder ausgelöscht. Diesem Klimawechsel während der Kaltzeiten und Wiedereinwanderung in den Warmzeiten fielen im Laufe der Zeit viele wärmeliebende Pflanzen zum Opfer. Unsere heutige natürliche Vegetation ist das Ergebnis der Wiederbewaldungsphasen ab Beginn der heutigen Warmzeit, dem Holozän, vor ca. 10 000 Jahren.

Auch auf die Tierwelt wirkten sich die Veränderungen des Klimas und der Vegetation aus. Bestimmte Arten starben aus, dafür erschienen im Laufe der Zeit Neueinwanderer wie das wollhaarige Nashorn, Rentier, Moschusochse, Saigaantilope oder der Auerochse. Andere entwickelten spezielle Anpassungen an kalt- oder warmzeitliche Lebensbereiche. So spalteten sich die eiszeitlichen Elefanten in die Entwicklungslinien der Steppenelefanten

Zwergstrauchtundra bei Dovre Fjell, Norwegen.

(Mammute) und Waldelefanten. Ähnliches läßt sich auch bei den Nashörnern des älteren Eiszeitalters beobachten, die sich in Wald- und Steppennashörner aufgliedern. Daneben gab es zahlreiche Tiere, die sowohl in den kälteren als auch in den wärmeren Abschnitten des Eiszeitalters auftraten, wie z. B. die Pflanzenfresser Pferd, Wisent, Rothirsch, Riesenhirsch, Elch sowie Raubtiere wie Braun- und Höhlenbär, Wolf, Luchs, Hyänen und große Pantherkatzen.

227

Während der Vereisungsphasen der Saale- und der Weichseleiszeiten war das Klima meist trocken. Durch die Bindung großer Wassermengen an den Polkappen sank der Meeresspiegel um über 100 m ab. Im Vorfeld der Gletscher breitete sich eine vegetationsfreie Kältewüste aus, aus der Staubpartikel durch den Wind ausgeblasen und als Löß abgesetzt wurden. Der durch die sommerliche Sonneneinstrahlung oberflächlich aufgetaute Dauerfrostboden gestattete weiter südlich das Wachstum einer kräuterreichen Tundrenvegetation mit niedrigen Büschen. In trockeneren Bereichen breiteten sich Steppen aus. Bei den Erwärmungsphasen innerhalb der Eiszeit wuchsen lichte Birken- und Kiefernwälder, die beim nächsten Kälteeinbruch wieder verschwanden. In den eiszeitlichen Tundren und Steppen lebte eine arten- und individuenreiche Tierwelt, mit Herden von Elefanten, Nashörnern, Wisenten und Pferden. Die stärkere Sonneneinstrahlung in Verbindung mit längeren Wachstumsphasen, bedingt durch die geographische Breitenlage in Mitteleuropa, führten zu einem höheren Nahrungsangebot für Menschen und Tiere als in den heutigen polaren Tundrenregionen.

Im Übergang zur Eemwarmzeit wichen die kaltzeitlichen Vegetationszonen nach Norden zurück. Die dem kalten Klima angepaßten Tiere wie Mammut, wollhaariges Nashorn, Ren, Moschusochse, Vielfraß usw. folgten ihrem Lebensraum. Aus Südeuropa drangen Eichenmischwälder nach Norden. Diesen folgten Waldelefanten und Waldnashörner, die auf Tiere trafen, die nicht einem bestimmten Klimabereich angepaßt waren, wie Wolf, Braunbär, Höhlenbär, Luchs, Pferd, Wisent, Rothirsch und Riesenhirsch. Über den Rhonegraben und das Rheintal drangen Flußpferde bis nach England vor. Am Ende der Eemwarmzeit starben die Wälder ab, und in der Weichseleiszeit stießen die Tundren und Steppen wieder nach Süden vor. Mit ihnen stellte sich bald auch eine Tierwelt ein, die an das vorhandene Klima und die Vegetation angepaßt war.

In den weitverbreiteten eiszeitlichen Ablagerungen unseres Landes finden sich zahlreiche Reste der eiszeitlichen Tierwelt. Diese deuten das unter-

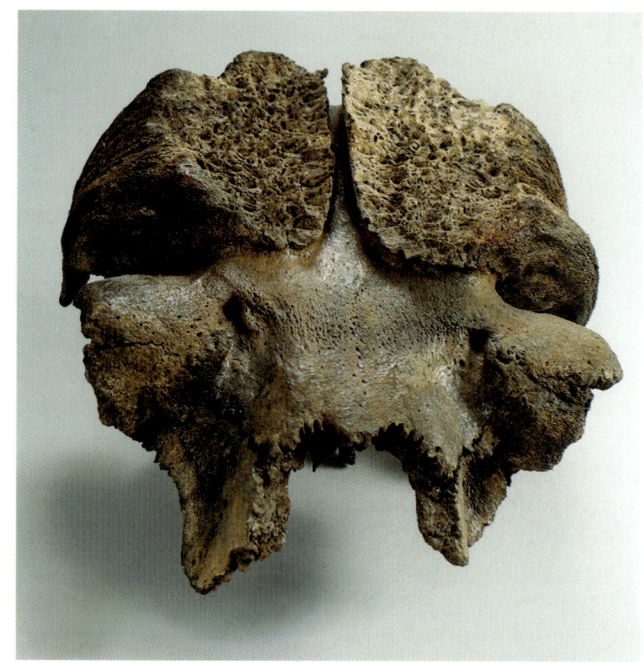

Warendorf. Schädel eines Moschusochsen aus der Entsandung der Warendorfer Hartsteinwerke. Ca. 70 000 v. Chr.

schiedliche Alter der Schichten und das Klima zur Zeit ihrer Entstehung an. So fand sich unter den Fossilien aus der Entsandung der Warendorfer Hartsteinwerke u. a. neben dem Schädelfragment eines Neandertalers der Zahn eines Waldnashorns aus einer Warmzeit, der Schädel eines kaltzeitlichen Moschusochsen sowie das Hufbein eines Wildesels, eines Bewohners der Steppe. Daneben gab es Reste von Löwe, Mammut, wollhaarigem Nashorn, Pferd, Rot- und Riesenhirsch, Rentier und Wildrind.

Die Tier- und Pflanzenwelt lieferte den Neandertalern über lange Zeiträume, von der vorletzten bis tief in die letzte Eiszeit, eine reichhaltige Existenzgrundlage, die sie, wie die überlieferten Funde zeigen, auch zu nutzen wußten. Worin die Gründe ihres Verschwindens liegen, bleibt unbekannt.

Neue Forschungen zum Neandertaler und die Wiederentdeckung seiner Fundstelle

Ralf W. Schmitz und Jürgen Thissen

Das 13 km östlich von Düsseldorf gelegene Neandertal war noch um 1850 eine romantische, enge Schlucht, die von Reisenden mit der schweizerischen Schlucht Via Mala auf eine Stufe gestellt wurde. Auch die in den bis zu 60 m aufragenden Kalkfelsklippen liegenden Höhlen waren ein beliebtes Ausflugsziel; so diente die Neanderhöhle auf dem nördlichen Düsselufer der Düsseldorfer Malerschule als Festsaal. Auf dem gegenüberliegenden südlichen Ufer öffneten sich 20 m über der Düssel der portalartige Eingang der Feldhofer Kirche und ein kleines, namenloses Loch, dessen Dunkelheit jenes Geheimnis verbarg, das zum Einsturz eines Weltbildes führen sollte. Die Mitte des vorigen Jahrhunderts brachte dem Tal den Anschluß an die industrielle Revolution und damit die Zerstörung durch den Abbau der Kalkfelsen. Im August 1856 waren hiervon die Feldhofer Kirche und die kleine Grotte betroffen; um Verunreinigungen des Kalkes zu vermeiden, entfernte man mit Spitzhacke und Schaufel die lehmigen Sedimentfüllungen der Höhlenräume und warf sie achtlos ins Tal.

Beim Ausräumen der kleinen Grotte stießen die Arbeiter auf vermeintliche Höhlenbärenknochen, die auf Geheiß des Steinbrucheigentümers aufgehoben und Wochen später durch den Elberfelder Lehrer und Naturforscher Johann Carl Fuhlrott als menschlich identifiziert wurden. Gemeinsam mit dem Bonner Anatomen Hermann Schaaffhausen vertrat er die Auffassung, daß es sich bei dem Fund um einen urtümlichen, fossilen Menschen handele – eine mit der damaligen Lehrmeinung von der Nicht-Existenz fossiler Menschen unvereinbare These. Entsprechend heftig war die Kontroverse um den Neandertaler Menschenrest, der vor dem Hintergrund der drei Jahre später veröffentlichten Evolutionstheorie nicht wieder in Vergessenheit geriet wie einige in den Jahrzehnten zuvor entdeckte Skelettreste eiszeitlicher Menschen. Während der seit 1877 im Rheinischen Landesmuseum

Bonn aufbewahrte Mensch aus dem Neandertal als Kristallisationspunkt des Meinungsstreites Weltruhm erlangte und der gesamten Menschenform der Neandertaler ihren Namen gab, fiel die „Kleine Feldhofer Grotte" dem weiteren Steinbruchbetrieb zum Opfer und geriet in Vergessenheit, so daß ihre Position um 1900 bereits nicht mehr bekannt, die Fundstelle damit verschollen war. Auch bei Grabungen der Universität Köln in den Jahren 1983 bis 1985 gelang es nicht, die Lokalität wieder aufzufinden.

Seit 1991 ist das Neandertaler-Typusexemplar Mittelpunkt eines durch R. W. Schmitz initiierten Forschungsprojektes des Rheinischen Landesmuseums Bonn zu Krankheiten, Mangelerscheinungen, Verletzungen, erreichtem Lebensalter, Schnittspuren infolge möglicher Totenriten oder Bestattungspraktiken, Datierung des Fundes und genetischen Untersuchungen. Letztere erbrachten 1997 die erste DNA-Sequenz eines Neandertalers, wodurch die kontrovers diskutierte Frage, ob die Neandertaler zu unseren Vorfahren zählen, nun auch von dieser Seite her beleuchtet werden kann. Die Arbeiten der am Projekt beteiligten Genetiker M. Krings und S. Pääbo zielten nicht auf DNA aus den Zellkernen ab, sondern aus den Mitochondrien. Diese ausschließlich mütterlicherseits vererbte DNA konnte in den letzten zwei Jahrzehnten gut erforscht werden.

Bei einem Menschen sind in der Regel alle derartige Moleküle identisch; auch weist mitochondriale DNA (mtDNA) eine durchschnittlich fünf- bis zehnmal höhere Evolutionsrate als Kern-DNA auf. Durch diese Eigenschaften ist sie besonders für vergleichende Populationsstudien beim Menschen bis hin zum einzelnen Individuum geeignet. Ein weiterer Vorteil der mtDNA kommt bei der Untersuchung von fossilem Knochenmaterial zur Geltung: Da auf einen Satz Kern-DNA einige hundert bis zehntausend mtDNA-Stränge entfallen, sind die

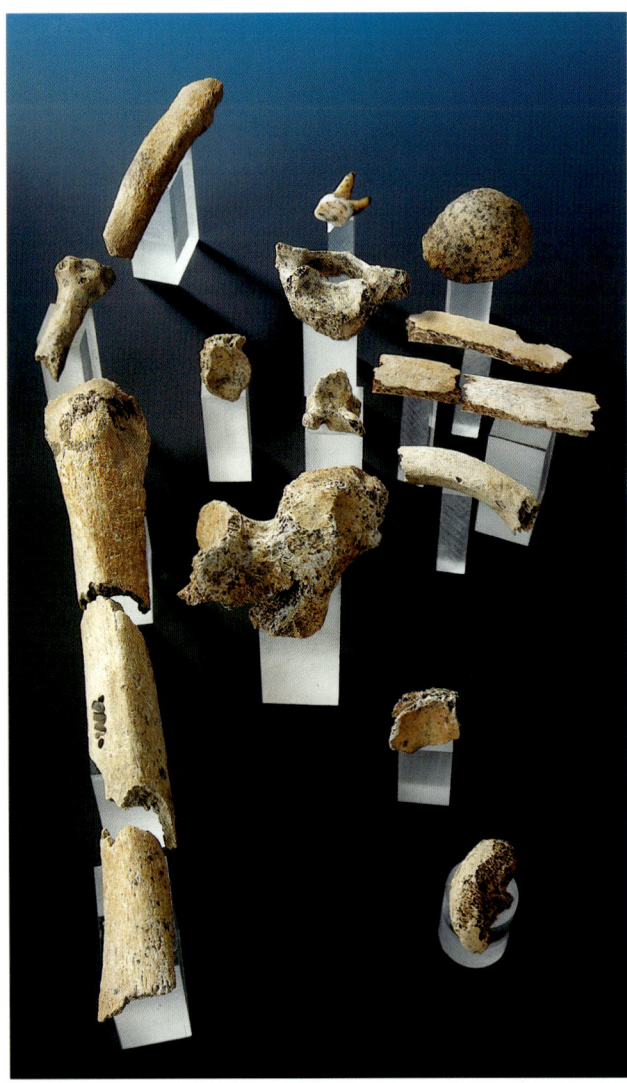

Erkrath-Hochdahl (Neandertal) / Kreis Mettmann. Grabung 1997. Skeletteile von Neandertalern. Ca. 40 000 v. Chr.

Chancen der Erhaltung von mtDNA entsprechend größer.

Der im Rahmen der Experimente durchgeführte Vergleich von 994 heute lebenden Menschen ergab, daß diese sich, unabhängig von ihrer geographischen Herkunft, im analysierten Sequenz-Abschnitt auf durchschnittlich acht Positionen unterscheiden. Im Vergleich mit dem untersuchten

Neandertaler sind es hingegen im Mittel 27 Positionen. Damit liegt dieser Neandertaler ganz am Rande der Variationsbreite der mtDNA heute lebender Menschen. Der untersuchte Neandertaler ist von den heute auf verschiedenen Kontinenten lebenden Menschen gleich weit entfernt, weist also mit modernen Europäern keine engere Verwandtschaft auf als mit irgendeiner anderen modernen Bevölkerung. Weitere Arbeiten am namengebenden Neandertaler bestätigten inzwischen diese Ergebnisse. Somit steht der Urmensch aus dem Neandertal zum zweiten Mal seit 1856 für das Betreten wissenschaftlichen Neulandes. Zur Klärung der Frage, ob die Späten Neandertaler tatsächlich keinen Beitrag zum aktuellen menschlichen Genpool leisteten, sind nun Untersuchungen mitochondrialer und Kern-DNA anderer Neandertaler und Fossilien des anatomisch modernen Menschen verschiedener Herkunft sowie unterschiedlicher Zeitstellung dringend erforderlich.

Im Jahr der Veröffentlichung der ersten DNA-Sequenz führte auch das zweite Neandertaler-Projekt des Landschaftsverbandes Rheinland zum Erfolg: Um den Verlauf der ehemaligen südlichen Felssteilwand zu rekonstruieren und die Lage der Fundgrotte des Neandertalers in ihr doch noch zu lokalisieren, erfolgte im Herbst 1997 eine durch umfangreiche Recherchen in Archiven vorbereitete Grabung im alten Steinbruchgelände südlich der Düssel auf einer Fläche von 180 m². Hierbei wurde eine von jeder bisherigen Auffassung stark abweichende Position der Kleinen Feldhofer Grotte angenommen. Im Verlauf der Arbeiten konnte die Lage der ehemaligen Steilwand für den Bereich Feldhofer Kirche / Kleine Feldhofer Grotte erstmals in diesem Jahrhundert wieder bestimmt werden. Weiterhin zeigte sich, daß man im vorigen Jahrhundert die Felssteilwand nicht vollständig abgebaut hatte. Ein basaler Rest von etwa 2 m Höhe war als natürliche Schutzmauer des Steinbruches vor Hochwasser der Düssel belassen und bald mit Steinbruchschutt überdeckt worden. Beim Freilegen dieses Felswandrestes trat bei der ehemaligen Feldhofer Kirche die lehmige, mit Kalksteinbrocken und Sinter durchsetzte Sedimentfüllung der Höhle in Erscheinung, die beim Kalkabbau als störender Abraum vor die Felswand ins Tal geworfen worden war.

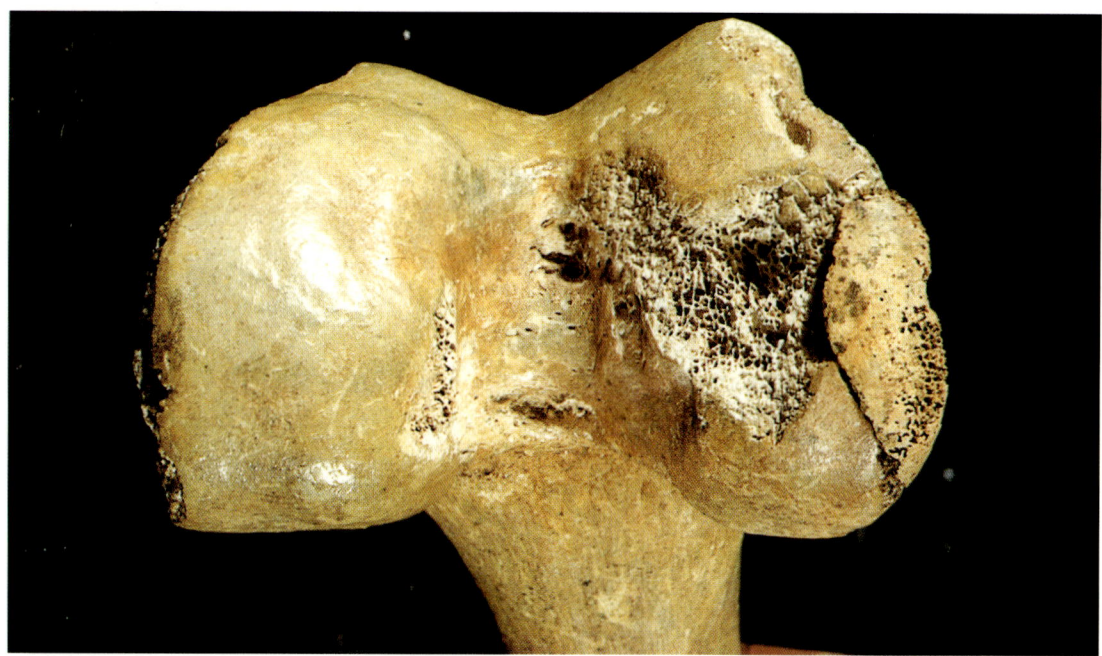

Erkrath-Hochdahl (Neandertal) / Kreis Mettmann. Kniegelenk des linken Oberschenkels von 1856 mit anpassendem Knochenfragment von 1997. Ca. 40 000 v. Chr.

Eine zweite, stellenweise mit der ersten verzahnte Höhlenfüllung stammt aus der Kleinen Feldhofer Grotte. Aus beiden Sedimentkegeln wurden Steinartefakte sowie teils mit Schnittspuren versehene und angebrannte Knochenfragmente geborgen. Bei letzteren handelt es sich um Jagdbeutereste des eiszeitlichen Menschen. Das aktuelle Bild zeigt eine Besiedlung der Feldhofer Kirche zur Zeit des späten Neandertalers, aus der Steingeräte des Micoquien entdeckt wurden, und der Cro-Magnon-Menschen des mittleren Jungpaläolithikums.

Weiterhin konnten durch M. Schultz, Universität Göttingen, bisher mehr als zwanzig menschliche Knochenfragmente bestimmt werden. Hierunter befinden sich auch Stücke eines rechten Oberarmknochens; da das entsprechende Stück beim Neandertaler von 1856 komplett vorliegt, handelt es sich bei dem Neufund definitiv um Reste eines weiteren menschlichen Individuums. Derzeit wird untersucht, welchem der beiden Menschen die anderen Knochenreste aus der Grabung zuzuordnen sind. Bisher sind von den Neufunden der Oberarmknochen und ein Schienbein-Fragment durch G. Bonani,

ETH Zürich, mit der ^{14}C-Methode datiert worden. Die Messungen ergaben unkalibrierte Werte von rund 40 000 Jahren. Damit gehören diese Funde ebenfalls in die Zeit der Neandertaler. Am 21. Januar 1999 gelang es den Verfassern, eines der neu geborgenen Knochenfragmente an den linken Oberschenkelknochen des Neandertalers von 1856 anzupassen und damit die Entdeckungsgeschichte des ‚Neanderthaler Fundes' nach 143 Jahren fortzuschreiben.

Lit.: R. W. Schmitz, Der Neandertaler aus Neanders Tal. Wie ein reformierter Prediger einem vorsintflutlichen Menschen seinen Namen gab. Rhein. Landesmus. 2 / 1996, 25 ff. – U. Eberl, Provokation aus dem Labor. Gen-Forscher werfen den Neandertaler aus unserem Stammbaum. Bild der Wissenschaft 3, 1998, 52 ff. – R. W. Schmitz / J. Thissen, Archäologie im Neandertal – nicht nur auf den Spuren des Neandertalers. Arch. Rheinland 1997 (Köln, Bonn 1998) 20 f. – R. W. Schmitz / W. Bonte / H. Krainitzki / P. Pieper / M. Schultz, Interdisziplinäre Forschung am namengebenden Fund. Arch. Deutschland 2, 1999, 6 ff. – R. W. Schmitz / J. Thissen, Johann Carl Fuhlrotts Arbeiten im Neandertal fortgesetzt. Arch. Rheinland 1998 (Köln, Bonn 1999) 30 f.

Die Neandertaler von Warendorf und ihre Umwelt

Barbara Rüschoff-Thale und Josef Klostermann

Warendorf liegt innerhalb des Kernmünsterlandes. Die Ems und ihre Nebenflüsse prägen und entwässern das Gebiet. Der Fundort befindet sich etwa 3 km nordwestlich der Stadt Warendorf in der Bauerschaft Neuwarendorf, 100 m südlich der Ems. Bereits zu Anfang unseres Jahrhunderts wurde die Fundstelle schriftlich erwähnt, weil dort wiederholt archäologische Funde ans Tageslicht gekommen sind, die jedoch keine weitere Beachtung fanden. Ebenfalls zu dieser Zeit begannen die Warendorfer Hartsteinwerke mit dem systematischen Abbau der Emsterrassen. Im Zuge dieses Sandabbaus entstanden nach und nach die heutigen Kottruper Seen. Im Vorfeld der Abgrabungen sind am Hohen Ufer der Ems zahlreiche archäologische Ausgrabungen durchgeführt worden. Außerdem konnte man Teile eines allerödzeitlichen Waldes mit Kiefernzapfen, Bodenresten und Baumstämmen aufdecken, der zur Zeit genauer untersucht wird. Für den Sandabbau in Neuwarendorf ist seit einigen Jahren eine neue Generation von Baggern eingesetzt worden, die Schichten bis zu 16 m unter dem Grundwasserspiegel erreichen. So wurden und werden die bisher etwa 4 bis 6 m tief ausgebaggerten Seen nochmals erheblich vertieft. Erst bei diesen Abgrabungen kamen und kommen weiterhin altsteinzeitliche Schichtpakte an die Oberfläche. Ein rotierender Schaufelbagger fräst den Untergrund auf. Das Material wird dann mit Hilfe eines breiten Rohrs an die Oberfläche gesaugt. Das Überkorn, meistens handelt es sich dabei um Steine, Holz, Lehm- und Torfklumpen, wird ausgesiebt und auf Abfallhalden, sogenannte Spülfelder, geschüttet.

Im Herbst 1995 entdeckte Josef Gora aus Warendorf auf einer Spülhalde mittelpaläolithische Steingeräte, Tierknochen eiszeitlicher Tiere und ein Fragment eines menschlichen Schädels. 1997 wurden die Funde im Rahmen einer archäologischen Kreisaufnahme erfaßt. Der Fundzusammenhang und die ungewöhnliche Form des Schädelfragmentes gaben Anlaß zu weiteren Untersuchungen, die von Dr. A. Czarnetzki (Institut für Anthropologie, Universität Tübingen) durchgeführt worden sind. Nach der morphologischen Analyse gleicht das Schädelstück – es handelt sich um ein rechtes Scheitelbein – in seinem erhaltenen Teil der Kalotte, die 1856 in der Kleinen Feldhofer Grotte im Neandertal bei Düsseldorf entdeckt wurde. Der Verlauf der Hirnhautarterien beim Warendorfer Fragment, die sich in der Innenseite des Schädeldaches sehr deutlich abzeichnen, entspricht einem archaischen Muster, welches beim modernen Menschen, dem Homo sapiens, nicht mehr vorkommt. Nach Abwägung aller verfügbaren morphologischen Kriterien wurde das Schädelfragment als das eines Neandertalers interpretiert. Die Analyse des fossilen DNA erfolgte an der Universität Tübingen durch C. M. Pusch, M. Scholz und L. Bachmann. Sie bestätigte die anthropologischen Untersuchungen. Während das Sterbealter des Neandertalers aus Warendorf zwischen dem zwanzigsten und dreißigsten Lebensjahr anzusetzen ist, bleibt die Bestimmung des Geschlechts ungeklärt. Bei der Überprüfung des Schädeldaches auf pathologische Veränderungen konnte eine Infektion und ein entzündlicher Prozeß an der Innenseite der Kalotte erkannt werden, letzteres ist typisch für eine unspezifische Hirnhautentzündung.

Die Steingeräte, die mit dem Schädelstück an die Oberfläche gespült worden sind, lassen sich in das Mittelpaläolithikum, d. h. also in den mittleren Abschnitt der Altsteinzeit datieren. Besonders erwähnenswert sind ein herzförmiger Faustkeil, ein keilmesserartiges Gerät und verschiedene Schaberformen. Seit Mitte 1998 ist die Vertiefung des ersten Sees beendet und der zweite See erneut entsandet worden. Bei diesen Maßnahmen kommen auch hier ausschließlich mittelpaläolithische Artefakte an die Oberfläche. Diese neue Fundkonzentration liegt ca. 30–50 m von der ersten entfernt. Verschiedene Schaberformen, Abschläge mit Kantenretuschen und ein Artefakt, das das Schneidenkonzept eines Keilmessers aufweist, deuten auf einen kulturellen

Zusammenhang zwischen den beiden Fundkonzentrationen hin. Bei dem keilmesserartigen Gerät handelt es sich möglicherweise um ein Pradnikmesser, dessen Schneidenschlag auf der Dorsalseite unsauber angebracht worden ist.   (B.R.-T.)

Die Umwelt des Neandertalers in Warendorf

Um nähere Auskünfte über die Umwelt des Neandertalers in Warendorf zu erhalten, sind geologische Untersuchungen eingeleitet worden. Da sich die Fundschicht in größerer Tiefe befindet und die Sedimente wasserdurchsetzt sind, wurde auf Kernbohrungen zurückgegriffen, die im Geologischen Landesamt Nordrhein-Westfalen bearbeitet werden. So erhofft man sich weitere Hinweise auf das Klima sowie die Zusammensetzung der Tier- und Pflanzenwelt dieser Zeit im Münsterland. Die Bohrkerne machen es darüber hinaus möglich, die Sedimente und ihre Strukturen zu untersuchen. So läßt sich beispielsweise aus den Korngrößen die ehemalige Fließgeschwindigkeit der Ems ablesen. Künftige Kernbohrungen, die eine Orientierung bezüglich der Himmelsrichtungen ermöglichen, erlauben es sogar, die exakte Fließrichtung der jeweiligen Stromrinnen der Ems abzuleiten, außerdem lassen sie im Umfeld des Fundplatzes eine Rekonstruktion des gesamten Abflußsystems dieser Zeit zu. Dadurch ist auch ein Ansatz gegeben, mögliche Siedlungsplätze des Neandertalers einzugrenzen. Da sich das Flußsystem der Ems ständig verlagert hat, werden sich auch Schichten finden, die vom Wind verweht wurden. Anhand der Korngrößen wird die Windgeschwindigkeit rekonstruierbar und Aussagen über die Staubmengen in der damaligen Atmosphäre werden möglich. Sollten sich Reste von Süßwassermuscheln oder andere karbonatische Ablagerungen finden, die im Wasser entstanden sind, kann man die Wassertemperaturen der Ems zumindest näherungsweise für diese Zeit bestimmen. In den Sedimenten befinden sich auch Schwerminerale, die Anhaltspunkte auf vulkanische Ereignisse – auch der weiteren Umgebung – geben können. Besonders der Eifelvulkanismus ist in den meisten Fällen nachweisbar. Auch

Warendorf-Neuwarendorf. Herzförmiger, regelmäßiger Faustkeil. Ca. 30 000 v. Chr.

die Zusammensetzung der ausgeworfenen Gesteine wird in vielen Fällen bestimmbar sein.

Holz- und Knochenreste lassen eine Datierung der Schichten mit Hilfe der sogenannten Radiokarbonmethode zu. Die Obergrenze dieser Datierungsmethode liegt bei etwa 40 000 Jahren vor heute. Alle Lebewesen haben zu Lebzeiten einen bestimmten Anteil radioaktiven Kohlenstoffs in sich. Stirbt ein Lebewesen, nimmt es keinen radioaktiven Kohlenstoff mehr auf, er beginnt zu zerfallen. Nach etwa 5500 Jahren ist die Hälfte des radioaktiven Kohlenstoffs nicht mehr vorhanden. Bisher liegt ein ^{14}C-Datum aus einem Torf der Schluffolge aus 5,60 m Tiefe vor, das mit 31 790 vor heute an den Anfang des Denekamp-Interstadials datiert. Da die mittelpaläolithischen Funde und das Neandertalerfrag-

Warendorf-Neuwarendorf. Das Luftbild zeigt den Entsandungsstand von 1980. Die verschiedenen Fundplätze und die heutige Ausdehnung der Kottruper Seen sind eingetragen.

ment bei der zweiten Entsandungsphase an die Oberfläche gekommen sind, d.h. aus einer Tiefe von etwa 6–16 m stammen, ist somit ein Mindestalter für den Fundplatz gegeben. Sollten sich größere Holzstücke in den Kernbohrungen finden, wäre unter Umständen auch eine Datierung mittels der Zählung von Baumringen möglich.

Die im August 1998 begonnenen Forschungen sollen dazu dienen, die Umwelt und die Lebensum-

stände des Neandertalers genauer zu rekonstruieren und zu beschreiben. Die Antwort auf die Frage, wie der Neandertaler mit den extremen Klimaverhältnissen seiner Zeit fertig geworden ist, könnte dem heutigen Menschen unter Umständen helfen, mit jenen Klimaveränderungen umzugehen, die sich abzuzeichnen beginnen. Die Forschungen sind also nicht nur der Vergangenheit, sondern auch der Zukunft verpflichtet. (J.K.)

Verwildertes Flußsystem der Lena in Nordost-Sibirien. So mag die Ems zur Zeit des Neandertalers geflossen sein.

Lit.: C. M. Pusch / L. Bachmann / G. J. Nicholson / J. Bach-mann / M. Scholz, Genomische Differenzierung von Neander-talern und anatomisch modernen Menschen. Ausgr. u. Funde Westfalen-Lippe 10 A (in Vorbereitung). – A. Czarnetzki / L. Trellisó Carreño, Das Fragment eines Os parietale des klassi-schen Neandertalers aus Warendorf-Neuwarendorf. Ebd. – B. Rüschoff-Thale, Der Neandertalerfundplatz von Neuwaren-dorf, Stadt Warendorf. Ebd. – B. Rüschoff-Thale u. a., Neander-taler und Co. Begleitbuch zur Ausstellung (Münster 1998).

Die Grabungen in der mittelpaläolithischen Siedlung in Mönchengladbach-Rheindahlen, Ziegeleigrube Dreesen

Ralf W. Schmitz und Jürgen Thissen

Die Ziegeleigrube Dreesen, in der bislang acht paläolithische Fundschichten entdeckt wurden, liegt am südwestlichen Rand von Mönchengladbach-Rheindahlen. Eine tektonische Verwerfung, die Rheindahlener Störung, teilt im Stadtgebiet von Rheindahlen den Venloer Graben in eine nördliche Hoch- und eine südliche Tiefscholle. Der Fundplatz liegt auf der Tiefscholle, die eine Sedimentfalle für den äolisch transportierten Löß darstellte. Die archäologischen Arbeiten in der neandertalerzeitlichen Fundschicht B1 der Ziegeleigrube Dreesen wurden 1964 von G. Bosinski begonnen. Der Fundplatz in der Westwand-Fundschicht wurde 1964/65 mit fortschreitendem Lößabbau in insgesamt sechswöchiger Arbeitszeit auf 280 m² erfaßt.

Im Februar 1984 wurde in der damaligen Südwest-Ecke der Ziegeleigrube Dreesen in Position der Westwand-Fundschicht B1 ein unpatiniertes Feuersteinartefakt entdeckt. Dies war der Auslöser für eine weitere, 60 m² umfassende Ausgrabung in den Jahren 1984 und 1985, die im Auftrag des Rheinischen Landesmuseums Bonn durchgeführt wurde. Die zahlreichen, durch Funde dokumentierten Aktivitäten zur Belegungszeit dieses Siedlungsplatzes in einem Areal von mindestens 80 000 m² verdeutlichen, daß das Rheindahlener Umland zur Zeit der Neandertaler ein günstiger Siedlungsraum gewesen sein muß. Die zeitliche Dauer des Besiedlungsprozesses ist bisher nicht zu bestimmen. Das rekonstruierte Klima für die Zeit der Belegung des Platzes ist durch Holzartbestimmung und Pollenanalyse als warm-gemäßigt mit offener Graslandschaft und lokaler Laubmischwaldvegetation bestimmt. Die Kombination der Florenelemente ist charakteristisch für das frühweichselzeitliche Brørup-Interstadial (ca. 100 000 Jahre vor heute).

Die erste Grabungskampagne im Süden der Grube dauerte von November 1995 bis Dezember 1996. Hier wurden von Hand mit der Kelle 180 m² untersucht, wobei 2675 Artefakte geborgen werden

konnten. In den Jahren 1997–1999 wurden in Zusammenarbeit mit der Außenstelle Xanten des RAB weitere 500 m² untersucht. Die vollständige statistische Auswertung der Funde liegt noch nicht vor, bis zum 15. September 1999 waren dies aber weitere ca. 2000 Feuersteingeräte bzw. die Abfälle ihrer Herstellung. Auf der bis zum jetzigen Zeitpunkt gegrabenen Fläche von 680 m² fanden sich also 4675 Steinartefakte; mit den weiteren geborgenen Gesteinen und aufgelesenen Sammelfunden sind dies zusammen etwa 5000 Fundstücke.

Klingen und klingenartige Abschläge sind im Material der Grabungen 1964/65 und 1984/85 zu finden und für dieses Inventar bezeichnend. Im Inventar der Grabung 1964/65 fehlen nach Bosinski typisch mittelpaläolithische Formen, während unter den Werkzeugen und partiell retuschierten Stücken Klingen und klingenartige Abschläge mit einer retuschierten Längskante am zahlreichsten sind. Eine ungewöhnliche Werkzeugform stellt ein Artefakt dar, dessen eines Ende stielartig herausgearbeitet worden war, so daß eine Schäftung dieses Artefaktes möglich war. Aus dem oberen Drittel des Eem-Bodens stammt ein Micoquekeil mit wechselseitig-gleichgerichtet bearbeiteten Kanten. Der Faustkeil wurde unmittelbar vor der Grabungsfläche 1964/65 gefunden und gehört somit zu diesem B1-Siedlungsplatz. Etwa 4% der aus der Grabung 1995–1999 stammenden Grundformen wurden modifiziert. Hervorzuheben sind Bruchstücke gestielter Formen, Fragmente von Spitzklingen, ein kleines, doppelspitzenartiges Stück sowie kantenretuschierte Stücke. Die teils recht kleinstückigen Formen deuten auf die Herstellung von Kompositgeräten unter Verwendung organischer Materialien hin.

Ein besonderes technologisches Element des Inventars Rheindahlen B1 ist die aus dem Micoquien bekannte ‚Pradnik-Technik‘, eine Methode der Zurichtung und Nachschärfung von Schneiden

236

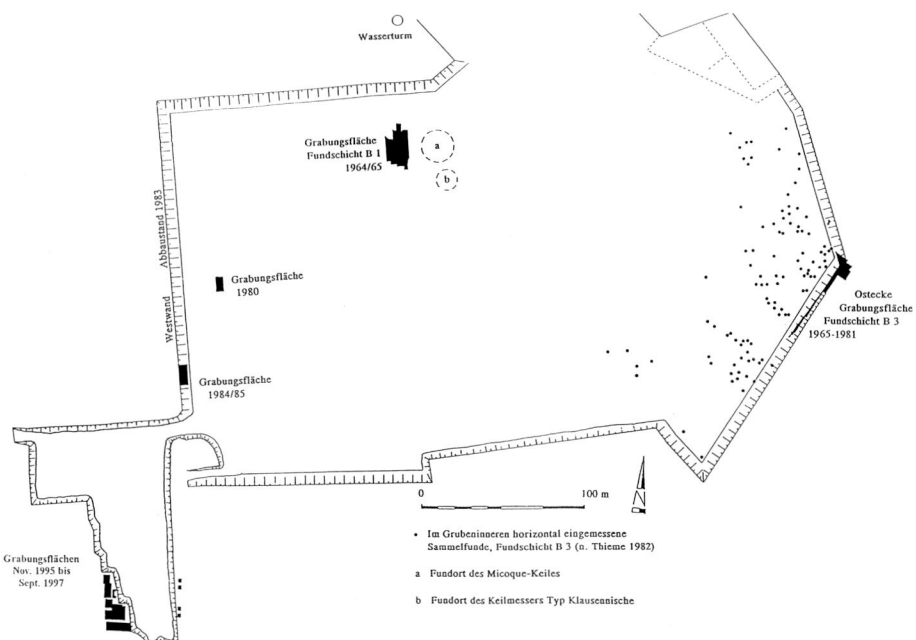

Mönchengladbach-Rheindahlen. Gesamtplan der Ziegeleigrube Dreesen. Grabungsflächen in der Fundschicht B 3, ‚Ostecken-Komplex' (1965–1981), und in der Fundschicht B 1, ‚Westwandfundschicht' (1964–1997).

mittels Schneidenschlägen. Für die Fundschicht B1 liegt inzwischen ein breites Spektrum dieser nur oberseitig sorgfältig bearbeiteten Pradnik-Geräte vor. Meist sind dies Messer mit einer rechtsseitigen Schneide und einer parallel gegenüberliegenden passiven Kante. Einige dieser Stücke belegen eine gezielte bipolare Lamellenproduktion. Allen Stükken gemeinsam ist die Anlage einer oder zweier meist konkaver Schlagflächen an den Schmalseiten. Nach der Retuschierung der Schlagfläche(n) erfolgten dorsale Verdünnung, Lamellenproduktion und / oder Schneidenschläge.

Mit den Funden von Rheindahlen B1 liegt ein hochdifferenziertes mittelpaläolithisches Inventar aus dem Eem-Interglazialkomplex vor, das sowohl technologische als auch typologische Elemente aufweist, wie sie für das Jungpaläolithikum kennzeichnend sind. Durch diese Elemente besteht eine Beziehung zu anderen Fundplätzen des klingenführenden Mittelpaläolithikums gleicher oder ähnlicher Zeitstellung in Nordfrankreich, Belgien und

dem Rheinland. Durch die Zugehörigkeit eines Micoquekeils und eines Keilmessers zum Gesamtkomplex B1 und die Anwendung der Pradniktechnik an unifazialen Geräten wird eine Beziehung des Inventars Rheindahlen B1 zum Micoquien greifbar.

Lit.: G. BOSINSKI, Der paläolithische Fundplatz Rheindahlen, Ziegelei Dreesen – Westwand. Bonner Jahrb. 166, 1966, 318 ff. – H. THIEME, Der paläolithische Fundplatz Rheindahlen (Köln 1983). – J. KLOSTERMANN / J. THISSEN, Die stratigraphische Stellung des Lößprofiles von Mönchengladbach-Rheindahlen (Niederrhein). Eiszeitalter u. Gegenwart 45 / 1995, 42 ff. – R. W. SCHMITZ / J. THISSEN, Noch zu retten ? Ein Siedlungsareal der Neandertaler im Löß von Rheindahlen. Arch. Rheinland 1995 (Köln, Bonn 1996) 27 f. – DIES., Rheindahlen B 1 – ein Fundplatz des Micoquien im Niederrheinischen Tiefland. Ebd. 1996 (Köln, Bonn 1997) 17 f. – DIES., Vorbericht über die Grabungen 1995– 1997 in der mittelpaläolithischen B 1-Fundschicht der Ziegeleigrube Dreesen in Rheindahlen. Arch. Korrbl. 28, 1998, 483 ff. – J. THISSEN, Jäger und Sammler – Paläolithikum und Mesolithikum im Gebiet des Linken Niederrhein (Köln 1997).

Mittelpaläolithische Funde vom Kahlenberg bei Jülich-Kirchberg

Surendra Kumar Arora und Bernd Päffgen

Der fundreichste mittelpaläolithische Platz des rheinischen Braunkohlengebiets lag auf dem Kahlenberg genannten, exponiert gelegenen Geländesporn, der im Westen und Südwesten steil zum Schlangengraben bzw. dessen Seitental hin abfiel. Bereits 1975 hat F. Schmidt aus Aldenhoven diesen Oberflächenplatz auf dem Schotter der Hauptterrasse entdeckt. Die Lößdecke über dem Schotter sowie die alte Oberfläche samt den dazugehörigen Befunden des Fundplatzes waren bereits in der Eiszeit völlig zerstört bzw. erodiert, so daß lediglich drei leicht verlagerte Fundkonzentrationen auf dem Kahlenberg angetroffen wurden. Im Sommer 1998 fanden vor dem Abgang des Geländes Untersuchungen im Vorfeld des Braunkohlentagebaus Inden statt. Zunächst galt das Interesse einer durch W. Schürmann nahe der Baggerkante neu erkannten Konzentration, die unter großem Zeitdruck untersucht werden mußte. Die Hauptkonzentration wurde in dem Bereich aufgedeckt, in dem F. Schmidt bereits zuvor langjährige Begehungen vorgenommen hatte. Ebenfalls neu entdeckt wurde im Bereich abgeholzter Flächen in Richtung auf den Kivittenacker eine dritte Fundstelle, die durch Einzelfundeinmessungen größeren Umfangs dokumentiert wurde.

Insgesamt haben die Ausgrabungen und Oberflächenbegehungen ein umfangreiches, aber nicht in sich geschlossenes mittelpaläolithisches Fundmaterial zu Tage gefördert, mit dem eine enge typologische oder kulturhistorische Einordnung kaum zu erreichen ist. Erhalten sind ausschließlich Feuersteinartefakte, bei denen Abschläge dominieren. Unter den Werkzeugen sind beidflächig oberflächenretuschierte häufiger vertreten. Bei der Grundformproduktion fand die Levallois-Technik keine Anwendung. Unter den Kernen sind hauptsächlich solche mit unipolarem Abbau vertreten. Es fehlen kleine Abschläge unter drei Zentimeter und Absplisse. Möglicherweise wurden jene kleinen Fundstücke mit dem Löß in das Tal weggespült, während die größeren Artefakte an Ort und Stelle

Jülich-Kirchberg / Kreis Düren. Spätmittelpaläolithische Faustkeile vom Kahlenberg. Ca. 50 000–40 000 v. Chr.

liegenblieben. Bei den beidflächig bearbeiteten Geräten handelt es sich um Faustkeile, Halbkeile und Faustkeilblätter. Die Geräte zeichnen sich meist durch langgestreckt bis annähernd breitdreieckige Gestaltung aus. Vorhanden sind auch ein winkliges Keilmesser und ein blattförmiger Schaber. In wenigen Exemplaren kommen unifazielle bzw. kantenretuschierte Geräte vor, nämlich einfache Schaber, Breitschaber und Abschläge mit schrägretuschiertem Ende.

Die mittelpaläolithischen Artefakte sind stark patiniert, weiße und braune Farben dominieren. Das Rohmaterial stammt fast ausschließlich aus den örtlichen Maasschottern. Ein Abschlag aus Lousberger Flint ist im Fundmaterial vertreten. Die mittelpaläolithischen Funde vom Kahlenberg gehören in ihrer Mehrzahl zu den letzten kulturellen Hinterlassenschaften des Neandertalers. J. Richter stuft sie in das Micoquien, an das Ende des europäischen Mittelpaläolithikums, ein. Geochronologisch gehören sie dem Oerel-Glinde Interstradialkomplex an (50 000–40 000 v. Chr.).

Lit.: J. Richter, Sesselfelsgrotte 3. Der G-Schichten-Komplex der Sesselfelsgrotte. Quartär-Bibl. 7 (Saarbrücken 1997).

Ein altsteinzeitliches Geweihgerät aus Essen-Frohnhausen

Cordula Brand und Detlef Hopp

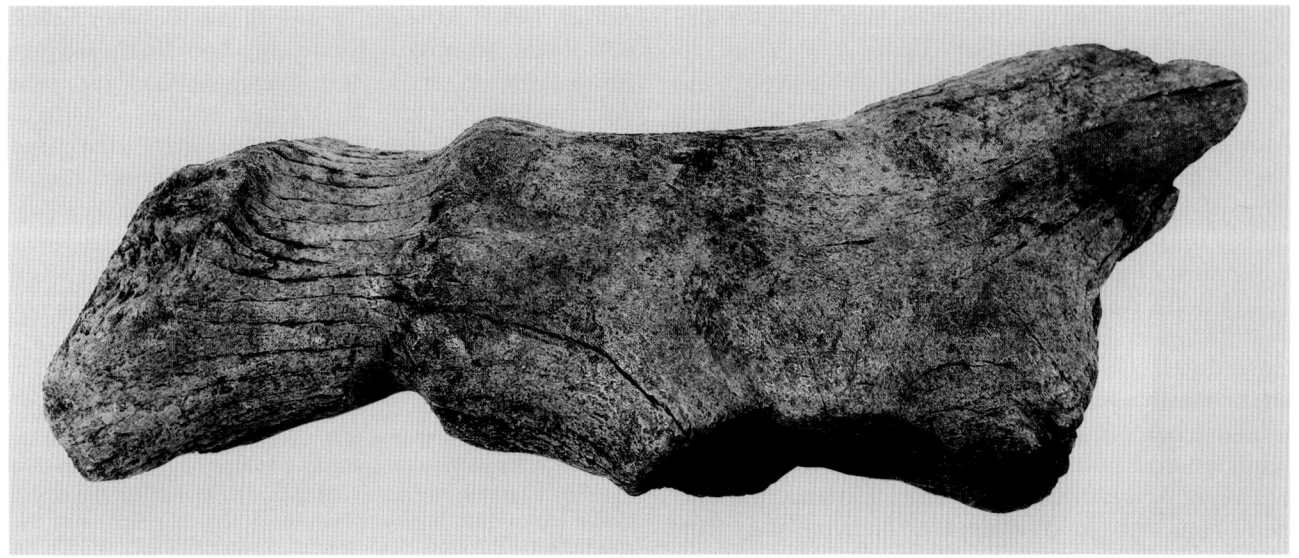

Essen-Frohnhausen. ‚Hammer‘ aus der linken Geweihstange eines Rothirschs. Ca. 100 000–10 000 v. Chr.

Zwischen 1994 und 1998 entstand im Bereich des ehemaligen Grotehofes in Essen-Frohnhausen die Senioren-Wohnanlage „Arkanum". Die bei den Bauarbeiten dokumentierten Befunde und geborgenen Funde stehen mit der Geschichte der Hofanlage in Verbindung, die – soweit bekannt – aus der zweiten Hälfte des 18. Jahrhunderts stammt. Unter den zahlreichen, 1997/98 geborgenen, zumeist neuzeitlichen Funden befanden sich ein schädelechtes, teilweise durch längere Lagerung an der Oberfläche rezent bemoostes, fossilisiertes Rothirschgeweihfragment mit Bearbeitungs- und Gebrauchsspuren, ein gebrochenes, ebenfalls fossiliertes Langknochenfragment und ein bläulich-weiß patinierter Silextrümmer. Eine Nachuntersuchung der Fundstelle erbrachte keine mit diesen Fundstücken in Zusammenhang stehenden Funde und Befunde. Die Fundstelle liegt südlich der S-Bahn-Strecke Essen–Mülheim inmitten überbauter Flächen. Etwa

400 m westlich verläuft der heute kanalisierte Mühlenbach. Die historische Karte von Honigmann 1803/06 verzeichnet hier nur einige Hofgebäude und mehrere Quelltöpfe. Das geologische Profil zeigt eine auf einem Sandsteinrücken aufliegende Sedimentlage der Oberkreide und darüber ein dünnes, weichseleiszeitliches Paket. Durch die Bauarbeiten der letzten Jahre wurde diese Situation stark gestört.

Sofern die Funde nicht sekundär zum Fundplatz verbracht wurden, muß bei den Bauarbeiten das eiszeitliche Schichtpaket angeschnitten worden sein. Demnach würden die fossilisierten Objekte in die Altsteinzeit, zwischen 10 000 und 100 000 v. Chr., möglicherweise in den älteren Abschnitt der Weichseleiszeit, datieren. Der Silextrümmer und das ca. 9 cm lange, meißelartig zugespitzte Langknochenfragment lassen sich nicht genauer zeitlich und funktional ansprechen. Das schädelechte Rot-

239

hirschgeweihfragment stammt von der linken Geweihstange des Tieres. Die verschiedenen Schnittspuren und die Tatsache, daß es sich um ein erjagtes Stück handelt, deuten an, daß das Objekt von Menschenhand zugerichtet wurde. Schlagspuren an den Enden lassen annehmen, daß das Geweihstück als eine Art ‚Hammer' diente.

Altsteinzeitliche Artefakte aus Hirschgeweih sind in der näheren Umgebung vergleichsweise selten. Aus den Emscherablagerungen bei Herne stammt ein Rosenteil eines Riesenhirsches, das mit einer eingepickten Ringkerbe vom Geweih abgetrennt wurde und wohl ein Abfallstück darstellt. Aus dem Essener Stadtgebiet gibt es auch ein schädelechtes, bearbeitetes Rothirschgeweihfragment. Beide Stücke datieren in die Weichseleiszeit und bezeugen die Geweihverarbeitung vor Ort. Dem Frohnhauser Artefakt vergleichbare Stücke stammen aus der mitteldeutschen Fundstelle Bilzingsleben und von verschiedenen Fundplätzen am östlichen Eifelrand wie etwa Ariendorf, dem Plaidter Hummerich und dem Tönchesberg. Während es sich bei den Rothirschgeweihstücken am Eifelrand zumeist um vom Menschen gesammelte Abwurfstangen handelt, besteht das Inventar von Bilzingsleben nur zu 55% aus Abwurfstangen, die übrigen stammen, wie das Essener Stück, von erlegtem Wild. Dietrich Mania rekonstruiert basierend auf dem Bilzingslebener Geweihmaterial die Geweihbearbeitung sowie vier Abnutzungsstadien der Geräte. Entsprechend dieser Abstufung würde das Essener Stück das letzte Abnutzungsstadium von Bilzingsleben repräsentieren. Für den Tönchesberg läßt sich nachweisen, daß hier die hackenartigen Geweihgeräte allein durch den Bodendruck entstanden. Eine abschließende Diskussion der Funde – und damit auch die Beurteilung des Frohnhausener Gerätes – steht noch aus.

Lit.: G. Bosinski, Das Eiszeitalter im Ruhrland (Köln, Bonn 1982). – G. Bosinski / K. Kröger / J. Schäfer / E. Turner, Altsteinzeitliche Siedlungsplätze auf den Osteifel-Vulkanen. Jahrb. RGZM 33 / 1, 1986, 97 ff. – N. J. Conrad, Tönchesberg and its position in the paleolithic prehistory of Northern Europe. RGZM Monogr. 20 (Bonn 1992). – D. Mania, Die Geweihartefakte des Homo erectus von Bilzingsleben. In: D. Mania / T. Weber, Bilzingsleben III. Veröff. Landesmus. Vorgesch. Halle 39 (Berlin 1986) 233 ff. – E. Turner, Ariendorf. Quaternary deposits and paleolithic excavations in the Karl Schneider gravel pit. Jahrb. RGZM 44 / 1, 1997, 3 ff.

Schieder-Schwalenberg / Kreis Lippe. Großer Schalenstein im Benner Berg am Niesetal. Um 1800 v. Chr. ▷

Mittelneolithische Siedlungsplätze bei Jüchen-Garzweiler

Surendra Kumar Arora

Die mittelneolithischen Siedlungsplätze lagen innerhalb der Jülicher Lößbörde im östlichen Teil der Titzer Platte. Der Rand einer Hochfläche, die vom Bach Köhm und seinen Seitentälern begrenzt wurde, bot den Siedlern eine günstige Lage. Das Gelände befand sich im Vorfeld des Tagebaus Garzweiler, südlich vom Mühlenhäuschen und westlich von Jüchen-Garzweiler. Die Oberflächenfunde bestanden überwiegend aus Silexartefakten und zum Teil aus Keramikscherben und konnten nur grob als mittelneolithisch bis metallzeitlich datiert werden. Die Epoche der mittleren Jungsteinzeit – die Großgartacher, Rössener und Bischheimer Kultur – ist im Rheinland noch nicht ausreichend untersucht worden, deshalb liegt der Schwerpunkt der archäologischen Tätigkeit in der Erforschung der bäuerlichen Besiedlung Ende bis Mitte des 5. Jahrtausends vor Christus. Da die Oberflächenfunde nur eine grobe Datierung zuließen, wurde ein Suchschnittprogramm entwickelt, nach dessen Ergebnis entschieden werden sollte, ob es sinnvoll sei, große Flächen aufzudecken. Dabei wurden zwei Rössener Hofplätze mit einem Hausgrundriß und dazugehörigen Siedlungsgruben entdeckt sowie ein weiterer ‚Bischheimer Hofplatz' mit zahlreichen Gruben, bei dem das dazugehörige Wohngebäude allerdings nicht eindeutig zu rekonstruieren war. Diese drei Plätze lagen viele hundert Meter auseinander. An dieser Stelle muß die Grube 47 besonders erwähnt werden. Sie gehört zu den fundreichsten Befunden, aus ihr entstammt nahezu ein Viertel des gesamten Bischheimer Keramikmaterials. Die Keramik ist bis auf eine häufigere Verzierung der Ränder weitgehend unverziert. Nur bei einer geringen Anzahl von Gefäßen zeigte sich eine Ornamentik auf den schmalen Schulterbändern.

Außerdem konnten aus der Grube 47 fünf vollständige und unmodifizierte Klingen geborgen werden. Sie lagen Nord–Süd orientiert in einem steilen Winkel dicht neben- bzw. übereinander in einer Tiefe von 60 cm unmittelbar an der westlichen Grubenwand. Die Basalenden von vier der Klingen

Jüchen-Garzweiler / Kreis Neuss. Fünf Klingen in der Grube. Mitte 5. Jahrtausend v. Chr.

waren nach Norden, von einer nach Süden ausgerichtet.

Sie wurden alle aus demselben Rohmaterial, nämlich Schotterflint, hergestellt, wahrscheinlich sogar aus einem Kern. Zu erwähnen ist besonders eine Kernkantenklinge. Zwei der Klingen passen exakt zusammen. Die Klingen sind durch Punchtechnik hergestellt worden. Auf zwei der Klingen ist ein Kernkantenrest zu sehen. Im Querschnitt machen sie keinen besonders symmetrischen Eindruck. Das Terminalklingenende ist meistens spitz. Diese Klingen stellen eine absichtlich zusammengestellte selektive Gruppe im Siedlungsmaterial dar, denn im Normalfall werden Klingen weiter verarbeitet oder werden durch Nutzung beschädigt.

Derartig vollständige Klingen zeigen das bei der Produktion angestrebte Idealbild. Die Anordnung dieser Klingen deutet auf die Möglichkeit hin, daß sie in einem organischen Behälter aufbewahrt worden waren. Wie und warum sie in eine Abfallgrube gelangten, läßt sich heute nicht klären.

Lit.: L. Fiedler, Formen und Techniken neolithischer Steingeräte aus dem Rheinland. In: Beiträge zur Urgeschichte des Rheinlandes III. Rhein. Ausgr. 19 (Köln, Bonn 1979).

Wickelschnurkeramik aus Borken – Neue becherzeitliche Funde im westlichen Münsterland

Elisabeth Dickmann

Im Vorfeld geplanter Baumaßnahmen werden seit April 1998 im Südwesten von Borken archäologische Ausgrabungen durchgeführt. Neben anderen Datierungsschwerpunkten heben sich die Epochen des Spätneolithikums und der frühen Bronzezeit besonders hervor. Auf einer sandigen Geländekuppe fanden sich Scherben der Wickelschnurkeramik sowie Pfeilspitzen und Kratzer aus Feuerstein. Sie lagen entweder als Einzelfunde über mehrere 100 m² verstreut oder in den Verfüllungen von Gruben und Pfostenlöchern. In diesen Zusammenhang gehören auch einige langrechteckige Befunde, bei denen es sich um die nur noch schwach erkennbaren Spuren von Körpergräbern handelt. Zwei von ihnen zeigten die Spuren von Toten, die auf der Seite liegend und mit angehockten Beinen in den Grabgruben bestattet worden waren. Obwohl Beigaben fehlen, ist eine spätneolithisch-frühbronzezeitliche Datierung wahrscheinlich.

Zwei Siedlungsgruben sollen hier hervorgehoben werden. Aus einer flachen Grube wurden durch Schlämmen des gesamten Inhalts einige wenige, dafür aber um so wichtigere Holzkohlenfragmente geborgen. Eine große verzierte Randscherbe stammt von einem wickelschnurverzierten Gefäß, das in Form und Dekoration den Bechern aus der anderen Grube gleicht. Diese zylindrische Siedlungsgrube war bei einem Durchmesser von 80 cm noch 74 cm tief erhalten. Im Gegensatz zu den weiteren neolithischen Befunden aus Borken-Südwest lagen in ihr außer wenig Holzkohle weit über 900 Einzelfunde aus Stein und Keramik. Pfeilspitzen und Kratzer aus Feuerstein, halbfertige Geräte, viele verschieden große Abschläge, unzählige kleinste Feuersteinabsplisse sowie Klopfsteine weisen darauf hin, daß Geräte und Werkzeuge vor Ort hergestellt worden sind. In der gesamten Grubenverfüllung lagen außerdem zahlreiche Scherben von drei großen Gefäßen der becherzeitlichen Wickelschnurkeramik. Zwei von ihnen konnten größtenteils wie-

Borken-Südwest. Pfeilspitzen, Kratzer, Abschläge, Klopfsteine und halbfertige Geräte aus Feuerstein. Um 1900–1600 v. Chr.

der zusammengesetzt werden; von dem dritten Gefäß ist lediglich der Boden mit Teilen der aufgehenden Wandung erhalten.

Die Form der Becher ist eiförmig, wobei der kurze Rand über dem eingezogenen Hals leicht nach außen biegt. Die Böden haben im Verhältnis zur Größe der Gefäße extrem kleine Durchmesser. Die Verzierung der Gefäßwand spart den Bereich im unteren Drittel des Bechers aus. Darüber befinden sich umlaufende parallele Linien, die aus aneinandergereihten Stempeleindrücken gefertigt wurden. Die benutzten Stempel bestanden aus einer festen oder beweglichen Achse, um die ein Stück Schnur gewickelt worden war. Mit Hilfe solcher ‚Schnurstempel‘ sollte sicherlich der Anschein erweckt werden, daß es sich um die Abdrücke von vollständig umgelegten Schnüren handelt. Bei einem der Becher gibt es zudem zwei Reihen schräg gesetzter kurzer Stempelabdrücke. Die Innenrandverzierung zeigt ebenfalls drei parallel angeordnete Linien, die an dieser Stelle der Gefäße tatsächlich aus den Abdrücken einer echten Schnur bestehen. Bemerkenswert sind außerdem die Spuren einer angedeuteten Durchbohrung unter dem Rand und unter dem Boden eines der Gefäße. Vereinzelte Parallelen gibt es aus dem Münsterland und den Niederlanden.

Die aus den Verfüllungen der beiden Gruben geborgenen Holzkohlen wurden im Labor für Archäobotanik der Universität zu Köln untersucht. Dabei konnten die folgenden Holztypen nachgewiesen werden: Eiche, Esche, Erle, Birke, Kiefer und Kernobstgewächse. Wahrscheinlich wurden diese Laub- und Nadelhölzer als Brennmaterial genutzt und gelangten bei regelmäßigem Ausräumen der Feuerstellen in die beiden Gruben. Unter den Holzkohlenteilchen befanden sich außerdem wenige verkohlte Früchte und Samen. Das Artenspektrum mit den nachgewiesenen Getreiden Spelzgerste, Rispenhirse, Emmer und Hafer wurde allerdings als bronzezeitlich bestimmt, weil die Rispenhirse zwar im Neolithikum Osteuropas vorkam, aber wie der Hafer das heutige Westfalen erst in der Bronzezeit erreichte. Ferner gab es einen ampferblättrigen Knöterich, ein Gras, eine Schlehe und eine Wicke. Durch die archäobotanischen Untersuchungen der Holzkohlen bestätigte sich erneut, daß die spätneolithischen Traditionen weit in die frühe Bronzezeit hineinreichen.

An der Universität Utrecht wurden außerdem ^{14}C-Datierungen von zwei Proben untersucht, die aus der fundreichen zweiten Grube stammen. Ein einzelnes Getreidekorn der Spelzgerste und eine Probe von Holzkohlenfragmenten aus der Grubenmitte erbrachten die folgenden Ergebnisse: Die kalibrierten Daten weisen die Gerste in die Zeit zwischen 1738 und 1672 v. Chr., die zweite Probe ist dagegen rund 200 Jahre älter. Auch diese Ergebnisse bestätigen den Anbau des Getreides in neolithischer Tradition zu Beginn der Bronzezeit, während in der Siedlung sehr viel älteres Holz zum Verfeuern benutzt wurde.

Borken-Südwest.
Gefäße der stempel-
verzierten Wickel-
schnurkeramik.
Um 1900–1600 v. Chr.

Bronzezeitliche Grabfunde aus Westfalen-Lippe

Daniel Bérenger

Verglichen mit denen anderer Landschaften erscheinen die Hinterlassenschaften aus der Bronzezeit in Westfalen-Lippe so dürftig, daß vor zehn Jahren die provokative Frage gestellt wurde, ob überhaupt für unsere Region von einer „Bronze"-zeit gesprochen werden kann. Eine Auswahl neuer Grabfunde belegt jedoch nicht nur die Existenz unserer Bronzezeit, sondern gibt darüber hinaus sogar einen Eindruck ihrer vielen Facetten. Als erstes ist das Bruchstück einer bronzenen Schwertklinge zu nennen, das in Lage-Müssen / Kreis Lippe zufällig entdeckt wurde. Das Stück ist reich verziert und läßt sich eindeutig als Klinge vom Typ Sögel identifizieren, eine Prachtwaffe, die in Männergräbern der Zeit um 1600 v. Chr. von der friesischen Nordseeküste und Schleswig-Holstein bis Ostwestfalen-Lippe vorkommt. Die damit faßbaren nordischen Beziehungen des Ostteiles der westfälischen Region am Ende der Altbronzezeit werden aber in der Mittelbronzezeit durch Einflüsse aus Süddeutschland abgelöst. Die Hügelgräber von Borchen-Etteln / Kreis Paderborn, die für diese Zeit auffällig viele Brandgräber bergen, enthielten auch zwei Körpergräber: das einer Toten, die mit einer sog. Doppelradnadel und einer Bernsteinperle ausgestattet war, und das des Trägers oder der Trägerin eines kleinen Bronzedolches. Diese Funde sind zwar spärlich, durch ihre Formgebung verbinden sie aber die mit ihrer Sitte der Brandbestattung isoliert wirkende ‚Paderborner Gruppe' der Mittelbronzezeit (etwa 1600 bis 1300 / 1250 v. Chr.) mit Osthessen und darüber hinaus mit der ‚Grabhügelkultur' Süddeutschlands.

Aus der Jungbronzezeit, in der nun überall die Brandbestattung die zwingende Regel bildete, sind außer Urnengräbern auch Brandbestattungen ohne Urne bekannt. Ein solches Grab, ein Leichenbrandnest eines etwa 46jährigen Mannes, kam in Willebadessen-Engar / Kreis Höxter zum Vorschein und ist sehr ungewöhnlich. Zusammen mit dem Knochenbrandhaufen fand sich eine bronzene Pinzette und mehrere Reste geschmolzener Bronzen. Daneben

stand ein Gefäß, das ursprünglich eine Trankbeigabe enthalten haben wird, zusammen mit Resten verschmolzener Bronzen sowie ein Bronzemesser. Aufgrund der Knochenbestimmung stammten die Fleischstücke meist von Schafen oder Ziegen, doch auch vom Schwein und vom Hausrind. Wahrscheinlich gab es noch weitere, auch vegetarische Speisebeigaben, die sich allerdings nicht mehr nachweisen lassen.

Gewöhnlich sind Bronzebeigaben in den Brandgräbern der Jungbronzezeit nicht sehr häufig. Die Urnenfriedhöfe von Saerbeck und Ibbenbüren / Kreis Steinfurt, die mit ihren großen Grabeneinhegungen, unter anderm in Schlüssellochform, zu den typischen Fundplätzen der sog. Ems-Gruppe gehören, haben jedoch verhältnismäßig viele Bronzen geliefert. Es handelt sich dabei vor allem um lange, meist gebogene Nadeln mit kleinem vasenförmigen Kopf, die nach süddeutsch-schweizerischen Vorbildern in Nordwestdeutschland gegossen wurden. Daneben finden sich eine Nadel mit verziertem Scheiben- und zwei mit doppelkonischem Kopf, die ebenfalls aus regionalen Werkstätten hervorgegangen sein müssen. Beigegeben wurden ferner zwei Paare von Drahtringen, die wahrscheinlich am Kopf oder gar an den Ohren getragen wurden, drei Pinzetten (wie die aus Willebadessen-Engar) und sechs Rasiermesserklingen von nordischem Typus. Dabei ist eine Rasiermesserklinge aus Ibbenbüren – mit einer stilisierten Schiffdarstellung verziert – erstmalig in Westfalen bezeugt. Einmalig sind auch die Reste einer bronzenen Lanzenspitze und ein Angelhaken von 3,2 cm Länge, der allerdings – wie die Graburne, in der er lag – bereits früheisenzeitlich sein dürfte. In Saerbeck und darüber hinaus außergewöhnlich ist ein offener Armreif mit verjüngten Enden und Strichgruppenverzierung.

Aus Ibbenbüren gibt es ein Gefäß, das in Kerbschnitttechnik verziert wurde, wie es für die Niederrheinische Gruppe der Jungbronzezeit beiderseits der niederländischen Grenze charakteristisch ist. Am Berührungspunkt der Niederrheinischen

Willebadessen-Engar / Kreis Höxter. Inventar eines urnenlosen Brandgrabes mit Pinzette, verschmolzenen Bronzeresten, Beigefäß, Fleischbeigabe und Tafelmesser. 1200–750 v. Chr.

und der Ems-Gruppe liegt das große Gräberfeld von Borken-Hoxfeld / Kreis Borken, aus dem Bronzegegenstände stammen und einige schlüssellochförmige Grabenanlagen der Ems-Gruppe vorhanden sind; daneben gibt es eine Reihe von Kerbschnitt- und ritzverzierten Gefäßen der Niederrheinischen Gruppe – allerdings nicht innerhalb der Schlüssellochgräben. Besonders bemerkenswert sind die auf der Schulter und gelegentlich auch am Hals reich verzierten Urnen, die fünfzipflige Schale, die ebenfalls als Urne Verwendung fand, und das sehr reichhaltige Grabinventar, das aus einer verzierten doppelkonischen Urne mit kurzem Zylinderhals und aus drei Beigefäßen be-

steht. Letztere standen aber nicht (wie üblich) in der Urne und auch nicht (wie gelegentlich) seitlich, sondern mit der Mündung nach unten auf dem Mündungsrand des Leichenbrandbehälters. Die Gründe für diese Art der Aufstellung sind ungeklärt.

Lit.: D. BÉRENGER, Abgebrannt – Die Paderborner Bronzezeit (Paderborn 1996). – J. GAFFREY, Der Brandgräberfriedhof „Auf'm Trüssel" in Ibbenbüren. In: 850 Jahre Ibbenbüren 1146–1996 (Ibbenbüren 1996) 339–352. – G. SCHUMACHER-MATTHÄUS, „Bronze"-zeit in Westfalen ? In: Archäologie in Nordrhein-Westfalen. Geschichte im Herzen Europas. Schr. Bodendenkmalpflege Nordrhein-Westfalen 1 (Mainz 1990) 156–161.

Ilse – Ein oberrheinisches ‚Ghetto' der frühen Eisenzeit an der Mittelweser?

Daniel Bérenger

Kennzeichnend für die Nienburger Kultur um 550 v. Chr. war die Leichenverbrennung und die Deponierung der verbrannten Knochen in einer Urne. Den Toten wurde bestenfalls ein kleines Gefäß beigegeben, Schmuck oder Gerät sind hingegen sehr selten. Auf dem Friedhof, der im September 1998 im Ortsteil Ilse der Stadt Petershagen / Kreis Minden-Lübbecke entdeckt wurde, ist alles ganz anders. Hier blieben die Toten unverbrannt und wurden in ihrer Tracht beerdigt. Die Schatten ihrer Skelette oder gelegentlich auch die Reste ihrer Knochen liegen auf der Sohle von 1–1,5 m tiefen, körperlangen Grabgruben, die überwiegend von West nach Ost gerichtet sind und manchmal die Spuren eines Totenbettes bzw. eines Bretter- oder Baumsarges aufweisen. Hier und da, vornehmlich am Kopf- und am Fußende, leuchten die grünlich verfärbten Bronzebestandteile der Tracht. Von bisher 15 freigelegten Gräbern sind zwei fundleer. Nur diese können die letzten Ruhestätten von Männern darstellen. Denn nach Tracht und Körpergröße haben wir es bisher mit 12 erwachsenen Frauen und einem jungen Mädchen zu tun. Von den Ausgräbern erhielten daher diese 13 Toten jeweils einen Frauennamen. Mit Ausnahme von ‚Wilhelmina', die bei Bauarbeiten zufällig entdeckt wurde und deren Ausstattung nicht unbedingt vollständig erhalten ist, trugen alle mindestens ein Paar Schleifenringe an den Schläfen. Diese Spiralen aus doppeltgelegtem Bronzedraht waren zusammen mit einfachen, ringförmigen (bei ‚Claudia') oder zweifachen, S-förmigen Drahtspiralen sowie Bernstein- (‚Martina') oder Glasperlen (‚Claudia') und einem Toilettebesteck als Anhänger (‚Daniela') offensichtlich an einer Haube oder an einem Kopftuch befestigt worden. Diese nicht erhaltene Kopfbedeckung hatte man mit einer (‚Christa') oder zwei (‚Diana', ‚Laura') kurzen Haarnadeln mit dem Haar fest verbunden. Zusätzlich fand sich auf der Brust die Nadel, mit der ‚Daniela', ‚Martina', ‚Laura' und ‚Diana' ihr Gewand oder ihr Schultertuch verschlossen. Zweimal (bei ‚Martina' und ‚Diana') lag ein kleiner, einfacher Bronzering in Gürtelhöhe. Das junge Mädchen (‚Laura') hatte einen ähnlichen Ring am linken Handgelenk. Regelrechte Armringe trugen ‚Wilhelmina', ‚Diana', ‚Ophelia' und ‚Sarah', und zwar je einen an jedem Unterarm. Halsringe fanden sich bei ‚Diana' und ‚Sarah'.

Mit Ausnahme von ‚Laura', die hierfür wohl zu jung war, und von ‚Frieda' hatten die Damen in einem gewissen Alter Bronzeringe an beiden Knöcheln erhalten, die sie bei einem Innendurchmesser von rund 9 cm bald nicht mehr ablegen konnten. Diese Fußringe waren schlicht, unverziert (außer bei ‚Ophelia') und ursprünglich möglicherweise mit Stoff überzogen. Während die meisten massiv sind und verhältnismäßig dünn wirken (1 bis 1,5 cm Stärke), wurden die Fußringe von ‚Regina', ‚Claudia' und ‚Sarah' hohl gegossen, um eine Stärke von 2 bis 3,5 cm erreichen zu können. Als einzige trug ‚Martina' am linken Unterschenkel zwei Fußringe. ‚Hanna', ‚Claudia' und ‚Frieda' wurden in Kopfnähe ein bzw. zwei Gefäße beigegeben.

Die eisenzeitlichen Körpergräber von Petershagen-Ilse sind in der Brandgräberzone weit und breit einzigartig. Die Trachtteile, die sie enthalten – und zwar regelhaft Schleifen- und Fußringe – kommen gelegentlich verbrannt und fragmentiert in Brandgräbern oder unverbrannt in den Hortfunden Mittel- und Nordostdeutschlands vor. Typisch (vor allem in Verbindung mit dem Körpergrab) sind sie jedoch für das Oberrheingebiet im weiten Sinne. Entsprechende Funde sind aus Nordbaden, dem Kanton Bern in der Schweiz und dem Elsaß bekannt. Man würde sie dort in die Späthallstattzeit, am ehesten an die Wende von Hallstatt D1 zu Hallstatt D2, also in die Mitte des 6. Jahrhunderts v. Chr., datieren.

Doch die Damen von Ilse gehören nicht zu jenen „fremden Frauen", die hin und wieder daran zu

Petershagen-Ilse/Kreis Minden-Lübbecke. Rekonstruktionsversuch der Tracht zweier Frauen aus dem Oberrheingebiet, die um 550 v. Chr. an der Mittelweser starben. Links ‚Daniela', rechts ‚Wilhelmina'.

erkennen sind, daß ihre Trachtausstattung fremdartige Teile enthält. Hier ist nicht die Frau fremd, sondern die gesamte Menschengruppe. Die Frauen tragen nicht nur ihre oberrheinische Tracht, sie werden auch – unbeeindruckt von den Sitten der Umgebung – nach oberrheinischer Art bestattet. Wir haben es also mit einer Einwanderung und mit einer Art ‚Ghetto', mit einer bewußten kulturellen und sozialen Absonderung zu tun. Diese Feststellung beantwortet jedoch nicht alle Fragen, die mit dem Friedhof verknüpft sind. Die erste ist natürlich die, nach dem Verbleib der Männergräber zu forschen. Warum sind die Damen aus dem Südwesten abgewandert und wieso blieben sie ausgerechnet in Ilse? Damit verbunden ist auch die Frage nach ihrer Siedlung, z.B. ob diese sich auch von den Wohnplätzen der Nienburger Kultur ausgegrenzt hat. Wie weit hat man sich nach und nach der bodenständigen Kultur in Ilse geöffnet? Die Gefäße, die in drei Gräbern vorliegen, scheinen einheimisch zu sein. Ebenso die Nadeln mit Schälchenkopf, die im Fundspektrum von Südwestdeutschland weitgehend fehlen: Vielleicht mußte die Tracht einfach nur ergänzt werden. Obwohl die Funde teilweise noch in den Bergungsblöcken vergipst liegen und nur bedingt beurteilt werden können, zeichnen sich an einzelnen Fundstücken bereits Fernverbindungen ab (hohle Fußringe aus dem Ostseeraum?, S-förmige Doppelspiralen aus Südthüringen-Nordostbayern?). Waren die Männer dauernd unterwegs und fehlen (bis jetzt?) in diesem Friedhof, weil der Tod sie in Nord- oder Mitteldeutschland überraschte? Darüber schweigen die Quellen noch.

Petershagen-Ilse / Kreis Minden-Lübbecke. Späthallstattzeitliche Trachtteile (z. T. noch unrestauriert): bronzene ▷
Schleifen-, Schläfen-, Arm-, Gürtel- und Fußringe, Doppelspiralscheibe, Nadeln und Toilettebesteck sowie Bernstein- und Glasperlen. Um 550 v. Chr.

Hallstattzeitliche Salzsiederei in Werl

Hartmut Laumann

Kauft man heute im Supermarkt zu Pfennigbeträgen ein Paket Salz, so macht man sich wahrscheinlich keine Gedanken darüber, welch wertvolles Produkt dies einmal in der Vorzeit war, wie sehr dessen Besitz Reichtum und Wohlstand für ganze Kulturregionen bedeutete. Abgesehen davon, daß Salz ein lebensnotwendiges Mineral für unseren Körper ist, benötigte man es bis in unser Jahrhundert nicht nur zum Würzen der Speisen, sondern es war die einzige Möglichkeit, eiweißhaltige Lebensmittel für eine bestimmte Zeit haltbar zu machen. Seit gut tausend Jahren ist in einem Gebiet von Unna über Soest, Salzkotten, Werl bis Westernkotten eine Salzproduktion teils durch archäologische Hinweise, teils durch schriftliche Quellen bekannt, die besonders vom Mittelalter bis in die Neuzeit zu einem einträglichen Gewerbe führten. Durch unterirdische Wasserzüge, die vom Haarstrang in die Hellwegniederung abfließen und sich mit aus der Tiefe aufsteigenden salzhaltigen Grundwassern mischen, kommt es im Bereich der Stadt Werl an einer wasserundurchdringlichen geologischen Bruchspalte zum Austritt salzhaltiger Quellen, die sich in dem durch die Stadt Werl fließenden Salzbach sammeln. Diese bis in unser Jahrhundert sprudelnden Quellen, die erst durch die Grundwasserabsenkungen im Zuge des Steinkohlentiefbaus versiegten, lieferten eine bis zu sechsprozentige Salzsohle.

Bei Neubaumaßnahmen im Altstadtbereich von Werl stößt man nahe des Salzbaches immer wieder auf bis zu zwei Meter mächtige Schichten von gebrannten Lehmstücken, die mit der Salzherstellung zusammenhängen und allgemein als Briquetagen bezeichnet werden. Zahlreiche Gefäßfragmente innerhalb dieser Schichtfolgen datieren auschließlich in die späte Hallstattzeit (600–450 v. Chr.) Die Mehrzahl der Funde besteht aus rund 18 cm langen gebrannten Zylindersäulen mit beidseitig verbreitertem napfförmigen bis flachen Enden, die freihändig aus dem hier anstehendem Mergel hergestellt wurden. Das tonige Material magerte man mit organischen Stoffen wie feingehäckseltem Stroh

Werl / Kreis Soest. Briquetageschutt und zusammengesetzte zylindrische Standsäulen aus einer Abfallschicht. 600–450 v. Chr.

oder sandigen Beimengungen. Eine sorgfältige Glättung der Zylindersäulen unterblieb ebenso wie Verzierungen jedweder Art. Alle Säulen waren der direkten Feuereinwirkung beim Arbeitsprozeß ausgesetzt, meist bis in kleinere Fragmente zerbrochen und liegen ohne erkennbare Ordnung lagenweise durcheinander. Auf Grund der nach tausenden zählenden Säulenreste hat man den Eindruck, daß sie während des Salzproduktionsvorganges permanent ersetzt werden mußten. Erstmals konnte im letzten Jahr ein rekonstruierbarer Tiegel aus dem Briquetageschutt geborgen werden. Das rund 11 cm hohe, steile Gefäß mit konisch zulaufendem schmalen Boden besteht aus einer 3–4 cm starken Tonwandung und faßt gut 360 cm³ Inhalt. Es ist mit groben Steinen gemagert und nur sehr schwach gebrannt. Weiterhin fanden sich größere verbrannte Lehmstücke und -platten, die als Konstruktionselemente ehemaliger Öfen betrachtet werden können. Leider kommt das gesamte, einzigartige Fundmaterial aus Werl nur aus baubegleitenden Maßnahmen oder aus Notbergungen, so daß die genauen Beobachtungen zum Produktionsablauf noch unbekannt sind. Zwar gibt es mehrere Theorien, auch praktische Versuche, die zur Ausbringung von Salz führen, indes fehlt bis heute der archäologische Beweis. Als sicher kann gelten, daß nahe der Solquellen offene oder geschlossene Ofenkonstruktionen auf einer geglätteten, mehrere Zentimeter starken Lehmplatte errichtet wurden. Auf diesen saßen zylinderförmige Säulenreihen mit Tiegeln, die salzhaltige Sole enthielten. Durch starke Feuerung brachte man das Salzwasser so lange zum Eindampfen bis aus der konzentrierten Lösung Salzkristalle ausfielen. Dieser Vorgang wurde wiederholt, bis sich in den Tiegeln ein kompakter Salzkuchen gebildet hatte, der als ,weißes Gold' überall verhandelt werden konnte. Wegen der zahlreichen Briquetagereste muß der Verschleiß von Öfen, Säulen, Tiegeln und vor allem der Verbrauch an Brennmaterial beträchtlich gewesen sein. Durch die immer an gleicher Stelle nahe der Solequellen durchgeführten Ofengänge bildeten sich im Laufe der Zeit große Mengen an Briquetagebruch, die mächtige Abfallschichten bildeten. Dabei wurden sicher auch immer wieder die Ofenkonstruktionen zerstört und neu errichtet, so daß es bisher nicht gelungen ist, inmitten dieser Werkstattbereiche aussagefähige Konstruktionen zu entdecken. Erschwerend kam hinzu, daß inmitten der Altstadt von Werl ein Großteil der vorgeschichtlichen Briquetageschichten durch mittelalterliche Keller, Kloakenschächte und Brunnen gestört ist und es zu Verlagerungen und Umschichtungen kam, die eine flächenmäßige Betrachtung der Befunde sehr erschwert, zumal mindestens an einer Stelle im Mittelalter gleichfalls eine Salzsiederei, allerdings un-

Werl / Kreis Soest. Hallstattzeitlicher Tiegel mit ausgedrücktem Formsalzkegel. Um 500 v. Chr.

ter anderer Technik, betrieben wurde. Auch überregionale Vergleiche lassen sich nur bedingt anführen. Zwar kennt man aus Mitteldeutschland eine fast identische Salzproduktionsweise, jedoch lassen sich mitten in der Altstadt von Halle an der Saale die gleichen Befundprobleme beobachten. Völlig offen ist es bisher, warum die vorgeschichtliche Salzproduktion in Werl bisher nur für eine verhältnismäßig kurze Zeit betrieben wurde. Verlagerte man die Standorte, reichte das Brennmaterial nicht mehr oder konnte man der Konkurrenz aus anderen Salzgewinnungsgebieten nicht mehr standhalten?

So bleibt den Archäologen nichts anderes übrig, als sich so lange in Geduld zu fassen, bis in Werl im Zuge einer Neubebauung Flächen im Bereich der alten Salzquellen neue Einblicke verschaffen.

Lit.: W. MATTHIAS, Die mitteldeutsche Briquetage-Formen, Verbreitung und Verwendung. Jahresschr. Mitteldt. Vorgesch. 45, 1961, 119–225. – W. LEIDINGER, Salzgewinnung an den Solquellen der Saline Werl. Das Leben in der Saline – Arbeiter und Unternehmer (Halle 1996) 189–215.

Eisenzeitliche Werkzeuge aus dem Siegerland

Hartmut Laumann

Aus dem zentralen Siegerland kennt man – einzigartig in Nordrhein-Westfalen – eine umfangreiche Eisenverhüttungs- und Schmiedeindustrie, welche in den letzten fünf Jahrhunderten v. Chr. ihre Blütezeit hatte. In fast jedem der kleinen Seitentäler, die sich bis in die Kämme der Höhen hinaufziehen, finden sich Spuren der Produktions- und Veredelungswerkstätten der damaligen Handwerker. Besonders in den letzten Jahren wurde vor allem mit der Hilfe ehrenamtlicher Helfer die innere Struktur dieser vorgeschichtlichen Montanregion näher untersucht, so daß man heute in der Lage ist, diese vorgeschichtliche Industrielandschaft weitgehend zu rekonstruieren. Zwar fehlen mangels Forschungsgeldern bisher umfangreiche Ausgrabungen, jedoch lassen sich die alten Standorte noch im Gelände gut erkennen. Dies liegt vor allem daran, daß das Siegerland wegen seines bergigen Reliefs und der unfruchtbaren Böden weitgehend von der nivellierenden Landwirtschaft verschont blieb und bis zu über fünfzig Prozent mit Wald bestanden ist. Auch folgt die moderne Bebauung heute überwiegend den flacheren Tallagen, die in der Vorzeit versumpft und daher vom Menschen gemieden worden waren.

Bereits in den 1930er Jahren entdeckte man in den engen Oberläufen und Quellbereichen insgesamt über 300 Schmelzöfen, die meist in den lehmigen Hang eingebaut waren, aber auf Grund fehlender archäologischer Funde zunächst undatiert blieben, inzwischen aber der Zeit von 500 v. Chr. bis zur Zeitenwende zugeordnet werden können. Vor allem die im Abstand von 50 bis 150 m von den Schmelzplätzen liegenden gleichzeitigen Schmieden, deren Abflachungen (Podien) als oberirdische Denkmäler sichtbar sind und ehemals von Holzbauten bestanden waren, wie einige Grabungen belegen, deuten darauf hin, daß die in den Schmelzöfen gewonnene Luppe hier in kleineren Feuerstellen ausgeschmiedet und dann zu Halbfertigprodukten und Werkzeugen weiterverarbeitet wurde. Diese kleinen Produktions- und Veredelungseinheiten greifen auf Eisenerze (Brauneisenstein und Hämatit) zurück, die in einem breiten Streifen das Siegerland von West nach Ost queren und durch die Gebirgsbildung oberflächennah austreten. Fast überall in der Nähe der alten Schmelzen findet man daher zahlreiche kleine Tagebaue (Pingen), die auf die frühen bergbaulichen Tätigkeiten hinweisen, wobei naturgemäß in späterer Zeit diese Lager wiederentdeckt und die alten Bergbauspuren überprägt wurden. Neben der unbegrenzten Erzversorgung der Schmelzen benötigte man in großen Mengen Holzkohle als Energieträger, welche zuerst in großen Mengen zur Verfügung stand. Auf Grund von Holzanalysen in den Schmelzöfen sowie von Pollendiagrammen aus kleinen Hochmooren ist bekannt, daß nach dem Verbrauch des Primärwaldes, der überwiegend aus Buche bestand, vornehmlich Eichen, Birken und Erlen in den Öfen verwendet wurden. Hieraus läßt sich schließen, daß die damaligen Hüttenleute schon eine Art Niederholzwirtschaft betrieben, wo im Umtrieb alle 18–20 Jahre die Bäume gefällt wurden und im gleichen Zeitraum aus den Wurzelstöcken heraus einen neuen Bestand bildeten, eine Waldwirtschaft, die bis heute im Siegerland Bestand hat (nachschaffende Waldwirtschaft). Geht man davon aus, daß in den meisten Tälern eine Hüttenanlage stand, die ungefähr 30–40 Hektar Wald zur Verfügung hatte, könnte man mit der daraus zu gewinnenden Holzkohle (Reduktionsenergie) jährlich rund 400–500 kg Werkzeugeisen herstellen. Natürlich wird man davon ausgehen müssen, daß die Hüttenleute an der Natur damals wie heute auch einen gewissen Raubbau betrieben, so daß nach wenigen Generationen ein Tal nicht mehr genügend nachschaffendes Holzwachstum erbrachte und so die Handwerker ein neues bisher nicht genutztes Tal aufsuchen mußten. Indirekt läßt sich dies in datierbaren archäologischen Funden nachweisen, die belegen, daß die Hüttenplätze innerhalb eines Tales nie länger als eine archäologische Periode (ca. 100 Jahre) am gleichen Ort bestanden.

Eiserne Pflugschar (Unterseite) und Tüllenmeißel aus dem Siegerland. Ca. 500 v. Chr. bis etwa um Christi Geburt.

Betrachtet man die im Siegerland auf verschiedenen Hüttenplätzen entdeckten Eisengegenstände näher, so fällt das hohe handwerkliche Geschick der Schmiedehandwerker auf. Alle Techniken zur Werkzeugherstellung wie Strecken, Biegen, Tordieren, Spalten, Lochen und Schärfen, die auch ein moderner Schmied beherrschen muß, waren bekannt. Wegen der in der Vorzeit weitgehend unpassierbaren Täler verlief der gesamte Handelsverkehr über die Höhenrücken der Mittelgebirgsketten. Deutlich erkennt man, daß die Eisenproduktionsstandorte auf diese Wegetrassen ausgerichtet sind, die überwiegend Richtung Rhein oder in die Wetterau führten, jene Gebiete also, die in den letzten fünf Jahrhunderten v. Chr. zum keltischen Machtbereich zählten. Die damaligen Hüttenleute am Rande der keltischen Welt kannten den Bedarf ihrer anspruchsvollen Kundschaft sehr genau. Schließlich lebten diese bereits in einer stark arbeitsteiligen Kultur, z. T. in befestigten Städten und Burgen mit spezialisierten Handwerksberufen, sowie einer eigenen Geldwirtschaft. So unterscheiden sich die im Siegerland hergestellten Eisenprodukte in keiner Weise von den Werkzeugen, die in den keltischen Kernlanden Süddeutschlands in Gebrauch waren. Durch diesen Fernhandel kamen auch mancherlei Tauschgüter nach Süd-Westfalen, die sich natürlich als wertvolle Gegenstände nicht

auf den Werkplätzen finden, oft aber als Beigaben in die Gräber der Toten gelangten und uns damit indirekt auch anzeigen, in welche Richtung die Handelsströme damals verliefen. An Neufunden können als Beleg zwei Brandgräber von Netphen-Deuz benannt werden. Neben Gürtelhaken fanden sich je ein Satz Fibeln, die ihre besten Parallelen im keltischen Süddeutschland haben. Da die Siegerländer Hüttenleute mit ihren Produkten von ihrem wichtigsten Handelspartner im Süden weitgehend abhängig waren, fehlte nach dem Niedergang der keltischen Kultur um Christi Geburt der wichtigste Absatzmarkt ihrer ‚Massenproduktion'. Die Wirtschaft der Germanen und Römer, den neuen Herren Mitteleuropas, basierte auf anderen wirtschaftlichen Grundlagen und Handelswegen, die das Siegerland weitgehend ausschlossen. So brach auch die Eisenproduktion innerhalb weniger Jahre vollständig zusammen, bis heute kennt man aus den Tälern des Siegerlandes keinen Schmelzofen, der in das erste Jahrhundert n. Chr. datiert. Wohin die Berg- und Hüttenleute nach Aufgabe der vorgeschichtlichen Montanregion Siegerland zogen, ist bis heute unbekannt, als Meister ihres Faches waren sie jedoch sicher in anderen Regionen begehrt.

Lit.: H. LAUMANN in: Der Kreis Siegen-Wittgenstein. Führer Arch. Denkmälern Deutschland 25 (Stuttgart, Theiss 1993) 49–64.

Eine Kriegerdarstellung der Hallstattzeit aus Inden

Christoph Huth und Bernd Päffgen

Figürliche, besonders menschengestaltige Darstellungen sind in der mitteleuropäischen Vorgeschichte eine ausgesprochene Seltenheit. Während der Bronzezeit sind Menschendarstellungen nahezu unbekannt. Erst am Übergang zur Eisenzeit findet das Menschenbild in manchen Gegenden Eingang in die archäologische Überlieferung, zunächst meist als Ritzung auf Gefäßen und in Form kleinplastischer Tonfiguren. Für das Rheinland sind zwei 1998 in einer Abfallgrube am Rand des Braunkohlentagebaus Inden / Kreis Düren gefundene Scherben der Zeitstufe Hallstatt D die bisher einzigen Funde dieser Art.

Die bedeutendere Scherbe zeigt in Frontalansicht einen aufrecht stehenden Krieger mit Schild und Lanze. Die sehr einfach in der Art eines ‚Strichmännchens‘ gehaltene Darstellung wurde vor dem Brennen im Töpferofen in den lederhart getrockneten Ton eingeritzt und zur Verstärkung der Kontrastwirkung mit heller Inkrustationsmasse ausgelegt. Als das Gefäß eines Tages zu Bruch ging (vielleicht auch absichtlich zerbrochen wurde), warf man jedoch die Kriegerdarstellung nicht zusammen mit den restlichen Scherben fort. Statt dessen bewahrte man die Scherbe auf und richtete die Bruchkanten gewissenhaft so zu, daß der Krieger mittig in einem gleichseitigen Dreieck erscheint, wobei die Basis des Dreiecks die Standfläche für den ‚Helden‘ bildet. Die zweite figürlich verzierte Scherbe wurde ebenfalls nach dem Zerbrechen des Bildträgers aufbewahrt, jedoch bedachte man sie nicht mit der gleichen Sorgfalt. Die Bilddarstellung ist nur noch in Teilen erhalten. Leider ist sie so stark abstrahiert, daß der Bildgehalt nicht mehr enträtselt werden kann.

Der Indener Krieger weist neben typischen auch ungewöhnliche Merkmale auf. Charakteristisch ist die einfache Darstellungsweise in gerader Ansicht. Details wie Augen, Ohren, Nase und Mund fehlen, auch Hände und Füße sind nicht angegeben. Bezeichnend ist die ausgeprägte Geste, nämlich die aufrechte, breitbeinige Pose und das Präsentieren

Inden / Kreis Düren. Späthallstattzeitliche Ritzdarstellung (Krieger) auf einer Keramikscherbe. Um 500 v. Chr.

von Lanze und Schild. Ungewöhnlich ist die Ausstattung des Helden, insbesondere der Schild. Bislang waren in Mitteleuropa aus vorkeltischer Zeit nur Rundschilde bekannt. Die Kriegerdarstellung ist daher der älteste Beleg für die Verwendung des Ovalschildes nördlich der Alpen. Die Lanze gehört zur üblichen Bewaffnung der Zeit. In die gleiche geographische Richtung wie der Ovalschild deutet auch der Bildinhalt der Indener Scherbe. Zwar spielte der heldenhafte Krieger seit der Bronzezeit allerorten eine herausragende Rolle, wie einschlägige Grabbeigaben und Opferfunde vielfach belegen. Als Bildmotiv ist er jedoch nördlich der Alpen nur sehr selten überliefert. In Oberitalien hatte man das Motiv des heroischen Kriegers aus Etrurien entlehnt. Dorthin war es wiederum in der frühen Eisenzeit aus Griechenland gekommen. Seine Wurzeln liegen letztlich in der Bilderwelt des Vorderen Orients.

Lit.: G. Kossack, Religiöses Denken in dinglicher und bildlicher Überlieferung Alteuropas aus der Spätbronze- und frühen Eisenzeit (9.–6. Jahrhundert v. Chr. Geb.) (München 1999).

RÖMISCHE ZEIT

Lünen-Beckinghausen/Kreis Unna. Grabenabschnitte im Osten des römischen Lagers. Gegen feindliche Angriffe war das kleine Uferkastell durch eine Holz-Erde-Mauer und drei Lagergräben geschützt. 11–8/7 v. Chr.

Die Grabungen in den westfälischen Römerlagern

Johann-Sebastian Kühlborn

Nahezu aus allen römischen Militärstandorten, die während der Germanenkriege des Kaisers Augustus entlang der Lippe bestanden hatten, liegen neue Grabungsergebnisse vor. Ohne sich von der inneren Chronologie der Lager leiten zu lassen, wird der Überblick mit dem Marschlager Dorsten-Holsterhausen begonnen, dem heutigen Kenntnisstand zufolge immer noch der westlichste römische Militärplatz jenseits des Rheins. Nach jahrzehntelangem Grabungsstillstand in dem weitestgehend modern überbauten Lager war aufgrund von Baumaßnahmen eine ca. 8000 m² große Fläche zu untersuchen. Wie bei einem Marschlager zu erwarten – schließlich campierten die Truppen in Zelten – gab es keine Hinweise auf Lagerbauten, dagegen verschiedene römische Gruben und zwei Komplexe mit mehreren Backöfen. Leider lieferte das Fundmaterial keine neuen Datierungsansätze.

Kein Fundplatz in Westfalen weist eine derart starke militärische Nutzung in römischer Zeit wie Haltern auf. Zu den bekannten Fundplätzen ist ein neues Lager im Nordosten Halterns hinzugekommen. Die vorliegenden Kenntnisse lassen auf ein temporär genutztes Marschlager schließen. Von diesem sind bislang ein bis zu 2,1 m tiefer und 3,3 m breiter Spitzgraben sowie zahlreiche Abfallgruben bekannt. Noch stehen die Untersuchungen am Anfang. Doch bereits jetzt spricht das vorliegende Fundmaterial für einen zeitlichen Ansatz des Ostlagers in die späteren Phasen der augusteischen Germanenkriege. Üblicherweise wird das Ende der römischen Präsenz in Haltern aufgrund der Fundmünzen mit den Vorgängen um die Varusschlacht (9 n. Chr.) in Verbindung gebracht. Eine neu entfachte numismatische Diskussion, die von den Funden im niedersächsischen Kalkriese ausgelöst wurde, läßt jedoch Zweifel an dem vermeintlich sicheren Enddatum Halterns aufkommen. Danach wäre ein im Ostlager gefundenes As der 1. Lyoner Altarserie, das auf der Vorderseite mit dem Porträt des Augustus Dolchhiebe erkennen läßt, den Feldzügen des Germanicus zuzuweisen. Wie dem auch

Bergkamen-Oberaden / Kreis Unna. Ein im italischen Arezzo produzierter Terra-Sigillata-Becher des Töpfers C. Annius. Das Gefäß ist mit feinem Reliefdekor aus Blattwerk verziert. Vor 8/7 v. Chr.

sei, die zeitliche und damit auch historische Einordnung des Ostlagers von Haltern dürfte neben der Aufdeckung der archäologischen Befunde mit zu den spannendsten Fragestellungen zählen.

Nach einer achtzigjährigen Forschungsunterbrechung liegen für das Uferkastell von Lünen-Becking-

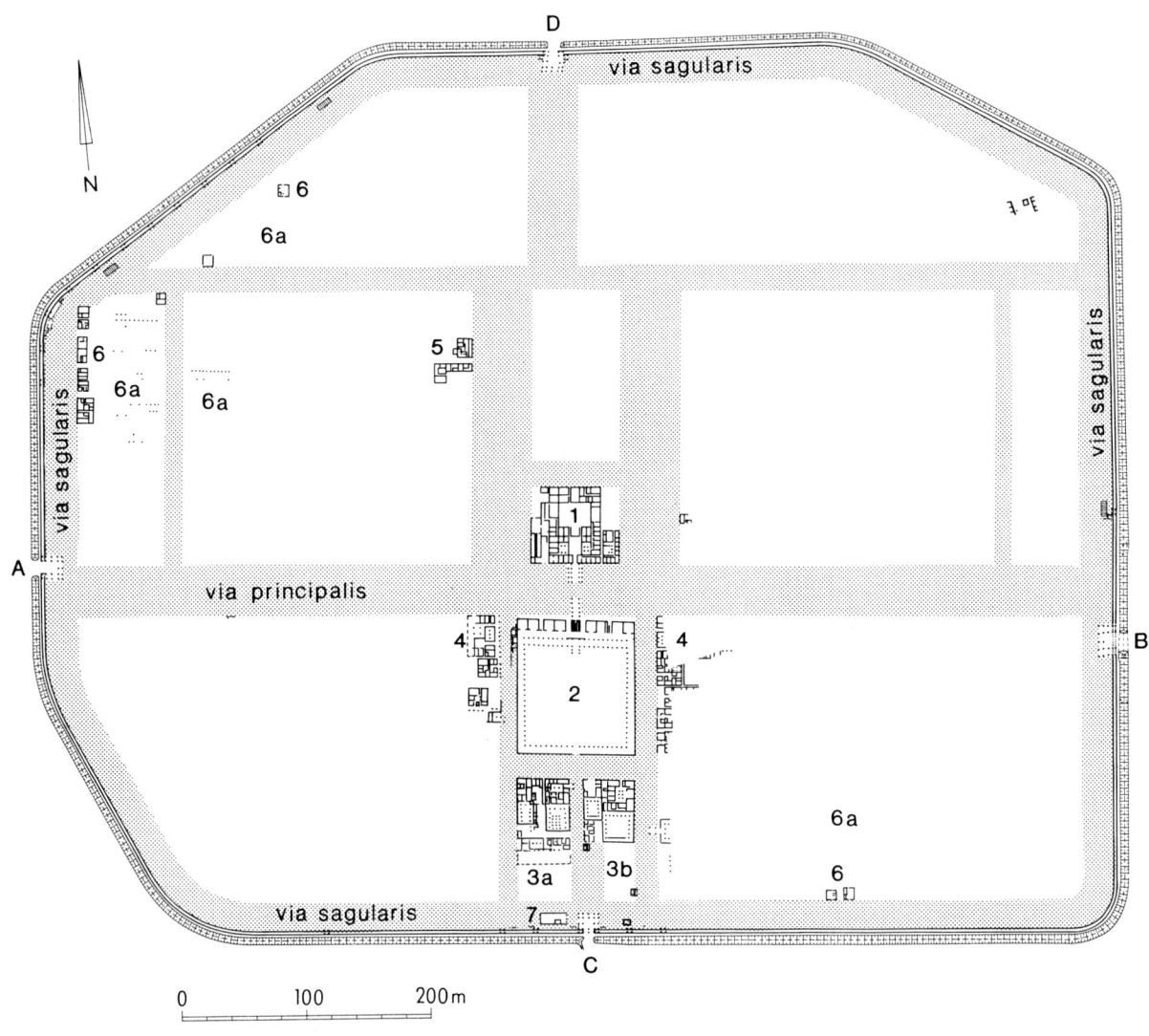

Bergkamen-Oberaden / Kreis Unna. Vereinfachter Plan des Römerlagers: 1 Praetorium, 2 Principia mit Anbauten, 3 Legatenhäuser, 4 seitliche Bebauung der Principia, 5 Gebäude unbekannter Funktion, 6a Mannschaftsunterkünfte, 7 Gebäude seitlich des Südtors. Tore: A Porta principalis dextra, B Porta principalis sinistra, C Porta praetoria, D Porta decumana. 11–8/7 v. Chr.

hausen – eine kleine Dependance des Lagers von Bergkamen-Oberaden – dank der Grabungen der Jahre 1995–1998 neue Detailkenntnisse vor. Erstmals gelang der einwandfreie Nachweis eines Lagergebäudes, eines Speichers *(horreum)*. Dieser Befund widerspricht nicht der Deutung des Uferkastells als Stapelplatz. Die Frage nach der Existenz eines möglichen Osttores konnte endlich mit negativem Ergebnis geklärt werden. Auch über die Datierung des Lagers besteht nach den jüngsten Grabungen Gewißheit: Die Belegungsdauer ist identisch mit der von Oberaden (11–8/7 v. Chr.). Neue Indizien liegen auch für einheimische Siedlungsaktivitäten vor. So verweist das späteisenzeit-

Delbrück-Anreppen / Kreis Paderborn. Grundriß des Hauses eines Offiziers (centurio). Alle Bauten in den römischen Lippelagern waren als Holz- oder Fachwerkgebäude errichtet worden. Von ihnen blieb meist nur die Eingrabung der Fundamentierung erhalten. Vor 9 n. Chr.

liche Fundmaterial auf eine einheimische, östlich des Kastells gelegene Siedlung. Diese Funde belegen Fernverbindungen ins Rheinland, nach Thüringen und Nordhessen. Dieser Warenaustausch unterstreicht die Bedeutung der Hellwegzone als Handelsweg.

Im 56 ha großen Römerlager Oberaden gab es einen Erkenntniszuwachs vorwiegend im Bereich der *principia*, der sog. Legatenhäuser und des Südtores. Der Grundriß der 94 × 103 m großen *principia* ist gänzlich freigelegt. Südlich lagen zwei fast vollständig erfaßte Gebäude, die mit einiger Sicherheit als Legatenhäuser zu deuten sind; an dem östlichen offenbart sich die lebhafte Bauaktivität jener Jahre: Trotz kurzer Nutzungszeit wurde es sukzessive erweitert. Dem anfänglich 22 × 24 m großen Haus, dessen Räume sich um ein *atrium* anordnen, fügte man im Süden einen 25 × 25 m großen Peristylhof hinzu und verlegte die westliche Hausfront in die *via praetoria* vor. Direkt an der westlichen Seite der *via praetoria* hat ein ähnlich geartetes Gebäude gestanden; in gleicher Weise wurde auch hier der anfängliche Kernbau durch Anbauten wesentlich erweitert. Beide Gebäude engten die ursprünglich erheblich breiter konzipierte *via praetoria* auf 12 m ein. Neu ist auch ein Gebäude (21,5 × 8,5 m), das im Westen des bereits um 1912 aufgedeckten Südtores liegt. Vergleichbare Bauten sind inzwischen auch vom Süd- und Osttor des Lagers Anreppen bekannt.

Im Römerlager Anreppen konzentrierten sich die Grabungen hauptsächlich auf die weitere Umgebung des Südtores. Westlich des Tores ist ein Teil der Mannschaftsquartiere, bislang die Unterkünfte von acht Centurien, erfaßt worden. Wie in Oberaden sind die unterschiedlich großen Häuser der *centuriones* durch eine schmale, unbebaute Zone von den eigentlichen Mannschaftsquartieren abgesetzt. In diesem freien Streifen lagen mehrere Latrinen und Brunnen. Während man beim Bau der Centurionenhäuser durchgehende Pfostengräbchen aushob, in denen ehemals die tragenden Wandpfosten und Flechtwerkwände eingelassen waren, sind die ca. 30 m langen Mannschaftsbaracken nur an Reihen von Einzelpfosten kenntlich. Von etwas anderer Bauart waren dagegen die südlich der *via praetoria* gelegenen Kasernen. In diese bis zu 55 m langen Gebäude wurde das Haus des Centurio integriert.

Östlich des Südtores lag ein ungewöhnlich großes *horreum* (ca. 56 × 68 m). In der Mitte der südlichen Gebäudefront befand sich ein 9,5 m großer Zugang, zwei weitere waren im Norden. Innerhalb dieses Speichers fanden sich lediglich die Standspuren von Pfosten, die den unterlüfteten Schwebeboden trugen. Neu ist auch ein unmittelbar östlich des Südtores gelegenes 23,5 m langes, T-förmiges Haus.

Delbrück-Anreppen / Kreis Paderborn. Eisenfunde belegen die Tätigkeit von Handwerkern: Schmiedezange, Feile, Stechbeitel und Spitzeisen, daneben aber auch ein Messer und eine Sichel. Vor 9 n. Chr.

Ein ähnlicher Bau ist bereits seit 1970 an der östlichen Lagerfront bekannt. Möglicherweise waren beide Gebäude für die Torwachen bestimmt. Die Überprüfung der alten Grabungspläne führte zur nachträglichen Fixierung des Osttores. Der damalige Ausgräber A. Doms hatte bereits 1970 einige Pfostenstellungen der hinteren Torpartien gefunden. Laut Grabungstagebuch spielte er zwar mit dem Gedanken, die Pfostengruben einer Toranlage zuzuordnen, verwarf aber diese Überlegung letztlich. Für die Gründungszeit des Römerlagers von Anreppen liegen keine dendrochronologisch verwertbaren Daten vor. Das keramische und numismatische Material ist partiell mit dem Fundhorizont von Haltern vergleichbar. Im Vergleich zu Haltern läßt das Münzspektrum jedoch an eine kürzere Belegungsdauer denken.

Neue Forschungen im spätrömischen Kastell „Haus Bürgel"

THOMAS FISCHER

Haus Bürgel erhebt sich als ein vierseitiger Gutshof und Herrensitz südlich von Düsseldorf und nördlich von Monheim auf der rechten Rheinseite. Es birgt in seinem Kern die Reste der Wehrmauern einer mächtigen Festung spätrömischer Zeit. Seine heutige Lage rechts des Rheins, also außerhalb des ehemaligen Römischen Reiches, ist auf eine Verlagerung des Rheinbettes während eines katastrophalen Hochwassers im Spätmittelalter, wahrscheinlich im Jahre 1374, zurückzuführen. Heute stellt sich die Anlage als geschlossener vierseitiger Gutshof von 66 × 79 m Innenfläche dar, von dem an allen vier Seiten Grundmauern auf römischen Fundamenten ruhen bzw. bis zu 5 m aufgehende römische Mauerpartien hochragen. An der Nordostecke steht als letztes sichtbares Relikt der mittelalterlichen Burg über den Fundamenten des runden römischen Eckturmes ein mittelalterlicher Turm von quadratischem Querschnitt; der Rest der heutigen Wirtschaftsbauten stammt aus dem 18. bis 20. Jahrhundert. Bürgel wurde in jüngster Zeit durch engagierte Denkmal- und Naturschützer und mit Mitteln der Nordrhein-Westfalen-Stiftung Naturschutz, Heimat- und Kulturpflege vor zerstörerischen Baumaßnahmen gerettet und in öffentlichen Besitz überführt. Seit 1993 wird die Anlage renoviert, seit 1996 dient sie als Sitz einer biologischen Station, die Einrichtung eines Museums soll bis zum Jahr 2000 folgen.
In den Jahren 1994 bis 1996 fanden Forschungs- und Lehrgrabungen der Abteilung Archäologie der römischen Provinzen beim Archäologischen Institut der Universität Köln in enger Kooperation mit dem Archäologischen Institut der Universität Warschau statt. Ermöglicht wurde dies durch das Ministerium für Stadtentwicklung, Kultur und Sport des Landes NRW und das Rheinische Amt für Bodendenkmalpflege. In Abstimmung mit der Universität Köln führte das Rheinische Amt für Bodendenkmalpflege 1993 und 1995 lokal begrenzte Rettungsgrabungen durch und legte dabei vor der Ostseite des Kastells eine größere Brandgräber-

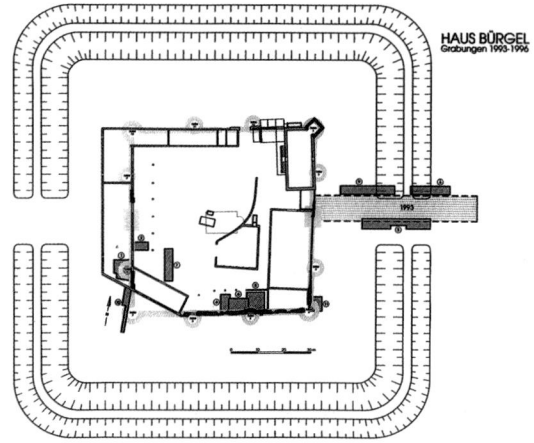

Monheim / Kreis Mettmann. Haus Bürgel. Plan des spätrömischen Kastells. 4. Jahrhundert n. Chr.

nekropole des 1. bis 3. Jahrhunderts n. Chr. mit bisher ca. 90 Gräber frei. Von der dazugehörigen Siedlung ist weit weniger bekannt. Im Osten und im Inneren des Kastells fanden sich Streufunde und Grubeninhalte von der Mitte des 1. Jahrhunderts n. Chr. bis zum 3. Jahrhundert.
Aufgrund der Forschungen von W. Haberey stand fest, daß hier ein spätrömisches Kastell von 64 × 64 m Innenfläche mit vier Ecktürmen und acht Zwischentürmen vorlag, zwei Tore im Osten und Westen wurden vermutet. Somit stimmt der Grundriß der Umwehrung mit dem gleichzeitigen, jedoch viermal größeren Brückenkopfkastell Köln-Deutz weitgehend überein. Beide Anlagen gehören zu einem militärischen Bauprogramm zur Abwehr der Franken, das auf Kaiser Constantin I. (306–337 n. Chr.) zurückgeht. Das Westtor, wohl das Haupttor, war zur Limesstraße hin orientiert, das Osttor zum vermuteten Hafen. Bei den Grabungen 1993 konnte das Osttor als Ausbruchsgrube nachgewiesen werden. Wahrscheinlich handelte es sich um eine Lösung mit zwei flankierenden Tortürmen wie

Monheim / Kreis Mettmann. Spätrömisches Kastell Haus Bürgel. Grabung im Kastellbad. 4. Jahrhundert n. Chr.

in Deutz. Die schon früher vermutete spätantike Datierung einer schmalen Schlupfpforte in der Mitte der Südseite des Kastells konnte 1995 bestätigt werden.

An der Südwestecke des Kastells wurde 1994 und 1995 der gut erhaltene Zwischenturm Nr. 8 ausgegraben, der einen Anschluß an das in diesem Bereich noch erhaltene aufgehende Mauerwerk von ca. 5 m Höhe besaß. Seine Bauweise steht für alle Türme: Man hob in dem anstehenden Auelehm eine Grube für die Fundamentstickung aus und füllte diese mit Bruchsteinen aus Grauwacke. Über die trocken verlegte Stickung brachte man eine Ausgleichsschicht aus Kalkmörtel auf. Darüber er-

hob sich das massive Gußmauerwerk der etwa 0,5 m starken Fundamentplatte, deren Außen- bzw. Schauseite aus vier Lagen von sorgfältig in Mörtel verlegten Tuffquadern bestand. Sowohl Kurtinen als auch Türme weisen ein zweilagiges Ziegelband auf. Die Bauweise und die relativ gute Erhaltung wiederholte sich beim südöstlichen Eckturm. Grabungen in der heute abgeschrägten Südwestecke zeigten, daß Eckturm und Kurtinen schon vor dem Spätmittelalter bis auf die Fundamente ausgebrochen worden waren.

Im östlichen Vorfeld des Kastells wurden die nördlichen Grabenköpfe zweier Wehrgräben randlich erfaßt, beide ausgeprägte Spitzgräben, die man im frühen 5. Jahrhundert mit Brandschutt aus dem Innenraum des Kastells verfüllt hatte. Der äußere Kastellgraben war noch ca. 6,7 m breit und 1,86 m tief, der innere noch ca. 10,5 m und 2,3 m. Die bisher bestimmten Bronzemünzen aus dem äußeren Graben stammen neben wenigen älteren aus den Regierungszeiten der Kaiser Valentinian I. (364–375) bis Arcadius (383–408). Die vielfach verbrannten Münzen waren so im Graben verteilt, daß die jüngsten Prägungen unten wie oben in der Grabenfüllung vorkamen. Sie geben damit für die Verfüllung des Grabens sowie die Masse des eingeschlossenen Fundmaterials die Zeit nach der Wende vom 4. zum 5. Jahrhundert n. Chr. an. Grabungen in der Innenfläche zeigten, daß man nicht mit einer dichten Bebauung wie etwa Deutz rechnen darf, sondern eher mit einem weitgehend freien oder nur unregelmäßig bebautem Innenhof wie etwa im Kastell Alzey. An der südlichen Innenseite der Kastellmauer lagen die Reste des spätantiken Kastellbades. Der fast quadratische Bau von ca. 9 × 8 m stellt mit Caldarium (Warmbad) und Frigidarium (Kaltbad) sowie einem Vorraum eine sehr reduzierte Form eines römischen Bades dar. Offensichtlich war es in einer letzten Nutzungsphase zu Wohnzwecken umfunktioniert worden, wie entsprechende Funde sowie der Einbau einer offenen Herdstelle auf dem Estrich im Ostbereich nahelegen. In dieser Zeit (um 400) wurde auch ein Münzschatz von ca. 115 spätrömischen Bronzemünzen im Bereich eines Abwasserkanals verborgen. Die Grabenfüllungen und die späte Belegungsphase des Bades ergaben eine Fülle von Material der Spätantike, vor allem des frühen 5. Jahrhunderts. Funde und Befunde etwa von der Mitte des 5. Jahrhunderts bis zum 8. Jahrhundert fehlen bisher. Ein Großteil der Metall- und Beinfunde war germanischer Herkunft. Die Keramik datiert überwiegend ins späte 4. bis frühe 5. Jahrhundert, vereinzelte frühere Stücke belegen eine Gründung des Kastells in konstantinischer Zeit. Auf die Verarbeitung von Bronze wiesen Fragmente von Gußtiegeln, Schmelzbrocken sowie eine Patritze aus Blei zur Herstellung von Schnallenbügeln, die zu spätrömischen Militärgürtelschnallen der Zeit um 400 bis Mitte

Monheim / Kreis Mettmann. Haus Bürgel. Germanischer Beinkamm. Spätes 4. / frühes 5. Jahrhundert n. Chr.

des 5. Jahrhunderts gehören. Zwei Dachziegel tragen den Stempel RVKIACI, der sich auf eine bisher unbekannte Privatziegelei bezieht. Zwar bleibt die Frage nach der ersten Besatzung noch offen, doch für die Spätzeit läßt sich absehen, daß im späten 4. und im frühen 5. Jahrhundert Germanen aus dem Gebiet zwischen Rhein und Elbe die letzte Wacht am Rhein im Auftrag Roms übernommen haben. Sie lebten samt Familien in Bürgel, bis irgendwann um die Mitte des 5. Jahrhunderts die Anlage in Flammen aufging. Bis in die Karolingerzeit hinein blieb das Kastell unbewohnt. Seine Reste waren aber so gut erhalten, daß sich hier frühestens im 8. Jahrhundert wieder Menschen ansiedelten.

Lit.: W. Haberey, Kastell Haus Bürgel. Bonner Jahrb. 157, 1957, 294 ff. – H. G. Horn (Hrsg.), Die Römer in Nordrhein-Westfalen (Stuttgart 1987) 568 f. – M. Gechter, Ausgrabungen in Haus Bürgel. Arch. Rheinland 1993 (Köln, Bonn 1994) 94 ff. – Th. Fischer, Neue Forschungen im spätrömischen Kastell Haus Bürgel, Stadt Monheim, Kreis Mettmann. In: Spätrömische Befestigungen in den Rhein-Donauprovinzen. BAR Internat. Ser. 704 (Oxford 1998) 41 ff. – Ders., Neue Forschungen im spätrömischen Kastell Haus Bürgel, Stadt Monheim, Kreis Mettmann. Akten Limeskongreß Zalau 1997 (im Druck).

Fragment eines Gesichtshelms aus einem Grab in Krefeld-Gellep

Renate Pirling

Bei den planmäßigen, von der Deutschen Forschungsgemeinschaft finanzierten Grabungen auf dem großen römisch-fränkischen Gräberfeld von Krefeld-Gellep wurde 1995 am südwestlichen Rande inmitten einer größeren Gruppe frührömischer Brandgräber ein Bustum aufgedeckt, bei dem der Tote auf einem über oder in der Grabgrube errichteten Scheiterhaufen eingeäschert wurde. Das Grab trägt Nr. 6059 des Gräberfelds. Es war ungewöhnlich groß, die Grube maß 3,2 × 2,1 m und war 1,3 m tief. Die Wände waren infolge der starken Hitzeeinwirkung rot verziegelt, auf der Sohle lagen verbrannte Knochenteile und Holzkohlenstücke sowie die Scherben mehrerer Tongefäße, die offensichtlich mit auf dem Scheiterhaufen waren. Wahrscheinlich gilt dies nicht für eine Münze, die wegen ihres schlechten Erhaltungszustandes nur grob in die Zeit des Antoninus Pius datiert werden kann. Das Grab muß demnach nach dem Jahr 138 angelegt worden sein. Nachträglich, d.h. nachdem der Verbrennungsvorgang abgeschlossen war, wurden noch drei Tongefäße auf der Grabsohle abgestellt, die sicher einst mit Speise- und Trankbeigaben gefüllt waren.

Entspricht all dies dem bei rheinischen Busta der Zeit Üblichen, so fällt ein weiteres Fundstück völlig aus dem Rahmen. Es ist das Fragment eines eisernen Gesichtshelms, der mit auf dem Scheiterhaufen verbrannt worden war und deshalb nur fragmentarisch erhalten ist. Derartige Helme, die bei Kampfspielen der Reiter getragen wurden, setzen sich aus der Helmkalotte und dem Gesichtsteil, der Visiermaske, zusammen. Letztere ist bei dem Gelleper Helm leider nicht mehr vorhanden; es wurden im Grab keinerlei Reste gefunden, so daß man annehmen muß, der Helm sei schon als Fragment auf den Scheiterhaufen gelangt. Lediglich der Rest eines eisernen Scharniers, mit dem die Maske in der Mitte der Stirnseite der Kalotte befestigt war, blieb erhalten. Die aus Eisen bestehende Kalotte wurde durch das Feuer stark beschädigt und ist nur noch in Teilen vorhanden, doch läßt sich ihre einstige Form

Krefeld-Gellep. Hinterer Teil (Haarkalotte) eines römischen Gesichtshelms. Eisen. Etwa Mitte 2. Jahrhundert n. Chr.

noch gut erkennen. Der Nackenteil ist glatt, in der unteren Hälfte fast waagerecht nach außen gebogen. Die Ränder werden von einem schmalen herausgetriebenen Band eingefaßt. An ihn schließt sich ein breiter Streifen enggestellter, schräg eingepreßter Rillen an, die fein gekerbt sind. Diese Zone wird durch die Nachahmung einer gedrehten Schnur vom Hinterkopf abgesetzt. Auf ihr befindet sich zu beiden Seiten je eine Hülse zum Einstecken von Federn. Zwischen dem Nackenteil und der Kalotte ist in der Mitte eines schmalen Bandes eine ringartige Öse zur Aufhängung angebracht. Den Hinterkopf bedeckt die Nachahmung einer welligen Frisur, die sehr stark stilisiert ist.

Das römische Alenlager Dormagen

Michael Gechter

Dormagen / Kreis Neuss. Gesichtsmaske eines Reiterhelms. Kupfer. Vor 161 n. Chr.

Das Kavallerielager von Dormagen (*Durnomagus*) wurde um 85 n. Chr. zuerst als ein Holzerdelager erbaut, das Mitte des 2. Jahrhunderts durch ein Steinlager ähnlicher Größe ersetzt wurde. Von dem Holzerdelager sind nur wenige Spuren bekannt, die hauptsächlich von den Pferdeställen stammen. Seit der Erbauung des Lagers bis 161 n. Chr. lag die *ala Noricorum* als Besatzung in Dormagen. Dieses Kavallerieregiment bestand aus 16 Schwadronen (*turma*) mit jeweils 32 Reitern unter dem Kommando eines Rittmeisters (*decurio*). Danach zog sie wahrscheinlich als eine der Hilfstruppen mit der Bonner *legio I Minervia* in den Partherkrieg des Lucius Verus. Mitte des 2. Jahrhunderts wurde das Holzlager abgetragen und durch ein Steinlager von 201 × 164 m Umfang ersetzt. Wie am Niederrhein

üblich, wurde der Wehrgang der Mauer auf Bögen oder Mauerzungen aufgelegt. Vor der 1,5 m dicken Mauer befand sich ein Doppelgrabensystem.

Das Verwaltungsgebäude hatte die Maße von 63,8 × 43,8 m mit einer vorgelagerten Halle über der *via principalis*. Beidseitig des Innenhofs erstreckten sich zwei Kammerreihen, deren linke mit Holzfußböden versehen war, die rechte dagegen nur mit Stampflehmböden. Die Reihen wurden durch eine Halle abgeschlossen, an deren linker Seite die mit einer Fußbodenheizung versehenen Arbeitsräume des Alenkommandeurs lagen. Im hinteren Lagerteil befanden sich alle Pferdeställe sowie zwei Kasernen für jeweils zwei Schwadronen. Im vorderen Lagerteil waren die anderen zwölf *turmae* untergebracht. Zusätzlich gab es hier Wagenschuppen, das Wohnhaus des Alenkommandeurs sowie eine Werkstatt mit drei Muffelöfen. Ebenfalls in diesem Teil des Lagers konnte ein Getreidespeicher nachgewiesen werden.

Dieses zweite Lager brannte kurz nach 161 ab. Zu diesem Zeitpunkt befand sich im Lager wohl nur noch ein Notdienst, den das offensichtlich plötzlich ausbrechende Feuer überraschte. So fand sich in einem Raum ein verbranntes Wandregal mit Erbsenvorrat und ein verbrannter Schild, von dem sich nur der Schildbuckel erhalten hatte. In dem anderen Raum war eine Lanze umgekippt und auf dem Fußboden verbrannt. In einem Raum des Verwaltungsgebäudes fand sich eine zersprungene Kopfmaske.

Erst ca. 100 Jahre später wurde das Lagerareal wieder besetzt. Anfang des 4. Jahrhunderts wurde im Nordosten der Anlage ein Kleinkastell errichtet. Es band mit seinen Mauern in die noch bestehende alte Umwehrung ein. Diese Anlage von ca. 60 × 60 m Umfang hatte Ecktürme und mindestens zwei Innentürme. Es ist nicht klar, ob diese Innentürme gleichzeitig auch Tore waren. Zu der Anlage wurde auch noch das alte Kastellinnere genutzt.

Der spätantike Neubau besaß eine drei Meter starke Mauer auf Pfostenfundament. Zum alten Lager-

Dormagen / Kreis Neuss. Stabsgebäude (principia) des römischen Lagers. Grabungsübersicht. Mitte 2. Jahrhundert n. Chr.

innenbereich war nur ein seichter Graben vorgelagert gewesen. Neben den üblichen Schmelzöfen, in denen auch Altmetalle wiederverwertet wurden, ließ sich im Innenhof des abgerissenen Verwaltungsgebäudes eine Schlachterei nachweisen. Der große offene Innenraum des ehemaligen Kavallerielagers könnte seit diesem Zeitpunkt aber zur zeitweiligen Aufnahme von Truppen des comitatensischen Heeres genutzt worden sein. Die Münzreihe hört gegen Ende des 4. Jahrhunderts auf, eine militärische Besatzung aus Milizen kann aber noch bis in das 5. Jahrhundert weiter angenommen werden, worauf ein romanischer Grabfund des 5. Jahrhunderts hinweist.

Süßes für die Ewigkeit – Eine frühe Bustumbestattung auf dem Gebiet der *Colonia Ulpia Traiana* / Xanten

Ulrich Brandl

Für den modernen Menschen ist es aufgrund der kurzen Transportzeiten fast selbstverständlich geworden, importierte Früchte aus dem Mittelmeerraum zu jeder Jahreszeit zu verzehren. Für die Menschen vor 2000 Jahren war dies, vor allem im Gebiet des heutigen Nordrhein-Westfalen, eine Ausnahme. Es grenzt deshalb schon an ein kleines Wunder, daß diese in einem Grab beigegeben wurden und verkohlt erhalten blieben.

Bei Ausgrabungen in der Südwestecke des Capitols der *Colonia Ulpia Traiana* stieß man im Herbst 1996 im Profil eines fortgeführten Grabungsschnittes aus dem Vorjahr auf die Überreste eines Bustums, also eines Scheiterhaufens, der in oder über einer Grube aufgeschichtet und auf dem der Tote verbrannt worden war. Der Leichenbrand war anschließend nicht aufgesammelt, sondern auf der Bustumsohle liegend mit Erdreich bedeckt worden. Das Bustum hatte eine maximale Nord–Süd-Ausdehnung von ca. 3 m und eine Ost–West-Ausdehnung von ca. 2,5 m. Auf der Sohle des Bustums wurden Reste von sieben verkohlten, annähernd parallel liegenden, von Nord nach Süd orientierten Hölzern gefunden. Auffällig ist, daß beinahe alle Hölzer halbiert waren; der Scheiterhaufen war bereits in der Grube aufgeschichtet, bevor er entzündet wurde. Die nächste Lage Holz wurde vermutlich dann im rechten Winkel zu diesen Hölzern gestapelt, Spuren davon fehlen. Die archäobotanische Untersuchung ergab, daß es sich bei dem Holz um Buche (Fagus-Holztyp) handelt. Da Buche einen sehr guten Brennwert besitzt, war sie bevorzugt für Scheiterhaufen verwendet worden.

Das Grab konnte in seinen unteren Schichten mit zwei Überraschungen aufwarten. Über der eigentlichen Bustumssohle fanden die Ausgräber in einer fein- bis mittelsandigen Schicht die beinahe vollständig erhaltenen sogenannten Sekundärbeigaben. Es handelt sich dabei um ein Geschirrensemble aus neun Teilen. Auf einem Terra-Sigillata-Teller des Geschirrs fanden sich noch Reste eines Eisenmessers und Wirbelknochen vom Filetstück eines Schweins. Das Geschirrensemble gehörte sicherlich zum persönlichen Besitz des Bestatteten. Vielleicht befanden sich in den beiden Krügen Wein oder andere Flüssigkeiten. In der Brandschicht auf der Bustumssohle lag eine verbrannte Bronzemünze. Auf ihrer Vorderseite kann man noch die Legende [—]AVG(usti) F(ilius) TR(ibunicia) P(otestate) CO(n)S(ul) VI CENSOR[—] und auf ihrer Rückseite: S(enatus) C(onsulto) erkennen. Die Münze wurde demnach im Jahre 77 / 78 für den späteren Kaiser Titus geprägt und liefert uns für die Bestattung einen guten Terminus post quem.

Eine Vielzahl gefundener Eisennägel verschiedenster Größe zeigt, daß der gesamte Scheiterhaufen wahrscheinlich vernagelt war. Dies erklärt vielleicht auch, warum Pfostenspuren längs des Bustums als mögliche Seitenstabilisierungen nicht beobachtet werden konnten. Die Bestimmung des knapp 1,2 kg schweren Leichenbrandes durch das Anthropologische Institut der Universität Gießen ergab, daß an dieser Stelle ein ca. 20–40 Jahre alter Mann verbrannt worden war. An tierischem Leichenbrand waren Schwein (Jungtier), wahrscheinlich Schaf oder Ziege und Rind nachzuweisen. Auch fanden sich verbrannte Vogelknochen. Einzelne Knochenreste wiesen Hackspuren auf.

Die zweite Überraschung erwartete die Ausgräber während der Freilegung der Hölzer des Scheiterhaufens. Auf der Bustumssohle fanden die Ausgräber auch einige seltsam geformte Stücke ‚Holzkohle'. Aufgrund eines ersten Verdachtes, es könne sich bei der ‚Holzkohle' um verbrannte Früchte handeln, wurden diese aufgelesen und dem Institut für Ur- und Frühgeschichte der Universität zu Köln, Abteilung Archäobotanik, zur näheren Bestimmung übergeben. Es stellte sich heraus, daß es sich um einen bislang in Deutschland hinsichtlich Menge und Zusammensetzung sensationellen Fund

Xanten / Kreis Wesel. Colonia Ulpia Traiana. Beigaben der Bustumbestattung in Fundlage. Nach 77/78 n. Chr.

von Importobst in einem römischen Brandgrab handelt. Die ‚Holzkohlen'-Reste waren nichts anderes als verkohlte Datteln, Mandeln, Hasel- und Walnüsse sowie Feigen. Datteln sind für das römische Rheinland sehr selten nachgewiesen. Neben dem Neufund aus Xanten sind nur noch Funde aus Neuss und Köln belegt. Datteln und Feigen wurden getrocknet verhandelt. Datteln dienten gelegentlich auch als Süßungsmittel. In den nördlichen Provinzen waren sie wegen der hohen Transportkosten sicherlich teuer. In der hier angetroffenen Zusammensetzung sind die Früchte als echte Speisebeigabe zu verstehen. Sie verkohlten beim Abbrennen des Scheiterhaufens.

Aus der vorhanden Grabausstattung kann man gegenwärtig keine Rückschlüsse auf den sozialen Status des Toten ziehen. Man weiß lediglich, daß er Bewohner einer in ihrer Struktur noch nicht klar zu fassenden Vorgängersiedlung des 1. Jahrhunderts auf dem Gelände der späteren *CUT* war. Das Fehlen jeglicher Militaria schließt einen Angehörigen der Armee aus. Das aufgefundene Importobst stellt jedoch einen außergewöhnlichen Fund dar.

Spuren im Schlamm – Ein Nachweis römischer Schubkarren?

Norbert Zieling

Zu den wohl beeindruckendsten ‚Momentaufnahmen‘ aus römischer Zeit zählen die ‚Szenen‘ sterbender Menschen und Tiere, die im Jahre 79 n. Chr. in Pompeji dem glühenden Aschenregen des Vesuvs vergeblich zu entkommen versuchten. Die Konturen ihrer Körper wurden von der erstarrten Asche konserviert. Für die Archäologen sind solche Ereignisse seltene ‚Glücksfälle‘, halten sie doch einen kurzen Augenblick menschlichen Lebens und Handelns wie auf einer Fotografie fest. Nicht immer sind sie so spektakulär wie die in Pompeji. Oftmals sind es nur einfache Hundepfotenabdrücke, die sich auf Ziegeln erhalten haben, oder Fingerabdrücke, die die Mitarbeiter einer Töpferei auf ihren Produkten hinterlassen haben. Manchmal treffen Ausgräber bei ihrer Arbeit aber auch Spuren im Boden an, deren Interpretation sich als schwierig erweist und über deren Entstehung sich ausdauernd diskutieren läßt.

Bei den Ausgrabungsarbeiten an der Westecke des Capitols der römischen *Colonia Ulpia Traiana* in Xanten wurde in einem 4 × 7 m großen Grabungsschnitt eine mit Fuß-, Huf- und Karrenspuren übersäte Fläche entdeckt. Menschen und Tiere waren hier, in einem mutmaßlichen Baustellenbereich aus dem Anfang des 2. Jahrhunderts n. Chr., durch den tiefen Schlamm gelaufen und hatten so ihre Abdrücke hinterlassen. Später war das Gelände an dieser Stelle mit hellem Sand überdeckt worden, so daß sich die verfestigte Spurenschicht deutlich und mit allen Einzelheiten von der darüberliegenden trennen ließ. Nach Beseitigung der Sandschicht wurden vielfältige Spuren sichtbar: Abdrücke von Hufen, Schuhsohlen und nackten Füßen in verschiedenen Laufrichtungen, aber auch rinnenartige Vertiefungen, die sich im Grundriß einmal als gerade Linien, ein andermal als Kurven darstellten. Diese Rinnen waren es, die den Anlaß für zahlreiche Diskussionen unter den Grabungsbesuchern und Fachwissenschaftlern gaben. Auf den ersten Blick scheint klar zu sein, daß es sich um die Spuren von Transportfahrzeugen handeln dürfte. Bei näherem Hinsehen fällt aber auf, daß es praktisch nirgendwo auf der Fläche Spuren gibt, die parallel zueinander verlaufen und die man ja bei zweirädrigen Wagen voraussetzen muß. Könnten hier einrädrige Fahrzeuge, also Schubkarren, durch den Schlamm gefahren sein? Bis heute gibt es keinen Beleg dafür, daß die Römer bereits Schubkarren kannten. Aus praktisch allen Bereichen römischen Lebens gibt es Bilddokumente und überlieferte Texte – Schubkarren kommen darin nicht vor. Aber noch ein weiterer, ja sogar entscheidender Aspekt spricht gegen die Annahme von Schubkarrenspuren auf dem untersuchten Areal: Es fehlen die zugehörigen Fußspuren, die man in unmittelbarer Nähe der Radspur und parallel dazu finden müßte, denn irgend jemand muß die Karre ja geschoben oder gezogen haben. Tatsächlich sind aber die meisten der erkennbaren Fußspuren quer zur Fahrtrichtung orientiert. Sie stammen von Menschen, die die ‚Fahrbahn‘ überquert haben. Somit ist es auch recht unwahrscheinlich, daß die Rinnen im Boden von Bauarbeitern stammen, die lange Bauhölzer schulterten und das hintere Ende der Hölzer einfach durch den Schlamm hinter sich her zogen. Vermutlich ist des Rätsels Lösung doch viel einfacher, als es zunächst aussieht. Die untersuchte Schlammfläche stellt nur einen willkürlichen, zufälligen Ausschnitt aus einem sicher größeren Befund dar. In der Nord-, Ost- und vor allem Westecke der Fläche befinden sich diejenigen Bereiche, die die wenigsten Spuren aufweisen; sie liegen im Vergleich zu den anderen Segmenten der Fläche deutlich höher. Dies bedeutet vor allem, daß der Mittelteil und die Südecke der Fläche, also die Stellen mit den meisten Abdrücken, tiefer und schlammiger waren und somit auch länger schwer passierbar waren als die übrigen Bereiche, die einen festeren Untergrund besaßen. Die antiken Wagenlenker werden genau das gemacht haben, was jeder Autofahrer heutzutage macht, wenn er auf eine große Wasserlache oder eine schlammige Stelle zufährt: Er wird versuchen, diesen Bereich so weit wie

269

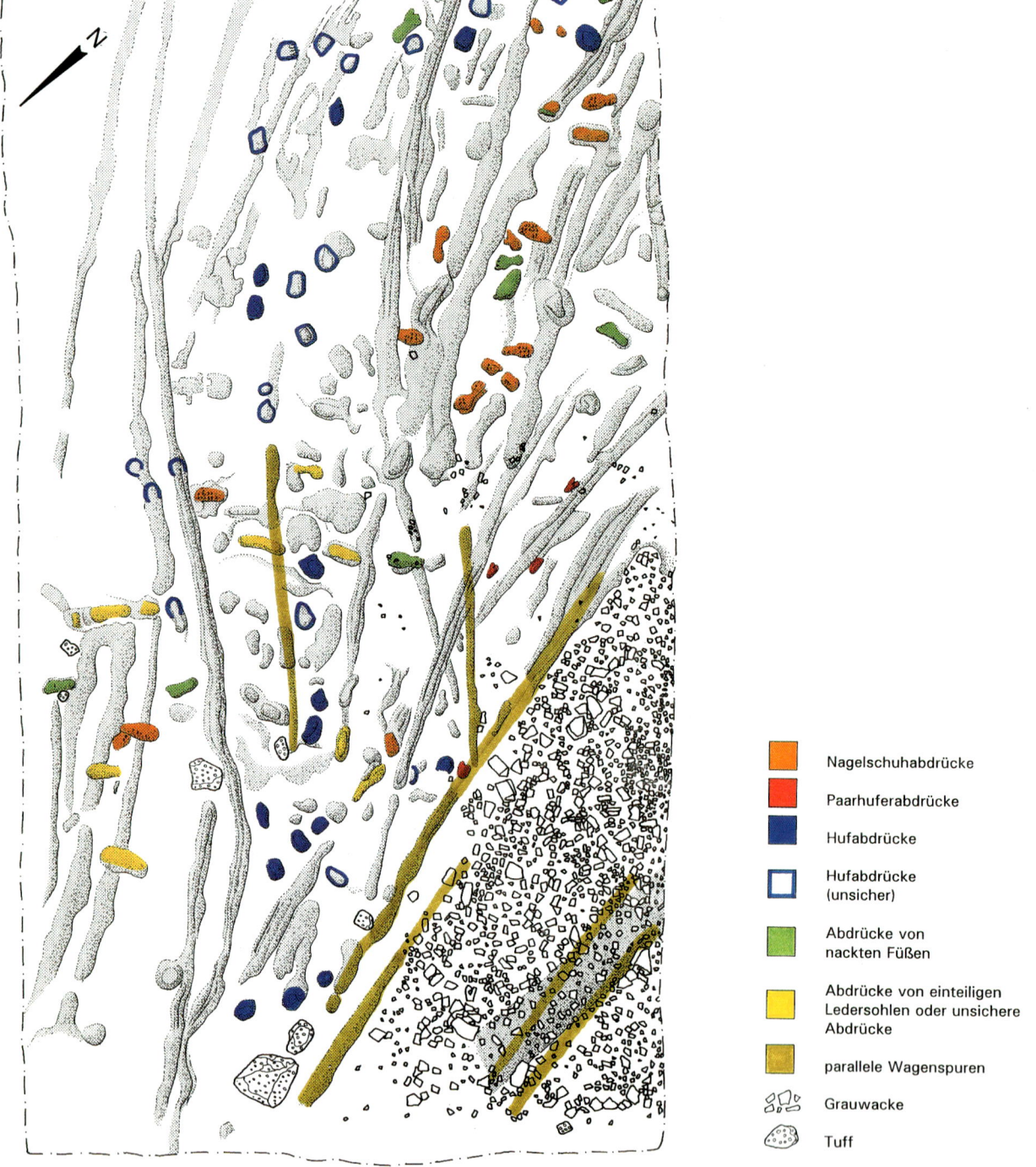

Legend:

- Nagelschuhabdrücke (orange)
- Paarhuferabdrücke (red)
- Hufabdrücke (dark blue)
- Hufabdrücke (unsicher) (blue outline)
- Abdrücke von nackten Füßen (green)
- Abdrücke von einteiligen Ledersohlen oder unsichere Abdrücke (yellow)
- parallele Wagenspuren (olive)
- Grauwacke
- Tuff

Xanten / Kreis Wesel. Colonia Ulpia Traiana. Umzeichnung der Spuren im Bereich des Capitols. Anfang 2. Jahrhundert n. Chr.

Xanten / Kreis Wesel. Colonia Ulpia Traiana. Spuren im Schlamm im Bereich des Capitols. Anfang 2. Jahrhundert n. Chr.

möglich zu umfahren. Genau dieses Ereignis hat sich in der Xantener Grabungsfläche konserviert. Da vermutlich nicht genügend große Ausweichmöglichkeiten bestanden, waren die Fahrer gezwungen, mit einem Rad durch den matschigen Untergrund zu fahren, während sie das andere Rad ihres Wagens über die festeren Flächen lenkten. Somit überrascht es nicht, daß fast immer nur einzelne Radspuren auf der Fläche erhalten sind. Nur an zwei Stellen – etwa in der Mitte der Fläche und an der Westecke – lassen sich noch parallele Spuren mehr erahnen als sehen, die auf Fahrzeuge mit einer Achse von ca. 1,10 m Breite hindeuten. Vor allem im Mittelteil der Fläche sind die Hufspuren

von einem Maulesel, im Süden die eines weiteren zu erkennen. Einzelne Spuren stammen von einem Paarhufer, womöglich einem Schwein. Schließlich hat sich auch noch der Abdruck einer Hundepfote erhalten. Von Menschen wurden die Spuren nackter Füße und einteiliger Lederschuhe, aber auch solche von mit Eisennägeln besetzten Schuhsohlen hinterlassen. Von der Fläche wurde eine originalgetreue Kopie aus glasfaserverstärktem Epoxidharz hergestellt.

Lit.: G. van Tuijl, Karren-, Maultier-, Menschenspuren. Arch. Deutschland 11,4, 1995, 36 f. – P. Becker, Auf den Fährten der Römer. Eine Großkopie antiker Spuren in der *CUT.* Arch. Rheinland 1995 (Köln, Bonn 1996) 170 f.

Neue Wandmalereien aus einem Wohnviertel der *Colonia Ulpia Traiana*

Michael Zelle

Im Frühjahr 1996 wurden bei Abrißarbeiten im Rahmen der Vorbereitungen zur Westerweiterung des Archäologischen Parks Xanten Fundamentblöcke aus Beton gehoben. Einer von ihnen schnitt eine in der Antike verfüllte Grube an, in der sich fast ausschließlich bemalte Wandputzstücke befanden. Nur etwa zwei Drittel der ursprünglich ca. 2,80 × 2,20 m großen und ca. 1,20 m tiefen Grube hatten sich erhalten. Dennoch bildet dieser Fund bisher einen der umfangreichsten Wandmalereikomplexe Xantens. Bei der Sichtung des Materials stellte sich heraus, daß die Wandputzfragmente im wesentlichen Teil einer zusammengehörigen Raumausstattung gewesen sein müssen. Es ließen sich größere Partien zusammensetzen, so daß die Rekonstruktion der Wandgestaltung im wesentlichen als gesichert gelten kann. Sie gliedert sich in eine Sockel- und eine Hauptzone und wird oben von einem Stuckgesims abgeschlossen.

Die Sockelzone ist etwa 90 cm hoch und wird mit einem hellgrünen und dunkelgrünen Doppelstreifen von der darüberliegenden Hauptzone abgegrenzt. Als Basis dient ein goldgelber horizontaler Streifen. Schmale rote und breitere schwarze Felder, die sich in ihrem Wechsel an der Gliederung der Hauptzone orientieren, sind die bestimmenden Elemente. Während die roten Felder vermutlich undekoriert waren, zeichnen sich ihre schwarzen Pendants durch eine großfigurige Bemalung aus. Auf einem grünen Sockelstreifen stehen in den Feldere cken Bäume, die je einen springenden Hirsch bzw. Antilope oder Tiger rahmen. Sie nehmen in ihrer Anordnung vermutlich als Teile einer Jagdszene felderübergreifend aufeinander Bezug. Darüber hinaus zeigen Vogeldarstellungen, daß die schwarzen Flächen weitere Bildthemen enthielten. Die Hauptzone wird von großen, hochrechteckigen, roten Feldern dominiert, die vor einem violetten Hintergrund stehen. Sie werden von einer Architektur in Form von Ädikulen gerahmt. Auf einem Gesims mit Kymation stehen jeweils zwei goldene Säulen bzw. Pfeiler mit vermutlich korin-

thischen Kapitellen. Diese tragen wiederum ein Gesims mit einem goldenen Eierstab bzw. einem rosafarbenen Kymation als oberem Abschluß. Mittig über den Feldern befinden sich eingefaßte schwarzgrundige Flächen, die möglicherweise Kästen darstellen. Die wenigen Reste mit figürlicher Bemalung von dort lassen lediglich ein Gestänge mit flatternden Bändern erkennen.

Der violette Hintergrund ist Träger einer vielfältigen und detailreichen Bemalung. Unterhalb der roten Felder ist jeweils mittig ein goldfarbener Adler mit ausgebreiteten Schwingen und einem Band im Schnabel auf einem Globus sitzend dargestellt. Es handelt sich um die Personifikation Iuppiters. Ihn flankieren schlangenbeinige Giganten, die direkt unterhalb der Säulen und Pfeiler stehen und gleichsam wie Atlanten die Rahmenarchitektur zu tragen scheinen. Sie halten mit ausgebreiteten Armen ein bis zwei Spieße und einen weiteren, nicht identifizierbaren Gegenstand. In den Raumecken greifen sie in Ranken. Oberhalb der roten Felder befinden sich auf einem grünen Sockelstreifen verschiedene Seewesen, wie z. B. auf Seepferden reitende Nereiden und springende Delphine.

Zwischen den roten Feldern stehen direkt über der Sockelzone etwa 60 cm hohe Statuen auf flachen Basen. Am besten erhalten ist ein geflügelter Amor, der sich, seinen rechten Arm in die Hüfte gestützt, leicht nach links neigt. Von weiteren Statuen sind nur wenige Reste vorhanden. Ein herabhängendes Leopardenfell deutet auf Bacchus hin; eine nackte Figur mit einem um den rechten Arm gewickelten Mantel und einem Gegenstand in der Hand könnte Mars oder Mercur darstellen. Schließlich sei ein mit einem Mantel bedeckter Unterkörper genannt, der mit einem quer vor dem Körper gehaltenen Stab als Iuppiter, Neptun oder gar als Philosoph interpretiert werden kann. Wie die Fläche über den Statuen gestaltet war, bleibt unbekannt.

Gesichert ist dagegen die flächendeckende Bemalung in den Raumecken. Lichte Ranken mit grünen Blättern wachsen an einem schmalen Stamm em-

Xanten / Kreis Wesel. Colonia Ulpia Traiana. Römische Wandmalerei. Adler auf einem Globus. Letztes Drittel 1. Jahrhundert n. Chr.

por. Darin sitzen bunte Singvögel. Zur Raumecke hin schließt der violette Grund mit einem grünen Streifen ab. Die Fläche zwischen den mittleren beiden roten Feldern war vermutlich etwas breiter als die zwischen den übrigen. Sie nahm ein kompliziertes, von Pflanzenteilen geprägtes Gebilde auf, dessen exakter Aufbau kaum mehr zu ermitteln ist. Aus einer Art Thyrsosstab entwickeln sich wohl in regelmäßigen Abständen Blattkonvolute und Füllhörner. Auf diesen befinden sich springende Löwen, Hirsche und möglicherweise geflügelte Wesen. Ob Teile von Kandelaberschirmen zu diesem Ensemble gehören oder ein eigenes bildeten, ist unklar. Bänder, Kränze, Gefäße, aber auch flatternde Vögel sowie eine Reihe wegen ihres Erhaltungszustandes kaum deutbarer Motive lassen eine sehr aufwendige und detailreiche Komposition erahnen. Ein grüner und ein roter Streifen bilden schließlich den Übergang zum abschließenden Stuckgesims, dessen Oberfläche sich leider nicht erhalten hat.

Die Gesamtkomposition mindestens einer Wand des Raumes dürfte aus vier großen roten Feldern bestanden haben. Dies ergibt sich aus einem sym-

Xanten / Kreis Wesel. Colonia Ulpia Traiana. Römische Wandmalerei. Rekonstruktionsversuch. Letztes Drittel 1. Jahrhundert n. Chr.

metrischen Aufbau mit einem breiten vegetabilen Ensemble zwischen den mittleren Feldern. Anhand dieser Vorgabe und der gesicherten Maße erhält man eine Raumlänge von etwa 9,27 m. Die genaue Aufteilung der übrigen Wände ist unsicher. Einige Putzfragmente bezeugen die Existenz von Türen bzw. Fenstern. Die Raumhöhe ist ebenfalls unbekannt, doch dürfte sie, mit Rücksicht auf ausgewogene Proportionen der roten Felder, bei etwa 3,90 m gelegen haben. Betrachtet man die Wandgestaltung insgesamt, so erhält man durch die Farbenpracht, hervorgerufen durch die Verwendung intensiver und z. T. seltener Farbtöne, und die hohe Qualität der handwerklichen und künstlerischen Ausführung einen überwältigenden Eindruck. Die Putzoberfläche ist ausgezeichnet geglättet; die Farben sind deckend aufgetragen. Licht- und Schatteneffekte erzeugen sowohl eine plastische Wirkung der Architektur und Ranken als auch lebendige Figuren.

Eine Datierung der Wandmalerei ergibt sich durch die Fundsituation. Die Grube mit dem abgeschlagenen Wandputz wurde in einen Horizont aus der 1. Hälfte bis Mitte des 2. Jahrhunderts n. Chr. eingetieft. Die Beifunde aus der Grube datieren in das letzte Drittel des 1. Jahrhunderts n. Chr. bzw. an den Anfang des 2. Jahrhunderts n. Chr. Demnach dürfte der Wandputz in den ersten beiden Jahrzehnten des 2. Jahrhunderts n. Chr. in die Erde gelangt sein. Stilistische Vergleiche, wie z. B. mit der in vielerlei Hinsicht verblüffend ähnlichen großen Kölner Wandmalerei aus dem Domviertel, lassen vermuten, daß die Xantener Malerei im letzten Drittel des 1. Jahrhunderts n. Chr. entstanden ist.

Der Fundort des Wandmalereikomplexes befand sich im hinteren Teil eines Privathauses auf Insula 19. Diese liegt im Zentrum der Stadt in nächster Nähe zu Forum, Capitol und einem weiteren großen öffentlichen Bau. Da das Haus bisher nur zur Hälfte ergraben ist, kann eine genaue Bestimmung des Anbringungsortes derzeit nicht erfolgen. Eine Chronologie der Bauabfolgen mit der entsprechenden Einbettung der Wandmalerei muß noch erarbeitet werden. Angesichts der hohen Qualität der Wandmalerei und der beachtlichen Größe des zugehörigen Raumes darf man einen wohlhabenden Auftraggeber vermuten. Weitere hochwertige

Xanten / Kreis Wesel. Colonia Ulpia Traiana. Römische Wandmalerei. Gigant. Letztes Drittel 1. Jahrhundert n. Chr.

Wandmalereifunde auf Nachbargrundstücken und die Existenz von privaten Badeanlagen belegen ein insgesamt gehobenes Wohnniveau in diesem Teil der antiken Stadt.

Die Ikonographie der Wandmalerei scheint indes über das Maß der damals üblichen Bildchiffren hinauszugehen. Nereiden und weitere Seewesen sym-

Xanten / Kreis Wesel. Colonia Ulpia Traiana. Römische Wandmalerei. Nereidendarstellung. Letztes Drittel 1. Jahrhundert n. Chr.

wird dies bei den normalerweise grimmigen, hier aber freundlich dreinschauenden Giganten. Die in ihrer Größe und prominenten Position bisher einmaligen Adler auf Globen weisen auf die Weltherrschaft Iuppiters und damit Roms hin. ‚Herrschaft und Wohlstand des Imperium Romanum' scheint die Botschaft der Wandmalerei gewesen zu sein. Garant dieser Situation war der Kaiser. Die Darstellung einer derartigen Thematik zeugt von Loyalität ihm gegenüber und läßt einen Parteigänger als Auftraggeber vermuten, der seine Gesinnung in einem entsprechend repräsentativen Raum seines Privathauses vorführte. Leider sind nicht mehr alle figürlichen Gestaltungselemente der Wandmalerei erhalten. So ist unklar, ob das Statuenprogramm inhaltlich ebenfalls in diesen Kontext eingebettet war.

Wie die außerordendlich qualitätvolle und prächtige Wandmalerei von Insula 19 im Rahmen der Genese und Geschichte der *Colonia Ulpia Traiana* zu beurteilen ist, kann hoffentlich die umfassende Analyse der römischen Wandmalerein aus Xanten beantworten. Diese wird derzeit durch ein Forschungsprojekt am Archäologischen Institut der Universität Köln, unterstützt durch das Land Nordrhein-Westfalen, erarbeitet.

bolisieren das Meer, Giganten die Erde, Adler die Luft, belebte Ranken und andere vegetabile Themen den Reichtum und allgemeinen Wohlstand. Alle Lebensbereiche der Welt sind erfaßt und in einem positiven Sinne dargestellt. Am deutlichsten

Lit.: H. Schaaf / M. Zelle, Reichsadler und Giganten. Neue Funde römischer Wandmalerei aus der Colonia Ulpia Traiana. Antike Welt 28, 1997, 519–521. – Dies., Ein Neufund römischer Wandmalereien aus der Colonia Ulpia Traiana. Arch. Rheinland 1996 (Köln, Bonn 1997) 76–78. – R. Thomas, Römische Wandmalereien in Köln. Kölner Forsch. 6 (Mainz 1993).

Das Ladegut eines gekenterten römischen Schiffes aus Xanten

Detlef von Detten

Die seit 1982 laufenden Auskiesungen in der Talaue des Rheins zwischen den Ortschaften Wardt und Lüttingen haben nicht nur zur Entdeckung von zwei verlandeten Altarmen des römerzeitlichen Rheins geführt, sondern auch die Bestände an Militaria, Metallgefäßen und -gerätschaften der frühen und mittleren Kaiserzeit am Niederrhein wesentlich vermehrt. Die beiden Altrheinrinnen, die in flachen gegenläufigen Bögen einen zwischen ihnen liegenden älteren Terrassenkörper inselförmig beschnitten haben, waren zu verschiedenen Zeiten von der römischen Schiffahrt als Wasserstraße genutzt worden. Während der Westarm im 1. bis 2. Jahrhundert n. Chr. als Fahrrinne diente, löste ihn – aufgrund einer Verlagerung des Hauptstromes – der Ostarm etwa ab der Mitte des 2. Jahrhunderts als Schiffahrtsweg ab. Ende des 5. Jahrhunderts n. Chr. war auch der Ostarm nicht mehr schiffbar. Die Verteilung und das Datierungsspektrum der Funde aus der Füllung der beiden Rinnenabschnitte war recht unterschiedlich. In der jüngeren Fahrrinne konnte insgesamt eine eher gleichbleibende Fundstreuung beobachtet werden, wie es bei zufällig in den Fluß geratenen Gegenständen zu erwarten ist.

Ein deutlich anderes Bild ergab sich für den westlichen Rheinarm, wo das Fundaufkommen deutlich über dem des Ostarmes lag. Das überwiegend in das 1. Jahrhundert zu datierende und damit zeitlich weitaus homogener zusammengesetzte Fundgut mit einem hohen Anteil an militärischen Fundstücken wies zudem im Bereich der Südwestecke der Auskiesung eine stark erhöhte Konzentration auf. So wurden u. a. acht von zehn gut erhaltenen Helmen, fünfzehn von dreiundzwanzig Bronzeeimern, eine 3 m lange Eisenkette, ein Bootshaken, die meisten Eisengeräte, Angriffswaffen, Zeltheringe und Bronzebeschläge sowie die einzigen Schwerlasten wie Kalk- und Sandsteinblöcke und zwei verschlossene Standamphoren mit eingedicktem Weintrester in diesem Abbauabschnitt geborgen. Die Metallgegenstände wiesen fast durchweg deutliche Gebrauchsspuren oder Flickungen auf, einige dürften sogar eher aus einem Depot für Altmetalle stammen. Als im Jahr 1998 im Süden eine Kiesgrubenerweiterung vorgenommen wurde, fanden sich neben zahlreichen Kleinfunden ein bronzener Infanteriehelm vom Typ Hagenau, sechs Bronzeeimer, von denen zwei ineinander gestapelt waren, Fragmente eines Radreifens aus Eisen, ein vollständig erhaltenes Votivaltärchen aus Kalkstein mit Weiheinschrift an Jupiter (I.O.M / GVMA / NSA / HARVS / V.S.L.M) sowie das Fragment eines zweiten. Zusätzlich konnten zahlreiche Schiffsplanken- und -spantenteile sowie ein fast rechtwinklig zugerichtetes Balkenknie (1,20 m lang) gehoben werden. Die dendrochronologische Untersuchung erbrachte für die Planken und Spanten als frühestmögliches Fälldatum die Zeit um oder nach 65 n. Chr. Die Fundkonzentration, die Zusammenstellung der Funde, ferner die nur hier feststellbaren Schwergutanteile und die in einem Fall nachgewiesene Stapelung von Bronzeeimern sowie die nur im Bereich der Fundkonzentration angetroffenen Schiffshölzer ergeben deutliche Hinweise auf die Havarie eines mit Beutegut beladenen Schiffes. Als Herkunftsort der Ladung bietet sich das unweit gelegene Legionslager *Vetera I* an, das Anfang 70 n. Chr. von den aufständischen Truppen des Civilis geplündert wurde.

Lit.: H.-J. Schalles / Ch. Schreiter (Hrsg.), Geschichte aus dem Kies. Neue Funde aus dem Alten Rhein bei Xanten. Xantener Ber. 3 (= Führer u. Schr. Regionalmus. Xanten 34) (Köln, Bonn 1993).

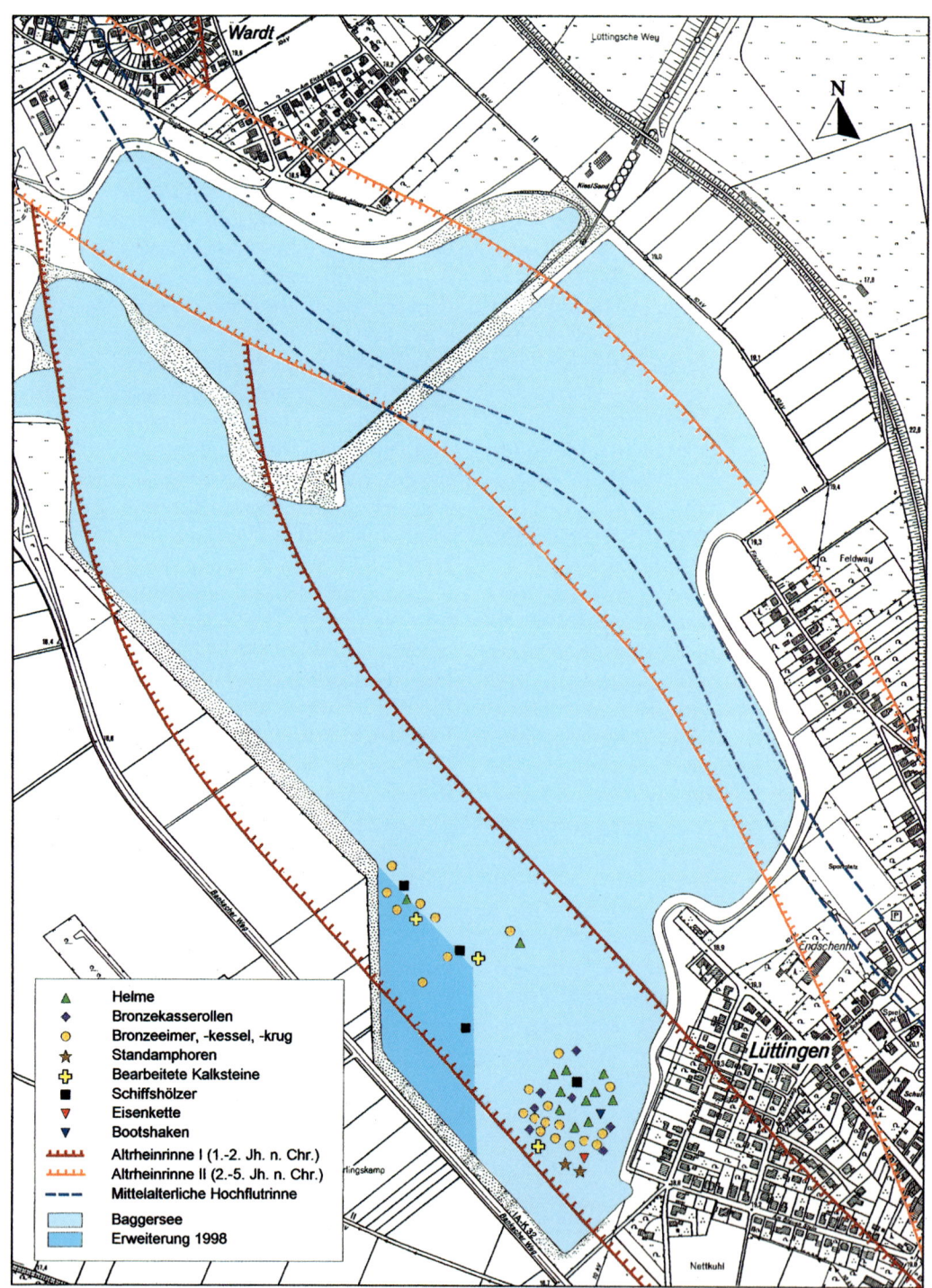

Legend:
- ▲ Helme
- ◆ Bronzekasserollen
- ● Bronzeeimer, -kessel, -krug
- ★ Standamphoren
- ✚ Bearbeitete Kalksteine
- ■ Schiffshölzer
- ▼ Eisenkette
- ▼ Bootshaken
- ▲▲▲ Altrheinrinne I (1.-2. Jh. n. Chr.)
- ▲▲▲ Altrheinrinne II (2.-5. Jh. n. Chr.)
- – – – Mittelalterliche Hochflutrinne
- Baggersee
- Erweiterung 1998

Xanten / Kreis Wesel (zwischen Wardt und Lüttingen). Kartierung ausgewählter Funde und der Altrheinarme in römischer Zeit.

Xanten / Kreis Wesel. Römische Bronzegefäße aus dem Ladegut eines zwischen Wardt und Lüttingen gekenterten römischen Schiffes. Letztes Drittel 1. Jahrhundert n. Chr.

‚Schräge Vögel' – Drei Bronzekasserollen römischer Zeit aus Xanten

Hans-Joachim Schalles

Unter den römerzeitlichen Funden aus den Auskiesungen bei Xanten (vgl. auch S. 277 ff.) sind hin und wieder seltene, ja mitunter einzigartige Stücke vertreten. Dies gilt etwa für die drei Kasserollen, die im folgenden vorgestellt werden. Bronzekasserollen gehörten zum Eß- und Trinkgeschirr, vereinzelt dienten sie auch zum Kochen. Nach der Art ihrer Griffgestaltung und z. T. auch nach der Gefäßform lassen sie sich in mehrere Gruppen scheiden. Die älteste Form wird als Schwanenkopfkasserolle bezeichnet – der Bügel am Griffende wird seitlich von zwei Schwanenköpfen gefaßt. Kasserollen dieses Typs wurden von den letzten Jahrzehnten des 1. Jahrhunderts v. Chr. bis vor die Mitte des 1. Jahrhunderts n. Chr. produziert. Eine zeitlich parallele Variante stellen die Blechkasserollen dar: Der Griff ist reicher verziert, der Gefäßkörper trichterförmig. Die Trau-Kasserollen – benannt nach einem Stück, das sich ehemals in der Sammlung Trau in Wien befand – bilden eine Sonderform: Der Gefäßkörper ist zylindrisch, ein kräftiger Standring mitgegossen. Der mit plastischem Relief verzierte Griff wurde getrennt gefertigt und nachträglich am Gefäß angebracht. Trau-Kasserollen wurden von augusteischer Zeit bis in die Mitte des 1. Jahrhunderts hergestellt. Etwas jünger sind schließlich diejenigen Kasserollen, deren Griffende keinen figürlichen Schmuck besitzt, sondern lediglich ein halbmondförmiges, kleeblattförmiges oder rundes Loch aufweist. Sie wurden bis gegen Ende des 1. Jahrhunderts n. Chr., Kasserollen mit Kreisloch auch noch in den ersten Jahrzehnten des 2. Jahrhunderts n. Chr. produziert. Erstmals ist jetzt in Xanten eine Blechkasserolle nachgewiesen. Das Gefäß ist reich verziert: Perlschnur und Eierstab schmücken den Rand des Gefäßkörpers, zwei weitere Perlschnüre sowie ein Eierstab finden sich auf dem Griff. Der Griffansatz ist seitlich mit zwei Schwanenköpfen geschmückt; über ihnen hat der Griff zwei als Amazonenschilde geformte Durchbrüche. Kreisaugenornamente und Linienmuster mit knospenartigen Enden vervollständigen dort den Dekor. Das vierfach durchbro-

chene Griffende zeigt zwei weitere, schlanke Vogelköpfe, an den Hinterköpfen sitzen kammartige Fortsätze. Auf der Grifffläche ist ein langrechteckiger Stempel erkennbar. Blechkasserollen zeichnen sich besonders in der Gestaltung und im Dekor des Griffs durch einen beträchtlichen Variantenreichtum aus. Mustert man den Bestand nach Vergleichbarem durch, so zeigt sich, daß die Xantener Kasserolle überhaupt erst die zweite ihrer Art ist: Die einzige unmittelbare Parallele bietet ein Fund aus Siak in Slowenien. Wegen ihres Verbreitungsschwerpunkts in Norditalien bis nach Slowenien und Böhmen hinein, aber auch wegen einiger Herstellernamen, hat man bisher vermutet, sie seien im östlichen Norditalien produziert worden. Der Herstellerstempel CN(aei) TREBE(lli) R(omani) paßt nicht zu dieser Annahme: die Trebellii – eine gut bekannte ‚Dynastie' von vier Bronzegefäßproduzenten – hat in Mittelitalien oder Kampanien gearbeitet. Die Werkstatt des Cn. Trebellius Romanus war von spätaugusteisch-tiberischer bis in die claudische Zeit tätig.

Bewegten wir uns mit der Blechkasserolle noch auf vertrautem Terrain, so sind die beiden übrigen Kasserollen echte Unikate. Das erste Stück ist leider schwer beschädigt – erhalten sind nur der Gefäßrand mitsamt Griff sowie das obere Drittel der Wandung. Am Griffende sind zwei stilisierte Schwäne dargestellt – sie sind zu erkennen, wenn man den Griff senkrecht hält. Köpfe und Schnäbel der Vögel berühren sich, die Hälse laufen geschwungen in die Körper aus. Vor den Schnäbeln sowie vor und z. T. auch hinter den Hälsen ist die Grifffläche durchbrochen. Die Kasserolle verknüpft auf einzigartige Weise den Motivkreis der Schwanenkopfkasserollen mit Formelementen der Kasserollen mit Kreisloch, denn die Durchbrüche der Öse lassen sich zu einem Kreis ergänzen. Da dieses Produkt eines innovationsfreudigen Herstellers keine Parallele hat, ist dessen Datierung schwierig. Es gehört vielleicht am ehesten in die Mitte des 1. Jahrhunderts n. Chr.

Xanten / Kreis Wesel. Römische Schöpfgefäße (Kasserollen). Bronze. 1. Jahrhundert n. Chr.

Auch die dritte Kasserolle paßt nicht in die gängigen Typenreihen. Sie ist vollständig erhalten und gänzlich unbeschädigt. Der zylindrische Körper sitzt auf einem massiven, mitgegossenen Standring. Auf der Wandung läuft außen ein kräftiger Wulst um, auf der Grifffläche ist ein Thyrsosstab wiedergegeben. Dieses Attribut des Weingottes Bacchus findet sich auf zahlreichen Kasserollen, insbesondere auf den Schwanenkopfkasserollen – Hinweis darauf, daß derart verzierte Gefäße Bestandteil des Trinkgeschirrs waren. Der Griff ist mit einem verwaschenen und deshalb nur schlecht lesbaren Herstellerstempel versehen. Das Griffende weist eine omegaförmige Öse auf, die seitlich von zwei Schwanenköpfen gefaßt ist. Das Stück ist ein merkwürdiger Zwitter: Die Griffgestaltung und die Fertigung von Becken und Griff aus einem Werkstück entsprechen dem formalen und technischen Gesicht der Schwanenkopfkasserollen. Die zylindrische Form, die schwere Ausführung, der mitgegossene Standring und auch der Wulst im Schulterbereich des Stückes sind dagegen ebenso eindeutig charakteristische Merkmale der Trau-Kasserollen. Vom Namen des Herstellers ist die Buchstabenfolge ANNO zu lesen. Von zwei signierten Metallgefäßen ist der Fabrikant namens Hanno bekannt. Will man die Xantener Kasserolle nicht einem bislang unbekannten Hersteller zuschreiben, so dürfte der Stempel wohl in H]ANNO[N(is) = „(aus der Werkstatt) des Hanno" aufzulösen sein. Diese Werkstatt war wohl vom zweiten bis zum vierten Jahrzehnt des 1. Jahrhunderts n. Chr. in Kampanien tätig. Die Tatsache, daß auch die Trau-Kasserollen früh zu datieren sind – sie sind bereits im Lager von Haltern vertreten, unter den Bronzegeschirrfunden aus Pompeji dagegen nicht mehr –, paßt gut zu diesem Ansatz und liefert ebenfalls einen Hinweis auf die zeitliche Einordnung unseres Stücks.

Xanten / Kreis Wesel. Verzierter Griff der Bronzekasserolle aus der Werkstatt des Cn. Trebellius Romanus. Anfang 1. Jahrhundert n. Chr.

Villa Rustica und Burgus auf dem Steinacker in Jülich-Kirchberg

Bernd Päffgen

Von Dezember 1996 bis Jahresbeginn 1998 fanden im Vorfeld des Braunkohlentagebaus Inden umfangreiche Ausgrabungen auf dem „Steinacker" bei Jülich-Kirchberg im Bereich einer bekannten Villa rustica statt (WW 112). Die Gutshofanlage bestand vom 1. bis 4. Jahrhundert. Zur Anlage gehörten das Wohnhaus der Besitzerfamilie und landwirtschaftlich genutzte Nebengebäude. Zunächst wurde der Westflügel der Anlage mit Tor, Speicherbau und Werkhalle archäologisch untersucht. Der Steinbauphase ging eine frührömische Holzbauphase voraus. Die Steinbauphase der Villa war von einer Umfassungsmauer umgeben. Im zweiteiligen Speicherbau konnten botanische Makroreste nachgewiesen werden (unter anderem Saaterbsen). Brauchwasser lieferte der nahe Schlangengraben, Trinkwasser wurde eigens angelegten Brunnen entnommen. Im 2. Jahrhundert legte man zwei steinerne Brunnen an, die bis zur Mitte des 4. Jahrhunderts in Betrieb waren. Die Brunnen bestanden jeweils aus einem 25 m tiefen, runden Schacht, der bis in das Grundwasser reichte. Im Grundwasser befand sich ein hölzerner Brunnenkasten. Der Bereich des Schachtes zwischen der Oberfläche und dem Grundwasserhorizont war mit einem steinernen Brunnenkranz ausgesteift. Das Steinmaterial, roter Sandstein, stammt aus der Eifel und wurde wahrscheinlich im Raum um Nideggen abgebaut. Besonders reich gestaltet sich das Kleinfundspektrum der Gutsanlage. Gegen Ende des Grabungsjahres 1997 fand sich eine seltene Goldmünze (Aureus). Sie ist 6,8 g schwer und weist einen Durchmesser von 1,9 cm auf. Die Vorderseite zeigt eine nach rechts gewandte Herrscherbüste, sichtbar ist die Aegis des Brustpanzers. Die Umschrift der Vorderseite lautet: IMP TRAIANO AVG GER DAC P M TR P. Die Legende nennt die Siegerbeinamen *Germanicus* und *Dacicus* für den Kaiser, zusätzlich sind seine Funktionen als Oberpriester (*Pontifex maximus*) und Volkstribun (*Tribunicia potestas*) angegeben. Die Rückseite des Aureus zeigt in einem Eichenlaubkranz die vierzeilige Inschrift: COS

Jülich-Kirchberg / Kreis Düren. Goldmünze (Aureus) des Kaisers Trajan aus dem römischen Gutshof am Steinacker. Rückseite. Geprägt 103–111 n. Chr.

V P P / SPQR / OPTIMO / PRINC. Diese Reverslegende gibt über die Angabe des fünften Konsulats für Trajan die Datierung an. Die Buchstaben P P stehen als Abkürzung für den Ehrentitel „Vater des Vaterlands" (*Pater patriae*). Der zweite Teil der Inschrift verweist darauf, daß Senat und Volk von Rom mit dieser Münze den besten Herrscher ehrten. Darauf nimmt auch die Darstellung des Eichenlaubkranzes Bezug. Seit republikanischer Zeit kam dieser Kranz (*corona civica*) den Männern zu, die sich durch besonderen und heldenhaften Einsatz um den Staat verdient gemacht hatten. Wie kaum ein anderer Herrscher verkörperte Trajan das Ideal des fähigen und humanen *optimus princeps*. Geprägt wurde der neu entdeckte Aureus zwischen 103 und 111 in Rom.

Die Ausgrabungen ermöglichten neben der Erfassung der Blütezeit der Kirchberger Villa im 2.–3. Jahrhundert Einblicke in die Veränderungen wäh-

Jülich-Kirchberg/Kreis Düren. Goldmünze (Aureus) mit dem Porträt des Kaisers Trajan aus dem römischen Gutshof am Steinacker. Vorderseite. Geprägt 103–111 n. Chr.

rend der Spätantike. Zwei hypokaustierte Räume wurden nach den zugehörigen Münzfunden zwischen 270 und 280 aufgegeben. In diesem Zusammenhang dürfte an einen Frankeneinfall zu denken sein. Während der Wiederaufbauphase des Anwesens in der Zeit des Gallischen Sonderreiches wurden der Ausstattungsluxus der severischen Zeit reduziert und viel Altmaterial benutzt, darunter auch Bruchstücke qualitätvoller Wandmalerei. In der 1. Hälfte des 4. Jahrhunderts wurde der die höchste Geländesituation in der Nordwestecke der Anlage einnehmende Speicherbau zu einem Burgus ausge-

baut. Der zugehörige Spitzgraben mit hölzerner Brückenkonstruktion wurde ganz untersucht. Neben dem Burgus befand sich ein Schacht mit dem Leichnam eines Militärs mit spätantiker Gürtelgarnitur. Die südlich benachbarte Werkhalle fällt durch späte metallverarbeitende Öfen des 4. und frühen 5. Jahrhunderts auf und markiert die Endphase der Nutzung.

Lit.: S. JENTER / J. WIPPERN, Prospektionsergebnisse einer römischen villa rustica bei Kirchberg. Arch. Rheinland 1997 (Köln, Bonn 1998) 58–60.

Eine neue Juppitersäule besonderer Art

PETER NOELKE und BERND PÄFFGEN

Aus dem spätantiken Burgusgraben der Kirchberger Villa stammen Architekturteile (Säulenteile) einer Porticus in sekundärer Nutzung. Neben dem Hauptgebäude wurden zwei Steinbrunnen ausgegraben. Aus deren Verfüllung gibt es Architekturbruchstücke, unter anderem ein ganz erhaltenes unkanonisches Kapitell mit jonischem Kyma und Zahnschnittfries sowie Reste einer ungewöhnlichen Juppitersäule. Die leider ohne den Kopf erhaltene, halblebensgroße Statue (Höhe noch 0,71 m) ist sofort als Juppiterdarstellung zu bestimmen: Eine männliche Gestalt reiferen Alters sitzt breitbeinig auf einem Thron. In der erhobenen Linken hielt sie ein Zepter – von dem verlorenen metallenen Stab ist das Einlaßloch in der Plinthe erhalten –, die auf dem Knie ruhende Rechte hielt ein Blitzbündel, wie die Durchbohrung der Hand zur Aufnahme der Waffe zeigt. Die Figur zeigt mehrere Eigenarten, die in dieser Art bei keiner der bislang ca. 84 bekannten niedergermanischen Statuen des thronenden Gottes vorkommen. Beim vorherrschenden Bildtypus verhüllt der Mantel den Unterkörper des Göttervaters, der eine Zipfel des Gewandes hängt außen neben seinem linken Unterschenkel herab, während die andere Stoffpartie, den Rücken bedeckend, als Bausch auf der linken Schulter endet.

Wie B. H. Krause nachwies, geht dieser Typus auf das unter Kaiser Domitian um 94 n. Chr. nach einem Brand des Heiligtums erneuerte Kultbild des Juppiter-Capitolinus-Tempels in Rom zurück. Auch von der kurz zuvor unter Kaiser Vespasian nach dem Brand von 69 n. Chr. sowie von der in der ausgehenden Republik im Jahre 69 v. Chr. erneuerten Fassung des kolossalen, aus Gold und Elfenbein geschaffenen Kultbildes des höchsten Heiligtums des Imperiums lassen sich Nachklänge in der *Germania inferior* nachweisen. Anders als bei den unter anderem in der Manteldrapierung voneinander abweichenden Fassungen des Kultbildes und einer auf Germanien und Gallien beschränkten Variante bedeckt bei der neuen Statue der Mantel nur das rechte Bein des Gottes, läßt das gesamte linke

Bein und das Genital entblößt – eine Gewanddrapierung, zu der kaum Parallelen bekannt sind. Auffällig ist auch der füllige Bau des Körpers mit seiner überbetonten, an römische Berufsathleten erinnernden Muskulatur des Thorax. Der Gott setzt die Füße auf eine Bank, wie dies zwar bei den aus Rom und Italien stammenden Statuen üblich, in Niedergermanien bislang jedoch nur durch eine Kölner Statue bezeugt ist. Auch die Stiefeltracht der Statue kennt nur wenige Parallelen in der *Germania inferior*.

Während die überwiegende Mehrzahl der Juppiterstatuen zwischen den seitlichen Thronpfosten eine Tuchdraperie *(velum)* aufweist, ist die Figur hier jeweils mit einer kraftvollen Blattrosette geschmückt, einem vornehmlich aus Obergermanien bekannten Dekor (z. B. Wiesbaden-Igstadt). Allerdings ist die Tuchbespannung auf der Rückseite der Statue zwischen den Thronpfosten angegeben, wo sie als Zeichen des sakralen Charakters der Darstellung häu-

Jülich-Kirchberg / Kreis Düren. Kapitell einer Juppitersäule. 1. Viertel 3. Jahrhundert n. Chr.

Jülich-Kirchberg / Kreis Düren. Rest einer Juppitersäule. Rückseite des thronenden Juppiters. 1. Viertel 3. Jahrhundert n. Chr.

figer begegnet. Überraschend ist die Rückenlehne des Throns gestaltet: Sicher zu bestimmen ist ein Globus, der von zwei gekreuzten Bändern umgürtet ist, dem Himmelsäquator und dem Zodiacus. Der Globus, Attribut Juppiters als Herrscher des Himmels, wird üblicherweise zu Füßen des Gottes, zumeist samt dem auf ihr stehenden heiligen Adler des Olympiers dargestellt. Als Zier der Thronrückenlehne ist er bislang nur von einer Juppiterstatue aus Bornheim-Sechtem belegt, wo die Kugel von zwei gekreuzten Füllhörnern eingefaßt wird. Der Globus des Neufundes steht jedoch auf einem noch ungedeuteten rechteckigen Feld, das unten und auf beiden Seiten gezackt ist.

Zum selben Fundkomplex aus der Kirchberger Villa gehören drei weitere Elemente einer Juppitersäule: Ein Kapitell korinthischer Ordnung mit dem

Ansatz des Säulenschaftes, der mit Lorbeerblättern geschmückt ist (Höhe 0,53 m), die Basis attischer Ordnung (zwei Wülste mit Kehlung dazwischen) mit Ansatz des Säulenschaftes, gleichfalls mit Lorbeerblättern verziert (Höhe 0,57 m) sowie der obere Rest eines Sockels mit abschließendem Gesims und rechteckigem Körper (Höhe noch 0,295 m; Deckplatte 0,66 × 0,70 m). Der Sockelkörper war – anders als in Obergermanien und in der *Gallia Belgica* verbreitet – nicht mit Götterdarstellungen ausgestattet, sondern mit schlichtem Reliefschmuck, trug aber vielleicht (wie für Niedergermanien mehrmals bezeugt) eine Weihinschrift auf der Frontseite. Verloren ist der Hauptteil des ursprünglich aus zwei oder drei Trommeln zusammengesetzten Säulenschaftes. Da sich am unteren Ende des Schaftes kein Ansatz eines Reliefs findet, wird er wohl nur mit Lorbeerblättern geschmückt gewesen sein – die häufigste Art der Säulengestaltung bei Juppitermonumenten (Schuppensäule). Während die Juppiterstatue aus qualitätvollem lothringischen Kalkstein gemeißelt ist, besteht die Säule aus Sandstein. Trotz dieser Materialunterschiede stammten Statue und Säule, die in den Abmessungen zusammenpassen, wohl vom selben Monument. Die verlorene farbige Fassung des Votivs dürfte die Materialunterschiede verborgen haben. Die Überreste der Juppitersäule wurden aus einem Brunnen des Gutshofes geborgen.

Allein aus Niedergermanien sind bislang neun weitere Brunnenfunde bekannt, darunter Weihungen aus Köln-Zollstock, Wüstweiler und Kleinbouslar. Es liegt auf der Hand, daß die fragmentarischen und z. T. absichtlich beschädigten Votive nicht pietätvoll deponiert, sondern zu ihrer Beseitigung und zum Unbrauchbarmachen der Brunnen hineingekippt wurden – entweder von frühchristlichen Eiferern oder brandschatzenden germanischen Eindringlingen. Gegen die erste Erklärung spricht, daß es solche Befunde auch im rechtsrheinischen Obergermanien gibt, wo sich nach dem Fall des Limes und der germanischen Landnahme das Christentum nicht ausbreiten konnte. Nach Ausweis der gefundenen Münzen muß die Verfüllung des Brunnens um 350 n. Chr. erfolgt sein. Für die Datierung des Säulenmonumentes ist damit freilich nur ein Terminus ante quem gewonnen, die genauere Zeit-

Jülich-Kirchberg / Kreis Düren. Rest einer Juppitersäule. Thronender Juppiter. 1. Viertel des 3. Jahrhunderts n. Chr.

bestimmung erfolgt durch Stilvergleich: Die massige Körperbildung der Juppiterfigur mit der Überbetonung der Muskulatur kehrt bei einer Gruppe nieder- und obergermanischer Statuen des Gottes wieder, zu der etwa die Bekrönung eines Bonner Juppiterpfeilers und besonders das Monument aus Wiesbaden-Igstadt, aber auch die Götterreliefs der

221 n. Chr. geweihten Juppitersäule aus Wiesbaden-Schierstein gehören. Danach datiert der Neufund in das 1. Viertel des 3. Jahrhunderts.

Lit.: G. BAUCHHENSS / P. NOELKE, Die Iupitersäulen in den germanischen Provinzen. Bonner Jahrb. Beih. 41 (Köln, Bonn 1981).

Die römische Wandmalerei vom Steinacker bei Jülich-Kirchberg

Susanne Jenter und Bernd Päffgen

Bei den Ausgrabungen kamen 1997 große Mengen an Fragmenten von bemaltem Wandputz aus der Villa rustica bei Jülich-Kirchberg zutage. Leider befanden sich die Wandmalereien nicht mehr an Ort und Stelle. Wand- und Putzteile waren in spätrömischer Zeit bei baulichen Veränderungen nach einer Zerstörung kleingeschlagen und als Baumaterial

wieder verwendet worden. Die Mauerstickung, die die meisten der Malereifragmente enthielt, befand sich in unmittelbarer Nähe eines Raumes mit Wand- und Fußbodenheizung (hypocaustum). Da die Rückseiten etlicher Wandputzstücke Abdrücke von tubuli aufweisen, kann davon ausgegangen werden, daß die Malereien ursprünglich diesen oder einen anderen beheizten Raum schmückten.

Die geborgenen Bruchstücke fallen durch ihre qualitätvolle Ausführung auf. An erster Stelle sind solche Wandmalereien zu nennen, die kostbare Marmorinkrustationen imitieren. Luxuriöser Marmorschmuck war so geschätzt, daß man ihn in verschiedenen Arten nachahmte: roter Porphyr aus Ägypten, grüner Porphyr (Serpentin) aus Griechenland und gelber numidischer Marmor (giallo antico) aus Tunesien. Die Porphyrimitation ist in Form schmaler Streifen aufgemalt, größere Flächen nimmt die Nachahmung des kräftig rot geäderten marmor numidicus ein. Auf diese Art waren die Sokkelzone und darüber befindliche Rahmungen für Paneelenbemalung bei einem oder mehreren der Innenräume des Hauptgebäudes der Kirchberger Villa rustica gestaltet.

Vergleichbare Malereien sind in Niedergermanien unter anderem aus der Villa rustica „Am Silberberg" in Ahrweiler bekannt. Der hypokaustierte Raum 3 der Ahrweiler Villa war vollständig mit Marmorimitationen ausgemalt. Ähnlich wie in Kirchberg überwiegen auch hier die Flächen aus grünem Porphyr und giallo antico, wobei das Craquelé des gelben Marmors bei beiden Fundorten identisch ist. Hinzu kommen schmale Streifen aus rötlichem Porphyr und weißem Marmor. Mit gro-

Jülich-Kirchberg / Kreis Düren. Rekonstruktion eines Raumes mit Fußbodenheizung (Hypokaustanlage) und bemalten Wänden in dem römischen Gutshof. 2./3. Jahrhundert n. Chr.

288

Jülich-Kirchberg / Kreis Düren. Wandmalerei mit Marmorinkrustation aus dem römischen Gutshof. 2./3. Jahrhundert n. Chr.

ßer Wahrscheinlichkeit kann eine gemeinsame Werkstatt vermutet werden.

Aus dem Befundzusammenhang kann eine Datierung der Kirchberger Wandmalereien gewonnen werden. In der 2. Hälfte des 3. Jahrhunderts wurde die große Villenanlage zerstört und um 270 n. Chr. ohne Hypokausträume wiederhergestellt. Bei diesem reduzierten Nutzungskonzept der Spätantike wurden die qualitätvollen Malereien als Baumaterial wiederverwendet. Stilistisch gehört die Marmor imitierende Wandmalerei in severische Zeit und belegt einen beachtlichen Ausstattungsluxus in der Rheinzone und in ihrem ländlichen Hinterland.

Lit.: R. GOGRÄFE, Die Wand- und Deckenmalereien der Villa rustica „Am Silberberg" in Bad Neuenahr-Ahrweiler. Trierer Zeitschr. Beih. 20 (Trier 1995). – S. JENTER / B. PÄFFGEN, Die Wandmalereien der *villa rustica* auf dem Steinacker bei Jülich-Kirchberg. Arch. Rheinland 1997 (Köln, Bonn 1998) 58–60.

Grabfunde an der römischen Fernstraße Köln–Jülich im Braunkohlentagebau Hambach

Wolfgang Gaitzsch

Im Verlauf der ostwestwärts gerichteten Fernstraße Köln–Jülich gibt es nördlich als auch südlich von ihr Einzelgräber und kleinere Bestattungsgruppen, die mit benachbarten Siedlungsplätzen oder der angrenzenden Straßenbebauung in Verbindung gestanden haben. Die Gräber können außerhalb der 25 m breiten Trassierung liegen oder im Bereich zwischen Straßengraben und Fahrbahn. Die Mehrzahl der römischen Bestattungen im ländlichen Siedlungsraum ist durch schlichte Grabformen und spärliche Ausstattungen charakterisiert. In den Lößböden der Jülicher Bördenlandschaft ist die Befund- und Funderhaltung zudem durch eine starke Bodenerosion eingeschränkt. Grabbeigaben, die oberhalb der Grabgruben niedergelegt worden sind, haben sich nicht erhalten, so daß die Grabinventare nur unvollständig die ursprüngliche Ausstattung widerspiegeln. Zur Aufbewahrung der aus den Scheiterhaufenrückständen ausgelesenen kalzinierten Knochenreste, dem sogenannten Leichenbrand, wurden Behältnisse aus organischen, nicht erhaltenen Materialien oder Tongefäße benutzt. Seltener kamen steinerne oder gläserne Urnen zur Verwendung, wie sie vor allem aus den reichen Gräberfeldern der römischen Städte bekannt sind.

So waren die Ausgräber im Vorfeld des Braunkohlentagebaus Hambach überrascht, als sie im Jahre 1996 auf ein Urnengrab stießen, das ein außergewöhnlich repräsentatives Steinbehältnis enthielt. Das schwere Gefäß aus Kalkstein stand in der zentralen Vertiefung einer 1,40 × 1,60 m großen Grabgrube, die mit Asche und Holzkohle gefüllt war. Die 0,39 m hohe Urne zeichnet sich durch eine achteckige Gefäßwandung aus. Würfel- oder zylinderförmige Urnen aus Sand- und Kalkstein, aus Tuff oder Marmor sind aus Kölner und Trierer Gräberfeldern bekannt. Allein aus Köln stammen über einhundert Steinurnen in zylindrischer Form. Polygonal geformte Urnen sind jedoch außergewöhnlich und bisher nur in zwei älteren Exemplaren aus

Rom bekannt. Das achteckige Gefäß aus dem Hambacher Revier ist also von besonderem Stellenwert, den auch die Lage des Grabes und der Bestattete zum Ausdruck bringen.

Nach der Leichenbrandbestimmung handelt es sich um einen hochwüchsigen Mann mit der außergewöhnlichen Körpergröße von 1,82 m, der ein für die römische Kaiserzeit überdurchschnittlich hohes Alter von 60 bis 75 Jahren erreicht hatte. Die Menge des Leichenbrandes (3189 g) läßt auf eine nahezu vollständige Auslese aus dem Scheiterhaufen schließen. Hingegen sind die mitverbrannten Grabbeigaben nur bruchstückhaft in das Grab gelangt. In der Asche- und Holzkohleschicht fanden sich eine nicht bestimmbare Bronzemünze, ein abgebrochener Schlüsselgriff und die geschmolzenen Überreste von zwei Glasgefäßen, eines von ihnen aus farbigem opakem Glas. Einige der Bruchstücke gelangten zusammen mit dem Leichenbrand in die Urne. Ein auf ihrem Deckel abgestelltes Tongefäß, ein sog. Räucherkelch, läßt auf kultische Handlungen im Verlaufe der Bestattungszeremonie schließen. Unverbrannte Grabbeigaben waren an der Ostseite der Grabgrube in einer erhöhten Nische niedergestellt worden. Zwei Gefäße aus Terra Sigillata weisen Fabrikationsmarken mittel- und ostgallischer Töpfer auf.

Importiert wurde auch die Steinurne bzw. das Rohmaterial. Der grobkörnige und stark poröse Kalkstein stammt aus Elsaß-Lothringen. Auftrag und Fertigung lassen auf sehr persönliche Vorstellungen und auf einen qualifizierten Steinmetz schließen: Falls sich seine Werkstatt nicht im oder in der Nähe des Steinbruches befunden hat, dürfte sie im Kölner Raum oder im Vicus von Jülich gelegen haben. Achteckige Umrisse finden sich nur selten an antiken Kunstwerken. Zu erwähnen sind Sockel von Statuetten, achteckige Tintenfässer und die Silberplatte aus dem Schatzfund von Kaiseraugst. Näher liegt die Verbindung zur römischen Archi-

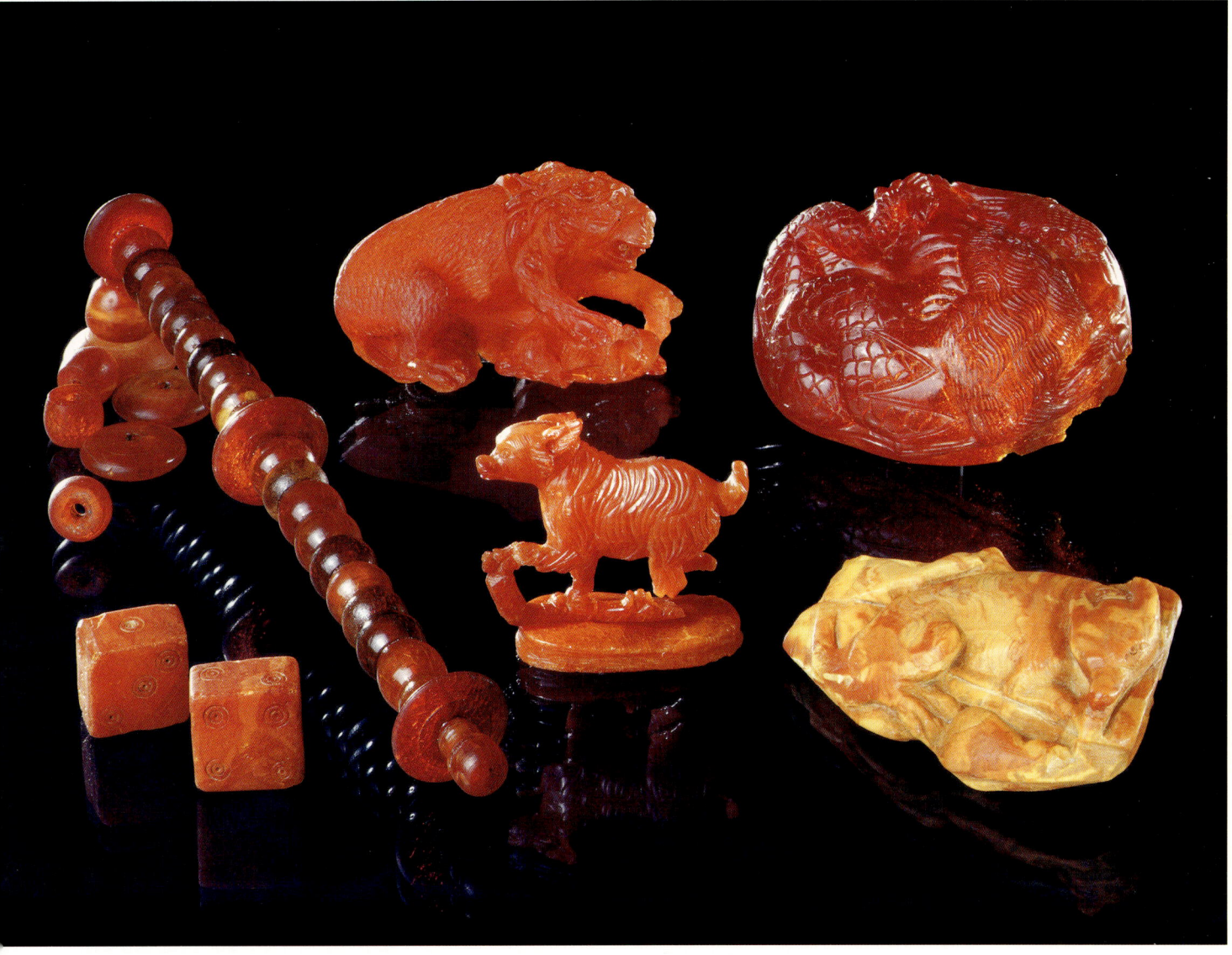

Elsdorf-Esch / Erftkreis. Grabbeigaben aus Bernstein. Unter anderem Löwe, Hund, Meerwesen (capricornus), Spinnrocken, Würfel und Perlen. Frühes 3. Jahrhundert n. Chr.

tektur, wo oktogonale Grundrisse die Anlage von Grabbauten bestimmt haben. Die Urne war nicht nur das Gefäß, das den Leichenbrand aufnehmen sollte, sondern gleichermaßen die *domus aeterna*, das ewige Wohnhaus des Verstorbenen. Aufgrund der erhaltenen Grabbeigaben ist das Urnengrab in die Mitte des 2. Jahrhunderts zu datieren.

Im Zuge des Hambacher Geländeabbaues wurde ein weiteres reiches Urnengrab entdeckt. Es lag 170 m östlich der Steinurne und 30 m nördlich der römischen Straße in Nachbarschaft zu einem zweiten Grab. Die in einer 0,40 × 0,40 m großen Ziegelsetzung niedergelegten Grabbeigaben konnten weitgehend unversehrt geborgen werden. Der Lei-

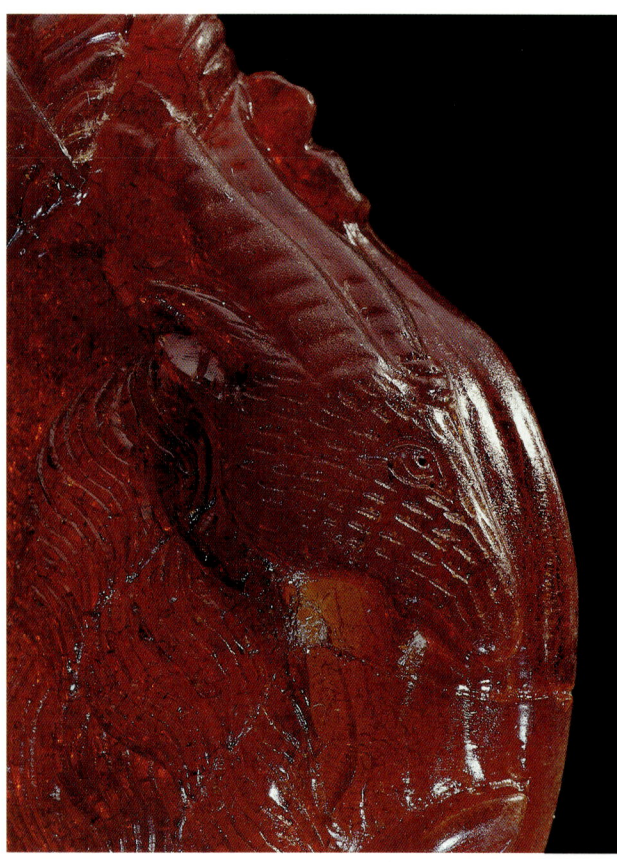

Elsdorf-Esch / Erftkreis. Bernsteinrelief (Detail). Geschupptes Meerwesen mit Ziegenkopf (capricornus). Höhe 3,5 cm. Frühes 3. Jahrhundert n. Chr.

durchgeführt. Sie erstreckte sich beidseitig der Straße auf eine Distanz von über 300 m. Südlich der Straße wurden eisenzeitliche Pfostenbauten, Gruben und Grabeneinfriedungen entdeckt, nördlich der Straße ein kleines römisches Brandgräberfeld. Die überwiegend gestörten Bestattungen orientierten sich am Verlauf des nördlichen Straßengrabens. Unterhalb einer quadratischen Steinfundamentierung wurde im Oktober 1998 ein knapp 2 m tiefes Grab mit überraschend reichen Grabbeigaben entdeckt. Auf dem Boden der 2 × 2,20 m großen Grabgrube stand eine rechteckige, nicht erhaltene Holzkiste (1,10 × 0,35 m), die in ihrem westlichen Teil Leichenbrand und Holzkohle enthielt, in ihrer Mitte und östlichen Hälfte Grabbeigaben aus Glas, Gold und Bernstein. Aus der Lage der Beigaben und ihrer Erhaltung war zu erschließen, daß das Grab bei seiner Überbauung gestört worden war. Unter den rund zwanzig Grabbeigaben sind an erster Stelle vier figürliche Bernsteinarbeiten anzuführen, die zu den schönsten Schöpfungen antiker Kleinkunst gehören. An vollplastischen Figuren sind ein Löwe und ein Hund dargestellt, im Relief ein liegender Fuchs und auf einer muschelförmigen Schale ein geschupptes Meerwesen mit Ziegenkopf und Hörnern, ein *capricornus*.

Die hohe künstlerische Qualität dieser vier Bernsteinarbeiten zeigt sich nicht nur in der plastischen Gestaltung der Tierkörper und ihren ausgewogenen Proportionen, sondern auch in den feinen Ziselierungen der Oberflächen. Die Muschelschale gehörte vermutlich als Aufsatz oder Deckel zu einem kleinen Behältnis aus organischem Material, das sich nicht erhalten hat. Das der griechischen Mythologie entstammende Fabelwesen ist als gehörntes Tier mit Ziegenbart und Vorderläufen mit Hufen charakterisiert. Der behaarte Oberkörper geht in einen geschuppten Unterkörper mit Schwanzflosse über, der sich über den gewölbten Reliefgrund schlängelt, auf dem Wellen angedeutet sind. Dieses einmalige Ensemble von Tierdarstellungen wird ergänzt durch andere Bernsteinarbeiten, einen großen Spinnrocken und zwei Bernsteinwürfel. Aus Belgien und dem niederländisch-limburgischen Raum sind ähnliche Bernsteinfunde bekannt, die von dem neugefundenen Ensemble in Anzahl und Zusammenstellung überragt werden. Stili-

chenbrand eines Mannes war in einem Bronzekrug seltener doppelkonischer Formgebung deponiert. Gemeinsam mit den unverbrannten Grabbeigaben stand die Urne auf der unteren Ziegelplatte. Vergleichsstücke zum sekundär verwendeten Bronzekrug, dessen ursprüngliche Funktion als Weingefäß ein Augsburger Reliefbild bezeugt, sind aus Nijmegen und dem Kastell Dambach bekannt.

1998 erreichte der Braunkohlentagebau Hambach die an der römischen Fernstraße Köln–Jülich gelegene *Escherbrücke*. Bevor das Gelände in den Abbau gelangte, wurde eine großflächige Untersuchung

Elsdorf-Esch / Erftkreis. Hundefigürchen aus Bernstein. Höhe 3,5 cm. Frühes 3. Jahrhundert n. Chr.

stisch gehören die hier vorgestellten Bernsteinarbeiten in den Beginn des 3. Jahrhunderts. Aufgrund der Glasgefäße, insbesondere der großen zylinderförmigen Krüge, ist dieses reiche Grab insgesamt jedoch später, in die Mitte oder 2. Hälfte des 3. Jahrhunderts, zu datieren.

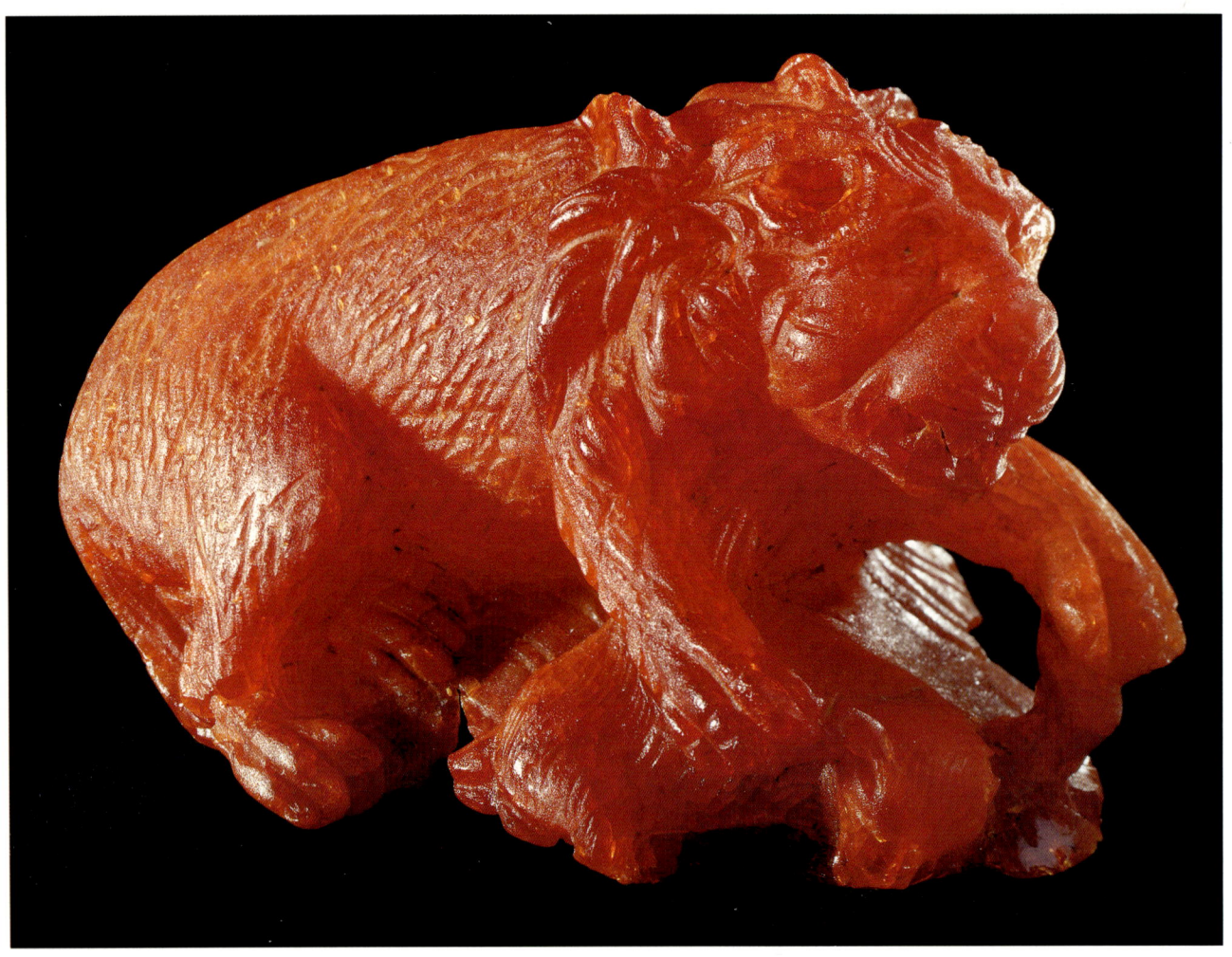

Elsdorf-Esch / Erftkreis. Beuteschlagender Löwe aus Bernstein. Höhe 4,0 cm. Frühes 3. Jahrhundert n. Chr.

Elsdorf-Esch / Erftkreis. Mit den Bernsteinfigürchen waren auch noch verschiedene Gläser und Goldschmuck mit ▷
ins Grab gegeben worden. Mitte oder 2. Hälfte 3. Jahrhundert n. Chr.

Auch abseits der überregional bedeutenden Verkehrsverbindung wurden ländliche Siedlungsplätze ausgegraben, die sich durch repräsentative Grabbauten und Beigaben auszeichnen. So wurde Mitte der 1990er Jahre das Gräberfeld einer spätrömischen Siedlung und Glashütte freigelegt. In zwei Gräbern kamen gläserne Trinkhörner zum Vorschein, die zu den prächtigsten Exemplaren gehö-

ren, die bekannt sind. Glasanalysen haben ergeben, daß die Trinkhörner, im Unterschied zu anderen Glasbeigaben, nicht aus der Hambacher Produktion stammen. Dem hellgrünen, mit einer Netzauflage überzogenen Trinkhorn steht ein zweites gegenüber, das mit einer spiralförmigen farbigen Glasfadenauflage geschmückt ist. Beide Trinkhörner sind in das 4. Jahrhundert zu datieren.

Römisches Tafelsilber aus dem Jülicher Land

Wolfgang Gaitzsch

Im Einzugsgebiet von Jülich, dem antiken *Vicus Iuliacum*, entdeckte ein Landwirt ein römisches Brandgrab, das sich durch außergewöhnliche Grabbeigaben auszeichnete. Eine über 2 m lange Aschenkiste aus grobem Tuffstein enthielt nicht nur den Leichenbrand eines 20–40jährigen Mannes, sondern auch ein dreiteiliges Tafelgeschirr aus Silber. Vergleichbare Grabbeigaben sind aus der *Germania inferior* und dem nördlichen Gallien bisher nicht bekannt. Das silberne Eßgeschirr besteht aus einem flachen Teller, einer kleinen napfförmigen Schale und einem verzierten Löffel. In der Aschenkiste lagen außerdem fünf Bronzemünzen, die jüngste aus der Regierungszeit des Kaisers Antoninus Pius (138–161). Außerhalb des steinernen Behältnisses waren Bronzegeräte und Gläser niedergelegt worden. Herausragende Bestandteile des Grabinventars sind der silberne Teller und die silberne Schale. Der gut erhaltene Silberteller hat einen Durchmesser von 13,2 cm. Den horizontal ausgewölbten Rand umzieht ein 1,1–1,2 cm hohes Reliefbild. Es zeigt ein ländliches Heiligtum im Rahmen eines vierfach unterteilten Masken- und Tierfrieses. Einem Satyr und einem Silen stehen zwei Mänaden gegenüber. Die im Profil gezeichneten Masken lehnen an quadratischen und runden Altären, auf denen Opfergaben zu erkennen sind. Drei Thyrsosstäbe und ein gekrümmter Hirtenstab, die mit Bändern geschmückt sind, gehören zur Ausstattung der dionysischen Gefolgschaft. Der Fries schließt zwei Jagdszenen, denen die Gesichter der Masken zugewendet sind, eine Opfer- und eine Weideszene ein. Die Hauptszene zeigt einen Tempel, vor dem sich ein Stier aufbäumt. Auf der anderen Seite des Heiligtums steht eine grasende Kuh. Eine zweite Kultstätte zeichnet sich in der links benachbarten Szene neben dem Eber ab. Dargestellt ist ein Baumheiligtum, in dem ein ovaler Opfergegenstand oder ein Baitylos, ein heiliger Stein, zu erkennen ist. In das Bild eingestreute Gegenstände wie ein Füllhorn und eine Syrinx untermalen die dionysische Szenerie. Sie beruht auf griechisch-hellenistischen Vorbil-

Jülich-Pattern / Kreis Düren. Römischer Silberteller (Dm. 13,2 cm) mit dionysischem Masken- und Tierfries. 2. Jahrhundert n. Chr.

dern. Sowohl in der Form des Tellers als auch in der vierfach unterteilten Frieskomposition zeigt das Fundstück aus Jülich enge Parallelen zu silbernen Tellern, die heute in New York, Wien und Paris aufbewahrt werden. Ältestes Beispiel für den vierfach unterteilten Maskenfries ist der New Yorker Silberteller, der aus Italien stammt und Ende 1. / Anfang 2. Jahrhundert datiert wird. Die Mehrzahl der bekannten Teller entstand aber wohl erst im Verlaufe des 2. und 3. Jahrhunderts.

Die zweite bedeutende Gefäßbeigabe ist die kleine silberne Schale, die neben dem Teller stand. Das nur 2,9 cm hohe Gefäß weist ein scharf geschnittenes Profil auf. Der Mündungsdurchmesser beträgt 7 cm, der innere Bodendurchmesser 6 cm. Die 2,3 cm hohe Gefäßwandung ist mit einem 1,4 cm hohen Blüten- und Rankenfries geschmückt. Das Relief ist

Jülich-Pattern / Kreis Düren. Römischer Silberteller (Friesausschnitt). Ländliches Heiligtum, Stier, Bäume und Maske. 2. Jahrhundert n. Chr.

feiner und filigraner ausgeführt als der Masken-fries auf dem Silberteller. Die von Perlstäben ge-rahmte Bildzone wird von einer sechsfach ge-schwungenen Blüten- und Blattranke durchzogen. In den unteren und oberen Bögen wechseln auf-recht stehende und hängende Lotospflanzen einan-der ab. Während in der oberen Bildzone fliegende Vögel den Knospen zugewendet sind, schmücken die unteren Zwischenräume sitzende Vögel, die an den rosettenförmigen Blüten oder Früchten picken. Hier sind Reste einer partiellen Vergoldung erhal-ten. An den unteren Perlstab schließt sich ein Blatt- oder Zungenfries an. Aufbau und Feingliedrigkeit der Blüten- und Blattranke erinnern an augustei-sche und frühkaiserzeitliche Vorlagen, so wie sie in üppiger Gestaltung auf der Ara Pacis in Rom oder in filigraner Form auf Silbergefäßen aus Boscoreale und dem großen Krater aus Hildesheim vorkom-men. Aufgrund der Komposition und der fein-gliedrigen Ausführung des Reliefs sowie der Ge-fäßform kommt eine frühere Datierung als für den Silberteller, möglicherweise noch in das 1. Jahrhun-dert, in Frage.

Zu Teller und Schale wurde als dritter Bestandteil des Silbergeschirrs ein Löffel in das Patterner Grab gelegt. Der Übergang des 6 cm langen Löffelstieles in die flache, geringfügig tieferstehende ovale Laffe ist mit einem Enten- oder Schwanenkopf verziert. Aufgrund von Vergleichsfunden und dem übrigen Grabinventar ist das reiche Jülicher Brandgrab in den Beginn des 3. Jahrhunderts zu datieren.

Lit.: W. Gaitzsch, Römisches Silbergeschirr aus Pattern bei Jülich. Jülich. Stadt-Territorium-Geschichte. Festschrift zum 75-jährigen Jubiläum des Jülicher Geschichtsvereins e. V. (1999).

Spätrömische Glashütten im Hambacher Forst. Archäologische Befunde und geochemische Analysen

Wolfgang Gaitzsch und Karl Hans Wedepohl

In der römischen Kaiserzeit kam es beim Werkstoff Glas, den man erstmals etwa 2000 Jahre v. Chr. in Mesopotamien und Ägypten anfertigte, zu einer gut organisierten Massenproduktion. In der vorchristlichen Antike wurde Glas vorwiegend zu Schmuck und Glasuren verarbeitet, weil es sich durch Metalloxide färben ließ. Ab etwa 100 v. Chr. eröffnete die Einführung des Blasrohres vielfache Möglichkeiten der Formgebung von Gläsern aus sich abkühlender Schmelze. Die antiken Glasmacher fanden empirisch die richtigen Mischungen von Quarz, Soda und Kalk, aus denen man schon bei Temperaturen von 1000 bis 1100 °C Glasschmelzen herstellen kann. Dieses Glas ist chemisch den modernen Fenstergläsern ähnlich.

Im rheinischen Braunkohlengebiet haben großflächige Siedlungsgrabungen zur Entdeckung von sechs spätrömischen Glashütten geführt. Sie lagen in einem 15 km² großen Gebiet in verkehrsgünstiger Lage südlich der römischen Fernstraße nach Köln und 10 km vom Vicus Jülich entfernt. Die unterschiedlich großen Werkplätze wurden in der Nähe der Haupt- und Nebengebäude mittelkaiserzeitlicher Villae rusticae errichtet. Die Anzahl der Glasöfen, die überwiegend nur schlecht erhalten waren, liegt zwischen zwei und vierzehn. So fanden sich in der Glashütte Hambach 111, deren Ausgrabung im Sommer 1999 abgeschlossen wurde, drei Öfen unterschiedlicher Konstruktion.

Die an allen sechs Fundplätzen angetroffenen Bebauungsspuren in Form von Pfostenstellungen, die einzelne oder mehrere Öfen umschlossen, waren wahrscheinlich für Schutzdächer bestimmt. Von diesen in der Mehrzahl unklaren Baubefunden unterscheidet sich der Werkplatz Hambach 132. Hier konnte erstmals ein vollständiger Gebäudegrundriß, die eigentliche Glashütte, erschlossen werden. Sie war ein zwei- bzw. dreischiffiger, vermutlich an der Ostseite offener Ständerbau (auf Steinsockeln) von 8 × 14 m. Ein größerer zentraler Bereich wurde von zwei abgetrennten Raumteilen im Norden bzw. Süden flankiert. Von den insgesamt dreizehn Öfen in verschiedenen Erhaltungs- bzw. Abbruch- und Überbauungszuständen befanden sich neun im mittleren und nördlichen Teil der Werkhalle, vier außerhalb des Gebäudes vor der Ost- und Nordseite. Ein vierzehnter Ofen lag südlich des Hauptgebäudes der Villa rustica in der Nähe eines ähnlichen, nicht vollständig erschlossenen Pfostenbaues. Aus den Arbeits- und Abfallgruben wurden zahlreiche Glasfunde geborgen. Zu unterscheiden sind Rohglasstücke, Fabrikationsabfall wie abgesprengte Kappenstücke, tropfenförmige Glasproben sowie Glasfäden verschiedener Längen und Stärken. Bruchstücke von Schmelzgefäßen (Häfen) fanden sich in allen Hambacher Glashütten. Es handelt sich um hartgebrannte Gefäße aus Mayener Ware, vorwiegend weitmündige Schüsseln mit innen verdicktem Rand der Gefäßform Alzey 28. Das Hambacher Roh- und Gefäßglas ist von lichtgrüner, gelbgrüner und grüner Farbe, die in ihrer Intensität von der Größe, Stärke und vom Eisengehalt des Glases abhängig ist. Die Oberflächen sind stark glänzend bis matt, stellenweise rauh oder verunreinigt. Aus dem Produktionsabfall der sechs Hütten kann geschlossen werden, daß die Herstellung von Krügen in Faßform (Typ Isings 128 / Trier 142) einen wesentlichen Anteil der Hambacher Glasproduktion ausgemacht hat.

Aufgrund der Beigaben in den Gräbern der Hütte Hambach 132 (siehe S. 290 ff.) war als einer der namentlich bestimmbaren Produzenten ECVA zu

Elsdorf / Erftkreis. Gläserne Trinkhörner und Schalen ▷
aus einem spätantiken Gräberfeld im Hambacher
Forst. 2. Hälfte 4. / Anfang 5. Jahrhundert n. Chr.

Elsdorf / Erftkreis. Glashütte Hambach 111. Unterbau eines Arbeits- und Kühlofens. Im Vordergrund Reste der Arbeitsgrube. 2. Hälfte 4. Jahrhundert n. Chr.

tisch mit einem ECVA-Faßkrug aus dem Gräberfeld der Glashütte 132. Zwischen beiden Glashütten, die lediglich in 3 km Entfernung voneinander lagen, bestand also eine Verbindung. So könnten die Glasbläser von Hambach 111 nach Hambach 132 gezogen sein, also nur eine befristete Zeit in Hambach 111 gearbeitet haben oder die Hütte 111 war eine Filiale von Hambach 132. Nur in Hambach 132 kann ein längerer stationärer Aufenthalt der Glasmacher nachgewiesen werden. Nach dem gegenwärtigen Bearbeitungsstand hat die Mehrzahl der Hambacher Glashütten in der 2. Hälfte des 4. Jahrhunderts gearbeitet. Die Glashütte Hambach 132 könnte analog der Belegungszeit des Gräberfeldes noch zu Beginn des 5. Jahrhunderts in Betrieb gewesen sein.

Die römischen Glashütten waren deshalb so erfolgreich und wirtschaftlich bedeutend, weil sie sich unabhängig von Zeit und Ort auf ein einziges Rezept des Glasgemenges aus 50 Gewichtsprozent reinem Quarzsand, 40 Gewichtsprozent Soda (Natron, Trona) aus ägyptischen Salzseen und 10 Gewichtsprozent Kalk festgelegt hatten. Wegen der sorgfältigen Einhaltung des Rezeptes und der Verwendung gleichartiger Rohstoffe ist es schwierig, bestimmte chemisch untersuchte Gläser einzelnen Glashütten oder größeren Produktionszentren zuzuordnen. Die Einheitlichkeit der Zusammensetzung im Prozentbereich hat einige Bearbeiter dazu veranlaßt, für die Herstellung von Rohglas wenige Produktionszentren im Römischen Reich anzunehmen, die dieses Rohglas auf die weiterverarbeitenden Hütten verteilten. Dieser Verallgemeinerung läßt sich jetzt mit der Untersuchung der Glasfunde aus dem Hambacher Forst widersprechen.

Farbloses oder leicht grünliches Glas machte den Hauptteil der römischen Glasproduktion aus. Nur mit sehr eisenarmen Sanden ließen sich für anspruchsvolle Gläser bergkristallähnliche Qualitäten an Farblosigkeit erzielen. Da der reine Quarzsand oft 1 % Eisen enthält, das als zweiwertiges Ion relativ stark, als dreiwertiges Ion aber wenig färbt, mußten die Glasmacher ihren Schmelzen Braunstein (Manganoxid) als Oxidationsmittel zusetzen. Dieser Zusatz machte oft 1–2 % aus, wurde aber je nach verfügbarem Sand variiert. Die chemischen Analysen zeigen, daß die Gläser aus den Hamba-

vermuten, von dem mehr als 20 gestempelte Gefäße aus dem Raume Köln, Bonn, Krefeld, Jülich und aus Rheinhessen bekannt sind. Diese Annahme bestätigte sich im Februar 1999, als unmittelbar neben den Glasöfen der Glashütte Hambach 111 in einem großen Grubenkomplex gemeinsam mit weiterem Fabrikationsabfall das Bodenstück eines Faßkruges mit dem Stempeldruck [E]CVA gefunden wurde. Die Buchstaben und das Schriftfeld sind formiden-

cher Hütten und auch aus den Gräbern – in zwei Gruppen einteilbar – um den Faktor 1,5 bzw. 2,9 höhere Eisenoxidgehalte haben als das Mittel von mehr als 500 römischen Gläsern aus unterschiedlichen Regionen des Weltreiches, was sich durch die Verwendung örtlicher Flußsande erklärt. Den Sanden wurden aus dem Einzugsgebiet der Flüsse geringe, aber analytisch gut erfaßbare Gehalte charakteristischer Schwerminerale zugemischt: Schwerspat (Bariumsulfat), Bleiglanz und Zirkon. Diese machen sich unter anderem als variable, zum Teil Zehntelprozente erreichende Gehalte an Barium und Blei in den Gläsern bemerkbar. Mit Hilfe der massenspektrometrischen Isotopenanalyse ließ sich zeigen, daß das Blei von den Lagerstätten Mechernich und Maubach in der Eifel stammt, für die Herstellung von Rohgläsern in Hambacher Hütten also lokale Sande verwendet wurden. Die zwei Gruppen von Gläsern mit unterschiedlichen Eisengehalten machen wahrscheinlich, daß es auch zwei Hersteller von Rohgläsern gab. Die chemische Charakterisierung der Gläser dieser beiden Hersteller von Rohgläsern läßt es zu, mit ECVA und FRONTINVS gestempelte oder ähnliche ungestempelte Faßkrüge aus dem genannten Verbreitungsgebiet der Hambacher Produktion bzw. einzelnen dortigen Hütten zuzuordnen.

Das Spurenelement Strontium hat mit seinen Gehalten in etwa 250 römischen Gläsern aus verschiedenen Teilen des Reiches und mit seiner Isotopenzusammensetzung in Hambacher Gläsern gezeigt, daß der Kalk für die römische Glasproduktion aus zerkleinerten Muschelschalen gewonnen wurde. Einen Hinweis darauf hatte Plinius in seiner *Naturalis historia* gegeben. Für diesen Rohstoff und erst recht für die Lieferung von Soda aus terrestren Salzseen waren die Rohglas herstellenden Hütten auf den Fernhandel angewiesen.

Im Hambacher Forst wurde mit sechs benachbarten Werkplätzen ein organisiertes Produktionszentrum spätrömischer Glaserzeugung und Glasverarbeitung lokalisiert. Mit der typologischen und stofflichen Bestimmung der Hambacher Produkte

Niederzier / Kreis Düren. Glashütte Hambach 382. Gefäßboden mit geschmolzenem, dunkelgrünem Glas. 2. Hälfte 4. Jahrhundert n. Chr.

wird es möglich sein, ihrer Verbreitung, den Handelswegen und der genaueren zeitlichen Einordnung nachzugehen und die überregionale Bedeutung der Hambacher Glashütten genauer zu erfassen.

Lit.: K. H. WEDEPOHL, Mittelalterliches Glas in Mitteleuropa: Zusammensetzung, Herstellung, Rohstoffe. Nachr. Akad. Wiss. Göttingen. Mathemat.-Physikal. Kl. Nr. 1, 1998, 1 ff. – A.-B. FOLLMANN-SCHULZ, Quadratisch, praktisch, gut – aber es geht auch zylindrisch. Zu den ECVA-gestempelten Faßkrügen. Römische Glaskunst und Wandmalerei. Ausstellungskat. Landesmus. Mainz (1999). – W. GAITZSCH, Spätrömische Glashütten im Hambacher Forst. Die Werkstatt des ECVA-Produzenten. Instrumentum (Montagnac 1999) 125 ff. – U. TEGTMEIER, Holzkohlen aus einem spätantiken Glasofenkomplex im Hambacher Forst. Bonner Jahrb. (im Druck).

Ein Mithräum in Bornheim-Sechtem bei Bonn

Cornelius Ulbert und Johann-Christoph Wulfmeier

Im April 1999 wurde bei der archäologischen Begleitung eines Neubaugebietes in Sechtem / Rhein-Sieg-Kreis neben anderen römischen Befunden auch ein Gebäude aufgedeckt, dessen vollständig erhaltener Estrichboden (6 × 2 m) unter dem antiken Laufhorizont lag. Der Estrichbereich wurde an den Rändern von sehr sorgfältig behauenen, ehemals verputzten Tuffquadern begrenzt und von zwei höher gründenden Mauerfundamenten eingefaßt: Ein relativ massives Fundament umgab den Estrich an den Längsseiten in einem Abstand von knapp 2 m und schloß etwa mit den Schmalseiten des Bodens ab. Eine zweite, deutlich schlechter erhaltene Stickung reichte um 5 m weiter nach Nordosten. Auch wenn die Architekturreste aus verschiedenen Bauphasen stammen, läßt sich doch das Aussehen des antiken Gebäudes rekonstruieren: Es handelt sich um einen 13 × 7 m großen Bau, der aus einem unterirdischen Hauptraum und einem höher gelegenen Vorraum bestand. Beide waren ursprünglich durch eine Treppe miteinander verbunden.

Die Funktion des Gebäudes läßt sich durch Befunde und Funde, vor allem aus dem Bereich des Hauptraums, erschließen. Genau in der Mitte des Estrichbodens war ein sorgfältig aus einem einzigen Tuffstein gearbeiteter 40 cm tiefer Schacht mit Deckelfalz eingelassen, der neben einem Bruchstück senfgelb glasierter Reliefkeramik eine Münze, einen Firnisbecher, einen Eberzahn sowie einen Schlackenbrocken enthielt. In einer Nische in der nordwestlichen Langseite lagen Fragmente von drei zerschlagenen Statuetten, ein Relieffragment (siehe S. 304 f.), ein großes Silberblech in der Form eines Blattes und ein weiteres Bruchstück der senfgelb glasierten Reliefkeramik mit Darstellung eines Löwen. In der Westecke des Raumes stand eine Säulenbasis um die herum im Umkreis von etwa einem Meter 25 Münzen auf dem Boden lagen. Schließlich stieß man auf eine Basis, die möglicherweise zu einem Altar gehörte.

Unter dem Estrichboden waren die Reste eines Vorgängerbaus mit Stampflehmboden vorhanden, in

Bornheim-Sechtem / Rhein-Sieg-Kreis. Gelbglasiertes Keramikfragment mit der Darstellung eines Löwen. 4. Jahrhundert n. Chr.

dem sich ebenfalls ein Schacht befand, dessen Wandung und Boden aus gesetzten Ziegelplatten bestand. Daraus wurde das Vorderteil einer tönernen, senfgelben Schlange geborgen. Entlang der südwestlichen Schmalseite verlief ein mit Dachziegeln ausgekleideter und abgedeckter Kanal, in dem ein Stück einer Juppitersäule mit Schuppendekor und Reliefschmuck lag.

Nach erster Betrachtung könnte es sich um ein Mithräum, eine Kultstätte für Anhänger des Gottes Mithras, handeln. Ein wesentlicher Bestandteil dieses Mysterienkultes war ein hierarchisches System von sieben Weihegraden, die der Myste zu durchlaufen hatte, um die Unsterblichkeit der Seele zu erreichen. Der in Sechtem ergrabene Grundriß des unterirdischen Hauptraumes weist typische Merkmale von anderenorts aufgedeckten Mithräen auf: Sie bestehen aus einem langschmalen vertieften Mittelgang, der an den Längsseiten von zwei höhergelegenen Podien begleitet wird, auf denen die Mithraisten ruhten. Von diesen Podien haben sich in Sechtem nur die den Estrich begrenzenden, maximal drei Lagen hoch stehenden Tuffmauern erhalten. Ihre maximale Breite ergibt sich aus dem Abstand zwischen Estrich und dem höher liegenden massiven Fundament. Dieses trug ein Tonnengewölbe oder eine andere Dachkonstruktion, die den unterirdisch angelegten Raum wie eine Höhle erscheinen ließ. Der Versuch, dem Kultraum das Aussehen einer Grotte zu verleihen, ist in allen Mithräen festzustellen. Die antike Überlieferung berichtet, daß das erste Heiligtum für den Weltschöpfer Mithras eine natürliche Grotte war, die man dergestalt ausstattete, daß sie ein Abbild des Kosmos wurde. An einer Schmalseite des Hauptraumes muß man sich das zentrale Kultbild vorstellen, das gewöhnlich Mithras darstellt, der einen Stier tötet. Von diesem Bild gibt es in Sechtem bislang keine gesicherten Reste.

Die Interpretation des Gebäudes als Mithräum wird durch einige Funde unterstützt. Von besonderer Bedeutung ist das im Schacht der jüngsten Bauphase gefundene Bruchstück senfgelber Reliefkeramik. Es zeigt Cautes, eine göttliche Figur, die den sechsten Weihegrad der Mithrasmysterien versinnbildlicht. Entsprechend der üblichen Ikonographie ist er in orientalischer Tracht, mit gekreuzten Beinen und erhobener rechter Hand, die eine Fackel hält, dargestellt. Durch die Identifizierung des Cautes erklären sich auch die beiden anderen Reliefkeramiken: Der Löwe steht in der Bilderwelt des Mithraskultes für den vierten, die Schlange für den zweiten Weihegrad. Außerdem erscheinen Cautes, Schlange und Löwe fast regelhaft bei der Stiertötungsszene, die nicht nur als zentrales Kultbild, sondern auch von Weihetafeln, Kultgeschirr etc. bekannt sind.

Im Hauptraum wurden weitere kleine gelbglasierte Fragmente gefunden, die keinen figürlichen Schmuck tragen, aber zweifelsfrei von einem oder mehreren Gefäßen stammen. Ein annähernd vergleichbares Fundensemble stammt aus einem vermuteten Mithräum im schweizerischen Zillis / Kanton Graubünden. Bei der dortigen Ausgrabung stieß man auf in Herstellungstechnik und Farbe an die Stücke aus Sechtem erinnernde Keramikfragmente, aus denen man ein Kultgefäß mit applizierten Reliefs rekonstruierte.

Bornheim-Sechtem / Rhein-Sieg-Kreis. Mithräum. Nische an der Nordwestseite des Mittelgangs während der Freilegung mit Statuettenframenten. 1. Hälfte 4. Jahrhundert n. Chr.

Das Mithräum von Sechtem liegt in unmittelbarer Nachbarschaft zu weiteren Architekturresten, die sich, obwohl sehr fragmentarisch erhalten, zeichnerisch zum Grundriß einer Villa ergänzen lassen. Die Existenz dieses Gutshofes könnte das in ca. 50 m Entfernung aufgedeckte Gräberfeld bestätigen. Die bislang datierten Münzen aus den spätrömischen Skelettgräbern des Gräberfeldes stammen ausschließlich aus der 1. Hälfte des 4. Jahrhunderts. Dagegen gehören die Münzen aus dem jüngsten Mithräum, abgesehen von zwei Ausnahmen, in die Zeit um 364. Die Reihe endet mit einer Prägung des Theodosius. Dennoch ist aufgrund der bislang zu unterscheidenden drei Bauphasen des Kultraumes mit größter Wahrscheinlichkeit davon auszugehen, daß Villa, Gräberfeld und Mithräum über eine gewisse Dauer gleichzeitig genutzt wurden.

Lit.: M. Clauss, Mithras. Kult und Mysterien (München 1990). – R. Merkelbach, Mithras (Königstein im Taunus 1984). – J. Rageth, Ein spätrömischer Kultplatz in einer Höhle bei Zillis / GR. Zeitschr. Schweizer. Arch. u. Kunstgesch. 51,3, 1994.

Skulpturen aus dem neuen Fundkomplex von Bornheim-Sechtem

GERHARD BAUCHHENSS

In einer halbrunden, exedraartigen Nische fanden sich zusammengeworfene Reste mehrerer Statuetten und Reliefs und der Rest einer Iuppitersäule in einem Kanal des Vorgängerbaus des Mithräums von Bornheim-Sechtem. Das Material der Säule ist heller, wohl Liedberger Sandstein, das der anderen Fragmente Kalkstein, wohl aus den Brüchen vom Mittellauf der Mosel zwischen Metz und Nancy. Einige der Kalksteinfragmente sind offensichtlich durch ein Schadfeuer in der Oberfläche gebrannt. Leider ist das Ensemble so stark fragmentiert, daß nicht sicher ist, wieviele Skulpturen es ursprünglich waren: Sicher gehören zueinander: das Oberkörperfragment, der Unterkörper und ein Unterschenkel eines mit Hose bekleideten Mannes (A); nicht zu diesen kann das Fragment einer Reliefplatte mit dem Umriß von Kopf und Schulter einer Person gehören (B); zu diesem Weihrelief könnten das Ober- und das Unterschenkelfragment (C und D) gehören, die nicht Teile von (A) gewesen sein können, weil die entsprechenden Partien dort erhalten sind; beide Fragmente gehörten zu einem unbekleideten rechten Bein. Hinzu kommen zwei weitere, nicht näher anzusprechende Fragmente (E und F) und das Fragment der reliefierten Schuppensäule (G), das aus einem anderen Befund stammt als die Kalksteinfragmente.

Die Figur A war in Hosen und eine Tunika gekleidet; über den gesenkten und wohl angewinkelten linken Arm fiel ein Mantel, der auf der rechten Schulter mit einer Fibel versehen war und den Oberkörper teilweise verhüllte. Der rechte Arm war erhoben oder waagrecht vom Körper zur Seite gestreckt. Hinter den Unterschenkeln ist zu erkennen, daß der Mann vor einer an der Seite baumstammartig gerundeten, in der Oberfläche unregelmäßig gewellten Stütze stand. Daß im Rücken ein schmaler, fast quadratischer, kantiger Pfeiler dem Ganzen Stabilität verleihen sollte, war bei der antiken Aufstellung der Statuette sicher nicht zu sehen. Leider ist von der Figur zu wenig erhalten, um eine klare Deutung zu treffen: Möglich ist Silvanus, der übli-

Bornheim-Sechtem / Rhein-Sieg-Kreis. Reliefverziertes Fragment vom Schaft einer Iuppitersäule. Sandstein. Höhe 23 cm. 2. Jahrhundert n. Chr.

cherweise mit *falx vinitoria* (Rebmesser), Früchten, einem Jagdspieß oder seinem Jagdhund dargestellt wird. Diese heute fehlenden Attribute können vorhanden gewesen sein. Silvanusstatuetten in der hier vorliegenden Größe sind nicht ungewöhnlich. Genausogut könnte ein Orientale dargestellt sein, und zwar – unter dem Aspekt, daß die Befunde möglicherweise zu einem Mithräum gehörten – ein Begleiter aus der Umgebung des Mithras: Cautes und Cautopates, zwei junge Männer in orientalischer Tracht, der eine mit erhobener, der andere mit gesenkter Fackel, scheinen in jedem Mithräum anwesend gewesen zu sein. Zwar stehen sie meist mit übereinander geschlagenen Beinen da, aber auch die bei der Statuette erhaltene parallele Haltung der Beine ist belegt. Das Attribut einer Fackel wäre in den Händen der Figur leicht zu ergänzen.

Der leider nur sehr fragmentarisch erhaltene Rest einer Schuppensäule gehörte zu einer etwa 25 cm Durchmesser aufweisenden Säule und zeigt Reste dreier in dieser Anordnung bislang einzigartiger Götterreliefs: Im unteren Register standen dicht nebeneinander, aber mit je einem eigenen schmalen Baldachin über dem Kopf, zwei Gottheiten. Da lediglich die Köpfe, noch dazu stark verwaschen, erhalten sind, läßt sich nur vermuten, daß sie wohl ein zueinandergehöriges Paar bildeten. Der rechte Kopf könnte einer verschleierten Frau gehört haben, der linke ist, wie Reste der Haare erkennen lassen, ebenfalls der einer Frau. Über den beiden – auf einer eigenen Standfläche – sind die Füße und Teile der Unterschenkel einer langgewandeten dritten Göttin erhalten. Attribute sind keine zu sehen. Die Statuette des Mannes mit ihren lebhaften, aber präzise und mit deutlicher Tiefe gearbeiteten Falten weist auf eine Entstehungszeit noch im 2. Jahrhundert hin. Auch die relativ große Tiefe der Skulptur, im Hüftbereich fast 18 cm, spricht für ein derart frühes Datum. Dies bedeutet, daß die Statuette über 100 Jahre älter ist als der Befund, in dem sie gefunden wurde, auch deutlich älter als das ältere Mithräum, das nach Ansicht der Ausgräber zeitgleich mit der Villa rustica sein dürfte und demnach in die 1. Hälfte des 4. Jahrhunderts gehört.

Die Reste des Säulenschaftes aus einem anderen, älteren Befund gehören hingegen zur Säule mit der bekrönenden Gestalt des höchsten Himmelsgottes, die ursprünglich unter freiem Himmel aufgestellt war und zum Hausheiligtum der Villa gehörte. Problematisch ist der große chronologische Unterschied zwischen den beiden Bauphasen des vermuteten Mithraeums und der Figur des mit Hose bekleideten Mannes. Entweder muß die Skulptur zu einem sehr viel älteren Vorgänger der beiden erhaltenen Grundrisse gehört haben, oder sie ist nicht in den mithrischen Kreis einzubeziehen; zeitgleich kann sie nicht sein. Eine Benennung als Silvanus wäre dann durchaus wahrscheinlich.

Lit.: G. BAUCHHENSS, Mercurius in Bornheim. Bonner Jahrb. 188, 1988, 223 ff. – E. YEO / G. BAUCHHENSS, Ein weiterer Mercuriusaltar aus Bornheim-Sechtem. Ebd. 190, 1990, 125 ff.

Bornheim-Sechtem / Rhein-Sieg-Kreis. Statuette eines Gottes (Silvanus?) in Hose, Tunika und Mantel. Kalkstein. Höhe ca. 43 cm. 2. Jahrhundert n. Chr.

Längst vergessene Gräber in Kerpen-Blatzheim

Inga Drews, Guido Krause und Uwe Schoenfelder

Blatzheim / Erftkreis liegt in einer fruchtbaren und siedlungsgünstigen Gegend. Zahlreiche Fundstellen belegen die Besiedlung seit frühesten Zeiten. Von Februar bis Dezember 1998 wurden sechs Abschnitte entlang der Trasse der neuen Umgehungsstraße (B 264n und B 477n) untersucht. Dabei wurde ein römerzeitliches Brandgräberfeld mit 73 Bestattungen des 1. bis 3. Jahrhunderts entdeckt. Die Toten waren in Brandgrubengräbern, Brandschüttungsgräbern und Busta bestattet worden, wobei die Gräber der jeweils gleichen Bestattungsart nahe in Gruppen beieinanderlagen. Die Gräber unterschieden sich auch in ihrer Beigabenausstattung. So konnte der Verstorbene bereits auf dem Scheiterhaufen mit verschiedenen Beigaben versehen worden sein. Diese Primärbeigaben wurden zusammen mit dem Leichnam verbrannt und mit der Asche des Scheiterhaufens und den verbrannten Knochenresten in die Grube geworfen. Bei einigen Bestattungen wurden Beigaben erst nach der Deponierung des Leichenbrandes in der Grabgrube dem Toten mitgegeben. Vielfach handelte es sich dabei um Keramikgefäße, die Speisen- und Getränkebeigaben enthielten. Es wurden auch Gefäße mit Duftstoffen beigelegt, seltener Lampen oder Werkzeuge. In Ausnahmefällen waren die Eß- und Trinkgeschirre aus Bronze oder Glas. Als ‚Fährgeld' für den Totenfährmann Charon können eine oder mehrere Münzen gelten.

Das Grab 5 im Nordwesten des Gräberfeldes zeichnete sich als längsrechteckige, ca. 1,5 × 1,6 m große Grube ab, in deren Zentrum eine verdichtete Leichenbrand- und Holzkohlenkonzentration zu erkennen war. Beigaben fanden sich im nördlichen und südlichen Randbereich. Die wannenförmige Grube war noch etwa 20 cm tief erhalten, während der obere Bereich von moderner landwirtschaftlicher Bearbeitung zerstört war. Es handelt sich um ein typisches Brandgrubengrab. Dabei wurden die Überreste der Einäscherung geschlossen in die frisch ausgehobene Grube geworfen. Auf bzw. neben der Brandschüttung wurden Gefäße, darunter ein intakter Weißtonkrug und eine vollständig erhaltene rottonige Schale, deponiert, bevor die Grube wieder mit dem Aushub verschlossen wurde.

Der Umriß der Grabgrube eines weiteren Brandgrubengrabes (Grab 24) zeigte sich deutlich durch ein wenige Zentimeter breites Holzkohleascheband. Die verbrannten Keramikgefäße waren gut erhalten: eine fast vollständige Reibschale und ein wenig beschädigter Teller aus Terra Sigillata. Vollständig hatte sich auch ein Firnisbecher erhalten, der erst später auf die Leichenbrandschicht gelegt worden war. Er ist mit einem graubraunen, unregelmäßigen Überzug versehen und kann noch dem 1. Jahrhundert zugerechnet werden. Das Grab datiert ins Ende des 2. Jahrhunderts. Grab 27 lag etwas abseits, östlich einer Gräbergrube. Mit seiner 1,60 × 2,70 m großen Ausdehnung war es etwa doppelt so groß wie die übrigen Gräber. Es war annähernd von Nord nach Süd ausgerichtet und mit einer Beigabennische in der Grabgrube versehen worden. Nach Süden wurde die Nische mit einem aufgerichteten Dachziegel (tegula) vom Bereich der Brandschüttung abgetrennt. Alle nach dem Brand hineingelegten Beigaben waren nahezu unversehrt, so zwei Weißtonkrüge, ein kleiner Krug mit seitlichem Ausguß aus Speicherer Ware, ein schwarzer Firnisbecher mit drei Kerbbändern und drei Miniaturschälchen, darunter ein Gefäß aus Terra Sigillata. In der Beigabennische fanden sich eine Bronzeschüssel und drei Bronzemünzen, die mit einem Eisenobjekt sowie einer Bronzetülle verbacken waren. Die Keramikbeigaben datieren die Bestattung in die 1. Hälfte des 3. Jahrhunderts.

Bei einem anderen Brandschüttungsgrab (Grab 26) waren dagegen die Knochenreste des Bestatteten und die Beigaben aus der Asche des Scheiterhaufens herausgelesen und gezielt an einer Stelle in der Grabgrube deponiert und u. U. mit einer schützenden Verpackung versehen worden, bevor der restliche Leichenbrand darübergeschüttet wurde. Der Befund deutet darauf hin, daß der Leichenbrand in einen grautonigen rauhwandigen Topf

Kerpen-Blatzheim / Erftkreis. Beigaben des Brandschüttungsgrabes 27 (Detail). 1. Hälfte 3. Jahrhundert n. Chr.

(Urne) gelegt worden war. Er wurde wie die gesamte Grabgrube in ihrem oberen Bereich durch Beackerung zerstört. Da hier außer einer Urne auch noch die Brandschüttung in die Grabgrube eingebracht wurde, spricht man von einem Brandschüttungs-, nicht aber von einem Urnengrab.

Bei dem Grab 39 handelt es sich um ein sogenanntes Bustum. Bei dieser Grabform wurde der Scheiterhaufen mit dem aufgebahrten Leichnam unmittelbar über dem Grab aufgebaut. Bei der Verbrennung stürzte der gesamte Aufbau in die Grabgrube und brannte aus. So erklären sich die verziegelten Ränder dieser Gruben. Die zahlreichen vollständig erhaltenen Beigaben wurden auf den ausgekühlten Leichenbrand aufgestellt und die Grabgrube verfüllt. Die Funde in diesem Grab datieren in das 2. Jahrhundert n. Chr. Die wenigsten Gräber des Bestattungsortes waren Busta. Demnach muß es einen speziellen Verbrennungsplatz *(ustrina)* zu diesem Friedhof gegeben haben, von dem sich jedoch keine Spuren nachweisen ließen.

Die Gruppierungen der Gräber und ihre meist gleichartige Längsausrichtung von Nordwest nach Südost, parallel zur heutigen Straße, deuten darauf hin, daß die Gräber oberirdisch von den Trauernden markiert worden waren und machen eine antike Straße unter dem modernen Wirtschaftsweg wahrscheinlich. Das Gräberfeld schließt unmittelbar an eine im Nordwesten gelegene, bekannte römische Siedlungsstelle an. Besonders hervorzuheben ist die Anordnung der Gräber zu Gruppen und nach der Art des Grabtyps. Es ist denkbar, daß es sich dabei um Familiengrabstätten handelte. Auch religiöse Besonderheiten lassen sich nicht ausschließen. Das Gräberfeld wurde über mehrere Generationen benutzt.

Die Gräber von Blatzheim liefern weitere Hinweise auf die Besiedlung des Rheinlandes vom 1. bis zum 3. Jahrhundert n. Chr. Die archäobotanische Auswertung der Brandschüttungen wird das Bild von der damaligen historischen Landschaft ergänzen.

Römisches Serviergeschirr aus einem Brandgrab bei Jülich-Königshäuschen

PAUL WAGNER

Durch den verkehrsgerechten Ausbau einer Straßenanbindung von Jülich-Koslar an die Bundesstraße 55 ergab sich die Möglichkeit, den Verlauf der römischen Fernstraße von Köln über Jülich in Richtung Heerlen in diesem Bereich zu untersuchen. Der römische Straßenkörper konnte dann auch als flacher Hohlweg nördlich der heutigen Bundesstraße erfaßt werden. Bei der Freilegung der Römerstraße fanden sich Gräber eines römischen Brand- und Körpergräberfeldes, das auf der Nordseite der Straße angelegt worden war. Die einzelnen Gräber reichten bis dicht an die römische Fahrbahn heran, direkt am Straßenrand fanden sich noch die flachen Fundamentreste einer kleinen rechteckigen Einfriedung aus Ziegelmauerwerk von 1,5 m Seitenlänge, die vermutlich als kleiner Grabgarten zu verstehen ist. Weitere acht Brandgräber und ein Körpergrab schlossen sich ohne erkennbare Systematik in der Verteilung nach Norden hin an. Es ist anzunehmen, daß der kleine Friedhof die Verstorbenen einer römischen Villa rustica aufgenommen hat, deren Lage etwa 500 m weiter nördlich im Bereich des heutigen Lorcherhofes bekannt ist. Die Gräber datieren in die Zeit von der Mitte des 1. bis zum Beginn des 3. Jahrhunderts n. Chr. Das Beigabenspektrum entspricht weitgehend den Gepflogenheiten der damaligen Zeit: Speisebeigaben und die dazugehörigen Behältnisse wie Teller, Flaschen und Schüsseln; darüber hinaus weiteres Eß- und Trinkgeschirr und persönliche Gebrauchsgegenstände wie Schreibgeräte und Kosmetikartikel. Einen besonderen Fund enthielt das Brandgrab Nr. 21. Die Bestattung selbst war bei diesem Grab bereits durch Pflug und Altwegeverlauf zerstört. In Beigabennischen oder einer Ecke der Grabgrube – genau war dies bei der Aufdeckung nicht mehr zu unterscheiden – fand sich neben einem Einhenkelkrug mit Trichtermündung und einem ovalen Kochtopf mit fein profiliertem Deckelfalz auch eine Schale aus dünnem Bronzeblech, die, in der Gesamtform zwar noch recht gut erhalten, dennoch starke Korrosionsschäden aufwies. Es ist der Feinarbeit der Restauratoren des Rheinischen Landesmuseums Bonn zu verdanken, daß das fragile Gefäß heute wieder etwas von der ehemaligen Pracht ausstrahlen kann.

Es handelt sich um eine gerippte Servierschale mit einseitigem Ω-förmigem Henkel an zwei tropfenförmigen Blechattaschen und feiner malachitgrüner Patina. Der Randdurchmesser beträgt 23,5–25,0 cm, die Höhe 7,0 cm. Die Gesamtform ist flach halbkugelförmig mit glattem Boden und schmalem, umgelegtem Rand, dessen Randlippe analog zu den Rippen der Gefäßwand leicht nach unten umgebördelt ist. Das Gefäß ist vom Rand bis zum Boden sehr dünnwandig und wurde vermutlich auf einer Drückbank hergestellt. Die Wandung ist mit 57 radialen, vom Rand zur Bodenmitte verlaufenden Rippen verziert, die in die Gefäßinnenwand eingetieft, auf der Außenseite erhaben erscheinen. Die Rippenverzierung wird zum Rand hin auf der Innen- und Außenseite von je einer umlaufend eingravierten Doppelrille abgeschlossen. Der flache Boden besitzt keinen Standring und ist auf Innen- wie Außenseite mit vier Bündeln konzentrisch eingravierter Rillen verziert.

Die beiden Henkelattaschen aus Bronzeblech laufen nach oben in rund gebogene Blechösen aus, in die der Henkel eingehängt ist. Die Attaschen selbst sind zur Befestigung an der Gefäßwand mit Blei hintergossen worden, das heute durch Korrosionsprozesse dick aufgequollen ist, so daß sie mittlerweile von der Blechwand abgehoben worden sind. Der Henkel ist aus massiver Bronze und im Querschnitt rund, an einigen Stellen jedoch leicht oval flach gehämmert.

Vergleichbare Gefäße sind aus dem Tempelschatz von Weißenburg in Bayern, aus einem Metall-Verwahrfund aus Wels in Oberösterreich und aus dem Rheinland bekannt. Allgemein handelt es sich bei den Rippenschalen um Serviergeschirr aus Metall. Da sich aber einzelne Stücke unter den Tempelschätzen finden, liegt jedoch auch eine sakrale Verwendung nahe. Neuere typologische Arbeiten zum

Jülich-Königshäuschen / Kreis Düren. Bronzene Rippenschale aus einem Brandgrab. 2. Hälfte 2. Jahrhundert n. Chr.

Metallgeschirr der römischen Kaiserzeit vermuten für die gerippten und gewellten Bronzeschalen eine Herkunft aus Werkstätten im Rheingebiet, ohne den Herstellungsort näher eingrenzen zu können. Als Vorläufer der ‚Hemmoorer Eimer' werden die Schalen in die Zeit zwischen 140/150 und 200/220 n. Chr. datiert, ein Zeitansatz, der durch die Keramikbeigaben der Brandbestattung auf die 2. Hälfte des 2. Jahrhunderts präzisiert werden kann.

Lit.: A. Mutz, Die Kunst des Metalldrehens bei den Römern (Basel 1972) 110 f. Nr. 285–288. – A. Radnoti, Die römischen Bronzegefäße von Pannonien. Diss. Pannonicae II,6 (Budapest 1938) 127 ff. mit Taf. XII,60; Taf. XXXVIII,1b.2. – R. Miglbauer, Ein römerzeitlicher Verwahrfund aus Wels, OÖ. Bayer. Vorgeschbl. 53, 1988, 287 ff. 289 Nr. 4 mit Taf. 40,4. – R. Petrovszky, Studien zu römischen Bronzegefäßen mit Meisterstempeln. Kölner Stud. Arch. Röm. Provinzen 1 (Buch 1993) 126, Typ XVII,2. – H.-J. Kellner / G. Zahlhaas, Der römische Tempelschatz von Weißenburg i. Bayern (Mainz 1993) 104 ff. besonders Nr. 51 (Katalog Nr. 61) Taf. 93 u. Nr. 52 (Katalog Nr. 60) Taf. 94; 95,1.2. – P. Wagner, Römische Fernstraße und Gräberfeld einer villa rustica bei Jülich-Königshäuschen. Arch. Rheinland 1995 (Köln, Bonn 1996) 68 ff.

Königswinter / Rhein-Sieg-Kreis. Römischer Trachytsteinbruch am Rüdenet. 1. Jahrhundert n. Chr.

Bad Münstereifel-Iversheim / Kreis Euskirchen. Römischer Kalkofen. Ofenschnauze und Brennkammer. 2./3. ▷
Jahrhundert n. Chr.

Wieder einmal gänzlich unerwartete Befunde im Bonner Stadtgebiet – Ein frührömischer Töpferbereich

Heike Baumewerd-Schmidt

Vor der Erweiterung des Gerichtsgebäudes an der Wilhelmstraße / Oxfordstraße waren großflächige Ausschachtungsarbeiten im gesamten Innenbereich der barockzeitlichen Bastion Sterntor / St. Maria vorgesehen. Die Fläche war nach Aufgabe als Verteidigungsanlage mehrfach bebaut und bis in die jüngste Vergangenheit durch die Justizvollzugsanstalt genutzt worden. Die Grabungsfläche lag auf einem Geländesporn, der als spätglazialer Rest der Niederterrasse in eine Gumme hineinreichte. Diese Gumme, eine verlandete Rinne des Rheins, führte wohl noch in römischer Zeit Wasser. Insgesamt wurden zwölf römische Töpferöfen ausgegraben. Bei den archäologischen Untersuchungen durch das Rheinische Amt für Bodendenkmalpflege 1995 kamen neben den Resten des Gefängnisses und zugehöriger Nebengebäude preußischer Zeit sowie den erhaltenen Mauern der barocken Bastion des ausgehenden 17. Jahrhunderts vor allem römische Funde und Befunde zutage. Es wurden Öfen und Gruben, die zu einer Töpferei des 1. Jahrhunderts n. Chr. gehörten, und Haus- und Grubenbefunde des 2. Jahrhunderts n. Chr. freigelegt.

Bei allen Öfen waren die Feuerräume überwiegend mit der nach oben abschließenden Lochtenne erhalten, seltener der Ansatz der Brennkammerwandung. Sie waren in den anstehenden Niederterrassenkies eingetieft, die Gruben mit Lehm ausgestrichen, vereinzelt auch mit sekundär verwendeten Lehmziegeln verstärkt. Die Töpferöfen befanden sich in einem maximal 14 m breiten Streifen entlang eines auf ca. 20 m Länge freigelegten Uferabschnittes der Gumme. Mindestens ein Ofen war mehrfach überschwemmt worden. Anhand der geborgenen Keramik (überwiegend glattwandige Einhenkelkrüge) kann die Töpferei in spättiberische bis claudische Zeit datiert werden.

Die Ergebnisse der bauvorgreifenden Ausgrabung wurden durch die baubegleitende Untersuchung einer kleineren Restfläche 1998 / 99 in vollem Umfang

bestätigt. Die auf dieser Fläche aufgefundene Keramik – vor allem Bruchstücke weißtoniger Krüge – stammt mehrheitlich aus der Produktion der lokalen Töpferei. Daneben fanden sich viele Keramikfragmente aus Terra Nigra unbekannter Provenienz und Bruchstücke von Importamphoren und großen Vorratsgefäßen des 1. Jahrhunderts n. Chr., die nicht in der Bonner Töpferei produziert wurden. Sie stammen vorwiegend aus den Abfallgruben, gehörten also zum Gebrauchs- und Vorratsgeschirr der Töpfer und des Personals. Die Keramik einheimischer Machart war fast ausschließlich vergesellschaftet mit römischen Scherben der ersten Jahrzehnte des 1. Jahrhunderts n. Chr. Die Arbeiter für die Töpferei waren wohl germanischer Herkunft.

Es wurden 52 Gruben untersucht, die mehrheitlich sekundär genutzte Abfallgruben waren. In einigen Fällen sind Vorratsgruben zu vermuten. Auffällig war die Menge an Grubenbefunden, die in ihren oberen Bereichen einen großen, runden Umriß aufwiesen und sich trichterförmig verjüngten. In ihnen könnten Speisen gekühlt worden sein, die in Körben und an Seilen in die kühlen Schächte gehängt wurden. Wie zu erwarten, waren fast alle Gruben am Landgericht vorwiegend mit Keramikbruch aus der claudischen Töpferei verfüllt. Vor allem in unmittelbarer Nähe zu den Öfen wiesen die Gruben deutliche Schichtungen auf, als wäre jeweils das Bruchmaterial einer Produktionsserie eingefüllt worden. Unmittelbar östlich und südlich der Töpferöfen wurden großflächige Schichten aus humosem, schwarzbraunem Lehm freigelegt, die mit zahlreichen Keramikfragmenten sowohl der Töpfereiproduktion und Scherben einheimischer Machart als auch mit Funden des mittleren 2. Jahrhunderts n. Chr. durchsetzt waren. Dies bedeutet, daß erstmalig nach Aufgabe der Töpferei in claudischer Zeit das Gelände mit Sedimenten aus der Gumme bedeckt wurde und danach mindestens zwei weitere Male.

Bonn. Grabungsfläche an der Bastion Sterntor / St. Maria mit frührömischen Töpferöfen.
1. Jahrhundert n. Chr.

Alle 79 freigelegten Pfostengruben waren von dieser Schicht bedeckt. In ihnen gefundene Keramik datiert die Gruben in claudische Zeit. Sie konnten in keinen baulichen Zusammenhang gebracht werden, die Fülle an Pfosten auf dieser kleinräumigen Ausdehnung ließ immer mehrere Möglichkeiten zu. Häufig umlagerten sie größere Gruben, aber nur in einem Fall ließ sich eine Tonlagergrube mit dazugehörigen Dachstützen rekonstruieren. Weitere Planierschichten korrespondieren mit einer Nutzungsphase aus der Zeit bis 70 n. Chr. Die unter dieser Schicht verborgenen Befunde wiesen auffallend viel Holzkohlenanteile auf. Eine der Gruben, die als Erdkeller interpretiert wird, war verfüllt mit Fragmenten einer verziegelten Flechtwerkwand. Vereinzelt wurden Reste von weiß gekalkten Mörtelstücken geborgen, die z. T. rote Bemalungsspuren trugen. Unklar ist die Art der Nutzung der Flä-

che in dieser Zeit und der Ursprung des Brandschuttes.

Für die Zeit ab der Mitte des 2. Jahrhunderts n. Chr. ist eine weitere Besiedlung des Platzes belegt. Zu dieser zählen eine Stickung aus Schiefer- und Ziegelbruch, die ein älteres Wandgräbchen überlagert, und mehrere größere Abfallgruben, verfüllt mit römischem Dachziegelbruch, von denen zwei sicher von der 1. Legion Minervia gestempelt waren, die seit den 90er Jahren des 1. Jahrhunderts n. Chr. in Bonn stationiert war. Daneben gab es auch Ziegel aus ziviler Herstellung und Fehlbrände.

Lit.: R. GERLACH / B. KOPECKY, Was ist eine Gumme ? Die Lage des römischen Töpfereibezirks Bonn-Bastion. Arch. Rheinland 1996 (Köln, Bonn 1997) 172 ff. – R. WIRTZ, Eine römische Töpferei unter den Mauern der Bastion Sterntor / St. Maria. Ebd. 82 ff.

Ausgrabungen in der Bonner Lagervorstadt

Michael Gechter

Bonn. Welschnonnenstraße. Römische Lagervorstadt (canabae legionis). Phallusdarstellung. ‚Firmenschild' eines Bordells (?). Kalkstein. 2./3. Jahrhundert n. Chr.

Im Sommer des Jahres 1995 wurde an der Welschnonnenstraße in der Bonner Innenstadt mit dem Neubau des Verwaltungsgebäudes der Stadtwerke Bonn begonnen, auf einem Gelände, das erst in der

Neuzeit flächig überbaut worden war. Somit konnten eigentlich keine zusammenhängenden römischen Befunde erwartet werden. Wider Erwarten stellte sich heraus, daß im Bereich eines ehemaligen Krankenhauses, zwischen dem vorderen und dem hinteren Fundament, noch ungestörte Siedlungsschichten der römischen Lagervorstadt vorhanden waren. Unter einer ca. 1 m starken mittelalterlichen bis neuzeitlichen Humusschicht lagen bis zu ca. 1,5 m mächtige Siedlungsschichten der römischen Lagervorstadt, die durch einen Brand infolge des Frankeneinfalls von 274 zerstört worden war. In der Bonner Lagervorstadt spielte sich das nichtmilitärische Leben der Garnison ab. Für die in Bonn stationierten 6000 Legionäre und 1000 Hilfstruppensoldaten gab es hier die Halbwelt mit ihren Kneipen und Bordellen, aber auch die Wahrzeichen der Hochanständigkeit wie Tempel, Banken und Handwerkerbetriebe. An derselben Straße standen, nur einige 100 m weiter zum Lager hin, repräsentative Gebäude, die wahrscheinlich für durchreisende römische Beamte und hohe Offiziere als Herberge dienten. Neben einem Gebäude mit Innenhof fanden sich drei langrechteckige Häuser, sogenannte Streifenhäuser. Diese lagen mit ihrer Frontseite zur Welschnonnenstraße, der ehemaligen in das Legionslager führenden Straße. Unter dem Krankenhaus hatten sich nur die jeweils mittleren Gebäudeteile dieser um ca. 120 n. Chr. errichteten Häuser erhalten.

Das erste Mal seit 1972 konnte in Bonn wieder ein Schichtenprofil von gut 150 Jahren angeschnitten werden, mit unter anderem neun Siedlungsschichten zwischen ca. 200 n. Chr. bis zum vermuteten Ende um 274 n. Chr. Die älteste Siedlungsschicht datiert durch eine in den Laufhorizont eingetretene Schmuckfibel um das Jahr 200. Es ist also davon auszugehen, daß man ungefähr alle 10 Jahre in diesem Haus den alten, stark verschmutzten Lehmfußboden durch einen neuen ersetzte. Die Besiedlung der Lagervorstadt begann zeitgleich mit der Errichtung des ersten Bonner Legionslagers um 43

Bonn, Welschnonnenstraße. Römische Lagervorstadt (canabae legionis). Backofen. 2. Hälfte 2. Jahrhundert n. Chr.

n. Chr. Von dieser Bauphase ließen sich nur Funde, aber keine Befunde nachweisen.

In einem der Streifenhäuser standen ein ebenerdiger Herd mit einer Feuerungsfläche von 0,92 × 1,08 m und ein Backofen mit einer runden Backfläche von ca. 0,90 m. Die beiden Öfen befanden sich in seperaten Räumen, die durch eine Tür miteinander verbunden waren. Neben dem Kochherd lag noch eine eiserne Kohlenschaufel, weitere Hinweise auf die Nutzung als Herd gab es nicht. Im Nachbargebäude konnten vier Kochgruben in einem schmalen, langgestreckten Raum beobachtet werden. In dem dritten Streifenhaus wurde ein mindestens dreiphasiger sogenannter Räucherschlitz ausgegraben. Räucherschlitze dienten unter anderem dazu, das Äußere von frischen Fleischstücken zu rösten, um das Fleisch längere Zeit haltbar zu machen. Südlich neben diesen Streifenhäusern fand sich ein Gebäude mit einem Innenhof. In ihm lag eine Werkstatt, die unter anderem Haarnadeln und Pfrieme aus Knochen herstellte. Südlich dieses Gebäudes wurde ein Kalkofen betrieben, den man mehrfach ausbesserte. In einer nachträglich eingezogenen Kellermauer fand sich sichtbar eingemauert das Bruchstück eines Weihesteines(?). Auf der ehemaligen Schmalseite war ein Phallus dargestellt.

Ein römisches Skulpturfragment aus Neuss-Allerheiligen

Michael Kaiser

In der untersten Verfüllschicht einer römischen Grube wurde 1996 in Allerheiligen (siehe S. 186 ff.) das Skulpturfragment eines thronenden Juppiter aus bräunlich-grauem Sandstein feiner Körnung geborgen. Die späteste Fundkeramik aus der Grube stammt vom Ende des 3. und dem beginnenden 4. Jahrhundert. Das linke Bein der sitzenden Figur ist vorgesetzt, der Fuß ist weggebrochen, das rechte Bein zurückgesetzt, die Zehen fehlen ebenfalls. Der Rumpf ist auf der linken Körperseite bis etwa zum

Neuss-Allerheiligen. Fragment eines thronenden Juppiters. Höhe noch 29,8 cm. Sandstein. Mitte 2. Jahrhundert n. Chr.

unteren Rippenbogen erhalten. Der Oberkörper war nach rechts gebeugt, und – an der Bruchstelle noch erkennbar – der rechte Unterarm war mit dem Blitzbündel in der Hand auf den rechten Oberschenkel gestützt. Der ursprünglich erhobene linke Arm hielt vermutlich das Zepter. Der Oberkörper ist nackt, die Bauchmuskulatur fein ausgearbeitet. Der Unterkörper ist in ein Manteltuch gehüllt, das die Körperpartie von den Hüften bis etwa zu den Fußknöcheln verhüllt. Die Beinmuskulatur des linken Beines tritt plastisch unter dem Stoff hervor. Der Faltenwurf des Stoffes ist vor allem zwischen den Schienbeinen tief ausgearbeitet. Der Mantel war über den Rücken geführt und fiel von der linken Schulter und dem Oberarm auf den Thronsitz herab.

Die vorderen Thronbeine sind profiliert, zwischen den Armlehnen und der Sitzfläche sind jeweils zwei ovale Zierelemente ausgearbeitet, die auf der rechten Seite plastischer als auf der linken sind. Unter der Sitzfläche auf der rechten Seite ist zwischen dem Thronbein und der Thronrückwand die Fältelung eines Tuches erkennbar, links nur ansatzweise. Die Rückseite des Thrones zeigt den Mittelbogen und seitlich die Schals eines Tuches, das wohl um zwei Eckbekrönungen der Thronrückwand geschlungen war.

Die qualitätvolle Arbeit sticht durch feine, wohlproportionierte Körperzüge hervor. Unter den beiden anderen Neusser Funden und auch unter den anderen Funden des Kreisgebietes hat sie keine Parallelen (Meertal, Gnadental, Norf; im Kreisgebiet aus Jüchen-Dyck, Korschenbroich-Glehn, Dormagen-Nievenheim und Rommerskirchen). Am nächsten steht ihr ein Fund aus Köln-Gereonsdriesch (Noelke 44). Der Faltenwurf am Mantel der Skulptur aus Allerheiligen ist aber sowohl im Beinbereich als auch im Bereich des Schulterüberwurfs plastischer gearbeitet, ebenso wie das Tuch auf der Thronrückseite. Die Profilierung der Thronbeine weist zwar auch große Ähnlichkeit mit dem Kölner Stück auf, sie ist jedoch nicht richtig ausgearbeitet, wie überhaupt die Seitenflächen des Neufunds einen unfertigen Eindruck machen. Da die unscharfen Konturen der Seiten nicht auf Witterungseinflüsse zurückzuführen sind, wird man annehmen dürfen, daß die Figur ursprünglich so aufgestellt war, daß die Seitenflächen nicht vollständig gesehen werden konnten. Beide Plastiken weisen so große Gemeinsamkeiten auf, daß man sie wohl der gleichen Werkstatt zuweisen darf. Die Unterschiede in der technischen Ausführung und die geringen motivischen Abweichungen mögen auf zwei unterschiedliche Meister derselben Werkstatt oder auf eine geringfügig unterschiedliche Entstehungszeit zurückzuführen sein, wobei die Werkstatt sicher in Köln oder in der näheren Umgebung gesucht werden muß. Sie dürfte kurz nach der Mitte des 2. Jahrhunderts entstanden sein.

Die Figur war Teil einer sogenannten Juppitersäule bzw. eines Juppiterpfeilers, einer in der Provinz Niedergermanien gut belegten Denkmälergattung, die in der Regel aus drei Komponenten bestand: einer quaderförmigen Basis, einer darauf stehenden Säule bzw. einem Pfeiler und – als bekrönender Abschluß – die Figur eines thronenden Juppiters. Vollständige Funde solcher Säulen sind selten, auch die Grabung in Allerheiligen brachte keine weiteren Bruchstücke. Einzelteile dieser Denkmälerart sind aber relativ zahlreich erhalten.

Lit.: G. BAUCHHENSS / P. NOELKE, Die Juppitersäulen in den germanischen Provinzen. Bonner Jahrb. Beih. 41 (Köln 1981).

Eine römische Göttin aus einem antiken Straßenheiligtum

Gerhard Bauchhenß und Wolfgang Gaitzsch

In der letzten Kampagne der Ausgrabung in der Eschergewähr westlich von Elsdorf wurde die antike, mittelalterliche und neuzeitliche Straße in drei Streckenabschnitten untersucht und dokumentiert. Im Aushubbereich eines Kabelgrabens etwa 2 m nördlich der römischen Fahrbahn wurde 1996 ein beschädigter Sandsteinkopf gefunden, dessen Herkunft aus dem westlich angrenzenden Kultbezirk von Eschergewähr wahrscheinlich ist. Der Kopf lag zwischen römischer Kiestrasse und nördlichem römischem Straßengraben. Der Sandsteinkopf dürfte entweder als älterer ‚Lesestein‘ in den modernen Straßen- und Kabelgraben gelangt sein oder einer straßennahen Befundlage entstammen, in die er nach der Zerstörung des Kultplatzes gelangt ist.

Mit dem Fund des Götterbildes verdichten sich die Vermutungen von der Existenz eines Kultbaues in der Eschergewähr, doch bleiben Fragen seiner Deutung offen. War es eine weibliche Gottheit, die an der römischen Straße Verehrung fand, oder ist eine zweite Götterfigur zu ergänzen? Die Dimensionen des rechteckigen Unterbaus (6,5 × 9 m) lassen auf einen Tempel schließen. Die annähernde Lebensgröße der Statue, deren Kopf leicht nach links geneigt ist, deutet vielleicht auf einen Kultgenossen hin. Ein vergleichbarer Kultplatz an derselben Straße westlich der Rur war Juppiter geweiht. In anderen ausgegrabenen Straßenheiligtümern wurden Mercurius und Mars verehrt.

Der Gesamteindruck des Kopfes wird in der Vorderansicht, da Mund und Nase zerstört sind, von der Augenpartie beherrscht: Steil zu den Schläfen hin abfallende Brauen, tief in den Höhlen liegende Augen und vom Oberlid teilweise verdeckte Augäpfel mit großzügigen Bohrungen verleihen der Augenpartie Züge von Pathos. Möglicherweise wurde dieser Eindruck durch die Form des Mundes noch unterstützt. Das Inkarnat und das Haar der Frau wirken ruhig und schlicht; Stirn und Wangen sind in großen, ruhig modellierten Formen angelegt, das Haar rahmt kielbogenartig die Stirne und ist von einem Mittelscheitel aus in weiten, sanften Wellen nach den Seiten gestrichen. Sie trägt ein Diadem, hinter dem die Haare weitgehend unbearbeitet geblieben sind. Wie in der Antike üblich, hat der Bildhauer die Partien, die bei einer Aufstellung der Skulptur vor einer Wand oder in einer Nische nicht zu sehen waren, nicht ausgearbeitet.

Das Diadem ist das einzige erhaltene Attribut, es sichert, daß eine Göttin dargestellt ist. Sonst wäre es denkbar, daß der Kopf zu einem großen Grabmal an der Straße gehörte. Allerdings reicht es nicht aus, den Namen der Gottheit herauszufinden. Außer den einheimischen Matronen mit ihren großen Hauben kann jede der in Niedergermanien verehrten Göttinnen hier dargestellt gewesen sein, außer Minerva, die in der Regel einen Helm trägt. Auch daß die Göttin möglicherweise mit einem Kultpartner zusammen dargestellt war, hilft nicht weiter, da wir nicht wissen, ob dieser Partner männlich oder weiblich war. Vergleichbare Erscheinungen im Pathos der Ausarbeitung der Augenpartie finden sich bei den Grabmälern von Neumagen, die in die Mitte der 2. Hälfte des 2. Jahrhunderts datiert werden. Bestätigt wird ein solcher Ansatz durch Skulpturen, die durch ihre Fundumstände oder Inschriften sicher datiert werden können.

Lit.: G. Bauchhenss / W. Gaitzsch / P. Wagner, Eine römische Göttin vom Kult- und Bestattungsplatz ‚Eschergewähr‘. Arch. Rheinland 1996 (Köln, Bonn 1997) 78 ff.

Elsdorf/Erftkreis. Kopf einer römischen Göttin. Sandstein. 2. Hälfte 2. Jahrhundert n. Chr. ▷

Neue Matronen in Niedergermanien

Brigitte Beyer

Im Rheinland bzw. in der römischen Provinz *Germania inferior* werden immer wieder neue Namenbezeichnungen für drei Göttinnen gefunden, die Archäologen, Historiker und Namensforscher entzücken, faszinieren, aber auch in tiefe Ratlosigkeit stürzen, weil es oft keine Parallelen gibt. So bleiben viele der über 80 inzwischen bekannten Beinamen dieser keltischen Fruchtbarkeitsgottheit vereinzelt und schwer zu interpretieren. Nun ist eine neue Weihung mit einem bisher unbekannten Beinamen hinzugekommen: Der Stein stammt aus Bad Münstereifel-Iversheim / Kreis Euskirchen, leider ohne genauere Fundortangabe, und nennt Matronae, wohl mit dem Beinamen Celapautharae. Der Stein (52 × 25,4 × 19,3 cm) ist aus Kalkstein und ohne Verzierung. Die linke untere Seite ist abgebrochen, die Seiten sind leer. Auf der Vorderseite trägt er sechs Inschriftenzeilen: MATRONIS / CELAPAVTH / ARABVS / [.(.)]ONTONIVS / [.]ACER / [V.S.] L.M. Der Steinmetz hatte mit der Inschrift einige Schwierigkeiten, die sich nun auf unsere zweitausend Jahre spätere Interpretation übertragen: Bei dem Wort Matronis bilden das TR und das IS Ligaturen, das E zu Beginn des Beinamens steht kleiner im C und AV bildet wiederum eine Ligatur, ergänzt durch ein rudimentäres T. Dafür sind lateinisch gebräuchliche und bekannte Silben wie das ARABVS in der dritten Zeile, das Cognomen in der fünften Zeile und die übliche Weiheformel *v. s. l. m.* (*votum solvit libens merito* – erfüllte sein Gelübde gern und nach Gebühr) sauber und routiniert ausgeführt. Der Weihende, der etwa FRONTONIVS [M]ACER oder [S]ACER geheißen haben könnte, ließ den Stein zum Dank an seine regionalen Schutzgöttinnen errichten. Für welchen Anlaß, ist der Inschrift nicht zu entnehmen.

Die Göttinnen mit dem Namen Celapautharae sind kaum zu deuten, da sich wegen fehlender Parallelen nicht genau sagen läßt, aus welchen Wortbestandteilen der Name zusammengesetzt ist. Wenn der erste Teil als Cel-ap-a getrennt wird, ist darin eine alte, für Gewässer gebräuchliche -apa- Bildung zu erkennen. Eine Beziehung zum Flußnamen der Kyll bleibt aber fraglich. Vielleicht läßt sich hier im Beinamen auch die einheimische Siedlung vermuten, die unter dem besonderen Schutz dieser Göttinnen stand. In der näheren Umgebung des Fundortes gibt es zwar den Ortsnamen Kolvenbach (regionale Verschiebung des b zu v), doch tritt dieser Name erst 1344 in den schriftlichen Quellen auf.

Auch vier weitere Weihesteine aus der näheren Umgebung helfen nicht weiter: Sie richten sich an die Matronae Vacallinehae und stammen aus dem 3 km westlich von Iversheim liegenden Antweiler und Iversheim. Der Stein datiert in die 2. Hälfte des 2. Jahrhunderts bis 1. Hälfte des 3. Jahrhunderts.

Lit.: T. Vennemann, Morphologie der niederrheinischen Matronennamen. In: E. Marold / C. Zimmermann (Hrsg.), Nordwestgermanisch. Reallexikon der germanischen Altertumskunde. Ergbd. 13 (Berlin, New York 1995) 271–299.

Bad Münstereifel-Iversheim / Kreis Euskirchen. Römischer Weihestein an die Matronae Celapautharae. 2. Hälfte ▷ *2. / 1. Hälfte 3. Jahrhundert n. Chr.*

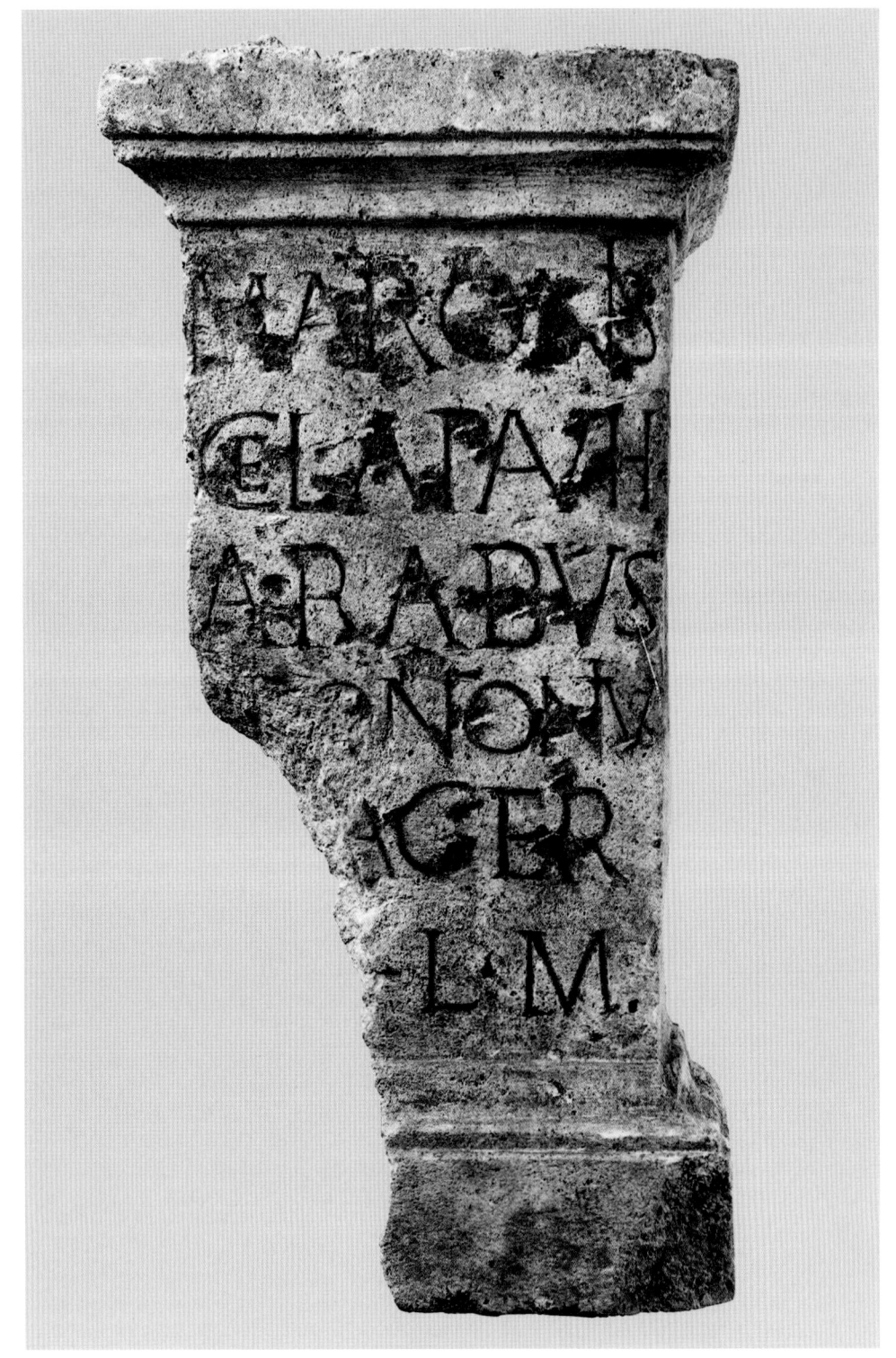

XIII Leugen vor Köln. Ein römischer Meilenstein von der *Via Agrippinensis*

Wolfgang Gaitzsch

Im nördlichen Abschnitt des Braunkohlentagebaues Hambach wurde im Oktober 1997 an der römischen Fernstraße Köln–Jülich ein zerschlagener römischer Meilenstein gefunden. Es handelt es sich um den ersten Meilensteinfund, der unmittelbar an der Fahrbahn der *Via Agrippinensis* gemacht worden ist. Von ihrem 60 km langen deutschen Streckenabschnitt waren bislang nur drei Meilensteinfragmente bekannt, zwei aus Freialdenhoven (1865) und ein Bruchstück von Steinstraß (1986). Die Zugehörigkeit von zwei weiteren Fragmenten aus Jülich-Tetz und aus Eschweiler zu dieser Straße ist nicht gesichert.

Die Inschrift des Meilensteins ist von großem epigraphischen Quellenwert. In einer gemeinsamen Titulatur werden zwei Kaiser genannt, aus deren Regierungszeit die genaue Datierung des Meilensteins hervorgeht. Die Inschrift enthält zugleich eine Entfernungsangabe nach Köln. Die Provinzhauptstadt war der Ausgangsort, das *caput viae*, der über Heerlen, Tongeren und Bavai bis zum Atlantik führenden Fernstraße, der nördlichsten kontinentalen Ost–West-Verbindung des Römischen Reiches.

Die gut lesbare Inschrift steht auf einem halbsäulenförmigen Steinfragment, das 0,74 m lang ist und an dessen unterem Ende ein zweites, 0,35 m langes Stück angepaßt werden konnte. Der Durchmesser des Meilensteins betrug ca. 0,50 m, die Höhe des zylindrischen Schaftes ist auf 2 m zu schätzen. In ihrem rechten Drittel erhalten sind sechs Zeilen einer ursprünglich neunzeiligen Inschrift. In der ersten erhaltenen Zeile, in der der Name des zweiten Kaisers steht, ist der zweite Buchstabe als F zu lesen, obwohl ein E geschrieben steht. Aufgrund von epigraphischem Vergleichsmaterial ist folgende Ergänzung wahrscheinlich:

[Impp(eratoribus) Caess(aribus)] /
[DDNN(= dominis nostris) C(aio) Vib(io) /
Treboniano] /
[Gallo et Vib(io)] Afinio /
[Veldumni]ano /
[Volusia]no Augg(ustis) /
[Po(ntificibus) M(aximis) Cos(ulibus)]
    Trib(unicia) /
[Pot(estate) PP(= patribus patriae) PP
    (= proconsulibus)] a Col(onia) /
Leug(as) XIII

Römische Fernstraße Köln–Jülich–Tongeren (Via Agrippinensis). Die römischen Meilensteine zwischen Rur und Erft und die im Tagebaubereich Hambach ausgegrabenen römischen Siedlungsplätze. Topographische Karte 1893/1895. – Römische Ziffern: Leugen; arabische Ziffern 1–3 Grabfunde (vgl. S. 290 ff.), 4–6 Glashütten (vgl. S. 298 ff.); □ Siedlungsplätze; ▣ Tempelbezirke; ● Brandgräber (jeweils über 10); ▬ Sarkophage; ⌒ Straßenbebauung / Straßenstation; ○ Befestigungsanlagen (burgi); ▲ spätrömische Glashütten; ∗ preußischer Meilenzeiger.

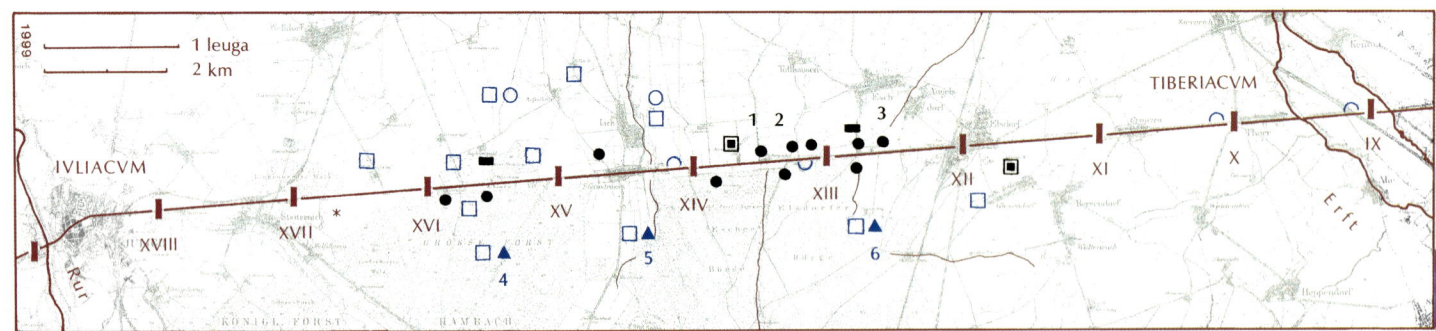

Die Übersetzung lautet:

Den Herrschern und Kaisern / Unseren Herren Gaius Vibius / Trebonianus / Gallus und Vibius Afinius / Veldumnianus / Volusianus; den Augusti / den obersten Priestern, Consuln und Inhabern der tribunizischen / Gewalt, den Vätern des Vaterlandes und Proconsuln / Von Köln / 13 Leugen.

Es ist der zweite Meilenstein für Trebonianus Gallus und Volusianus, der aus der *Germania inferior* bekannt wird. Der erste Meilenstein wurde 1929 an der römischen Fernstraße Köln–Trier bei Villenhaus gefunden. Beide Titulaturen gleichen sich, wobei besonders auf die seltene Pluralform AUGG für *Augusti* hinzuweisen ist. Trebonianus Gallus wurde im Sommer des Jahres 251 zum Kaiser ausgerufen. Wahrscheinlich bereits im August erhob er seinen Sohn Volusianus zum Mitregenten, so daß die Inschrift frühestens aus dieser Zeit stammt oder in Auftrag gegeben worden ist. Trebonianus Gallus und Volusianus regierten bis zum Sommer 253. Ihre Regierungszeit zeichnete sich durch eine umfangreiche Straßenbautätigkeit aus. Der Meilenstein ist daher auch ein außerordentlich wichtiges Zeugnis für die bauliche Unterhaltung der *Via Agrippinensis*, die dem Statthalter und den Anliegergemeinden oblag.

Für die römische Straßenvermessung ist der Meilenstein ein ‚Schlüsselfund‘. Aus der Fundposition sind die Standorte der römischen Meilensteine zwischen Erft und Rur und die Lage von *Tiberiacum* genauer zu erschließen. In der letzten Zeile der Inschrift und durch einen größeren Abstand von der vorausgehenden Zeile abgehoben wird die Entfernung von Köln *a Colonia* mit XIII Leugen angegeben. Eine Leuge (2,2 km) entsprach dem 1,5fachen einer römischen Meile (1,48 km).

Sowohl die Tabula Peutingeriana als auch das Itinerarium Antonini geben die Entfernung zwischen der Provinzhauptstadt Köln (*CCAA*) und Jülich, dem *vicus Juliacum*, mit 18 Leugen (39,6 km) an. Daher sind 18 Meilensteine, eigentlich Leugensteine, auf diese Strecke aufzuteilen. Der 9. Leugenstein stand an einer 1975 ausgegrabenen Straßenstation (*mansio*) mit abzweigender Wegführung in der Flußniederung von Großer und Kleiner Erft. Nach zehn Leugen folgte der Stationsort *Tiberiacum* an der Kreuzung der *Via Agrippinensis* mit der ver-

Elsdorf-Esch / Erftkreis. Meilenstein des Trebonianus Gallus und Veldumnianus. 251 n. Chr.

muteten römischen Straße Neuss–Zülpich. Der 13. Leugenstein befand sich am Nordrand des Hambacher Siedlungsgebietes, das durch umfassende archäologische Untersuchungen in den letzten Jahrzehnten erschlossen worden ist.

Lit.: W. GAITZSCH, Zwei Meilensteine von der *Via Agrippinensis*. Arch. Rheinland 1997 (Köln, Bonn 1998) 82–85.

Die Cryptoporticus am Forum der *Colonia Claudia Ara Agrippinensium*

Bernhard Irmler

Die Cryptoporticus, das Untergeschoss der eigentlichen, aufgehenden Porticus (Säulenhalle), ist Bestandteile der meisten Foren in den nordwestlichen Provinzen des Römischen Reiches. Die Existenz einer solchen Anlage am Forum des römischen Köln wurde 1973 erkannt; die Westseite des Forums war von einer monumentalen Ringcryptoporticus mit einem äußeren Durchmesser von ca. 135 m abgeschlossen. Die genaue Lage und Gliederung wie auch die Bauausführung konnten erst 1995 durch Ausgrabungen im Bereich Herzogstraße / Perlenpfuhl / Ludwigstraße erschlossen werden. Während der Ausschachtung für ein neues Geschäftshaus am Perlenpfuhl stieß man ca. 5,50 m unter der heutigen Straßenoberfläche auf Teile der Außenmauer der Cryptoporticus und fünf in situ erhaltene Muschelkalkblöcke, auf deren Oberseiten die Standflächen von Säulen ausgearbeitet waren. Eine Säulentrommel stand noch an ihrem originalen Standort. Dieses römische Bauwerk im Herzen des modernen Köln gelegen, erstreckt sich von der Antonitergasse im Süden bis jenseits des Perlenpfuhl im Norden. Im Westen liegt die Bauwerkgrenze an der Herzogstraße. Bei Kanalbauarbeiten in der Schildergasse konnten 1948 erstmals die innere und äußere Begrenzungsmauer dokumentiert werden. Auffallend war, daß diese 2,50 m starken Mauern jeweils von einem ca. 0,50 m breiten und im Scheitel 1,80 m hohen, tonnengewölbten Kanal durchzogen waren. Dieser Kanal schützte, ähnlich wie auch eine auf der Außenseite angebrachte estrichähnliche Schicht, das Untergeschoß vor eindringender Feuchtigkeit. Zu Beginn der 1960er Jahre wurde in der Antoniterstraße das südöstliche Ende freigelegt. Noch heute müßte dort ein über 13 m langes Teilstück der Außenmauer erhalten sein. Damals wurde noch erwogen, daß es sich – in Verbindung mit den älteren Befunden – um eine große halbrunde Anlage, vermutlich ein Theater, handeln könnte. Anläßlich von Ausschachtungen für einen Neubau Ecke Schildergasse / Herzogstraße wurde erkannt, daß die Anlage auf der Außenseite durch Nischen gegliedert war. Neben Resten einer Nische, die 3,20 m aus dem Halbrund herausragte, wurde im Scheitel der Anlage eine größere, ca. 7 m tiefe Nische ergraben. Aufgrund von Altgrabungen wurde klar, daß neben der Hauptnische je zwei kleinere Nischen südlich und nördlich spiegelbildlich zu ergänzen sind. So war auch bekannt, daß auf dem Grundstück Ecke Herzogstraße / Perlenpfuhl mit Resten der Cryptoporticus und der nördlichsten der Nischen zu rechnen ist. Doch war nicht klar, ob die Mauerreste 1924 beim Neubau eines zweigeschossigen Bierkellers für die Brauerei Dünnwald gänzlich abgebrochen worden waren. Ähnlich waren die Erwartungen für das Grundstück östlich des ehemaligen Sudhauses der Brauerei. Für diesen Bereich wurde das Ende des Halbrundes angenommen und in diesem Zusammenhang auch ein Zugang zur Cryptoporticus vermutet. Um so erfreulicher war es, als 1995 beim Abriß der ehemaligen Brauereikeller gebogene Fundamentreste der Cryptoporticusaußenmauer in einer Länge von ca. 25 m erhalten waren und dabei erstmals eine der Nischen in ihrer vollständigen Ausdehnung von 3,20 m x 4,40 m dokumentiert werden konnte. Auch die fünf Plinthen, die das Innere der Cryptoporticus in einen zweischiffigen Raum unterteilen, ermöglichen nun weitere Aussagen zur Gestalt der Anlage. Östlich des Sudhauses konnte ein an die Cryptoporticus angelehntes Plattenfundament aufgedeckt werden, das den Unterbau für den Aufgang zur Porticus darstellt. Die nördliche Abgrenzung des Plattenfundaments bildet eine Mauer, die zugleich die Treppenwange eines Abgangs in die Cryptoporticus ist. An dieser südlichen Treppenwange waren im Putz Abdrücke von Marmorverkleidungen und die Putzkanten von Treppenstufen zu erkennen. Die eigentlichen Steinstufen wurden nach der Zerstörung der Anlage im 4. Jahrhundert systematisch abgebaut. Diese Befunde sprechen dafür, daß in Köln der Aufgang zur Säulenhalle und der Abgang in die Cryptoporticus in annähernd gleicher Breite an den Schmalseiten nebeneinander lagen.

Köln. Perlenpfuhl. Reste der Cryptoporticus. Blick auf die freigelegten Säulenblöcke (Plinthen) aus Kalkstein mit den eingearbeiteten Standflächen. Ein Säulenfragment befindet sich an Ort und Stelle. 2. Hälfte 1. Jahrhundert n. Chr.

Durch die genaue Einmessung der Mauerreste an der Herzogstraße und am Perlenpfuhl läßt sich nun der Durchmesser von 141 m an der Außenseite genau bestimmen. Die Mittelpunkte der Säulen saßen genau auf einer Kreislinie von 126,40 m Durchmesser, mit einem Achsabstand von 2,96 m, genau zehn römischen Fuß entsprechend. Die Standflächen der Säulen sind auf den quadratischen oder rechteckigen Quadern aus Muschelkalk gut zu erkennen. Diese Standflächen heben sich von den durch Benutzung abgeriebenen Oberflächen dadurch ab, daß jeweils die kreisrunden Flächen mit einem Flacheisen um ca. 0,2 cm eingetieft wurden. Diese Abarbeitung orientiert sich an einer zuvor eingeritzten Kreislinie von 50 cm Durchmesser, ungefähr dem unteren Durchmesser der Säulen entsprechend, die auf diesen Flächen standen. Die Kreise werden von schwach zu erkennenden Ritzlinien tangiert, auf welchen T-förmige Markierungen eingeschlagen sind. Sie waren Hilfsmittel, um die Säulen genau auf den Quadern zu plazieren. Dies setzte allerdings ein ganzheitliches Einmessungssystem voraus, nach dem die Anlage geplant und abgesteckt worden war. Interessant ist, daß man, wenn man das Achsmaß der Säulen der Cryptoporticus von zehn römischen Fuß auf der Kreislinie abträgt, genau auf den Scheitelpunkt des Halbkreises trifft. Somit wurden – offenbar ausgehend von der Symmetrieachse, die durch den Scheitelpunkt des Halbkreises geht – die Achsabstände auf der Kreislinie angetragen. Da kein Achsbezug zwischen den Säulen und den Nischen besteht, stellt sich die Frage, ob bei Anlage der Nischen ein ähnliches Entwurfsprinzip angewendet wurde. Trägt man die

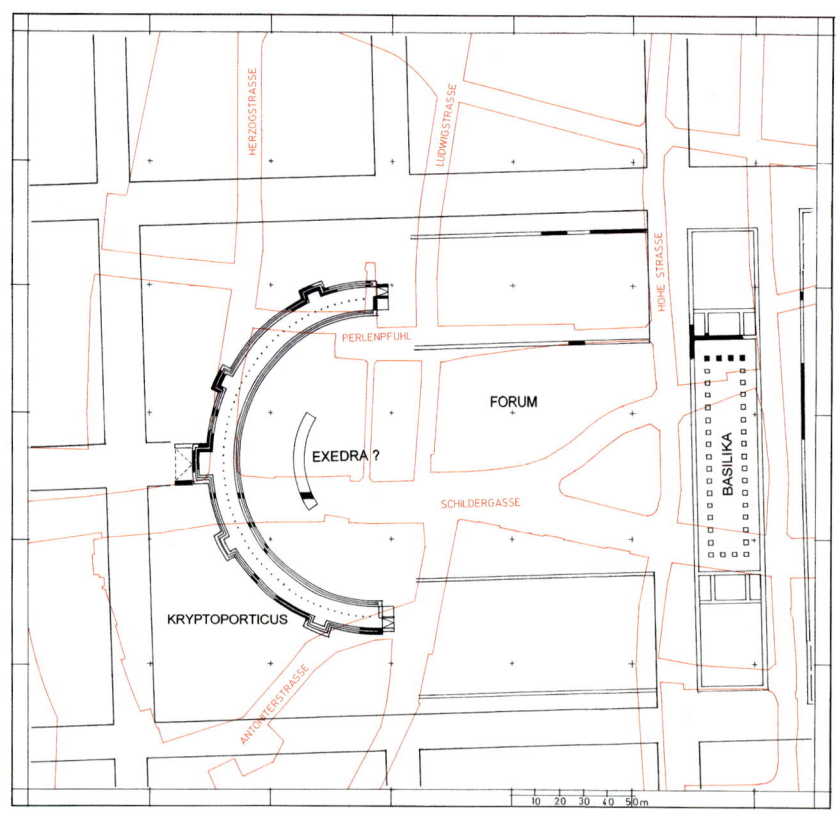

Köln. Die Lage des römischen Forums im Zentrum der Altstadt.

lichte Breite der Nische von ca. 15 römischen Fuß auf der Kreislinie der Außenmauer ab, so liegt die kleine Nische an der Herzogstraße genau in diesem System. Die Symmetrieachse durch den Scheitel halbiert den letzten angetragenen Zirkelschlag, so daß für die Verteilung der Nischen und der Säulen der Schnittpunkt der Symmetrieachse mit der jeweiligen Kreislinie der Ausgangspunkt für das Abgreifen mit dem Zirkel war.

Der halbrunden Anlage liegt somit ein rationales Entwurfsschema zugrunde, das sicherlich zuerst in einem kleineren Maßstab entwickelt und anschließend vor Ort auf dem planierten Grundstück aufgerissen wurde. Dieser Aufriß ist vermutlich durch ein Schnurgerüst ersetzt worden, so daß dem Eintiefen der Baugrube nichts im Wege stand. Nach dem Auffüllen der Fundamentgräben mit römischem Beton konnten die Außenmauern aufgesetzt werden. Auf die Punktfundamente im Inneren der

Cryptoporticus wurden die Muschelkalkquader gesetzt. Da die Quader teilweise eine unterschiedliche Höhe hatten, wurden sie mit einer Ausgleichsschicht aus feinem Kies auf den Fundamenten auf eine einheitliche Höhe, 47,50 m ü. NN, nivelliert. Die Oberflächen der Quader wurden mit den Ritzungen und Markierungen versehen, um die in Serienproduktion gearbeiteten Säulentrommeln genau im festgelegten Achsabstand plazieren zu können. Die unkannelierten Säulentrommeln konnten auch bei Altgrabungen südlich der Schildergasse geborgen werden und sind heute in der Außenzone des Römisch-Germanischen Museums und im Lapidarium des Ubiermonuments zu sehen. Alle Säulentrommeln haben einen Durchmesser von 50 bzw. 53 cm und Bearbeitungsspuren, die beim Abdrehen entstanden sind. Die Säulen aus dübellos aufeinandergesetzten Säulentrommeln wurden von einfachen tuskischen Kapitellen bekrönt, auf denen

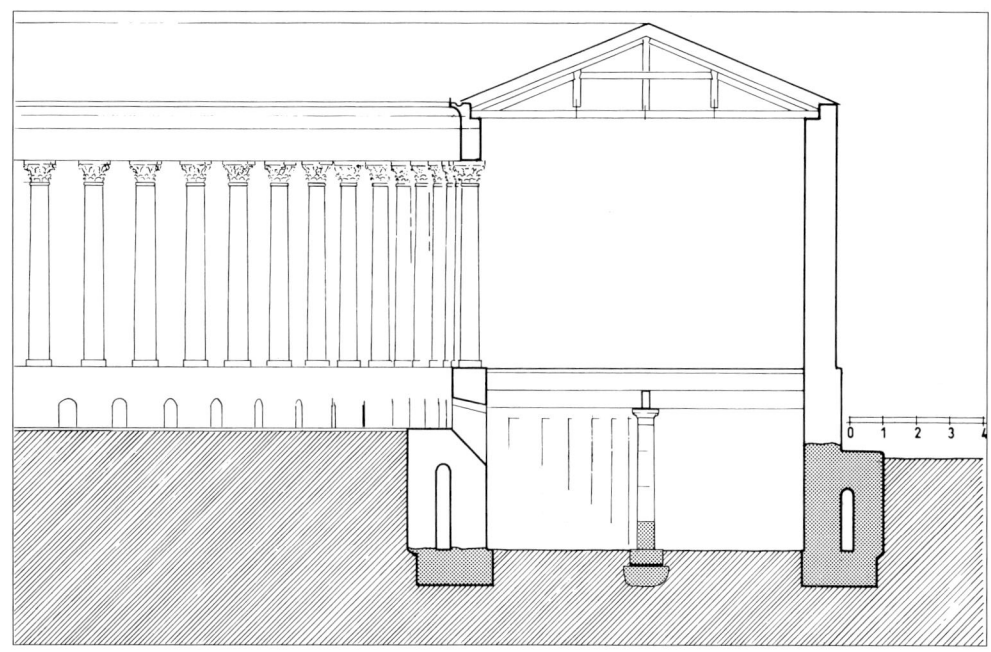

Köln. Die Cryptoporticus am Forum der CCAA. Rekonstruierter Schnitt.

eine Holzbalkendecke auflag. Für eine Holzbalkendecke spricht der geringe Achsabstand der Säulen
und auch ein Kalksteinquader, der ursprünglich in
der Flucht der Säulen am Eingangsbereich der
Cryptoporticus verbaut war. Dieser Quader weist
eine Ausnehmung im Stein auf, die als Auflager
für einen Balken diente. Zwar konnten bei der Grabung am Perlenpfuhl in der Zerstörungsschicht der
Cryptoporticus auch Putzreste gefunden werden,
die ursprünglich auf einer gewölbten Fläche saßen,
doch stammen diese wohl von den gewölbten
Lichtschächten, durch die die Cryptoporticus aus
Platzhöhe belichtet wurde.

Leider gibt es keine weiteren Befunde, die Aufschluß über die Gestalt der Porticus geben. Vermutlich läßt sich die aufgehende Architektur wie
bei vergleichbaren Anlagen rekonstruieren. So ist
anzunehmen, daß die gleiche Anzahl von 65 Säulen, wie in der Cryptoporticus, die Porticus gegenüber dem halbrunden Platz begrenzte. Form und
Größe der Säulenhalle geben ihr eine Sonderstellung im Vergleich zu anderen Anlagen in den nordwestlichen Provinzen. Die Lage einer halbrunden

Halle am Forum ist bisher nur in Köln belegt und
möglicherweise auf einen besonderen, repräsentativen Anspruch zurückzuführen. Dies könnte im
Zusammenhang mit einem Bauwerk stehen, das
von der Porticus umschlossen wurde. Als archäologischer Befund liegt ein 5,40 breiter Fundamentrest
vor, der sich als Unterbau für den Altar der *Ara
Ubiorum* deuten läßt. Doch diese Frage kann nur
durch weitere Befunde geklärt werden. Sicher ist,
daß sich dem Betrachter mit dieser im Durchmesser ca. 140 m breiten und im Mittel ca. 195 m langen
Architektur ein beeindruckendes Bild geboten hat.

Lit.: H. HELLENKEMPER, Architektur als Beitrag zur Geschichte
der Colonia Ara Agrippinensium. In: ANRW II 4 (1975) 783–824.
– W. BINSFELD, Kölner Jahrb. Vor- u. Frühgesch. 8, 1965 / 1966, 44.
– S. NEU, Schildergasse / Ecke Herzogstraße. Fundamente des
römischen Forums. Arch. Köln 1, 1992, 31–34. – M. TRUNK, Römi-
sche Tempel in den Rhein- und westlichen Donauprovinzen.
Forsch. August 14, 1991. – Les cryptoportiques dans l'architecture
Romaine. Collect. École Française Rome 14, 1973.

Frührömische Töpferöfen in Köln

Maureen Carroll

Im Sommer 1997 fanden archäologische Untersuchungen auf einem etwa 1000 m² großen Grundstück in der Lungengasse 35 in Köln statt, bei denen neunzehn römische Töpferöfen freigelegt wurden. Die Öfen gehörten zu einem großen Töpfereibezirk, in dem während der 1. Hälfte des 1. Jahrhunderts n. Chr. Keramik produziert wurde. Der Bezirk erstreckte sich mindestens 150 m in ostwestlicher Richtung und schloß Keramiköfen der gleichen Zeitstellung ein, die bereits 1956 an der Ecke Lungengasse / Thieboldsgasse ausgegraben worden waren. Die nördliche und südliche Ausdehnung dieser antiken Handwerkszone ist nicht bekannt. Zusammen mit den Töpferöfen am Neumarkt, an der Rechtsschule, am Waidmarkt, in der Severinstraße und am Georgsplatz ist die Keramikproduktion im frührömischen Köln besser bekannt. Alle Betriebe gehörten zum *Oppidum Ubiorum*, der zivilen Vorgängersiedlung der *Colonia Claudia Ara Agrippinensium*, und stellten Keramik für den Bedarf der Bevölkerung von Stadt und Umgebung her. Möglicherweise wurde auch die Keramik für das römische Militär produziert. Während die älteren Ausgrabungen nur bedingt Anhaltspunkte für die Palette der produzierten Waren erbrachten, sind 1997 in der Untersuchung Lungengasse große Mengen Fehlbrände in den Öfen und ihrer unmittelbaren Umgebung gefunden worden, die zuverlässige Hinweise auf die hergestellten Produkte liefern. Außerdem waren die Keramiköfen teilweise recht gut erhalten, so daß technische Details über den Ofenaufbau und Funktion erkennbar sind.

Die Öfen in der Lungengasse sind stehende Öfen; trotz der Tatsache, daß einige von ihnen in- und aufeinander gebaut worden sind, konnten drei verschiedene Typen festgestellt werden. Alle Öfen und den Öfen vorgelagerte Arbeitsgruben waren in den sandigen Lehm vertieft. Der häufigste Ofentyp, wovon es zehn sichere oder wahrscheinliche Beispiele gab, hatte eine rund-ovale Brennkammer, zwischen 1,8 und 2,6 m breit, und einen langen Schürkanal von 40–50 cm Breite. Boden und Wände der Öfen waren mit Lehm verkleidet. Sternförmig arrangierte Pfeiler aus luftgetrockneten Lehmziegeln in der Feuerkammer stützten die aus einer Lehmplatte bestehende Lochtenne der Brennkammer, auf der die Tongefäße für den Brennvorgang gestapelt waren. In diesen Öfen wurden überwiegend sandgemagerte, rauhwandige graue Irdenware und schwarz-glänzende Terra Nigra gebrannt. Hohe Temperaturen wurden erreicht, wovon die Verziegelung des anstehenden sandigen Lehms und die Versinterung der Ofenwände und -einbauten zeugen. Der zweite in drei Exemplaren erhaltene Ofentyp bestand aus einer kreisrunden Brennkammer von 2,6–3 m Durchmesser und einer relativ kurzen Ofenschnauze. Die Lochtenne lag auf großen rechteckigen Pfeilern und einem Mittelsteg aus luftgetrockneten und strohgemagerten Lehmziegeln, die von den Ofenwänden in die Feuerkammer hineinragten. In Öfen diesen Typs wurden große oxidierend gebrannte Vorratsgefäße (Dolien) und Reibschüsseln hergestellt. Diese wurden mit niedrigeren Temperaturen gebrannt, und die Ofenwände und -einbauten sind nur leicht angeziegelt. Der dritte Typ, von dem nur ein Beispiel erhalten war, hatte eine kreisrunde Brennkammer mit einem äußeren Durchmesser von 2,10 m. Die Ofenwände und die die Lochtenne tragenden Pfeiler bestanden aus Ziegelbruch und Keramikfragmenten im Lehmverband. Die Lehmverkleidungen auf der Innenseite der Ofenwände sind von Hand angebracht worden, wovon Fingerrillen auf der Oberfläche der Lehmschicht zeugen. Ofenwände, -boden und -pfeiler waren durch die Hitzeeinwirkung schwarz verbrannt und versintert. In diesem Ofen wurden vorwiegend reduzierend gebrannte rauhwandige Irdenware, aber auch in weit geringeren Mengen Vorratsgefäße produziert.

Die Fehlbrände zeigen viele Defekte, die die Gefäße zum Teil unbrauchbar machten. Sie lassen erkennen, daß die Öfen für rauhwandige Keramik und Terra Nigra oft überfeuert oder unterfeuert wurden, wobei die Gefäße gerissen und versintert

Köln. Lungengasse. Ofenreste eines frührömischen Töpfereibezirkes. 1. Hälfte 1. Jahrhundert n. Chr.

bzw. zu weich und von blasser Farbe waren. Manchmal waren die Öfen während des Brennvorganges nicht luftdicht abgeschlossen, so daß der reduzierende Brand nicht gelang und die Gefäße eine rötliche oder unregelmäßige Oberfläche bekamen. In den großen Öfen für Dolien sind gelegentlich zu hohe Temperaturen erreicht worden, so daß sich die hellen Gefäße dunkelgrau färbten, Risse erhielten oder sich verzogen.

Zu den Betrieben gehörten nicht nur Öfen, sondern auch Gebäude, in denen Brennholz gestapelt und Töpferton gelagert und verarbeitet wurde. In der südlichen Hälfte des Ausgrabungsareals fanden sich fragmentarische Reste von solchen Bauten aus Holz. Erhalten waren lange, schmale Gräbchen für Schwellbalken, jedoch ließen sich keine vollständigen Gebäudegrundrisse rekonstruieren. Auch große Gruben, aus denen sandiger Lehm für Keramik-

*Köln. Lungengasse. Töpferofen mit kreisrunder Brenn-
kammer und kurzer Ofenschnauze. 1. Hälfte 1. Jahrhundert n. Chr.*

magerung und den Ofenbau entnommen wurde,
befanden sich in der Nähe der Holzbauten. In manchen Gruben wurde roher ungemagerter und mit
Ziegelsplitt gemagerter Töpferton gelagert, der bei
der Auffindung noch weich war. Dieser sehr feine,
hellgraue Ton stammt höchstwahrscheinlich aus
den tertiären, eisenarmen Tonlagern in der Frechener Gegend. Der Ton brannte weiß unter Zufuhr
von Sauerstoff oder grau bis schwarz unter Luft-
ausschluß und war ideal für die Produktion sowohl
der sogenannten Kölner Weißtonware als auch der
Terra Nigra. Das in den Gebäuden gelagerte Brennholz mag unter anderem Buche gewesen sein, denn
Holzstücke in einem Schürkanal stammen von dieser Baumart.
Die in der Lungengasse produzierte Keramik läßt
sich in die 1. Hälfte des 1. Jahrhunderts n. Chr. datieren. Auch die im Zusammenhang mit Öfen gefundenen Münzen stammen aus dieser Zeit. Die
jüngste unter Kaiser Caligula (37 / 38 n. Chr.) ge-

prägte Münze lag im Verfüllschutt eines Ofens, jedoch waren Münzen längere Zeit im Umlauf, so
daß die Auflassung des Ofens nicht präzise datiert
werden kann. Alle Öfen wurden zerschlagen und
mit einer Planierschicht überzogen, auf der im letzten Drittel des 1. Jahrhunderts römische Wohnbauten errichtet wurden. Als unabhängige Datierungs-
mittel wurden Proben aus den Ofenwänden für
archäomagnetische Untersuchungen entnommen,
eine Methode, die den Zeitraum für die letzte Auf-
heizung des Ofens mit relativ hoher Wahrscheinlichkeit bestimmen kann. Das Ergebnis dieser vom
Geologischen Institut der Universität zu Köln
durchgeführten Untersuchung deutet darauf hin,
daß die Öfen um die Mitte des 1. Jahrhunderts
letztmalig benutzt worden sind. Mit der städtebaulichen Entwicklung der neuen im Jahre 50 n. Chr.
gegründeten Kolonie sind viele Vorgängerbauten
und -betriebe in den Jahren nach 50 n. Chr. aufgegeben und ersetzt worden. In der 2. Hälfte des 1.
Jahrhunderts n. Chr. sind die Töpfereien in die Bereiche nördlich und westlich außerhalb der Stadt
am heutigen Hauptbahnhof und Rudolfplatz verlagert worden.
Die Ergebnisse der Ausgrabung 1997 in der Lungengasse machen deutlich, daß innerhalb der Töp-
fereizone entlang dieser Straße einzelne Betriebe
jeweils auf die Herstellung bestimmter Waren spezialisiert waren. Obwohl die 1956 in der Lungengasse ausgegrabenen Betriebe nur etwa 70 m östlich
entfernt lagen, unterscheidet sich ihr Warenspek-
trum von dem der 1997 erforschten Produktions-
stätte. In der westlichen Zone hatten sich die Töpfer auf rauhwandige Keramik und Schwerkeramik
spezialisiert, während die Töpfer in der östlichen
Zone Feinkeramik herstellten. Außerdem fehlt bisher der Nachweis über die Produktion von Dolien
in allen anderen Töpfereien in Köln, so daß sich die
Töpfer der westlichen Lungengasse auch in dieser
Hinsicht auszeichneten.

Lit.: M. CARROLL-SPILLECKE, Spezialisierung im Töpferbezirk.
Arch. Deutschland 1 / 1998, 43.

Neue Erkenntnisse zu den römischen Terrakottamasken

Hannelore Rose

Tönerne Masken zählen zu den selteneren und deshalb spektakuläreren Funden aus römischer Zeit. Ihre Funktion als Dekorationselement in Häusern und Gärten macht sie zu wichtigen Zeugnissen des antiken Alltagslebens, sie geben aber auch Auskunft über Produktionsweisen und Handelswege. Eine starke Konzentration ihrer Fundorte ist entlang des Rheintals festzustellen. Besonders zahlreich sind sie im Kölner Stadtgebiet vertreten, wo mehr als 200 Maskenfragmente gefunden wurden. Die Masken sind etwa lebensgroß und bestehen aus gebranntem Ton. Meist handelt es sich um kahlköpfige männliche Gesichter mit fratzenhaften Zügen, tiefen Falten auf Stirn und Wangen, überlanger schiefer Nase und einem weit nach oben gezogenen Mund, in dem furchterregend große Zähne sichtbar sind. Daneben gibt es Frauenmasken mit aufwendigen Frisuren, bei denen die Haare durch Schmuck gegliedert und zusammengehalten werden.

Die Masken wurden aus Hohlformen – sogenannten Modeln – hergestellt, indem in eine Form aus Gips feuchter Ton gedrückt wurde. War der Ton angetrocknet, konnte die Maske der Form entnommen werden und wurde überarbeitet, bemalt und gebrannt. Aus einem Model konnten zahlreiche Abformungen gewonnen werden, was die Möglichkeit bot, die Masken in Serie herzustellen. Das zeigt, daß schon die Römer nach ökonomischen Herstellungsverfahren suchten. Aus dieser Serienproduktion resultieren immer wiederkehrende Typen, die nur durch nachträgliche Überarbeitung oder unterschiedliche farbliche Gestaltung, die auf vielen Exemplaren in Resten erhalten ist, voneinander abwichen. Trotz der Fertigung in Serie sind deutliche Qualitätsunterschiede festzustellen. So sind einige Masken sehr scharf ausgeformt, sorgfältig überarbeitet und exakt bemalt. Bei anderen war die Hohlform schon sehr abgenutzt oder Ausformung, Überarbeitung und Bemalung erfolgten flüchtig.

Lange Zeit war die Funktion der Masken unklar, da die Kontexte, in denen sie gefunden wurden, hierzu keine Aufschlüsse gaben. Jüngste Ausgrabungen, z. B. in Köln-Marienburg auf dem Gelände des römischen Flottenlagers, belegen jedoch sicher, daß sie als Architektur- und Gartendekoration verwendet wurden. Sowohl in öffentlichen als auch in privaten Gebäuden sind Masken gefunden worden. Kennzeichnend ist, daß es sich meist um große und reich ausgestattete Bauten handelt, so daß ein gewisser Grad an Romanisierung eine Voraussetzung für die Verwendung von Masken gewesen zu sein scheint. Sie wurden wahrscheinlich zwischen den Stützen von Säulengängen aufgehängt, die vor den Häusern entlangliefen oder Höfe und Gärten umgaben. Gelegentlich werden Masken in Heiligtümern gefunden, wobei in diesem Fall auch eine Funktion als Votivgabe in Frage kommt. Auszuschließen ist, daß es sich um wirklich vor das Gesicht gebundene Masken handelt, wie sie die Schauspieler des antiken Theaters trugen. Diese Assoziation liegt zwar aufgrund ihrer Größe und der Löcher in Augen, Nase und Rand auf den ersten Blick nahe, doch viele Detailbeobachtungen widersprechen dieser Annahme – die Proportionen sind nicht korrekt, das Gewicht ist sehr hoch und auf der Innenseite der Masken sind scharfgratige Tonreste vorhanden. Auch besteht keine Verbindung zwischen den dargestellten Typen und den traditionellen Theatergattungen der Antike, Tragödie oder Komödie, sowie zu lokalen Possen; darüber hinaus gibt es keine Quellen, die den Charakter der Stücke in den nördlichen Provinzen erkennen ließen.

Wichtige Aufschlüsse geben die Masken in Hinblick auf wirtschaftliche Aspekte in römischer Zeit. Sie wurden nur in wenigen Siedlungen hergestellt und sind aufgrund produktionsbedingter Merkmale den Herstellungsorten gut zuweisbar. Eines der bedeutendsten Produktionszentren war Köln. Töpfer stellten dort im Zeitraum zwischen ca. 90 und 200 n. Chr. im Gebiet des heutigen Rudolfplatzes neben Gefäßkeramik – Krüge, Teller und Becher –, Lampen und kleinen Tonfiguren Masken in großer Zahl her. Die Voraussetzungen für diese Fertigung

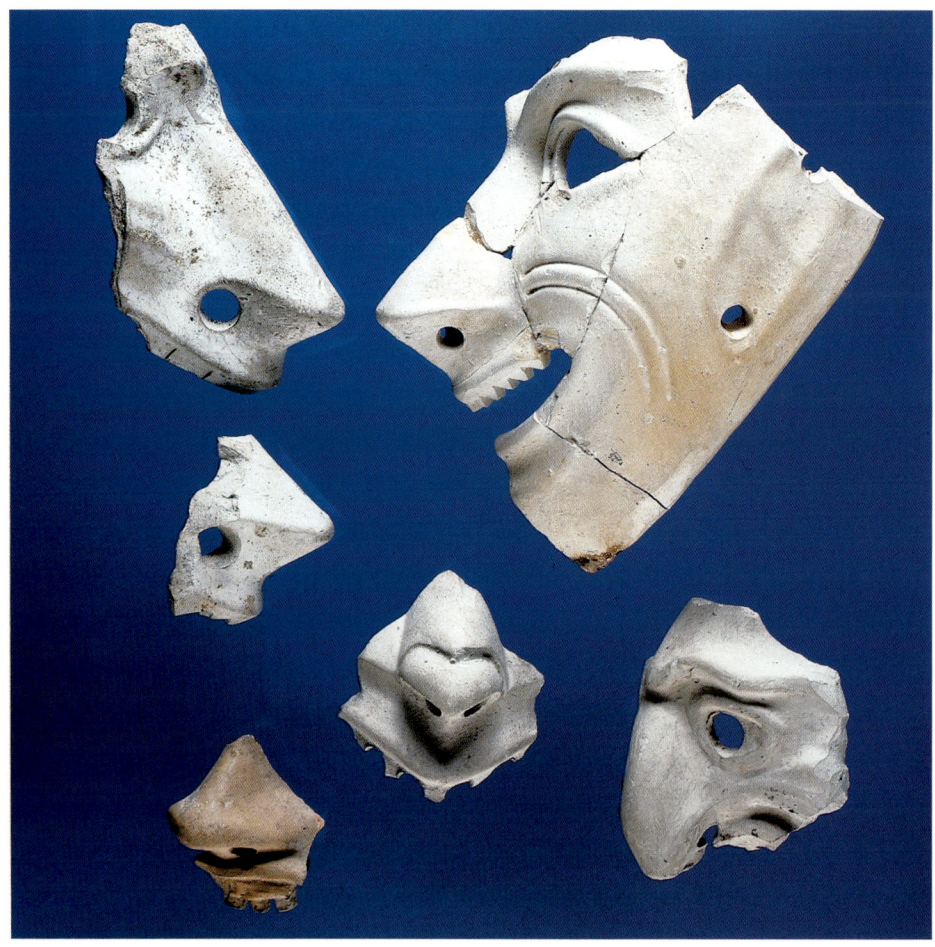

Tonmasken aus dem Kölner Stadtgebiet. 2. Jahrhundert n. Chr.

war in Köln besonders günstig, weil die für die Keramikproduktion elementaren Rohstoffe – Wasser, Ton und Brennholz – zur Verfügung standen, die ansässigen Töpfer mit der anspruchsvollen Technik des Abformens aus Hohlformen vertraut waren und die Stadt einen großen Absatzmarkt bot. Durch die Fernstraßenanbindung und vor allem durch den Rhein bestanden gute und bequeme Exportmöglichkeiten. Fragmente Kölner Masken wurden in Belgien sowie entlang des Rheins von der Nordschweiz bis in die Niederlande und sogar in England gefunden. So lassen sich anhand der Terrakottamasken antike Handelsrouten deutlich aufzeigen. Obwohl nahezu vollständige Masken sehr

selten gefunden wurden, ermöglichen die Fragmente in ihrer Gesamtheit gute Einblicke in das tägliche Leben sowie in Produktionsweisen und Handelsstrukturen in römischer Zeit.

Lit.: G. M. E. C. van Boekel, Roman Terracotta Figurines and Masks from the Netherlands. Diss. (Groningen 1987). – A. Desbat, Les masques gallo-romains en terre cuite, usages et fonctions. In: C. Landes (Hrsg.), Spectacula, 2. Le théâtre antique et ses spectacles. Actes du colloque tenu à Lattes les 27–30 avril 1989 (Lattes 1992) 249–255. – H. Dütschke, Römische Maskenfragmente aus Köln. Bonner Jahrb. 78, 1884, 126–134 Taf. 2. – J. Klein, Römische Thonwaarenfabriken von Köln. Ebd. 79, 1885, 178–196. – H. Rose, Römische Terrakottamasken in Köln. Kölner Jahrb. 32 (im Druck).

Jagd- und Arenaszenen auf Kölner Tongefäßen

Werner Oenbrink

Südlich der Kölner Altstadt lag im nordöstlichen Teil des heutigen Stadtteils Köln-Marienburg (Alteburg) auf einem hochwasserfreien Plateau das Hauptquartier der römischen Rheinflotte. Bei den jüngsten Ausgrabungen des Römisch-Germanischen Museums der Stadt Köln im Bereich des Flottenkastells in den Jahren 1995 und 1998 wurden Fragmente weißtoniger Trinkbecher mit figürlichem Barbotine-Dekor gefunden. Zufallsfunde und Grabungen im 18., späten 19. und frühen 20. Jahrhundert hatten bereits entsprechende Keramikfragmente erbracht. Auch die umfangreichen Ausgrabungen 1927, in deren Verlauf weite Abschnitte des Lagerareals und der angrenzende Vicus (Zivilsiedlung) aufgedeckt wurden, förderten eine größere Anzahl entsprechender Keramik zutage. Allerdings waren jene Altfunde, die zum größten Teil Kriegsverluste wurden, bis auf einzelne Ausnahmen Fragmente.

1998 gelang es schließlich, aus einer Grubenverfüllung im Bereich des Flottenlagers einen fast vollständigen Barbotinebecher mit Karniesrand zu bergen. Dieser ansehnliche Neufund läßt sich nach Tonbeschaffenheit, Technik und einzelnen Motiven der Kölner Glanztonkeramik, speziell der Gruppe der Kölner Jagdbecher, zuordnen. Charakteristisch für diese weißtonige, mit einem braungrauen bis grauschwarzen Glanzton überzogene Keramikgattung ist ihr Reliefdekor in Barbotine-Technik, bei der der Tonschlicker freihändig aufgetragen wurde. Der reliefartige Barbotine-Dekor der Kölner Jagdbecher, der seine größte Vielfalt im mittleren 2. Jahrhundert n.Chr. erreichte, kann als Imitation getriebener Metallgefäße angesehen werden und hat offensichtlich die Verzierung der Barbotine-Sigillata, möglicherweise sogar auch den Schmuck von Glasgefäßen beeinflußt. Gegenüber der in Formschüsseln gemodelten Terra-Sigillata, die über einen längeren Zeitraum eine Ausformung identischer Gefäße aus derselben Form ermöglichte, sind Gefäße mit Barbotine-Dekor jeweils Einzelstücke. Aufgrund einer hohen Zahl an gefundenen Jagdbe-

chern und -fragmenten erweist sich die Hauptstadt der Provinz *Germania Inferior, Colonia Claudia Ara Agrippinensium (CCAA)*, als größter und wichtigster Fundort entsprechender Glanztongefäße. Die hauptsächlich in den Töpfereien westlich der römischen Stadt im Bereich des Rudolfplatzes / Hahnentor geborgenen Jagdbecher, darunter auch Ofenfunde und aussagekräftige Fehlbrände, belegen zudem den konkreten Produktionszeitraum in Köln, der vom 2. Drittel bis gegen Ende des 2. Jahrhunderts n.Chr. reichte. Eine entsprechende Datierung des Neufundes von der Alteburg in die 2. Hälfte des 2. Jahrhunderts n.Chr. kann aufgrund des Fundkontextes gesichert werden, da die Fundgrube im Vordachbereich der Nordkaserne in eine Brandschicht des 1. Drittels des 2. Jahrhunderts eingetieft und durch eine weitere Brandschicht aus dem späten 2. Jahrhundert abgeschlossen war.

Der Neufund der Alteburg gehört zur Gefäßform des Karniesrandbechers, eines Typus, der in der rheinischen Glanztonkeramik und speziell auch unter den Kölner Jagdbechern zahlenmäßig dominiert. Neben den beliebten Karniesrandbechern überliefern aber noch eine größere Anzahl anderer Trinkbecherformen figürlichen Barbotine-Dekor. Diese sind jedoch – mit Ausnahme des steilwandigen Jagdbechers mit Horizontalrand – lediglich in wenigen Exemplaren oder nur als Einzelstücke vertreten.

Die Auswertung der unterschiedlichen Gefäßmaße römischer Glanztonkeramik – und damit auch der Kölner Jagdbecher – erlauben eine Gliederung der Trinkbecher in mehrere Standardgrößen, die eventuell auf überregional geltende Standards und deren Bezug zu antiken Maßsystemen schließen lassen. So ist der Neufund von der Alteburg mit seiner Höhe von 14 cm, seinem Randdurchmesser von 11 cm und seinem größten Durchmesser von 13,8 cm beispielsweise der Normgruppe der größeren Jagdbecher zuzuordnen. Die Bedeutung solcher genormten Gefäße im römischen Alltagsleben wird besonders auf Reliefdarstellungen deutlich, die

333

etwa den Gebrauch von Meßgefäßen im Rahmen von Verkaufsszenen schildern.

Seit Ende des 1. Jahrhunderts n. Chr. war die *CCAA* eines der Wirtschaftszentren der Provinzen nördlich der Alpen und das bedeutendste am Rhein. Die Töpfereien Kölns produzierten nicht nur weithin verhandelte Terrakotten, sondern führten bis zum Ende des 2. Jahrhunderts n. Chr. ebenfalls in der Herstellung und im Handel von Glanztonkeramik den Markt an. Letztere wurde – außer in Köln – nur in Töpfereien weniger anderer Städte Niedergermaniens gefertigt. Doch anscheinend kam es allein in der *CCAA* zur Produktion der weißtonigen Barbotine-Becher mit den charakteristischen Jagd- und Arenaszenen. Diese signifikante Kölner Keramikgruppe blieb nahezu ausschließlich auf die Nordwestprovinzen des Römischen Reiches begrenzt, wurde dort jedoch zu einem marktbeherrschenden ‚Export-Schlager'. Im weiteren Kölner Umland markieren zunächst Fundstellen in den Kreisen Grevenbroich, Heinsberg, Bergheim, Aachen, Düren und Euskirchen bis an die niederländische Grenze schon eine weitgestreute Verbreitung der Kölner Keramik. Die wichtigsten Fundorte der *Germania inferior* lassen sich allerdings insbesondere entlang des Mittel- und Niederrheins bis hin zur niederländischen Nordsee-Küste und Schelde-Mündung lokalisieren. In der *Germania superior* reihen sich die Fundplätze entlang des Verlaufs der weit ins rechtsrheinische Gebiet vordringenden Limesgrenze, wo sie in enger Folge in den Limeskastellen der Region um Mainz, der Wetterau und des Rhein-Maas-Gebietes, über die Neckar-Region bis hinab in die Bodenseeregion der Schweiz nachzuweisen sind.

In der *Gallia Belgica* zeichnet sich eine Konzentration der Fundorte im Tal der Meuse im Bereich der Provinz Liège ab. Über die Provinz Brabant erstrekken sich die Jagdbecher-Fundstellen nach Ostflandern mit deutlicher Häufung im Schelde-Tal in der Region um Gent bis an die Kanalküste in Westflandern. Im südwestlichen Bereich der Provinz *Belgica*, im heutigen Frankreich, erreicht das Verbreitungsgebiet der Kölner Jagdbecher mit den Fundorten Boulogne-sur-Mer und Étaples wiederum die Kanalküste. Schließlich lassen sich in Britannien von den kanalnahen Regionen Südenglands bis zu den Grenzkastellen des Antoninus-Walls im Norden Funde nachweisen. Dort führte die bereits mit dem mittleren 2. Jahrhundert n. Chr. einsetzende Übernahme der Dekorationstechnik des Barbotine-Schmuckes der rheinischen Töpfereien – spätestens nach dem Ende der Produktion am Rudolfplatz in Köln im späten 2. Jahrhundert – zu einer nunmehr verstärkten lokalen Produktion barbotine-dekorierter Glanztonkeramik. Die bemerkenswert weitgestreute Verhandlung der Kölner Trinkbecher erfolgte – sehr wahrscheinlich durch in Köln ansässige Keramikhändler-Familien, wie etwa im 3. Jahrhundert die der *Secundinii* – über den Mündungsbereich des Rheines im Schelde-Gebiet und den Ärmelkanal bis ins nördliche Britannien, aber auch über die von Köln-*CCAA* nach Boulogne-sur-Mer führende Staatsstraße, die überdies das weite Absatzgebiet der *Gallia Belgica* erschloß.

Die Fundorte sind zum großen Teil – wenn man generell von der überwiegenden Anzahl an Grabfunden absieht – Kastelle und ihre zugehörigen Vici. Der aufschlußreiche Neufund aus dem Flottenkastell Alteburg fügt sich nahtlos in das Gesamtbild der Fundkontexte der Kölner Jagdbecher ein. Auch entspricht die Fundverteilung im Bereich der Alteburg dem Fundmuster anderer Limeskastelle. Zahlreiche Fragmente – wie auch der Neufund – stammen aus Grubenverfüllungen innerhalb des Flottenkastells oder aber außerhalb des Lagers aus dem Bereich der Kastellgräben. Diese als Abfall entsorgten Fragmente belegen die allgemeine Verwendung der Jagdbecher in ihrer – bereits durch die offene Hochform festgelegten – Primärfunktion als beliebtes Trinkgeschirr im alltäglichen Kastellbetrieb. Außerhalb des militärischen Bereiches verweisen überdies die häufigen Funde Kölner Jagdbecher in städtischen Siedlungsbereichen und Villen, deren Bewohner offenbar einem römisch geprägten Umfeld entstammten bzw. einem intensiveren römischen Einfluß unterlagen, auf einen entsprechenden Gebrauch. Wie für andere Glanztonbecher bestätigen zahlreiche Grabfunde auch für die Jagdbecher eine sekundäre Nutzung als Grabbeigabe. Nur gelegentlich finden sich die mit figürlichem Barbotine-Schmuck verzierten Glanztonbecher darüber hinaus in sakralem Kontext. So dürften etwa die im Bereich des Mithras-Heilig-

Köln-Marienburg (Alteburg). Römischer Barbotinebecher mit Jagdszene. 2. Hälfte 2. Jahrhundert n. Chr.

tums der Zeughausstraße / Ecke Kattenbug in Köln gefundenen Jagdbecher durchaus dem dortigen Kultgeschirr zuzurechnen sein, wie vergleichbare Funde aus dem Mithräum an der Südseite des Domes nahelegen.

Anders als die üblichen Barbotine-Becher mit einem einheitlichen ornamentalen Schuppenmuster, netzartigen Rauten oder floralen Rankengeschlingen zeigen die Jagdbecher in der Regel einen reichen figürlichen Reliefdekor aus laufenden Tieren – zumeist Hirsch, Hirschkuh, Hase und Hund. Das Gefäßrund des neugefundenen Bechers von der Alteburg umzieht ein von Tropfenreihen gerahmter Vierfigurenfries: eine Tierhatz mit von Hunden gejagten Cerviden, Hirsch und Hirschkuh, den überwiegend auf dieser Keramikgattung dargestellten Tierarten. Diese in stereotypen Frieskompositionen aufgereihten lokalen Tierarten scheinen für sich allein gesehen Jagden in der freien Wildbahn zu schildern. Doch auf keinem Gefäß ist jemals die Figur eines Jägers dargestellt. Auch treten auf den Bechern oftmals exotische Tiere, wie etwa Löwe, Panther, Antilope bzw. Gazelle hinzu. Gerade letztere sprechen jedoch eher für eine Interpretation als morgendliche Tierhatz in der Arena *(venatio)*. Zudem finden die vereinzelten Tierkampfbilder, etwa diejenigen, die einen mit einem Bären zusammengeketteten Stier zeigen, sowie die ebenfalls seltener nachzuweisenden Gladiatorenszenen *(munera)* nur als ausschnitthafte Darstellungen des vielfältigen Unterhaltungsprogramms römischer Arenen ihre Erklärung. In den Provinzen nördlich der Alpen sind auch auf zahlreichen Wandmalereien und Mosaiken Jagd- und Arenaszenen besonders im gesellschaftlichen Umfeld von Trinkgelagen und Gemeinschaftsfeiern beliebte Sujets. Diese „Spektakel" in der Arena waren nicht allein die öffentliche Angelegenheit weniger vermögender Mitglieder der Elite des Römischen Reiches, sondern spielten in der privaten Lebensorganisation der zunehmend romanisierten Reichsbevölkerung eine bedeutende Rolle. Zahllose Graffiti, Darstellungen auf Öllampen, tönernem Tafelgeschirr und Gläsern lassen die große Beliebtheit dieser Einrichtung erkennen.

Die Fundorte der Kölner Jagdbecher in den Nordwestprovinzen weisen das römische Militär, Bewohner von Zivilsiedlungen und Villenbesitzer als Abnehmer dieser Glanztonware aus. Der in der römischen Ikonographie verhaftete figürliche Bildschmuck der Kölner Jagdbecher, der sich eindeutig auf das Unterhaltungsprogramm römischer Arenen bezieht, kann – vor allem bei Funden in einheimischen Siedlungen – als Beleg für den seit dem 2. Viertel des 2. Jahrhunderts zunehmenden Romanisierungsprozeß gewertet werden.

Lit.: W. OENBRINK, Ein Barbotine-Becher aus Krefeld-Gellep mit einer Darstellung der „Verkehrten Welt". Kölner Jahrb. 28, 1995, 635 ff. – DERS., Die Kölner Jagdbecher im römischen Rheinland. Form und Dekor, Funktion und Handelsgeschichte einer römischen Geschirrproduktion im 2. Jahrhundert n. Chr. Ebd. 31, 1998, 71 ff. – DERS., Panem et Circensis. Szenen der Massenunterhaltung auf Kölner Jagdbechern. Ebd. 32 (im Druck).

Eine germanische Handwerkersiedlung bei Borken

Jürgen Gaffrey und Arno Remme

Zwischen 1993 und 1997 wurden in einem geplanten Neubaugebiet am westlichen Ortsrand von Borken großflächige archäologische Ausgrabungen vorgenommen. Das untersuchte Areal von über 23 000 m² barg die Reste einer seit 1945 bekannten Siedlung der älteren und jüngeren römischen Kaiserzeit, gab aber auch Hinweise auf eine Besiedlung während der Völkerwanderungszeit und des frühen Mittelalters. Schon in den ersten Grabungsmonaten zeigte sich, daß mit vollständig erhaltenen Baubefunden kaum mehr zu rechnen sein konnte. Zum einen war das Gelände über Jahre hinweg als Baumschule genutzt worden, zum anderen bestand der Untergrund weitgehend aus Kreidegestein in unterschiedlichen Verwitterungsstadien. Letzteres hatte zur Folge, daß sich in dem ohnehin schwer zu bearbeitenden Planum zahlreiche natürliche grabenartige, ovale oder runde Strukturen abzeichneten, die sich bisweilen nicht von anthropogenen Befunden unterscheiden ließen. Diesen ungünstigen Erhaltungs- und Beobachtungsbedingungen ist wohl anzulasten, daß zwar einzelne Pfostensetzungen, darunter zumindest ein kleiner Speicher mit sechs Pfosten, aber keine größeren Gebäude erfaßt werden konnten. Bemerkenswert sind einige Brunnen und Wasserschöpfstellen, darunter ein Faßbrunnen und eine große trichterförmige Schöpfstelle mit Steinbefestigung im Randbereich. Abgerundet wird das Spektrum der Siedlungsbefunde durch mehrere große und tief in den steinigen Untergrund reichende Siedlungsgruben, die neben Keramik- und wenigen Metallfunden vor allem größere Mengen von Tierknochen enthielten. Die archäozoologische Untersuchung dieser Speiseabfälle erbrachte ein für kaiserzeitliche Siedlungen durchaus übliches Verhältnis von 95 Prozent Haustierknochen (überwiegend Rind und Schwein) zu fünf Prozent Wildtierknochen. Erstaunlich war der Fund mehrerer Elchknochen, da sich für diese Tiergattung auf kaiserzeitlichen Fundplätzen Westfalens bislang keinerlei Belege fanden.

Letztlich sind es aber die Funde aus Bronze und Eisen, denen die Grabung Borken-West ihren besonderen Stellenwert verdankt und die Vergleichen mit entsprechenden Inventaren, etwa aus Castrop-Rauxel-Zeche Erin, Heek-Wichum oder Kamen-Westick, durchaus standhalten. Neben viel einheimischer Keramik und zahlreichen Scherben römischer Drehscheibengefäße (unter anderem Terra Nigra) konnten viele Metallgegenstände in unterschiedlichem Erhaltungszustand geborgen werden, zum Beispiel römische Münzen (siehe S. 341 f.), Fibeln, Nadeln, Toilettegeräte, Reste von Bronzegefäßen, Bruchstücke einseitig beschrifteter Bronzetafeln (siehe S. 339 f.), Gürtelteile, Beschläge, Teile von Pferdegeschirren, Fingerhüte und Messer. Unter den Fibelformen überwiegen die Armbrustfibeln mit facettiertem, gleichbreitem Fuß (3. / 4. Jahrhundert), als Einzelstücke sind – mehr oder weniger vollständig – unter anderem eine komponierte Schalenfibel (4. / 5. Jahrhundert), eine Stützarmfibel vom Typ Otterlo (4. Jahrhundert), eine Zwiebelknopffibel (4. Jahrhundert), eine Emailbügelfibel (2. Jahrhundert) und eine eingliedrige Drahtfibel (1. / 2. Jahrhundert) vertreten. Bei den Nadeln, die Bestandteile der Frauentracht darstellen, handelt es sich überwiegend um Exemplare mit verziertem Schaft und kugelförmigem, konischem oder flachem Kopf (Typ Fécamp; 4. / 5. Jahrhundert). Ein für Westfalen seltenes Stück ist eine sog. Tieföhrnadel des frühen 5. Jahrhunderts. Besondere Erwähnung verdienen nicht zuletzt eine massive bronzene Löwentatze als Teil eines Bronzeeimers (wahrscheinlich vom Typ Stolzenau, 1. / 2. Jahrhundert), ein weitgehend vollständig erhaltenes Rasiermesser mit eisernem Klingenteil und Bronzegriff in der Form eines Greifenkopfes (2.–4. Jahrhundert) sowie zwei eiserne Messerklingen mit beidseitig silbertauschiertem Sonnenmotiv, das bei einem der Stücke noch von zwei sternförmigen Tauschierungen flankiert wird (4. / 5. Jahrhundert). Viele der Bronzegegenstände – insgesamt liegen einige Hundert Fundstücke vor – waren bereits ver-

*Borken-West. Römische und germanische Bronze- und Eisengegenstände aus der germanischen Siedlung. Haar-
nadeln, Fibeln, Rasiermesser, Pinzette, Schnallen, Fingerhüte, Geschirrbeschläge etc. 2.–5. Jahrhundert n. Chr.*

bogen oder zerbrochen in den Boden gelangt. Sie
bezeugen zusammen mit Schmelzresten und Guß-
tropfen, daß in der germanischen Siedlung Bunt-
metallschrott, überwiegend wohl römischer Provenienz, eingeschmolzen und weiterverarbeitet
wurde. In die gleiche Richtung weisen im übrigen
einige kleine Feuerstellen, bei denen es sich wohl
um Reste von Schmelzöfen handelt. Der derzeitige
Bearbeitungsstand läßt einen Siedlungsschwer-
punkt im 2. bis 4. Jahrhundert n. Chr. vermuten.
Für die Beantwortung weitergehender Fragen,

etwa zur Siedlungskontinuität oder zu Phasen
mehr oder weniger intensiver (Handels-)Beziehun-
gen zum Römischen Reich, bleibt die Gesamtaus-
wertung des vorliegenden Materials abzuwarten.

Lit.: H. W. Böhme, Germanische Grabfunde des 4. bis 5. Jahrhunderts. Münchener Beitr. Vor- u. Frühgesch. 19 (München 1974). –
H.-J. Eggers, Der Römische Import im Freien Germanien. Atlas
der Urgeschichte 1 (Glückstadt 1951). – U. Lund Hansen, Römischer Import im Norden. Nordiske Fortidsminder B 10 (Køben-
havn 1987).

Römische Bronzeplatten aus Borken

Rainer Wiegels

In Borken wurden mehrere Fragmente beschrifteter Bronzeplatten in einer Entfernung bis nahezu 200 m voneinander gefunden. Bei Platte 1 sind noch drei Zeilen erhalten: – – – / Comin[i–]/Fideli + [–]/Libera + [–]/ – – –?. Es handelt sich um den Rest einer Liste von Namen, bei denen die ersten Buchstaben durch größere Form hervorgehoben werden. Sichere Hinweise, ob wir es mit Gentilnamen oder Beinamen zu tun haben, fehlen. Comin[–] läßt sich sowohl zum Gentilnamen Comin[ius] als auch zum gleichlautenden Cognomen bzw. zu Comin[us] jeweils mit entsprechenden Erweiterungen ergänzen.

Platte 2 besteht aus drei aneinanderpassenden Fragmenten mit einer noch sechszeiligen Inschrift und starken Kratzspuren auf der Rückseite: – – / [–]ernus a[–] / [–] Gratus tri[b(unus) mil(itum)?] / [– C]apito/[– R]ufinus/[–] Saturninus/[– I]ngenu[us .?] A + [–]/ – – –. Es ist der Rest einer Liste mit weit verbreiteten römischen Cognomina. Zu Beginn der Namen fehlen offenbar die zugehörigen Gentilicia. Falls Zeile 2 richtig ergänzt wurde, könnte es sich um eine Liste mit militärischen Chargen gehandelt haben.

Auf Platte 3 sind noch drei Zeilen erhalten: – – – / [– i]us [–]/[–]onius [–]/[– i]us [–]/ – – – –. Auch dies ist offenbar Rest einer Namensliste mit Gentilnamen, denen jeweils noch ein Cognomen gefolgt sein wird.

Platte 4 besteht nur noch aus zwei Zeilen: – – – / [–](ac / [– C]aesar / – – –?. Der große Abstand der Schrift zum rechten Rand in Zeile 2 läßt zweifeln, daß die Inschrift hier eine Fortsetzung fand. Dasselbe gilt für die Frage, ob noch weitere Schriftzeilen folgten. Auffallend ist die kaum zu bezweifelnde Ergänzung in Zeile 2 zu C]aesar. Anscheinend war ein Kaiser oder Angehöriger des Kaiserhauses genannt, oder es stand hier eine Angabe mit Bezug zur domus Caesaris. Wegen des verfügbaren Platzes ist hier eine Abkürzung aber eher unwahrscheinlich. Man möchte aus dieser Angabe einen Hinweis auf einen offiziellen Charakter des gesamten Dokumentes sehen oder zumindest die Beteiligung bzw.

Einbeziehung des Kaiserhauses an dem im einzelnen nicht erkennbaren Vorgang. Nach Schwere und Stärke des Fragmentes, nach Größe der Buchstaben und Zeilenabstand sowie der gemeinsamen Fundstelle ist eine Zusammengehörigkeit mit Nr. 3 möglich.

Die vorgestellten Fragmente aus Bronze – hinzu kommen noch zwei Kleinstbruchstücke – gehören zu mindestens drei verschiedenen Platten. Der fragmentarische Zustand und die geringe Größe eines Teils der Bruchstücke erlauben keine zuverlässige Plazierung innerhalb eines größeren Textzusammenhangs. Nicht bestätigt hat sich der Verdacht, daß es Teile von Militärdiplomen sind. Dagegen spricht schon der Umstand, daß die Rückseiten unbeschriftet sind und offenbar auch nicht für eine Beschriftung präpariert waren. Zudem zeigen die Fragmente Nr. 2 und 3, daß die Namen im Nominativ stehen. Zeugennamen im Nominativ sind im Kontext von Militärdiplomen bislang nur für das Jahr 68 n. Chr. belegt, üblich ist ansonsten der Genitiv. Eine zuverlässige Aussage über Inhalt und Zweck der Bronzetafeln wird dadurch erschwert, daß die ursprüngliche Größe der Tafeln nicht zu ermitteln ist. Auszuschließen ist allerdings, daß die Platten an einem Gebäude oder Denkmal befestigt waren. Die Größe der Buchstaben und die geringe Dicke der Platten weisen eher auf Nutzung in kleinem Rahmen; Spuren einer möglichen Befestigung fehlen.

Soweit erkennbar, enthalten die Tafeln in erster Linie Namenslisten. Ob es sich bei Nr. 1 um Gentilicia oder um Cognomina handelt, ist ungewiß. In Nr. 2 stehen durchgehend gut römische Beinamen; die zugehörigen Gentilnamen sind offenbar zu ergänzen. In Nr. 3 könnten Reste von Gentilicia erhalten sein. Unklar ist auch, wieviele Namen die Listen einst enthielten, jedoch ist offenkundig, daß es sich nicht um Familienangehörige handelt. Nach Nr. 2 waren mindestens sechs Namen untereinander verzeichnet. Hier folgten einigen Cognomina weitere Angaben, vielleicht Hinweise auf militärische

Borken-West. Bronzefragment mit römischen Nameninschriften. Ab Ende 2. Jahrhundert n.Chr.

Dienststellungen. Auffallend ist besonders Nr. 4 mit dem Text *C]aesar*, doch auch hier ist der Kontext unklar. Möglich ist, daß die Listen Namen einer Korporation oder von Kultgemeinschaften beinhalten, darunter eine Gruppe von Soldaten, obwohl die Indizien nicht zweifelsfrei sind. Ob sich die Stücke alle oder doch zum Teil einst in einem gemeinsamen größeren sachlichen oder auch räumlichen Zusammenhang befanden, läßt sich nicht schlüssig entscheiden. Eine Zeitstellung für alle Fragmente vor dem Ende des 2. Jahrhunderts ist unwahrscheinlich. So werfen die zweifellos aus römischem Gebiet stammenden, vermutlich dort erbeuteten und wohl wegen ihres Metallwertes gehorteten Bronzeplatten mehr Fragen auf als daß sie Antworten zu geben vermögen.

Römische Münzen aus Borken

PETER ILISCH

Unter den Funden aus Borken-West befanden sich viele Münzen, deren Entstehungzeit sich auf zwei Jahrtausende verteilt. Mit 78 Stücken sehr zahlreich waren die römischen Gepräge. Ein silberner Denar stammt aus der Römischen Republik im Jahr 91 v. Chr. Es gibt keinerlei Indizien, daß er mit den Truppen des Augustus (27 v. Chr.–14 n. Chr.) gekommen ist, denn es fehlen alle Münzen dieses Kaisers. Die nächstälteste Münze ist von Kaiser Nero (54–68 n. Chr.). Stark verschlissen, ist nur noch der markante Kaiserkopf im Profil zu sehen, die andere Seite des bronzenen Sesterzes ist spiegelglatt. Angesichts des Abnutzungsgrades muß die Münze erhebliche Zeit in Umlauf gewesen sein. Auch drei Bronzeprägungen des Kaisers Hadrian (117–137 n. Chr.) sind verschlissen. Häufiger und weniger abgenutzt sind erst die Münzen ab der 2. Hälfte des 2. nachchristlichen Jahrhunderts. Von da an bis zum Ende des 4. Jahrhunderts fanden sich, zeitlich etwa gleichmäßig verteilt, viele Münzen. Die innere Struktur des Fundkomplexes spricht gegen eine Interpretation als Beute germanischer Stämme in römischem Gebiet. Es überwiegt das Kleingeld. Viele Stücke sind von ihrem Material her alles andere als attraktiv, sie sind ein Spiegelbild des Geldumlaufes am Niederrhein mit allen vorhandenen Negativerscheinungen. Von 22 Silbermünzen sind sieben raffinierte Fälschungen. Meistens ist ein Bronzekern mit Silber umkleidet. Ein Denar des Hadrian ist aus einer Bronzelegierung, die so zusammengesetzt war, daß sie nach Säurebehandlung der Oberfläche ein silbriges – heute nicht mehr erhaltenes – Aussehen hatte. Die Münzen zeigen auch den durch zu hohe Militärausgaben bedingten Verfall der reichsrömischen Währung. Um 270 / 280 entstandene Doppeldenare sind aus fast reinem Kupfer mit einem hauchdünnen Silberbelag an der Oberfläche. Mit sieben Münzen sehr zahlreich vertreten sind auch die Zeugen der anarchischen Zustände am Ende des 3. Jahrhunderts, als die Münzprägung zur Privatsache ‚verkommen' war: Unzählige Privatleute stellten in eigenen

Borken-West. Münzen aus der Römischen Republik (Denare um 91 v. Chr., links Fälschung).

Werkstätten relativ primitive Kleinmünzen geringer Größe her.

Im 4. Jahrhundert war Silber knapp, und es entstand massenhaft Kleingeld – für das Rheinland vor allem in der Münzstätte Trier, die aber seit Mitte des 4. Jahrhunderts fast nur noch Edelmetall verarbeitete. Die Serie endet mit nicht weniger als sieben Bronzestücken des gallischen Usurpators Magnus Maximus (383–388). Von der Flut der spätrömischen Goldmünzen des späten 4. Jahrhunderts hat sich in Borken nichts gefunden, da Gold verständlicherweise nicht so leicht verloren ging.

Nach Aussage der Münzen ist die germanische Siedlung westlich von Borken wohl gegen Ende des 2. Jahrhunderts errichtet worden. Am Ende des 4. Jahrhunderts sank die Kleingeldprägung im Westen des Römischen Reiches auf ein absolutes Minimum, so daß aus dem Fehlen von späteren Münzen in Borken keine Rückschlüsse gezogen werden können. Borken-West ist nicht der einzige Fundplatz in Westfalen mit einer besonders großen Menge römischer Münzen. Weitere liegen im Hellweggebiet. Ihr Münzspektrum ist noch größer als das

Borken-West. Münzfälschung aus der Zeit des Kaisers Constans (Vorder- und Rückseite). Prägezeit 348–350 n. Chr.

von Borken-West, unterscheidet sich aber dadurch, daß der Schwerpunkt in den Jahren zwischen 330 und 353 liegt, um dann fast ganz abzubrechen, obwohl die Siedlungen fortbestanden. In Borken-West ist die Zeitspanne 330–353 zwar auch gut vertreten, bildet aber keinen Höhepunkt; vor allem gibt es keinen Abbruch nach der Niederschlagung des Aufstandes des Magnentius 353. Die Zusammensetzung in Borken entspricht derjenigen in römischen Siedlungen am Niederrhein. Die Bewohner der germanischen Siedlung müssen daher eine Art ‚kleinen Grenzverkehr' gehabt haben, zum Rhein waren es nur etwa 25 km Luftlinie, zur Großstadt Xanten nur etwa 35 km.

Ein (kleines) germanisches Dorf – Die jüngerkaiserzeitliche Siedlung von Dortmund-Oespel

Henriette Brink-Kloke, Alex von Bohlen, Monika Doll, Egon Lietz und Claudia Poniecki

Ein großer Ausschnitt aus einer Siedlung der jüngeren römischen Kaiserzeit wurde zwischen 1995 und 1997 von der Stadtarchäologie Dortmund am Nordrand des Dortmunder Ortsteils Oespel ausgegraben. Auf einer Fläche von 1,5 ha konnten 615 Befunde freigelegt werden. Zwei Drittel davon sind Pfosten, doch trotz dieser großen Anzahl scheint nur ein größeres Gebäude nachweisbar zu sein. Die anderen Pfosten gehören zu Sechs- bis Neunpfostenbauten. Gefunden wurden außerdem ca. 30 Grubenhäuser, ca. 150 Siedlungsgruben, ein Brunnen und einige Gruben, die außergewöhnliche Deponierungen enthielten: Keramikgefäße in großer Zahl oder besonderer Art sowie Tierknochen. Ein Keramikbrennofen wurde entdeckt und der Schmelzplatz eines Schmiedes mit zahllosen Fragmenten von Blechen und Stiften aus Buntmetall, die wohl zum Wiedereinschmelzen vorgesehen bzw. als Abfall achtlos liegenblieben waren. Über die zahlreichen Eisenschlackenfunde gibt es widersprüchliche Aussagen, d.h. es ist noch nicht geklärt, ob es Verhüttungs- und / oder Schmiedeschlacken sind, denn die Öfen dafür fehlen.

Aus einem Grubenhaus stammen 88 Niete und mehrere Riemenzungen von zwei verschiedenen Pferdegeschirrsätzen sowie Teile von Eisengegenständen, wie Schildbuckel und Eimerhenkel. In einem anderen Grubenhaus wurde der Beschlag eines germanischen Prunkschildes gefunden, wie er sonst nur noch aus dem Opfermoor von Illerup aus Dänemark bekannt geworden ist. Im Hinblick auf den oben erwähnten Schmelzplatz liegt der Verdacht nahe, daß in einigen Grubenhäusern Metallschrott gelagert wurde, der zur Weiterverarbeitung vorgesehen war.

In Zusammenarbeit mit dem Institut für Spektrochemie und Angewandte Spektroskopie Dortmund wird zur Zeit die Materialzusammensetzung der Buntmetallfunde analysiert. Mit Hilfe der optischen Emissionsspektrometrie mit induktiv gekoppeltem Plasma und energiedispersiven Röntgenspektrometrie wurden die Haupt- und Nebenbestandteile analysiert. Das Untersuchungsmaterial besteht dabei einerseits aus Fertigteilen, wie Blechfragmenten und Stiften, und andererseits aus Gußstücken und Tiegelresten. Die vorläufige Auswertung ergibt ein breites Spektrum unterschiedlich zusammengesetzter Legierungen und belegt, daß als Ausgangsmaterial tatsächlich unterschiedlichste Metallgegenstände verwendet worden sind. Die sich anschließende Frage nach den Anteilen der Unterscheidungsvariablen Zinn und Zink kann ebenfalls eindeutig beantwortet werden: Vorhanden sind überwiegend Kupfer-Zinnlegierungen (Bronze), während der Anteil an Kupfer-Zinklegierungen (Messing) verschwindend gering ist. Das Ergebnis der Buntmetallanalysen spricht eindeutig für eine Wiederverwertung. Jeder Gegenstand wurde so lange geflickt, bis Reparaturen nicht mehr möglich waren. Bleche wurden zerschnitten, Trachtbestandteile auseinandergenommen und alle Reste aufgehoben, um sie wieder einzuschmelzen. Möglicherweise war dies eine notwendig gewordene Maßnahme auf eine Reaktion der Römer, die die verheerenden Angriffe der Franken von 256 / 257 und 276 auf den niedergermanischen Limes und die fast zeitgleichen Alamanneneinfälle weiter im Süden vielleicht mit einem Ausfuhrstopp für metallische Rohstoffe oder einem noch umfassenderen Austauschverbot beantworteten. Ein besonderer Fund ist in diesem Zusammenhang ein großer, bandförmiger Bleibarren mit zahlreichen Probeentnahmestellen aus einem Grubenkomplex. Der Zusatz von Blei verdünnt eine Buntmetallegierung, um beim Guß feinere Konturen zu erhalten. Das Hauptmineral für die Bleigewinnung ist Bleiglanz. Die nächstgelegenen Vorkommen befinden sich im Sauerland und in der Eifel. Eine Bleiisotopenanalyse wird die Herkunft des Barrens klären helfen. Anders als bei den Buntmetallen sieht es beim Ei-

Dortmund-Oespel. Bronzene Nieten, Riemenzungen, Riemenverteiler und eiserne Trensenteile aus Grubenhäusern. 4. Jahrhundert n. Chr.

sen aus. Angesichts der Menge der Schlackenfunde kann man vermuten, daß die Siedlung von Dortmund-Oespel in der Gewinnung von Eisen und wahrscheinlich auch in der Herstellung eiserner Geräte weitgehend autark war. Aus einer tiefen Grube stammt eine kleine Schaufel, deren Blatt und Stiel massiv aus Eisen gefertigt sind, so daß man sie in der Nähe von Feuer, z. B. als Schmiedeschaufel einsetzen konnte. Allerdings ging man auch in der Eisenverarbeitung nicht verschwenderisch mit Altmaterial um. So sollten Teile eines Kettenhemdes sicherlich auch der Wiederverwendung zugeführt werden. Das Kettenhemd besteht aus zahllosen, 6–7 mm im Durchmesser messenden Eisenringen. Dazwischen sind Bronzeringe gefügt, die einer farbigen Markierung dienten. Das Kettenhemd ist in

Westfalen bislang singulär und das erste, das in Deutschland in einer germanischen Siedlung gefunden wurde.

Insgesamt wurden 3421 Knochenfragmente bestimmt und ausgewertet. Das vorliegende Artenspektrum und die mengenmäßige Verteilung der Tierarten weisen sie als Speisereste aus. Es wurden fast ausschließlich Haustiere verzehrt, Rinder standen mit Abstand an erster Stelle, gefolgt von Schweinen auf Platz zwei. Schafe und Ziegen sind nur in sehr geringem Umfang vertreten. Pferd, Esel, Hund und Katze vervollständigen das Bild auf Seiten der Haustiere. Geflügel fehlt völlig. Jagdtätigkeiten konnten nur in sehr geringem Umfang durch wenige Knochen des Rothirsches und den Fund eines Bärenhumerus (Oberarm) nachge-

Dortmund-Oespel. Zierbeschlag eines germanischen Prunkschildes. Bronze und Silber, feuervergoldet. 4. Jahrhundert n. Chr.

wiesen werden. Eine besondere Fundsituation liegt bei einer Opfergrube vor. Aus ihr stammen über 6600 sehr kleine, meist weiß verbrannte Knochensplitter. Von dieser Menge sind nur 22 Fragmente gut genug erhalten, um eine sichere Artbestimmung zu ermöglichen. Zwölf Fragmente stammen vom Rind, zehn vom Pferd. Offenbar wurde das Schwein zwar als Fleischlieferant geschätzt, aber nicht zu Opferhandlungen verwendet.

Die Keramik von der Overhoffstraße in Dortmund-Oespel läßt sich zwanglos in das Spektrum der Gefäße der Rhein-Weser-Germanen einordnen. Dagegen gehören die Fibeln und andere Trachtbestandteile nach derzeitigem Forschungsstand zur Ausstattung der Germanen an der Elbe. Allerdings

ist die Fibeltracht im Rhein-Weser-Raum in dieser Zeit unbekannt, so daß sich diese Unstimmigkeit bei besserem Forschungsstand sicherlich auflösen ließe. Die Siedlung gehört nach der Mehrzahl der 56 aufgefundenen Münzen in das 4. Jahrhundert n. Chr.

Die jüngerkaiserzeitliche Siedlung von Dortmund-Oespel ist die erste, die im Ruhrgebiet großflächig ausgegraben werden konnte. Ihre Dauer umfaßte eine nur kurze Zeitspanne, daher wird sie exakte Aussagen zur Kultur und Landschaft der Germanen im 4. Jahrhundert n. Chr. ermöglichen, wie sie auch über das Ruhrgebiet hinaus bislang nicht zu erwarten waren.

Handwerk und Landwirtschaft – Werkzeug und Gerät aus Westfalen

Eugen Müsch

Von den Bodenfunden, die während der letzten fünf Jahre in der Restaurierungswerkstatt des Westfälischen Museums für Archäologie / Amt für Bodendenkmalpfege in Münster konserviert und restauriert wurden, sind einige mit dem Themenschwerpunkt Handwerk exemplarisch ausgewählt worden. Werkzeuge, Halbfabrikate und Werkabfälle sind wichtige Informationsquellen, mit deren Hilfe handwerkliche Tätigkeit lokalisiert und verschiedenen Berufszweigen zugeordnet werden können. Zwar sind Werkzeugformen in erster Linie funktionsbestimmt, denoch erlauben auch hier Details häufig eine genaue zeitliche und kulturelle Zuordnung. Mit Hilfe von Werkzeugspuren auf den Objektoberflächen, materialkundlichen und stilistischen Untersuchungen lassen sich Herstellungsprozesse und die verwendeten Techniken rekonstruieren. Ebenfalls dem zeitlichen Wandel unterliegt das soziale und gesellschaftliche Ansehen. In diesem Zusammenhang nehmen die römischen Militärhandwerker eine Sonderstellung ein. In ihrer Doppelfunktion als Soldaten und Handwerker war ihre Produktpalette auf den Bedarf der Armee abgestimmt. Im römischen Militärlager bei Delbrück-Anreppen / Kreis Paderborn (siehe S. 257 ff.) spiegelt sich in den umfangreichen Werkzeugfunden eine ganze Palette von Handwerksberufen wider. Dies unterstreicht, wie weitgehend autark das römische Militär vor allem in Okkupationsphasen operierte. Die Funde aus handwerklicher Tätigkeit und die relativ großflächigen Werkstattareale innerhalb des Lagers sind Zeichen einer umfangreichen Produktion, die weit über einen Reparatur- und Instandsetzungsbetrieb hinausging.

Schmiede und insbesondere Waffenschmiede beherrschten die Eisenverarbeitung auf höchstem Niveau. Ohne naturwissenschaftliche Untersuchungsmöglichkeiten, rein empirisch, wurde das Herstellen gewünschter Materialeigenschaften durch Legieren von Eisen zu Stahl ebenso ausgeführt wie das Härten, Anlassen, Feuerverschweißen und Damaszieren. Als Beispiele für die verschiedenen Schmiedeberufe können Schmiedezange, Gesenk und Durchschläge sowie Halbfabrikate, Werkabfall und Schlacken gezeigt werden. Universell in der Metallverarbeitung einsetzbar sind die Feilen, die häufig als Bruchstücke gefunden werden. Die Ursache der Bruchempfindlichkeit liegt in der hohen Härte und Sprödigkeit begründet. Um diese Eigenschaften zu verringern, wurde die Vierkantfeile aus zwei Lagen Stahl hergestellt. Besondere Aufmerksamkeit verdient eine Messerfeile mit Schränkschlitz. Hierbei handelt es sich um ein Werkzeug, mit dem Sägeblätter hergestellt und instand gehalten werden konnten.

Das holzverarbeitende Handwerk im Lager war nicht nur für Unterkünfte und Umwehrung von Bedeutung. Die Zuordnung einzelner Werkzeuge erweist sich jedoch als schwierig, da gleiche oder ähnliche Werkzeuge in verschiedenen Berufen Verwendung finden. Säge, Hobel, Beitel und Dechsel können sowohl vom Zimmermann, Schreiner und Tischler verwendet werden, aber auch z. B. Stellmacher und Böttcher arbeiten mit einem sich überschneidenden Werkzeugspektrum. Spezieller sind die Hohleisen. Ihre unterschiedliche Geräte- und Schneidenform deuten darauf hin, daß sie in der Holzbildhauerei, Schnitzerei bzw. Drechslerei eingesetzt wurden. Selten sind Flachraspeln mit beidseitiger Sägezahnung. Ein weiteres, für die Ausrüstung der Soldaten wichtiges Material war das Leder. Als Beleg kann ein sogenannter Viertelmond angeführt werde, er diente dem Lederzuschnitt. In Anreppen konnten bis heute keine Töpferöfen nachgewiesen werden, doch deuten die gefundenen Töpferwerkzeuge wie kleine Spachteln und

Delbrück-Anreppen / Kreis Paderborn. Römische Werk- ▷
zeuge aus dem Lagerbereich. Eisen. Unter anderem
Zange, Hammer, Löffelbohrer, Sägeblatt, Pfriem, Laub-
messser, Pflugschar. Vor 9 n. Chr.

346

lanzettförmige Messer auf die Anwesenheit von Töpfern hin.

Die Versorgung der Truppe und ihrer Tiere machten umfangreiche landwirtschaftliche Aktivitäten notwendig. Belegen lassen sich diese durch Sense und Laubmesser (Hippen). Der Bruch einer Sense wurde wohl wegen der starken Ausschärfung der Schneide durch Dengeln und Schleifen als nicht mehr reparaturwürdig eingestuft. Reparaturen sind sonst an römischen Sensen häufig zu beobachten. Die Hippe konnte sowohl mit einem kurzen Holzgriff für den machetenartigen Einsatz wie auch mit einer längeren Stange geschäftet gewesen sein.

Ebenfalls aus dem landwirtschaftlichen Bereich, jedoch aus einem zeitlich (10. / 11. Jahrhundert n. Chr.) und gesellschaftlich völlig anderen Kontext, stammen das Sech und die Pflugschar eines schweren Kehrpfluges sowie eine zweizinkige Forke aus Haltern-Berghaltern / Kreis Recklinghausen. Das Aufkommen der schweren Kehrpflüge in der Spätantike geht einher mit dem Umbruch in der Landwirtschaft hin zur Dreifelderwirtschaft. Das verstellbare Sech konnte mit einer Kette am Pflugkörper gesichert werden. Abnutzungsspuren an der Schneide und an der Kettenaufhängung weisen auf längeren Gebrauch vor dem Untergang des Hofes durch Brand hin.

Innerhalb der frühmittelalterlichen Wallburg auf dem Gaulskopf bei Warburg-Ossendorf / Kreis Höxter konnte die Tätigkeit eines Feinschmiedes nachgewiesen werden. Die relativ geringen Mengen an Buntmetallschlacken und die überschaubare Anzahl von Feinschmiedewerkzeugen deuten wohl auf eine kurze Produktionsphase. Möglicherweise handelt es sich um Spuren eines Wanderfeinschmiedes, der vor Ort zeitlich begrenzt Auftragsarbeiten ausführte. Datieren läßt sich diese Tätigkeit mit Hilfe eines unvollendeten Riemenbe-schlages mit zungenförmigem Fortsatz in das mittlere Drittel des 7. Jahrhunderts n. Chr., hier sollte ein bereits fertiges Stück umgearbeitet werden. Die neue Formerstellung erfolgte durch Trennmeißel. Metallguß läßt sich durch Buntmetallschlacken und Tiegelzangen nachweisen. Für die Gravurtechnik kann ein Messerstichel angeführt werden. Die gefundenen Punzen eignen sich für die wichtigsten Ziseliertechniken, dem Schroten, also der Herstellung mehr oder weniger feiner Linien mit Schrotpunzen, dem Modellieren und Absetzen mit Setz- und Flachpunzen.

Aus verschiedenen Grubenhäusern der mittelalterlichen Siedlung bei Dülmen-Dernekamp / Kreis Coesfeld (8.–13. Jahrhundert n. Chr.) stammen zwei Hämmer, Löffelbohrer und Spitzmeißel. Die hartgelötete Zwinge für den Holzschaft und die vier Keile weisen darauf hin, daß der Spitzmeißel erhebliche Kräfte aufnehmen konnte. Parallelen aus der Volkskunde lassen einen Einsatz als Steinmetzwerkzeug möglich erscheinen. Während der Löffelbohrer eindeutig zum Zimmermannswerkzeug gehört, sind die zweibahnigen Hämmer nicht ohne weiteres einer bestimmten Funktion bzw. Berufsgruppe zuzuordnen. Sie werden je nach Verwendungszweck als Dengel-, Schweif-, Sicken- oder Treibhämmer bezeichnet.

Lit.: H. von Petrikovits, Römisches Militärhandwerk. Archäologische Forschungen der letzten Jahre (Wien 1974). – W. Gaitzsch, Eiserne römische Werkzeuge. BAR Internat. Ser. 78, Teile (i), (ii) (Oxford 1980). – J. Henning, Landwirtschaft der Franken. In: Die Franken. Wegbereiter Europas 2 (Mainz 1996) 774–785. – W. Best, Die Ausgrabungen in der frühmittelalterlichen Wallburg Gaulskopf bei Warburg-Ossendorf, Kreis Höxter. Germania 75, 1. Halbbd., 1997, 159–183. – I. Heindel, Werkzeuge zur Metallverarbeitung des 7. / 8. bis 12. / 13. Jahrhunderts zwischen Elbe, Saale und Bug. Zeitschr. Arch. 2, 1993, 337–379.

Köln. Heumarkt. Marktoberfläche. 11. Jahrhundert. ▷ ▷

FRÜHES MITTELALTER, MITTELALTER UND NEUZEIT

Der Heumarkt in Köln – Ein ungewöhnliches Ausgrabungsunternehmen

Hansgerd Hellenkemper

Die Entscheidung für den Bau einer Tiefgarage unter dem Heumarkt, mitten im historischen Kern Kölns, war eine Entscheidung gegen die Bewahrung historischer Bodenurkunden: der klassische Konflikt zwischen Vergangenheit und Zukunft einer Stadt. Die Triebkräfte für eine Vitalisierung des Rheinviertels erwiesen sich stärker als der Widerstand zugunsten eines seit 1992 geschützten Bodendenkmals. Das Bewußtsein des drohenden Verlustes bewirkte eine ungewöhnliche archäologische Großunternehmung – Planung und Sicherung durch Verträge, Vereinbarungen und Öffentlichkeitsarbeit. Angesichts des Projektvolumens mit einem Flächenumfang von sechstausend Quadratmetern und bis zu sieben Metern Tiefe – ein Umfang wie die Ausgrabungen im Kölner Dom oder des Baues der Tiefgarage im Westen und Süden des Doms – bedurften die Ausgrabungen einer umfänglichen Fachbegleitung und Projektsteuerung. Die Erfahrungen anläßlich der Errichtung der Tiefgarage am Dom in den Jahren 1969 bis 1971 zeigten, daß während und nach Ende der unmittelba-

Köln. Heumarkt. Marktstraße. 11. Jahrhundert.

351

Köln. Heumarkt. Mit Astlagen armierter Boden eines Gaddems (Marktbude). Nach 1024.

ren Ausgrabungen keine finanziellen Mittel und kein wissenschaftliches und technisches Personal zu einer ersten Auswertung verfügbar waren und damit eine wissenschaftliche Bearbeitung und Veröffentlichung der Ergebnisse auf unbestimmte Zeit verschoben werden mußte. Eine solche Entwicklung ist nicht ungewöhnlich; große Ausgrabungen im In- und Ausland werden zuweilen erst Jahrzehnte später, vielfach nach dem Tod der unmittelbaren Augenzeugen, veröffentlicht. Daher galt es, für den Heumarkt ein Gerüst zu entwickeln, das die Risiken eines solches Projektes minderte, insbesondere weil der schiere Dokumentationsumfang – gleichsam ein eigenes Archiv – eine spätere Auswertung für einen einzelnen Bearbeiter oder eine Arbeitsgruppe eine abschreckende Aufgabe über Jahrzehnte sein könnte.

Die Stadt Köln, vertreten durch das Römisch-Germanische Museum, vereinbarte mit dem Bauherrn vertraglich eine ungewöhnliche Form der ‚archäologischen' Projektsteuerung über mehr als drei Jahre hinweg, entlehnt von großen Industrievorhaben: wöchentliche Arbeitssitzungen der Ausgrabungsleitung mit dem Römisch-Germanischen Museum; Abnahme eines schriftlichen Monatsberichts über den jeweiligen Untersuchungs- und Ergebnisstand verbunden mit einem Arbeitsplan für den Folgemonat – auch als Voraussetzung für die monatli-

chen Zahlungen; ein umfänglicher, druckfertiger Ergebnisbericht zum Ende jedes Projektjahres, d.h. drei Berichte für die Arbeitsjahre 1996 bis 1999.

Für alle Beteiligten – Auftraggeber (Stadt Köln, Römisch-Germanisches Museum), Bauherr und für die vom Bauherrn beauftragte Arbeitsgemeinschaft Archäologie Heumarkt – war dieses ‚Korsett' ungewöhnlich, da es in dieser Größenordnung bisher keine Vergleiche und Erfahrungen gab. Aber es war die Einsicht, daß in einer Zeit sich wandelnder Arbeitsbedingungen und -techniken auch in der Archäologie neue, jeweils angemessene Rahmenbedingungen – begrenztes Zeitfenster und Festpreisbudget – notwendig sind. Hierzu gehört auch ein ausgewogenes Verhältnis von Hand- und Maschineneinsatz. Ziel der Arbeitssitzungen und Monatsberichte war es, in Zeitaufwand und Personaleinsatz auf die jeweils aktuelle archäologische Situation zu reagieren, wie auch die technischen Erfordernisse zu koordinieren (Vorbereitung und Fortführung der Baugrubensicherung). Die Sitzungen waren nicht frei von Spannungen, Kritik und kontroverser Diskussion, aber sie erwiesen sich als entscheidendes Steuerungsinstrument: Der Arbeitsaufwand zur Erschließung der jeweiligen Befunde – beispielhaft: die Fundamente der preußischen Hauptwache, die neuzeitlichen Kanäle oder die mittelalterlichen Marktböden mit ihrer technischen Unterfütterung – wurde intensiv besprochen und der Umfang dieser Untersuchungen zurückgenommen, um zu Beginn des 2. Ausgrabungsjahres den gezielten Schwerpunkt auf die frühmittelalterlichen Schichten, d.h. von der spätrömischen Zeit bis zur ottonischen Zeit, zu legen. Ein Fachgremium aus Archäologen, Historikern, Bauforschern und Kunsthistorikern begleitete und diskutierte in mehreren Sitzungen vor Ort die Befunde und formulierte daraus resultierende Fragen.

Um die Steuerung wirksam führen zu können, wurden parallel zur Ausgrabung eigene Arbeitsgruppen zur (Klein-)Fundbearbeitung und Münzbestimmung (siehe S. 361 ff.) eingesetzt. Ihre Ergebnisse sollten einen kurzfristigen Austausch zur Ausrichtung der weiteren Arbeitsschwerpunkte er-

Köln. Heumarkt. Ausgrabungen 1997. ▷

Köln. Heumarkt. Karolingische Siedlungsschichten. Vor Mitte 10. Jahrhundert.

lauben. Dieses Steuerungsziel konnte nur in Abschnitten erreicht werden, da eine Bearbeitung (Reinigung, Erstbestimmung) auf Grund der riesigen Fundmenge, insbesondere an Gefäßbruchstükken, mit dem Ausgrabungsfortgang nicht wirklich Schritt halten konnte. Um sich die Dimensionen einer solchen Großgrabung vor Augen zu führen, können einige Meßzahlen den Aufwand erklären: Allein der Personaleinsatz vom 6. Mai 1996 bis zum 11. August 1998 vor Ort – nicht gerechnet die Fundbearbeitung, die natur- und technikwissenschaftliche Mitarbeit, ohne Gutachter, Fachaufsicht und Baupersonal – umfaßte fast 16 000 Arbeitsstunden von Archäologen, mehr als 11 000 Technikerstunden

und über 45 000 Stunden von Ausgrabungshelfern. Allein ca. 3500 Festpunkt- und 11 000 Höhenmessungen wurden in über zwei Jahren aufgezeichnet, die gesamte Ausgrabung in Horizontal- und Vertikalflächen auf über 2500 Millimeterpapierblättern im Format DIN A 3 zeichnerisch aufgetragen. Mehr als elf Tonnen Bodenproben wurden für paläobotanische Untersuchungen geborgen.
Die Ausgrabungen Heumarkt sind ein finanzieller Kraftakt, deren Langzeitkosten noch nicht überschaubar sind. Die Stadt Köln hat für die unmittel-

Köln. Befundplan der Heumarktgrabung. ▷

354

Unter Seidmacher

Bolzengasse

Markmannsgasse

Grab 5

Grab 2

Grab 3

Grab 4

Grab 1

0   10   20m

keramisch datierte Befunde:

merowingisch

karolingisch

römischer Großbau:

erhaltene Fundamente

Ausbruchgraben

tiefreichende jüngere Eingriffe

Katasterplan 1837

355

baren archäologischen Arbeiten von Mai 1996 bis Mai 1999 – zwei Jahre Ausgrabungen und ein Jahr Bearbeitung – 6,1 Millionen DM aus dem Investitionshaushalt aufgewandt; hinzuzurechnen sind die Sonder- und Haushaltsmittel für die Voruntersuchung von 1992 bis 1994, die Kosten der vorgezogenen Baugruben- und Denkmalsicherungen durch den Bauherrn, die Personal- und Sachkosten des Römisch-Germanischen Museums im Rahmen der Fachaufsicht und der Restaurierungsarbeit, Sachmittel des Landes Nordrhein-Westfalen für übergreifende wissenschaftlich-technische Arbeiten und Eigenleistungen der beteiligten Universitätsinstitute. Noch nicht in diese ‚Kosten- und Leistungsrechnung‘ einbezogen sind die Folgekosten der Fundaufbewahrung und -pflege und der vertiefenden wissenschaftlichen Studien, die sich in den nächsten Jahren anschließen.

Die archäologischen Jahresberichte sollten einerseits den jeweiligen Ergebnis- und Wissensstand – zugleich auch für die begleitenden Nachbardisziplinen – dokumentieren, andererseits den beteiligten Fachdisziplinen eine reflektierende Stellungnahme abverlangen, selbst mit dem Risiko, daß anfängliche Aussagen, Annahmen und Interpretationen in späteren Berichten Korrekturen erfordern. Dieses Ziel, auch die Darlegung offener, ungelöster Fragen, ist mit den drei Berichten erreicht worden. Damit ist die Grundlage zu einer internationalen, vornehmlich mitteleuropäischen Diskussion gelegt worden. Es zeigt sich bereits, daß ähnliche und vergleichbare, zwangsläufig ausschnitthafte Befunde in anderen historischen Städten, vornehmlich im frühmittelalterlichen Gallien und Britannien, die Entwicklungskonturen frühmittelalterlicher Städte nunmehr deutlich werden lassen. Für Köln stehen nun auch die frühmittelalterlichen Schichten im Umfeld der Bischofskirchen unter dem Dom nicht mehr isoliert.

Die Ergebnisse der Ausgrabungen auf dem Heumarkt haben das Wissen zur Kölner Stadtgenese von spätrömischer Zeit bis zum Hochmittelalter entscheidend erweitert. Die bisherige modellhafte Vorstellung von Bruch- oder Umbruchzeiten in der 2. Hälfte des 1. Jahrtausends n. Chr. hat die geschriebene Stadtgeschichte einhundert Jahre geprägt: Das östliche Vorgelände der römischen

Stadtmauer mit Hafen und Flußinsel galt in frühmittelalterlicher Zeit ausschließlich als Sumpf- und Auengelände. Erst eine ‚kolonisatorische‘ Leistung der Kölner Erzbischöfe habe das östliche Niedergelände zwischen Rhein und (römischer) Stadtmauer erschlossen und damit die Grundlagen für das mittelalterliche Stadtbild unmittelbar am Rheinufer gelegt. Die in Ausschnitten nunmehr erschlossene, periodisch kontinuierliche Entwicklung, wie sie in den Bau- und Siedlungszeugnissen sichtbar wird, läßt ein anderes Bild erkennen. Die Ostseite der römischen Stadt reichte in der Flußaue bis an den (wechselnden) Wasserspiegel des Rheins heran. Unmittelbar vor der bis in den Grundwasserbereich gegründeten Stadtmauer des 1. Jahrhunderts n. Chr. lag ein sehr schmaler Kai aus dicht versetzten, rechteckig gebeilten Eichenbalken (2. Hälfte 1. Jahrhundert n. Chr.). Die rund fünfzig Meter breite Hafenrinne war von einem Werth (Insel) vor dem offenen Strom geschützt. Diese Insel aus Kiesgeröll und Feinsanden hob sich auf einer Länge von nahezu eintausend Metern, im Mittelteil bis zu 180 m breit, wenige Meter aus dem Fluß heraus. Schon im 1. Jahrhundert n. Chr. wurden zumindest Teile der Insel – im Umfeld von Groß St. Martin – für öffentliche Bauanlagen genutzt, seit dem 2. Jahrhundert insbesondere für großräumige Speicherbauten (Bereiche Groß St. Martin, Philharmonie). Hochwässer wurden offensichtlich, so auch im Mittelalter, als eine vorübergehende Gefahr angesehen. In der mittleren römischen Kaiserzeit ist die Hafenrinne durch Geschiebe und Sinkstoffe verlandet, ein Prozeß, der sich wohl über mehrere Jahrzehnte bis zum Ende des 3. Jahrhunderts n. Chr. hinzog.

Die zunehmende Gefährdung der Rheingrenze führte Anfang des 4. Jahrhunderts zur Bauentscheidung für das spätrömische Legionslager Deutz, das mit einer Brücke – beide Bauten wohl 315 n. Chr. vollendet – in der Achse des *decumanus maximus* (Obenmarspforten) mit der Stadt verbunden wurde. Augenscheinlich als Folge dieser Planung wurde das östliche offene Vorfeld der Stadt, die zugeschwemmte, später wohl auch mit Schutt angefüllte Hafenrinne und die Rheininsel, insgesamt eine Fläche von 25 Hektar, in den umwehrten Bereich einbezogen: Zwei Schenkelmauern – im Norden unter der Philharmonie nachgewiesen, im

Süden am Filzengraben zu erschließen – sicherten das ältere östliche Suburbium. Diese ungewöhnliche spätrömische Stadtausdehnung verändert die bisherigen Vorstellungen zur topographischen Entwicklungsgeschichte der Stadt. Nicht im 10. Jahrhundert, vielmehr im 4. Jahrhundert wird das östliche Vorgelände in die Stadt einbezogen. Diese Erkenntnis hat unmittelbare Rückwirkungen auf das Verständnis der archäologisch-topographischen Ergebnisse der Ausgrabungen im nördlichen Areal des Heumarktes.

Das Heumarktgelände liegt von Nord nach Süd gestreckt auf der westlichen Abdachung des Inselrückens, nur wenige Meter von der (erschlossenen) Uferlinie des ehemaligen Hafens entfernt. In frührömischer Zeit diente das Areal offensichtlich als weitgehend freie, unbebaute Stapelfläche. In den teilweise künstlich aufgeschütteten Sandschichten fanden sich nahezu keine Spuren von Holz- oder Steinbauten, sondern nur Abschnitte einer Nord–Süd gerichteten Terrassenmauer und gekiester Freiflächen. Erst in spätrömischer Zeit wurde eine großzügig geplante Bebauung errichtet, deren leicht diagonal verschobene Nord–Süd-Bauachse offensichtlich mit einem Sicherheitsabstand der alten Uferlinie des Hafens folgt. Es bleibt offen, ob damals der Hafen noch nutzbar oder die Entscheidung zu Gunsten eines sichereren Baugrundes auf dem Inselrücken fiel. Trotz der frühmittelalterlichen Abbrucharbeiten ließ sich eine mehr als 120 m lange und ca. 6 m breite Bauzeile, unterteilt in nahezu regelmäßige Kammern (mindestens 28), erschließen; die Fundamente waren in grober spätrömischer Mauertechnik aus wohl wiederverwendeten Natursteinen und Mörtel errichtet. Der Bauentwurf deutet auf eine wirtschaftliche Nutzung; eine besser erhaltene Architekturparallele, vermutlich Händlerkontore, findet sich in Aquileia, auch dort entlang des Flußhafens errichtet. Die Kammerböden, wahrscheinlich aus Mörtelestrich, waren vollständig vernichtet; an ihrer Stelle lag eine schwarze Erdschicht, die sich in unterschiedlicher Mächtigkeit von 25 bis 60 cm Höhe über das gesamte Heumarktareal erstreckte. Die ‚schwarze Erde‘, ein sehr dicht verpreßtes Sediment, ist nicht durch kontinuierliche Humusbildung entstanden, sondern Ergebnis einer überaus intensiven Sied-

Köln. Heumarkt. Römische Juppiterstatuette (2. Jahrhundert n. Chr.) aus der Marktschicht des 10. Jahrhunderts.

lungsfolge. Eine solche Erde entsteht unter anderem durch eine gegenüber der römischen Zeit veränderte Bautradition mit vorwiegend organischen Baustoffen (Holz, Zweige, Stroh und anderem), durch eine Mischung von wilder Vegetation (‚Unkraut‘), Abfällen, Dung, aus vielfältigen Verunreinigungen und Umschichtungen. Die ‚schwarze Schicht‘ auf dem Heumarkt griff in den spätrömischen Siedlungshorizont ein; spätrömische und frühmittelalterliche Funde, insbesondere Gefäßkeramik, haben sich hier vielfach unentwirrbar vermischt. Die fortwährende Umschichtung dieses Bodens machte eine archäologische Untersuchung besonders schwierig und aufwendig. Kaum wahrnehmbare Spuren von Abfall- (und Vorrats-)Gruben, von eingegrabenen und vermoderten oder gezogenen Holzpfosten zeigen die Geländenutzung als Wohnareal. Sieben charakteristische rechteckige Gruben mit regelmäßig angeordneten Pfosten – typische frühmittelalterliche, halb unterirdische Grubenhäuser – wurden als Vorrats- und Werkstattbauten genutzt. Abfälle von Glas- und Metallverarbeitung bezeugen handwerkliche Tätigkeiten im Umkreis des Heumarkts, importierte Gefäßkeramik, Schmuckfunde und Gerät belegen eine städtische Gesellschaft der nachrömischen Zeit, wie sie sich in den Schriften Gregors von Tours für die gallischen Städte spiegelt.

Die Summe der Befunde und Funde zeigt ein intensives frühmittelalterliches Leben im östlichen Auegebiet der Stadt, zugleich eine deutliche Orientierung an den Strom, trotz der Gefahr von periodischen Hochwässern. Die Bindung an den Rhein unterstreicht der Bau und Unterhalt einer frühmittelalterlichen Straße, Vorgänger der Markmannsgasse, die neben der Salzgasse die Hauptader zur östlichen Hafenlände war. Das Wohn- und Gewerbeviertel war, wie sich aus der Entwicklung in den nachfolgenden Jahrhunderten ablesen läßt, die dynamische Triebfeder für die hochmittelalterliche Entwicklung. In die oberen Schichten der ‚schwarzen Erde‘ sind Spuren von vielfach erneuerten Häusern der früh- bis spätkarolingischen Zeit eingebettet, die in Lage, Größe und Abstand bereits Prinzipien einer Siedlungsordnung erkennen lassen, die als Urform das Parzellengefüge in der Rheinstadt mitbestimmen. Rechteckhäuser mit Fachwerkwänden auf Schwellbalken, Steinquadern oder Mörtelfundamenten stehen in Reihen mit ihren Schmalseiten von Ost nach West gerichtet, offenbar an nordsüdlichen Wegen. Die ‚Markmannsgasse‘ wird erheblich verbreitert und mit Steinschrot neu befestigt.

Nach der Mitte des 10. Jahrhunderts – im Jahre 957 oder in den Folgejahren, d. h. während des Episkopates des Erzbischofs Brun – wird dieser Teil des Siedlungsareals tiefgreifend verändert. Die Häuser werden (nach einer Hochwasserkatastrophe oder einem Brand?) abgerissen, die Parzellen aufgelassen und eingeebnet. Eine rechteckige Fläche von anderthalb Hektar, Nordsüd gerichtet, bis zu 70 m breit, wird mit einer dünnen Kiesdecke überzogen. Der nördliche trapezförmige ‚Alte Markt‘ erhält eine großzügig absteckte südliche Erweiterung. Die offene Marktfläche in der Rheinstadt erreicht nunmehr eine Länge von nahezu fünfhundert Metern. Diese erkennbar verordnete Markterweiterung läßt eine dynamische Marktentwicklung und zugleich eine weitsichtige städtebauliche Planung erkennen, die über eintausend Jahre Bestand haben sollte. Es war die wegweisende Entscheidung am richtigen Ort. Der ebenso großflächig geplante, nur wenig mehr als einhundert Jahre jüngere Neumarkt im Westen der Stadt hat nie die wirtschaftliche Bedeutung wie der ‚Alte Markt‘ in der Rheinstadt erreicht. Der Alte Markt war das *forum*, später das *vetus forum*; der Name ‚Heumarkt‘ für die Südhälfte des langen Marktes wird erst im 13. Jahrhundert gebräuchlich.

Die ottonische Marktfläche hatte rund zweieinhalb Generationen lang Bestand; im Jahr 1024 unter Erzbischof Pilgrim wurde das gesamte, durch Nutzung und Regenwasser (Winterregen und Hochwasser?) offenbar stark zersetzte Areal mit Schutt und Erde als Niveauausgleich bis zu 0,30 m hoch aufgefüllt. Noch im gleichen Jahrhundert, im Jahre 1082, folgte ein umfangreicher neuer Erdbau: Die gesamte (nördliche) Marktfläche wurde um rund 0,40 m mit schwarzer Feuchterde, armiert mit Astlagen gegen Trockenrisse, höher gelegt und mit Grobkies, der noch auffallend viel römischen Ziegelbruch und Tierknochen einschloß, abgedeckt. Eine 7,10 m breite, mit einer stärkeren Kiesdecke befestigte Straße führte von Nordwesten aus Rich-

Köln. Heumarkt. Hölzerner Messergriff mit Darstellung des heiligen Christopherus. Wohl 12. Jahrhundert.

tung Marstor kommend nach Südosten in die Südhälfte des Heumarktes. Die Straßenkanten waren
durch eingelassene geschälte Holzstämme abgegrenzt. Dendrochronologische Messungen erlaubten
die genaue Zeitbestimmung. Inmitten des Platzes
diente ein breiter flacher Graben der notwendigen
Entwässerung. Ein Brückenbau aus schweren Ei-
chenbohlen überspannte den Graben und verband
im Mittelabschnitt beide Markthälften. Auf den ersten Blick war es überraschend, daß auf den Marktflächen nahezu keine Spuren von Handelsgütern
gefunden wurden. Nur ein paar Münzen, zerbro-

chener Schmuck aus Metall und Stückchen von
Bergkristall waren in die Pflaster eingetreten. Die
Marktpflaster waren jeweils bis zu ihrer Erneuerung täglich nach den Markttagen gekehrt worden.
Dies war schon aus hygienischen Gründen geboten. Die Marktbeschicker hatten anscheinend zuerst selbst für ihren Abfall zu sorgen, anschließend
haben wohl die Marktmeister eine Reinigungsko-
lonne über den Markt geschickt.
Nur sehr späte Kölner Darstellungen aus dem 17.
und 18. Jahrhundert zeigen die vielfältigen Formen
des Markttreibens: auf dem Boden ausgelegte Wa-

ren, in breiten Körben angebotene Produkte aus Feld und Garten, auf einfachen Tischen – mit und ohne Regenschutz – geordnete Güter. Das Marktangebot auf dem Heumarkt war in seiner großen Mehrheit der Bedarf des täglichen Lebens, insbesondere Gemüse, Käse, Salz, kleines Küchengerät und auch Kohlen. Kostbarere Güter wie Tuche, Pelze, Schmuck, Waffen wurde in den umliegenden Hausläden verhandelt. Schnell verderbliche Waren, insbesondere Fleisch, mußten spätestens seit dem 14. Jahrhundert in den nahegelegenen Hallen angeboten werden.

Seit Einführung der Kölner Schreinsbücher im 13. Jahrhundert taucht mehrheitlich in der Rheinvorstadt der Begriff das *gaddem* / die *gaddemen* (lateinisch *taberna, cubiculum*) – in anderen Städten Bude genannt – als Bezeichnung für eine selbständige Immobilie auf. Ein *gaddem* war ein kellerloser, meist kleiner querrechteckiger Einraum aus Holz, Fachwerk oder seltener Backstein, der frei stand oder an rückwärtige Häuser angelehnt war.

Gaddemen dienten mehrheitlich dem Handel, zur Straßenfront ließ sich der breite Verschlag aufstellen. Solche ortsfesten Verkaufsstände in Leichtbauweise sind archäologisch kaum zu fassen, da sie nach dem Abbruch nahezu keine Spuren hinterlassen. Aus der Überlieferung in den Schreinsbüchern ließ sich erschließen, daß die östliche Häuserzeile Unter Hutmacher aus einer Doppelreihe von Gaddemen hervorgegangen war, d.h. ursprünglich standen entlang der Straße Unter Hutmacher und der Westseite des Heumarkts Gaddemen Rücken an Rücken, deren Grundstücke im Spätmittelalter durch stattliche Häuser mit Doppelkellern ersetzt wurden. Dennoch blieben Spuren dieser älteren, für das Marktviertel sehr charakteristischen Bebauung erhalten. Ein querrrechteckiger Boden aus Stampflehm (Länge mindestens 6,10 m, Tiefe mindestens 2,40 m), unterfüttert von einem dichten Netz aus Ästen, lag auf der Marktfläche, die im Jahre 1024 neu aufgeschüttet worden war. Der Lehmboden war von Eichenbrettern eingefaßt, die mit Holzdübeln an Pfählen befestigt waren. Weite-

re Standortspuren von Gaddemen waren am Rand des Marktes erkennbar. Die Lebensdauer solcher Buden war begrenzt, bei Neuanlage der Marktflächen wurden sie aufgegeben.

Im 12. Jahrhundert, so in den Jahren 1104 / 1106, folgte wiederum eine Erneuerung der Marktdecke mit einer Aufschüttung von 0,10 bis 0,30 m; die dauernde Sorge um eine möglichst trockene Marktfläche läßt sich an einem mehrfach erneuerten, sorgfältig gezimmerten Holzkanal ablesen. Die zentrale Marktstraße, aufwendig unterbaut, wächst bis auf 11 bis 16,60 m Breite. Im 13. Jahrhundert werden die verschiedenen Holzkanäle durch weitgehend offene Steinkanäle aus Basalt und Tuff ersetzt, wesentliche Marktflächenteile auch erstmals mit Basalt gepflastert. In den folgenden Jahrhunderten werden die Marktflächen offensichtlich weiterhin gepflegt, die Pflasterungen aber vielfach mit nur noch geringen Aufhöhungen – teils unter (anderweitiger?) Verwendung des Altmaterials – erneuert. Fünf wesentliche Leitaufgaben waren bis in die Neuzeit für den Bau, Unterhalt und Pflege der Marktflächen konstant maßgebend: eine feste Oberflächensicherung mit sorgfältiger Modellierung, eine effektive Entwässerung, eine der Nutzung angepaßte Straßenerschließung, eine fortwährende Reinigung und eine strenge Verkehrsaufsicht zur Sicherung der Beläge.

Lit.: N. ATEN / D. BENTE / F. KEMPKEN, Ausgrabungen auf dem Heumarkt in Köln. Erster Bericht zu den Untersuchungen von Mai 1996 bis April 1997, mit Beiträgen von R. EXALTUS / B. PÄFFGEN / G. QUARG / W.-D. BECKER / K. H. KNÖRZER / J. MEURERS-BALKE. Kölner Jahrb. 30, 1997, 345–404. – N. ATEN / G. FRASHERI / F. KEMPKEN, Ausgrabungen auf dem Heumarkt in Köln. Zweiter Bericht über die Untersuchungen von Mai 1997 bis April 1998, mit Beiträgen von B. SCHMIDT / P. GROOTES / K.-H. KNÖRZER / B. PÄFFGEN / G. QUARG. Ebd. 31, 1998, 483–598. – Ausgrabungen auf dem Heumarkt in Köln III mit Beiträgen von N. ATEN / F. KEMPKEN / M. TRIER / H. ROTH / B. PÄFFGEN / B. SCHMIDT / P. GROOTES / U. TEGTMEIER / K.-H. KNÖRZER / W.-D. BECKER / J. MEURERS-BALKE u. a. Kölner Jahrb. 33 (in Druckvorbereitung).

Die Fundmünzen vom Heumarkt in Köln – Numismatisches zur Stadt- und Handelsgeschichte

BERND PÄFFGEN

Wie kaum eine andere Fundgattung sind die Münzen geeignet, archäologische Zusammenhänge zu erhellen und Datierungen zu liefern; überdies lassen sie wirtschaftliche Beziehungen und Zusammenhänge erkennbar werden. Den Fundmünzen galt bei den Ausgrabungen auf dem Heumarkt daher besondere Beachtung. Diese Vorgehensweise erklärt sich aus seiner Bedeutung als mittelalterlicher und neuzeitlicher Marktplatz. Die Münzreihe der Heumarkt-Grabung beginnt mit Fundmünzen der neronischen Zeit (54–68 n. Chr.). Vor dem Hintergrund der Diskussion um die Topographie des frührömischen Köln stellt sich die Frage nach dem Einsetzen, der Art und dem Umfang der ältesten römischen Siedlungsbelege im Rheinviertel. Aus

dem Bereich der der römischen Stadt vorgelagerten Rheininsel sind an Fundmünzen der frühen Kaiserzeit bislang solche von Augustus, Tiberius, Caligula, Claudius und Nero bekannt. Sie deuten darauf hin, daß das Gelände nach der Gründung der *Colonia Claudia Ara Agrippinensium* intensiver genutzt wurde. Aus den Grabungen des Jahres 1963 am Heumarkt 2–4 gibt eine Münze die Datierung für die Verlandung des Rheinarms: Es handelt sich um einen 96–98 n. Chr. in Rom geprägten Sesterz des Nerva, der in den schwarzbraun verschlammten Verfüllschichten des bisherigen Hafens entdeckt wurde.
Die neuen Ausgrabungen erbrachten wiederum eine Münze Nervas, hinzu kommen aus dem 2. Jahr-

Köln. Heumarkt. Goldmünze aus Andernach. Vorderseite (links): stilisierter Herrscherkopf. Rückseite: stilisierte Victoria mit Kranz. 6. Jahrhundert n. Chr.

361

hundert solche von Antoninus Pius und Lucius Verus. Verglichen mit anderen Ausgrabungen im Kölner Stadtbereich scheinen die römischen Münzen bis in die Mitte des 3. Jahrhunderts nur schwach vertreten. Dies dürfte mit dem Abtrag mittelkaiserzeitlicher Schichten im Zuge jüngerer Nutzung zusammenhängen. Das Fundbild ändert sich grundlegend mit der Spätantike. Aus der Zeit des Gallischen Sonderreiches (259–273 n. Chr.) stammen Antoniniane, darunter lokale Imitationen. Der größte Teil umfaßt spätrömische Kleinbronzen des 4. Jahrhunderts. Aus dem Fundkontext ergibt sich klar, daß diese kleinen Bronzemünzen des 4. Jahrhunderts auch noch später umliefen. Sie blieben bis in die Merowingerzeit gängiges Kleingeld unterhalb der Edelmetallwährung. Diese Beobachtung konnte schon im Zusammenhang mit den Gräbern des 5.–7. Jahrhunderts von St. Severin in Köln gewonnen werden und erfährt nun in siedlungsarchäologischem Kontext ihre Bestätigung. Damit steht fest, daß Köln in merowingischer Zeit nicht zu einer weitgehend menschenleeren ‚Stadtruine‘ verkam, sondern innerhalb der römischen Mauern nach wie vor städtisches Leben existierte. Denn eines der Kennzeichen städtischer Siedlungs- und Wirtschaftsweise war der alltägliche Geldverkehr, für dessen Abwicklung es einer kleinen Münzeinheit bedurfte. In den alten Römerstädten am Rhein kursierten zu diesem Zweck weiterhin die in hohen Stückzahlen geprägten Antoniniane, Folles, Halbfolles und Centenionales genannten Kleinmünzen der Spätantike. In merowingischen Körpergräbern kommen diese Kleinbronzen oft zu mehreren in beigegebenen Geldbörsen vor, die am Gürtel der Toten hingen.

Daß am Kölner Heumarkt jedoch auch höherwertiges Kurantgeld umlief, zeigen die Funde von zwei Goldmünzen der jüngeren Merowingerzeit. Es handelt sich um sog. Münzmeister-Trienten aus der 2. Hälfte des 6. bis zur 1. Hälfte des 7. Jahrhunderts. Als Triens oder Tremissis bezeichnet man das Drittelstück des Solidus, der seit dem 4. Jahrhundert gültigen Goldwährung. Das größere Goldstück des Solidus eignete sich nur für bedeutende wirtschaftliche Transaktionen und besaß für das Alltagsleben eher die Bedeutung im Sinne einer Recheneinheit. Auch der Triens, der dritte Teil des Solidus, war

mit zunächst 1,5 g Gold (später reduziert zu 1,3 g) eine beachtliche Vermögenseinheit. Beide Trienten können näher bestimmt werden und geben Hinweise auf die Wirtschaftsbeziehungen des merowingerzeitlichen Köln. Die Bedeutung des Rheinhandels wird durch einen in Andernach geprägten Triens angezeigt, der den Namen des Münzmeisters Ilfia trägt und den älteren Rückseitentyp mit der Darstellung der Victoria zeigt. Daß man jedoch auch weiter reichende Handelskontakte pflegte, verdeutlicht der jüngere Triens aus dem südfranzösischen Banassac, der um 630 zu datieren ist. Die Vorderseite der 1,4 cm großen und 1,3 g schweren Goldmünze vom Typ Prou 2076 zeigt die beiden Buchstaben B-A um eine Kreuzdarstellung, die von Punkten und einem umlaufenden Lorbeerkranz umgeben ist. Die Buchstaben geben den Prägeort an. Die Rückseite nennt den Namen des Münzmeisters als ELAFIVS – MONET(arius) und zeigt die Darstellung eines kleinen Kelches mit Kreuz und vier Punkten.

Betrachtet man die Kartierung der bisher bekannten Funde der in Banassac geprägten Trienten, wird deutlich, daß ihr Verbreitungsschwerpunkt in der Provence liegt. Diese Kulturlandschaft war durch infrastrukturelle Voraussetzungen und funktionierende Mittelmeerhäfen von besonderer Bedeutung für das Merowingerreich. Die von der Provence entfernteren Fundorte zeigen den von dort ausgehenden Fernhandel an. Der nördlichste Fundpunkt eines derartigen Trienten ist aus dem südenglischen Sutton Hoo bekannt. Neben einem Fund aus Belgien belegt das Kölner Vorkommen Handelskontakte von Südfrankreich in das Gebiet zwischen Maas und Rhein. Daß die Verbindungen weiter nach Osten reichten, zeigt ein Fundpunkt am Neckar an.

In der ausgehenden Merowingerzeit wurde der Goldbestand knapper und zunehmend durch kleinerwertiges Silbergepräge abgelöst. Eine solche Silbermünze fehlt zwar im Fundbestand vom Heumarkt, aufschlußreich erscheint jedoch der Fund einer kleinen Kupfermünze, die ebenfalls zum spätmerowingerzeitlichen Kleingeld unterhalb der Edelmetallprägung zu zählen ist. Vorbilder sind Silbermünzen, die auf der Vorderseite eine Art Kreuzdarstellung bzw. Buchstabenligatur in Palm-

Köln. Heumarkt. Spätrömische Bronzemünzen (4. Jahrhundert n. Chr.) als Kleingeld der merowingischen Zeit. 7. Jahrhundert n. Chr.

oder Ankerform aufweisen. Auch bei den Ausgrabungen im benachbarten Areal des Martinsviertels ist eine ähnliche Kupfermünze nach dem Vorbild der ‚Metzer Denare' zum Vorschein gekommen.

Nach dem 8. Jahrhundert tut sich zunächst eine numismatische Fundlücke auf, die erst durch jüngere mittelalterliche Münzen der Salier- und Stauferzeit (11. bis Mitte des 13. Jahrhunderts) geschlossen wird. Hier dominieren erwartungsgemäß Denare und Halbdenare der Kölner Erzbischöfe. Als Beispiel sei hier der 1244 in Köln geschlagene Denar des Erzbischofs Konrad von Hochstaden (1238–1261) genannt (Haevernick 665). Die Vorderseite

der 1,3 cm großen und 1,6 g schweren Silbermünze zeigt den thronenden Erzbischof mit Mitra, Kasel, Pallium und offenem Buch auf einem Faltstuhl. Die Rückseite zeigt das heilige Köln von einer Mauer mit Torburg umgeben, über der das Kreuz zu sehen ist; die Beischrift benennt den Typ SANCTA COLONIA.

Münzen aus dem Westen vom Typ der Tournose belegen französischen Einfluß in nachstaufischer Zeit. Der älteste Denier tournois ist auf König Ludwig IX. von Frankreich (1266–1270) zu bestimmen. Benachbarte rheinische Territorien sind seit dem 14. Jahrhundert im Fundspektrum vertreten. Obwohl sie von unterschiedlichen Stellen des Heumarkt stammen, fallen zwei Münzen der Grafschaft Berg durch ihre annähernd gleiche Prägezeit zur Mitte des 14. Jahrhunderts auf. Die etwas ältere Münze ist ein Sterling und zeigt das Brustbild des Grafen Adolf VIII. (1308–1346) mit Locken von vorne. Die Bezeichnung des Nominals als Sterling verweist auf das nachgeahmte Vorbild aus England und verdeutlicht die wirtschaftlichen Beziehungen. Der Sterling war in eine Marktaufplanierung aus Lehm und Schutt eingeschlossen, diese somit datiert. Nur wenig jünger ist das bergische Köpfchen des Grafen Gerhard I. (1348–1360), das in Mülheim geprägt wurde. Der Heller eines Kölner Erzbischofs (Hermann IV. oder V.?) führt an die Wende zur Neuzeit.

Das Marktleben des 16.–18. Jahrhunderts illustrieren Kleinmünzen unterschiedlicher Prägeorte und Nominale, die zur wirtschaftlichen Stellung Kölns passen. Die Umrechnung dürfte dabei nicht immer einfach gewesen sein. Aus dem 16. Jahrhundert stammt eine Liard genannte Münze aus dem Fürstbistum Lüttich. Kurköln ist mit sechs Münzen in dieser Gruppe am stärksten vertreten. Aber auch das Herzogtum Jülich-Berg und die niederländische Provinz Overijsel sind nachweisbar.

Unter den Kleinmünzen des 19. Jahrhunderts dominieren Pfennigstücke des Deutschen Kaiserreiches. Etwas ungewöhnlich erschien zunächst ein Fundstück aus der Baugrube des Abwasserkanals der 1939 auf dem Heumarkt errichteten Toilettenanlage, das nach der Restaurierung arabische Schriftzeichen erkennen ließ. Es handelt sich jedoch in diesem Fall nicht um einen archäologischen Beleg für Fernhandel, sondern um einen Bestandteil orientalisierender Mode oder vielleicht eher um Zubehör zu einem Kölner Karnevalskostüm des 19. Jahrhunderts. Die Lochung der Münzimitation erfolgte nicht nachträglich, sondern ist ursprünglich; nachgeahmt wurde eine Gold- oder Silbermünze eines osmanischen Sultans aus der Zeit um 1850.

Lit.: A. GEISSEN / B. PÄFFGEN / G. QUARG, Die Fundmünzen der Jahre 1973–1980 aus Köln und Nachträge älterer Funde. Kölner Jahrb. Vor- u. Frühgesch. 20, 1987, 129–199 besonders 134. – B. PÄFFGEN / G. QUARG, Katalog der Münzen vom Heumarkt I. Ebd. 30, 1997, 389–392.

Der merowingerzeitliche Friedhof in Bonn-Oberkassel

MICHAEL GECHTER, ULRIKE MÜSSEMEIER und FRANK WILLER

Nach dem Abriß der Zementfabrik Bonn-Oberkassel wurde im Vorfeld einer geplanten Neubebauung der Bereich einer Straßentrasse archäologisch untersucht. Im Umkreis der zuletzt 1936 aufgedeckten fränkischen Plattengräber konnten 41 Gräber geborgen werden. Sie waren in einen Kiesrücken eingetieft, der hier senkrecht zum Rhein anstand. Zum Teil waren die Erhaltungsbedingungen sehr schlecht, so waren z. B. fast keine Knochen mehr vorhanden. Die Fundamente der ehemaligen Zementfabrik berührten häufig die Plattengräber und zerstörten sie zum Teil. Von 41 Gräbern konnten neben sieben Steinkistengräbern auch 27 Gräber mit Holzeinbauten nachgewiesen werden. Die Grabinventare ergaben 12 Männer- und 14 Frauenbestattungen, die restlichen 15 Bestattungen wiesen kein geschlechtsspezifisches Inventar auf. In drei Fällen können wir wegen der geringen Größe der Grabkammer von Kindergräbern sprechen. Die Bestattungen erfolgten so, daß die Toten nach Osten blickten, es gab jedoch eine starke Streuung nach Norden und Süden. Die Maße der Grabgruben betrugen in der Länge 1,85–3,20 m und in der Breite 0,90–2,00 m. Die lichte Höhe der Plattengräber betrug zwischen 0,50 und 0,60 m.   (M. G.)

Bonn-Oberkassel. Freilegung eines merowingerzeitlichen Plattengrabes. 7. Jahrhundert n. Chr.

Der Fundplatz des merowingischen Gräberfeldes ist schon seit langer Zeit bekannt. Die 1875 aufgedeckten Gräber waren nach Schaaffhausen „durch Basaltplatten hergestellt…, welche ohne Mörtel sowohl die Seitenwände als die Decke des Grabes bilden". Dem hier beschriebenen Typ des Steinkistengrabes verdankt der Oberkasseler Bestattungsplatz, daß trotz der zahlreichen Bodeneingriffe auf dem alten Industriegelände immer wieder Grabfunde bekannt wurden. Ingesamt wurden bei früheren Untersuchungen 13 Steinkistengräber beobachtet, aber nur ein Grab ohne Steineinfassung. 25 der 40 im Jahre 1998 dokumentierten Gräber wiesen noch als Bodenverfärbungen zu erkennende Holzeinbauten auf.

Die Datierung der bisher bekannt gewordenen Funde reicht von der Zeit um 500 n. Chr. bis in das frühe 8. Jahrhundert. Die frühe Zeit ist nur anhand von Einzelfunden von 1938 belegt. Unter der damals geborgenen Keramik weist ein Knickwandtopf mit scharfem Wandungsumbruch und einschwingender Oberwand in die Zeit um 500 n. Chr. Aus der 2. Hälfte des 6. Jahrhunderts liegen deutlich mehr Funde vor. Auch die ältesten Gräber des Grabungsjahres 1998 wurden zu dieser Zeit angelegt. Wichtig ist der Fund eines mit verzierten Bronzeblechen beschlagenen Holzkastens aus Grab Stelle 15. Solche Kästen stehen in römischer Tradition und gelangten während der älteren Merowingerzeit vor allem in die Gräber wohlhabender Damen der fränkischen Oberschicht. Der Verbreitungsschwerpunkt dieses Kästchentyps liegt zu beiden Seiten des Rheins zwischen Köln und Mannheim.

Aus der Zeit um 600 n. Chr. stammt die Goldscheibenfibel, die der Dame aus Grab Stelle 17 gehörte. Solche einzeln getragenen Scheibenfibeln dienten dazu, einen Umhang oder Mantel auf der Brust zu verschließen. Typisch für die hier vorliegende Scheibenfibel mit einem Deckblech aus Gold ist neben der Filigranverzierung und den gefaßten Einlagen aus farbigem Glas, Almandin oder Perlmutt der deutlich ausgearbeitete Mittelbuckel. Nur relativ selten kommt hingegen die Verzierung aus zusammengesetzten Fassungen in Vogelform vor. Die besten Parallelen stammen aus dem heutigen Belgien, eine rheinische Parallele aus Andernach. Die aufgesetzten Vögel dieser Goldscheibenfibeln erinnern an die während der älteren Merowingerzeit beliebten Kleinfibeln in Vogelform. Kleinfibeln wurden im späteren 6. Jahrhundert durch die einzeln getragenen, größeren Scheibenfibeln abgelöst. Der Besitzerin der Goldscheibenfibel war ebenfalls ein Holzkasten mit ins Grab gestellt worden. Von diesem hatten sich zu ihren Füßen eiserne Kantenbeschläge erhalten. Auch für das weitere 7. Jahrhundert sind einige gut ausgestattete Frauen- und Männergräber zu nennen. Aus einem Kindergrab des mittleren 7. Jahrhunderts, das bereits 1958 ausgegraben wurde, stammt ein kleiner Glasbecher, dessen Form zwar geläufig ist, der aber aufgrund seiner bisher einzigartigen Verzierung mit gelben Tupfen eine Besonderheit darstellt. In der 2. Hälfte des 7. Jahrhunderts und im frühen 8. Jahrhundert wurden von den Frauen und Mädchen recht einfach gearbeitete gleicharmige Bügelfibeln bevorzugt, die in Silber oder Kupferlegierung aus fünf Gräbern vorliegen. Typisch für die Spätzeit sind auch die einfachen, aber im Durchmesser sehr großen Drahtohrringe. (U. M.)

Zur Restaurierung des merowingerzeitlichen Holzkästchens mit Metallbeschlägen und einer fränkischen Goldscheibenfibel

In einem Frauengrab, Stelle 17, des 6. Jahrhunderts konnten die Reste eines hölzernen Kästchens geborgen werden. Die aus einer Kupferlegierung bestehenden, teilweise papierdünnen Metallbeschläge sind durch die lange Bodenlagerung in mehr als 200 Einzelteile zerbrochen. Insgesamt konnten Teile von vier Blechen nachgewiesen werden, die ehemals die Vorderseite (Kasten und Deckel) sowie die

vorderen Bereiche der Seitenfläche des Kästchens schmückten. Auf der Rückseite der Bronzebeschläge hatten sich Holzreste erhalten. Es handelte sich um ehemals 2 cm starke Bergahornbretter. Um die originale Oberfläche der Beschläge mit ihren zahlreichen Punzverzierungen sichtbar zu machen, wurden sie unter dem Mikroskop mit feinen Schabern von der Korrosionsschicht befreit. Die Punzornamente bestehen aus konzentrischen Kreisringen, in deren Mitte klare Glasperlen eingesetzt waren. Die Zwischenräume sind mit Kreuzen, Säulen sowie stilisierten Getreidebündeln bzw. einfachen Perlstäben verziert.

Die Beschläge wurden mit einem Korrosionsinibitor behandelt, anschließend wurde eine Acrylatlösung aufgebracht, die die Oberfläche vor Schadstoffen und Feuchtigkeit schützen soll. Analysen des Metalls zeigten, daß eine bislang nicht beobachtete Legierung aus Kupfer (86 %), Zinn (7 %) und Zink (7 %) ohne Bleizusatz vorlag. Diese Mischlegierung würde man heute als Rotguß bezeichnen, eine Legierung mit guten Schmiedeeigenschaften, die einen blasenfreien Guß ermöglicht, was die Voraussetzung dafür war, um ein Blech millimeterdünn ausschmieden zu können. Es ist also nicht eine zufällige, sondern eine bewußt zusammengesetzte Legierung. Zusätzlich fanden sich im Inneren des Kästchens Reste des Schlosses. Es handelt sich um ein einfaches eisernes Steckschloß mit einem schnäpperähnlichen Federblech. Nach der Restaurierung ließ sich die Größe des Kästchens in den Maßen von 22 cm Höhe, 31 cm Breite und 20 cm Tiefe rekonstruieren.

Goldscheibenfibeln bestehen zumeist aus einem sehr dünnen Goldblech, das mit feinen goldenen Perldrähten und Edelsteinen verziert ist. In der Regel ist das Goldblech durch feine Metallstifte auf eine Unterkonstruktion aus schamottähnlicher Grundmasse und eine Bronzefassung mit Broschierung montiert. Stark vergangene Holzreste waren auf der Oberseite der Goldscheibenfibel sichtbar.

Bonn-Oberkassel. Goldscheibenfibel aus einem merowingerzeitlichen Frauengrab. Um 600 n. Chr. ▷

An der Nadelschließe auf der Unterseite der Fibel haften Reste der Kleidung. Die Analysen durch die Fachhochschule Köln, Fachbereich Restaurierung, sowie das Bayerische Landesamt für Denkmalpflege, Außenstelle Bamberg, ergaben, daß die Frau ein Untergewand aus Leinen trug, darüber ein Kleidungsstück aus feinem Leder, das durch die Fibel auf der Brust zusammengehalten wurde. Im Randbereich der Fibel zeigten sich Reste eines weiteren, hellen Leinengewebes, das als Schleier oder Tuch interpretiert werden könnte. Ein Rätsel gibt eine filzähnliche Substanz auf, die sich unterhalb der übrigen Gewebereste befand. Es könnte sich um eine Fruchtfaser zur Wattierung der Kleidung gehandelt haben.

Dünne Goldblechfassungen mit unterschiedlichen Einlagen sind in Form stilisierter Vögel angeordnet: Rote Almandine stellen die Flügel, blaues Glas die Augen und Perlmutt den Schnabel dar. Von der Perlmutteinlage haben sich lediglich mikroskopische Reste erhalten. Auch ist der Schmuck der zentralen Mittelfassung verloren; es dürfte sich jedoch um eine Almandineinlage gehandelt haben. Bei dem sehr dünn ausgeschmiedeten Goldblech handelt es sich um sehr weiches, nahezu reines Gold. Die Herstellungsweise der Oberflächenverzierung, bei der feine Blechstreifen zu Drähten tordiert, gebogen und auf dem Goldblech ohne Lot aufgeschmolzen wurden, entspricht der sogenannten Granulationstechnik, die bereits um 2500 v. Chr. an Goldfunden aus mesopotamischen Gräbern beobachtet wurde und heute nahezu in Vergessenheit geraten ist.

Die in den Fassungen verwendeten Almandinplättchen gehören zur Edelsteingruppe der Granate.

Bislang ist man davon ausgegangen, daß die Plättchen aus dem kugelig-kubisch vorkommenden Kristall herausgeschliffen wurden. Damit würde jedoch, wie jetzt praktische Versuche zeigten, ein hoher Materialverlust einhergehen. Eine andere Vermutung, man hätte den Almandin in flache Scheiben gespalten, konnte nicht bestätigt werden. Vielmehr belegen neue Recherchen, daß es natürliche Vorkommen von Almandinkristallen gibt, die bei der Entstehung im Muttergestein durch Hitze und Druck zu millimeterdünnen Schollen gebrochen sind. Diese müssen dann lediglich poliert und gefaßt werden. Hier weisen die Almandine jedoch recht grob gebrochene Kanten auf, die im krassen Gegensatz zu der sorgfältig polierten Oberfläche der Steine stehen. Die Einlagen sind demnach aus einem größeren, bereits polierten Edelsteinplättchen für die jeweilige Fassung passend zerteilt worden, wobei auf die Glättung der Ränder vor dem Fassen keine Rücksicht mehr genommen wurde. Demnach verwendete der einheimische Goldschmied bereits fertig polierte Almandinplättchen, was bedeuten könnte, daß die Almandine nicht im Rohzustand, sondern bereits poliert ins Rheinland importiert wurden. Almandinvorkommen sind seit der Antike für unterschiedliche Gebiete belegt, unter anderem für Indien und Afrika, für Europa in Böhmen und im alpinen Raum. (F. W.)

Lit.: U. Koch, Das fränkische Gräberfeld von Klepsau im Hohenlohekreis (Stuttgart 1990) 172. – H. Ament zu H. Roosens / J. Alenus-Lecerf, Sépultures Mérowingiennes au „Vieux Cimetière" d'Arlon. Archeologia Belgica 88 (Brüssel 1965) in: Germania 45, 1967, 189–200 besonders 190 f.

Bonn-Oberkassel. Holzkästchen aus einem merowingerzeitlichen Frauengrab. Um 600 n. Chr.

Das fränkische Gräberfeld von Wesseling

Ulrike Müssemeier

Seit 1878 ist das Gräberfeld in der Innenstadt von Wesseling bekannt. Eine größere Flächengrabung fand erst 1982 / 83 statt, als auf dem Gräberfeldgelände ein Altenheim errichtet werden sollte. Eine zweite Grabung wurde 1994 / 95 notwendig, bei der 360 merowingerzeitliche Bestattungen dokumentiert wurden. Die ursprüngliche Grenze des Gräberfeldes konnte nur im Norden und Nordosten der Grabungsflächen erfaßt werden; im Westen und Süden deuten die an den Grabungsgrenzen angeschnittenen Gräber eine weitere Ausdehnung an. Als Platz für den Wesselinger Friedhof war ein hochwassergeschütztes Gelände auf der Rheinniederterrasse gewählt worden. Die genaue Lage der zugehörigen Siedlung ist unbekannt, sie darf in nicht allzu weiter Entfernung vermutet werden. Die bisher ältesten Gräber reichen bis in die Mitte bis 2. Hälfte des 5. Jahrhunderts zurück.

Die Entwicklung des Friedhofes kann in einem Zeitraum von etwa 250 Jahren in groben Zügen nachvollzogen werden. Besonders Keramik und Glasgefäße lassen sich zeitlich gut einordnen und erlauben eine relativ genaue Datierung der Gräber. In der Regel wurden die Gefäße mit Speise- und Trankbeigaben zu Füßen der Toten abgestellt. Hier entgingen sie oft unversehrt dem auf rheinischen Friedhöfen der Merowingerzeit häufig geübten Grabraub, nicht zuletzt deswegen, weil die in Massenproduktion hergestellten Ton- und Glasgefäße für Grabräuber im Unterschied zu wieder verwertbarem Metall und wertvollem Schmuck wohl kaum von Interesse waren.

Trotz der auf dem Wesselinger Gräberfeld häufig zu beobachtenden alten Störung von Gräbern, sind dennoch zahlreiche Funde anderer Objektgattungen erhalten geblieben. In beraubten Gräbern lassen einzelne den Grabräubern entgangene Stücke Rückschlüsse auf die einstige Ausstattung der Gräber zu und geben Hinweise auf ihre zeitliche Einordnung. Besonders für Gegenstände aus Eisen sind die heute vor Restaurierungen im Rheinischen Landesmuseum Bonn üblichen Röntgenaufnahmen von Bedeutung. So war das flechtwerkartige Silbermuster (Tauschierung) der Gürtelbeschläge aus Männergrab 15 der Grabungskampagne von 1982 / 83 gut auf dem Röntgenbild zu erkennen. Anhand dieser Verzierung kann der Gürtel in die ersten Jahrzehnte des 7. Jahrhunderts datiert werden. Aus den einzelnen Datierungen der verschiedenen Gräber ergibt sich ein Bild vom Ablauf der Belegung auf dem fränkischen Reihengräberfeld von Wesseling. Der 1982 / 83 ergrabene nordöstliche Ausschnitt des Gräberfeldes ermöglichte noch keine klaren Erkenntnisse. Erst die Grabungen von 1994 / 95 auf dem westlich davon gelegenen Areal machten deutlich, daß sich die Belegung offenbar von einem Kern des Friedhofes aus nach außen entwikkelte, da in diesem Bereich auch die wenigen Gräber erfaßt wurden, die eine Datierung bereits in das 5. Jahrhundert oder in die Zeit um 500 erlauben. Die sich daran halbkreisförmig anschließenden Gräber können anhand der Funde in die späte erste und beginnende 2. Hälfte des 6. Jahrhunderts datiert werden.

Als Beispiel für ein Grab am Übergang zur nächst jüngeren Phase sei das unberaubte Frauengrab Stelle 157 der Kampagne von 1994 / 95 genannt. Der Rekonstruktionsvorschlag zur Tracht dieser Frau ergibt sich aus den Beobachtungen zur Lage der einzelnen Objekte am Skelett, aus den Überlegungen zu ihrer Funktion sowie den bisherigen Forschungsergebnissen zu ähnlichen Befunden. Die zwei als Verschluß des Umhanges dienenden Scheibenfibeln fanden sich auf der Brust bzw. unter dem Kinn der Bestatteten, in Beckenlage und zwischen den Oberschenkeln lag ein prächtiges Bügel-

Wesseling / Erftkreis. Schmuck aus einem Frauengrab. ▷
Silbervergoldete Bügelfibeln, Almandinfibel, Bernstein- und Glasperlen, Gürtelschnalle aus Bronze.
2. Hälfte 6. Jahrhundert n. Chr.

Wesseling/Erftkreis. Silbertauschierte Gürtelbeschläge (Schnallen, Riemenzungen etc.) aus einem Männergrab. Eisen. Frühes 7. Jahrhundert n. Chr.

fibelpaar aus gegossenem und vergoldetem Silber mit kerbschnittverzierter Schauseite. Diese Fibeln gehören dem Typ Cividale an. Die Variante, zu der das Wesselinger Paar gehört, ist vor allem im fränkischen Kernland, in Nordostfrankreich, Belgien und im Rheinland verbreitet. Der eigentliche Gürtel mit seiner unscheinbaren Schnalle, ein wiederverwendetes Altstück aus dem 5. Jahrhundert, wurde nach der hier vorgeschlagenen Rekonstruktion nicht sichtbar getragen. Daran mag die Scheide des Messers befestigt gewesen sein, das außen am linken Oberschenkel gefunden wurde. Ergänzt wurde die Tracht der sicher wohlhabenden Dame durch Perlenschmuck: Am Hals trug sie Bernsteinperlen im Wechsel mit aufwendig gearbeiteten sog. Millefioriperlen. Weitere Glasperlen in Bauchlage der Bestatteten mögen als Anhänger an der unteren Scheibenfibel getragen worden sein.

Viele Gräber lassen sich bisher allerdings nicht exakt in eine Zeitphase datieren. Einige gehören dem 7. Jahrhundert an, nur wenige sind sicher in das ausgehende 7. oder das frühe 8. Jahrhundert zu datieren: Dies ist vor allem durch die zunehmende Beigabenlosigkeit während der ausgehenden Merowingerzeit bedingt. Schließlich wurde der Friedhof aufgegeben.

Lit.: Die Franken in Wesseling. Die Ausgrabungen an der Pontivystraße. Ausstellungskat. Rathaus Wesseling 1997. Kunst u. Alt. Rhein 142 (Köln, Bonn 1997).

Ein merowingischer Triens aus Brühl-Vochem

PAUL WAGNER

Bei großflächigen Bauarbeiten zur Unterquerung der Vorgebirgsbahn für den Autoverkehr wurde in Brühl-Vochem im Dezember 1997 ein bis dahin völlig unbekanntes fränkisches Gräberfeld entdeckt. Die Bestattungen lagen mitten in einer geplanten Straßenrampe und mußten deshalb durch die Außenstelle Nideggen des Rheinischen Amtes für Bodendenkmalpflege und das Büro für Bau- und Bodenforschung ohne Zeitverzug ausgegraben werden. Die Ausgrabung erfaßte 105 Gräber mit Körperbestattungen, die meist mit strenger Ost–West-Ausrichtung mehrere Grabreihen bilden, wie es bei Friedhöfen der fränkischen Zeit allgemein üblich ist. Die Beigaben dieser Bestattungen entsprechen weitgehend dem aus anderen Gräberfeldern bekannten Spektrum: Die Ausstattung der Tracht, in der Männer und Frauen begraben worden waren, und dazu in Einzelfällen Waffen und Speisebeigaben bestimmen die Funde aus den Gräbern.

Bereits während der Grabung fiel jedoch ein Fundstück auf, dessen Bergung aus einem bereits in der Antike weitgehend ausgeraubten Grab der besonderen Aufmerksamkeit eines Grabungsarbeiters zu verdanken ist. Beim Durchsuchen der verworfenen Füllschichten des Grabes 11 fand er trotz schlechter Witterung und hohem Zeitdruck eine kleine Goldmünze, die von den Grabräubern übersehen worden war. Die Grabgrube von Grab 11 wurde im ersten Planum der Ausgrabung als lang-rechteckige Verfärbung von 2,50 × 1,20 m Ausdehnung festgestellt. In der Mitte dieser Grabgrube war bei der Beerdigung ein Holzsarg von 2,10 m Länge und 0,70 m Breite aufgestellt worden, von dem sich noch dunkle Verfärbungen von vergangenem Holz erhalten hatten. Der Raubschacht führte von Nord-

Brühl-Vochem / Erftkreis. Goldmünze (Triens) aus einem merowingischen Grab. Vorder- und Rückseite. 2. Viertel 7. Jahrhundert n. Chr.

westen aus in die Grabgrube. Bei seiner Anlage und der nachfolgenden Ausräumung der Grabbeigaben wurde die Grabfüllung stark durchwühlt, einige Gegenstände sind den Grabräubern jedoch entgangen. So fanden sich neben der Goldmünze meist in der Nähe des nach Osten orientierten Fußendes noch eine Lanzenspitze, Reste eines Gürtels und Fragmente eines Kammes. Angesichts der Tatsache, daß das Grab seiner wichtigsten und sicher wertvollsten Beigaben entledigt worden ist, deuten die erhaltenen Reste dennoch auf eine überdurchschnittliche Ausstattung und damit auf einen gehobenen sozialen Status der hier bestatteten Person hin. Aufgrund der Waffenbeigabe (Lanze) handelt es sich um einen freien Mann, vermutlich hat er neben der Lanze auch einen Sax (Hiebschwert) oder eine Spatha (Langschwert), vielleicht auch eine Franziska (Wurfaxt) besessen.

Die kleine Goldmünze, die im Bereich der Hüften des Toten zu Tage kam, setzt einen besonderen Akzent hinsichtlich der sozialen und wirtschaftlichen Stellung des Mannes. Das wertvolle Edelmetallstück mit einem Gewicht von 1,3 g und einem Goldgehalt von 55 Prozent läßt sich als merowingischer Triens aus der Münzstätte Maastricht bestimmen, Monetar ist auf der Rückseite genannt: MADELINVS. Das Stück stammt aus dem Anfang des 2. Viertels des 7. Jahrhunderts und ist ein Schrötling nach Vorbild byzantinischer Prägungen. Die Vorderseite trägt die Aufschrift + TRIECTO FIT, Büste mit Perldiadem nach rechts.

Auf der Rückseite steht der Name des Monetars MADELINVS N um ein zentrales Fußkreuz über Kugeln oder Perlen (vgl. [Faksimile] Belfort Nr. 4456). Ein stempelgleiches Stück liegt im belgischen Münzkabinett in Brüssel.

Zur Zeit der Anlage des Friedhofes in Vochem im 6. und 7. Jahrhundert hatte sich die fränkische Besiedlung des Rheinlandes weitgehend etabliert. Wirtschaft und Handel dieser Zeit basierten vorwiegend auf Tauschhandel. Geld als Zahlungsmittel war eine große Ausnahme, und die Münzen dieser Zeit, kaum als Währungssystem zu bezeichnen, orientierten sich zum einen an der letzten römischen Münzprägung. Zum anderen diente die weit entfernte Münzproduktion von Byzanz als Vorbild. Diese Währung, nach ihrer ursprünglichen Wertigkeit von einem Drittel der spätrömischen Goldwährung, des Solidus, Tremissis oder Triens genannt, war durch ihren hohen Wert und das Fehlen von Scheide- oder Kurrantmünzen nicht geeignet, Gegenstände des täglichen Bedarfes zu erwerben. Münzgeld diente in erster Linie zur Bezahlung höherwertiger Güter wie Waffen, Pferde oder von Grundstücken sowie dem Transfer großer Werte über weite Entfernungen. Entsprechend ist auch der hoheitliche Charakter der Münzprägung verloren gegangen, und die Herstellung der wertvollen Münzen konnte nach Bedarf von jedem, der den Bedarf und die Mittel dazu hatte, bei einem Münzmeister in Auftrag gegeben werden. So wurde der Triens aus Grab 11 im Auftrag der Stadt Maastricht durch den Münzmeister Madelinus geprägt, der kurze Zeit später auch für den Handelsplatz Doordrecht tätig war. Erst mit der Einführung der karolingischen Silberdenare stellte der Staat wieder eine für den täglichen Bedarf brauchbare Münze zur Verfügung, die dann als Vorbild auch das gesamte Mittelalter hindurch ihre Bedeutung behielt.

Lit.: M. Prou, Catalogue des monnaies françaises de la Bibliothèque Nationale. Les monnaies mérovingiennes (Paris 1892). – A. de Belfort, Description générale des monnaies mérovingiennes 1–5 (Paris 1892–95). – Ph. Grierson / M. Blackburn, Medieval European Coinage 1 (Cambridge 1986). – P. Wagner, Ein merowingischer Triens aus dem fränkischen Gräberfeld in Vochem. Arch. Rheinland 1997 (Köln, Bonn 1998) 99 ff. – Ders., Der Gesamtplan des fränkischen Gräberfeldes von Brühl-Vochem. Ebd. 1998 (Köln, Bonn 1999) 89 f.

Haltern-Flaesheim. Ein Gräberfeld als Spiegel sächsisch-fränkischer Besiedlung zur Karolingerzeit

CHRISTOPH GRÜNEWALD

1972 wurden auf einer Dünenkuppe in Sichtweite des 1166 gegründeten Stifts Flaesheim bei Arbeiten des Kampfmittelräumdienstes zwei Saxe gefunden. Nachgrabungen erbrachten zwei Gräber des 8. Jahrhunderts, die zu Füßen eines Grabhügels angelegt waren. Das Alter des Hügels selbst ist unbekannt, er könnte ebenso zu den vielen vorgeschichtlichen Hügeln der Region gehören wie zu den seltenen Belegen spätmerowingisch-karolingischer Hügelgräber. Planungen für ein Neubaugebiet machten jetzt weitere Untersuchungen notwendig, die den Bestand an erforschten Gräbern auf über 200 wachsen ließen. Die Grenzen des Friedhofs sind dabei im Westen, Norden und Osten erreicht, nur im Süden sind noch weitere Bestattungen zu erwarten. Wie üblich wurden alle Toten unabhängig von der Graborientierung in gestreckter Rückenlage beigesetzt. Brandgräber fehlen völlig. Die Belegung beginnt – soweit der Stand der Grabungen Schlüsse zuläßt – im späten 7. Jahrhundert mit von Nord nach Süd ausgerichteten Gräbern an der östlichen Friedhofsgrenze. Es ist auffällig, daß diese ältesten Gräber verhältnismäßig gut ausgestattet sind. Zu dieser Gründergeneration zählt auch eines von insgesamt drei Waffengräbern. Ursprünglich besaß der Mann eine Spatha; um der in Westfalen vorherrschenden Mode zu entsprechen, ließ er sie jedoch zu einem einschneidigen Langsax umarbeiten, den er an einem Waffengürtel trug. Der Mann fällt aber auch durch die Art seiner Bestattung völlig aus dem Rahmen: Man hatte ihm den Schädel abgetrennt und zwischen den Oberschenkeln deponiert. Ob er geköpft wurde, einem Unfall zum Opfer fiel oder ob der Schädel erst nach der Bestattung vom Rumpf getrennt wurde, läßt sich nicht mehr feststellen. Eine in der Nähe bestattete Frau war mit einer massiven bronzenen gleicharmigen Fibel ausgerüstet, die noch ganz in spätmerowingischer Tradition steht. Die Gräber in diesem Bereich sind alle gleich von Nord nach Süd

Haltern-Flaesheim / Kreis Recklinghausen. Blick über das sächsisch-fränkische Gräberfeld. Spätes 7./ 8. Jahrhundert n. Chr.

Haltern-Flaesheim / Kreis Recklinghausen. Perlenkette mit Metallanhängern. Spätes 7./8. Jahrhundert n. Chr.

orientiert und sehr locker gestreut, allerdings können Verluste durch früheren Bodenabtrag nicht ausgeschlossen werden.

Nach Westen schließt sich eine Gräbergruppe an, die sich durch Keramikbeigaben auszeichnet. Durchweg sind es handgemachte Gefäße, die zu Füßen der Toten abgestellt wurden. Mitgefundene Glasperlen und Rechteckfibeln erlauben eine Datierung in spätsächsische Zeit, in das späteste 7. und in das 8. Jahrhundert. Neben den Waffen und einigen Kämmen sind diese Töpfe die einzigen echten Beigaben auf dem gesamten Friedhof. Ansonsten beschränken sich die Funde auf Bestandteile der Tracht wie Gürtelteile – darunter mehrere lange, bronzene Riemenzungen – und Messer. Auch eiserne, zylindrische Röhren, die von Frauengürteln herabhingen, tauchen mehrfach auf. Sie enthielten ursprünglich Nähnadeln.

An die Nord–Süd orientierten Gräber schließen sich im Norden, Nordwesten und Nordosten solche in West–Ost-Ausrichtung an. Beigaben treten hier nicht mehr auf, und auch Trachtbestandteile wer-

den zunehmend seltener. So stammen nur zwei von neun Fibeln und neun von 29 Messern aus West–Ost-Gräbern, die insgesamt fast zwei Drittel der Bestattungen ausmachen. Deutlich ist eine Zunahme von Brettersärgen, während Baumsärge im Verlauf der gesamten Belegungszeit üblich sind. Im Gegensatz zu den Nord–Süd-Gräbern liegen die West–Ost-Gräber dicht an dicht in Reihen, wobei auch jede Lücke zwischen den älteren Bestattungen genutzt wird. Überschneidungen sind allerdings selten, demnach waren die Gräber obertägig noch erkennbar.

Der Wechsel der Grabausrichtung von Nord nach Süd zu der von Ost nach West läßt sich zur Zeit noch ebensowenig exakt zeitlich bestimmen wie das Ende der Belegung. Eine kissenförmige Emailfibel aus einem Ost–West-Grab gehört bereits in die 2. Hälfte des 9. Jahrhunderts. Nach horizontalstratigraphischen Erwägungen könnte demnach der Übergang im späten 8. oder frühen 9. Jahrhundert vonstatten gegangen sein, das Ende der Belegung darf im 10. Jahrhundert vermutet werden. Besonders im Norden und Westen enden die Gräber abrupt an einer Linie. Man gewinnt den Eindruck, als sei der Friedhof hier eingegrenzt gewesen, sei es durch einen archäologisch nicht nachweisbaren Zaun oder eine Rechts- oder Besitzgrenze. Könnte dies Anzeichen sein für eine Neuordnung des Landes in karolingischer Zeit?

Erstmals gelang auf einem westfälischen Friedhof der Nachweis von Grabraub; dabei ließen sich verschiedene Vorgehensweisen detailliert dokumentieren. Demnach wurden die meisten Nord–Süd-Gräber großflächig geöffnet und vollständig durchsucht: Offensichtlich waren den Grabräubern Art und Lage der Beigaben nicht mehr bekannt. Bei Ost–West-Gräbern wurde hingegen gezielt ein kleiner Raubschacht niedergebracht, was genaue Kenntnisse über die Bestattung voraussetzt: Hier waren die Räuber anscheinend Zeitgenossen der Beraubten.

Eine Verknüpfung der archäologischen Ergebnisse mit historisch überlieferten Ereignissen ist reizvoll, muß aber bislang hypothetisch bleiben. 692 ist eine Niederlage der an der Lippe ansässigen Brukterer durch Sachsen erwähnt. Vielleicht ließen sich in der Folge siegreiche Krieger in Flaesheim nieder. Der

Haltern-Flaesheim / Kreis Recklinghausen. Fibeln aus verschiedenen Gräbern. 7.–10. Jahrhundert n. Chr.

Übergang zur Ost–West-Ausrichtung dürfte mit dem Ende der Sachsenkriege und der nachfolgenden Christianisierung zusammenhängen. Noch sehr lange wurde aber den Anordnungen Karls des Großen widerstanden, die alten Friedhöfe aufzugeben. Tradition und Beharrlichkeit wie das Fehlen einer kirchlichen Organisationsstruktur auf dem Lande dürften die Gründe hierfür sein. Möglicherweise gelangte Flaesheim bereits 799 in den Besitz des Klosters Werden. Dies war aber für die Bewohner kein Anlaß, die alte Begräbnisstätte aufzugeben.

Ein Flußkahn aus der Zeit Karls des Großen

Julia Obladen-Kauder und Axel Peiss

Im Frühjahr 1993 erhielt die Außenstelle Xanten des Rheinischen Amtes für Bodendenkmalpflege eine Meldung über ein großes hölzernes Schiff in einer etwa 500 m südlich des heutigen Rheinlaufes gelegenen Kiesgrube bei Kalkar-Niedermörmter. Es lag in seiner gesamten Länge knapp oberhalb des Wasserspiegels in der Abbaukante und war durch die Aktivitäten des Schwimmbaggers freigespült worden. Damals waren lediglich die aus dem Profil herausragenden Spanten zu erkennen. Der Fund konnte in einem Zeitraum von nur drei Wochen komplett freigelegt und geborgen werden. Es handelt sich um ein nicht ganz vollständiges, aber ausgezeichnet erhaltenes, knapp 14 m langes Plattbodenschiff mit schräg nach außen gestellten Bordwänden. Der Boden aus einer gleichmäßig breiten, mittleren und jeweils einer konvex geformten äußeren Planke, die Kante an Kante zueinander verlegt sind, ist formgebend für ein langovales Boot, allerdings mit geradem Bug- und Heckteil. Es weist im Mittelteil eine Breite von rund 2,45 m auf und verjüngt sich zu beiden Bootsenden auf 0,90 m. Die maximale Bordwandhöhe beträgt knappe 0,50 m. Bodenplanken und Bordwände, die in regelmäßigem Abstand angeordneten Wechselspanten sowie einige zusätzlich stabilisierende Querbalken am Schiffsboden werden einzig durch Holzdübel zusammengehalten. Eisenverbindungen – etwa in Form von Nägeln oder Krampen – sind nicht verwendet worden. Am oberen Rand der Bordwände lassen sich in regelmäßigen Abständen gebohrte Aussparungen beobachten, deren Funktion bis heute nicht eindeutig geklärt ist. Die Kalfaterung besteht ausschließlich aus reinem, gepreßtem Astmoos, das nicht mit Öl, Harz oder Pech getränkt worden war.

Im Schiff selbst sowie in dessen unmittelbarem Umfeld wurden sowohl ein paar stark verschliffene römische Scherben und eine fast vollständig erhaltene, viereckige Glasflasche aus dem 2. Jahrhundert n. Chr. als auch einige wenige mittelalterliche Keramikfragmente des 8./9. Jahrhunderts aufgefunden.

Kalkar-Niedermörmter / Kreis Kleve. Karolingischer Flußkahn. Fundsituation. 8./9. Jahrhundert n. Chr.

Aus dem Bereich unterhalb des Schiffes stammen Teile menschlicher Schädel eines etwa 20–30 Jahre alten Mannes sowie einer ca. 70 Jahre alten Person, wahrscheinlich weiblichen Geschlechts. Am erstaunlichsten ist die Tatsache, daß Reste einer ehemaligen Ladung geborgen werden konnten. Es

Kalkar-Niedermörmter / Kreis Kleve. Modell des Flußkahns.

handelt sich hier um Tuffsteine, als deren Herkunftsgebiet die Eifel bestimmt werden konnte. Bei mindestens zwei Exemplaren hat eine genauere Untersuchung Bearbeitungsspuren und Reste von Mörtel ergeben, so daß es sich eindeutig um bereits verbautes Material handelt, das vermutlich wiederverwendet werden sollte. Versuche mit einem Modell ergaben, daß das Schiff eine Ladekapazität von mindestens 4,5 t besaß.

Eine dendrochronologische Untersuchung erbrachte ein Fällungsdatum der verwendeten Eichenhölzer von 802 ± 5 Jahre. Damit ist das Schiff in die Reihe vergleichbarer karolingischer Funde aus Utrecht, Bremen und Krefeld zu setzen. Aus der Beobachtung des geologischen Umfeldes wissen wir, daß es in Kiesen und Sanden eines Fließgewässers eingebettet war. Daß der Rhein bereits Jahrhunderte früher in unmittelbarer Nähe sein Flußbett hatte, lassen die stark verschliffenen, römischen Funde aus dem Umfeld des Schiffes vermuten. In karolingischer Zeit war die Niederrheinlandschaft eher schwach besiedelt. Es gab vereinzelt Höfe, in deren Umgebung die zugehörigen Ackerfluren lagen, auf denen Getreide angebaut wurde. Großer Wert wurde auch auf Weidewirtschaft gelegt. In den Auen gab es naturnahe Mischwälder. Deiche sind für diesen Zeitraum bisher noch nicht nachgewiesen, so daß es in unmittelbarer Nähe des Rheins häufig zu Überschwemmungen gekommen sein mag. Allerdings war das Klima gemäßigt: Ab dem 9. Jahrhundert war ein Anstieg der Temperaturen und ein Rückgang der Niederschläge zu verzeichnen. Da Steinmaterialien am Niederrhein fehlten bzw. über lange Strecken transportiert werden mußten, waren die Behausungen, Wirtschaftsgebäude und Stallungen in Holzbauweise, in ländlichen Gegenden zumeist als Pfostenbauten errichtet. Allerdings dienten viele noch obertägig sichtbare antike Ruinen als Steinbrüche. So können auch die im Schiff aufgefundenen Tuffe römischen Ursprungs sein.

Historische Quellen aus karolingischer Zeit lassen darauf schließen, daß ein Hof namens Hoenepoele (heute Hönnepel) auf der Rheininsel Hoen durch seinen Besitzer dem Frauenkloster Denain bei Valencienne (gegründet 764) übereignet wurde. Es entstand ein Tochterkloster, möglicherweise als Ausgangspunkt für die Mission der jenseits des Rheins angesiedelten Sachsen. Eine weitere Niederlassung der Abtei Denain soll in Husen bestanden haben. Die mittelalterlichen Rheinverläufe sind nur ganz punktuell bekannt. Die frühesten kartographischen Quellen stammen aus dem 16. Jahrhundert. Daher ist ein Fund wie das Schiff von Niedermörmter von großer Bedeutung: Es liefert Anhaltspunkte zur Datierung geologisch festgestellter Fließgewässer. (J.O.-K.)

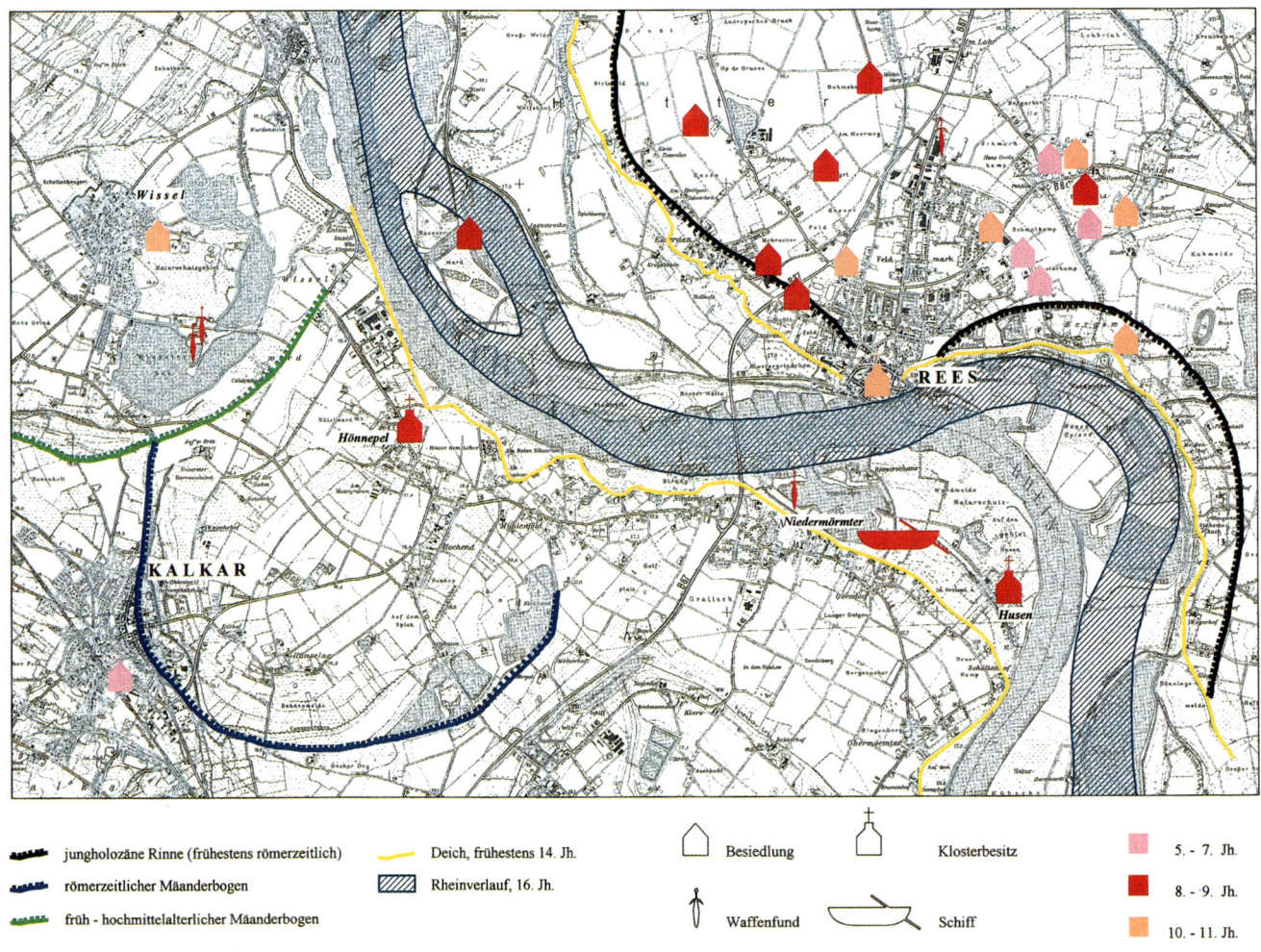

▬ jungholozäne Rinne (frühestens römerzeitlich)	▬ Deich, frühestens 14. Jh.	⌂ Besiedlung	✝ Klosterbesitz	🟪 5. – 7. Jh.
▬ römerzeitlicher Mäanderbogen	▨ Rheinverlauf, 16. Jh.			🟥 8. – 9. Jh.
▬ früh - hochmittelalterlicher Mäanderbogen		⬍ Waffenfund	⌣ Schiff	🟧 10. – 11. Jh.

Kartierung der bislang bekannten Rheinverläufe und mittelalterlichen Fundstellen.

Zur Rekonstruktion des Flußkahns

Der Flußkahn wurde zur Konservierung der Hölzer der archäologischen Restaurierungswerkstatt in Schleswig anvertraut und dort einer Teiltränkung (40 %) mit einem niedermolekularen Wachs und einer anschließenden Gefriertrocknung ausgesetzt. Dieses Verfahren zeitigt im Gegensatz zu anderen Methoden das Ergebnis, daß die konservierten Hölzer leichter sind. Die Fundlage gab nicht die genaue Länge, Breite sowie die exakten Winkel der Bordwände wieder. Um die ursprüngliche Form

des Flußkahns zu rekonstruieren, wurde daher anhand der insgesamt 45 Einzelteile der erhaltenen Beplankung und der zum Teil nur noch in Bruchstücken vorhandenen 28 von ehemals 37 Spanten ein Modell im Maßstab 1:10 hergestellt. In diesem Zusammenhang wurden die unterschiedlichen Winkel der Bordwände und die Wölbung der Bodenplanken berücksichtigt. Die fehlenden Planken und Spantenteile sind dem Original entsprechend mit Eichenholz ergänzt, die Originalteile zur Kenntlichmachung dunkel eingefärbt. (A.P.)

Bad Berleburg-Richstein / Kreis Siegen-Wittgenstein. Burgruine Richstein. 13.–17. Jahrhundert.

Ausgrabungen im Kölner Albansviertel

Sven Seiler

Die Pfarre St. Alban war das kleinste, zugleich das dichteste bewohnte Stadtquartier der Kölner Altstadt. Neben St. Kolumba und St. Laurentius gehörte es zu den ältesten Pfarrbezirken Kölns. Die bisher älteste urkundliche Überlieferung zu St. Alban stammt aus der Zeit um 1080; doch Lage und Patrozinium reichen möglicherweise zurück bis in merowingische bzw. karolingische Zeit. Das Stadtquartier umfaßte eine Fläche von ca. 180 × 280 m, im Westen bis zur Hohe Straße, im Süden zum Augustinerplatz und im Norden an die Straße Obenmarspforten. Auf der Ostseite grenzte es an die Martinstraße, die früher „Bovenmuren" (Auf der Mauer) hieß, da dort die römische Stadtmauer entlangführte, die teilweise noch heute unter dem Straßenpflaster und in den Kellern der Häuser verborgen ist. In der Achse der Straße Obenmarspforten und an der Einmündung Martinstraße lag bis zum Jahre 1545 das Mars- oder Markttor. Bis in das späte Mittelalter wurde das Stadtquartier „Auf der Sandkaule" genannt. Dieser Name führt auf eine mehr als ein Hektar große Sandgrube zurück, die sich von der Kirche Maria im Kapitol bis an St. Alban hinzog. Straßennamen wie „Große Sandkaul", „Kleine Sandkaul" und „Sandbahn" (Gürzenichstraße) halten die Erinnerung fest.

Das ca. 2000 Quadratmeter große Ausgrabungsgebiet nördlich der Kirche St. Alban wird im Westen von den Straßenzügen Quatermarkt / Gülichplatz, im Norden von Obenmarspforten und im Osten von der Martinstraße begrenzt. Dieses Gelände, dessen Häuser im Zweiten Weltkrieg bis zu den Fundamenten zerstört wurden und in der Nachkriegszeit als Parkplatz genutzt wurde, war eine der letzten großen, unbebauten Flächen in der Altstadt. Von Westen nach Osten kreuzte die Straße „In der Höhle" das Ausgrabungsareal. Der Straßenname ist seit 1401 belegt und leitet sich vermutlich von „In der Helle" ab, vielleicht ein Anspielung auf die „Sandkaule". Das Gelände, an der Schnittstelle von der Niederterrasse zur Rheinaue unmittelbar an der östlichen römischen Stadtmauer

gelegen, war in römischer Zeit städtebaulich von besonderer Bedeutung durch die unmittelbare Nähe zum Praetorium, dem Amtssitz der römischen Statthalter. Von den Nachbarbauten war die Doppelinsula nur durch die römische Ost–West-Achse, den Decumanus Maximus (Obenmarspforten), getrennt. In römischer Zeit stieg das Gelände vom Rhein bis zum Stadtplateau nahezu 9 m an. Um den Druck der Terrasse abzufangen, wurde der Hang durch Stützmauern gesichert. Die römische Stadtmauer stand in der Rheinaue. Mit einer Fundamentsohle bei ca. 39 m ü. NN und einer Niveauhöhe auf der Stadtseite bei ca. 44,50 m fängt diese Stadtmauer einen Niveauanstieg von 5,50 m auf. Zwei weitere, von Nord nach Süd in den Terrassenhang gestaffelte Mauern stützen das Stadtplateau. Die Ausgrabungen im Albansviertel, 1990 begonnen und mehrfach unterbrochen, endeten 1998 mit der Fertigstellung der Baugrube für das neue Wallraf-Richartz-Museum. Ursprünglicher Anlaß für die Ausgrabungen waren die Planung für ein Kongreßzentrum, dann für eine Wohn- und Geschäftsbebauung. Nach der Entscheidung des Rates der Stadt Köln, den Neubau des Wallraf-Richartz-Museums hier zu errichten, wurden die Ausgrabungsarbeiten abgeschlossen.

Die schweren Fundamente der zweistufigen römischen Terrassenmauern ließen erkennen, daß das römische Geländeniveau in diesem Abschnitt der heutigen Geländehöhe entsprach. Durch vielfältige mittelalterliche Geländeabtragungen waren die römischen Böden und Nutzschichten verloren. Nur die unteren Fundamentlagen einer ehemals gegliederten Architektur weisen auf öffentliche Bauten, vermutlich das literarisch überlieferte Heiligtum des Kriegsgottes Mars (*delubrum Martis*). Die ältesten nachrömischen Funde, sog. Mayener Keramik des 7. / 8. Jahrhunderts, lagen im Terrassenhang in der späteren Wegtrasse „In der Höhle", Bauspuren waren nicht nachweisbar. Erst eine Latrine mit Gefäßkeramik des 8. / 9. Jahrhunderts weist in Verbindung mit Steinsetzungen und ver-

Köln. Albansviertel. Blick von Norden in den Keller des Hauses „Zur roten Tür". 13. Jahrhundert.

keilten Pfostenlöchern auf eine Geländenutzung mit einfachen Holzbauten. Sie lagen in und unter einer ca. 15 cm starken Brandschicht aus verziegeltem Lehm und verkohltem Holz, die zahlreiche Keramikbruchstücke meist Badorfer und Pingsdorfer Art des 9. Jahrhunderts enthielt. Aus dieser Schicht wurden unter anderem ein um 790 geprägten karolingischer Denar, Nachahmung eines Pfennigs aus Dorestad, und das Wandungsstück einer Tatinger Kanne geborgen.

Seit dem 10./11. Jahrhundert entstand als Vorgänger der Straße „In der Höhle" ein abwärtsführender Fußweg. Die römische Terrassierung verfiel,

der obere Teil der westlichen Stützmauer wurde abgetragen und mit einer Stufe versehen. Vermutlich wurden zu dieser Zeit die römischen Baureste der Oberterrasse und des Stadtplateaus bis in die Fundamente abgetragen. Zu Beginn des 11. Jahrhunderts wurden das Gelände parzelliert und kellerlose Häuser aus Stein errichtet. Im Zusammenhang mit einer verstärkt einsetzenden Bautätigkeit wurde die Straße bis zum Ende des 12. Jahrhunderts auf nahezu 3,5 m verbreitert. Die Schreinskarten nennen als älteste Besitzungen für das Jahr 1142 das Haus des Stadtgrafen, die „Domus comitis" an der Martinstraße, und 1149 die „Domus bellica"

Köln. Albansviertel. Blick von Norden auf die mittelalterliche Pflasterung der Straße „In der Höhle". 13. Jahrhundert.

oder auch „Criegshaus" in der Straße „In der Höhle". Beide Gebäude waren archäologisch nicht mehr nachweisbar. Auf der für das Criegshaus genannten Parzelle „In der Höhle" 37 wurde der barocke Keller des Hauses Farina ergraben; die „Domus comitis" war einem Neubau des 19. Jahrhunderts gewichen.

Vom Ende des 12. bis zur Mitte des 13. Jahrhunderts wurde das Viertel durch eine Änderung der Parzellen teilweise neugestaltet. Der Friedhof von St. Alban wurde verkleinert und die südliche Straßenbebauung der „Höhle" um etwa 50 cm zurückverlegt. Als ersten unterkellerten Wohnbau errichtete man auf der Südseite das Haus „Zur Lerche" (Nr. 34), urkundlich seit 1225 nachweisbar. Der Datierung in das 13. Jahrhundert entspricht auch der archäologische Befund. Für das 13. Jahrhundert werden an der „Höhle" weitere Hausplätze angeführt: Westlich der „Lerche" das Haus „Salin" (32), östlich der „Lerche" die Häuser „Zum Krebs" (36) und „Brandinburg" (38–42). Nördlich gegenüber

„Der Lerche" entstand das Haus „Zum Fuchspelz" (35), von dessen Keller Teile der aus Tuff, Basalt und Grauwacke errichteten Wände erhalten waren. Im Jahre 1225 wurde die „Domus comitis" in die „Domus domicelli" / das Junckherrenhaus (Martinstraße 43) und das Haus „Zum Wolff" (Martinstraße 39–41 / In der Höhle 39) geteilt. Während der Ausgrabungen ließ sich diese Unterteilung nicht mehr nachvollziehen.

Entlang der Straße Obenmarspforten werden östlich des Gülichplatzes für das Jahr 1205 die Häuser „Birnbaum" (36) und „Zur roten Tür" genannt. Daneben hatten Goldschmiede ihre Verkaufsstände aufgeschlagen. Sie wurden im 14. Jahrhundert zugunsten der Häuser „Zum Kessel" (40) und „Zur Krone" (42) abgerissen. Von den Bauten entlang Obenmarspforten hatte sich noch der mittelalterliche Keller des Hauses „Zur roten Tür" erhalten, die übrigen stammten aus der Barockzeit und wurden bis in das 19. Jahrhundert mehrfach verändert. Den Urkunden zufolge gab es auf dem Grabungsareal 22 mittelalterliche Gebäude.

Intensiver bebaut und von breiterer Bevölkerungsstruktur konnte kaum ein anderes Stadtviertel sein. Abgesehen von Patriziern, so die Familien von Gürzenich, Altenberg, Kleingedank, Quatermarkt, Overstolz und vom Spiegel, hatten sich zahlreiche Handwerker niedergelassen. Dort lebten Messer- und Goldschmiede, Gewand- und Lederschneider, Nadelmacher, Weber und Bäcker. Seit dem 15. Jahrhundert zogen führende Kaufmannsfamilien in die Pfarre; im 18. Jahrhundert wurde das Haus „Zur Lerche" Stammhaus der Familie Du Mont. Ebenso hatte es zahlreiche Künstler in die Pfarre gezogen, so den Bildhauer Wilhelm von Arsberg, die Maler Herrmann Winrich von Wesel, Barthel Bruyn, Kaspar und Anton Woensam. Stefan Lochner starb 1451 an der Pest und wurde auf dem (Not-)Kirchhof von St. Alban bestattet.

Funde aus fünf Latrinen gaben Einblicke zur Ernährung zwischen dem 10. bis 14. Jahrhundert. Annähernd 4000 Säugetierknochen ließen erkennen, daß hauptsächlich Schweine, Schafe und Ziegen verzehrt worden sind. An Geflügel wurden Hühner, Gänse und Enten geschlachtet, ebenso Haustauben, Rebhühner, Waldschnepfen und Kraniche. Fischreste gab es von Brachsen und Stör aus dem

Rhein, Dorsche und Stockfisch wurden wahrscheinlich importiert. Das reichhaltige Angebot bezeugt eindrucksvoll den Wohlstand der Bewohner dieses Stadtviertels. Eine der aus Tuffstein gemauerten Latrinen, eingeschlossen in einem Erdblock, ist im Neubau des Wallraf-Richartz-Museums erhalten. Der ca. 3,60 × 3 m große und 4 m tiefe Schacht lag im Hinterhof als Gemeinschaftskloake zwischen den Häusern „Zur roten Tür" und „Zum Fuchspelz". Die Mehrzahl der Keller wurde in nachmittelalterlicher Zeit geteilt, ihre Wände aus Tuff, Basalt und Grauwacke mit Ziegeln geflickt. Die mittelalterliche Parzellierung wurde weitgehend beibehalten, die Häuser änderten jedoch ihr Aussehen. Sie wurden im 17. und 18. Jahrhundert und erneut im 19. Jahrhundert abgerissen oder umgebaut; teilweise entstanden über den mittelalterlichen Kellern Neubauten, die die bisherigen kleinen Anwesen ersetzten. Die beiden Parzellen „Zum Fuchspelz" und des „Creigshauses" wurden zusammengelegt. Ende des 18. oder zu Anfang des 19. Jahrhunderts wurde hier eine Kölnisch-Wasser-Fabrik errichtet. Nahezu alle Bauten wurden in der ‚1000-Bomber-Nacht' im Mai 1942 zerstört.

Der Neubau des Wallraf-Richartz-Museums nimmt mit zwei Baukörpern die ehemals dichte Bebauung des Stadtquartiers auf und zitiert an seiner Schnittstelle die alte Wegtrasse „In der Höhle". Die mittelalterlichen Keller des Hauses „Zur roten Tür" und

Köln. Albansviertel. Fragment einer Tatinger Kanne. 8./9. Jahrhundert.

des Hauses „Salin" mit Nord- und Westwand des Hauses „Zur Lerche" wurden in das Kellergeschoß des Museums integriert.

Lit.: S. SEILER, Ausgrabungen im Kölner Stadtteil St. Alban. Arch. Köln 1, 1992, 46–55.

Handel und Handwerk – Balhorn, ein zentraler Ort des Mittelalters

Georg Eggenstein

Zu den verkehrsgünstigsten Lagen des mittelalterlichen Westfalens gehörte der Kreuzungsbereich des berühmten Hellwegs mit dem Frankfurter Weg, einer ebenfalls bedeutenden Nord–Süd-Fernhandelsstraße, ca. 2 km südwestlich der Altstadt von Paderborn. Im Jahr 1015 wird hier erstmals der Ort Balhorn erwähnt. Die großangelegten Ausgrabungen der vergangenen Jahre, bei denen insgesamt über 25 000 m² untersucht worden sind, haben jedoch ergeben, daß schon ein Jahrtausend früher, in der Zeit um Christi Geburt, eine Siedlung bestand. Römische Fibeln, Münzen und Keramik weisen auf Beziehungen der germanischen Bewohner zum rund 10 km entfernten Legionslager Delbrück-Anreppen hin.

Paderborn. Wüstung Balhorn. Untersuchung der mittelalterlichen Hellwegtrasse. 13. Jahrhundert.

Auch die nachfolgenden Jahrhunderte der Römischen Kaiserzeit und der Völkerwanderungszeit sind durch zahlreiche Fundgegenstände belegt, von denen ein relativ hoher Anteil aus dem Rheinland nach Ostwestfalen importiert worden war. Die Sonderstellung Balhorns gegenüber anderen vergleichbaren Siedlungen ist am deutlichsten jedoch für das Mittelalter aufzuzeigen. Aus archivalischen Quellen geht hervor, daß der Ort um das Jahr 1300 aus mindestens 41 Höfen sowie einer größeren Anzahl von Kotten bestand und sich entlang der Terrassenkante des Flusses Alme über rund 1000 × 400 m erstreckte. Man darf wohl mindestens von einer hohen dreistelligen Einwohnerzahl ausgehen. Sicherlich kann die große spätmittelalterliche Bedeutung Balhorns nicht ohne weiteres auf frühere Zeiten übertragen werden. Es ist jedoch festzustellen, daß überall dort, wo innerhalb des Siedlungsbereichs archäologische Beobachtungen möglich waren, auch und sogar zum überwiegenden Teil frühmittelalterliche Spuren dokumentiert wurden. Aufgrund dieser weiten Streuung und der spätmittelalterlichen Dimensionen ist schon für die frühmittelalterlichen Siedlungsphasen, sowohl für die vorkarolingisch-sächsische Epoche als auch für die Karolingerzeit, eine beträchtliche Größe anzunehmen.

Die archäologischen Befunde und die schriftliche Überlieferung lassen erkennen, daß Balhorn spätestens ab dem 13. Jahrhundert durch ein innerörtliches Wegesystem erschlossen war. Drei verschiedene Straßen, von denen zwei in Nord–Süd-Richtung und eine in West–Ost-Richtung verlaufen, sind bisher nachgewiesen. Mindestens zwei von ihnen sind im Laufe des 13. Jahrhunderts neu angelegt worden, indem die Trassen, die heute noch zwischen 8 und 12 m breit sind, in den anstehenden, relativ steinigen Lößlehm eingegraben und auf der Sohle mit relativ dünnen Schüttlagen aus Geröllsteinen befestigt wurden. Oberhalb dieser Basis befand sich eine stärkere Fahrbahndecke, die offenbar bei extremer Nässe so weich wurde, daß sich einzelne

Wagenspuren deutlich in die Geröllschicht eingedrückt haben. Zahlreiche Hufeisen, Zaumzeug- und Wagenteile, Münzen sowie eine Maultrommel weisen auf einen regen Verkehr hin. Auch der Hellweg, der im Mittelalter den südlichen Teil der Siedlung durchquerte, konnte durch die aktuellen Ausgrabungen auf einem Teilstück erfaßt werden. Er besitzt hier eine Breite von rund 25 m und zeichnet sich ebenfalls durch umfangreiche straßenbauliche Konstruktionen aus. Der Frankfurter Weg führte im Osten unmittelbar an Balhorn vorbei. Als weitere Beispiele für die gehobene Infrastruktur Balhorns seien einige Brunnen genannt, die trotz der unmittelbaren Wassernähe am Almeufer mit großem Aufwand gebaut wurden. Sie bestehen durchweg aus in Trockenmauertechnik sorgfältig gesetzten Kalkbruchsteinen und reichen über 5 m unter die heutige Geländeoberfläche.

Die enge Anbindung an den Fernverkehr und auch die Nähe zu Pfalz und Bischofssitz in Paderborn dürften entscheidende Faktoren dafür gewesen sein, daß in Balhorn Handel und handwerkliche Produktion in erheblichem Umfang betrieben worden sind. So sind Grubenhäuser, die man wohl als Werkstätten oder als Vorratsräume interpretieren darf, mit weit über hundert bislang ergrabenen Exemplaren für das Erscheinungsbild der Siedlung über mehrere Perioden geradezu typisch gewesen. An Handwerkszweigen sind die Herstellung von Textilien aus Wolle und Leinen sowie die Knochen- und Geweihbearbeitung durch entsprechendes Fundmaterial nachzuweisen. Außerdem wurden in nicht geringem Umfang Metalle verarbeitet, wobei die Spannweite von Eisen über Blei bis hin zu Bunt- und Edelmetallen reicht. Es unterstreicht die Bedeutung Balhorns gegenüber dem Umland, daß man das zur Eisengewinnung nötige Roherz aus mindestens 10 km Entfernung herantransportiert haben muß.

Für die Erforschung von Handel und Handwerk von großen Interesse ist eine Gruppe charakteristischer Schleifsteine, die in Balhorn, aber auch in der ca. 2 km nördlich gelegenen Wüstung Stiden, wo in den letzten Jahren ebenfalls großflächige Grabungen stattgefunden haben, ans Tageslicht kamen. Sie bestehen aus einem extrem feinen Sandstein und weisen fast alle eine Stabform mit konkaven Seiten

Paderborn. Wüstung Balhorn. Silberne Bügelfibel. Feuervergoldet. 5. Jahrhundert n. Chr.

und viereckigem Querschnitt auf. Die Herkunft des sicher ortsfremden Materials konnte bisher nicht bestimmt werden. Bei manchen Stücken sind scharfe Rillen in die Oberfläche eingeschnitten. Die Schleifsteine treten, zumeist in zwei oder drei Exemplaren, in Grubenhäusern der Zeit um 900 auf. Aus antiquarischer Sicht hervorzuheben ist ein Ensemble verschiedener Zimmermannswerkzeuge, das in einem abgebrannten Grubenhaus des 11. / 12. Jahrhunderts entdeckt wurde. Dicht beieinander lagen ein Löffelbohrer, eine Bartaxt und eine weitere Axt mit abgebrochener Schneide, die wohl als Spaltkeil verwendet worden war. Aus demselben Grubenhaus stammt eine große Bügelschere. Die besondere Wirtschaftsstruktur Balhorns kommt auch in einem großen Spektrum wertvoller Funde zum Ausdruck, das sich über einige Jahrhunderte aufzeigen läßt. Als Beispiele seien hier nur eine Bügelfibel aus Silber mit Feuervergoldung aus dem 5. Jahrhundert, mehrere vergoldete Bronzebeschläge aus dem 8. Jahrhundert, eine Anzahl von Silbermünzen des 9.–13. Jahrhunderts oder ein vergoldeter Bronzeanhänger mit heraldischer Adlerdarstellung aus dem 13. Jahrhundert genannt. Als archäologische Belege für die Fernhandelsbeziehungen der Bewohner Balhorns sind zahlreiche Importstük-

Paderborn. Wüstung Balhorn. Eiserne Zimmermannswerkzeuge: Axt, Bartaxt und Löffel-bohrer. Ferner Bügelschere aus Eisen. 11./12. Jahrhundert.

ke aus den römischen Provinzen am Rhein bzw. später aus dem Merowingerreich zu werten. Für das hohe Mittelalter sind auch Beziehungen zu den südlichen Teilen des deutschen Reiches erkennbar, z. B. durch bestimmte Ohrringtypen. Im Gegensatz zu anderen zentralen Orten des Mittelalters in Westfalen wie Dortmund oder Soest entwickelte sich Balhorn, wohl aufgrund der Nähe des politischen und religiösen Zentrums Paderborn, nicht zu einer Stadt und wurde im 14. Jahrhundert aufgegeben.

Lit.: M. Balzer, Die Wüstungen in der Paderborner Stadtfeld-mark. Spieker 25, 1977, 145–174. – B. Trier (Hrsg.), Archäologi-sche Denkmäler in Gefahr (Münster 1979) 109–113. – E. Först, Archäologische Untersuchungen in der Dorfwüstung Balhorn. In: Zwischen Pflug und Fessel. Mittelalterliches Leben im Spiegel der Wüstungsforschung (Münster 1993) 89–92. – B. Rudnick, Balhorn – Archäologie am Schnittpunkt. Ein mittelalterliches Handwerksquartier am Hellweg. Arch. Ostwestfalen 2 (Bielefeld 1997). – G. Eggenstein, Balhorn – Ein Dorf im Zentrum des Fern-verkehrs. In: Ch. Stiegemann / M. Wemhoff (Hrsg.), 799 – Kunst und Kultur der Karolingerzeit. Karl der Große und Papst Leo III. in Paderborn. Beiträge zum Katalog der Ausstellung Pa-derborn 1999 (Mainz 1999) 401–405.

Eine mittelalterliche Hofwüstung in Dülmen-Dernekamp

Jürgen Gaffrey und Claudia Sondermann

Im April 1991 wurden dem Westfälischen Museum für Archäologie / Amt für Bodendenkmalpflege in Münster mittelalterliche Keramikscherben gemeldet, die beim Aushub einer Kellergrube in Dülmen, Neubaugebiet Dernekamp / Kreis Coesfeld, gefunden worden waren. In Absprache mit dem Grundstückseigentümer wurde daraufhin eine Rettungsgrabung eingeleitet, die in den Folgejahren auch auf die zur Bebauung anstehenden Nachbarparzellen ausgedehnt werden mußte. So konnten in mehreren Grabungskampagnen bis 1996 auf etwa 6000 m² noch große Teile einer mehrphasigen mittelalterlichen Hofwüstung erforscht werden. Insgesamt erbrachten die untersuchten Flächen neben sechs Brunnen und fünf Grubenhäusern ein fast unüberschaubares Gewirr an Pfostengruben, aus denen sich die Standorte mehrerer großer Pfostenhäuser, ebenerdiger Nebengebäude und Speicher, darunter zumindest ein sechseckiger Speicher mit zentralem Innenpfosten (Heuberg), ermitteln ließen. Da die wissenschaftliche Auswertung noch nicht abgeschlossen ist, sind viele weitergehende Fragen, insbesondere solche zur Siedlungsstruktur, zur Zeit noch unbeantwortet. So kann auch bei der folgenden Beschreibung der wichtigsten Baubefunde noch nicht darauf eingegangen werden, welche der festgestellten Siedlungselemente (Haupthaus / Wirtschaftsgebäude / Brunnen) jeweils gleichzeitig bestanden.

Besonders gut erhalten war der Grundriß eines über 35 m langen, annähernd West–Ost ausgerichteten schiffsförmigen Gebäudes von bis zu 6,5 m Breite. Außenpfosten ließen sich nicht nachweisen, dafür fanden sich Stützpfosten in der Hausachse, die gemeinsam mit den Hauswänden die Last des anzunehmenden Satteldaches trugen. Knapp nördlich davon war ein 5,5 × 12,0 m großes rechteckiges Nebengebäude mit je sechs Pfosten an den Längs- und je drei an den Schmalseiten festzustellen, bei dem es sich mit Vorbehalt um ein zugehöriges Wirtschaftsgebäude handeln dürfte. Ein weiteres Haus mit schiffsförmigem Grundriß stand, fast parallel zum erstgenannten, um wenige Meter nach Süden versetzt. Allerdings konnte dieser bis 8 m breite Baubefund nur noch auf einer Länge von etwa 17 m erfaßt werden. Rechtwinklig zu diesen beiden Großbauten fand sich, etwa Süd–Nord ausgerichtet, ein drittes Langhaus mit nach außen gebauchten Längsseiten. Auch für dieses über 30 m lange und 5,0–7,5 m breite Gebäude läßt sich eine ähnliche Dachkonstruktion wie für den erstgenannten Grundriß erschließen. In den bis 1 m tiefen mächtigen Pfostengruben mit Durchmessern von zum Teil über 1,5 m hatten sich in einigen Fällen noch Reste der eingesetzten Pfosten sowie größere Holzstücke, mit denen die Pfosten verkeilt worden waren, erhalten. Die dendrochronologische Untersuchung der Hölzer schließt ein Baudatum vor 860 n. Chr. aus und gibt damit einen ersten groben Anhaltspunkt für die Datierung des Hauses.

Einen weiteren interessanten Baubefund stellt ein 7,0 m breites, leider nur auf einer Länge von etwa 9,5 m erhaltenes Ost–West ausgerichtetes Gebäude dar. In seinem Westteil fand sich eine 5,5 × 6,5 m große und knapp 1 m tiefe Grube mit flachem Boden, in die von Osten eine 2,8 m lange Erdrampe führte. Dieser wohl als Keller zu deutende Befund zeigte in seiner Sohle ein Gräbchen, das an beiden Enden von zwei Pfostengruben begrenzt wurde. Andernorts gemachte Beobachtungen lassen annehmen, daß es sich hierbei um die Standspur eines stehenden Webstuhls handelte. Unterstützt wird diese Vermutung durch mehrere im Hausinneren gelegene Fragmente gebrannten Tons, bei denen es sich um die Reste eines Webgewichtes handeln dürfte. An Fundmaterial wurden weiterhin zwei Schlüssel mit runder Reide und hohlem Halm, ein Hammer (siehe S. 346 ff.) und ein Beschlag aus Bronze und Eisen mit figürlich verzierter Oberfläche geborgen. Die keramischen Funde datieren in das 9.–11. bzw. in die 1. Hälfte des 12. Jahrhunderts.

Insgesamt konnten auf der Grabungsfläche fünf Grubenhäuser festgestellt werden. In einen dieser

Dülmen-Dernekamp / Kreis Coesfeld. Mittelalterliche Dorfwüstung. Grundriß eines Pfostenhauses (Bildmitte). 9. Jahrhundert.

Befunde – mit einer außergewöhnlichen Größe von etwa 7,0 × 10,0 m – waren zahlreiche bis zu 1 m große Findlinge eingefüllt worden, die zu einer obertägigen Konstruktion gehört haben müssen. Im Inneren fand sich unter anderem ein großer Löffelbohrer mit einer Länge von fast 0,35 m. Die aus der Verfüllung geborgene Keramik reicht vom 9. bis in die 1. Hälfte des 14. Jahrhunderts, wobei das gehäufte Auftreten von Siegburger Steinzeug besondere Erwähnung verdient. Aus einem weiteren, mit etwa 2,0 × 4,0 m deutlich kleineren Grubenhaus wurden Mahlsteine und Mahlsteinbruchstücke in größerem Umfang geborgen. Von den festgestellten sechs Brunnen enthielten alle Reste der ehemaligen Holzkonstruktion. Mit einer Ausnahme handelte es sich um Baumstamm- und Kastenbrunnen. Bei den letzteren konnte in zwei Fällen das exakte Fällungsjahr der verwendeten Eichenhölzer dendrochronologisch ermittelt werden (899 n. Chr. und 966 n. Chr.). Beide Brunnen befanden sich unmittelbar nebeneinander, was die Vermutung nahelegt, daß der jüngere als Ersatz für den 899 (oder wenig später) gebauten errichtet wurde. Es bleibt auf einen ungewöhnlich aufwendigen, ab Planumsniveau noch knapp 5 m tief erhaltenen Brunnen hinzuweisen, dessen Wandung aus trocken aufgemauerten Findlingen bestand. Die Steine lagen einem verzapften Rahmen aus halbierten, etwa 1,20 m langen

Erlenstämmen auf. In die Sohle eingelassen fand sich ein aus Erlenbrettern gezimmerter quadratischer Holzkasten von 0,70 × 0,70 m, der offensichtlich als Brunnensumpf diente.

Die etwa 1 km südöstlich von Dülmen gelegene Hofanlage gehörte zu einem Ring von Höfen und Drubbeln, die im Mittelalter den großen Dernekämper Esch umgeben haben. In unmittelbarer Nähe der am Westrand des Esches gelegenen Wüstung führte der Olfener Landweg vorbei, der von Dülmen kommend die Bauerschaft in südöstlicher Richtung durchzog. Diese verkehrsgünstige Lage dürfte den Umstand erklären, daß sich im keramischen Inventar des Hofes ein hoher Anteil an rheinischer Importkeramik befand. Durch das insgesamt vorliegende Fundmaterial läßt sich die Siedlungsdauer auf die Zeit vom 9. bis zum beginnenden 14. Jahrhundert eingrenzen.

Dülmen-Dernekamp / Kreis Coesfeld. Mittelalterliche Hofwüstung. Baumstammbrunnen. 10. Jahrhundert.

Ein mittelalterliches Handwerkerviertel in Metelen

Christiane Ruhmann

Im April 1998 führte der bevorstehende Ausbau der Bundesstraße 70 zu archäologischen Voruntersuchungen auf der Trassenfläche im Bereich der Ortsumgehung Metelen / Kreis Steinfurt. Anlaß war eine Fundstelle, die dem Westfälischen Museum für Archäologie / Amt für Bodendenkmalpflege bereits durch Funde und Berichte vom Anfang dieses Jahrhunderts bekannt war. Der Anlage von Suchschnitten zur genauen Lokalisation der Befunde folgte die Erweiterung der Grabungsfläche auf Trassenbreite. Die Ausgrabungen, die eine Fläche von etwa 2800 m² umfaßten, wurden in enger Zusammenarbeit mit dem Westfälischen Straßenbauamt Münster vorgenommen. Das Grabungsareal ist – zumindest seit dem Mittelalter – durch einen sehr hohen Grundwasserspiegel charakterisiert. Darauf deuten neben einem Überschwemmungshorizont im Nordwesten der aufgedeckten Fläche auch die hervorragende Holzerhaltung einiger Befunde ab einer Tiefe von 0,40 m hin. Die Ausgrabungen erbrachten den Ausschnitt einer mittelalterlichen Siedlung mit Wohngebäuden, Speichern, Brunnen und einigen handwerklich genutzten Gruben. Das Areal wurde an seinem westlichen Rand durch einen von Norden nach Süden verlaufenden, durch Wagenspuren gekennzeichneten Weg geschnitten.

Im Zentrum der Grabungsfläche fand sich das Hauptgebäude einer Hofstelle, wobei die Vielzahl der übereinanderliegenden Pfosten eine mehrmalige Wiedererrichtung dieses Hauses an gleicher Stelle belegen. Es ließen sich mindestens zwei übereinanderliegende einschiffige, West–Ost ausgerichtete Grundrisse mit einer Länge von bis zu 23,5 m dokumentieren. Ihre Längswände waren jeweils leicht schiffsförmig gebogen und wurden teilweise von Außenpfosten in einem Abstand von 1,5–2 m begleitet. Die Innenräume der Gebäude erreichten Breiten von bis zu 6 m. Ihre Eingänge lassen sich jeweils in der Mitte der Längswände vermuten. Vergleichbare Gebäudekonstruktionen stammen unter anderem aus den ländlich geprägten Siedlungen von Telgte-Wöste und Beckum-Geißler, beide

Kreis Warendorf, wo sie ins 9. bzw. 10. Jahrhundert datiert werden. Südöstlich des beschriebenen mehrphasigen Hausgrundrisses fanden sich Spuren eines weiteren Hauptgebäudes mit ebenfalls west-östlicher Ausrichtung. Leider konnte dieser Pfostenbau ob des Endes der Grabungsfläche nicht mehr komplett erfaßt werden. Seine Existenz deutet jedoch an, daß man in Metelen nicht ein einzelnes Gehöft, sondern eine größere Ansiedlung zu erwarten hat.

Daß das Gelände bereits in frühmittelalterlicher Zeit besiedelt war, zeigen die Reste eines weiteren freigelegten Gebäudes. Es handelt sich um einen aus eng gestellten, kleinen Pfosten gebildeten Grundriß, welcher sich lediglich auf einer Länge von 4 m erhalten hat. Seine Breite betrug 5 m. Dicht vor seiner nördlichen Schmalseite – in einem Abstand von 0,5 m – konnte eine Außenpfostenreihe dokumentiert werden. Ein vergleichbares Gebäude – allerdings ohne Außenpfosten – ist in Soest-Ardey aus dem 7. Jahrhundert bekannt. In diese Zeit gehören auch ähnliche Gebäude aus ostniederländischen Siedlungen, zu nennen wäre hier beispielsweise das drenthische Odoorn. In Metelen legt auch ein Teil der Keramik eine Besiedlung des Ortes im 7. Jahrhundert nahe. Eine endgültige Rekonstruktion und Datierung der verschiedenen Gebäudegrundrisse ist erst nach Auswertung aller Funde – vor allem des reichhaltigen keramischen Materials – möglich.

Zahlreiche weitere Pfostenverfärbungen rund um die ergrabenen Wohnbauten deuten auf das Vorhandensein von Nebengebäuden unterschiedlicher Art hin. Es handelte sich wohl vornehmlich um lang-rechteckige Speicherbauten, deren Lagerflächen z. T. auf Stelzen über dem Bodenniveau angebracht waren, um das Erntegut dem Zugriff von Schädlingen zu entziehen. Auch die genaue Rekonstruktion und Datierung dieser Nebengebäude muß der endgültigen Auswertung des Fundplatzes vorbehalten bleiben. Dank des seit dem Mittelalter hohen Grundwasserspiegels haben sich die hölzer-

Metelen / Kreis Steinfurt. Reste eines hölzernen Kastens (Flachsröste?) im Bereich der mittelalterlichen Siedlung. 7./8. Jahrhundert n. Chr.

nen Einbauten einiger stärker eingetiefter Befunde erhalten. Hier sind zunächst zwei Brunnen zu erwähnen, die beide zum großen Teil aus Eichenholz gefertigt waren. Einer der Brunnen war aus einem halbierten, ausgehöhlten Baumstamm hergestellt, während es sich bei dem zweiten Exemplar um einen aus Bohlen zusammengesetzten Kastenbrunnen handelte. Die Hölzer beider Brunnen zeigen

Spuren, die auf ihre Bearbeitung mit Werkzeugen wie Axt, Dechsel, Bohrer oder Säge hindeuten. Einige Bohlen des Kastenbrunnens vermitteln den Eindruck, als handele es sich um sekundär verwendete Hölzer.

Zu den interessantesten Befunden der Ausgrabung zählen einige Gruben, die sich um den beschriebenen, mehrphasigen Hausgrundriß des 9. / 10. Jahrhunderts gruppierten. Teile ihrer hölzernen Auskleidung sind bis in eine Tiefe von 1,10 m erhalten. Es handelt sich um aus Eichenbrettern oder -bohlen gefertigte Kästen mit Ausmaßen von ca. 1,80 × 1 m. Die Eckpartien dieser Kästen waren oftmals durch jeweils einen Pfosten stabilisiert, während die Längsseiten z. T. zusätzlich durch ein bis zwei in den Boden eingetriebene Holzpflöcke gesichert waren. Bei mindestens fünf der Befunde ließen sich mehr oder weniger gut erhaltene Holzböden feststellen. Wie bereits für die Brunnenhölzer erwähnt, zeigen auch viele der in den Kästen verbauten Bohlen Spuren der Holzbearbeitungswerkzeuge. Auch die Sekundärverwendung einzelner Bohlen ist nicht auszuschließen. Hinweise auf die Nutzung der Holzkästen gibt die vorläufige archäobotanische Untersuchung einiger Proben. Neben siedlungstypischem Material wurde auch Hanfsamen (Cannabis sativa) entdeckt. Es ist also möglich, daß die in Metelen angetroffenen Befunde als Hanfrö-

sten gedient haben. In diese in den Grundwasserbereich eingetieften Gruben wurden Pflanzenstengel in das stehende Wasser gesenkt, um die spinnbare Faser vom holzigen Kern des Stiels zu lösen. Die Auskleidung der Gruben mit Holz konnte einer Unterspülung ihrer Wände durch das eindringende Grundwasser vorbeugen. Sollte sich der archäobotanische Befund bestätigen, handelt es sich um das früheste nachgewiesene Beispiel für Hanfrösten im Münsterland.

Lit.: Ch. Reichmann, Ländliche Siedlungen der Eisenzeit und des Mittelalters in Westfalen. Offa 39, 1982, 163–182. – H. T. Waterbolk, Das mittelalterliche Siedlungswesen in Drenthe. Versuch einer Synthese aus archäologischer Sicht. In: H. W. Böhme (Hrsg.), Siedlungen und Landesausbau zur Salierzeit. 1. In den nördlichen Landschaften des Reiches. RGZM Monogr. 27 (Sigmaringen 1991) 47–105.

Dormagen-Nievenheim. Hofwüstung Balgheimer Hof. Mittelalterlicher Holzeimer aus einem Baumbrunnen. ▷
10./11. Jahrhundert.

Ein mittelalterlicher Holzeimer aus Dormagen-Nievenheim

Ursula Francke

1996 wurde in einer Kiesgrube südlich von Nievenheim aus der etwa 4 m hohen Abbausandwand ein frühmittelalterlicher Baumbrunnen im Ganzen geborgen. Der in der Mitte mit einem Beil gespaltene Brunnen ist aus Eiche und noch ca. 3,20 m hoch erhalten (Durchmesser ca. 0,60–1,00 m). Die beiden ausgehöhlten Baumhälften wurden im unteren Bereich durch eine hölzerne Verzapfung zusammengehalten. Deutlich waren an den Spaltflächen ca. 0,10 m breite Vertiefungen erkennbar, in denen in

einem Fall noch ein Holzzapfen eingepaßt war. Es fanden sich nur wenige Keramikfragmente, die auf eine Nutzungs- und Verfüllungszeit vom 10. bis ins 11. Jahrhundert schließen lassen. Dendrochronologisch datiert das Fällen des Baumstamms in das Ende des 9. Jahrhunderts. Ein Profil, das mittig durch die Brunnenverfüllung angelegt wurde, zeigte eine Schichtung mit abwechselnd sandigen und lehmigen Verfüllungen. Die unterste Schicht aus schwarzem, moddrigem Lehm gehört noch in die Nutzungszeit.

Durch den ständig feuchten Boden haben sich in den Verfüllschichten des Brunnens viele Holzfragmente erhalten, die zum größten Teil von der Brunnenwandung stammen, aber auch teilweise Bearbeitungsspuren zeigen. Im untersten Bereich der Baugrube des Brunnens lag eine Schicht mit Holzspänen vom Zurichten des Baumstammes mit einem Beil. Vorwiegend fanden sich Eichenstücke, aber auch Fragmente von Buche, Pappel, Hasel und Weide. Diese Hölzer wurden unter anderem im Mittelalter zur Herstellung von Werkzeugen und für Flechtwerk genutzt. Ein kleines bearbeitetes Holzstück unbekannter Funktion mit einem Gewinde bestand aus dem sehr gut drechselbaren Bergahorn, ein bogenförmiges Gerät mit durchlochtem Ende aus biegsamen Pappelzweigen.

In der unteren, schwarzbraunen, moddrigen Verfüllung des Brunnens lag ein hölzerner zylindrischer Daubeneimer aus Nadelholz von 25 cm Höhe und 30 cm Durchmesser, der durch zwei umlaufende Metallringe gefestigt wird. Abdrücke zeigen, daß sie in der Mitte und am Boden festgespannt waren. Vier der Dauben besaßen am oberen Ende vier ca. 2 cm große Löcher. Auf der Innenseite der Dauben ist eine Nut eingearbeitet, in die der 30 cm im Durchmesser große Boden eingesetzt wird. Im Eimer lag ein tordierter Metallhenkel mit umgeschlagenen Enden, die in die Durchlochungen am Rand des Eimers eingehängt werden. In der Mitte ist der Henkel zur besseren Handhabung U-förmig flach ausgeschmiedet. Im Inneren des Eimers fanden sich die Überreste eines hölzernen Deckels mit einem bügelförmigen, ca. 35 cm großen Metallhenkel. Daubeneimer sind seit der Römerzeit bekannt und fanden bis weit ins Mittelalter hinein Verwendung. Während frühmittelalterliche Eimer mit Metallringen und -henkeln oftmals in Gräbern gefunden werden, stammen die hochmittelalterlichen, mit hölzernen Ruten zusammengebundenen Schöpfgefäße meist aus Brunnen und Latrinen.

Der Brunnen bei Nievenheim gehört zu der wenige Meter südlich gelegenen mittelalterlichen Hofwüstung Balgheimer Hof, die 1991 ausgegraben wurde. Der Hof bestand vom 9. bis ins 18. Jahrhundert. Erhalten waren Pfostenspuren einer großen Scheune und eines großen Wohn- bzw. Stallgebäudes in Fachwerktechnik aus dem 9.–12. Jahrhundert. Im 12. Jahrhundert wurden die Gebäude aufgegeben und ca. 80 m westlich zwei neue Gebäude mit Steinkeller, mindestens zwei Grubenhäuser und eine Scheune errichtet. Beide Hofanlagen waren mit Pflanzgräben umgeben.

Lit.: U. FRANCKE, Mittelalterliche und frühneuzeitliche Hofwüstungen bei Nievenheim am Beispiel der Ausgrabung „Balgheimer Hof". Histor. Schriftenr. Stadt Dormagen 17, 1996, 73 ff.

Die Glocke von Corvey

Uwe Lobbedey und Hans Drescher

Corvey steht immer wieder im Blickpunkt der westfälischen Bau- und Bodendenkmalpflege – das Westwerk des Weserklosters ist eines der ganz wenigen erhaltenen Bauwerke karolingischer Zeit nördlich der Alpen. Seine Bauzeit ist für die Jahre 873–885 schriftlich bezeugt. Es ist also etwas jünger als die 822 begonnene und 844 geweihte erste Klosterkirche, deren Fundamente anläßlich des Einbaues einer Heizung 1974–1975 ergraben wurden. Als 1995 das Pflaster des Vorhofes vor dem Westwerk erneuert werden mußte, erwies sich eine Rettungsgrabung als unabdingbar. Zutage kamen nicht nur die Fundamente eines zum karolingischen Westwerk gehörigen Atriums, sondern auch die Reste eines älteren, das zu der 822 begonnen Kirche gehörte und beim Bau des Westwerks 873 abgerissen worden war. Von diesem älteren Atrium fanden sich die Fundamente der Außenwände, der inneren Stützenreihen und eines westlichen Torbaues. Erstaunlich ist die Länge dieses Atriums, sie beträgt 34,5 m und übersteigt damit die des Langhauses der ersten Kirche um 6,5 m – ein Hinweis darauf, daß dem Atrium eine bedeutende Funktion zugedacht war. Sie kann nur im Zusammenhang mit den Pilgerströmen gestanden haben, die sich vor allem zum Fest des heiligen Vitus einfanden. Der Leib des Heiligen war 836 aus dem Kloster St. Denis bei Paris nach Corvey übertragen worden und wurde in der Kirche verehrt. Zu diesem Atrium gehörten zwei Brunnen, wie sie auch von vielen anderen Atrien bekannt sind. Der Bereich des ersten Atriums wurde Baustelle, als man mit dem Bau des Westwerks begann. Davon haben sich die Reste von mehreren rechteckigen Mörtelwannen und von runden Mörtelmischanlagen erhalten. Solche göpelartigen ‚Mischmaschinen' sind mehrfach als Baustellenrelikte aus dem Hochmittelalter bekannt. Sie bestehen aus einem mittleren Pfosten, der ähnlich einer Ankerwinde auf großen Schiffen gedreht werden konnte. Senkrechte Stäbe, die an den seitlichen Armen befestigt waren, rührten den Mörtel um. Es bleibt ein

Rätsel, warum die ursprünglich offenbar weit verbreitete Technik am Ende des Hochmittelalters außer Gebrauch kam.

Als Streufunde fanden sich vor der Westfassade des Westwerks an mehreren Stellen Buntmetallbrocken, darunter zwei, die sich auf Anhieb als Stücke vom Rand und von der Wandung einer großen Glocke erkennen ließen. Weitere Fundstücke konnten der Glocke auf Grund der chemischen Analyse zugewiesen werden. Das heutige Geläut der Kirche enthält als größte Glocke die *Cantabona* (die Wohltönende) mit etwa 1500 kg Gewicht. Die mitgegossene Inschrift besagt, daß sie im Jahre 1584 aus dem Material der von Abt Druthmar (1014–1046) gestifteten und damals beschädigten gleichnamigen Glocke gegossen wurde. Es war keineswegs der einzige Neuguß einer Glocke in Corvey. Ein Beweis, daß die gefundenen Reste von jener *Cantabona* des 11. Jahrhunderts stammen, ist also nicht möglich. Angesichts der für eine frühe Glocke beträchtlichen Größe und der Datierung der Randform in das 11. Jahrhundert ist der Gedanke, daß es sich bei den gefundenen Fragmenten um einen Überrest von Druthmars Stiftung handelt, nicht ganz auszuschließen. U. L.

Das Rand- und das Wandungsstück der Glocke zeigen, daß die Wandung überall 27,5 mm stark war. Nimmt man wie üblich die Breite des „Schlages" von 51–52 mm als Grundmaß, so wird die Glocke einen Durchmesser von 770 mm und einen Glockenkörper gleicher Höhe gehabt haben. In der ausgegrabenen Fläche fanden sich ferner an verschiedenen Stellen Splitter, von denen zwei nach den im Rathgen-Forschungslabor, Berlin, vorgenommenen Metallanalysen zu den großen Stücken gehören; die anderen stammen von drei weiteren Glocken. Nach dem Befund und den Metallanalysen kann davon ausgegangen werden, daß die Glocken gemeinsam zerschlagen worden sind. Zum Randprofil gibt es kein genaues Gegenstück, doch dürfte es nach der Mitte des 11. Jahrhunderts

Höxter-Corvey. Wand- und Randstück einer Glocke. 11. Jahrhundert.

nicht mehr denkbar sein. Anfang des Jahrhunderts – dies belegen die Gießformen aus Mainz – hatten die Glocken wie die des 9. und 10. Jahrhunderts noch scharf abgesetzte Ränder. Der Fund aus Corvey entspricht am ehesten der Lullusglocke in Bad Hersfeld, die vom Abt Meginharius (1036–1059) gegossen wurde. In der Corveyer Überlieferung wird mehrfach von einer *Cantabona* berichtet, und es ist denkbar, daß einige Fragmente von ihr stammen. Die Metallanalysen zeigen, daß nur eine der vier nachgewiesenen Glocken – die jetzt rekonstruierte – aus guter Glockenbronze gegossen wurde. Es ist die später von Theophilus Presbyter empfohlene Legierung – in der Kupfer und Zinn (mit Blei) im Verhältnis 4:1 legiert worden sind. Mit einem Nachguß sollte ein Anschauungsstück gewonnen

und geprüft werden, ob es sich bei ihrem Vorbild um eine *Cantabona* gehandelt haben könnte, bzw. wie wohltönend eine solche wirklich war.

Der Guß erfolgte am 5.11. 1997 in der Glocken- und Kunstgießerei Rincker, Sinn, mit Bronze aus vier Teilen Kupfer und einem Teil Zinn (mit etwa 2% Blei). Die Glocke hat einen Randdurchmesser von 775 mm, der Körper ist 730 mm hoch, ihre Gesamthöhe beträgt 780 mm. Sie wiegt 450 kg, der keulenförmige Klöppel aus Schmiedeeisen 11 kg. Er wurde mit einem ledernen Riemen im Hängeeisen befestigt, wie es für Glocken dieser Größe üblich war und wie es Theophilus Presbyter um 1120 beschreibt. Nach dessen Angaben und der zeichnerischen Rekonstruktion von Wilhelm Theobald (1933) wurde jetzt zum ersten Mal auch ein hölzernes Joch angefertigt.

Bezüglich des Namens ist zu bedenken, daß *Cantabona* eine Art Funktionsname einer dem Hl. Veit geweihten Glocke in Corvey war. Sie muß nicht eine große, weithin klingende Glocke gewesen sein, wie auch angenommen wurde, aber sie war dem Material nach die beste. Das ist auch ein Argument für die *Cantabona*. Der Schlagton (Nominal) der rekonstruierten Glocke liegt zwischen e^2 und f^2. Der Klang unterscheidet sich aufgrund ihrer Form und der gleichmäßig starken Wandung deutlich von dem der jüngeren mittelalterlichen Glocken, aber auch von Nachgüssen von Glocken aus der Zeit um 1000 und davor, die in den letzten Jahren hergestellt wurden. Schon beim ersten Anschlagen fiel besonders das außerordentlich lange Nachklingen, Summen und Singen der Corveyer Glocke auf. Die gemessene Resonanz (Abklingdauer) ergab 200 sec. und bestätigte den ersten Eindruck. Daß man eine derartig gute Glocke als Cantabona bezeichnete, erscheint verständlich. Vergleichsweise beträgt dieser Wert bei der Lullusglocke (Durchmesser 1,12 m, Gewicht 1060 kg) 132 sec., und bei der größten nachgegossenen karolingerzeitlichen Glocke aus Vreden nur 25 sec., obwohl diese am Rand 0,7 m mißt und 221 kg wiegt. H. D.

Höxter-Corvey. Ausgrabung vor dem Westwerk der Abteikirche. Fundamente des älteren Atriums. 9. Jahrhundert. ▷

Zwei städtische Parzellen am Hellweg in Paderborn

MARIANNE MOSER

Der südliche Kamp in Paderborn galt lange Zeit als extensiv genutztes Gelände zwischen Stadtmauer und Hellweg. Beim Bau eines 10 000 m² großen Einkaufszentrums belehrte die intensive archäologische Untersuchung einer 1000 m² großen Fläche eines Besseren: Es traten zwei sehr dicht bebaute städtische Parzellen zutage, die Siedlungsspuren vom 11. bis zum 20. Jahrhundert enthielten. Die

Paderborn. Kamp. Steinkeller der östlichen Parzelle. 12.–14. Jahrhundert.

Besonderheit dieser Ausgrabung liegt – neben jener historischen Überraschung – in der guten Erhaltung des Befundes, der reichen Funde, die die Bauten und das Leben ihrer ehemaligen Bewohner illustrieren, und schließlich in der Zuweisbarkeit des Gefundenen zu Paderborner Bürgern, die aus den Quellen bekannt sind. Die Menschen wohnten und arbeiteten auf zwei langen Parzellen, die durch Aufteilung der großen Ministerialenbesitze gebildet worden waren, als diese Familien im 13. Jahrhundert auf Landgüter zogen. Die neu enstandenen Grundstücke erstreckten sich vom Kamp nach Süden und wurden im Laufe der Zeit immer dichter mit Gebäuden, Ver- und Entsorgungsanlagen bestückt. Erhalten hatte sich, was in den anstehenden Fels eingetieft worden war. Die Tiefbauten wurden nach Aufgabe der Häuser nicht zerstört, sondern nur verfüllt; das Gelände diente seit den Aufzeichnungen des Urkatasters als Gartenland.

Das östliche der beiden Grundstücke zeigte die Abfolge mehrerer mittelalterlicher Keller. Sie lagen wie aufgereiht hintereinander und störten sich nur geringfügig. Aufgrund von Lage, Größe und massiver Bauweise waren sie als Untergeschosse von Steinwerken zu erkennen und veranschaulichten, wie der Besitz vom 12. bis zum 14. Jahrhundert immer weiter in die Grundstückstiefe hinein genutzt wurde. Von den Vorderhäusern in Fachwerktechnik, die direkt an der Straße standen, hatte sich nichts erhalten. Die jüngste Bauphase brach schon um 1300 ab, deshalb gelang es hier nicht, die Besitzer sicher zu ermitteln. Der südlichste Steinwerkkeller – mit noch 2,50 m hoch stehenden Wänden, zwei Lichtnischen, drei Fenstern und einer überwölbten Kellertreppe hervorragend erhalten – wies aber deutlich auf den Warenlagerraum eines Kaufmanns, direkt an der bedeutenden Handelsstraße ansässig, hin. Die mittelalterliche Keramik unterstützt durch ihre zeitliche Einordnung die Bauabfolge der Keller, und die Glasfunde aus einer an das Steinwerk angebauten Kloake zeigen den Wohlstand der Hausbesitzer.

Paderborn. Kamp. Fayence- und Porzellangeschirr der Bürgermeisterfamilien Berringer und Warnesius. 17. und 18. Jahrhundert.

Als äußerst gewinnbringend erwies sich die Möglichkeit der flächigen Aufdeckung aller Befunde im östlichen Bereich. Hier hatte in den 1970er Jahren bereits eine Sondage in mehreren, sehr schmalen Grabungsschnitten stattgefunden, deren Auswertung viele Fragen aufwarf. Der Ausgräber deutete eine Kalkbruchsteinmauer mit vorgelagertem Felsabtrag als Teil einer älteren Stadtbefestigung Paderborns. Diese Interpretation hatte Eingang in den Westfälischen Städteatlas gefunden und bedurfte dringend einer Überprüfung. Erst als alle bereits ergrabenen Mauern freilagen und durch Erweiterung der Schnitte im Zusammenhang gesehen werden konnten, wurden die Aufzeichnungen des Vorgängers verständlich, und es ließen sich seine Fehleinschätzungen erklären, vor allem aber widerlegen. Er hatte die Wand eines Kellers des 12. Jahr-

hunderts entdeckt, der im Innenraum eine Felskuhle zur Steingewinnung aufwies.

Ganz anders präsentierte sich die westliche Parzelle. Hier hatte man es nur mit einem Gebäude zu tun, das allerdings rund 500 Jahre lang genutzt wurde und dessen Bewohner namentlich bekannt sind. Die letzte Umbauphase ließ ein 30 m langes, 9 m breites und mindestens drei Stockwerke hohes Haus mit Wendeltreppe und Innentoilette rekonstruieren. Besitzer waren im 17. und 18. Jahrhundert die Familien Berringer und Warnesius, die zwei Bürgermeister der Stadt Paderborn stellten. Auch hier dehnten sich die Bauten im Laufe der Zeit nach Süden aus. An ein Steinwerk mit Außenkloake schloß sich ein mächtiger Gewölbekeller an, die Aborte wurden unter der Treppe angelegt. Den mittelalterlichen Ofen mit seinen einfachen Topfka-

Paderborn. Kamp. Schank- und Trinkgefäße aus Stein-zeug. 16. Jahrhundert.

cheln ersetzte man durch zeitgemäße farbenfrohe Reformationskacheln, und die spätromanischen Doppelarkadenfenster verschwanden zu Gunsten von größeren Glasflächen, die bemalte Fensterbierscheiben, die Nachbarn und Freunde zur Hauseinweihung geschenkt hatten, schmückten.

Zu dem guten Einblick in die Architektur des Anwesens kommt eine hervorragende Quelle für Hausrat, Lebens- und sogar Arbeitsverhältnisse der Bewohner. Es konnte der Inhalt einer noch verschlossenen und bis oben hin feuchten Kloake geborgen und ausgewertet werden. Sie enthielt über 150 nahezu komplette Keramikgefäße, mehr als 200 Gläser, 181 Holz- und 726 Lederstücke und zahllose Metallteile und Textilfragmente. Tönerne und gläserne Apothekergefäße, Parfumfläschchen und ein Urinal kamen aus dem sanitären bzw. medizinischen Bereich ans Tageslicht. Vorratsgefäße aus Glas, Keramik und Holz wurden in Küche und Keller verwandt. Porzellan, Fayencegeschirr, Steinzeug, bemalte Irdenware, Gläser, Karaffen, Fla-

schen und Besteck schmückten die Tafel. Möbelteile aus Holz und Metall, Textilien und sakrale Gegenstände gewährten einen Blick auf die Innenausstattung der Räume. Von der Bekleidung blieben Gewebe aus Leinen, Wolle und Seide sowie Schuhwerk aus Holz und Leder erhalten. Vom Freizeitvergnügen des Hausherren zeugen Tabaksbeutel, Pfeifen und Kegel; die Kinder verloren ihre Murmeln im Klo, wo andererseits natürlich Nahrungsreste, hier besonders viele Wildknochen, große Mengen an Kirschkernen und bis ins hohe Alter gepflegte Haustiere entsorgt wurden. Sicher nicht unbeabsichtigt landeten dort auch qualitätvolle Waffen. Das steht wohl in Zusammenhang mit den Geschehnissen des Dreißigjährigen Krieges in Paderborn. Einen ganz unmittelbaren Hinweis auf die Hausbesitzer lieferten zunächst unscheinbare, winzig kleine, aber glücklicherweise orange rot leuchtende Splitter im dunklen Kloakenmatsch. Sie ließen sich zu Siegeln zusammensetzten und als Relikte der Dienstakten von Hofrat Warnesius, des letzten Bewohners, interpretieren.

Fast jede Fundgattung aus der Kloake wurde von einem eigenen Bearbeiter untersucht. Bis hin zu den Textilien oder den gepflegten Hauskatzen wies alles – unabhängig voneinander – auf einen wohlhabenden, gutbürgerlichen Haushalt hin. Dies ergänzte sich durch den Baubefund und die Struktur der Parzelle. Dadurch, daß alle diese Hinweise mit aus den Quellen bekannten Personen in Einklang gebracht wurden, konnte das optimale Ziel der historisch-archäologischen Auswertung erreicht werden.

Lit.: B. Ortmann, Die ältesten Befestigungen innerhalb der Altstadt von Paderborn seit karolingischer Zeit (Felsberg 1977) 76 – 94. – GrabungsKAMPagne Paderborn 1994. Archäologische und historische Forschungen zur Siedlungsgeschichte am Kamp. Ausstellungskatalog (Münster 1995). – M. Moser / A. S. Gai / H. Westphal in: D. Bérenger (Hrsg.), Archäologische Beiträge zur Geschichte Westfalens. Festschr. Klaus Günther (Rahden 1997) 307 – 334.

Die Ausgrabung der Dorfwüstung und Zisterziensergrangie Rozedehusen in Warburg-Bonenburg

Rudolf Bergmann und Claudia Sondermann

Historische Quellen von 1297 und 1307 berichten von den ehemaligen Weilern Luthwardessen und Radolvessen, diese hätten einstmals bei den Grangien Bunessen und Rozedehusen des Klosters Hardehausen gelegen. Da die ersten drei Orte in der Gemarkung von Warburg-Bonenburg lokalisiert sind, ist zu folgern, daß die in der Umgebung des Parzellenverbandes „zu Rauzen" nordwestlich von Bonenburg obertägig erhaltenen prägnanten Siedlungsrelikte des Mittelalters mit der Ortswüstung Rozedehusen zu identifizieren sind. Bereits in seiner Gründungsphase erwarb das Zisterzienserkloster Hardehausen vor 1155 von Herzog Heinrich dem Löwen einen Haupthof *(curtis)* in Rozedehusen, zu dem bebautes Land im Umfang von ca. 37,5 ha gehörte. Hardehausen nutzte diesen Besitz zielgerichtet zum Aufbau eines Eigenwirtschaftsbetriebes (Grangie), dessen Erträge, seit 1172 einschließlich der Hofzehnten, dem Kloster zustanden. Mit dem 1246 erfolgten Kauf eines weiteren „Gutes" *(predium)* in Rozedehusen, das bis zu diesem Zeitpunkt an eine Ministerialenfamilie verlehnt und möglicherweise auch von dieser bewohnt war, avancierten die Zisterzienser zum bedeutendsten Grundeigentümer in dem Weiler, ohne jedoch andere Grundherrschaften vollständig verdrängen zu können.

Der im Spätmittelalter aufgegebene Ort mit mehreren räumlich voneinander getrennten Siedlungsarealen war seit 1995 Gegenstand eines durch einen Tontagebau verursachten Grabungsprojektes, das nunmehr vorläufig abgeschlossen werden konnte. Die unter anderem durch eine Phosphatkartierung vorbereitete archäologische Untersuchung führte unmittelbar bei Beginn zur Entdeckung eines annähernd quadratischen Steingebäudes von 11,3 × 11,7 m Außenabmessungen, dessen 1,2 m starkes Trockenmauerwerk aus Sandsteinblöcken und Kalksteinplatten bis zu einer Höhe von 1,6 m erhalten ist. Das Gebäude ist derartig in die Topographie

Warburg-Bonenburg / Kreis Höxter. Dorfwüstung Rozedehusen. Reste einer Eisenschmiede. 13. Jahrhundert.

des Hanges eingepaßt, daß dessen beide nebeneinanderliegende Keller von dem im Osten künstlich geschaffenen Podium nahezu ebenerdig über Eingangskorridore betreten werden konnten wie auch das ehemals darüber befindliche Geschoß hangseitig von Westen. Durch ein mit einem Eisenstab gesichertes Kellerfenster sah man im 13. Jahrhundert unmittelbar auf eine nördlich des Steinbaus angelegte Quellwasserfassung. Auf der langgestreckten Verebnungsfläche östlich des Bauwerkes ließ sich eine 1,39 × 2,50 m große, ebenerdige Herdstelle erkennen, deren Unterbau aus schadhaften und überfeuerten Dachziegeln der Eindeckung des Steinbaus und aus 18 reliefverzierten Bodenfliesen bestand.

Die ursprünglich für die Ausgestaltung eines repräsentativen Raumes (wohl des Steinbaus) vorgesehenen, rot gebrannten quadratischen Bodenplatten von bis zu 28 cm Kantenlänge zeigen zwei unterschiedliche Stempeldekore. Die Herdstelle befand sich im Vorderhaus des Steingebäudes, dessen Ausdehnung nicht präzise zu rekonstruieren ist. Zwischen Steinwerk und dem in identischer Bauflucht am entgegengesetzten Ende des Podiums auf Sockelmauern errichteten scheunenartigen Gebäude befand sich ein offener Hofraum. Die möglicherweise mit dem 1246 vom Kloster erworbenen *predium* gleichzusetzende Anlage des 13. Jahrhunderts war von Osten über eine gepflasterte Zuwegung zu betreten.

Nördlich unterhalb dieses Siedlungsbereiches und von diesem durch eine versumpfte Quellrinne abgesetzt fanden sich Werkabfälle einer Buntmetallverarbeitung. Die Sockelmauern des Ofens sind bis zu 0,5 m hoch erhalten. In seinen Unterbau hatte man, um ein Aufsteigen von Feuchtigkeit zu unterbinden, Isolierschichten eingebracht und unterhalb mit Steinplatten abgedeckte Kanäle angelegt. An den quadratischen Unterbau des Ofens ist eine halbkreisförmige Arbeitsplattform angesetzt, deren Umfassung aus Sandsteinblöcken besteht.

Auf dem Hang der Quellmulde konnte weiterhin ein bislang nicht vollständig ergrabenes – es befindet sich zum Teil außerhalb des eingetragenen Bodendenkmals – Hofareal des 9.–13. Jahrhunderts erkannt werden. Ein auf vier Rundhölzern in Trockenmauerwerktechnik errichteter und nur geringfügig eingetiefter Brunnen, eine Herdstelle sowie zahlreiche Pfostengruben sind möglicherweise mit jener *curtis* in Verbindung zu sehen, die zum Dotalgut des Zisterzienserklosters gehörte. Wohl wegen der Feuergefahr befand sich etwas abseits dieses Hofes im Mittelalter eine der zwei insgesamt für Rozedehusen nachgewiesenen Eisenschmieden. Ihre 1,7 × 2,1 m große Esse ist mehrere Steinlagen hoch erhalten. Das sich im Süden an die Hofanlage des 9.–13. Jahrhunderts anschließende, zuvor ungenutzte feuchte Areal im Talboden der Quellmulde unterlag im Verlauf des 12. Jahrhunderts einer Veränderung, der eine erkennbare Planung voranging und die möglicherweise im Zusammenhang mit dem Ausbau der Rozedehuser Grangie zu interpre-

tieren ist: Der geschaffene, ca. 20 × 40 m große Hofraum wurde durch im Norden, Süden und Westen angelegte offene Gräben und einen mittigen, mit Steinplatten abgedeckten Drainagekanal trockengelegt. An der Ostfläche befand sich ein Pfostenhaus, an der Westseite ein infolge von Steinraub in seinen Ausdehnungen nur ungenau zu rekonstruierendes, erst im 13. Jahrhundert auf Sockelmauern errichtetes Gebäude und in der Nordostecke ein Steinkeller des 12. Jahrhunderts. Dessen Sohle lag bereits unterhalb des Grundwasserhorizontes und wurde mittels Holzkastendrainagen trockengehalten. Archäologischen Funden zufolge wurden Weiler und Grangie während einer Phase häufiger Adelsfehden im frühen 14. Jahrhundert aufgegeben. Mit hoher Wahrscheinlichkeit haben sich die Bewohner im Schutz einer zwar bislang historisch unbezeugten befestigten Anlage niedergelassen, die sich aber unlängst in Spornlage unmittelbar oberhalb des Ortes Bonenburg in der Flur „Auf dem Burghof" archäologisch hat erkennen lassen. Das Fundmaterial der Ortswüstung zeichnet sich durch eine starke Vielfalt aus, wie z. B. durch eine Anzahl Holzobjekte: Es fanden sich Teile des Dachstuhles des Wohnturms, das Fragment einer Sprossenleiter, ein Fensterladen und ein gedrechselter Knauf mit einem umlaufenden Ring aus Buntmetall, der wohl zu einem Möbelstück gehörte. Besonders erwähnenswert ist die große Anzahl an zumeist gut erhaltenen Eisenobjekten, ein Umstand, der auf den tonigen, guten Luftabschluß gewährleistenden Boden zurückzuführen ist. Indirekte Belege für Gebäude stellen die zahlreichen Baubeschläge dar – allein 27 Schlüssel und 47 Türkloben wurden geborgen.

Lit.: R. Bergmann, Die Wüstung Rozedehusen. Geschichte eines ehemaligen ostwestfälischen Kleindorfes im Mittelalter. Aktuelle Arbeitsberichte des Westfälischen Museums für Archäologie / Amtes für Bodendenkmalpflege zur Wüstungsgrabung Rozedehusen 1 (Münster 1996). – Ders., Schritte zur Ausgrabung der Ortswüstung Rozedehusen (mit einem Beitrag von C. Kneppe). Ebd. 2 (Münster 1998). – Ders., Vom Tontagebau bedroht. Arch. Deutschland 1 / 1998, 43–44. – W. Wöhlke, Die Kulturlandschaft des Hardehausener und Dalheimer Waldes im Mittelalter. In: W. Müller-Wille / E. Bertelsmeier (Hrsg.), Landeskundliche Karten und Hefte der geographischen Kommission für Westfalen. Siedlung und Landschaft in Westfalen 2 (Münster 1957).

Warburg-Bonenburg / Kreis Höxter. Dorfwüstung Rozedehusen. Bodenkacheln und Birnbauchkrug. 13. Jahrhundert.

Bodenfunde aus Bocholt: Bürgerengagement im Dienste der Stadtgeschichte

Hans-Werner Peine

In Zusammenarbeit mit dem Westfälischen Museum für Archäologie / Amt für Bodendenkmalpflege, Fachreferat Mittelalter-Archäologie führt die seit 1975 bestehende Archäologische Gruppe Bocholt regelmäßig archäologische Untersuchungen innerhalb und außerhalb ihrer Stadt durch. An dieser Stelle sollen einige der interessantesten und bemerkenswertesten Funde der letzten Jahre vorgestellt werden.

Die Jahre 1201 und 1222, in denen Bocholt das Weichbildrecht bzw. das münsterische Stadtrecht verliehen wurde, sind wichtige Marksteine auf dem Weg zur mittelalterlichen Stadt: Aus der dörflichen Siedlung mit zahlreichen verstreuten Einzelhöfen, die sich um die vermutlich aus karolingischer Zeit stammende Pfarrkirche St. Georg gruppierten, bildete sich auf engerem Raum die ummauerte Stadt als eigener Rechtsbezirk. In Grenzlage des Bistums Münster – besonders in der frühen Neuzeit im Brennpunkt kriegerischer Ereignisse – mußte Bocholt von jeher darauf bedacht sein, die Verteidigungsanlagen nicht nur in gutem Stand zu halten, sondern immer wieder den wachsenden kriegstechnischen Erfordernissen anzupassen, wie die ältesten frühneuzeitlichen Ansichten der Stadt zeigen. Zahlreich sind die Fundstellen mit den Überresten von Stadtmauer und Graben sowie deren frühneuzeitlichen Ausbaustufen, eindrucksvoll die Funde (Rüstungsteile, Sturmhaken, Armbrustbolzen, Büchsen-, Musketen- und Geschützkugeln), von denen spätmittelalterliche lederne Dolch- und Schwertscheiden vorgestellt werden. Besondere Erwähnung verdienen auch mehrere zum unmittelbaren Einsatz vorbereitete Granaten und der Helm eines Reiteroffiziers aus dem Dreißigjährigen Krieg.

Die Masse der Bocholter Bodenfunde stammt jedoch aus Brunnen- und Kloakenschächten, die zu mittelalter- bzw. frühneuzeitlichen Wohnhäusern gehörten. Aus dem breiten Spektrum dieser Funde wird selten erhaltenes Hausgerät aus Metall gezeigt, das sonst lediglich aus zeitgenössischen Schriftquellen und Abbildungen bekannt ist. Bislang ohne Parallele ist der Fund eines eisernen Bräters oder Fettfängers aus dem späten 13. bzw. frühen 14. Jahrhundert, ein schmerzhafter Verlust für den damaligen Besitzer, denn Metallgegenstände waren im Mittelalter von hohem Wert und wurden in der Regel eingeschmolzen, um das Material wiederzuverwenden. Das seltene Auftreten von getriebenen Gegenständen, wie etwa dem bereits alt geflickten Kupferkessel, ist dagegen auch darauf zurückzuführen, daß solche dünnwandigen Metallobjekte viel anfälliger sind für die Korrosion im Boden.

Ebenfalls eine sehr gute Überlieferungsqualität besitzen die in Bocholt gefundenen Gläser. Maigelein, Nuppen- und Stangengläser, Spechter, Kreusen, Römer, Flaschen und die Kelchgläser venezianischer Art geben besser als andernorts in Westfalen eine Vorstellung vom Lebensstandard sowohl einfacher als auch gut betuchter Bürgerfamilien des 15.–17. Jahrhunderts. Mehrere aufeinanderfolgende reiche Bürgerfamilien haben beispielsweise in der Nordstraße 32–34 gelebt: Hierauf verweist umfangreiches Fundgut des 16.–18. Jahrhunderts, das in seiner Zusammensetzung (Waffen-, Reitzubehör, aber auch Speisereste von Haus- und Wildtieren, chinesisches Porzellan, niederländische Fayencen, rheinisches Steinzeug, bemalte Irdenwaren) vom Wohlstand seiner bürgerlichen, im 18. Jahrhundert das Bürgermeister- und Schöffenamt bekleidenden Bewohner zeugt. Für die 2. Hälfte des 16. Jahrhunderts und das 1. Viertel des 17. Jahrhunderts liegen mehrere inschriftlich datierte Fundstücke vor, so ein zur Werraware gehöriger Napf von 1561, eine Siegburger Pulle von 1594, eine Tasse von 1612 und ein Schmuckteller von 1613. Der Napf von 1561 mit der Darstellung eines vornehmen Mannes in spanischer Hoftracht, ein Schwert in der Rechten, gehört zu den frühesten inschriftlich datierten Exemplaren dieses polychromen und sehr dekorativen Geschirrs. Über das Vorhandensein einer reichen Oberschicht, deren Auftreten in der Stadt nicht im-

Bocholt / Kreis Borken. Dekoratives Haushaltsgeschirr aus der Kloake eines wohlhabenden Bürgerhaushaltes. 2. Hälfte 16. / 1. Viertel 17. Jahrhundert.

mer dazu angetan war, den sozialen Frieden zu gewährleisten, gibt das Statutenbuch von 1481 indirekte Auskunft, in dem aufwendige Feiern zu familiären Anlässen eingeschränkt wurden.

Immer wieder fanden sich in den Brunnen und Kloaken Gegenstände, die offensichtlich Kindern wie Erwachsenen zum Spiel dienten. Neben keramischem Spielzeug wie Miniaturgefäßen, Tierfigürchen, Pfeifen und Klanginstrumenten gab es solche aus Holz, darunter wiederum ein Miniaturgefäß, ein Spielzeugdolch, ein Ball und ein Kreisel. Ihren Gebrauch illustrieren sehr schön Darstellungen auf Fliesen, die ebenfalls als Bodenfunde auf uns kamen. Ein durchbrochener Brettspielstein des 12. Jahrhunderts zählt nicht nur in Westfalen zu den selteneren Fundstücken. Wie die annähernd 150

Knicker, die aus dem Brunnen der Bocholter Kreuzherrenniederlassung geborgen wurden, diente er sicherlich Erwachsenen zum Spiel.

Lit.: CH. GRÜNEWALD, Spätmittelalterliche Besiedlungsreste auf dem St. Georgskirchhof in Bocholt. AFWL 5, 1987, 401–413. – K.-H. KIRCHHOFF, Das Statutenbuch der Stadt Bocholt und seine Beziehungen zum Stadtrecht Münsters und zum münsterischen Stadtrechtskreis. In: Stadt Bocholt (Hrsg.), Bocholter Quellen u. Beitr. 1 (Münster 1976) 30–52. – Entdeckte Spuren. Archäologische Funde aus dem Bocholter Alltag vom Mittelalter zur Neuzeit. Unser Bocholt 38,2 / 3, 1987. – Stadtmuseum Bocholt. Ort für Geschichte, Kunst und Kultur. Ebd. 43,1, 1992. – W. SUNDERMANN / G. LETSCHERT, Stadtgeschichte und Archäolologie – Archäologische Gruppe Bocholt ergänzt durch ihre Forschungen die Geschichte der Stadt Bocholt – 20 Jahre archäologische Arbeit. Ebd. 48,2, 1997, 13–64.

Mittelalterlicher Münzschatzfund aus Eschweiler-(Lohn-)Erberich

Claudia Klages, Bernd Päffgen und Bernd Steinbring

1985 fanden im Vorfeld des Tagebaues Inden im Bereich der umgesiedelten Ortschaft Erberich, Gemeinde Lohn / Kreis Aachen, Ausgrabungen statt, um die mittelalterliche Dorfgeschichte zu klären. Da in der Nachbarschaft auch weitere Orte untersucht wurden, entstand 1996 mit Mitteln der Stiftung zur Förderung der Archäologie im Braunkohlengebiet am Institut für Vor- und Frühgeschichte der Universität Bonn ein Forschungsprojekt, das sich dem mittelalterlichen Kirchspiel Lohn widmet. Unter den vielen wichtigen Ergebnissen sticht ein Münzfund hervor, der im Zuge des Projekts 1999 restauriert werden konnte.

Die Ausgräber legten seinerzeit Pfostenbauten, Grubenhäuser und Gruben der ehemaligen Ortschaft Erberich frei. Die Grabung lag am Nordrand von Erberich, wo ein Hohlweg südlich des Erbericher Hofs von Westen in das Dorf führte. Angetroffen wurden neben einigen urgeschichtlichen Befunden hochmittelalterliche Baureste und neuzeitlicher Kulturschutt. Darunter befand sich die 2 × 1,60 m große rechteckige Grube 33, aus der spätmittelalterliche Keramik und ein Stück korrodiertes Metall mit verkohlten Stoffresten zum Vorschein kam, das zusammen mit dem umgebenen Erdreich entnommen wurde. Erst bei der späteren Säuberung wurden innerhalb des Metallblocks Münzen erkannt. Es handelt sich um insgesamt 17 Silbermünzen, die aneinander korrodiert waren. Außen zeichneten sich die Überreste von Textil ab. Die einzelnen Münzen waren übereinander gestapelt und in einen Stoff eingerollt, dessen überhängende Enden umgeschlagen worden waren. Heute ist der Stoffrest schwarz-braun verfärbt, brüchig und durch den anhaftenden Lehm verschmutzt. Die zusammenkorrodierten Münzen wurden mittels eines naßchemischen Verfahrens gelöst. Das Textilstück einer Leinenbindung wurde gesäubert und getrocknet; der Stoff zeigte Spuren von Feuereinwirkung. Der kleine Münzschatz war wahrscheinlich bei einem Brandunfall oder einer kriegerischen Zerstörung verloren gegangen.

Die 17 Silbermünzen sind einheitlich 1,8 cm groß und gehören zum Typ der einseitig geprägten Schwurhandheller aus Schwäbisch-Hall. Das Gewicht der Heller liegt zwischen 0,2 und 0,4 g. Der Name der Münzen erklärt sich durch das Motiv der abgebildeten erhobenen Hand, die als Schwurhand im Rechtsleben besondere Bedeutung besaß. Aufgrund der langen Prägezeit der beliebten Münzen ist eine jahrgenaue Datierung kaum möglich. Nach den Untersuchungen von Raff, der die Münzprägung von Schwäbisch-Hall untersucht hat, lassen sich mehrere Varianten bestimmen. Die ältesten Münzen, insgesamt fünf Exemplare, gehören demnach in das 1. Viertel des 13. Jahrhunderts. Die übrigen Stücke verteilen sich gleichmäßig auf die Zeit um die Jahrhundertmitte und in das späte 13. Jahrhundert. In Stoffrollen verwahrte Münzen kennt man bereits aus der Antike. Es handelt sich um eine zweckmäßige Form der Verpackung, die sich bis heute bei den verstärkten Papierrollen gehalten hat.

Außer den Münzen enthielt die Grube römische Ziegelbruchstücke sowie spätmittelalterliche Keramik, bei der es sich um Langerweher Steinzeug in verschiedenen Ausprägungen handelt. Es fanden sich Reste von mindestens zwei lehmengobierten Steinzeugkrügen mit Dornrändern und Wellenfüßen sowie von zwei weitmündigen Vorratsgefäßen mit dreieckigem umgeschlagenen Rand, zu denen man eine Ausgußtülle ergänzen kann. Die mitgefundene Keramik dürfte etwas jünger als die Münzen anzusetzen sein und in das 14. Jahrhundert gehören.

Lit.: A. Raff, Die Münzen und Medaillen der Stadt Schwäbisch-Hall 1 (Freiburg 1986). – B. Päffgen / U. Recker, Untersuchungsmöglichkeiten im rheinischen Braunkohlengebiet – Das Beispiel des Kirchspiels Lohn. Ruralia II. Památky Archeologické, Suppl. 11 (Praha 1998) 36–46.

Lohn-Erberich / Kreis Aachen. Sog. Schwurhandheller, geprägt in Schwäbisch-Hall. Silber. Münzschatzfund. Spätes 13. Jahrhundert.

Das mittelalterliche Töpfereizentrum in Brüggen-Oebel

Michael Claus

Bei Begehungen in Brüggen-Oebel, etwa 2 km nordwestlich des Brüggener Zentrums, fallen sogleich jene Ansammlungen von Keramikbruch auf, die heute besonders die Ackerflächen unmittelbar südlich der Abraumhalden bedecken. Diese Halden stehen jedoch nicht im Zusammenhang mit den mittelalterlichen Produktionsformen, sondern sind eine Folgeerscheinung des neuzeitlichen Tonabbaus, der in der Gemeinde Brüggen bis in unsere Zeit unvermindert anhält. Im Sommer 1995 entschloß sich das Rheinische Amt für Bodendenkmalpflege, in diesem Bereich, der als eingetragenes Bodendenkmal ausgewiesen ist, eine Grabung zur Sachstandermittlung durchzuführen. Besonderes Augenmerk galt hierbei der Feststellung der Erhaltung der Töpferöfen. Bereits nach dem Abziehen einer ca. 40 cm mächtigen, humosen Deckschicht stellte sich heraus, daß die 10 × 20 m und die beiden 4 × 9 m großen Grabungsteilflächen mit zahlreichen Tonentnahmegruben durchsetzt sind, die in den dort anstehenden Ton eingearbeitet sind. Lediglich im südlichen Drittel der Grabungsfläche streichen

feine Sande aus, die jedoch ebenfalls einen wertvollen Rohstoff zur Erstellung keramischer Produkte darstellten. Nach der Ausbeutung der Tongruben wurden diese mit Asche, Fehlbränden, Keramikbruch und den Resten ehemaliger Ofenkuppeln verfüllt. Einige Gruben dürften dabei auch der Aufbereitung der Töpfertone gedient haben. Hier wurde der fette Ton unter Zuführung von Sand gemagert, um ein Schrumpfen der keramischen Masse beim Brennvorgang zu verhindern.

Zwischen diesen, bis zu einer Tiefe von 2,30 m reichenden Gruben, fanden sich die Reste zweier ehemaliger Töpferöfen, genauer gesagt ihre Feuerräume mit den davorliegenden Arbeitsgruben. Da es sich um liegende Öfen handelt, befanden sich die Feuerräume etwas vorgelagert, unterhalb der eigentlichen Brennräume. Dies ist der Grund dafür, daß nur die tiefer gelegenen Bauelemente erhalten sind. Alle weiteren Bestandteile sind nicht mehr vorhanden, es haben sich nur noch Reste der lehmverziegelten Ofenkuppeln in Abfallgruben gefunden.

Bei der Keramik handelt es sich um Irdenware und Faststeinzeug. Faststeinzeuge zeichnen sich, im Gegensatz zu den sehr porösen Irdenwaren, durch eine partielle Verglasung des Scherbens aus, die vor allem die Oberfläche betrifft. Teilweise sind Irdenwaren und Faststeinzeuge mit einem roten Tonüberzug versehen. Entwickeltes Steinzeug ist dagegen bisher nicht gefunden worden.

An Gefäßformen treten vor allem Kannen und Krüge in den Vordergrund, die recht häufig mit umlaufenden Rädchenverzierungen versehen sind. Daneben gibt es Kugeltöpfe (Kochtöpfe) und Elmpter Amphoren, die als Vorratsgefäße dienten. Relativ selten sind dagegen Flaschen, Becher und Schüsseln. Zu den Sonderformen gehören eine Feuerstülpe, eine große, stark poröse Reibschale, ein gegliederter Kerzenständer und ein napfartig ausgebildeter Deckel mit Griff. In den Bereich Freizeit bzw. Spiel gehört das Fragment eines Pferdekopfes mit langem Hals, das wohl als Kinderspielzeug an-

Brüggen-Oebel / Kreis Viersen. Rest eines Töpferofens. Feuerraum mit Ofenbrust (Vordergrund) und Arbeitsgrube (Hintergrund). 13. Jahrhundert.

Brüggen-Oebel / Kreis Viersen. Töpfereibezirk. Irdenware und Faststeinzeug. Produktpalette. 13. Jahrhundert.

zusprechen ist. Gerade der Vergleich mit der südlimburgischen Töpferei von Schinveld und dem rheinischen Siegburg datiert das beschriebene Material in die 2. Hälfte des 13. Jahrhunderts.

Lit.: A. BRUJN, Die mittelalterliche keramische Industrie in Süd-Limburg. Ber. ROB 12 / 13, 1962, 357 ff. – M. RECH, Mittelalterliche Keramik der Töpfereien um Elmpt und Brüggen aus der Sammlung Franz Janssen, Brüggen. Zeitschr. Arch. Mittelalter 10, 1982, 147 ff. – A. HEEGE, Die Keramik des frühen und hohen Mittelalters aus dem Rheinland. Arch. Ber. 5 (Bonn 1995) 14 ff. – M. CLAUS, Bericht über die Grabungskampagne 1995 in Brüggen-Oebel. Arch. Rheinland 1995 (Köln, Bonn 1996) 131 ff. – M. CLAUS / S. GROENEVELD, Eine Feuerstülpe aus der Grabung Brüggen-Oebel. Ebd. 1996 (Köln, Bonn 1997) 144 f.

Ausgrabungen in Werne – Ein bedeutender Textilfund in der Pfarrkirche St. Christophorus

Sabine Heitmeyer-Löns und Birgit Münz

Die katholische Pfarrkirche St. Christophorus in Werne zählt zu den ältesten Kirchengründungen im Bistum Münster. Im Zuge der Gesamtrenovierung des spätgotischen Kirchenbaus konnten von Oktober 1995 bis Januar 1996 archäologische Untersuchungen in diesem für die Frühgeschichte des Bistums Münster wichtigen Sakralbau vorgenommen werden. Obwohl sich die Ausgrabungen auf Heizungskanäle beschränkten, erbrachten sie grundlegende neue Erkenntnisse zur Baugeschichte und förderten unter anderem einen kulturgeschichtlich bedeutenden Textilfund zutage. Ein erster Kirchenbau läßt sich hauptsächlich durch vorromanische Gräber erschließen, die eine Fläche im Bereich des heutigen Mittelschiffes frei ließen; es ist anzunehmen, daß dort eine kleine Saalkirche gestanden hat. Wohl in der 2. Hälfte des 12. oder Anfang des 13. Jahrhunderts wurden die Bestattungen von einer romanischen Kirche überbaut. Diese bestand aus einer dreischiffigen und mindestens zweijochigen Anlage mit Seitenapsiden. Dem Mittelschiff war im Osten ein Chorjoch mit halbkreisförmiger Apsis angefügt. Der Kirchenneubau in dieser Zeit dürfte mit dem urkundlich erwähnten sprunghaften Ausbau der Siedlung Werne zusammenhängen. Er wird einer Gruppe von kleinen Gewölbebasiliken mit Stützenwechsel und Westturm zuzuordnen sein, die zur gleichen Zeit im Gebiet der ehemaligen Grafschaft Mark, des Herzogtums Westfalen und des Bistums Paderborn errichtet wurden.

Bereits in den dreißiger und vierziger Jahren des 13. Jahrhunderts dürfte jedoch ein Umbau zur dreischiffigen Hallenkirche des gebundenen Systems mit gerade geschlossenem Chor erfolgt sein. Ein weitgehender Neubau der Hauptpfarrkirche wurde nach einem Brand im Jahr 1400 und dem Einsturz des Turmes 1446 zwischen 1450 und 1470/71 notwendig. Ein Teil dieses Kirchenbaus ist im dreischiffigen und dreijochigen Westteil der heutigen Hallenkirche mit den massiven quadratischen Pfei-

lern und dem Westturm erhalten. Seine Außenmauern gründen noch auf den Grundmauern der romanischen Vorgängerkirche, deren Ostabschluß mit Seitenapsiden und gerade geschlossenem Chor bis Anfang des 16. Jahrhunderts ebenfalls übernommen worden war. Der Abbruch des Ostabschlusses erfolgte erst kurz vor 1507/08, als der Westteil der heutigen Kirche um zwei Joche und den heutigen Polygonalchor nach Osten erweitert und ein Kapellenanbau an die Ostseite der Nordwand angefügt wurde. Mit der Errichtung dieses jüngeren Ostteiles, der sich sehr deutlich durch seine runden Säulen vom älteren Westteil mit den vierkantigen Pfeilern absetzt, hatte die Kirche St. Christophorus im wesentlichen ihre heutige Gestalt erhalten.

Von den Gräbern im Kircheninneren hob sich eine Bestattung durch zahlreiche erhaltene Gewandreste ab. Das Grab lag an hervorgehobener Stelle: westlich des heutigen Polygonalchores und etwas südlich der Kirchenmittelachse. Es wurde erst nach Vollendung des Kirchenbaues nach 1507/08 direkt über den Mauerresten der abgebrochenen romanischen Ostapsis in den Kirchenuntergrund eingetieft. Der etwa 1,75 m große Bestattete lag in einem 2,02 × 0,52 m großen Holzsarg, von dem Holz- und Torfreste erhalten sind. Bei der Freilegung des Grabes kamen zunächst nur ein ca. 0,45 × 0,12 m großes Stoffknäuel im Rumpfbereich neben der linken Körperhälfte und mehrere kleinere Stoffreste im Bereich des Oberkörpers zum Vorschein. Erkennbare Musterausschnitte legten die Vermutung nahe, daß man es mit Relikten eines spätmittelalterlichen Meßgewandes, einer Kasel, zu tun haben könnte. Entsprechend den katholischen Bestattungsriten handelte es sich demnach bei dem Toten um einen Priester, der allerdings mit einem älteren Meßgewand bestattet worden war. Eine Blockbergung der anhaftenden Textilien empfahl sich, um unter günstigeren Bedingungen in der Textilrestaurierungs-

412

Werne / Kreis Unna. St. Christophorus. Meßgewand. Detail des Seidengewebes (Lampas) mit gegenständigem Löwenpaar. Frühes 14. Jahrhundert.

Werne / Kreis Unna. St. Christophorus. Meßgewand. Rekonstruktion des Seidengewebes (Lampas; Ausschnitt). Frühes 14. Jahrhundert.

werkstatt die weitere Freilegung, Konservierung und Auswertung des Fundes vorzunehmen.
Erhalten ist im wesentlichen die Rückseite eines Meßgewandes aus dem 14. Jahrhundert. Die Schnittform läßt noch die enge Verwandtschaft zu der bis in das 13. Jahrhundert hinein gebräuchlichen Glokkenkasel erkennen: breite untere Rundung und gerader oberer Abschluß, den man sich von der Mitte aus symmetrisch nach vorne gebogen als Fortführung des Halsausschnittes vorzustellen hat. Kleine Reste des Vorderteils finden sich noch an den seitlichen Schrägen des rückwärtigen Schnitteils. Die Kasel bestand aus mindestens vier verschiedenen Geweben. In der Umzeichnung wird die Musterre-

Werne / Kreis Unna. St. Christophorus. Meßgewand. Detail des Seidengewebes (Lampas) mit gegenständigem Greifenpaar. Frühes 14. Jahrhundert.

Werne / Kreis Unna. St. Christophorus. Meßgewand. Detail des Seidengewebes (Lampas) mit gegenständigem Gazellenpaar. Frühes 14. Jahrhundert.

konstruktion des italienischen Lampasgewebes deutlich, das – mehrfach gestückelt – für die Rückseite des Gewandes verwendet wurde. Der Stoff ist aufgrund seiner Technik und verschiedener Mustermerkmale in das frühe 14. Jahrhundert zu datieren. Wenige Vergleichsbeispiele gibt es für seine Gliederung in Längsstreifen, die ihm unter den bekannten Geweben eine besondere Stellung zuweist. Bei dem Stoff der Kaselvorderseite handelt es sich wahrscheinlich um ein Samitumgewebe aus dem 13. Jahrhundert, eine sogenannte Halbseide. Aufgrund des schlechten Erhaltungszustandes wird eine vollständige Rekonstruktion des Musters nicht mehr möglich sein. Vermutlich bestand es aus aneinandergereihten, 0,27 m hohen Kreismedaillons mit gegenständigen Vogelpaaren, die wahrscheinlich quer, d. h. liegend, auf dem Gewand erschienen. In den Zwickeln befinden sich kleine Kreisscheiben mit Punkträndern und stilisierte Blattornamente.

Die als Besätze verwendeten Borten sind als Kölner Borten bekannt. Die breitere bildete das Gabelkreuz der Rück- und wahrscheinlich auch der Vorderseite des Gewandes. Sie läßt sich ohne weiteres in den Gesamtzusammenhang der Kölner Borten-

weberei des 14. Jahrhunderts einordnen. Kaum bekannt sind allerdings schmale Borten wie die, die den Halsausschnitt einfaßt. Eine künstlerische und technisch hochstehende Seidenweberei, die unter hohem Aufwand den kostbaren Rohstoff in adäquater Weise zur Geltung zu bringen wußte, entwickelte sich zunächst in China und dem östlichen Mittelmeerraum. Spätestens seit dem 13. Jahrhundert ist die Herstellung von Seidengeweben auch ein maßgeblicher Ausdruck der westeuropäischen Kultur gewesen. Sie ist in dieser Form seit dem 19. Jahrhundert endgültig verschwunden. Mittelalterliche Stoffe haben sich fast ausschließlich im relativ geschützten kirchlichen Zusammenhang als Paramente und Reliquienhüllen erhalten. Der Bodenfund aus Werne erweitert das Wissen über die Frühzeit der westeuropäischen Seidenweberei um eine interessante Facette.

Lit.: B. Münz / C. Kneppe, Archäologische Untersuchungen in der katholischen Pfarrkirche St. Christophorus in Werne, Kreis Unna. Ausgrabungen und Funde in Westfalen-Lippe 9/C, 1999, 63–96. – L. von Wilckens, Die textilen Künste. Von der Spätantike bis 1500 (München 1991).

Von Leisten und Leder. Mittelalterliches und frühneuzeitliches Schuhwerk

Alexandra Pesch

Nach heutigen Vorstellungen waren die mittelalterlichen Schuhe sicherlich nicht gerade bequem. Kein fester Absatz schützte vor den steinigen Wegen, der Fuß wurde beim Gehen in den mancherorts für den rechten und linken Fuß gleich geschnittenen Schuhen durch keinerlei Schale gestützt und keine weiche Innenpolsterung federte die Schritte ab. Das mittelalterliche Schuhwerk bestand bis zum 14. Jahrhundert gewöhnlich nur aus einfachem, an einer dünnen Ledersohle vernähten Oberleder, etwa so wie die bekannteren indianischen Mokassins. Solche Schuhe konnten den Fuß nur bis zu einem gewissen Grad vor Kälte, Feuchtigkeit und Straßenschmutz schützen. Außerdem nutzten sie sich extrem schnell ab.

Es ist daher anzunehmen, daß in den kleinen Werkstattläden der Schuhmacher meist ein reger Betrieb herrschte. Zunächst wurde am Fuß das persönliche Kundenmaß genommen, dann begann der Schuhmacher seine Arbeit mit Weichklopfen und Zerschneiden des Leders (mit seinem typischen, sichelförmigen Messer) sowie mit dem Bespannen des Holzleistens und dem Vernähen der Lederteile. Je nach Jahreszeit und Zweckbestimmung des Schuhs, nicht jedoch nach Geschlecht der Kunden spezifiziert, konnte die Gestaltung des Oberleders verschiedenartig ausfallen. Neben dem uralten, aus nur einem Lederstück gefertigten und um den Knöchel verschnürten Bundschuh gab es aus mehreren Teilen genähte Halbschuhe, (halb-)hohe Schuhe und Stiefel, die von unterschiedlichen und individuellen Bändern, Riemchen, Schnallen oder Knöpfen seitlich oder auf dem Rist zusammengehalten wurden. Bei meist sehr schlanker Sohlenform waren die Schuhe vorne oft spitz gearbeitet. Das Leder konnte durch ausgestanzte Muster, eingeschnittene Schlitze oder eingebrannte Ornamente verziert werden. Für sehr hochstehende Persönlichkeiten wurden auch Stoffschuhe aus Leinen oder Seide mit feinen Stickereien hergestellt.

Es waren vielfältige Schuhvariationen machbar, je nach Geschmack und Geldbeutel der Auftraggeber.

Bocholt/Kreis Borken. Schuh (sog. Trippe) aus Weidenholz mit Oberleder. Länge 27 cm. 13./14. Jahrhundert.

Trotz ihres hohen Verschleißwertes, von dem die relativ großen Mengen weggeworfener und heute bei Grabungen wieder geborgener Lederschuhe zeugen, waren Schuhe nicht billig. Daher trugen auch nicht alle Menschen bei jeder Gelegenheit Schuhe, wie wir aus bildlichen Darstellungen wissen. Für Bauern beispielsweise waren Schuhe bis weit in die Neuzeit hinein ein Luxus, den sich nur wenige zu seltenen Anlässen leisten konnten. Aber auch die Menschen in den Städten hielten ihre Schuhe so lange wie möglich in Ehren. Davon zeugen die vielen Ausbesserungen und Flicken, die auf den archäologischen Funden nachzuweisen sind. Reparaturen an Schuhen wurden gewöhnlich nicht vom Schuhmacher, sondern von einem Flickschuster vorgenommen. Wurden vollends abgelaufene Schuhe nicht in der heimischen Kloake entsorgt, konnte ein Altmacher sie aufkaufen, der aus

Bocholt / Kreis Borken. Lederschuhe mit einfacher Sohle. – Links: Rechter Schuh. Oberleder aus einem Stück (ca. Schuhgröße 33). – Hinten: Rechter Knöpfstiefel. Oberleder aus vier Teilen. Knöpfriemchen aus Lederband. – Mitte vorne: Rechter Kinderschuh mit Schnalle und Lederriemchen. – Vorne rechts: Linker Kinderschuh. Oberleder aus einem Stück, spitz zulaufende Sohle (Schuhgröße 18). 14./15. Jahrhundert.

Sandale über den Schuh gezogen wurde. Wie auch die Leisten wurden Trippen übrigens nicht vom Schuhmacher, sondern von einem Holzschnitzer hergestellt. Im Spätmittelalter setzte sich langsam ein Trend durch, die Schuhe im Aufbau komplizierter zu gestalten. Rand- und Sohlenverstärkungen entwickelten sich schon im 14. Jahrhundert zu ersten, mit Lederresten oder Kork ausgepolsterten Festsohlen, die ein angenehmeres, geschützteres Gehgefühl mit einer besseren Wärmedämmung verbanden. Die Trippen des 14. und 15. Jahrhunderts bestanden häufig aus einer hohen, aus vielen einzelnen Lederlagen aufgebauten Kompositsohle. Echte Absätze an gewöhnlichen Schuhen und besonders Stiefeln treten häufiger erst ab dem 16. Jahrhundert auf.

Daß die wertvollen Schuhe als Statussymbole sehr große Bedeutung hatten, wird auch in ihrer Entwicklung im Spätmittelalter und der frühen Neuzeit deutlich, als die Spitzen der Schuhe immer länger wurden. Gegen Ende des 15. Jahrhunderts kam es sogar so weit, daß die inzwischen dick mit Stroh oder Moos ausgepolsterten Schuhspitzen in grotesker und unpraktischer Weise mit dünnen Ketten oder Bändern an den Knien der Hosenbeine befestigt werden mußten, damit man mit solchen Schuhen überhaupt noch laufen konnte. Je höher gestellt eine Persönlichkeit war, desto länger wurden ihre Schuhspitzen, sie lebte ‚auf großem Fuße'. Bald schon regelten Kleiderordnungen zentimetergenau, wie lang eine Spitze für eine Person in bestimmter gesellschaftlicher Position sein durfte.

Seit dem 16. Jahrhundert begann eine Schuhproduktion in größerem Stil, die in ihren wesentlichen Zügen wie Formen, Aufbau, Verarbeitung usw. bereits den modernen Schuhen entspricht. Damit ging auch die individuelle Schuhanfertigung größtenteils zu Ende, und es wurde fertiges Schuhwerk vom Lager gekauft. Das im Mittelalter bedeutende, in mächtigen Gilden organisierte Schuhmacherhandwerk verlor ab der 2. Hälfte des 19. Jahrhunderts seine Bedeutung, als die Industrialisierung auch diesen alten Arbeitsbereich erfaßte und billige Massenherstellung die kleinen Werkstattbetriebe verdrängte.

verschiedenen Resten und alten Schuhen neue Paare herstellte, die günstiger zu erwerben waren als vom Schuhmacher aus Neumaterial hergestellte Schuhe.

Eine Besonderheit mittelalterlichen Schuhwerks des 12.–15. Jahrhunderts bestand darin, daß man die Lederschuhe durch das Tragen von hölzernen Überschuhen, den Trippen, vor direktem Kontakt mit Abfällen und Fäkalien auf Straßen und Plätzen zu schützen versuchte. Trippen bestanden meist aus einer dicken, manchmal mit Eisen beschlagenen Holzsohle, die durch Riemen in der Art einer

Nutzen und Ideologie: Mittelalterliche und frühneuzeitliche Ofenkeramik in Westfalen

Hans-Werner Peine

Gelsenkirchen. Schloß Horst. Produkte des Kölner Kachelbäckers Dyrych Westermann von Buir. Model: 1561.

Ausgrabungen in Westfalen belegen, daß in den meisten Gebäuden des Mittelalters auf ebenerdigen Herdstellen gekocht wurde, die zugleich häufig die einzige Wärmequelle im Haus waren. Im archäolo-gischen Befund sind Kamine und Kachelöfen nur ausnahmsweise nachzuweisen, besonders letztere aber in vielen Fällen nur über das Fundgut zu er-schließen. Die ältesten in Westfalen gefundenen Kacheln sind Becher- und Topfkacheln. Entspre-chende Funde des späten 12. Jahrhunderts liegen in Westfalen vor allem aus adeligem und klösterli-chem Milieu vor, aber auch in städtischen Reprä-sentativbauten und gehobenen bürgerlichen Haus-halten waren sie vertreten. Ab der 2. Hälfte des 13. Jahrhunderts waren ofenbeheizte Stuben keine Sel-tenheit mehr.

Im Spätmittelalter führte die neue Fertigungstech-nik von Kacheln unter Hinzunahme von Modeln zu einer wahren Revolutionierung des Kachelofen-baus, so die Halbzylinderkacheln, denen an der Schauseite ein gemodelter Zierrahmen vorgeblen-det wurde (Kloster Paradiese). Die Nischen der Kacheln waren zumeist unverziert, konnten am Ende des 15. Jahrhunderts aber auch ein modelge-formtes Halbrelief aufweisen oder dienten in eini-gen Fällen zur Aufnahme von vollplastischen Figu-ren. Auch die Napfkacheln wurden um 1500 mit einem gemodelten Blatt versehen, das am Ende der Entwicklung auf der gesamten Fläche geschlossen und mit einem Bildprogramm versehen war. Da-durch verlor der angarnierte Topf seine Funktion, er wurde durch Zargen ersetzt, welche nun die Ein-bindung der Kacheln in die Ofenwandung ermög-lichten. Dies wiederum erlaubte eine freiere archi-tektonische Gestaltung der Kachelöfen, bedingt durch die nun mögliche Vielfalt von Kacheltypen. Im Gegensatz zu den Topf- waren die Nischenka-cheln bereits im 14. Jahrhundert glasiert. Um 1500 setzt sich die Glasur bei den Ofenkeramiken allge-mein durch: Ihre Leuchtkraft rückte den funktiona-len Einrichtungsgegenstand Kachelofen nun stär-ker optisch ins Bewußtsein, sie ermöglichte eine wesentlich vereinfachte Reinigung. Typisch für die ersten drei Viertel des 16. Jahrhunderts waren vielfarbige Ofenkeramiken, schließlich kamen mit dem Auftreten von gußeisernen Feuerkästen ab 1560/70 schwarzbraune Kacheln in Mode. Seltener als die weit verbreiteten schwarzbraun glasierten Kacheln wurden in Westfalen graphitierte Kacheln als Ersatz für die teuren Eisenplatten verwendet.

Neben großen Kaminen aus Baumberger Sandstein dienten beispielsweise den Bewohnern des Schlosses Horst (Gelsenkirchen) Kombinations- bzw. Kachelöfen als Wärmequelle, wie Schriftquellen und erhaltene Kacheln sowie gußeiserne Ofenplatten verdeutlichen. So konnte im Winter 1995/96 aus einem Kloakenschacht im Südwestflügel des Schlosses ein größerer Komplex von monochrom und polychrom glasierten Ofenkeramiken geborgen werden. Neben einer Reihe von Leisten-, Gesims-, Überbrückungs-, Kranz- und Bekrönungskacheln mit verschiedenen Motiven sind besonders Blattkacheln und deren Fragmente hervorzuheben, die mehreren Kachelserien zuzuordnen sind, darunter die ‚Stehenden Tugenden' nach Bleiplaketten von Peter Flötner und die ‚Sieben freien Künste' von 1561 nach Kupferstichen von H. S. Beham. Aus der letztgenannten Serie sei hier die nahezu vollständig erhaltene DIALECTIC vorgestellt. Wichtige Informationen zu den Öfen können wir den Schriftquellen entnehmen: So wurden Rütger von der Horst, der Bauherr des Schlosses, im Januar 1562 drei eiserne Öfen und vier eiserne Herdsteine für zusammen einhundert Taler aus Westfalen geliefert. Am 6. Februar 1562 beauftragte er den Kölner Kachelbäcker Meister Dyrych, Kacheln für diese drei Öfen anzufertigen und die Kombinationsöfen im Schloß aufzustellen. In den Rechnungsbüchern sind die Preise der verschiedenen Kacheltypen und ihr Transportweg von Köln über den Rhein nach Walsum und weiter nach Horst verzeichnet.

Die Kölner ‚Bibelserie' ist im archäologischen Fundgut auf Horst ebenso vertreten wie die Serie der ‚Cognitio und der Sieben stehenden Tugenden' nach H. S. Beham. Hiervon zeugen eine Reihe von Blattkachelfragmenten, unter anderem eines mit der Darstellung der Prudentia, ein anderes zeigt Adam und Eva nach einer Kupferstichvorlage von Marcantonio Raimondi. Aus der Serie der ‚Alttestamentlichen Heerführer' von 1573 wurden Gideon und Rex Saul gefunden. Sicherlich stellte auch die-

se Kacheln der Kölner Kachelbäcker her. Nach den Horster Archivalien war dieser in der Steylgasse ansässig, laut Häuser- und Steuerlisten der Stadt Köln hat er in der Cronengasse gewohnt. Durch die Horster Schriftquellen und Funde wird Dyrychs Produktion erstmalig direkt faßbar, denn zuvor konnten ihm keine dieser bekannten und weitverbreiteten Kachelserien sicher zugeordnet werden.

Wie an anderen Orten in Westfalen, läßt sich auch in Soest die Entwicklung der Ofenkeramik anhand entsprechender Funde nachvollziehen. Herausgestellt sei hier lediglich eine Gruppe von Reformationskacheln, die bei Ausgrabungen in der Wiesenstraße, in der Rosenstraße und am St. Petri Gemeindehaus gefunden wurden. Die grün glasierten Blattkachelfragmente sind im Sockel mit HANS BERMAN 155X signiert. Es lassen sich folgende Innenfeldmotive in dem für Berman typischen Rahmenwerk nachweisen: Maßwerkfenster mit Butzenscheiben, Erschaffung der Eva, Einzug Christi in Jerusalem, Christus am Berg Gethsemane, Christus fällt unter das Kreuz sowie aus dem Gleichnis vom Verlorenen Sohn die Auszahlung und die Heimkehr.

Neben die Soester treten weitere westfälische Funde, so aus Brake, Hamm, Lemgo, Minden und Paderborn. Die weite Verbreitung der ‚Bermankacheln' von der Schweiz bis hin nach Schweden, Polen und in das Baltikum zeugt von der Beliebtheit dieser Kacheln. Über die Person Hans Berman ist wenig bekannt. War er Formenschneider, Töpfer oder Händler? Jedenfalls kennzeichnete er seine Produkte (Modeln, Kacheln), vielleicht als Qualitätsmerkmal, mit seinem Namen und den Jahreszahlen 155X oder 1562. Insbesondere aus Hessen stammen zahlreiche Funde, die zur Hypothese führten, daß die Werkstatt von Hans Berman dort anzusiedeln sei. Funde von Modeln in Lübeck und anderen Städten belegen aber den Modelhandel und die Ausformung der Bermankacheln nach 155X durch andere Töpfer an diesen Orten.

Höxter. Ofenkachel (Blattkachel) mit Darstellung des ▷ Kurfürsten Joachim II. von Brandenburg. 1535.

419

Höxter. Ofenkachel (Blattkachel) mit Darstellung des Evangelisten Marcus. 1568.

Blatt-, Gesims-, Kranz- sowie Leistenkacheln. Auch dieses Fundgut datiert in die 2. Hälfte des 16. Jahrhunderts und in das 17. Jahrhundert.

Besondere Erwähnung verdient die große Blattkachel mit der Darstellung der Allegorie des Sommers. Kacheln, die zum Bildzyklus der vier Jahreszeiten gehören, wurden z. B. in Duderstadt, Göttingen, Köthen und Vacha gefunden. Auf der Basis angebrachte Inschriften wie TER FRILING oder TER HERPST bezeichnen dort bisweilen die dargestellte Allegorie. Nachweisen lassen sich auch die Initialen oder Namen der Formenschneider oder Kachelbäcker. Hinweise auf eine Werkstatt, in der entsprechende Kacheln produziert wurden, geben Funde aus Dessau.

Von den Höxteraner Funden seien einige frühneuzeitliche Blattkacheln erwähnt, z. B. die polychrome Blattkachel mit der Darstellung des Kurfürsten Joachim II. von Brandenburg sowie die mutmaßlich zum gleichen Ofen gehörige grünglasierte Fürstinnenkachel, deren Model die Jahreszahl 1535 trägt. Sie und die Fortunakachel stammen aus Keller- und Kloakenverfüllungen der 1. Hälfte des 17. Jahrhunderts. Obertägig verbaut wurden dagegen unter anderem die drei großen Kacheln mit den Evangelisten Marcus, Lucas und Johannes, letzterer durch das Model auf oder nach 1568 datiert. Der zur Kachelserie gehörige Matthäus läßt sich in einer mit HH signierten Ausformung im Heimatmuseum Wetzlar nachweisen und ein Model für entsprechende Johanneskacheln findet sich im Bestand des Kunstgewerbemuseums Budapest.

Die Kachelöfen sorgten in den kalten Jahreszeiten nicht nur für wohlige Wärme in den Stuben und Sälen, sie bildeten in ihrer farbigen Pracht und ausgestattet mit den verschiedenen Bildprogrammen – die in vielen Fällen auch Zeugnis von der humanistischen Bildung oder der religiösen Weltanschauung ihrer Besitzer ablegen – ein äußerst repräsentatives und in Kombination mit einem großen gußeisernen Ofenkasten ein besonders teures Ausstattungselement der Häuser. Renaissance- und barockzeitliche Kachelaufsätze wurden später nur selten ersetzt, da der Kombinationsofen nach und nach vom Eisenofen abgelöst wurde.

Umfangreiches Fundmaterial aus der 2. Hälfte des 16. Jahrhunderts konnte 1997 in der Mindener Brüderstraße geborgen werden, darunter Ofenkeramiken, die auf wenigstens einen Kachelofen im Haus Nr. 20 hinweisen. Auf ihnen zeigen sich geometrische und vegetabile Ornamente, aber auch Tiermotive lassen sich belegen. Des weiteren kommt SPES und ein polnischer König zur Darstellung. Ferner traten beim Umbau des Hauses Alte Kirchstraße 1 eine Reihe von Ofenkeramiken zutage, darunter

Die Burg Reuschenberg – Eine Burg geht in den Abbau

MICHAEL SCHMAUDER

Bis zum Hochmittelalter läßt sich die Geschichte des Adelsgeschlechts derer von Reuschenberg zurückverfolgen. Die gleichnamige Burg, im Bereich des Tagebaus Hambach gelegen, wurde von April 1997 bis Juni 1999 durch das Rheinische Amt für Bodendenkmalpflege mit Mitteln der Stiftung zur Förderung der Archäologie im Rheinischen Braunkohlenrevier sowie mit Unterstützung der Rheinbraun AG und des Landes Nordrhein-Westfalen untersucht. Heute sind die Burg und ihr Umfeld bereits dem Braunkohlentagebau zum Opfer gefallen. Die Burg Reuschenberg lag am Ostrand des Hambacher Forstes südwestlich der Ortschaft Elsdorf und ungefähr einen dreiviertel Kilometer südlich der ehemaligen Bundesstraße B 55, deren Geschichte seit der römischen Zeit, als hier die Querverbindung von Köln *(Colonia Claudia Ara Agrippinensium)* nach Bavai *(Bagacum)* verlief, in den zurückliegenden beiden Jahrzehnten intensiv erforscht wurde. Die Burg Reuschenberg wird vermutlich nicht ohne Grund in der Nähe dieser auch im Mittelalter genutzten wichtigen Fernverbindung errichtet worden sein. Wahrzeichen der Burg war der spätmittelalterliche, aus Backstein errichtete Wohnturm, auf den sich die neben der Grabungstätigkeit durchgeführte bauhistorische Untersuchung – auf die hier nicht eingegangen werden kann – der Anlage konzentrierte.

Bemerkenswert war – und diesen Eindruck vermittelt auch ein Blick auf den vorläufigen Gesamtplan – das ausgesprochen umfangreiche Grabensystem. Rund zwei Dutzend Gräben bzw. Grabenabschnitte mit einer Breite von über 2 m verteilen sich auf einen Zeitraum von ungefähr 500 Jahren. Eine Vielzahl kleinerer Gräben, als Schutz gegen Wild und zur Entwässerung, durchzieht das gesamte Grabungsareal. Zahlreiche Fahrspuren in den Randbereichen, aber auch in den Grabensohlen sind Zeichen umfangreicher Ausschachtungsarbeiten. Im Westen der Anlage überlagern darüber hinaus Gräben hoch- und spätmittelalterlicher Zeitstellung ein römisches Grabensystem, das vermutlich zur einer

Elsdorf / Erftkreis. Burg Reuschenberg. Blick von Nordosten auf den spätmittelalterlichen Wohnturm. 15./16. Jahrhundert.

in der Nähe gelegenen römischen Villa rustica gehörte.

Von einem Grabensystem wurde gleichfalls das älteste mittelalterliche Besiedlungsareal umschlossen, das sich im Innenhofbereich der Anlage nach-

Elsdorf/Erftkreis. Burg Reuschenberg. Stangenglas mit Nuppendekor. Ende 15./Anfang 16. Jahrhundert.

auf einer leichten Geländekuppe liegend – ca. 50 m von der Motte entfernt befand. Die Siedlungsfläche war vermutlich durch einen Wall geschützt, der sich in Teilen noch erhalten hatte. Sowohl dieses Siedlungsareal als auch die Motte scheinen im ausgehenden 15. Jahrhundert planiert worden zu sein. Anlaß dieser Maßnahme war die Errichtung einer mehrteiligen Backsteinanlage, die sich in ihren Fundamenten vollständig nachweisen ließ.

Folgendes läßt sich aufgrund der Grabungsergebnisse derzeit von der Entstehung und Entwicklung der Burg Reuschenberg sagen: Am nordöstlichen Rand des Hambacher Forstes wurde im 13. Jahrhundert eine frühe befestigte Burg (Motte) mit dazugehöriger Hofstelle gegründet. Grundlage der Errichtung dieser Anlage dürfte wahrscheinlich ein Lehen des Klosters St. Pantaleon aus Köln gewesen sein, das im Raum Elsdorf größere Besitzungen innehatte. Die Gründung im Randbereich des Hambacher Forstes darf im Zusammenhang mit der Erschließung neuen Siedelraumes im Zuge des sogenannten inneren Landesausbaues gesehen werden, der als Maßnahme gegen die Überbesiedlung in den Altsiedellandschaften anzusehen ist. Die in Reuschenberg ansässige Adelsfamilie erlangte vor allem durch eine geschickte Heiratspolitik zunehmend regionale Bedeutung. Mit der Wende vom 15. zum 16. Jahrhundert wurde anstelle der Motte und des dazugehörenden Siedlungsareals eine repräsentative Backsteinanlage errichtet. Diese Anlage aus L-förmigem dreigeschossigen repräsentativen Herrenhaus mit flankierenden Rundtürmen an Südost- und Südwestecke, kleinerem Wohngebäude und viergeschossigem Wohnturm sowie Wehrmauer an Nord- und Ostseite bestand gesichert bis in die 1. Hälfte des 18. Jahrhunderts. Zum Ende des 19. Jahrhunderts waren von der ehemaligen Bausubstanz nur noch der Wohnturm und Teile des Wohnhauses erhalten. An die Stelle des repräsentativen Wohnbaus trat an der Südseite eine Scheune mit Durchfahrt und an der Westseite ein eingeschossiges Wohnhaus. Weitere Veränderungen der Anlage erfolgten im Laufe des 20. Jahrhunderts.

Das geborgene Fundmaterial entspricht der für einen Sitz des niederen Adels zu erwartenden Ausstattung. Neben gehobener Gebrauchskeramik aus den rheinischen Töpfereiorten Frechen, Raeren,

weisen ließ. Es handelte sich dabei um eine Motte, eine frühe Burganlage, für die ein künstlich aufgeschütteter Hügel mit Umfassungsgraben kennzeichnend ist. Auf diesem Hügel befand sich mit großer Wahrscheinlichkeit ein massiver Holzbau, der jedoch nicht mehr nachgewiesen werden konnte. Anstelle des Holzbaues wurde im frühen 16. Jahrhundert der Backsteinturm errichtet. Dem Mottenhügel war eine kleine Siedlungsfläche vorgelagert, die ebenfalls von einem Graben eingefaßt wurde. Von besonderer Bedeutung war die Entdeckung eines weiteren mit der Motte zeitgleichen Siedlungsareals, das sich – in südöstlicher Richtung

Elsdorf / Erftkreis. Burg Reuschenberg. Burg und Grabungsfläche. Luftbild. Sommer 1998.

Langerwehe und Siegburg sind zahlreiche Glasfunde geborgen worden, unter denen vor allem ein hoher Nuppenbecher und ein kleiner Glaspokal hervorzuheben sind. Staunässe im Bereich des Mottengrabens und eines jüngeren Umfassungsgrabens des 16. Jahrhunderts schuf darüber hinaus die Voraussetzung für den Erhalt zahlreicher organischer Fundstücke vor allem aus Holz und Leder. Eine genaue Identifizierung und Datierung der Funde ebenso wie eine präzise Interpretation der Befunde wird erst nach einer eingehenden wissenschaftlichen Auswertung des Gesamtkomplexes möglich sein. Doch schon jetzt zeichnen sich für die Burgenforschung im Rheinland bedeutende Erkenntnisse ab.

Lit.: C. Hoischen, Die Gemeinde Elsdorf. Geschichte in Dokumenten und Bildern 1 (Köln 1991) 104 ff. – B. Köster, Der Turm von Reuschenberg. Denkmalpflege Rheinland 15,3 (1998) 127 ff. – M. Schmauder, Die Burg Reuschenberg – Dokumentation eines mittelalterlichen Herrensitzes. Arch. Rheinland 1998 (Köln, Bonn 1999).

Ausgrabungen im Unteren Schloß von Siegen

Uwe Schellhas

Siegen/Kreis Siegen-Wittgenstein. Unteres Schloß. Zur Kloake zugesetzter und umgebauter Torbau in der Stadtmauer. 16./17. Jahrhundert.

Eine viergeschossige Tiefgarage veranlaßte eine archäologische Untersuchung im Stadtzentrum von Siegen. Eine erste Sondierung im Jahr 1986 zeigte, daß der Hof des Unteren Schlosses über 4 m tief verfüllt war und man vielversprechende Funde erwarten durfte. 1995/96 wurde der Schloßhof im Zuge der Baumaßnahme ausgegraben. Es konnten zahlreiche Gebäudestrukturen dokumentiert und umfangreiches Fundmaterial geborgen werden. Beeindruckend waren die bis zu 5 m hoch erhaltenen Gebäuderuinen der Siegener Neustadt aus dem Anfang des 16. Jahrhunderts. Besonderes Interesse verdient ein Haus im Nordosten der Fläche. Hier befand sich bis um 1500 die alte, südöstliche Stadtmauer der Siegener Altstadt mit einer kleinen Pforte von 2,5 m Breite und 2,8 m Höhe. Der Durchlaß war zu beiden Seiten auf einer Länge von 2,5 m durch vermörtelte Bruchsteine gesäumt. Für den Neubau des Hauses übernahm man diese vorhandenen Tormauern als Fundament. Die Pforte

wurde zugesetzt und über das Gewölbe hinweg ein Fußboden aus Flußkieseln für das Erdgeschoß des neuen Gebäudes verlegt. Gleichzeitig versah man das Gewölbe von oben her mit einem Loch. Möglicherweise sollte der 6 m² große Raum ursprünglich als Keller genutzt werden. Sehr schnell wurde er jedoch seiner eigentlichen Bestimmung als Kloake zugeführt. Ganz nebenbei mißbrauchte man die Öffnung bis in das 17. Jahrhundert auch als Müllschlucker, und es sammelte sich in dem 16 m³ großen Raum alles an, was durch die offene Gewölbekappe hineingelangte. Aus dem unmittelbaren Wohnbereich fanden dort Gläser, Küchengeschirr aus Holz und Metall sowie über 130 keramische Gefäße ihr Ende. Von großem wissenschaftlichen Interesse ist beispielsweise eine Zinnkanne aus dem 15. Jahrhundert. Selbst eine Beinprothese wurde auf diese Weise entsorgt. Es läßt sich heute nicht mehr klären, ob die Murmeln aus Stein, der Kamm aus Horn und die Brille aus Leder versehentlich oder absichtlich hineingelangt sind.

Sicherlich unfreiwillig ist eine Geldbörse in die Kloake gefallen. Nach Auskunft der Münzen dürfte sie seinem Besitzer kurz nach 1520 im Stillen Örtchen abhanden gekommen sein (siehe S. 426 f.). Auch wenn dieser Beutel aus Leder oder textilem Material nicht erhalten ist, lassen die Fundumstände auf ein derartiges Behältnis schließen. Die Börse wurde wohl zu Beginn der Nutzungsphase verloren, als die Sickergrube weitgehend leer war und ihr charakteristisches konservierendes Milieu noch nicht aufgebaut hatte. Es stellt sich natürlich die Frage, warum der Besitzer des Geldes seine Börse nicht wieder heraufgeholt hat. Vielleicht hat er den Verlust des Beutels gar nicht bemerkt, weil seine Sinne zu diesem Zeitpunkt möglicherweise getrübt waren.

Lit.: B. Thier / C. Holze-Thier, Die Funde aus der Kloake am Unteren Schloß in Siegen – Vorbericht. Siegener Beiträge. Jahrb. Regionale Gesch. 1, 1996, 45–58. – U. Schellhas, Die Lederbrille aus der Kloake. Ebd. 59–61. – P. Ilisch, Ein Geldbeutel aus Siegen. Ebd. 62–64.

Siegen / Kreis Siegen-Wittgenstein. Unteres Schloß. Funde aus der Kloakenfüllung. Unter anderem Glas- und Keramikgefäße, Steinkugeln, Beinprothese aus Holz. 15.–17. Jahrhundert.

Ein Geldbeutel aus Siegen

Peter Ilisch

Schatzfunde enthalten in aller Regel eine Auswahl aus dem umlaufenden Geld, je nach dem, was der ursprüngliche Besitzer als sparwürdig angesehen hat. Da es sich bei dem Geldbeutel aus der Kloake aus der Schloßgrabung in Siegen (siehe S. 424 f.) aber nicht um ein solches beabsichtigtes Depot, sondern eher um das Ergebnis eines Unglücksfalls handelt, wird es sich bei dem Fund um Bargeld handeln, das ein Unbekannter an bestimmtem Stichtag bei sich hatte: Es reicht von Gold, wovon nur ein Stück vorhanden war, bis zu Pfennigen. Der Goldgulden entstand im Namen des Markgrafen Christoph von Baden und war zur Zeit des Verlustes die werthöchste der häufiger im Umlauf befindlichen Münzen, auf deren Wert alle anderen umgerechnet wurden. Goldgulden wurden von fast allen Staaten in Deutschland und teilweise auch in benachbarten Ländern nach einheitlichen Normen hergestellt, die Prägestätte war für die Akzeptanz unerheblich. Es war in der frühen Neuzeit zwar üblich, daß jeder der deutschen Teilstaaten seine eigenen Münzen prägte. Keiner stellte aber so viele Münzen her, daß er den Bedarf allein hätte befriedigen können. Zudem wäre es angesichts der oft nur geringen Größe der deutschen Teilstaaten wirtschaftlich sehr hinderlich gewesen, wenn man an den Grenzen das Geld hätte umtauschen müssen.

Das im Beutel vorhandene Silbergeld weist regionalen Charakter und Einflüsse aus dem Süden auf. Die zahlenmäßig größte Gruppe an Münzen stellen die kleinen silbernen Pfennige dar. Sie sind einseitig und schüsselförmig geprägt und zeigen Wappen, die von einem Kreis von dicken Punkten umgeben sind. Teilweise steht darüber ein Buchstabe, der den Namen des jeweiligen Fürsten anzeigt. Die meisten dieser Schüsselpfennige stammen aus Köln, Hessen und dem Mittelrheingebiet. Auf den ersten Blick erscheinen sie sehr ähnlich, da die verschiedenen Staaten untereinander Münzverträge abgeschlossen hatten, um einheitliche Währungsver-hältnisse zu gewährleisten. Die älteren Schüsselpfennige basieren auf Vereinbarungen zwischen Mainz und Kurpfalz, die jüngeren auf einem kurrheinischen Münzvertrag von 1502 unter Einschluß von Kurköln und Trier. Auf denselben Vertrag gehen auch einige halbe Albus- oder Schillingstücke zurück, die den Landesheiligen mit Wappen und rückseitig die Wappen der Vertragsstaaten zeigen. Die Heller, von denen auch einige in dem Siegener Geldbeutel enthalten waren, wurden gegen Ende des 12. Jahrhunderts in Schwäbisch Hall ,erfunden', verbreiteten sich rasch und wurden vielfach nachgemacht. Besonderen Anklang fanden sie in der Münzstätte Frankfurt. Dort wurde die Münzsorte mit nur geringfügig verändertem Münzbild bis zum 16. Jahrhundert weitergeprägt: Eine Seite zeigt eine Hand, die andere ein Kreuz. Der Heller war im 16. Jahrhundert die kleinste im Umlauf befindliche Münze.

Im Gegensatz zum Heller hatte der Batzen eine höheren Wert (in Süddeutschland entsprach er vier Kreuzern), so daß davon nur wenige in dem Siegener Fund enthalten sind. Seit 1507 waren Batzen in verschiedenen, meist süddeutschen Staaten in großen Mengen geschlagen worden, sogar ein Halbbatzen aus Kempten im Allgäu hatte seinen Weg nach Siegen gefunden.

Mehrere Turnosgroschen, wahrscheinlich kurz nach 1500 geprägt, stammen aus Frankfurt. Ausgefallen ist ein ziemlich verschlissener und auch schon etwas verbogener französischer, noch aus dem 13. Jahrhundert stammender Turnosgroschen, der nicht nur verschlissen, sondern auch beschnitten ist. Offenbar hatten Kaufleute irgendwann im Laufe der Jahrhunderte den Rand rundum bearbeitet, so daß die Münze nicht nur kleiner wurde, sondern sich auch im Gewicht von etwa 4,06 auf 2,41 g verringerte. Das jüngste Prägedatum auf den Geldstücken aus dem Siegener Fund ist 1520. Kurz darauf müssen die Münzen in den Toilettenschacht gefallen sein.

426

Siegen / Kreis Siegen-Wittgenstein. Unteres Schloß. Münzschatzfund aus der Kloake. Frühes 16. Jahrhundert.

Ausgrabungen im ehemaligen Dominikanerinnenkloster Paradiese bei Soest

WALTER MELZER und DIETER LAMMERS

Von August 1995 bis Ende 1998 nahm die Stadtarchäologie Soest auf dem Gelände des ehemaligen, 1252 gegründeten Dominikanerinnenklosters Paradiese archäologische Grabungen vor. Zunächst wurden zwei längliche Gebäude, die 1836 aus dem Abbruchmaterial des Klosters errichtet worden waren, am Eingangsportal untersucht, bei denen es sich um sechzehn Nagelschmieden und dazugehörige Wohnräume handelt. Die Grabungen erbrachten interessante Details zur Innenstruktur dieser Werkstätten wie zu den Lebensumständen ihrer Bewohner. Archivalisch ist belegt, daß z. B. 1840 in diesen Nagelschmieden – übrigens einem hochrangigen Industriedenkmal des frühen 19. Jahrhunderts im Umfeld der ländlichen Bördelandschaft – über 60 Menschen lebten und arbeiteten. Unter den Nagelschmieden konnten Reste von klosterzeitlichen Nebengebäuden sowie von der ursprünglichen Toranlage freigelegt werden.

Westlich der nördlichen Nagelschmiede lagen große Teile eines klosterzeitlichen Stallgebäudes. Von dem urspünglich 48 m langen, rechtwinklig ausgebildeten Stallgebäude hat nur der westliche, aus Stein errichtete Teil im Boden Spuren hinterlassen, während die Fachwerkkonstruktion des übrigen Gebäudes restlos durch die Nagelschmieden beseitigt wurde. Der Steinteil diente als Pferdestall, wie das erhaltene Innenpflaster mit Strukturen von Pferdeboxen deutlich macht. Verschiedene Umbaumaßnahmen wie auch die Anhebung des Fußbodenniveaus zeigen jedoch, daß dieser Teil des barocken Stallgebäudes durchaus ältere Wurzeln hat. Unter der nördlichen Schmiede befanden sich Reste der archivalisch belegten Hofanlage, aus der das Dominikanerinnenkloster hervorgegangen war. Um 1250 schenkten Graf Otto von Tecklenburg und seine Frau Mechthild ihren dortigen Besitz den Dominikanern, und der Ritter Heinrich von Alvoldinghusen stiftete seinen Hof zur Klostergründung. Ein hochmittelalterlicher Pfostenbau von mindestens 18 m Länge sowie drei Grubenhäuser, die sich z. T. in die Karolingerzeit datieren lassen, belegen

diese erste Phase der Besiedlung des 9.–12. Jahrhunderts. Zudem kamen innerhalb einer Bachniederung, in der auch das spätere Hauptgebäude des Klosters errichtet wurde, Steinfundamente zutage, die über einem mit Bruchsteinen ausgekleideten Bachlauf lagen. Dieser war in der Mitte des 13. Jahrhunderts, d. h. bei oder nach der Klostergründung verfüllt worden, unter anderem mit einer großen Menge Keramik. Bei den Fundamenten könnte es sich um ein Nebengebäude (Mühle?) einer Niederungsburg handeln.

Gleich zu Beginn der Grabungen konnte der mittelalterliche und barocke Küchentrakt untersucht werden. Gerade die Küche des Klosters Paradiese ist auch literarisch gut bekannt. Der 1669 erschienene Roman „Der Abentheuerliche Simplicissimus Teutsch" von Hans Jakob Christoffel von Grimmelshausen spielt während des Dreißigjährigen Krieges. Der Titelheld Simplicissimus wurde 1636 als Pferdejunge eines Dragoners im Kloster Paradiese stationiert und schloß sich einige Zeit dem Jäger des Klosters (die Lebensumstände beschreibt er als geradezu paradiesisch) an und wurde dadurch als „Jäger von Soest" zur Symbolfigur dieser Stadt.

Die Küche befand sich im Südflügel des Klosters, der damals eine Breite von 9,5 m besaß. Zentraler Ort war eine aus Bruchsteinen gemauerte 1,6 × 1,6 m große Herdstelle, auf der über einem offenen Feuer gekocht wurde. Ein 4 m tiefer Brunnen in der Küche sorgte für Frischwasser. Abwasser und Abfall konnte über den unmittelbar am Gebäude vorbeifließenden Bach entsorgt werden. Die Küche besaß einen einfachen Lehmfußboden. Dort lagen auch heruntergefallene, eingetretene Speisereste und zerbrochene Gefäße, d. h. täglich anfallender

Soest. Kloster Paradiese. Renaissancezeitliche Stuck- ▷
fragmente aus dem Abbruchschutt des Klosters. Vor
1836.

Soest. Modell des Klosters Paradiese nach der Bauaufnahme von 1809, unmittelbar vor dem Abriß.

Müll. Irgendwann war es nicht mehr möglich, den Fußboden sauber zu kehren, man überdeckte ihn mit einer frischen, ca. 5 cm dünnen Lehmlage. Bei der Ausgrabung traten diese wechselnden Schichten aus hellem Lehm und schwarzer Holzkohle mit Knochen und Keramikscherben wieder deutlich zutage. Unter den Keramikbruchstücken befanden sich auch sogenannte Kugeltöpfe, auf denen Buchstaben oder andere Symbole eingeritzt waren. Offensichtlich besaß jede Nonne ihren eigenen Topf, den sie mit ihrem speziellen Zeichen markierte.

Auch in den anderen Flügeln des ehemaligen Klosters konnten interessante Details zum Raumgefüge erkannt werden. So kam es um 1700 zu umfangreichen Baumaßnahmen, die sowohl das Kloster als barocke Vierflügelanlage neu gestalteten als auch Nebengebäude veränderten. Bei der Anlage eines neuen Fußbodens im erhaltenen Ostflügel wurde es notwendig, den Boden archäologisch zu untersuchen. Trotz der geringen Grabungstiefe von 0,6 m kamen bemerkenswerte Befunde zutage. Die ehemalige Raumstruktur des barocken Klosters konnte weitgehend, die des mittelalterlichen Klosters in Ansätzen erschlossen werden. Sowohl der Süd- wie auch der Ostflügel wurden seit der Klostergründung trotz mehrerer Umbauphasen in ihren Strukturen nur wenig verändert. Im barocken Westflügel ist dies anders. Hier lagen mittelalterliche Gebäu-dereste z. T. bis unter den Bereich des späteren barocken Kreuzganggartens. Aus dem Abbruchschutt des Westflügels konnten große Mengen von Stuck geborgen werden, darunter sehr viele Gesichter, florale Elemente und Bruchstücke von Tieren, die wohl zu einer renaissancezeitlichen formenreichen Wand- oder Deckengestaltung gehört haben müssen.

Ein Schwerpunkt der Grabungen lag im Jahr 1998 auch im Bereich der ehemaligen Klosterkirche, dem Nordflügel des Klosters. Von der 1259 geweihten Kirche konnten die Fundamente weitgehend freigelegt werden. In ihr hatte Albertus Magnus den Klosterinsassen mehrfach den Gottesdienst gelesen, und auf ihn soll auch der Name „paradyso" zurückzuführen sein. Im Inneren fanden sich 22 Bestattungen, wohl von Priorinnen des Klosters. Nördlich der Kirche wurde ein Teil des Friedhofes mit über 160 Bestattungen ergraben. Dabei fanden sich in vielen Gräbern Trachtbestandteile, wie z. B. metallene Gürtelschnallen, aber auch Spuren von metallenem Haarschmuck sowie Reste von Kruzifixen, Medaillons und Rosenkränzen. Die Ausgrabungen im ehemaligen Kloster Paradiese mit einer Fläche von über 5500 m² war eine der größten und bedeutendsten mittelalterarchäologischen Ausgrabungen in Westfalen der letzten Jahre.

Eine Abfallgrube des späten 17. Jahrhunderts aus der Düsseldorfer Altstadt

Ursula Francke

Das Gelände der ehemaligen Schlösserbrauerei liegt in der Düsseldorfer Altstadt zwischen Stiftsplatz, Altestadt und Liefergasse. Die Grabungen erbrachten zahlreiche spätmittelalterliche und neuzeitliche Baubefunde, Brunnen, Latrinen und Abfallgruben. Der hier vorgestellte Fundkomplex entstammte einer Grube aus der Liefergasse, die mit Abfallmaterial einer Latrine verfüllt war. Im Mittelalter und der frühen Neuzeit stellte in den Städten die Wasserver- und die Abfallentsorgung ein gro-ßes ökologisches Problem dar. Denn Abfälle wurden meist in Latrinen geworfen, die häufig in unmittelbarer Nähe zu Brunnen lagen. Erst im 19. Jahrhundert wurde in den meisten Städten eine Kanalisation eingeführt.

Das Reinigen und Leeren der Aborte erfolgte in der Regel alle 20–50 Jahre je nach Größe der Latrine, der Inhalt wurde in den Gärten und Höfen vergraben. Kloaken liefern detaillierte und weitreichende Einblicke in das Alltagsleben der mittelalterlichen

Düsseldorf. Liefergasse. Keramikfunde aus einer Abfallgrube. 17. Jahrhundert.

und neuzeitlichen Menschen. Durch das feuchte und luftundurchlässige Milieu der Verfüllungen erhalten sich organische Stoffe besonders gut. Neben dem alltäglichen Abfallmaterial wie Werkzeugen, Geräten und Gefäßen aus Keramik, Metall oder Holz finden sich in den Latrinen auch wertvolle Kleinfunde wie Textil- oder Lederreste, Geräte aus Bein sowie Schmuck oder Münzen, die aus Versehen hineingelangten. Der Inhalt einer Latrine gibt aber nur einen Ausschnitt aus dem Inventar eines Haushalts wieder. Kaum in Latrinen finden sich Holz- oder Metallgegenstände. Holz wurde verfeuert, Metallgefäße wieder eingeschmolzen und neu geformt. Von besonderem Interesse sind die pflanzlichen und tierischen Hinterlassenschaften, da sie Auskunft über Lebensstandard und Ernährungsweisen geben können. Parasiten und Käfer weisen auf Krankheiten und hygienische Verhältnisse hin. Faser-, Gewebe- und Lederreste geben Auskunft über die Bekleidung und deren Herstellungstechniken.

Das Fundinventar der Düsseldorfer Abfallgrube spiegelt die verschiedenen Lebensbereiche der damaligen Bewohner wider. Es fanden sich kostbares Tafelgeschirr, Koch- und Küchengefäße, verschiedene Gegenstände für Körper- und Gesundheitspflege, Bekleidung, Schmuck und Utensilien für Erbauung und Religion. Das Spektrum der Keramik datiert die Latrinenverfüllung vom 4. Viertel des 17. Jahrhunderts bis etwa ins 1. Viertel des 18. Jahrhunderts. Im 17. und 18. Jahrhundert gehörten kostbare Zinn- und Silbergefäße zum Tafelgeschirr der wohlhabenderen Schichten. Diese Gefäße sind in Abfallgruben und Latrinen äußerst selten. Im archäologischen Fundgut ist daher eher das Tafelgeschirr aus Keramik und Glas erhalten. Eine kleine achteckige Tasse aus chinesischem Porzellan und zwei Trinkschälchen aus Fayence zeugen von der ab der 2. Hälfte des 17. Jahrhunderts in den wohlhabenden Kreisen aufkommende Mode des Tee-, Kaffee- und Schokoladetrinkens. Auch die z. T. nach chinesischen Vorbildern bemalten Fayenceschalen weisen auf eine luxuriöse Ausstattung hin. Daneben bleiben die bis dahin üblichen Trinkgefäße für Wein oder Bier aus Steinzeug wie reich verzierte Krüge und Humpen in Gebrauch. Zahlreiche Mineralwasserflaschen belegen, daß die vornehmeren

Kreise ihr Trinkwasser aus den Mineralwasserquellen in Hessen bezogen. Auch die zahlreichen Glasgefäße zeugen von einer luxuriösen Tafelausstattung. Neben Flaschen verschiedenster Formen und Kännchen kommen Trinkgläser wie Römer, Becher, Flügelgläser und Pokale vor.

An Küchengeschirr haben sich vorwiegend unverzierte Gefäße aus bleiglasierter Irdenware Frechener und niederrheinischer Provenienz erhalten. Die dreibeinigen Töpfe, die sog. Grapen, standen zum Erhitzen der Speisen am Herd, wie Rußspuren an der Außenwand der Gefäße bezeugen. Gekocht wurde vorwiegend in selten erhaltenen Metallgefäßen, wie sie aus Inventarbüchern und Gemälden des 16. und 17. Jahrhunderts hinreichend bekannt sind.

In vergleichsweise geringem Umfang sind Funde geborgen worden, die Hinweise auf die Körper- und Gesundheitspflege geben. Wiederum ein Hinweis auf die höhere soziale Stellung der Bewohner sind die Fragmente eines Elfenbeinkamms, dessen Rohmaterial im Gegensatz zu einfachen Knochenkämmen von jeher sehr kostbar war. Die zahlreichen kleinen Glasfläschchen und Salbtöpfchen aus Irdenware oder Steinzeug dienten wohl zur Aufbewahrung von Medikamenten oder Essenzen für die Körperpflege. Ein kleines kolbenförmiges Glasgefäß mit seinem sorgfältig abgerundeten Rand wurde als Schröpfkopf eingesetzt. Zur hygienischen Säuberung nach dem Toilettengang dienten Moos- oder Stoffetzen. In dieser Abfallgrube fand sich eine größere Menge von schmalen Stoffstreifen, die zusammen mit Moos und Haaren einen handlichen Ballen ergaben.

Auch Bekleidungsgegenstände oder Teile davon wurden in der Latrine entsorgt. Neben zahlreichen Holzknöpfen und einem Kupferknopf fanden sich Häkchen und flache Stangen aus Kupfer, die vermutlich zu einem Korsett gehörten. In größeren Mengen erhielten sich Lederreste von Schuhsohlen mit zum Teil erhaltenen Absätzen und dazugehörigen Kupferschnallen sowie Nähutensilien, d. h. Kupfernadeln, die wohl in einer kleinen Dose mit Schraubverschluß aus Knochen aufbewahrt wurden, und ein Fingerhut. Wahrscheinlich unbeabsichtigt sind verschiedene Schmuckgegenstände in die Latrine gelangt. Am häufigsten sind Glasperlen in unterschiedlichster Form und Farbe, aber auch

Düsseldorf. Liefergasse. Glasfunde aus einer Abfallgrube. 17. Jahrhundert.

Perlenketten aus Knochen. Von besonderem Wert sind kleine, angeschliffene Rubine, kubisch geschliffene Amethyste, ein Bergkristallanhänger, Bernsteinbruchstücke und zwei farbig bemalte Emailplättchen, die u. U. zur Verzierung eines Schmuckstücks dienten.

Zeugnisse der Erbauung sind die für diese Zeit charakteristischen tönernen Tabakspfeifen, die sich in der Abfallgrube in zahlreichen Bruchstücken erhalten haben. 1688 beschrieb Cornelius Bontekoe, daß neben Kaffee und Schokolade der Tabak ein hervorragendes Mittel sei, den Geist zu stimulieren, das allgemeine Wohlbefinden zu heben und zur Geselligkeit beizutragen. Zahlreiche Wachssiegel und -fragmente z. T. mit gräflichen Wappen, Papierreste, das Fragment eines Schreibsets aus Steinzeug und ein Schreibgriffel lassen auf eine gewisse Bildung schließen. Ein Würfel aus Elfenbein und einer aus Gagat zeugen von Spielfreude. An Jagdutensilien fanden sich zwei Flintensteine und Jagdwildknochen. Ein Einzelstück ist ein Goldgulden von 1639 aus der niederländischen Provinz Geldern. Verein-zelt kamen Gegenstände des religiösen Lebens aus der Abfallgrube ans Tageslicht. Ein kleines Engelchen und ein Votivtäfelchen mit einer Christusdarstellung aus Pfeifenton dienten als kleine Andachtsbilder oder Wallfahrtsandenken.

Die Untersuchung der Tierknochen aus der Grube ergab sowohl Speiseabfälle als auch Knochen von anderen (Haus-)Tieren wie Katzen, Ratten, Mäusen und Vögeln. Rind, Schaf, Ziege, Schwein und Geflügel dienten als Hauptfleischlieferanten, in geringeren Mengen gelangte Wildbret wie Hase, Rebhuhn und Wachtel auf den Speiseplan. Ergänzt wurde die Nahrung durch verschiedene Süßwasser- und Seefische, Flußkrebse, Schnecken und Austern sowie Gewürze, Salat- und Gemüsepflanzen, Getreide, Nüsse und Obst. Zahlreiche Samen von Zier- und Wildpflanzen vermitteln das Bild einer abwechslungsreichen Hofbepflanzung. In den Fäkalienresten fanden sich sowohl Eier von Peitschenwürmern als auch von Spulwürmern. Ihre im Verhältnis zu anderen zeitgleichen Kloaken geringe Menge deutet auf relativ gute hygienische Verhältnisse.

Der Münzschatz von Blankenheim

Paul Wagner

Anfang November 1995 wurde bei Arbeiten am Erweiterungsbau des Kreismuseums Blankenheim / Kreis Euskirchen ein im Boden vergrabenes, mit Münzgeld angefülltes Metallgefäß geborgen. Die zuständige Außenstelle des Rheinischen Amtes für Bodendenkmalpflege in Nideggen-Wollersheim konnte bereits am nächsten Tag die Fundstelle begutachten. Leider war von dem Verwahrgefäß aufgrund der fortgeschrittenen Korrosion nichts mehr erhalten. Lediglich die Münzen, die direkt an der Gefäßwand gelegen hatten, waren mit Korrosionsprodukten eines völlig zerfallenen dünnwandigen Kupfergefäßes überkrustet. Den Restauratoren des Rheinischen Landesmuseums in Bonn gelang es, in einem komplizierten Reinigungs- und Konservierungsverfahren den alten Glanz der Geldstücke wieder herzustellen. Bei der Masse der Münzen handelte es sich um französische Silbernominale von Ludwig XV. und Ludwig XVI. und zwar um Écu. Écu waren im 18. Jahrhundert die neben der Goldwährung Louis d'Or kursierenden Silbermünzen, die von Gewicht und Feingehalt des Silbers den Talern der benachbarten Staaten nahestanden. Desweiteren fanden sich einige wenige bayerische Konventionstaler und niederländische Ein- und Dreiguldenstücke.

Insgesamt umfaßt der Münzschatz 263 Münzen und besteht überwiegend aus Prägungen des Typs Écu Neuf, die seit Anfang des 18. Jahrhunderts für das Königreich Frankreich und die damit verbundenen Königreiche und Herzogtümer hergestellt wurden. Der Écu entsprach 6 Livres, der Livre 20 Sous. Für den täglichen Zahlungsverkehr der normalen Bevölkerung genügte als Kurrantmünze der Sou. Der Wert eines Livre bzw. 20 Sou entsprach dem Tageseinkommen eines Arbeiters, der Écu einem Wochenlohn. Allein die 236 Écu, die der Blankenheimer Schatzfund enthält, entsprechen damit dem Verdienst eines Tagelöhners aus etwa viereinhalb Jahren Arbeit.

Es ist heute nicht mehr bekannt, wie diese bedeutende Geldsumme zusammengekommen ist, ein Blick auf die innere Struktur des Schatzfundes bietet allerdings einige Anhaltspunkte. Die älteste Münze des Schatzes wurde zwar im Jahre 1681 geprägt, sie gehört jedoch zu den niederländischen Geldstücken, welche mit entsprechenden zeitlichen Lücken und über die Jahre verteilt die Zeit bis 1725 repräsentieren. Erst 1726 erscheinen die neuen Écu mit 48 Exemplaren dieses Prägejahres, gefolgt von je 20 Münzen von 1727 und 1728. Aus den nächsten zwölf Jahren stammen weitere 70 Münzen, danach folgt eine Lücke von drei Jahren. Bis zur Schlußmünze des Schatzes aus dem Jahr 1779 belegen 97 Münzen weitere 35 Jahre. Über die Hälfte der Münzen des Schatzes wurde also in der Zeit zwischen 1726 und 1739 geprägt. Vermutlich ist etwa um 1740 die Hälfte des Schatzes als relativ frisch geprägtes Geld, wohl auch als eine Zahlung, als Kern des Münzschatzes angehäuft worden. Das ältere Geld, wie die niederländischen Gulden bis 1681, wurden wahrscheinlich dem normalen Geldumlauf entnommen genauso wie die Écu, Gulden und Taler der letzten 39 Jahre bis 1779. Die Verteilung der Jahresprägungen in dieser Geldmenge entspricht in etwa der zu erwartenden statistischen Normalverteilung im Geldumlauf.

Trotz des österreichischen Erbfolgekrieges 1740–1748, des Siebenjährigen Krieges 1756–1763 und der Vorboten der französischen Revolution von 1789, welche die wirtschaftlichen Verhältnisse im Rheinland während des 18. Jahrhunderts wesentlich beeinflußten, blieb der Feingehalt der Écu Neuf von 1726 bis 1785 stabil. Die Münzen waren daher als krisenfeste Währung entsprechend beliebt. Die Niederlegung des Blankenheimer Münzschatzes ist vermutlich vor dem Hintergrund der französischen Revolution und der nachfolgenden Besetzung des linksrheinischen Rheinlandes nach der Schlacht bei Aldenhoven am 2. Oktober 1794 zu sehen. Von der neuen Besatzungsmacht wurde die alte Silberwährung gerne eingezogen und nur minderwertige neue Prägungen oder gar Papiergeld in Form der Assignatenscheine ausgegeben.

434

Blankenheim / Kreis Euskirchen. Silbermünze (Écu) aus dem Münzschatz. Vorder- und Rückseite. 18. Jahrhundert.

Neben dem Fund aus Blankenheim sind noch andere Écu-Münzschätze aus dem Rheinland, unter anderem aus Adenau-Honerath, bekannt. Die weitaus meisten Gelddepots dieser Art aber wurden nicht zu Münzschätzen, weil die Besitzer nach dem Abklingen der Krisenzeiten ihre Wertsachen wieder an sich und damit zurück in den Umlauf brachten.

Lit.: V. Gadoury, Monnaies Royales Françaises. Vom Écu zum Euro. Führer Stadtgesch. Mus. Jülich 11 (Jülich 1997). Führer zur gleichnamigen Ausstellung.

Die Synagoge in Köln-Ehrenfeld

SVEN SEILER

Köln-Ehrenfeld. Ansicht der Synagoge. 1928.

Im Jahre 1860 konstituierte sich in dem neu entstandenen Kölner Vorort Ehrenfeld eine jüdische Gemeinde. Diese auf 2000 Seelen angewachsene Gemeinde konnte erst 1927 auf einem Grundstück in der Körnerstraße 93 ihre Synagoge errichten. Die Pläne entwarf der jüdische Architekt Robert Stern. Nur elf Jahre später, während des Novemberpogroms 1938, wurde die Synagoge bis auf die Grundmauern niedergebrannt. Das eingeebnete Trümmergrundstück diente nach dem Krieg nur noch als Bolzplatz. Die Absicht, auf dem ehemaligen Synagogengelände einen Kindergarten und ein Mehrfamilienhaus mit Tiefgarage zu bauen, veranlaßte das Römisch-Germanische Museum der Stadt Köln zu einer archäologischen Untersuchung, um

wenigstens nach dem Verlust der Bauakten eine Dokumentation zur Architektur einer Kölner Synagoge des 20. Jahrhunderts wieder zu gewinnen. Bilder des Neubaues und ein kleiner Grundrißplan waren 1928 in einer Architekturzeitschrift veröffentlicht worden.

Die Synagoge stand, von der Straßenfront zurückgenommen, inmitten eines trapezförmigen Grundstücks, zur Straße durch eine hohe Mauer und ein Gittertor getrennt. Der Vorhof öffnete sich auf eine dreibogige zweigeschossige Vorhalle mit klassizistischer Fassade. Durch ein Vestibül im Erdgeschoß betrat man den oktogonalen Männerbetraum (Durchmesser 14,50 m), der als Festtagssynagoge diente. Der Betsaal bot 250 Männern, die Empore 150 Frauen Platz. Thoraschrein und Almemor standen in der Südostecke. Damit ergab sich eine Hauptachse im Oktogon. Eine kleine Wochentags-Synagoge war seitlich angeordnet. Zur Straße lag die Wohnung des Rabbiners in einem Ende des 19. Jahrhunderts errichteten Haus; zwischen Wochentags-Synagoge und Rabbiner-Haus war die Religionsschule eingefügt.

Bereits bei Ausgrabungsbeginn zeigte sich unter der Geländeoberfläche noch beträchtliche Bausubstanz, die eine Überprüfung des 1928 veröffentlichten Bauentwurfs erlaubte. Anhand der ergrabenen Befunde – Maueransätze, Fußbodenreste und Fundamente – war es möglich, die Anlage der Synagoge wiederzuerkennen. Zugleich wurde deutlich, daß der Architekt Robert Stern nicht den gesamten Synagogenkomplex gestaltet, sondern bereits bestehende Bauten in sein Konzept einbezogen hatte. Die Wandfundamente des oktogonalen Betraumes bestanden weitgehend aus Gußbeton, eingetieft bis zu 0,80 m in den gewachsenen Lehm und in Aschenschlacke einer ehemaligen Feldbrandziegelei. Vorhalle und Aufgang zur Frauenempore waren nur noch als Fundamentreste erkennbar. Die dreistufige Freitreppe und die Arkadenpfeiler waren bereits bei der Trümmereinebnung nach dem Krieg abgebrochen worden. Im Keller des Rabbiner-Hauses

Köln-Ehrenfeld. Körnerstraße. Blick von Nordwesten auf das 1998 freigelegte Wasserbassin (Mikwe) im Keller des Kultusbeamten.

hat man offensichtlich nachträglich eine Behelfs-Mikwe in Form eines in den Boden eingetieften Beckens gebaut.

Die Ausgrabung diente einer Architekturdokumentation, die es erlaubt, einen in blindem Wahn zerstörten Sakralbau des 20. Jahrhunderts wenigstens in Texten und Zeichnungen zu bewahren. Eine Gedenktafel soll die Erinnerung am Ort wach halten: *An dieser Stelle stand die Ehrenfelder Synagoge verbunden mit einer Religionsschule für Jungen und Mädchen, erbaut nach dem Entwurf des Architekten Robert Stern, zerstört in der Reichspogromnacht am 9. November 1938.*

Der Grundriß der Synagoge ist in Ziegelbändern in der Kindergartenwiese nachgezeichnet, die Stelle des Almemors besonders hervorgehoben.

Lit.: E. PRACHT, Jüdisches Kulturerbe in Nordrhein-Westfalen, Regierungsbezirk Köln (Köln 1997) 260 f. – Bauwarte 4, H. 11 / 12, März 1928, 98.

Königswinter/Rhein-Sieg-Kreis. Zisterzienserkloster Heisterbach. Ruine der Klosterkirche. Anfang 13. Jahrhundert.

Lüdinghausen / Kreis Coesfeld. Burg Vischering (16. Jahrhundert). Kernwerk und Vorburg gehen auf eine Anlage ▷ des 13. Jahrhunderts zurück.

Zeittafel

Jahre vor Heute	Epoche		Flora und Fauna
570 000 000	Kambrium; Ordovizium; Silur	Meeresbedeckung	Leben nur im Meer: Trilobiten, Graptolithen, Brachiopoden
400 000 000	Devon	Tropisches Klima, Meeresbedeckung	Korallen, Panzerfische, erste Landpflanzen
360 000 000	Karbon	Subtropisches Klima, Auffaltung der Mittelgebirge	Steinkohlenwälder (Baumfarne, Bärlapp), Insekten, Amphibien
290 000 000	Perm	Trockenklima, Landzeit	Salzablagerungen, Amphibien, Samenpflanzen
245 000 000	Trias	Wüstenklima, Landzeit	Muscheln, Ammoniten, Belemniten, Saurier, erste Säugetiere
204 000 000	Jura	Subtropisches Klima, Meeresbedeckung	Muscheln, Ammoniten, Belemniten, Saurier, erste Vögel (Archaeopteryx)
130 000 000	Kreide	Subtropisches Klima, z. T. Meeresbedeckung	Seeigel, Ammoniten, Schwämme, erste Blütenpflanzen
60 000 000	Tertiär	Subtropisches Klima, letzter Meeresvorstoß bis nach Köln, Küstensümpfe	Säugetiere (Seekühe, Wale), Krokodile, Haie, Braunkohlenwälder
2 400 000	Quartär	Wechsel von Warm- und Eiszeiten, Eisvorstoß bis an den Rhein	Formung der Landschaft, Eiszeittiere (Mammuts), Hominiden

Zeit	Periode / Epoche / Kulturgruppen	Geschichtliche Vergleichsdaten
	ALTSTEINZEIT (PALÄOLITHIKUM)	
1 300 000	Homo erectus: Jäger und Sammler	Entwicklung des Menschen; erste Artefakte
100 000	*Mittlere Altsteinzeit:* Neandertaler	Verbreitung des Neandertalers in Europa und Nordafrika; erste Bestattungen nachgewiesen
35 000	Homo sapiens sapiens (zuerst der sog. Cromagnonmensch)	Höhlenmalerei in Südfrankreich und Spanien (Lascaux, Altamira)
15 000	*Jüngere Altsteinzeit:* späteiszeitliche Steppenjäger	
	MITTELSTEINZEIT (MESOLITHIKUM)	
8000	Nacheiszeitliche Jäger, Fischer und Sammler; Mikrolithen	Älteste Stadtkulturen im Vorderen Orient (Jericho, Çatal Hüyük)
	JUNGSTEINZEIT (NEOLITHIKUM)	
5500 / 4900	Ackerbau und Viehzucht; erste bäuerliche Siedlungen; Beginn der Keramikherstellung; *Bandkeramische Kultur; Großgartacher Kultur*	Beginn der Kupferverarbeitung in Asien
4600 / 4300	*Rössener Kultur*	
4300 / 3500	*Michelsberger Kultur; Wartberg Kultur; Trichterbecher Kultur; Streitaxtkultur*	Schrift in Mesopotamien und Ägypten; städtische Hochkultur in Asien; ‚Sintflut'
2800	*Schnurkeramische Kultur / Glockenbecher Kultur*	2650–2190 Bau der Pyramiden in Ägypten; 2300 Bronzeguß in Anatolien
	KUPFERZEIT / FRÜHBRONZEZEIT	
2800	Entdeckung und Verarbeitung von Metallen; *Adlerberg Kultur*	1750–1400 Minoische Kultur auf Kreta
	BRONZEZEIT	
1600 / 1500	Spezialisierte ‚Berufe', ausgedehnte Handelsbeziehungen; *Mittelrheinische Hügelgräberkultur*	1550–1070 Neues Reich in Ägypten 1550–1150 Mykenische Kultur in Griechenland
1200	*Urnenfelderzeit*	1200 Untergang des homerischen Troja; 900 Gründung Spartas 756 Beginn der Siegerliste der olympischen Spiele
	EISENZEIT	
750	*Hallstattzeit*	753 Mythische Gründung Roms; 600 Gründung von Marseille
500	*Latènezeit*; Kelten; Einführung der Töpferscheibe	490–479 Perserkriege: ‚Marathonlauf'; 486 Kelten zerstören Rom 323 Tod von Alexander dem Großen
250	*Mittellatènezeit*; keltische Münzprägung	216 Schlacht bei Cannae; 146 Römer zerstören Karthago
100	*Spätlatènezeit*; Stadt- und Befestigungsanlagen (‚keltische Oppida')	113–101 Zug der Kimbern und Teutonen

Zeit	Periode / Epoche / Kulturgruppen	Geschichtliche Vergleichsdaten
58–51	Gallischer Krieg: das Rheinland wird römisch	15. März 44 Ermordung Julius Caesars; 31 v. Chr. – 14 n. Chr. Augustus (Octavian), ab 12 v. Chr. erster Kaiser Roms
ab 12	RÖMISCHE KAISERZEIT	
Christi Geburt		
ab 85	Linksrheinische Gebiete; römische Provinz Germania inferior, Köln Provinzhauptstadt, rechtsrheinische Gebiete und Westfalen (Germania libera) unter römischem Einfluß	9 n. Chr. ‚Schlacht im Teutoburger Wald' 79 Ausbruch des Vesuv: Pompeji, Herculaneum und Stabiae verschüttet
um 100	Gründung Xantens unter Trajan	98–117 Größte Ausdehnung des Römischen Reichs unter Trajan
1./2. Jh.	Bau der römischen Wasserleitung aus der Eifel nach Köln	
ab 258/260	Erste Zerstörung des Limes	
259–273	Gallisches Sonderreich	
ab 280	SPÄTANTIKE	Neuordnung des Römischen Reiches unter Diocletian (284–305); Konstantin der Große (306–337)
ab 353	*Völkerwanderungszeit* Zweite Zerstörung des Limes	Valentinian I. (364–375); Ausbreitung der Hunnen nach Westen
ab 400	Römisches Heer wird aus Gallien abgezogen; Ansiedlung germanischer Bevölkerung durch Rom	
	FRÜHMITTELALTER	
um 450	*Merowingerzeit*; Sachsenvorstoß nach Westfalen	451 Schlacht auf den Katalaunischen Feldern: Sieg über Attila und die Hunnen; 476 Ende Westroms
482–511	Chlodwig I. errichtet ein fränkisches Großreich in Gallien	489–553 Ostgoten mit Theoderich und Nachfolger in Italien
498	Schlacht bei Tolbiacum (Zülpich)	527–565 Reichsreform in Ostrom unter Justinian I.
531–537	Die fränkischen Könige dehnen ihren Herrschaftsbereich aus	531–579 Chosroes I.: persisches Großreich der Sassaniden
ab 561	Das fränkische Reich wird in vier Teile aufgeteilt: Austrien, Neustrien, Burgund und Aquitanien	
687–751	Karolingische Hausmeier herrschen im Frankenreich	711–715 Mauren erobern Spanien
ab 751	*Karolingerzeit*: ‚Karolingische Renaissance'	
800	Kaiserkrönung Karls des Großen (768–814)	
842/843	Straßburger Eide; Vertrag von Verdun	
883/884	Normannen besetzen und zerstören Duisburg	
	HOCHMITTELALTER	
um 900	*Romanik*	
962	Kaiserkrönung Otto I.: ‚Heiliges römisches Reich deutscher Nation'	
1024–1125	*Salierzeit*; Ausbreitung der Lepra; Städtebildung	1066 Wilhelm, Herzog der Normandie, erobert England 1096–1192 Kreuzzüge; 1122 ‚Wormser Konkordat'
1155	Kaiserkrönung Friedrich I. Barbarossa	1196–1260 Mongolisches Großreich unter Dschingis Khan und seinen Nachkommen
1248	Baubeginn des Kölner Doms	
1254	Rheinischer Städtebund	1265–1321 Dante Aligheri; 1295 Marco Polo aus Asien zurück
	SPÄTMITTELALTER	
um 1300	*Gotik*	1346–1353 Pest in Europa; 1377 Vatikan wird Residenz der Päpste
1339–1453	‚Hundertjähriger Krieg' zwischen England und Frankreich	1453 Eroberung Konstantinopels durch Türken: Ende Ostroms
ab 1492	FRÜHE NEUZEIT	1492 ‚Entdeckung Amerikas'
um 1500	*Renaissance*	1498 Vasco da Gama nach Südafrika und Indien
1517	*Reformationszeit*	1529 Türken vor Wien; 1568–1648 Spanisch-niederländischer Krieg
1600–1750	*Barock*	
1609–1614	Jülisch-Clevischer Erbfolgekrieg	
1618–1648	Dreißigjähriger Krieg	1643–1715 Ludwig XIV. (‚Sonnenkönig') von Frankreich 1701–1714 Spanischer Erbfolgekrieg
um 1780	*Industrialisierung*: von der Agrar- zur Industriegesellschaft; Massenfabrikation; Landflucht	1769 Dampfmaschine (Watt) 1785 Mechanischer Webstuhl (Cartwright) 1787/1788 Amerikanische Bundesverfassung
ab 1789	NEUZEIT	1789 Französische Revolution
1792–1815	Rheinlande unter französischer Besatzung	1804 Napoleon wird Kaiser
1806	Auflösung des 1. Deutschen Kaiserreiches	
1814/1815	Wiener Kongreß: Rheinland und weite Teile Westfalens preußisch	1815 Schlacht bei Waterloo
1848	Deutsche Verfassung in der Frankfurter Paulskirche	
1871	Gründung des 2. Deutschen Kaiserreiches	
1914–1918	Erster Weltkrieg	
1919–1933	Weimarer Republik	
1933	Hitlers Machtübernahme	
1939–1945	Zweiter Weltkrieg	
1946	Gründung des Landes Nordrhein-Westfalen	

Abbildungsnachweis

Die photographischen Aufnahmen, Karten, Ansichten, Pläne und Zeichnungen wurden von den beteiligten Bodendenkmalpflegeämtern, Universitätsinstituten, Museen und Stadtverwaltungen zur Verfügung gestellt. Darüber hinaus wurden folgende Bilder und Karten reproduziert (AP / RMX Archäologischer Park / Regionalmuseum, Xanten; RAB Rheinisches Amt für Bodendenkmalpflege; RGM Römisch-Germanisches Museum / Amt für Bodendenkmalpflege der Stadt Köln; RLMB Rheinisches Landesmuseum Bonn; WMA Westfälisches Museum für Archäologie / Amt für Bodendenkmalpflege, Münster):

A. Thünker DGPh, Remagen
  Frontispiz, X, 2, 59, 60, 84, 111, 153, 14, 170, 195, 201, 226, 230, 241, 249, 279, 281, 282, 291, 292, 293, 294, 295, 299, 310, 311, 314, 318, 347, 361, 363, 381, 385, 425, 429, 438, 439, 442, Umschlag hinten.

4   F. J. Jansen
5, 242   J. Franzen
6   U. Francke
7, 9   D. Welp (WMA)
10, 300, 323   H. Haarich
11   R. Klostermann (WMA)
19   T. Krajinovic (RAB)
19   A. Grewing (Univ. Münster)
21   W. Sengstock (RAB)
22   A. Zimprich (RAB)
23   W. Schürmann (RAB)
24   C. Bridger-Kraus (RAB)
25   F. J. Jansen (RAB)
26   H. Haarich (RAB)
27   P. Bürschel (RAB)
28   K. Grewe (RAB)
29   F. Lürken (RAB)
30   Ch. Schwabroh (RAB)
31   L. Lichtenthal (RAB)
33   S. Peters (RAB)
35   J. Janssens (RAB)
38   Song Boaquan
49   Meinerzhagen Luftbildphotographie

◁ *Kerpen / Erftkreis. Wehr und Standort der ehemaligen Broichmühle. 18. Jahrhundert.*

51   M. Linke
53, 329, 330   S. Siegers (RGM)
55, 57, 353   Ventur (RGM)
63   B. Rudnik (WMA)
65, 156, 159   J. S. Kühlborn (WMA)
67, 386, 393   J. F. Jüttner (WMA)
68   W. Schneider (WMA)
Umschlag vorne, 69, 115, 135, 145, 196, 204, 233, 243, 244, 246, 253, 338, 376, 377, 387, 388, 398, 401, 402, 407, 413, 414, 415, 416, 417, 418, 420   S. Brentführer (WMA)
71   A. Schwarze
72, 73   Th. Frank / H. Neumann (WMA)
75   A. Teipel
85   R. Schallreuter
100, 101   R. Riediger, Übach-Palenberg
109, 265, 321, 371, 372   H. Lilienthal (RLMB)
114   O. Troitzsch, Königl. Hof-Kunst-Institut. Westpreuß. Prov.-Mus. Danzig
117   R. Kulik (WMA)
120   S. Brentführer
123   H. Stahl
124   J. Hermanns
125   T. Bechert (Kultur- u. Stadthistorisches Museum Duisburg)
126   Ch. Reichmann (Museum Burg Linn, Krefeld)
127, 238   Rheinbraun AG
133   Hartmut Polenz, Senden
140   V. Hassenkamp (WISA, Frankfurt a. M.) nach Daten des Autors
141   D. von Brandt
144   A. S. Overath (RAB)
147   G. Rose
148   A. Hoffmann (WMA / Museum in der Kaiserpfalz)
151   B. Päffgen
167   Th. Pogarell
178   A. Petersen
180   B. Dautzenberg
181   Fotostudio Petersen
190   W. B. Kloke
191, 193, 344, 345   P. Hadasch (Stadt Dortmund, Untere Denkmalbehörde)
192   M. Albrecht (Stadt Dortmund, Untere Denkmalbehörde)
197   U. Steinborn (Städtische Denkmalbehörde, Stadt Münster)
198   C. Franz (Archäologisches Landesmuseum der Christian-Albrechts-Universität, Schloß Gottorf, Schleswig)
199   T. Samek (Stadtmuseum Münster)

202   J. F. Jüttner (Stadtarchäologie Soest)
205, 206   R. Schaberich (Lippisches Landesmuseum)
207   J. Ihle (Lippisches Landesmuseum)
227   B. Gries
231   Arch. Rheinland 1998 (Köln, Bonn 1999) S. 31
234   Luftbild: Merkur Flug GmbH, Bad Salzuflen, Warendorfer Hartsteinwerke; Zeichnung: S. Horst unter Verwendung einer Zeichnung von J. Frantz
235   J. Klostermann, Krefeld
239   K.-P. Prengel (Stadtbildstelle Essen)
248   R. Krause (WMA)
261   Zeichnung: A. Smadi
262   Th. Fischer
263   Ph. Gross
268   U. Brandl (AP / RMX)
270   Grafik: K. Girnus, H. Stelter (AP / RMX)
273, 275, 276   B. Helmstetter, Firma Hangleiter, Olsberg
274   Zeichnung: H. Stelter, nach Vorlage von M. Zelle
278, 378   H. Berkel (RAB)
286, 313   S. Mentzel (RAB)
296, 297   U. Sobottka-Braun
301   W. Gaitzsch, A. Brown
302   W. Klein, Bonn
303   Van de Graaf Archäologie, Kleve
304, 305, 369, 395, 431, 433   S. Schröder (RLMB)
309, 373, 435   P. Wagner (RAB)
322   W. Gaitzsch
326, 327   B. Irmler
332   A. DESBAT, Les fouilles de la rue des Farges à Lyon 1974–1980 Abb. 35
350   M. Wiesehöfer
357, 359   S. Siegers
375   N. Reuther (WMA)
379   A. Peiß (RLMB)
380   T. Königs (RAB)
399   H. Drescher
400   E. Fischer (WMA)
403   R. Börnke (WMA)
410   S. Kaslowski (RAB)
411   T. Ch. Schläger, Museumsfotografie & Photodesign, Köln
413   Zeichnung: G. Helmich, Werkstatt für Textilrestaurierung Heitmeyer-Löns
424   T. Pogarell (WMA)
430   G. Röing (Stadt Soest)
436   Bauwarte 4, Heft 11 / 12, März 1928, S. 98

Ortsverzeichnis

Halbfette Seitenzahlen verweisen auf die Unterschriften zu den Abbildungen. Diejenigen Ortsnamen sind in KAPITÄLCHEN hervorgehoben, die in den einzelnen Beiträgen ausführlicher behandelt werden. Folgende Abkürzungen werden verwendet: ehem. = ehemalig; FSt. = Fundstelle, Fundplatz; Gr. = Grab, Friedhof, Bestattung, Bustum, Urnengrab o. ä.; S. = Siedlung, Siedlungsstelle, Grubenhaus o. ä.; Endungen auf -lich u. -isch sind abgekürzt.

Uffeln → Ibbenbüren
Unna 70, 250
USA 219
Utrecht / Niederlande 379

Vacha 420
Valencienne / Frankreich, Kloster Denain, karoling. 379
Varnenum → Aachen-Kornelimünster
Venlo / Niederlande 166
Verlautenheide → Aachen
Vesuv 269
Vetera I → Xanten, Fürstenberg
Via Agrippinensis 26, 125, 322 f.; **322**
—, 9. Leugenstein, Straßenstation *(mansio)* 26, 322 f.; **323**
Via Mala / Schweiz, Schlucht 229
Vicus Iuliacum → Jülich, *Iuliacum*
Viersen, FSt., mesolith. 97; → Nordkanal
Vilich → Bonn
villa Huxori → Höxter
Vlotho, Hünenburg, Wallburg, frühmittelalterl. 73
Vorderasien 113
Vorderer Orient 254
Vorhalle → Hagen
Vorst → Tönisvorst
Vreden 398

Wadersloh-Liesborn, Damenstift, karoling. 150
Walberberg → Bornheim
Waldbröl-Hoff, Rennfeuerofenreste, mittelalterl. 30; **30**
Walsum 418
Waltrop-Oberwiese, Schiffshebewerk, neuzeitl. 166
Warburg 14, 66; **161**
—, Gr., steinzeitl. 108, 110
—, Kloster Hardehausen 403
— -Bonenburg, Anlage, mittelalterl. 404
— —, Bunessen, Luthwardessen u. Radolvessen 403
— —, Rozedehusen, Wüstung, mittelalterl. 74, 403 f.; **403, 405**
— -Desenberg, Burgruine, hoch- bis spätmittelalterl. **159**
— —, Grabenanlage, neolith. 70
— —, S., röm.-kaiserzeitl. german. 137
— -Menne, FSt., jungneolith. 70; **67**
— -Ossendorf, Gaulskopf, Wallburg u. Gr., frühmittelalterl. 73, 110, 151, 348
— —, FSt., neolith. 110
Wardt → Xanten
Warendorf 64, 92, 229
—, FSt., mesolith. 97

—, S., sächs. 142
— -Freckenhorst, Kloster, karoling. 150
— -Milte, Gr. 119; **120**
— -Neuwarendorf, FSt., paläolith. 70, 95, 228, 232 ff.; **228, 233, 234**
— —, Gr., metallzeitl. 119
Warstein 97
—, FSt., paläontolog. 79, 81; **77**
Wedal II, Erdgastrasse zwischen Soest u. Unna, S., neolith. 70; **63**
Weeze 91
Wegberg-Beeck, FSt., eisenzeitl. 20
— -Berg, FSt., mesolith. 97
Weilerswist-Lommersum, FSt., jungpaläolith. 95; **94**
Weißenburg in Bayern 308
Wels / Oberösterreich 308
Werden → Essen
Werl 250 f.
—, Salzsiedereien, hallstattzeitl. 122, 250 f.; **250, 251**
— -Büderich, S., röm.-kaiserzeitl. 72
Werne, St. Christophorus 412 ff.; **413, 414**
—, S., hochmittelalterl. 412
Wesel 14, 166
— -Aue 122
Weser-Wiehengebirge 80, 82, 132, 217 ff.
Weserbergland 164
Wesseling 20
—, Gr., fränk. 26, 370 ff.; **371, 372**
Westbelg. Raum 97
Westerkappeln, Gr., eisenzeitl. 70; **68**
Westernkotten 250
Westfälische Bucht 108 f., 132
— Raum 144
Westfalen 12 f., 63 ff., 92, 97 f., 101, 103, 108, 115 f., 119 f., 122, 129, 134 f., 138 ff., 142, 144 ff., 155 ff., 176, 194, 213, 244, 337, 341, 343, 346 ff., 375, 386, 388, 406 f., 412, 417 ff., 430
—, Herzogtum 412
— -Lippe 77 ff., 245
Westmediterraner Raum 100
Wetterau 71, 253, 334
Wichum → Heek
Wickrathberg → Mönchengladbach
Wiehengebirge, Steinbruch „Lutternsche Egge", FSt., paläontolog. 80, 87 f.
— → Weser-Wiehengebirge
Wiesbaden-Igstadt 285, 287
— -Schierstein 287
Willebadessen-Engar, Gr., bronzezeitl. 245; **246**
Willich, FSt., mesolith. 97
— -Schiefbahn, Nordkanal **2**

Winterswijk / Niederlande 220
Wittekindsburg → Porta Westfalica
Witten-Annen, Konzentrationslager 167
— -Bommern, Zeche, neuzeitl. 164
Wülfrath, FSt., paläontolog. 18, 88, 223 f.; **210, 224**
Wüstweiler 286
Wuppertal, erdgeschichtl. Aufschluß **19**

Xanten 27, 33, 123 f., 127 f., 141, 151, 268, 272
—, Archäologischer Park 13, 37 ff., 123, 272; **38**
—, *CUT* 37 ff., 123 ff., 127, 141, 269, 272 ff.; **38, 39, 43, 273, 274, 275, 276**
—, —, Amphitheater 37, 128
—, —, Capitol 37 f., 40 f., 269 ff., 275; **42, 270, 271**
—, —, —, Bustum 267 f.; **268**
—, —, Forum 37 f., 40 f., 275
—, —, Große Thermen 37 f., 40, 46, 128; **38, 40, 41, 44**
—, —, Hafentempel 37, 40, 128
—, —, —, S., vorcoloniazeitl., german. 40
—, —, Herberge 37, 46, 128
—, —, Insula 19 275 f.
—, —, Kleines Hafentor 42
—, —, Nordtor 128; **45**
—, —, Stadtmauer 128
—, —, Vorgängersiedlung, röm. 40, 46, 127 f., 268
—, Dom 14
—, Fürstenberg, *Vetera I*, Zweilegionenlager 14, 24, 32, 125, 277
—, Gr., römerzeitl. 25
—, Kanonikerstift 150
—, Metalldepot 128
— -Lüttingen, ‚nasser' Limes, FSt., römerzeitl. 23
— -Wardt 122
—, —, Altrhein, FSt., röm.-kaiserzeitl. 125
— -Wardt / Lüttingen, Schiffs-FSt., röm. 44, 277 ff., 280 ff.; **278, 279, 281, 282**

Zentralasien 227
Zillis / Schweiz, Mithräum 303
Zollstock → Köln
Zülpich 125, 323
—, FSt., eisenzeitl. 20
—, Gr., römerzeitl. 25
—, Thermen, röm. 34
— -Mühlenberg 34
— -Sinzenich, Villa rustica 24
Zukunft-West → Aldenhoven-Langweiler

452